高顿财经
GOLDEN FINANCE

2019
注册会计师全国统一考试备考用书

U0883998

注册会计师全国统一考试
四维考霸之

经济法

高顿财经研究院◎编

"会说话"的CPA智能互动教辅

东北财经大学出版社
Dongbei University of Finance & Economics Press
大连

图书在版编目（CIP）数据

注册会计师全国统一考试四维考霸之经济法 / 高顿财经研究院编．—大连：东北财经大学出版社，2019.6

（注册会计师全国统一考试备考用书）

ISBN 978-7-5654-3479-2

Ⅰ．注…　Ⅱ．高…　Ⅲ．经济法-中国-资格考试-自学参考资料　Ⅳ．D922.29

中国版本图书馆CIP数据核字（2019）第036734号

东北财经大学出版社出版

(大连市黑石礁尖山街217号　邮政编码　116025)

网　址：http：//www.dufep.cn

读者信箱：dufep@dufe.edu.cn

大连图腾彩色印刷有限公司印刷　东北财经大学出版社发行

幅面尺寸：185mm×260mm　字数：745千字　印张：32.25

2019年6月第1版　2019年6月第1次印刷

责任编辑：李　栋　周　晗　周　慧　吴　茜　王　玲

责任校对：王　玲　周　晗　冯志慧　赵　楠　王　娟

封面设计：张智波　版式设计：钟福建

定价：82.00元

教学支持　售后服务　联系电话：（0411）84710309

如有印装质量问题，请联系营销部：（0411）84710711

“注册会计师全国统一考试备考用书”
编写委员会

主　编

齐　萌

委　员（按姓氏音序排列）：

陈琼妹　陈淑惠　董凤娟　邓韶君　丁　文　高凌燕　高胜男

何建红　黄煜晖　李　莉　林　珑　李　墨　孙彩萍　吴天琳

王宇明　谢红艳　颜晓蕾　张丽丽　周　元

序 言

注册会计师行业较快发展并不断做强、做大是国家发展的需要，因为建立和完善我国的注册会计师制度，是保证资金市场正常运转、促进我国会计与国际接轨的一个重要途径。随着执业质量和社会公信力的稳步提升，作为会计信息质量的重要鉴证者、市场经济秩序的重要维护者、企业提高经营管理水平的重要参谋，注册会计师已成为维系正常经济秩序、保障各方合法经济利益的重要社会监督力量。

注册会计师的执业资格标准是注册会计师这一职业群体与社会大众的一种契约标准，注册会计师考试是体现这一契约标准的重要途径之一，也是注册会计师行业人才建设和公信力建设的重要保证和基石。1991年，我国财政部注册会计师考试委员会先后发布了《注册会计师全国第一次统一考试、考核办法》《注册会计师考试命题原则》《注册会计师全国第一次统考考试工作规则》，从此初步形成了包括规范考试报名条件、考试科目、考试范围、试题结构等内容的考试基本制度以及考试组织管理制度。1991年12月7日至8日，我国举办了第一届注册会计师全国统一考试。自此开始，经过二十多年的发展、改革与完善，注册会计师考试已成为国内声誉最高的职业资格考试之一。

近年来，参加我国注册会计师考试的考生人数明显增多，人们对于注会考试的重视程度也越来越高，但是在不断完善考试形式、丰富考试内容、强化考试管理、提升考试质量的过程中，我国注册会计师考试的难度也逐年加大。由于注册会计师考试涵盖的知识量大、知识面广而且更新迅速，又需要合理的应试策略，因此很多人甚至在学习阶段还没结束时就放弃了参加考试的计划。

高难度的考试需要高质量的备考辅导书，高顿财经研究院的研发团队在经过实践检验的名师讲义基础上融合最新注会考试更改内容，并增加了考霸笔记、微课点拨和智能测评等内容，将重点放在培养读者的专业知识、基本技能和职业道德要求上，形成了四个维度的一系列备考辅助资料，可谓逻辑清晰、结构新颖、内容翔实。“是金子总会发光的”，希望本系列备考辅导书能在广大注册会计师考生群体中引起共鸣，得到认可，也希望高顿财经研究院能再接再厉，多出精品。

在我国财政部制定的《会计改革与发展“十三五”规划纲要》中，我们可以看到，不久的将来，我国注册会计师行业的业务领域将得到显著扩展，在公共部门注册会计师审计、涉税服务、管理会计咨询、法务会计服务等新型业务领域，注册会计师们将大有作为。从另一个角度讲，我国对高品质注册会计师人才的需求将会更加迫切。希望会计教育界的同仁们一起，通过扎实的研究、踏实的工作和不懈的努力，共同为促进中国注册会计师行业的发展作出贡献！

刘永泽

前　言 Preface

作决定的刹那，我们有梦想，似乎也拥有无穷的勇气和动力。

备考CPA，是深思熟虑，还是一时冲动的决定？是技多不压身的淡定，还是对深刻蜕变的渴求？已然作出决定并付出代价的事，纵然有千万个“纵然”，我们都下定决心一战到底！

在奋战的路上，“放弃”却成了萦绕在我们心头的主旋律。

梦想是作决定时描绘的美好画卷，却遮盖不了路上的残酷。三千多页的教材，动摇着我们前行的决心；数千个怎么也吃不透的疑难问题，蚕食着我们仅存的动力；练习时的不知所措，终于把所有的勇气击退成一个个“无望”。而所有的“无望”最后都可能汇聚成“放弃”这首主旋律。你瞧那决战之地（考场上），过半之众已然凋零……

不言放弃，是前辈们用智慧战胜一个个无望所积聚的真正勇气。

他们化繁为简，于纷杂中厘清脉络，精炼要点；他们攻坚克难，用一行行笔记书写自己战胜疑难的心得；他们训练有方，通过有效的反馈，不断提升自己实战的能力。他们用自己的智慧战胜一个个“无望”，铸就“不言放弃”的真正勇气。

“四维考霸系列”正是将前辈们（名师与考霸）的这些智慧凝结成名师讲义、考霸笔记、微课点拨、智能测评这“四维”精要，帮你开启省时、省力、省心的备考之路，让你也拥有不言放弃的底气。

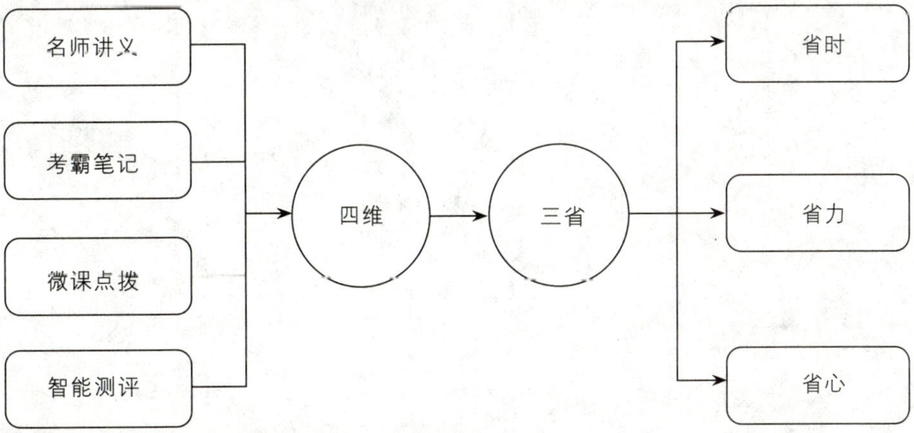

省时的教辅——名师独家精炼讲义，厘清重点！

名师讲义：本套教辅以高顿一线CPA名师10年教学积累的独家讲义为基础文本，涵盖全面、行文简明、结构清晰、内容精炼，可读性强，能帮考生花费更少的时间厘清脉络与重点。

省力的教辅——考霸智慧倾囊助力，攻坚克难！

考霸笔记：我们整理筛选了近百位注会考霸前辈的学习笔记，从最真实的备考视角出发，对考生在学习过程中可能存在的疑难点，通过考霸笔记的形式进行一一注释，使考生无须耗时费力钻研也能在最自然的学习情境中解决困惑。

微课点拨：对于书中知识点，感觉理解上有些难度、存有疑问的地方，考生可以扫描二维码，立即观看短视频微课。这些微课是由高顿一线讲师倾力打造的，3～5分钟精准解决具体问题，让考生无须费力检索就可以轻松获取帮助。全系列图书共两千多堂疑难点微课，让每一堂微课为你精准解决一个问题！

省心的教辅——免费经典应试题库，训练有方！

智能测评：对于书中各部分习题，考生均可扫描二维码，链接到高顿智能测评中心进行在线练习。并可进一步通过测评报告，了解自己的知识掌握情况，从而有针对性地进行复习强化训练。测评题目配有详细的文字解析，重点题目可选择观看视频解析，方便考生熟悉解题思路及答题技巧，使考生能够安心刷题，省心释疑。

我们衷心希望本套教辅能帮助广大考生获取不言放弃的底气，并顺利通过考试。但由于编者的时间和水平有限，在编写过程中难免出现一些疏漏和错误。在此，还望各位读者不吝批评指正，帮助我们不断提高和完善。

编　者

2019年4月

目 录 Contents

第一部分 命题趋势分析与备考建议

第二部分 应试辅导与强化训练

第三部分 跨章节综合集训

第一部分

命题趋势分析与备考建议

一、2019年注册会计师考试基本情况

注册会计师全国统一考试是国家法定职业资格考试，由中国注册会计师协会（简称“中注协”）组织实施。1991年起，注册会计师考试制度不断完善，组织管理不断优化，目前考试划分为专业阶段考试和综合阶段考试，形成“6+1”考试科目体系。根据中注协公布的数据，截至2018年年底，共有25.37万人通过CPA（注册会计师）考试并取得全科合格证书。2018年专业阶段考试有139.28万人报名（同比增加20.16%），6个科目合计报考科次381.56万（同比增加21.39%），再创历史新高，单科平均出考率为35.46%，较2017年增加了1.78%。2018年专业阶段考试6个科目平均合格率为27.93%，比2017年提高了2.66%。

CPA考试拼的不仅仅是智商，更是耐心和毅力，CPA出考率低的最大原因不是难度大，而是很多考生在备考过程中选择半途而废或是报名时的错误预估。备考CPA，只要坚持走到最后，你就会发现CPA并没有传说中的那么难！

“经济法”2018年的报考人数是70.16万，通过率为30.52%。“经济法”是独立于整个CPA考试的，几乎和其他科目没有什么关联，属于需要理解性记忆的科目，它结合了法理学、民法、商法、经济法、知识产权法、民事诉讼法的内容。内容具有一定的深度，答题时切记使用“法言法语”。

2019年“经济法”考试时间为：2019年10月19日17:30 ~ 19:30，采用闭卷、计算机化考试方式，及格分数线为60分。“经济法”科目比较注重考查考生的记忆和案例分析能力，预计总共需要的学习时间为200 ~ 250个小时。

二、2019年教材各章节结构及重要程度分析

注会经济法主教材整体分为4编，根据近几年考题情况，每一编及每一章平均分值、知识特点、掌握程 度、知识难度、重要程度和高频题型分析见附表1-1、附表1-2。

附表1-1　《经济法》全书结构

编次	所含章节	近三年平均分值	知识特点	掌握程度	高频题型
法律概论	第1章	2分左右	法律原理知识	熟悉掌握	客观题
民事法律制度	第2~4章	30分左右	比较容易理解	灵活应用	案例分析题
商事法律制度	第5~9章	60分左右	重总结重归纳	夯实考点	案例分析题
经济法律制度	第10~12章	10分左右	重基本重记忆	熟悉掌握	客观题

附表1-2　各章考情表

章节名称	近三年平均分值	知识难度	重要程度	高频题型
第一编　法律概论				
第一章 法律基本原理	2	★	★	客观题
第二编　民事法律制度				
第二章 基本民事法律制度	4.5	★★	★★	客观题
第三章 物权法律制度	5.5	★★★	★★★	客观题/主观题
第四章 合同法律制度	14	★★★	★★★	客观题/主观题

续表

章节名称	近三年平均分值	知识难度	重要程度	高频题型
第三编　商事法律制度				
第五章 合伙企业法律制度	7	★★	★★	客观题
第六章 公司法律制度	14	★★★	★★★	客观题/主观题
第七章 证券法律制度	16	★★★	★★★	客观题/主观题
第八章 企业破产法律制度	11	★★★	★★★	客观题/主观题
第九章 票据与支付结算法律制度	12.5	★★★	★★★	客观题/主观题
第四编　经济法律制度				
第十章 企业国有资产法律制度	3.5	★★	★	客观题
第十一章 反垄断法律制度	4	★★	★★	客观题
第十二章 涉外经济法律制度	7	★★	★★	客观题

注：★表示次重要，★★表示重要，★★★表示十分重要。

三、2019年官方教材主要变化及分析

总体来说，2019年官方教材变动较大，建议大家重点关注新增及修改内容，具体见附表1-3。

附表1-3　　2019年官方教材主要变化及分析

章名	主要变化及分析
第一章　法律法规基本原理	**新增内容：** 全面依法治国基本方略 1.全面依法治国新理念、新思想、新战略 2.全面依法治国的基本原则 3.建设中国特色社会主义法治体系 **修改内容：** 1.限制民事行为能力人增加了“不能完全辨认自己行为的成年人”并完善了相关表述 2.无民事行为能力人增加了“不能辨认自己行为的成年人以及8周岁以上不能辨认自己行为的未成年人”
第二章　基本民事法律制度	**新增内容：** 1.单方民事法律行为与无相对人的意思表示的关系 **修改内容：** 1.无民事行为能力人实施的民事法律行为效力的界定 2.将“诉讼时效届满，债权人丧失胜诉权”的表述，改为“诉讼时效届满使债务人取得抗辩权” **删除内容：** 1.代理与代表的区别 2.表见代理的法律效果中删除了“相对人的选择权” 3.诉讼时效的延长 4.其他非实质性内容删除

续表

章名	主要变化及分析
第三章　物权法律制度	无变化
第四章　合同法律制度	**修改内容：** 1.对采用电文形式订立且未指定特定系统的合同，调整了要约与承诺生效的时间 2.将“代位权”明确表述为“债权人代位权”，并修改了相关表述 3.将“撤销权”明确表述为“债权人撤销权”，并修改了相关表述
第五章　合伙企业法律制度	无变化
第六章　公司法律制度	**修改内容：** 1.重大调整“发起人对设立阶段债务的责任” 2.重大调整股份公司收购自身股份的限制例外情况，及相关回购程序
第七章　证券法律制度	**新增内容：** 1.《存托凭证发行与交易管理办法（试行）》 2.《关于开展创新企业境内发行股票或存托凭证试点的若干意见》 3.《科创板首次公开发行股票注册管理办法（试行）》相关内容 （1）在科创板上市的公司首次公开发行股票的条件 （2）科创板首次公开发行股票的发行程序 （3）科创板交易市场上市标准、发行审核程序 （4）科创板公司的终止上市 **修改内容：** 1.重大调整：国家于2018年对《关于改革完善并严格实施上市公司退市制度的若干意见》进行了修订，对重大违法行为强制退市制度进行了重新编写
第八章　企业破产法律制度	**新增内容：** 1.《全国法院破产审判工作会议纪要》相关内容 2.第十节 关联企业合并破产 （1）关联企业合并破产概说 （2）关联企业实质合并破产 （3）关联企业程序合并破产 **修改内容：** 对“执行案件移送破产审查”、“管理人制度”、“涉及保证时的债权申报”、“重整程序”、“破产宣告”、“别除权”和“破产财产的变价和分配”等考点进行了小幅修订
第九章　票据与支付结算法律制度	**修改内容：** 1.重大调整“国内信用证”“银行卡” 相关内容 2.对“票据基础关系对票据行为效力的影响（票据行为的无因性）”进行了重大的观点调整
第十章　企业国有资产法律制度	**修改内容：** 按照《上市公司国有股权监督管理办法》对“上市公司国有股权变动管理”进行了全面更新 **删除内容：** 企业境外国有资产管理制度
第十一章　反垄断法律制度	无变化
第十二章　涉外经济法律制度	无变化

四、历年考试命题规律总结及2019年命题趋势分析

1.考试题型、题量与分值

近三年（2016—2018）“经济法”科目的题型、题量和分值情况见附表1-4，供考生参考。

附表1-4　2019年“经济法”考试信息表

项目	题型	说明	题量	分值	考试时间分配建议	
客观题（分值：44分）	单项选择题	每题1分	24	24	24分钟	60秒/题
	多项选择题	每题1.5分	14	21	21分钟	90秒/题
主观题（分值：56分）	案例分析题①	10分	1	10	10分钟	10分钟/题
	案例分析题②	10分	1	10	10分钟	10分钟/题
	案例分析题③	17分	1	17	25分钟	25分钟/题
	案例分析题④	18分	1	18	25分钟	25分钟/题
合计			26	100	120分钟（留5分钟余量）	

2.考试命题规律及趋势分析

近几年的命题趋于务实，客观题注重基础知识的考核，考点覆盖面较广。案例题注重实际应用，常与社会热点结合，题型新颖。这就要求考生不仅要有专业扎实的基础，还要具备对案例的分析能力。在对历年真题进行充分研究的基础上，分析出近五年出题的方向和趋势，并给出相应的应对策略，具体如下：

（1）客观题：覆盖范围广，考查基础知识。

包括单项选择题和多项选择题。客观题考查范围广，重点与非重点都有可能涉及，要求考生对教材所有的细小知识点全面撒网。

客观题要想得高分，就必须注重对主教材第四编的学习，第四编主要以多选题形式考核，是客观题得分的关键所在。大家可以采用分类记忆、对比记忆、思维导图记忆等相结合的学习方法，每天记忆半小时，多次重复滚动记忆，达到事半功倍的效果。

（2）案例分析题：重点突出，综合考查。

案例分析题全部以案例的形式呈现，主要考查考生对知识点的分析应用能力，同时大家对重点法条务必加以重视。案例分析题的考点历年来都比较固定，四个考题一般来自：票据法（10分）、破产法（10分）、合同法和物权法结合（17分）、证券法和公司法结合（18分）。答题的步骤一般分为三步：第一步做出明确、简洁的判断；第二步说明理由（法条）；第三步结合案情具体分析。

主观题文字量较大，要求考生有较强的信息处理能力，能从大量材料中筛选出对解题有用的信息。由于每一题都涉及许多知识点，考生很难从头到尾将每一个知识点的分都拿到手，但是各小问之间关联性通常不会太强，遇到不会做的问题时，可以先跳过，争取将自己能拿到的分数先拿到手。

（3）总体趋势和应对策略（见附表 1–5）。

附表 1–5 总体趋势和应对策略

总体趋势	应对策略
趋势一：覆盖面广，考核全面	相对于往年，试题出题范围更加广泛，这就要求考生对基础知识有一个更加全面的掌握
趋势二：侧重于对基础知识的考查	考题涉及的大多数是基础知识，切忌花费大量时间钻研考查频率低、分值少的知识点，全面掌握基础知识即可
趋势三：注重热点，突出重点	“经济法”试题在全面考核的同时，做到了重点突出，对于主观题来说尤其如此。主观题的知识点比较固定，一定要肯花时间先学习后应用，培养自己的案例分析能力
趋势四：考题具有实用性	加强对基本原理的理解与运用，平时适当关注社会热点，培养自己的分析能力

五、应试备考建议

1.制订合理的学习计划并严格执行

“凡事预则立，不预则废”。备考之前，一定要制订清晰、实用的学习计划。这里给大家的建议是将整个备考过程分为三个阶段：

第一阶段：基础阶段。

建议学习时间：140 小时 ~ 170 小时。

基础阶段计划表见附表 1–6。

附表 1–6 基础阶段计划表

目标	建立知识框架，打好基础，做到全面理解
内容	以听课为主，按章做题，高频考点重复记忆
方法	本阶段应以章为单位，借助网课和真题，对教材进行整体通读理解，步步为营，打好基础 第一步：听课为主 经济法的学习难度并不高，听课是最高效的学习方式。第一轮学习要搭建好整个知识框架，这个阶段不要求快，对需要理解的知识点要精准理解，将需要背诵的知识点勾勒出整体框架。同时弄明白哪些是重点章，哪些是非重点章，做到主次分明，有的放矢 第二步：按章做题 每听完一次课以后，都要通过做题来测试对知识点的掌握程度和应试能力。做题的目的不仅仅是要做对，更是对知识点的巩固和记忆 不要施行题海战术，而是要真正弄懂每一道题目，尤其是历年真题，要关注出题老师出题的“题眼”是什么，达到做一题顶十题的效果 对于不懂的题目，一定要及时弄懂，切忌积压 第三步：高频重复记忆 经济法记忆的内容比较多，要善于利用零碎时间来消化记忆各类知识点。背诵最关键的是要重复，三天每天花半小时背书的效果肯定比一天花一个半小时背书而另外两天什么也不背的效果好。把需要背的内容拆分成小的单元，每天记忆一小部分，然后不间断地进行高频重复，以达到事半功倍的记忆效果

第二阶段：强化阶段。

建议学习时间：40小时～50小时。

强化阶段计划表见附表1-7。

附表1-7　强化阶段计划表

目标	在理解的基础上培养独立分析能力
内容	集中攻克重难点章节，突击训练主观题
方法	集中、反复练习近3～5年真题中的主观题，掌握主观题的出题重点和规律，做到复习更具针对性。同时，在练习过程当中，还要多思考，注意领会解题步骤和方法，使自己的解题答案尽量贴近标准答案，以提高得分率

第三阶段：冲刺阶段。

建议学习时间：20小时~30小时。

冲刺阶段计划表见附表1-8。

附表1-8　冲刺阶段计划表

目标	熟悉机考，培养考感，查漏补缺
内容	套卷模拟测试，整体回顾复习
方法	最后阶段注重查漏补缺，注重一些背诵知识点的最后巩固，重点关注之前做错的题目 进行套卷练习，模拟真实考试场景，按考试时间（2个小时），并在机考环境下进行训练。建议直接使用中注协的官方模拟考系统进行练习。试卷完成后必须进行反思，将查漏补缺放在最后冲刺阶段，最好不要像基础阶段那样采用地毯式的复习方式，而要在突出重点的基础上，发现问题，及时解决，尽量做到复习无漏洞 冲刺阶段完成后，你就可以从容步入考场，成功已经在向你招手了

2.考试时间合理分配

《经济法》的考题题干长、主观题文字输入量大，而考试时间只有2小时，从往年考试的情况来看，大多数考生的时间是不够用的。建议大家从以下三方面着手，提高答题速度：

第一，在学习备考过程中夯实基础，这样考试时才能反应迅速，节省时间。

第二，在平时的练习中，要注意提高答题效率和打字速度，尤其在做主观题时，建议直接在电脑上用Word答题，以模拟机考环境，提高机考答题的熟练度。

第三，在正式考试中，将有限的时间合理分配给各种题型，这样一来，通关的概率会大大提升。

了解了考试的命题规律和备考方法建议之后，接下来就请你严格执行学习计划，一步一个脚印，千万不要轻易放弃。

CPA考试是一场马拉松，胜利属于坚持到最后的人！

第二部分

应试辅导与强化训练

第一章

法律基本原理

本章导学

本章框架图

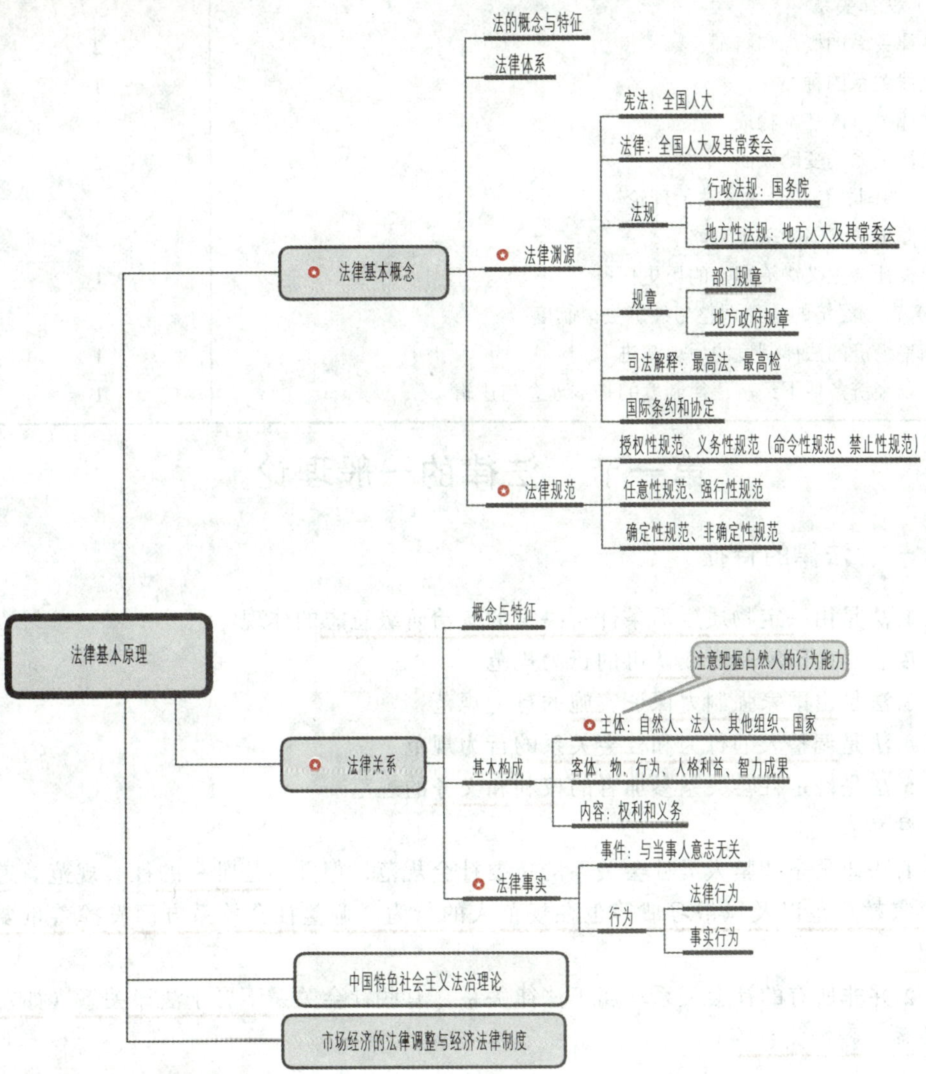

本章考情概述

本章主要涉及一些基础的法律知识，内容比较简单。一般考查1~2个客观题，考试分值较少，平均每年2分左右。

本章应关注的问题：法的特征、法律规范、法律渊源、法律关系。

近三年主要考点：法律渊源、自然人的权利能力和行为能力。

本章考点概况

一、法律基本原理	
（一）法律基本概念	
1.法的概念与特征	1
2.法律体系	1
3.法律渊源	1
4.法律规范	1
（二）法律关系	
1.法律关系的概念与特征	2
2.法律关系的种类	1
3.法律关系的基本构成	1
4.法律关系的变动原因	2
（三）中国特色社会主义法治理论	
1.全面依法治国的基本方略	2
2.建设社会主义法治国家的历史任务	1
（四）市场经济的法律调整与经济法律制度	
1.调整经济的法律制度的历史演进	1
2.市场经济条件下经济法律制度的基本理念与逻辑	1

第一节　法律的一般理论

一、法律的特征

1.法是由一定物质生活条件所决定的统治阶级意志的体现

2.法是由国家制定或认可的行为规范

3.法是由国家强制力保证实施的行为规范

4.法是调整人的行为和社会关系的行为规范

5.法是确定社会关系参加者的权利和义务的规范

注意：

1.法律虽是调整人类社会关系的重要社会规范，但并不是唯一的社会规范。道德、宗教规范以及风俗习惯等也在规范人的行为、调整社会关系方面发挥着重要作用。

2.并非所有的社会关系均属于法律关系，有些社会关系不属于法律关系（如友谊关系、爱情关系等）。

法律规范种类都有哪些?

二、法律规范

（一）法律规范的概念和特征

1.法律规范是由国家制定或认可的，具体规定主体权利和义务及法律后果的行为准则。

2.法律规范不同于规范性法律文件。规范性法律文件是有权制定法律规范的国家机构制定或发布的，具有普遍约束力的法律文件。如《公司法》《上市公司信息披露管理办法》等。规范性法律文件是表现法律内容的具体形式，是法律规范的载体。

3.法律规范不同于国家的个别命令，后者也有法律效力，但其效力仅针对特定的主体或场合，不具有可重复适用性和普遍适用性。如立法机关的个别性决定、行政措施、司法机关的判决等，其直接功能在于赋予特定法律主体法律地位或资格，或者是确认特定主体之间的权利义务关系或法律责任。

考霸笔记
注意区分法律规范与其他法律性文件的区别，不需要死记硬背，理解本质即可辨析。

4.法律规范不同于法律条文。法律条文是法律规范的文字表述形式，是规范性法律文件的基本构成要素；法律规范是法律条文的内容，法律条文是法律规范的表现形式。法律规范是法律条文的主要内容，但法律条文的内容还可能包含其他要素，如法律原则等。同时，法律规范与法律条文也不是一一对应的，一项法律规范的内容可以表现在不同法律条文甚至不同的规范性法律文件中，同样，一个法律条文中也可以反映若干法律规范的内容。

考霸笔记
这个考点涉及对法律规范的分类及判别，虽然纯粹属于概念性的内容，但可结合特点提示词及相关示例来掌握。

（二）法律规范的种类（见表1-1）

表1-1　法律规范的种类

标准	分类		特点	示例
按规范内容	授权性规范		“可以……” “有权……” “享有……权利”	股东有权查阅、复制公司章程
	义务性规范	命令性	“应当……” “必须……”	国有独资公司的董事会成员中应当有职工代表
		禁止性	“不得……”	票据金额、日期、收款人名称不得更改，更改的票据无效
按对行为限定的范围或程度	强行性规范		不允许任意变动或伸缩。（义务性规范属于强行性规范）	董事、监事、高级管理人员不得利用职权收受贿赂或者其他非法收入，不得侵占公司财产
	任意性规范		允许自行确定权利义务。（授权性规范属于任意性规范）	当事人订立合同可以采取书面形式、口头形式或其他形式
按确定性程度	确定性规范		内容完备，无须援引参照（绝大多数属于此种规范）	要约收购的期限不得少于30日，并不得超过60日
	非确定性规范	委任性	由……机关加以确定	国务院反垄断委员会的组成和工作规则由国务院规定
		准用性	参照……	供用水、供用气、供用热力合同，参照供用电合同的有关规定

例1-1·2015年单选题

法律规范可以分为授权性规范和义务性规范，根据这一分类标准，下列法律规范中，与“当事人依法可以委托代理人订立合同”属于同一规范类型的是（　　）。

A.中华人民共和国境内经济活动中的垄断行为

B.公司股东依法享有资产收益、参与重大决策和选择管理者等权利

C.未经证券交易所许可，任何单位和个人不得发布证券交易即时行情

D.票据的签发、取得和转让，应当遵循诚实信用的原则，具有真实的交易关系和债权、债务关系

【答案】B

【解析】本题考核法律规范的分类。“当事人依法可以委托代理人订立合同”，属于授权性规范。在本题中：

选项A：明确地规定了某一行为规则的内容，而不必援引其他规范来说明的法律规范，属于确定性规范（义务性规范）。如要约收购的期限不得少于30日，并不得超过60日。

选项B：属于授权性规范，如股东有权查阅、复制公司章程。

选项C：属于禁止性规范（义务性规范），如票据的金额、日期、收款人名称不得更改，更改的票据无效。

选项D：属于命令性规范（义务性规范），如国有独资公司的董事会成员中应当有职工代表。

例1-2·多选题

我国《公司法》第148条2款规定“董事、监事、高级管理人员不得利用职权收受贿赂或者其他非法收入，不得侵占公司财产”该法律规范属于（　　）。

A.授权性规范　　B.禁止性规范

C.义务性规范　　D.任意性规范

【答案】BC

例1-3·多选题

根据会计法律制度的规定，从事会计工作的人员，必须取得会计从业资格证书。关于该法律规范性质的下列表述中，正确的有（　　）。

A.该法律规范属于义务性规范　　B.该法律规范属于禁止性规范

C.该法律规范属于授权性规范　　D.该法律规范属于强制性规范

【答案】AD

法律渊源的等级效力及制定机关该如何记忆?

三、法律渊源（见表1-2）

考霸笔记

法律渊源掌握：种类、制定者及效力，善用巧法，事半功倍。如：单字记忆法“（宪）法、（法）律、（法）规、（规）章”记忆种类的顺序；依据制定机关的从属性及层级判断效力等级。

表1-2　　法律渊源表

法律渊源（亦称法律的形式）种类		制定机关	效力
宪法（根本大法）		全国人民代表大会	最高
法律	基本法律	全国人民代表大会	仅次于宪法
	一般法律	全国人大常委会	
法规	行政法规	国务院	仅次于宪法和法律
	地方性法规	地方人大及其常委会	次于宪法、法律、行政法规
规章	部门规章	国务院的组成部门及其直属机构（如中国人民银行、证监会、银监会、保监会、财政部等）	次于宪法、法律、行政法规
	地方政府规章	地方人民政府	次于宪法、法律、行政法规、同级地方性法规
司法解释（非判例）		最高人民法院、最高人民检察院	
国际条约或协定		提示：国际条约或协定生效以后，对缔约方的国家机关、团体和公民就具有法律上的约束力，形成法律渊源	

考霸笔记：注意与法律渊源中的司法解释不同。

【解释1】全国人大常委会有权部分修改由全国人大制定的基本法律。全国人大常委会负责解释法律，其作出的法律解释同法律具有同等效力。

【解释2】有地方立法权的地方人大及其常委会：省、自治区、直辖市的人大及其常委会有权制定地方性法规；设区的市、自治州的人大及其常委会有权对"城乡建设与管理、环境保护、历史文化保护等方面"制定地方性法规。

【解释3】严格限制行政权侵害公民权。

①没有法律或国务院的行政法规、决定、命令的依据，部门规章不得设定减损公民、法人和其他组织权利或增加其义务的规范。

②没有法律、行政法规、地方性法规的依据，地方政府规章不得设定减损公民、法人和其他组织权利或增加其义务的规范。

【解释4】最高人民法院和最高人民检察院的解释有原则性的分歧时，应报请全国人大常委会解释或决定。

例 1-4 · 2016年单选题

下列关于法律渊源的表述中，正确的是（　　）。

A.全国人大常委会有权部分修改由全国人大制定的基本法律

B.部门规章可设定减损公民、法人和其他组织权利或增加其义务的规范

C.地方性法规是指地方人民政府就地方性事务制定的规范性法律文件的总称

D.除最高人民法院外，其他国家机关无权解释法律

【答案】A

【解析】没有法律或国务院的行政法规、决定、命令的依据，部门规章不得设定减损公民、法人和其他组织权利或增加其义务的规范，故选项B错误。地方性法规是有地方立法权的地方人民代表大会及其常委会就地方性事务以及根据本地区实际情况执行法律、行政法规的需要所制定的规范性法律文件的总称，故选项C错误。司法解释是最高人民法院、最高人民检察院在总结司法审判经验的基础上发布的指导性文件和法律解释的总称，故选项D错误。

例 1-5 · 2014年单选题

下列关于各种法律渊源效力层级由高到低的排序中，正确的是（　　）。

A.宪法、行政法规、部门规章、法律

B.宪法、法律、行政法规、部门规章

C.宪法、法律、部门规章、行政法规

D.宪法、行政法规、法律、部门规章

【答案】B

【解析】宪法>法律>行政法规>部门规章。

例 1-6 · 2012年单选题

经济法的法律渊源包括宪法、法律、行政法规、地方性法规、部门规章、司法解释等。中国证监会发布的《上市公司信息披露管理办法》属于（　　）。

A.法律　　B.行政法规

C.部门规章　　D.司法解释

【答案】C

【解析】做题时，主要看制定主体是谁，然后相应地对应立法形式即可。本题的制定主体是中国证监会，是国务院的一个部门，所以，中国证监会发布的《上市公司信息披露管理办法》属于部门规章。

第二节 法律关系

一、法律关系

（一）法律关系主体的种类

1.自然人。

2.法人和非法人组织。《民法总则》将法人分为营利法人、非营利法人和特别法人。营利法人是以取得利润并分配给股东等出资人为目的成立的法人，包括有限责任公司、股份有限公司和其他企业法人。非营利法人是为公益目的或者其他非营利目的成立的，不向出资人、设立人或者会员分配所取得利润的法人，包括事业单位、社会团体、基金会、社会服务机构等。特别法人包括特定的机关法人、农村集体经济组织法人、城镇农村的合作经济组织法人、基层群众性自治组织法人。非法人组织不具有法人资格，但是能够以自己的名义从事民事活动的组织，包括个人独资企业、合伙企业等。

考霸笔记
非法人组织当其财产不能清偿所负债务时，由其合伙人或企业主承担连带责任，因此不能完全独立地承担民事法律责任，这是其与法人的主要区别，可结合理解。

3.国家。

（二）法律关系主体的权利能力和行为能力

根据规定，自然人从出生时起到死亡时止，具有民事权利能力，依法享有民事权利，承担民事义务。它具体可以分为完全行为能力人、限制行为能力人和无行为能力人三种：

1.完全行为能力人。

（1）十八周岁以上的自然人为成年人。不满十八周岁的自然人为未成年人。

（2）成年人为完全民事行为能力人，可以独立实施民事法律行为。

（3）十六周岁以上的未成年人，以自己的劳动收入为主要生活来源的，视为完全民事行为能力人。

【解释】民法所称的“以上”“以下”“以内”“届满”，包括本数；所称的“不满”“超过”“以外”，不包括本数。

考霸笔记
注意临界值是否包含本数，有可能在选择题中进行考查。

2.限制行为能力人。

（1）八周岁以上的未成年人为限制民事行为能力人，实施民事法律行为由其法定代理人代理或者经其法定代理人同意、追认，但是可以独立实施纯获利益的民事法律行为或者与其年龄、智力相适应的民事法律行为。

（2）不能完全辨认自己行为的成年人为限制民事行为能力人，实施民事法律行为由其法定代理人代理或者经其法定代理人同意、追认，但是可以独立实施纯获利益的民事法律行为或者与其智力、精神健康状况相适应的民事法律行为。

【解释】无民事行为能力人、限制民事行为能力人的监护人是其法定代理人。

3.无行为能力人。

（1）不满八周岁的未成年人为无民事行为能力人，由其法定代理人代理实施民事法律行为。

（2）不能辨认自己行为的成年人为无民事行为能力人，由其法定代理人代理实施民事法律行为。

（三）法律关系的客体

主体享有权利和承担义务所共同指向的对象见表1-3。

表1-3　　法律关系客体分类表

法律关系客体	常见领域	举例
物	常见于物权关系	如土地、机器、电力、货币及其各种有价证券（如票据、债券等），不包括活人身体
行为	常见于合同关系	如运输行为、给付行为，包括作为和不作为
人格利益	常见于人身关系	如公民和组织的名称，肖像、名誉，公民的人格
智力成果	常见于知识产权关系	如科学著作、文学艺术作品、专利、商标等

例1-7·2017年多选题

下列各项中，属于法律关系客体的有（　　）。

A.建筑物

B.自然人的不作为

C.有价证券

D.人格利益

【答案】ABCD

【解析】法律关系的客体包括物、行为、人格利益、智力成果。（1）选项AC：属于物，是物权法法律关系的客体。（2）选项B：行为包括作为和不作为。

（四）法律关系的变动原因——法律事实

该如何区分事件和行为?

法律事实，是法律关系的变动原因，即能够引起法律关系产生、变更和消灭的客观现象。

表1-4　　法律事实分类表

项目	分类		举例
法律事实	事件（与人的主观意志无关）		如人的出生与死亡、自然灾害、战争、罢工、事件经过
	行为（与人的主观意志有关）	法律行为	如合同行为
		事实行为	如侵权、创作、发明、拾得遗失物、添附、合法建造

例1-8·多选题

下列各项中，属于法律事实中的事件范围的是（　　）。

A.地震　　　　B.人的死亡

C.签订合同　　D.创作行为

【答案】AB

第三节 全面治国基本方略（2019年新增）

一、全面依法治国新理念新思想新战略

党的十九大报告提出，“成立中央全面依法治国领导小组，加强对法治中国建设的统一领导”。2018年3月，中共中央印发《深化党和国家机构改革方案》，组建中央全面依法治国委员会，负责全面依法治国的顶层设计、总体布局、统筹协调、整体推进、督促落实，作为党中央决策议事协调机构。

中央全面依法治国委员会办公室设在司法部。

二、全面推进依法治国的基本原则

为实现全面推进依法治国的总目标，应坚持以下基本原则：

第一，坚持中国共产党的领导。党的领导是中国特色社会主义最本质的特征，是社会主义法治最根本的保障。

第二，坚持人民主体地位。必须坚持法治建设为了人民、依靠人民、造福人民、保护人民，以保障人民根本权益为出发点和落脚点。

第三，坚持法律面前人人平等。平等是社会主义法律的基本属性。

第四，坚持依法治国和以德治国相结合。国家和社会治理需要法律和道德共同发挥作用。

第五，坚持从中国实际出发。

三、建设中国特色社会主义法治体系

1.建设中国特色社会主义法治体系，首要的是完善以宪法为核心的中国特色社会主义法律体系，主要标准包括：第一，法的部门要齐全；第二，不同法律部门内部基本的、主要的法律规范要齐备；第三，不同法律部门之间、不同的法律规范之间、不同层级的法律规范之间，要做到逻辑严谨、结构合理、和谐统一。

2.法的生命力和权威在于实施。建设中国特色社会主义法治体系，还需要建立高效法治实施体系。坚持依法治国、依法执政，首先是要坚持依宪治国、依宪执政，加强宪法实施。同时，需要坚持严格执法、公正司法、全民守法，切实维护法律尊严和权威，确保法律全面有效实施。

3.建设中国特色社会主义法治体系，要建立严密的法治监督体系。

4.建设中国特色社会主义法治体系，必须健全法治保障体系，为全面依法治国提供有力的政治和组织保障。

5.建设中国特色社会主义法治体系，必须加强党内法规制度建设。

智能测评

在线练习	我要提问
扫码在线做题　扫码看答案 本书“本章同步强化训练”均配备二维码，打开微信“扫一扫”即可完成在线测评，查看本章详细的测评反馈报告，了解知识掌握情况，也可扫码直接看答案噢。 快来扫码做题吧！	扫码答疑 本书配备答疑专用二维码，打开微信“扫一扫”，即可完成在线提问，获取专业老师全面个性化解答，让学习问题不再拖延。 快来扫码提问吧！

本章同步强化训练

一、单项选择题

1.中国证监会发布的《上市公司信息披露管理办法》属于（　　）。

A.法律　B.行政法规　C.部门规章　D.司法解释

2.下列规范性法律文件中由全国人大常委会制定的是（　　）。

A.《中华人民共和国刑法》　B.《中华人民共和国民法总则》

C.《中华人民共和国公司法》　D.《中华人民共和国选举法》

3.下列关于我国法律渊源的表述中，不正确的是（　　）。

A.宪法由全国人民代表大会制定

B.行政法规由国务院制定

C.部门规章由国务院的各部委及其直属机构制定

D.司法解释由全国人民代表大会常务委员会制定

4.根据我国法律制度的规定，下列关于法律渊源的表述中，不正确的是（　　）。

A.《中华人民共和国选举法》属于其他附属性宪法性文件

B.国务院可以制定行政法规

C.地方性法规只能在本辖区内适用

D.规章包括部门规章和地方政府规章，地方政府规章是由地方人大及其常委会制定的

5.下列关于法律渊源的表述中，不正确的是（　　）。

A.法律的效力高于行政法规、地方性法规、本级及下级地方政府规章

B.法律由全国人大及其常委会制定和修改，全国人大闭会期间，全国人大常委会可对基本法律进行部分补充和修改

C.一切法律、行政法规、地方性法规、自治条例和单行条例、规章都不得同宪法相抵触

D.根据部门规章，地方政府规章可以设定减损公民、法人和其他组织权利或者增加其义务的规范

6.下列关于法律关系的主体说法中，正确的是（　　）。

A.在我国某外商投资企业担任董事长并居住在我国的美国人David，不能成为经济法主体

B.最高人民法院作为特定机关法人，不能成为经济法主体

C.非法人组织即使不具备法人资格也可以成为经济法主体

D.为了维护国家的权威性，国家不能成为经济法的主体

7.根据《中华人民共和国民法总则》的规定，下列各项中，关于权利能力、行为能力的表述，正确的是（ ）。

A.8周岁的未成年人是无民事行为能力人

B.不能完全辨认自己行为的成年人是无民事行为能力人

C.法人的权利能力、行为能力在法人成立时同时产生，到法人终止时同时消灭

D.以自己的劳动收入为主要生活来源的17周岁的自然人，为限制民事行为能力人

8.根据相关规定，下列关于法律关系的表述中，不正确的是（ ）。

A.行为能力必须以权利能力为前提，无权利能力也就谈不上行为能力

B.法律关系客体包括物、行为、智力成果，不包括人格利益

C.自然人从出生时起到死亡时止，具有民事权利能力

D.权利和义务是法律关系的内容

9.根据相关规定，下列各项中，不属于人的行为的是（ ）。

A.刘某死亡

B.陈某签发了一张10万元的支票

C.邓某完成某小说的写作

D.黄某的侵权行为

10.没有明确具体的行为模式或法律后果，而需要引用其他法律规范来说明或补充的规范指的是（ ）。

A.授权性规范　　B.义务性规范　　C.任意性规范　　D.非确定性规范

11.关于法的特征，下列表述不正确的是（ ）。

A.法律是由国家制定或认可，这一特征使法律成为国家意志的体现，具有权威性和统一性

B.国家强制力是保证法律实施的唯一力量

C.法律所规定的权利和义务不仅指个人、组织及国家（作为普通法律主体）的权利和义务，还包括国家机关及其公职人员在依法执行公务时所行使的职权和职责

D.法律虽然是调整人类社会关系的重要社会规范，但并不是唯一的社会规范

12.行政法规的制定部门是（ ）。

A.省、自治区、直辖市人民政府　　B.国务院直属机构

C.全国人民代表大会　　D.国务院

13.下列属于国家的根本大法、具有最高法律效力的是（ ）。

A.《中华人民共和国全国人民代表大会组织法》

B.《中华人民共和国立法法》

C.《中华人民共和国宪法》

D.《中华人民共和国刑法》

14.下列情形中，法律关系不成立的是（ ）。

A.甲向乙签发一张支票

B.甲拾得乙遗失的手机

C.甲与乙发生口角而大打出手，致乙住院治疗

D.甲与乙谈恋爱

15.根据法律关系产生的依据是合法行为还是违法行为、是否适用法律制裁，可以将法律关系分为（　　）。

A.平权型法律关系与隶属型法律关系　　B.绝对法律关系与相对法律关系

C.调整性法律关系与保护性法律关系　　D.主法律关系和从法律关系

16.以下关于法律关系的说法正确的是（　　）。

A.法律关系的主体即自然人和法人

B.外国公民可以成为法律关系的主体，无国籍人不能成为法律关系的主体

C.人格利益不能作为法律关系的客体

D.法律关系的内容即权利和义务

17.下列不属于市场规制法律制度的是（　　）。

A.财政法　　B.反垄断法　　C.反不正当竞争法　　D.消费者权益保护法

二、多项选择题

1.下列各项关于法律规范种类的表述，正确的有（　　）。

A.按照法律规范为主体提供行为模式的方式进行区分，法律规范可分为授权性规范和禁止性规范

B.按照法律规范是否允许当事人进行自主调整以及按照自己的意愿设定权利和义务的标准进行区分，法律规范可分为强行性规范和任意性规范

C.按照法律规范内容的确定性程度进行区分，可以把法律规范分为确定性规范和非确定性规范

D.只规定某种概括性指示，具体内容则由有关国家机关通过相应途径或程序加以确定的法律规范，是委任性规范

2.下列关于我国法律渊源的表述中，正确的有（　　）。

A.宪法由全国人民代表大会制定

B.行政法规由国务院制定

C.地方性法规由地方各级人民政府制定

D.法律由全国人民代表大会及其常委会制定

3.甲、乙均为2000年1月1日出生。甲于2017年1月1日参加工作，并以自己的劳动收入为主要生活来源；乙尚读高中，不能独立生活。下列关于甲、乙的民事行为能力的表述中，不正确的有（　　）。

A.甲为限制民事行为能力人

B.甲应被视为完全民事行为能力人

C.乙为限制民事行为能力人

D.乙应被视为完全民事行为能力人

4.下列选项中，属于法律关系的构成要素的有（　　）。

A.主体　　B.内容　　C.法律事实　　D.客体

5.根据规定，下列选项中，可以成为经济法主体的有（　　）。

A.居住在法国境内的无国籍人Lay　　B.在我国留学的韩国人朴民昊

C.北京市高级人民法院　　D.甲上市公司

6.下列选项中，属于民事法律关系客体的有（　　）。

A.公民的尊严　　B.小说《花千骨》
C.运输行为　　D.毛绒玩具

7.根据我国法律的相关规定，下列说法中，正确的有（　　）。
A.人格利益不是法律关系的客体
B.人的行为可以成为法律关系的客体
C.事件作为法律事实的一种，能够引起法律关系的产生、变更和消灭
D.创作行为属于法律行为

8.下列行为中，不属于法律行为的有（　　）。
A.2013年12月17日，强台风“菲特”登陆我国福建
B.2014年2月11日，刘某死亡
C.2014年4月15日，王某与宋某发生口角后，将宋某打成轻微伤
D.2014年2月14日，李某团购了一张电影票

9.下列各项中，属于法律事实中的事件的有（　　）。
A.人的出生　　B.事实行为　　C.自然灾害　　D.时间的经过

10.下列各项中，属于法律事实的有（　　）。
A.方某于2015年10月20日死亡　　B.甲与乙签订房屋买卖合同
C.小红将小明打成轻伤　　D.肖某主张权利的次日发生地震

11.下列关于法律与道德区别的表述中正确的有（　　）。
A.法律属于社会制度的范畴，道德属于社会意识形态的范畴
B.法律强调权利与义务的平衡，道德强调对他人、对社会集体履行义务，承担责任
C.法律由国家强制力保证实施，道德主要凭借社会舆论、人们的内心信念、宣传教育等手段来实现
D.法律规范是最基本的规范体系，道德规范体现统治阶级意志

12.根据会计法律制度的规定“在民族自治地方，会计记录可以同时使用当地通用的一种民族文字”。关于该法律规范性质的下列表述中，正确的有（　　）。
A.该法律规范属于任意性规范　　B.该法律规范属于禁止性规范
C.该法律规范属于授权性规范　　D.该法律规范属于强制性规范

13.关于法律规范，下列表述正确的有（　　）。
A.法律是具体法律规范的集合，法律规范是法律构成的基本单位
B.法律的属性均由具体的法律规范来体现，法律的功能亦由具体的法律规范来实现
C.法律规范规定主体的行为模式，具有可重复适用性和适用的普遍性
D.法律规范等同于规范性法律文件

14.我国的法律渊源主要有（　　）。
A.宪法、法律　　B.行政法规、地方性法规
C.规章、司法解释　　D.国际条约和协定

15.下列各项中，可以成为法律关系主体的有（　　）。
A.公司设立的分公司　　B.承包经营企业
C.某社会团体　　D.某市国家税务机关

16.下列各项中，属于法律关系的客体的有（　　）。
A.运输行为　　B.公民人格　　C.科学著作　　D.机器设备

第二章
基本民事法律制度

本章导学

本章框架图

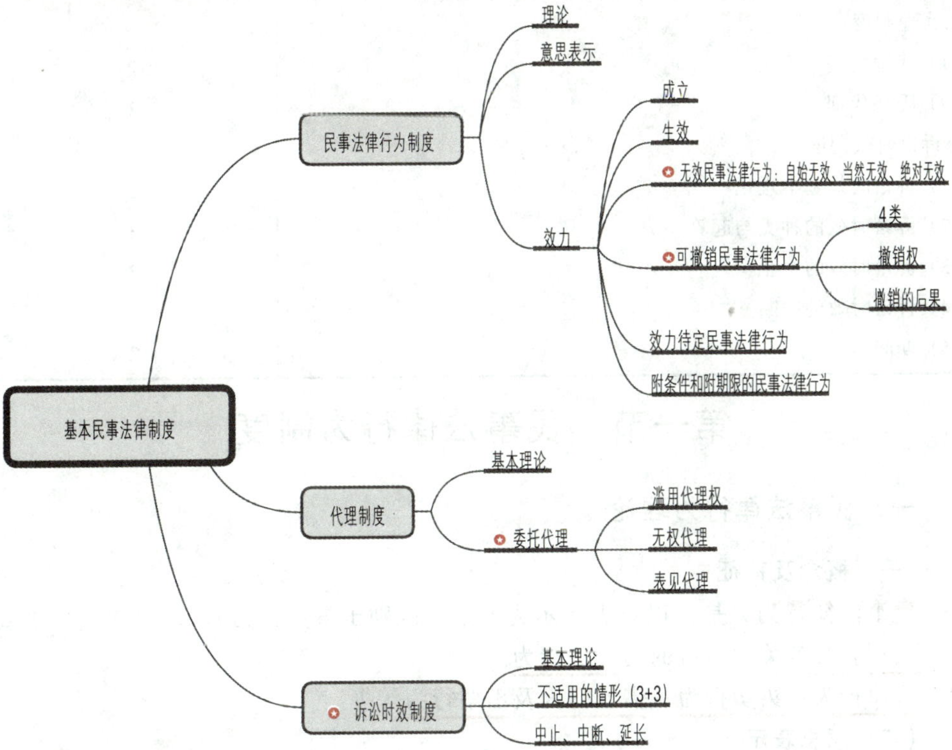

本章考情概述

本章是基本理论章节，近几年平均考查分值在4.5分左右，但内容比较抽象，需要结合示例具体体会，其对理解并学好合同、票据民事行为的相关内容有非常重要的作用。

本章应关注的问题：无效及可撤销的民事行为、无权代理（表见代理）、诉讼时效中止与中断等。

近三年主要考点：考题多以案例形式考查，题型主要是客观题，考生应适当关注部分考点与合同法章节相结合考核案例分析题（2015年），重在理解。

本章考点概况

（一）基本民事法律制度	
1.民事法律行为制度	
（1）民事法律行为理论	2
（2）意思表示	3
（3）民事法律行为的效力	3
（4）民事法律行为的附条件和附期限	2
2.代理制度	
（1）代理的基本理论	2
（2）委托代理	3
3.诉讼时效制度	
（1）诉讼时效基本理论	2
（2）诉讼时效的种类与起算	3
（3）诉讼时效的中止	3
（4）诉讼时效的中断	3
（5）期间	2

第一节　民事法律行为制度

一、民事法律行为理论

（一）概念及特征

考霸笔记

【解释】民事行为实际上是民事法律行为的上位概念。民事行为包含民事法律行为，同时可以指代无效民事行为、可撤销的民事行为等。而民事法律行为指的是合法的民事行为。

民事法律行为，是指以意思表示为要素（区别于事实行为），以设立、变更或终止权利和义务关系为目的的合法行为。

法律行为：买卖行为、借款行为及出票行为等等。

该如何理解意思表示？

（二）意思表示

1.无相对人的意思表示如：遗嘱、抛弃动产等行为。

2.有相对人的意思表示如：要约和承诺、债务免除、授予代理权、合同解除等。

【提示】意思表示一般明示，默示也可。

【例如】房屋租赁合同期满后，承租人继续使用租赁房屋，出租人也未提出异议的，出租人与承租人就通过推定的方式订立了一个不定期租赁合同。

（三）分类

考霸笔记

在判断单方行为时，主要看如下几个关键词：抛弃、追认、免除、遗嘱、撤销。

1.单方法律行为和多方法律行为

①单方法律行为是根据一方当事人的意思表示而成立的法律行为。该法律行为仅有一方当事人的意思表示而无须他方的同意即可发生法律效力，如委托代理的撤销、债务的免除、无权代理的追认等。

②多方法律行为是两个或者两个以上的当事人意思表示一致而成立的法律行为。合同（包括赠与合同）是常见的多方法律行为。

例 2-1 · 2012年单选题

下列法律行为中，须经双方当事人意思表示一致才能成立的是（ ）。

A. 甲免除乙对己所负的债务

B. 甲将一枚钻石戒指赠与乙

C. 甲授权乙以甲的名义购买一套住房

D. 甲立下遗嘱，将个人所有财产遗赠给乙

【答案】B

【解析】(1) 选项A：债务免除属于单方法律行为，债权人免除债务的意思表示应当向债务人作出，但无须取得债务人的同意；(2) 选项C：代理权的授予是一种单方法律行为，签订代理合同则为多方法律行为；(3) 选项BD：遗嘱行为属于单方法律行为，签订赠与合同属于多方法律行为。

2. 有偿法律行为和无偿法律行为

两者区分的意义在于：

①法律规定某些法律行为必须是有偿的或者无偿的，如买卖必须是有偿的，而赠与必须是无偿的。

②有偿民事行为显失公平时，受损害方有权请求变更或者撤销；而无偿民事行为则不存在显失公平的问题。

③有偿法律行为的民事责任要重于无偿法律行为，如买卖合同中的出卖人应当对买卖标的物的瑕疵承担违约责任，而赠与合同中的赠与人原则上不对赠与物的瑕疵承担责任。

④如果是有偿民事行为，只有在受让人明知的情况下才可以主张合同保全的撤销权；如果是无偿民事行为，则不用考虑当事人的主观意图即可主张合同保全的撤销权。

⑤有偿民事行为，要求当事人具有相应的民事行为能力；无偿民事行为，则对获得利益的当事人的民事行为能力不作要求。

3. 要式法律行为和不要式法律行为

要式法律行为是指不但要当事人意思表示一致，而且只能采取一个特定的方式，才能够进行的行为。典型的是票据行为。

不要式法律行为是指法律不要求采取一定形式，当事人自由选择一种形式即可成立的法律行为。

4. 主法律行为和从法律行为

主法律行为是指不需要有其他法律行为的存在就可以独立成立的法律行为。从法律行为是指从属于其他法律行为而存在的法律行为。

考霸笔记

例如，当事人之间订立一个借贷合同，为保证该合同的履行，又订立了一个担保合同。在此，借贷合同是主合同，担保合同是从合同。

二、法律行为的成立与生效

（一）法律行为的成立要素

法律行为的成立要素：当事人、意思表示、标的三要素。

（二）法律行为的生效

法律行为成立的要件：

1.实质有效要件。

(1)行为人具有相应民事行为能力

(2)意思表示真实

(3)不违反法律或社会公共利益

【提示】(1)无民事行为能力人、限制民事行为能力人实施接受奖励、赠与、报酬等纯获益的民事行为时,他人不得以行为人无民事行为能力、限制民事行为能力为由,主张以上行为无效。(2)当事人超越经营范围订立合同,人民法院不因此认定合同无效,但违反国家限制经营、特许经营以及法律、行政法规禁止经营规定的除外。

2.形式有效要件

民事法律行为的形式主要包括口头形式、书面形式、推定形式、沉默形式等。

【提示】数据电文、电子邮件等也属于书面形式。

【解释】除了口头和书面以外还有其他形式,主要是推定形式或沉默形式。

(1)推定形式是指有积极的作为,但没有一个具体的意思表示来实现法律行为的效果。典型的是以行为方式作出的承诺。如:在超市购物,向售货员交付货币的行为就可推定为行为人具有购买物品的意思。

(2)沉默形式是指消极的、不作为的意思表示。消极的、不作为的意思表示要产生法律效力必须是法律规定,或者当事人之间有约定。例如:《合同法》规定:在效力待定的民事行为中,相对人可以催告行为人的法定代理人或者被代理人在一个月内予以追认,到期未作表示的视为拒绝追认。

三、无效民事行为

(一)概念和特征

1.自始无效。

2.当然无效:不论当事人是否主张,是否知道,不论是否经过人民法院或仲裁机构确认,该民事行为当然无效。

3.绝对无效:无效的民事行为绝对不发生法律效力,不能通过当事人的行为进行补正。

(二)种类

无效民事行为的种类有哪些?

1.无民事行为能力人独立实施的民事行为。

(1)无民事行为能力人实施的行为,除了接受奖励、赠与、报酬等纯获利的民事行为以外,一般来说,无民事行为能力人实施的行为都是无效的。

(2)无民事行为能力人虽然不能独立实施民事法律行为,但可以在法定代理人的帮助下完成民事法律行为。

【举例】在法定代理人的帮助下,房屋的出卖人或买受人享有权利,并应履行义务。

2.以虚假意思表示实施的民事法律行为。

(1)行为人与相对人以虚假的意思表示实施的民事法律行为无效。

(2)行为人如果以虚假的意思表示隐藏另外一个民事法律行为,被隐藏的民事行为的效力,依照有关法律规定处理。

【举例】阴阳合同买房。阳合同是虚假表示，是无效合同。隐藏的合同是阴合同，是有效的。

3.恶意串通，损害他人（国家、集体或者第三人）利益的民事行为。

4.违反强制性规定或者公序良俗的民事行为。

（1）违反法律、行政法规的强制性规定的民事法律行为无效，但是该强制性规定不导致该民事法律行为无效的除外。

（2）违反公序良俗的民事法律行为，亦属无效。

四、可撤销的民事行为

（一）概述

1.可撤销的民事行为也称为“相对无效的民事法律行为”，是指由于意思表示不一致或者不自由，导致非真实的意思表示，当事人可申请法院或者仲裁机构予以撤销的民事法律行为。

2.可撤销民事行为与无效民事行为的区别，见表2-1。

表2-1　可撤销民事行为与无效民事行为的区别

区别	可撤销	无效
效力	在撤销前已经生效。在撤销前，其法律效力可以对抗除撤销权人以外的任何人	当然、自始无效
主张主体	由撤销权人申请，法院不主动干预	司法、仲裁机构可主动强制干预
行为效果	选择权：可撤销使之无效；可不撤销继续有效 但一经撤销，自行为开始时无效 如果撤销权人未在规定的时间内行使撤销权，则可撤销行为是有效的	自始无效、当然无效、绝对无效
时间	自当事人知道或应当知道撤销事由之日起1年内行使	无限制

（二）种类

1.重大误解

（1）行为人对行为的性质，对方当事人，标的物的品种、质量、规格和数量等的错误认识，使行为的后果与自己的意思相悖，造成较大损失的意思表示。

【举例】某相机的实际价格是7 998元，但营业员看错了标签，以1 998元的价格出售。

（2）对于动机的错误认识一般不构成重大误解。

【举例】意图转售获得差价而购物，后来动机不能实现，不得以重大误解为由要求撤销前一购物行为。

2.显失公平

（1）对有偿行为对价显著不均等，利用相对人无经验等的民事行为，属于可撤销的民事行为。

【举例】某古董收购商下乡以不合理的价格收购古董的行为就是显失公平的民

事行为。

（2）在民事法律行为成立之后发生的情势变化，导致双方利益显失公平的，不属于显失公平的民事法律行为，应当按照诚实信用原则处理。

3.受欺诈

（1）欺诈，是指当事人一方通过故意的变造虚假情况或者隐瞒真实情况，使对方陷入错误而违背自己的真实意思表示所作出的行为。

（2）受欺诈而为的民事法律行为属于意思表示不真实的民事法律行为，被欺诈的一方可以请求法院或者仲裁机构予以撤销。

4.受胁迫

受胁迫而为的民事行为，是指对公民或者亲友的生命健康、荣誉、名誉、财产等造成损害，或者以给法人的荣誉、名誉、财产等造成损害相要胁迫使对方作出违背真实意愿的意思表示。受胁迫一方可以请求法院或者仲裁机构予以撤销。

考霸笔记

只有受损害方才有撤销权，损害方是没有撤销权的，因为不能得了便宜还卖乖。

（三）撤销权

1.撤销权的行使主体以及期限

（1）在可撤销的民事行为中，并非所有的当事人都享有撤销权。在欺诈、胁迫或者乘人之危的情况下，只有受损害方才有权撤销。

（2）撤销权人变更或者撤销的意思表示应当向法院或者仲裁机构提出，由法院或者仲裁机构确认其撤销权是否成立。

（3）具有撤销权的当事人自知道或者应当知道撤销事由之日起1年内没有行使撤销权的，撤销权消灭。该期限属于除斥期间，即不变期间，不适用诉讼时效的中止、中断和延长。

撤销权消灭的情形有哪些?

2.有下列情形之一的，撤销权消灭：

（1）当事人自知道或者应当知道撤销事由之日起一年内、有重大误解的当事人自知道或者应当知道撤销事由之日起三个月内没有行使撤销权。

（2）当事人受胁迫，自胁迫行为终止之日起一年内没有行使撤销权。

（3）当事人知道撤销事由后明确表示或者以自己的行为表明放弃撤销权。

（4）当事人自民事法律行为发生之日起五年内没有行使撤销权的，撤销权消灭。

例 2-2 · 2015年多选题

根据民事法律制度的规定，下列关于无效民事行为特征的表述中，正确的有（　　）。

A.不能通过当事人的行为进行补正

B.其无效需以当事人主张为前提

C.从行为开始起就没有法律约束力

D.其无效须经人民法院或仲裁机构确认

【答案】AC

【解析】无效民事行为当然无效（不论当事人是否主张，是否知道，也不论是否经过人民法院或者仲裁机构确认，该民事行为当然无效）、自始无效、绝对无效（不能通过当事人的行为进行补正）。

例 2-3 · 2015年单选题

根据民事法律制度的规定，下列关于可撤销的民事行为的表述中，正确的是（　　）。

A. 可撤销的民事行为亦称“效力待定的民事行为”

B. 可撤销的民事行为一经依法撤销，自始无效

C. 自撤销事由发生之日起1年内当事人未撤销的，撤销权消灭

D. 法官审理案件时发现民事行为具有可撤销事由的，可依职权撤销

【答案】B

【解析】（1）选项A：民事行为可撤销与民事行为效力待定是民事行为两种完全不同的效力状态，存在明显区别：①可撤销民事行为的效力在各个具体时间点上均是确定的，权利人不撤销，则行为有效，权利人依法撤销，则行为自始无效（选项B正确）；②效力待定民事行为，在被追认、拒绝追认或者被撤销之前，效力处于不确定状态，在该段时间内，无法给出有效或无效的肯定回答。（2）选项C：可撤销行为的起算点，一般是从知道或者应当知道起算时间。（3）选项D：可撤销的民事行为的撤销，应由撤销权人以撤销行为为之，人民法院不主动干预。

五、效力待定的民事法律行为

效力待定民事行为中如何保护相对人的权利？

1. 概念

效力待定的民事法律行为，是指民事法律行为成立时尚未生效，须经权利人追认才能生效的民事法律行为。追认的意思表示自达到相对人时生效。一旦追认，则民事法律行为自成立时起生效；如果权利人拒绝追认，则民事法律行为自成立时起无效。

2. 限制民事行为能力人依法不能独立实施的民事法律行为

（1）限制民事行为能力人实施的纯获利益的民事法律行为或者与其年龄、智力、精神健康状况相适应的民事法律行为有效；实施的其他民事法律行为经法定代理人同意或者追认后有效。

【解释】限制民事行为能力人依法不能独立实施的民事法律行为属于效力待定的民事法律行为。法定代理人的追认权性质上属于形成权。仅凭其单方意思表示就可以使得效力待定的合同转化为有效合同。

（2）相对人可以催告法定代理人自收到通知之日起一个月内予以追认。法定代理人未作表示的，视为拒绝追认。民事法律行为被追认前，善意相对人有撤销的权利。撤销应当以通知的方式作出。

3. 无权代理人实施的民事法律行为

（1）行为人没有代理权、超越代理权或者代理权终止后，仍然实施代理行为，未经被代理人追认的，对被代理人不发生效力。

（2）相对人可以催告被代理人自收到通知之日起一个月内予以追认。被代理人未作表示的，视为拒绝追认。行为人实施的行为被追认前，善意相对人有撤销的权利。撤销应当以通知的方式作出。

（3）行为人实施的行为未被追认的，善意相对人有权请求行为人履行债务或者就其受到的损害请求行为人赔偿，但是赔偿的范围不得超过被代理人追认时相对人

所能获得的利益。

考霸笔记
举例：A赠B200万元，条件是：太阳从西边出来或从东边出来。上述条件都无效，因其分别是完全不可能和完全确定的条件。所附条件必须是不确定的。例如，当B与C结婚时，我就赠送你200万元。B与C结婚就是一个不确定的事项。

（4）相对人知道或者应当知道行为人无权代理的，相对人和行为人按照各自的过错承担责任。

六、附条件和附期限的法律行为

（一）附条件的法律行为（所附条件必须是将要发生的、不确定的、任意而非法定的、合法的）

1.生效（延缓或停止）条件：条件成就才生效。如甲乙约定，如甲分到住房就让乙装修队装修。双方承揽合同的生效就是以甲分到住房为条件的。

2.解除条件：已经发生效力的合同在条件不成就时仍然保持其效力，在条件成就时其效力消灭而解除合同。如甲、乙约定，如果甲的女儿被分配到本市工作，就解除双方之间的房屋租赁合同。

【提示】两个视为：《合同法》第45条第2款规定，当事人为自己的利益不正当地阻止条件成就时，视为条件已成就；不正当地促成条件成就的，视为条件不成就。

例2-4·2017年单选题

根据民事法律制度的规定，下列关于附条件民事法律行为所附条件的表述中，正确的是（　　）。

A.既可以是将来事实，也可以是过去事实

B.既可以是人的行为，也可以是自然现象

C.既可以是确定发生的事实，也可以是不确定发生的事实

D.既包括约定事实，也包括法定事实

【答案】B

【解析】所附条件，可以是自然现象、事件，也可以是人的行为（选项B）。但它应当具备下列特征：（1）必须是将来发生的事实。过去的事实，不得作为条件（选项A）；（2）必须是将来不确定的（选项C）；（3）条件应当是双方当事人约定的（选项D）；（4）条件必须合法。

考霸笔记
注意区别：附条件可能成立也可能不成立，但所附期限一定到来。

（二）附期限的法律行为

1.附生效期限的法律行为

法律行为虽然已经成立，但是在所附期限到来之前不发生效力，待期限届至时，才发生法律效力。

2.附解除期限的法律行为

法律行为在约定的期限到来时，该行为所确定的法律效力消灭。

【举例1】如果你明年通过注册会计师考试，我就送你一辆法拉利。——附生效（延缓）条件

【举例2】2016年7月10日，我送你一头牛。——附生效期限（始期）

【举例3】2018年1月1日，我们解除房屋租赁合同。——附失效期限（终期）

【举例4】如果我儿子回到上海工作，我们就解除承揽合同。——附失效（解除）条件

例 2-5·多选题

甲与乙签订了一份租房合同，协议规定：如果甲在三个月内与丙结婚，将租用乙的两居室。这一民事行为是（　　）。

A.附条件的民事法律行为　　B.附期限的民事法律行为

C.附延缓条件的民事法律行为　　D.附解除条件的民事法律行为

【答案】AC

【解析】三个月内与丙结婚是一个不确定的事实，即为条件。另租用乙的房子，证明它是一个生效（延缓或停止）条件。

七、民事法律行为被确认无效或者被撤销的法律后果

1.可撤销行为在成立之时具有法律效力，对当事人具有约束力。如果当事人行使撤销权，该行为因撤销而归于无效。一旦撤销，其行为效果和无效行为的效果一样。

2.民事法律行为部分无效，不影响其他部分效力的，其他部分仍然有效。

3.民事法律行为无效、被撤销或者确定不发生效力后，行为人因该行为取得的财产，应当予以返还；不能返还或者没有必要返还的，应当折价补偿。有过错的一方应当赔偿对方由此所受到的损失；各方都有过错的，应当各自承担相应的责任。法律另有规定的，依照其规定。

4.合同无效或者被撤销不影响其中独立存在的有关解决争议方法条款的效力。

【举例】双方当事人约定用仲裁方式解决双方争议的条款继续有效。

第二节　代理制度

一、代理的基本理论

（一）概念及特征

四个特征：

1.代理行为是民事法律行为。

主要包括：民事法律行为；民事诉讼行为；某些财政、行政行为（如代理专利申请、商标注册）。

不适用的情形包括：必须本人亲自进行的，如遗嘱、婚姻登记、收养子女、约稿、演出等；双方当事人约定必须由本人亲自实施的民事法律行为，也不得代理。

2.代理人以“被代理人”的名义实施法律行为。

3.代理人在代理权限内独立向第三人作出意思表示。

4.法律后果由被代理人承担。

> **考霸笔记**
> 在这个地方可以用律师、采购员这些职业对代理这个行为进行形象化的比拟，这样更容易理解什么是代理。

【注】在代理活动中，代理人不因其所实施的民事法律行为直接取得任何个人利益，由代理行为产生的权利义务自应由被代理人本人承受。

例2-6·2009年单选题

下列行为中，不构成代理的是（　　）。

A.甲受公司委托，代为处理公司的民事诉讼纠纷

B.乙受公司委托，以该公司名义与他人签订买卖合同

C.丙受公司委托，代为申请专利

D.丁受公司委托，代表公司在宴会上致辞

【答案】D

【解析】本题考核代理的适用范围。根据规定，代理是指代理人在代理权限内，以被代理人的名义与第三人实施法律行为，由此产生的法律后果直接由被代理人承担的一种法律制度。选项ABC均构成代理；选项D中，丁不是与第三人实施法律行为，所以不是代理。

（二）代理与相关概念的区别

1.代理与委托

委托与代理有如下区别：

（1）代理的一定是民事法律行为；委托不要求以"意思表示"为要素，因此委托从事的行为可以是纯粹的事务性行为，如整理资料、打扫卫生等。

（2）代理涉及三方当事人，即被代理人、代理人、第三人；委托仅涉及双方当事人，即委托人、受托人。

（3）当然，委托和代理也存在一定的联系，如在委托代理中，委托人（被代理人）与受托人（代理人）之间的法律关系按照委托处理；委托人、受托人及相对人三方当事人之间的法律关系按照代理处理。

2.代理与行纪

代理与行纪的区别体现在：

（1）行纪是以行纪人自己的名义实施法律行为；代理是以被代理人的名义实施法律行为。

（2）行纪的法律效果先由行纪人承受，然后通过其他法律关系（如委托合同）转给委托人；代理的法律效果直接归属被代理人享有。

（3）行纪必为有偿法律行为；代理既可为有偿，亦可为无偿。

考霸笔记
典型如企业的采购员，采购员在从事采购时所签订的合同是对其所在的公司发生效力的。

二、代理权

（一）概述

以他人名义独立为意思表示，效果归属他人的一种法律资格。

（二）委托代理

1.委托代理的被代理人在授权时必须具有相应的民事行为能力。

2.（1）执行法人或者非法人组织工作任务的人员，就其职权范围内的事项，以法人或者非法人组织的名义实施民事法律行为，对法人或者非法人组织产生效力。

（2）法人或者非法人组织对执行其工作任务的人员职权范围的限制，不得对抗善意相对人。

考霸笔记
内部限制，不得对抗善意相对人，因为善意相对人在与其工作人员接触时一般并不知道其内部限制。

3.委托代理中的授权行为是一种单方法律行为，仅凭被代理人一方的意思表

示，即可产生授权的效果。被代理人的授权行为，既可以向代理人进行，也可以向相对人为之，两者效力相同。

（三）代理权的滥用

1.自己代理：代理他人与自己进行民事活动（行纪合同可以）。

2.双方代理：代理双方当事人进行同一民事行为。

【举例】甲受乙委托买入一台机器设备（授权价格为80万元~100万元），同时甲又受丙的委托卖出一台机器设备（授权价格为80万元~100万元）。甲分别以乙、丙的名义签订了98万元的买卖合同，则甲的行为属于滥用代理权。因为甲很难有效同时兼顾两个委托方的利益，很难同时保护双方的利益。

【解释】自己代理和双方代理在类型上应当定性为效力待定行为，其行为效力取决于被代理人对意思表示的追认与否。

3.利己代理：代理人与第三人恶意串通，损害被代理人的利益。代理人应当承担民事责任，第三人和代理人负连带责任。

例2-7・2015年多选题

根据民事法律制度的规定，下列行为中，属于滥用代理权的有（　　）。

A.代理人甲以被代理人乙的名义将乙的一台塔吊卖给自己

B.代理人甲以被代理人乙的名义卖出一台塔吊，该塔吊由甲以丙的名义买入

C.代理人甲与买受人丁串通，将被代理人乙的一台塔吊低价卖给丁

D.代理人甲在被代理人乙收回代理权后，仍以乙的名义将乙的塔吊卖给戊

【答案】ABC

【解析】（1）滥用代理权的行为包括：自己代理（选项A）、双方代理（选项B）、代理人与第三人恶意串通（选项C）；（2）选项D：属于无权代理。

如何区分无权代理与代理权滥用？

三、无权代理

（一）概述

1.没有代理权的代理行为。

2.超越代理权的代理行为。

3.代理权终止后的代理行为。

（二）法律后果

1.对本人而言

（1）在效力待定的情况下，被代理人有追认和拒绝追认的权力，都属于形成权，单方面的意思表示就可以产生法律效力。

（2）一旦本人拒绝追认，无权代理行为就确定地转化为无效民事法律行为，由各方当事人按照自己的过错程度承担法律责任。

（3）无权代理成立后，被代理人已经开始履行法律行为项下义务的，视为对无权代理行为的追认。

2.相对人的保护

（1）催告权。在被代理人追认前，相对人可以催告被代理人在1个月内予以追认。被代理人未作表示的，视为拒绝追认。催告在性质上属于意思通知行为，不属

于形成权。

（2）撤销权。善意相对人在被代理人行使追认权之前，有权撤销其对无权代理人已经作出的意思表示，此为撤销权。

撤销权的行使有两个条件：

①只有善意相对人才可以行使撤销权。如果相对人知道或者应当知道无权代理人无权代理，则不能行使撤销权。

②撤销权的行使必须在本人行使追认权之前。如果被代理人已经行使了追认权，则代理行为确定有效，此时善意相对人无撤销权的行使权利。

例2-8·2007年多选题

2007年7月5日，甲授权乙以甲的名义将甲的一台笔记本电脑出售，价格不得低于8 000元。乙的好友丙欲以6 000元的价格购买。乙遂对丙说："大家都是好朋友，甲说最低要8 000元，但我想6 000元卖给你，他肯定也会同意的。"乙遂以甲的名义以6 000元将笔记本电脑卖给丙。下列说法中，正确的有（ ）。

A.该买卖行为无效　　B.乙是无权代理行为

C.丙可以撤销该行为　　D.甲可以追认该行为

【答案】BD

【解析】行为人没有代理权、超越代理权或者代理权终止后以被代理人名义订立的合同，未经被代理人追认的，对被代理人不发生效力，由行为人承担责任，该合同属于效力待定合同，而不直接归为无效，因此选项A不正确；合同被追认之前，善意相对人有撤销的权利。乙告诉丙具体情况，所以丙不是善意相对人，因此选项C不正确。

四、表见代理

（一）概念

表见代理是指无权代理人的代理行为客观上存在使相对人相信其有代理权的情况，且相对人主观上善意，因而可以向被代理人主张代理的效力。行为人没有代理权、超越代理权或者代理权终止后以被代理人名义订立合同，善意相对人有理由相信行为人有代理权的，该代理行为有效。

考霸笔记：没有代理权、超越代理权或者代理权终止后。

（二）构成要件

1.代理人无代理权

2.相对人主观上为善意

考霸笔记：不知道行为人无代理权，且没有重大过失。

3.客观上有使相对人相信无权代理人具有代理权的情形

【注意】客观上有使相对人相信无权代理人具有代理权的情形，在实践中通常表现为：

（1）合同签订人持有被代理人的介绍信或盖有印章的空白合同书，使得相对人相信其有代理权；

（2）无权代理人此前曾被授予代理权，且代理期限尚未结束，但实施代理行为时代理权已经终止。

4.相对人基于这个客观情形而与无权代理人达成民事行为

（三）表见代理的效果

1. 表见代理对于本人来说，产生与有权代理一样的效果，即在相对人和被代理人之间发生法律关系，被代理人不能以无权代理作为抗辩事由，主张代理行为无效。

2. 表见代理对于相对人来说，既可以主张其为狭义无权代理，也可以主张其为表见代理。如果主张狭义无权代理，则相对人可以行使善意相对人的撤销权，从而使得整个代理行为归于无效。

【解释】

被代理人只有一个选择权——追认（在善意相对人行使撤销权之前）；

善意相对人有两个选择权：（1）撤销（在被代理人追认之前行使）；（2）主张表见代理。

如何判断是否构成表见代理？

例 2-9 · 2013年单选题

甲为乙公司业务员，负责某小区的订奶业务多年，每月月底在小区摆摊，更新订奶户并收取下月订奶款。2013年5月29日，甲从乙公司辞职。5月30日，甲仍照常前往小区摆摊收取订奶款。订奶户不知内情，照例交款，甲亦如常开出盖有乙公司公章的订奶款收据。之后甲携款离开，下落不明。根据民事法律制度的规定，下列表述中，正确的是（　　）。

A. 甲的行为与乙公司无关，应由甲向订奶户承担合同履行义务

B. 甲的行为构成无权处分，应由乙公司向订奶户承担损害赔偿责任后，再向甲追偿

C. 甲的行为构成狭义无权代理，应由甲向订奶户承担损害赔偿责任

D. 甲的行为构成表见代理，应由乙公司向订奶户承担合同履行义务

【答案】D

【解析】本题考核表见代理的规定。根据规定，行为人没有代理权、超越代理权或者代理权终止后以被代理人名义订立合同，相对人有理由相信行为人有代理权的，该代理行为有效。在本题中，由于甲持有被代理人乙公司的盖有印章的订奶款收据，相对人订奶户相信其有代理权，因此构成表见代理，应由乙公司向订奶户承担合同履行义务。

例 2-10 · 2009年单选题

甲是乙公司采购员，已离职。丙公司是乙公司的客户，已被告知甲离职的事实，但当甲持乙公司盖章的空白合同书，以乙公司名义与丙公司洽购100吨白糖时，丙公司仍与其签订了买卖合同。根据合同法律制度的规定，下列表述中，正确的是（　　）。

A. 甲的行为构成无权代理，合同效力待定

B. 甲的行为构成无权代理，合同无效

C. 丙公司有权在乙公司追认合同之前，行使撤销权

D. 丙公司可以催告乙公司追认合同，如乙公司在一个月内未作表示，合同有效

【答案】A

【解析】（1）选项AB：甲的行为构成无权代理，由于丙公司已知甲离职的事实，不能构成表见代理，该买卖合同效力待定；（2）选项C：只有“善意”相对人才享有撤销权，丙公司已被告知，所以并不是善意相对人；（3）选项D：相对人有权催告被代理人在1个月内予以追认，被代理人未作表示的，视为拒绝追认。

第三节 诉讼时效制度

一、诉讼时效基本理论

（一）概念和特征

诉讼时效是指债权请求权不行使达到一定期间而失去国家强制力的保护。

诉讼时效届满不消灭实体权利。超过诉讼时效期间，当事人自愿履行的，不受诉讼时效限制。这意味着：

1. 诉讼时效期间的经过，不影响债权人提起诉讼，即不丧失起诉权。

2. 债权人起诉后，如果债务人主张诉讼时效的抗辩，法院在确认诉讼时效届满的情况下，应驳回其诉讼请求，即债权人丧失胜诉权；当事人未提出诉讼时效抗辩，人民法院不应对诉讼时效问题进行释明及主动适用诉讼时效的规定进行裁判。

考霸笔记

简记：履行又抗辩，不支持。

3. 诉讼时效期间届满，当事人一方向对方当事人作出同意履行义务的意思表示或者自愿履行义务后，又以诉讼时效期间届满为由进行抗辩，人民法院不予支持。

（二）不适用诉讼时效的情形

1. 下列请求权不适用诉讼时效的规定：

（1）请求停止侵害、消除危险；

（2）不动产物权和登记的动产物权的权利人请求返还财产；

（3）请求支付抚养费、赡养费或者扶养费；

（4）依法不适用诉讼时效的其他情形。

2. 对以下债权请求权提出诉讼时效抗辩的，人民法院不予支持：

（1）支付存款本金及利息请求权；

（2）兑付国债、金融债券以及向不特定对象发行的企业债券本息请求权；

（3）基于投资关系产生的缴付出资请求权；

（4）其他依法不适用诉讼时效规定的债权请求权。

如何区别诉讼时效与除斥期间?

（三）诉讼时效与除斥期间的区别（见表2-2）

表2-2 诉讼时效与除斥期间的区别

区别	诉讼时效	除斥期间
性质	诉讼时效一过，丧失胜诉权，非实体权利	除斥期间一过，丧失实体权利，如追认权、撤销权、解除权等
适用对象	债权请求权，如合同	形成权，如追认权、解除权
援用主体	法院不主动援用，由当事人主张后，法院才能审查	法院可主动审查
期间性质	可变期间：适用中断、中止、延长	不变期间：不适用中断、中止、延长

例2-11·2012年单选题

甲向乙借款10万元，至约定的还款期限2010年5月1日仍未偿还；2012年7月1日，乙起诉要求甲还款；在诉讼中，甲仅表示其无力还款。根据诉讼时效法律制度的规定，下列表述正确的是（　　）。

A.人民法院应判决支持乙的诉讼请求

B.人民法院应以诉讼时效期间届满为由，判决驳回乙的诉讼请求

C.人民法院应要求甲就是否存在诉讼时效中止、中断、延长的事由进行举证

D.人民法院应要求乙就是否存在诉讼时效中止、中断、延长的事由进行举证

【答案】A

【解析】当事人未提出诉讼时效抗辩，人民法院不应对诉讼时效问题进行释明及主动适用诉讼时效的规定进行裁判；在本题中，"甲仅表示其无力还款"，并未提出诉讼时效抗辩，人民法院应支持乙的诉讼请求。

例2-12·2011年单选题

下列关于除斥期间的说法中，正确的是（　　）。

A.除斥期间届满，实体权利并不消灭

B.除斥期间为可变期间

C.撤销权可适用除斥期间

D.如果当事人未主张除斥期间届满，人民法院不得主动审查

【答案】C

【解析】(1) 除斥期间届满，实体权利消灭；A错误。(2) 除斥期间为不变期间；B错误。(3) 除斥期间无论当事人是否主张，法院均应主动审查；D错误。

二、诉讼时效的种类和起算

（一）诉讼时效的种类（见表2-3）

表2-3 诉讼时效的种类

3年	普通
4年	国际货物买卖合同、技术进出口合同
20年	最长诉讼时效。权利侵害超过20年的，人民法院不予保护

（二）诉讼时效期间的起算

1.诉讼时效，从权利人知道或者应当知道其权利受到侵害之日起算。

2.诉讼时效的起算点：

(1) 附条件的或者附期限的债的请求权，从条件成就或期限届满之日起算。

(2) 定有履行期限的债的请求权，从清偿期届满之日起算。当事人约定同一债务分期履行的，诉讼时效期间从最后一期履行期限届满之日起算。

如何理解记忆诉讼时效的起算点?

（3）未定有履行期限或者履行期限不明确的债的请求权，依照规定，可以确定履行期限的，诉讼时效期间从履行期限届满之日起算；不能确定履行期限的，诉讼时效期间从债权人要求债务人履行义务的宽限期届满之日起算，但债务人在债权人第一次向其主张权利之时明确表示不履行义务的，诉讼时效期间从债务人明确表示不履行义务之日起算。

（4）无民事行为能力人或者限制民事行为能力人对其法定代理人的请求权的诉讼时效期间，自该法定代理终止之日起算。

（5）未成年人遭受性侵害的损害赔偿请求权的诉讼时效期间，自受害人年满十八周岁之日起算。

（6）请求他人不作为的债权的请求权，应当自义务人违反不作为义务时起算。

（7）国家赔偿的诉讼时效，自国家机关及其工作人员行使职权时的行为被依法确认为违法之日起算。

诉讼时效中止的法定事由有哪些?

三、诉讼时效的中止

（一）概念

诉讼时效的中止，是指诉讼时效进行中（诉讼时效期间的最后6个月内），因发生一定的法定事由而使权利人不能行使请求权，暂时停止计算诉讼时效期间，以前经过的时效期间仍然有效，待阻碍时效进行的事由消失后，时效继续进行。

（二）诉讼时效中止的事由

1.诉讼时效中止的法定事由

（1）不可抗力

不可抗力是指不能预见、不能避免并不能克服的客观情况。

常见的不可抗力包括：①自然灾害。如地震、台风、洪水、海啸等。②政府行为。比如运输合同订立后，由于政府颁布禁运的法律，合同不能履行。③社会异常现象。如罢工、骚乱。

（2）其他障碍

①继承开始后未确定继承人或者遗产管理人；

②权利人被义务人或者其他人控制无法主张权利；

③其他导致权利人不能主张权利的客观情形。

2.诉讼时效中止的时间

（1）只有在诉讼时效期间的最后6个月内发生中止事由，才能中止诉讼时效的进行。

（2）如果在诉讼时效期间的最后6个月以前发生权利行使障碍，而到最后6个月时该障碍已经消除，则不能发生诉讼时效中止。

（3）如果该障碍在最后6个月时尚未消除，则应从最后6个月开始时中止时效期间，直至该障碍消除。

3.诉讼时效中止的法律效力

在诉讼时效中止的情况下，在时效中止的原因消除后，诉讼时效始终剩下6个

考霸笔记
例如甲对乙主张债权的诉讼时效是2025.2.2—2027.2.2。中止事由应发生在2024.2.2—2027.2.2这最后6个月内才产生中止效果。

考霸笔记
若中止事由发生在2026.3.2，到2026.6.30就消除了，则不产生中止效果。

考霸笔记
若中止事由发生在2026.3.2，持续到2026.9.2，则从2026.7.2开始计算中止期间，而不是从2026.9.2起算。

月，即自中止时效的原因消除之日起满6个月，诉讼时效期间届满。在民法规定的最长诉讼时效期间内，对诉讼时效中止的持续时间没有限制。

例2-13·2014年单选题

根据民事法律制度的规定，下列情形中，可导致诉讼时效中止的是（　　）。

A.债权人向人民法院申请支付令

B.债权人向人民法院申请债务人破产

C.债务人向债权人请求延期履行

D.未成年债权人的监护人在一次事故中遇难，尚未确定新的监护人

【答案】D

【解析】(1) 选项ABC：属于诉讼时效中断的事由；(2) 选项D：权利被侵害的无民事行为能力人、限制民事行为能力人没有法定代理人，或者法定代理人死亡、丧失代理权、丧失行为能力，属于诉讼时效中止的事由。

例2-14·2002年单选题

2001年5月5日，甲拒绝向乙支付到期租金，乙忙于事务一直未向甲主张权利。2001年8月，乙因出差遇险无法行使请求权的时间为20天。根据《中华人民共和国民法总则》的规定，乙请求人民法院保护其权利的诉讼时效期间是（　　）。

A.自2001年5月5日至2004年5月5日

B.自2001年5月5日至2002年5月25日

C.自2001年5月5日至2003年5月5日

D.自2001年5月5日至2003年5月25日

【答案】A

【解析】(1) 拒付租金的，适用3年的普通诉讼时效期间；(2) 如果在诉讼时效期间的最后6个月前发生不可抗力，至最后6个月时不可抗力已消失，则不能中止诉讼时效的进行。

四、诉讼时效的中断

诉讼时效的中断，是指在诉讼时效进行中，因发生一定的法定事由，致使已经经过的时效期间统归无效，待时效中断的法定事由消除后，诉讼时效期间重新计算。

（一）引起诉讼时效中断的事由

诉讼时效中断的法定事由有哪些?

1.提起诉讼

(1) 当事人一方向人民法院提交起诉状或者口头起诉的，诉讼时效从提交起诉状或者口头起诉之日起中断。

(2) 权利人向人民调解委员会以及其他依法有权解决相关民事纠纷的国家机关、事业单位、社会团体等社会组织提出保护相应民事权利的请求，诉讼时效从提出请求之日起中断。

(3) 权利人向公安机关、人民检察院、人民法院报案或者控告，请求保护其民事权利的，诉讼时效从其报案或者控告之日起中断。

(4) 上述机关决定不立案、撤销案件、不起诉的，诉讼时效期间从权利人知道

或者应当知道不立案、撤销案件、不起诉之日起重新计算。

【注】下列事项均与提起诉讼具有同等诉讼时效中断的效力：

（1）申请仲裁；（2）申请支付令；（3）申请破产、申报破产债权；（4）为主张权利而申请宣告义务人失踪或者死亡；（5）申请诉前财产保全、诉前临时禁令等诉前措施；（6）申请强制执行；（7）申请追加当事人或者被通知参加诉讼；（8）在诉讼中主张抵销；（9）其他与提起诉讼具有同等诉讼时效中断效力的事项。

例 2-15 · 2017年多选题

根据民事法律制度的规定，提起诉讼是中断诉讼时效的法定事由。下列各项中，与提起诉讼具有同等效力，导致诉讼时效中断的有（　　）。

A. 申请强制执行

B. 申请仲裁

C. 在诉讼中主张抵销

D. 申请追加当事人

【答案】ABCD

【解析】参照本例上方讲义内容进行选择即可。

2. 当事人一方提出请求

具有下列情形之一的，应当认定为“当事人一方提出要求”：

（1）当事人一方向对方当事人“直接送交”主张权利文书，对方当事人在文书上签字、盖章或者虽未签字、盖章但能够以其他方式证明该文书到达对方当事人的。

【解释】①对方当事人为法人或其他组织的，签收人可以是法定代表人、主要负责人、负责收发信件的部门或被授权主体；②对方当事人为自然人的，签收人可以是本人、同住的具有“完全行为能力”的亲属或被授权主体。

（2）当事人一方以发送“信件或者数据电文”的方式主张权利，信件或者数据电文“到达或者应当到达”对方当事人的。

【解释】信件或者数据电文“应当到达”对方当事人的（不要求必须到达对方当事人的手中），应当认定为“当事人一方提出要求”，引起诉讼时效的中断。

（3）当事人一方为“金融机构”，依照法律规定或者当事人约定从对方当事人账户中扣收欠款本息的。

（4）当事人一方“下落不明”，对方当事人在“国家级或者下落不明的当事人一方住所地的省级有影响的媒体上”刊登具有主张权利内容的公告的，但法律和司法解释另有特别规定的，适用其规定。

（5）权利人对同一债权的部分债权主张权利，诉讼时效中断的效力及于剩余债权，但权利人明确表示放弃剩余债权的情形除外。

3. 义务人同意履行义务

义务人作出分期履行、部分履行、提供担保、请求延期履行等“承诺或者行为”，均属于义务人同意履行义务的行为。

【解释】义务人通过一定的方式向权利人作出愿意履行义务的意思表示，作为权利人信赖该意思表示而不行使请求权，不能说是怠于行使权利，因此也构成诉讼时效的中断。

4.其他情形

（1）对于连带债权人、连带债务人中的一人发生诉讼时效中断效力的事由，应当认定对其他连带债权人、连带债务人也发生诉讼时效中断的效力。

（2）债权人提起代位权诉讼的，应当认定对债权人的债权和债务人的债权均发生诉讼时效中断的效力。

（3）债权转让的，应当认定诉讼时效从债权转让通知到达债务人之日起中断。

（4）债务承担情形下，构成原债务人对债务承认的，应当认定诉讼时效从债务承担意思表示到达债权人之日起中断。

考霸笔记
连带一人及其他；代位起诉均中断；债权转让通知到；债务承担意思到。

相关总结见表2-4。

表2-4 **总结：诉讼时效中止与中断**

诉讼时效	原因	发生时间	效果
中止	客观因素：不可抗力、其他障碍（没有法定代理人、没继承人、权利人被控制）	诉讼时效期间的最后6个月内	暂停
中断	主观因素： （1）权利人提起诉讼； （2）当事人一方提出要求； （3）当事人一方同意履行义务（分期履行、部分履行、提供担保、请求延期履行、制订清偿债务计划）	诉讼时效进行中	清零

例2-16·2013年多选题

根据民事法律制度的规定，下列情形中，能导致诉讼时效中断的有（　　）。

A.债权人向人民法院申请对债务人的财产实施诉前财产保全

B.债务人否认对债权人负有债务

C.债权人向人民法院申请债务人破产，但被人民法院驳回

D.债权人向人民调解委员会请求调解

【答案】ACD

【解析】选项B：法律将“义务人同意履行义务”作为诉讼时效中断的事由，并不包括债务人否认债务。

例2-17·2009年多选题

甲向乙借款1万元，借款到期后甲分文未还。在诉讼时效期间内发生的下列情形中，能够产生时效中断效果的有（　　）。

A.乙在大街上碰到甲，甲主动向乙表示将在3日内先支付约定的利息

B.乙以特快专递发送催款函件给甲，甲签收后未拆封

C.甲遇到车祸，变成了植物人，且没有法定代理人

D.乙向人民法院申请支付令

【答案】ABD

【解析】（1）选项A：属于义务人同意履行义务；（2）选项B：属于当事人一方提出要求；（3）选项C：不属于诉讼时效的中断事由，也不属于诉讼时效的中止事由（不是权利人遇到其他障碍）；（4）选项D：与当事人提起诉讼具有同等诉讼时效中断效力。

智能测评

在线练习	我要提问
扫码在线做题　扫码看答案 本书“本章同步强化训练”均配备二维码，打开微信“扫一扫”即可完成在线测评，查看本章详细的测评反馈报告，了解知识掌握情况，也可扫码直接看答案噢。 快来扫码做题吧！	扫码答疑 本书配备答疑专用二维码，打开微信“扫一扫”，即可完成在线提问，获取专业老师全面个性化解答，让学习问题不再拖延。 快来扫码提问吧！

本章同步强化训练

一、单项选择题

1.下列各项中，不属于民事法律行为的是（　　）。

A.甲拾得一部手机　　B.乙丢弃一台电脑

C.丙撤销委托代理　　D.丁与某出版社签订出版合同

2.下列关于民事法律行为的意思表示的表述中，正确的是（　　）。

A.事实行为以意思表示为核心

B.遗嘱行为属于有相对人的意思表示

C.有相对人的意思表示一旦作出，不得撤回

D.非对话的意思表示在意思表示到达相对人时生效，即采用到达主义

3.2012年11月1日，铭氏公司向华氏公司购买了一台价值50万元的A机器设备，为此向华氏公司签发了一张票面金额为40万元的银行承兑汇票，约定剩余10万元价款于交货后10日内付清，并以铭氏公司现有的B机器设备设定抵押担保。后华氏公司按期交货，出于业务发展需要乙公司决定免除铭氏公司的10万元债务。根据我国相关法律的规定，下列说法中不正确的是（　　）。

A.铭氏公司和华氏公司之间的机器设备买卖行为是有偿的民事法律行为

B.铭氏公司向华氏公司签发票据的行为属于要式民事法律行为

C.铭氏公司提供抵押担保的行为属于从民事法律行为

D.华氏公司免除铭氏公司10万元债务的行为属于双方民事法律行为

4.下列关于“无效民事法律行为”的解释中，不正确的是（　　）。

A.行为人与相对人恶意串通，损害他人合法权益的民事法律行为无效

B.一方以欺诈手段，使对方在违背真实意思的情况下，实施的民事法律行为无效

C.无效的民事法律行为自始无效

D.违反公序良俗的民事法律行为无效

5.根据法律制度的规定，下列情形中属于可撤销合同的是（　　）。

A.代理人赵某损害被代理人钱某的利益与相对人恶意串通而签订的合同

B.孙某和李某签订的代孕合同

C.周某为出售毒品，而与乙订立的《面粉买卖合同》

D.吴某患病急需用钱，冯某趁机以低价购买吴某收藏的一幅名画，吴某无奈与其签订了买卖合同

6.根据我国法律的相关规定，下列关于代理与委托的说法中不正确的是（　　）。

A.代理和委托一样，既可以以委托人（被代理人）的名义活动，也可以以自己的名义活动

B.委托可以是纯粹的事务性行为，如整理资料、打扫卫生

C.在委托代理中，代理人和被代理人之间的关系一般按照委托处理

D.代理不一定由委托产生，委托产生的不一定是代理

7.下列各项中，关于代理人与相对人恶意串通，损害被代理人合法权益责任承担的表述正确的是（　　）。

A.代理人应当承担民事责任，相对人不承担责任

B.相对人应当承担民事责任，代理人不承担责任

C.代理人与相对人平均承担民事责任

D.代理人应当承担民事责任，相对人和代理人负连带责任

8.下列各项中，关于最长诉讼时效的表述不正确的是（　　）。

A.最长诉讼时效期间为20年

B.可以适用诉讼时效期间的延长

C.不适用诉讼时效期间的中断、中止

D.从权利人知道或者应当知道权利被侵害之日起算

9.根据相关法律的规定，下列关于诉讼时效起算的表述，不正确的是（　　）。

A.附期限的债的请求权，从期限届满之日起算

B.当事人约定同一债务分期履行的，诉讼时效期间从最后一期履行期限届满之日起算

C.国家赔偿案件，自国家机关及其工作人员行使职权时的行为被依法确认为违法之日起算

D.请求他人不作为的债权请求权，应当自义务人违反不作为义务时起算

10.甲租赁乙一套住房，租赁期间为2017年11月11日至12月31日，约定2017年11月30日之前支付房租，但甲一直未付房租，乙也未催要。根据《民法总则》的规定，乙向法院提起诉讼要求甲支付房租的诉讼时效期间是（　　）。

A.自2017年11月30日起至2018年11月30日

B.自2017年12月31日起至2018年12月31日

C.自2017年11月30日起至2020年11月30日

D.自2017年12月31日起至2020年12月31日

11.刘强谎称自己是甲企业推销员，向李红推销甲企业产品，并以甲企业的名义与李红签订了买卖合同，则下列说法中正确的是（　　）。

A.刘强的行为属于表见代理

B.李红可以催告甲在1个月内予以追认，如果甲未作表示，则视为追认

C.在甲追认后，李红不可以行使撤销权

D.该买卖合同无效

12.下列民事法律行为中，须经双方当事人意思表示一致才能成立的是（　　）。

A.王某免除张某对自己所负的5万元债务

B.王某将一枚钻石戒指赠与张某

C.王某授权张某以王某的名义购买一套住房

D.王某立下遗嘱，将个人所有财产遗赠给张某

13.张三李四一起散步，张三不小心掉进路边的深坑，张三呼救，李四对张三说，如果张三愿意把家中收藏的一件清代瓷瓶以100元的价格卖给自己，就把张三拉上来，张三只好照办，此合同效力为（　）

A.无效　　B.效力待定　　C.有效　　D.可撤销

14.下列关于诉讼时效中断的说法中，不正确的是（　）。

A.诉讼时效中断的法律效力为诉讼时效的重新起算，诉讼时效的中断可以数次进行，只是不能超过20年最长诉讼时效的限制

B.对于连带债权人、连带债务人中的一人发生诉讼时效中断的效力的事由，对其他连带债权人、连带债务人不发生诉讼时效中断的效力

C.债权转让的，应当认定诉讼时效从债权转让通知到达债务人之日起中断

D.债务承担情形下，构成原债务人对债务承认的，应当认定诉讼时效从债务承担意思表示到达债权人之日起中断

15.甲欲购买乙的一辆二手大众轿车，但对该轿车的车况不放心。于是，二人在买卖该轿车的合同中约定，如果在该轿车上一年年检有效期满之前，能顺利通过下一年度年检，甲就购买该车。该约定是（　）。

A.附解除条件的民事法律行为　　B.附生效期限的民事法律行为

C.附延缓条件的民事法律行为　　D.附解除期限的民事法律行为

16.甲企业授权代理人张某购买一台大型设备，授权价格为100万元以下，同时，乙企业也授权代理人张某为其销售同样的设备，授权价格为高于50万元，于是代理人张某分别代表甲和乙签订了买卖设备的合同。A的行为属于（　）。

A.无权代理　　B.越权代理　　C.有权代理　　D.代理权滥用

17.下列各项行为中，属于民事代理行为的是（　）。

A.代人保管物品　　B.代销

C.传递信息　　D.甲委托乙代理房产登记

18.众城商场向阳光公司购买一批灭火器，2011年5月1日双方在合同中约定，该批灭火器分三期交货，货款于每次验货时当场付清。其中，第一期交货时间为2011年5月10日，第二期交货时间为2011年6月15日，第三期交货时间为2011年7月10日。在交付第二期货物时，众城商场以资金周转困难为由拒绝收货，则阳光公司对众城公司提起诉讼的时效期间起算日为（　）。

A.2011年5月11日　　B.2011年5月10日　　C.2011年6月15日　　D.2011年7月10日

19.下列关于无效民事行为效力的表述中，错误的是（　）。

A.无效的民事行为，从开始时起就没有法律效力

B.民事行为部分无效，整个民事行为均归于无效

C.民事行为被确认无效后，当事人因该行为取得的财产，应当返还；不能返还或者没有必要返还的，应当折价补偿

D.民事行为被确认无效后，有过错的一方应当赔偿对方因此所受的损失；双方都有过错的，应当各自承担相应的责任

二、多项选择题

1.根据相关规定，下列关于民事法律行为的表述中，正确的有（　）。

A.债务的免除属于单方民事法律行为　B.赠与行为属于无偿民事法律行为

C.票据行为属于要式行为　D.决议是典型的双方民事法律行为

2.李明与王红约定：若乙能通过2019年CPA经济法的考试，那么李明就将其某处的一套房子赠与王红。关于该约定，下列表述中，正确的有（　）。

A.该约定属于附条件的民事法律行为　B.该约定属于附期限的民事法律行为

C.该民事法律行为已经成立，但尚未生效　D.该民事法律行为未成立、未生效

3.曲某是一名律师，根据规定，下列各项中，可以由曲某作为代理人的有（　）。

A.代理甲订立遗嘱　B.代理发明人乙申请专利

C.代理丙与丁进行民事财产诉讼　D.代理戊与己签订货物买卖合同

4.根据相关规定，对下列债权请求权提出诉讼时效抗辩，不能得到人民法院支持的有（　）。

A.张某请求建设银行支付存款本金及利息共101万元

B.李某请求农业银行兑付购买国债产生的本息共10万元

C.股东周某请求股东王某缴付认缴的出资100万元

D.赵某请求A公司支付因向不特定对象发行企业债券产生的本息共20万元

5.下列关于除斥期间的说法中，不正确的有（　）。

A.除斥期间届满，实体权利并不消灭

B.除斥期间为可变期间

C.撤销权可适用除斥期间

D.如果当事人未主张除斥期间届满，人民法院不得主动审查

6.有关撤销权的行使期间，下列表述不正确的有（　）。

A.受欺诈的一方当事人自知道或者应当知道撤销事由之日起1年内没有行使撤销权的，撤销权消灭

B.受胁迫的一方当事人自知道或者应当知道撤销事由之日起1年内没有行使撤销权的，撤销权消灭

C.重大误解的当事人自知道或者应当知道撤销事由之日起1年内没有行使撤销权的，撤销权消灭

D.与相对人恶意串通的行为人自知道或者应当知道撤销事由之日起1年内没有行使撤销权的，撤销权消灭

7.旭日公司以国产牛肉为样品，伪称美国进口牛肉，与长安公司签订了买卖合同，后长安公司得知这一事实。此时恰逢美国流行口蹄疫，美国进口牛肉滞销，国产牛肉价格上涨。关于该情形，下列说法正确的有（　）。

A.长安公司有权自知道样品为国产羊肉之日起1年内主张撤销该合同

B.旭日公司有权自合同订立之日起1年内主张撤销该合同

C.长安公司有权决定履行该合同，旭日公司无权拒绝履行

D.在长安决定撤销该合同前，旭日公司有权按约定向长安公司要求支付货款

8.关于无权代理，下列说法正确的有（　）。

A.经被代理人追认后，视为有权代理

B.无权代理成立后，被代理人已经开始履行合同义务的，视为对合同的追认

C.善意相对人有理由相信代理人有代理权的，被代理人应当承担代理的法律后果

D.代理双方当事人进行同一民事行为，视为无权代理

9.根据规定，下列各项中，适用诉讼时效期间为4年的有（　　）。

A.国际货物买卖合同

B.出售质量不合格的商品未声明的

C.技术进出口合同

D.寄存财物丢失或损毁的

10.下列情形中，可以引起诉讼时效中断的事由有（　　）。

A.权利人提起诉讼

B.当事人一方向义务人提出请求履行义务的要求

C.权利人因不可抗力无法履行权利

D.当事人一方同意履行义务

11.下列关于诉讼时效起算的说法中，正确的有（　　）。

A.附条件的债的请求权，从条件成就之日起算

B.限制民事行为能力人对其法定代理人的请求权的诉讼时效期间，自该限制行为能力人年满18周岁之日起算

C.国家赔偿的诉讼时效，自国家机关及其工作人员行使职权之日起算

D.最长诉讼时效期间20年，是从权利被侵害之日起算

12.恒大公司因合同纠纷的诉讼时效问题咨询律师。关于律师的答复，下列选项表述正确的有（　　）。

A.当事人不得违反法律规定，约定延长或者缩短诉讼时效期间

B.当事人约定同一债务分期履行的，诉讼时效期间从最后一期履行期限届满之日起算

C.当事人在一审期间未提出诉讼时效抗辩的，二审期间也一律不能提出抗辩

D.诉讼时效届满，当事人一方向对方当事人作出同意履行义务意思表示的，不得再以时效届满为由进行抗辩

13.根据《民法总则》的规定，有效的民事法律行为应具备的条件有（　　）。

A.对于自然人，行为人应具有完全行为能力

B.意思表示真实

C.不违反法律，不违背公序良俗

D.必须采取书面形式

14.下列行为中，属于有效行为的有（　　）。

A.甲9岁，爷爷送给他一套价值280万元的房子

B.乙10岁，送给同学一个文具盒

C.丙13岁，家境富裕，用自己的零花钱给母亲购买价值2万元的爱马仕包一个

D.丁19岁，在校大学生，向同学借款2万元用于炒股

15.下列关于代理制度的相关说法中，正确的有（　　）。

A.在代理活动中，代理人不因其所实施的民事法律行为直接取得任何个人利益，由代理行为产生的权利和义务应由被代理人本人承受

B.代理可以分为委托代理、法定代理

C.委托授权为不要式行为，可以采取书面、口头或其他形式

D.代理人和相对人恶意串通，损害被代理人合法权益的，代理人和相对人应当承担连带责任

第三章

物权法律制度

本章导学

本章框架图

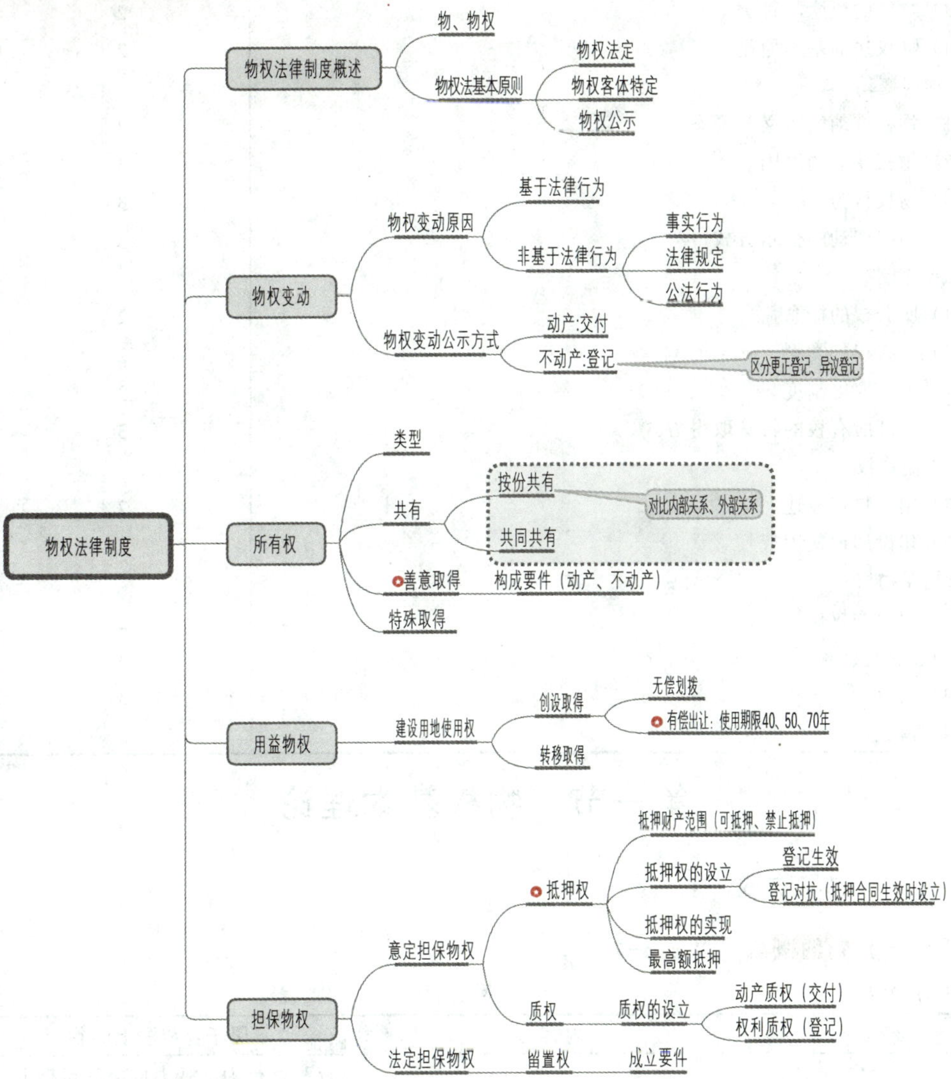

本章考情概述

本章属于较为重要的章节，近几年平均每年考查分值在10分左右，需要做好应对综合题的准备，基本每年都会考查一道物权和合同相结合的案例分析题，故必须格外注意。

本章应关注的问题：物权变动、善意取得制度、建设用地使用权、担保物权，并需要对物权和债权作准确区分。

近三年主要考点：所有权、用益物权和担保物权。

本章考点概况

1.物权法律制度概述	
（1）物权法律制度概况	1
（2）物的概念与种类	2
（3）物权的概念与种类	2
（4）物权法的基本原则	2
2.物权变动	
（1）物权变动的含义与形态	2
（2）物权变动的原因	3
（3）物权行为	3
（4）物权变动的公示方式	3
3.所有权	
（1）所有权的概念	2
（2）所有权的类型	2
（3）善意取得制度	3
（4）动产所有权的特殊取得方式	3
4.用益物权	
（1）用益物权概述	2
（2）建设用地使用权	3
5.担保物权	
（1）担保物权概述	2
（2）抵押权	3
（3）质权	3
（4）留置权	3

第一节　物权基本理论

一、物与物权

如何判断物权法上物?

（一）物的概念（见表3-1）

表3-1　物

特征	内容	不属于物权法上的物
1.有体性	仅指有体物	权利、行为、智力成果（包括电脑程序）等
2.可支配性	能为人力所支配并满足人需要的有体物，如能够为人力控制的电、光波等	不为人力所支配：太阳、月亮、星星等； 不为人所需：汽车尾气等
3.在人的身体之外	与人体分离的毛发、假牙、义肢、捐献器官、尸体等	人，包括人身体内的血液等

例 3-1 · 2013年多选题

根据物权法律制度的规定，下列各项中，能够成为所有权客体的有（ ）。

A.月球表面 B.药品

C.土地 D.存有计算机程序的光盘

【答案】BCD

【解析】所有权是指在法律限制范围内，对物具有全面支配的权利。月球表面不具有可支配性，不属于物，不能成为所有权的客体。

（二）物的种类

1.动产与不动产

区分意义：

（1）流通性和范围不同。动产大多数都是流通物，不动产大多为限制流通物，还有一部分为禁止流通物（如土地、公路、铁路）。

（2）物权变动的法定要件不同。大部分不动产物权的变动，以向国家行政主管机关登记为要件；动产物权的变动，一般以物的交付为要件。

（3）诉讼管辖不同。不动产纠纷由不动产所在地法院管辖。

2.特定物与种类物

区分意义：

（1）有些法律关系只能以特定物为客体，如所有权法律关系、租赁法律关系等；

（2）种类物在交付前意外灭失的，由于其具有可替代性，故不能免除其交付义务，义务人仍应交付同类物。

3.流通物、限制流通物与禁止流通物

流通物是指可自由进入市场流通之物，绝大多数动产以及不动产中的房屋均属流通物。

限制流通物是被法律限制市场流通之物，如文物、黄金、药品等。

禁止流通物则是法律禁止流通之物，如《中华人民共和国物权法》（以下简称《物权法》）第四十一条规定："法律规定专属于国家所有的不动产和动产，任何单位和个人不能取得所有权。"

4.主物与从物

在法律或合同没有相反规定时，主物所有权转移时，从物所有权也随之移转。

【链接】根据《合同法》的规定，在买卖合同中，因标的物的主物不符合约定而解除合同的，解除合同的效力及于从物。因标的物的从物不符合约定被解除的，解除的效力不及于主物。

【解释】认定主物、从物关系，必须同时具备两个条件：（1）二者在物理上互相独立；（2）二者在经济用途上存在主从关系：A物脱离B物，不损害A物的独立用途，则A物为主物；B物脱离A物，则丧失其本来的用途，则B物为从物。

考霸笔记

【举例】房间的钥匙、书的封皮、汽车的备用胎、机器的维修工具。

如何判断原物与孳息？

5.原物与孳息物

孳息的取得：天然孳息是原物根据自然规律产生的物（如母牛生下的小牛、苹果树落下的苹果）；法定孳息是原物根据法律规定带来的物（如储蓄存款的利息、房屋的租金）。

原物、孳息属于两个物，因此尚在母牛身体里的小牛属于母牛的组成部分，不属于孳息。

（1）天然孳息，由所有权人取得；既有所有权人又有用益物权人的，由用益物权人取得。当事人另有约定的，按照约定。

（2）法定孳息，当事人有约定的，按照约定取得；没有约定或者约定不明确的，按照交易习惯取得。

例3-2·2009年多选题

根据物权法律制度的有关理论，下列选项中，属于民法意义上孳息的有（　　）。

A.母牛腹中的小牛　　B.苹果树上长着的苹果

C.母鸡生的鸡蛋　　D.每月出租房屋获得的租金

【答案】CD

【解析】本题考核原物与孳息。孳息是指物或权益而产生的收益，包括天然孳息和法定孳息。天然孳息是原物根据自然规律产生的物，法定孳息是原物根据法律规定由一定法律关系产生的物。本题C选项属于天然孳息，D选项属于法定孳息。

（三）物权

1.物权的概念及特征

物权是指权利人依法对特定的物享有的直接支配和排他的权利，包括所有权、用益物权和担保物权。

2.物权的种类

（1）所有权与他物权

所有权是指当事人对“自己的房屋”享有占有、使用、收益和处分的权利，是物权中最完整、最充分的权利。

他物权是指所有权以外的物权。担保物权属于他物权，如果甲向乙借款100万元，甲将自己的房屋抵押给乙，乙作为抵押权人对“他人的房屋”享有抵押权。

（2）用益物权和担保物权

考霸笔记：特别注意，质权和留置权只能以动产为客体，不得设于不动产之上。

前者是指以物的使用收益为目的的物权，包括建设用地使用权、土地承包经营权、地役权；后者是以债的担保为目的的物权，包括抵押权、质权、留置权等。

二者的区别：用益物权一定是在“不动产”上成立的物权；而担保物权既可以在不动产也可以在动产上设立。用益物权除地役权以外，均为主物权；而担保物权则都是从物权，即以主债权的存在为前提。

（3）动产物权和不动产物权

如何理解物权法的三大基本原则?

二、物权法的基本原则

（一）物权法定原则

物权的种类和内容，由法律规定。种类法定，即不得创设民法或其他法律不承认的物权。如不动产买卖中，当事人不得约定一方享有“优先购买权”。内容法定，即不得创设与物权法定内容相异的内容。如以动产设立质权，物权法要求交付质押物，当事人不得约定“仅签订合同就设立质权”。

（二）物权客体特定原则

一物之上的所有人可以为多人，多人对一物享有所有权，并非多重所有权，所有权仍然是一个。在按份共有中，各共有人根据其份额对财产享有相应的权利，但份额本身并非单独的所有权。一物之上只能设定一个所有权，不是指一物之上不能设置多个物权，如在一物之上可以有多个抵押权的存在。一物的某一部分不能成立单个的所有权，物只能在整体上成立一个所有权。

考霸笔记

【解释】甲（所有权人）将自己的手表抵押给了乙（乙对该手表享有抵押权），甲将手表又质押给了丙（丙对该手表享有质权），丙在修理该手表时由于不支付修理费而被丁留置（丁对该手表享有留置权）。

【总结】一物以上不可同时存在两个所有权（所有权+所有权，×），不可同时存在两个质押权（质押权+质押权，×）（质押以交付作为质权成立的要件）。

例3-3·单选题

根据《物权法》的规定，下列表述中，不正确的是（　　）。

A.所有权和抵押权可以同时存在于一物之上

B.用益物权和抵押权可以同时存在于一物之上

C.一间房屋上可以同时存在两个所有权

D.一间房屋上可以同时存在两个抵押权

【答案】C

（三）物权公示原则

不动产物权的设立、变更、转让和消灭，应当依照法律规定进行登记。

动产物权的设立和转让，应该依照法律规定交付。

物权是绝对权，除权利人之外的一切人都是义务人。告知不特定的其他人的各种方式中，统一按照法定方式进行公示是成本最低，最简便易行的。

但债权是相对权，效力不及于当事人之外的其他人，所以并没有公示的要求。

【解释】公信力的含义：

1.若当事人在享有、变动物权时依法律要求进行了公示，第三人因信赖这一公示而进行一定行为，事后即使公示出来的物权状态与真实的物权状态不符，第三人取得的物权亦受保护；

2.若当事人在享有、变动物权时依法进行了公示，则其物权足以对抗第三人；

3.若当事人在享有、变动物权时未依法进行公示，则其物权不得对抗第三人。

【案例】甲、乙为夫妻，共有一处房产无人居住，但房产证上及登记簿上均只写了甲的名字。现甲、乙闹离婚。甲就偷偷地与不知情的丙签订买卖该房子的合同。丙与甲完成了付款与房产过户登记手续。乙后来得知此事诉至法院，要求丙返还房屋。问：法院应如何处理？

【答案】（1）丙取得房产所有权；（2）乙追究甲的损害赔偿责任。

【解析】（1）丙作为信赖公示的权利状态的第三人（善意且无过失），其取得的物权应受到法律保护。（2）甲的权利得到了公示（房产证和登记簿上只写了他的名字），也应当受到保护。因此，如果乙背着甲将房屋卖给第三人丙，甲的物权足可以对抗第三人丙。（3）乙虽然作为房屋共同共有人享有所有权，但其权利因为未公示，所以不得对抗善意第三人丙，只能追究甲的责任。

例3-4 · 2015年多选题

根据物权法律制度的规定，下列属于物权法基本原则的有（　）。

A.物权相对原则

B.物权法定原则

C.物权公示原则

D.物权客体特定原则

【答案】BCD

【解析】本题考核物权法的基本原则。物权法的基本原则包括物权法定原则、物权客体特定原则、物权公示原则。

三、不动产的物权变动

（一）登记生效

1.登记生效的定义

不动产物权的设立、变更、转让和消灭，经依法登记，发生效力；未经登记，不发生效力，但法律另有规定的除外。

【解释】房屋买卖、建设用地使用权和不动产的抵押必须登记，登记生效。

【案例】甲向乙借1 000万元，以自己的一套房子作抵押。10月1日，甲、乙双方签订抵押合同，11月1日，甲、乙双方办理了不动产的抵押登记。抵押合同10月1日生效，而抵押权的生效时间为11月1日。

非基于法律行为的物权变动主要有哪些?

2.物权变动不以登记为生效要件，但事后处分时仍要登记

（1）因人民法院、仲裁委员会的法律文书或人民政府的征收决定，导致物权设立、变更、转让或者消灭的，自法律文书生效或者人民政府的征收决定生效时发生效力。

（2）因继承或者受遗赠取得物权的，自继承或者受遗赠开始时发生效力。

（3）因合法建造、拆除房屋等事实行为设立和消灭物权的，自事实行为成就时发生效力。

【解释】上述三种情形的物权变动虽不以登记为要件，但获得权利的主体在处分该物权时，仍应当依法办理登记。未经登记，不发生物权效力。

【案例】甲是乙的父亲，名下有一套别墅，乙是甲的唯一合法继承人。甲于10月1日去世，此时乙可以继承甲的别墅，其并不需要办理登记手续就可以成为该别墅的主人。但如果乙想将别墅卖给丙（事后处分要登记），就必须办理登记。应先把甲的名字换成自己（乙）的名字，然后再换成丙的名字。

3.物权变动不以登记为生效要件，而是以登记为对抗要件

（1）土地承包经营权自土地承包经营权合同生效时设立。未经登记，不得对抗善意第三人。

（2）地役权自地役权合同生效时设立。未经登记，不得对抗善意第三人。

不动产的物权变动见表3-2。

表3-2 不动产的物权变动

	具体情形
登记生效	（1）房屋买卖 （2）建设用地使用权的取得 （3）不动产的抵押
物权变动不以登记为生效要件，但事后处分时仍要登记，未经登记，不发生物权效力	（1）因人民法院的法律文书、人民政府的征收决定，导致物权设立、变更、转让或者消灭的，自法律文书生效或者人民政府的征收决定生效时发生效力 （2）因继承或者受遗赠取得物权的，自继承或者受遗赠开始时发生效力 （3）因合法建造、拆除房屋等事实行为设立和消灭物权的，自事实行为成就时发生效力
物权变动不以登记为生效要件，而是以登记为对抗要件	（1）土地承包经营权 （2）地役权

例3-5·2009年多选题

根据物权法律制度的规定，下列物权变动中，以登记为变动要件的有（　　）。

A.甲公司将一块土地的建设用地使用权转让给乙公司

B.甲公司与乙公司之间订立合同，在甲的土地上设定地役权

C.甲公司将一架飞机的所有权转让给乙公司

D.自然人丙将其继承的房屋转让给丁，该房屋尚登记在其已去世的父亲名下

【答案】AD

【解析】（1）选项A：登记是建设用地使用权的生效条件；（2）选项B：地役权自地役权合同生效时设立，未经登记的，不得对抗善意第三人；（3）选项C：对于船舶、航空器和机动车等动产，其所有权的移转仍以“交付”为要件，而不以登记为要件，但登记具有对抗效力，如果交付后没有办理登记，不能对抗善意第三人；（4）选项D：因继承或者受遗赠取得物权的，自继承或者受遗赠开始时发生效力，物权变动不以登记为生效要件，但事后处分时仍要登记。

（二）登记制度

1.不动产物权变动登记生效

不动产物权的设立、变更、转让和消灭，经依法登记，发生效力；未经登记，不发生效力，但法律另有规定的除外。“法律另有规定”，是指登记不是生效条件而是对抗要件的情形，例如《物权法》中的土地承包经营权、地役权。

2.不动产统一登记制度

国务院国土资源主管部门负责指导、监督全国不动产登记工作。县级以上地方人民政府应当确定一个部门为本行政区域的不动产登记机构。需要登记的不动产物权包括：

（1）集体土地所有权；

（2）房屋等建筑物、构筑物所有权；

（3）森林、林木所有权；

（4）耕地、林地、草地等土地承包经营权；

（5）建设用地使用权；

（6）宅基地使用权；

（7）海域使用权；

（8）地役权；

（9）抵押权；

（10）法律规定需要登记的其他不动产权利。

3.登记簿与权属证书

不动产权属证书记载的事项，应当与不动产登记簿一致；记载不一致的，除有证据证明不动产登记簿确有错误外，以“不动产登记簿”为准。

当事人有证据证明不动产登记簿的记载与真实权利状态不符、其为该不动产物权的真实权利人，请求确认其享有物权的，应予支持。

4.根据《不动产登记暂行条例》及《不动产登记暂行条例实施细则》的规定，登记类型主要包括首次登记、变更登记、转移登记、注销登记、更正登记、异议登记、预告登记与查封登记。

5.首次登记

首次登记是指不动产权利第一次登记。未办理不动产首次登记的，除法律、行政法规另有规定的外，不得办理不动产其他类型登记。

6.变更登记

变更登记是指不动产登记事项发生不涉及权利转移的变更所需登记。

在下列情形下，不动产权利人可以向不动产登记机构申请变更登记：

（1）权利人的姓名、名称、身份证明类型或者身份证明号码发生变更的；

（2）不动产的坐落、界址、用途、面积等状况变更的；

（3）不动产权利期限、来源等状况发生变化的；

（4）同一权利人分割或者合并不动产的；

（5）抵押担保的范围、主债权数额、债务履行期限、抵押权顺位发生变化的；

（6）最高额抵押担保的债权范围、最高债权额、债权确定期间等发生变化的；

（7）地役权的利用目的、方法等发生变化的；

（8）共有性质发生变更的；

（9）法律、行政法规规定的其他不涉及不动产权利转移的变更情形。

变更登记与转移登记如何区分?

7.转移登记

转移登记是指不动产权利在不同主体之间发生转移所需的登记。

在下列情形下，当事人可以向不动产登记机构申请转移登记：

（1）买卖、互换、赠与不动产的；

（2）以不动产作价出资（入股）的；

（3）法人或者其他组织因合并、分立等原因致使不动产权利发生转移的；

（4）不动产分割、合并导致权利发生转移的；

（5）继承、受遗赠导致权利发生转移的；

（6）共有人增加或者减少以及共有不动产份额发生变化的；

（7）因人民法院、仲裁委员会的生效法律文书导致不动产权利发生转移的；

（8）因主债权转移引起不动产抵押权转移的；

（9）因需役地不动产权利转移引起地役权转移的；

（10）法律、行政法规规定的其他不动产权利转移情形。

8.注销登记

不动产权利消灭时，需要办理注销登记。

属于注销登记的情形包括：

（1）不动产灭失的；

（2）权利人放弃不动产权利的；

（3）不动产被依法没收、征收或者收回的；

（4）人民法院、仲裁委员会的生效法律文书导致不动产权利消灭的；

（5）法律、行政法规规定的其他情形。

9.更正登记

权利人、利害关系人认为不动产登记簿记载的事项错误的，可以申请更正登记。

不动产登记簿记载的权利人书面同意更正或有证据证明登记确有错误的，登记机构应当予以更正。

10.异议登记

（1）异议登记是利害关系人对不动产登记簿记载的权利提出异议并记入登记簿的行为，是在更正登记不能获得权利人同意后的补救措施。

（2）异议登记使得登记簿上所记载权利失去正确性推定的效力，因此异议登记后第三人不得主张基于登记而产生的公信力。

（3）为了避免不动产物权的效力不因异议登记而长期处于不稳定，法律要求异议登记申请人在异议登记之日起15日内起诉，不起诉的，则异议登记失效。

另外，异议登记不当，造成权利人损害的，权利人可以向申请人请求损害赔偿。

【提示】异议登记的目的仅是将权利人以及利害关系人对不动产登记簿记载的权利所提出的异议记入登记簿，是一种对真正权利人利益的临时性保护措施，异议登记使原登记簿上所记载权利失去正确性推定的效力，第三人也不得主张依照登记的公信力而受到保护。

更正登记与异议登记的联系是什么？

例3-6·2015年单选题

根据物权法律制度的规定，下列关于更正登记与异议登记的表述中，正确的是（　　）。

A.提起更正登记之前，须先提起异议登记

B.更正登记的申请人可以是权利人，也可以是利害关系人

C.异议登记之日起10日内申请人不起诉的，异议登记失效

D.异议登记不当造成权利人损害的，登记机关应承担损害赔偿责任

【答案】B

【解析】（1）选项AB："权利人、利害关系人"认为不动产登记簿记载的事项错误的，可以申请更正登记；不动产登记簿记载的权利人不同意更正的，利害关系人可以申请异议登记，即先申请更正登记，而后才是异议登记；（2）选项CD：申请人在异议登记之日起"15日"内不起诉，异议登记失效；异议登记不当，造成权利人损害的，权利人可以向"申请人"（而非登记机关）请求损害赔偿。

预告登记的情形与作用是什么?

考霸笔记

【简记】预抵所转，不擅处，3月登记保将来。

11. 预告登记

当事人签订买卖房屋或者其他不动产物权的协议，为保障将来实现物权，按照约定可以向登记机构申请预告登记。

具有以下情形之一的，当事人可以申请预告登记：

（1）预购商品房；

（2）以预购商品房设定抵押；

（3）房屋所有权转让、抵押；

（4）法律、法规规定的其他情形。

【未经同意不得处分】预告登记后，未经预告登记的权利人同意，处分该不动产的，不发生物权效力。

【预告后3个月后失效】预告登记后，债权消灭或者自能够进行不动产登记之日起3个月内未申请登记的，预告登记失效。

【案例】张某向郭某出售一套房屋，双方签订了房屋买卖合同，郭某向张某支付了购房款，但张某却未按照合同约定的时间与郭某共同办理房屋过户手续，在郭某的一再催促下，张某也未配合其过户，此时郭某可以向房屋登记管理部门申请该房屋的预告登记，然后再向人民法院起诉，经过预告登记后，张某如果将房屋重复卖给第三人的话，那么也不适用善意取得的制度，第三人不能取得该房屋的所有权，预告登记制度保护了郭某的正当权益。

例 3-7 · 2009年多选题

甲向乙出售房屋并订立买卖合同。双方约定：乙应在一年内分期支付全部价款；甲先将房屋交付乙使用，一年后转移所有权。房屋交付后，双方前往房屋登记机构办理了预告登记。下列表述中，正确的有（　　）。

A. 乙已取得房屋所有权

B. 若甲未经乙同意，将房屋另行出卖给丙，则甲、丙的买卖合同无效

C. 若甲未经乙同意，将房屋抵押给丁，该抵押行为不能发生物权效力

D. 若甲因为乙没有按期支付价款而依法解除合同，则预告登记失效

【答案】CD

【解析】本题考核预告登记。预告登记后，未经预告登记的权利人同意，处分该不动产的，不发生物权效力。本题中，由于双方没有办理正式的登记，因此乙并没有取得房屋所有权，选项A错误；预告登记的作用在于使得权利人擅自处分不动产时不发生物权变动效力，而对合同的效力没有影响，因此甲、丙签订的买卖合同还是有效的，选项B错误，选项C说法正确；预告登记后，债权消灭的，预告登记失效，因此选项D正确。

四、动产的物权变动

（一）基本规则

动产物权的设立和转让，自交付时发生效力，但法律另有规定的除外。

船舶、航空器和机动车等物权的设立、变更、转让和消灭，未经登记，不得对抗善意第三人。

【链接1】买卖合同标的物的所有权自标的物“交付时”转移，但法律另有规定的除外。

【链接2】（1）动产的所有权一般自“交付时”转移；

（2）以动产设定质押的，质权自“交付时”设立；

（3）以动产设定抵押的（不转移对抵押物的占有），抵押权自抵押合同生效时设立。

【案例】甲将自己的一辆小汽车卖给乙，双方签订了买卖合同，乙向甲交付了23万元的车款，甲向乙交付了该车，但未办理过户手续。甲因向丙借款，将该车抵押给善意的丙，双方办理了抵押登记。因甲到期不能清偿丙的债务，丙拟行使抵押权，遭到乙的拒绝。

本案中：

（1）尽管甲、乙之间未办理过户手续，但乙基于“交付”已经取得了该车的所有权；

（2）甲、乙之间未办理过户手续，乙不能对抗善意第三人丙。

如何区别3种特殊交付?

（二）交付的种类

1. 简易交付

动产物权设立和转让前，权利人已经依法占有该动产的，物权自法律行为生效时发生效力。

考霸笔记

【特点】交付在前，买卖在后，亦即买卖之前已经交付（占有）。

（1）简易交付又称“无形交付”，是指受让人在动产物权变动前已先行占有该动产的，让与人如设立和转让其动产物权，无须再为现实交付，让与合同生效时即发生物权变动的效力。

【案例】甲将冰柜租给乙，乙用来储藏鲜果，租期两年。租用期间甲乙双方又达成协议，甲将该冰柜出售给乙。如果必须进行现实交付，甲必须先从乙处取回冰柜，然后再将冰柜交付给乙。显然，这种做法既导致交易手续烦琐，降低了交易效率，又浪费了人力、物力和时间，增加了交易成本，且不符合社会经济生活的客观规律，没有任何实际意义。

在现实经济生活中，受让人在动产物权变动前可能基于租赁、委托、保管、质权等多种原因占有该动产，无论受让人基于何种原因占有该动产，均不影响动产物权设立和转让的效力。

（2）在简易交付情形下，当事人之间不仅要有物权让与的合意，而且该合意生效之时，才发生物权变动的效力。

【案例】2015年5月4日，甲将自家的耕牛出租给乙使用两个月。5月10日，乙提出要买下此耕牛，甲表示同意。双方在买卖合同中约定，转让价款为1 000元，一个月后交付款项。

在本题中：

（1）甲、乙之间的买卖合同于5月10日生效；

（2）耕牛的所有权自买卖合同生效时（5月10日）（法律行为生效时）转移。

2. 指示交付

动产物权设立和转让前，第三人依法占有该动产的，负有交付义务的人可以通过转让请求第三人返还原物的权利代替交付。

考霸笔记
特点：买卖在前，交付在后，他人交付。

指示交付的成立须具备两个条件：

（1）当事人须有转让所有权的合同。

（2）让与人应当将所有权转让的事实通知标的物的实际占有人。

比较常见的指示交付是将提单、仓单交付给买受人，以代替货物的实际交付，其中交付提单、仓单的情况，又被称为拟制交付。

【案例】张三将自己的自行车出租给李四使用，租期一个月；租赁期未满之时，又将该自行车出卖给王五，由于租期未满，自行车尚由李四合法使用。为使得王五取得该自行车的所有权，张三对李四讲：待租赁期限届满，你直接把自行车交给王五；同时对王五讲：待租赁期限届满，你直接向李四索要自行车。

考霸笔记
特点：买卖在前，交付在后，本人交付。

3.占有改定

动产物权转让时，双方又约定由出让人继续占有该动产的，物权自该约定生效时发生效力。

占有改定，是指转让动产物权时，让与人与受让人约定，由让与人继续占有该动产，受让人取得该动产的间接占有，以代替现实交付。经济生活中可能会出现下述情形：让与人让与某项动产时，由于生产、工作或生活需要，仍需继续占有该动产，受让人也愿意由让与人继续占有。

【案例】甲拟于一个月后出国，将其钢琴出售给乙。双方又订立租赁合同，甲租用该钢琴练习一个月，于出国前一天将钢琴实际交付给乙。

如何判断是否构成善意取得？

五、善意取得

善意取得，是指动产占有人或者不动产的名义登记人将动产或者不动产不法转让给受让人以后，如果受让人善意取得财产，即可依法取得该财产的所有权。

【解释】法律规定善意取得制度的目的在于保护占有及登记的公信力，保护交易当事人的信赖利益和交易安全，维护交易秩序。善意取得制度是对原权利人和受让人之间的权利所作的一种强制性的物权配置，受让人取得财产所有权是基于法律的规定。

（一）善意取得的构成要件

无处分权人将不动产或者动产转让给受让人的，所有权人有权追回；除法律另有规定外，符合下列情形的，受让人取得该不动产或者动产的所有权：

1.受让人受让该不动产或者动产时是善意的；

2.以合理的价格转让；

3.转让的不动产或者动产依照法律规定应当登记的已经登记，不需要登记的已经交付给受让人。

（二）动产善意取得

1.构成要件

（1）依法律行为转让所有权

善意取得只能在交易中发生，该交易所借助的手段是法律行为。其他非因法律行为而发生的物权变动，无论是基于事实行为、公法行为还是直接基于法律规定而变动，均不存在善意取得的问题（比如合法建造、拆除房屋，基于法院、政府的判决和决定，继承等行为）。

(2) 转让人无处分权

如果转让人对于所转让的标的物享有处分权，则适用正常的物权变动规则。善意取得制度旨在解决无权处分行为的有效性问题，因此必须以转让人无处分权为前提。

(3) 受让人为善意

是否善意，判断时点以受让时为准，若受让人事后得知转让人无处分权，不影响受让人的善意取得。

【解释1】所谓善意，指的是不知道转让人无处分权且对此不知无重大过失。第三人的善意系推定，故真权利人主张受让人不构成善意时，须负举证责任。受让人受让动产时，交易的对象、场所或者时机等不符合交易习惯的，应当认定受让人具有重大过失，不能构成善意。

【解释2】善意的判断时点，以"受让动产时"为准。交付有现实交付和交付替代之别。"动产交付时"，现实交付，以物的直接占有转移之时为准；简易交付，转让动产法律行为生效时为准；指示交付，转让人和受让人之间有关转让返还原物请求权的协议生效时为准。

(4) 以合理的价格转让

受让人不仅要支付对价，而且所支付的对价在市场交易中属于合理的价格。

【解释】判断是否构成"合理的价格"，应当根据转让标的物的性质、数量以及付款方式等具体情况，参考转让时交易地市场价格以及交易习惯等因素综合认定（一般不超过市场价的30%或低于70%）。

(5) 物已交付

如果双方当事人仅仅达成合意，但动产尚未交付，则当事人之间仍只有债的法律关系，而没有形成物权法律关系，不能发生善意取得的效果。

【解释】根据《最高人民法院关于适用〈中华人民共和国物权法〉若干问题的解释（一）》（以下简称《物权法解释一》），应当注意两点：第一，占有改定不能满足善意取得制度意义上的"交付"要求；第二，转让人将船舶、航空器、机动车等特殊动产交付给受让人的，符合善意取得的交付要件。

(6) 转让人基于真权利人的意思合法占有标的物

基于真权利人的意思而合法占有之物，称为委托物（如承租人基于和出租人的租赁合同合法占有租赁物）。相反，非基于真权利人的意思而占有之物称为脱手物（如遗失物、盗窃物）。善意取得制度适用于委托物，不适用于遗失物、盗窃物。

(7) 转让合同有效

转让合同是指为转让标的物所有权而订立的买卖合同等债权合同。

【解释】《物权法解释一》第二十一条规定，转让合同无论是因违反《合同法》第五十二条而无效，还是因受让人存在欺诈、胁迫或乘人之危的法定事由而被撤销，标的物受让人均不得主张善意取得。

善意取得产生什么样的法律效果?

2.法律效果

(1) 直接法律效果——所有权发生转移

善意受让人取得标的物所有权，相应地，真权利人的所有权随之失去，不仅如此，善意受让人取得动产后，该动产上的原有权利消灭，但善意受让人在受让时知道或者应当知道该权利的除外。

（2）间接法律效果——赔偿请求权

在利益衡量中，真权利人的利益虽让位于善意受让人而失去所有权，但并不意味着，所有权失去后不能寻求法律救济。所有权之失去，系转让人的无权处分行为所致，因此，真权利人有权向无权处分之转让人请求损害赔偿。

（三）不动产善意取得

1.特别构成要件

（1）交付——已办理所有权转移登记

动产善意取得以交付为要件；对于不动产，则应以登记为要件。

（2）善意问题

具备下列情形之一时，应该认定不动产受让人知道转让人无处分权，从而不构成善意：

第一，登记簿上存在有效的异议登记；

第二，预告登记有效期内，未经预告登记的权利人同意；

第三，登记簿上已经记载司法机关或者行政机关依法裁定、决定查封或者以其他形式限制不动产权利的有关事项；

第四，受让人知道登记簿上记载的权利主体错误；

第五，受让人知道他人已经依法享有不动产物权。

另外，如果真权利人有证据证明不动产受让人应当知道转让人无处分权，则应当认定受让人具有重大过失，同样不构成善意。

2.特别法律效果

善意取得不动产，不消除不动产上其他已登记之物权，此与动产不同。原因在于，善意取得所有权仅导致登记簿上的所有权人发生变更，其他已登记的限制物权则不受影响，故继续存在于登记簿中。

（四）善意取得的法律效果

1.在原权利人与受让人之间，原权利人丧失标的物所有权，而受让人则基于善意取得制度而获得标的物所有权。

2.在让与人与受让人之间，让与人与受让人基于有偿法律行为而发生债的法律关系，在受让人获得标的物所有权以后，应当承担向让与人支付价款的义务，而不能因让与人无权处分而拒绝支付价款。

3.在原权利人与让与人之间，由于善意取得的法律效果是所有权发生转移，因此原权利人无权要求让与人返还原物，只能要求无权处分人承担赔偿责任，也可以要求让与人返还不当得利。

（五）善意取得的适用范围

1.除了动产，不动产也可以适用善意取得制度，但不动产的善意取得以登记为要件。

2.不仅仅所有权，建设用地使用权、抵押权、质权、留置权等他物权也可以善意取得。

六、一物二卖与无权处分

（一）基本法条

《最高人民法院关于审理买卖合同纠纷案件适用法律问题的解释》第三条规定：当事人一方以出卖人在缔约时对标的物没有所有权或者处分权为由主张合同无效的，人民法院不予支持。

出卖人因未取得所有权或者处分权致使标的物所有权不能转移，买受人要求出卖人承担违约责任或者要求解除合同并主张损害赔偿的，人民法院应予支持。

考霸笔记
【简记】多重买卖，合同均有效，落空买受人可主张出卖人违约。

《最高人民法院关于适用〈中华人民共和国合同法〉若干问题的解释（二）》第十五条规定：出卖人就同一标的物订立多重买卖合同，合同均不具有《合同法》第五十二条规定的无效情形，买受人因不能按照合同约定取得标的物所有权，请求追究出卖人违约责任的，人民法院应予支持。

（二）判断思路

假设甲的东西交给乙保管，乙将其代为保管但无权处分的甲的物品出卖给丙，区分原则见表3-3。

无权处分的合同导致什么后果？

表3-3 区分原则

【区分原则】 无权处分：合同有效； 物权变动：效力待定	追认	物权变动：因取得处分权而发生有效的物权变动	
		物权变动的原因：基于有权处分的合同	
		利益关系：丙取得所有权，乙向甲返还价金	
	拒绝追认	符合一百零六条（善意取得）	物权变动：第三人取得物权（善意取得）
			利益关系：甲、乙之间三项请求权竞合
		不符合一百零六条（恶意）	物权变动：不发生善意取得
			利益关系：甲丙——物权返还；甲乙——违约；乙丙——违约或解除

【总结】无权处分的合同是有效的，无权处分的物权是效力待定的，买受人无法实现自身权利时，可以要求出卖人承担违约责任，或者要求解除合同并主张损害赔偿。

【案例】甲、乙为夫妻，婚后买了一套房屋，登记在甲名下。甲未经乙同意，以自己的名义将该房屋出卖给不知情的丙，并给丙办理了过户登记。

①根据规定，甲、丙间的买卖合同属于因无权处分订立的买卖合同，但处分权的欠缺不影响买卖合同的效力，故甲、丙的买卖合同有效。

②如果符合善意取得房屋所有权的构成要件，则丙直接依照法律规定善意取得房屋所有权。

③如果不符合善意取得房屋所有权的构成要件，虽然已经完成了房屋的过户登记，但丙能否取得房屋所有权仍属于效力未定，如果乙追认或者甲取得处分权，则甲的无权处分得到补正，无权处分转化为有权处分，丙可取得房屋所有权；反之，如果不符合善意取得的构成要件，且乙拒绝追认或者甲不能取得处分权，则丙确定不能取得房屋所有权。

④若因甲欠缺处分权致使丙不能取得房屋所有权，因买卖合同有效，丙有权对甲主张违约责任；或者丙享有法定解除权（因为甲的违约行为致使丙订立买卖合同的目的不能实现），可解除合同并请求甲承担损害赔偿责任。

七、动产所有权的特殊取得方式

动产所有权有若干特殊的取得方式，包括先占、拾得遗失物、发现埋藏物及添附等。

1.先占

先占人基于先占行为取得无主动产的所有权。如捡到贝壳，捡到者为所有者。

拾得遗失物应注意哪些问题?

2.拾得遗失物（拾得遗失物、赃物、漂流物、隐藏物、埋藏物一般不能适用善意取得制度）

（1）拾得遗失物，应当返还权利人。拾得人应当及时通知权利人领取，或者送交公安等有关部门。

（2）拾得人在返还拾得物时，可以要求支付必要费用，但不得要求支付报酬。但遗失人发出悬赏广告，愿意支付一定报酬的，不得反悔。

（3）有关部门收到遗失物，知道权利人的，应当及时通知其领取；不知道的，应当及时发布招领公告。遗失物自发布招领"公告之日"起"6个月"内无人认领的，归国家所有。

（4）拾得人拒不返还遗失物，按侵权行为处理。拾得人不得要求支付必要费用，也无权请求权利人按照承诺履行义务。

（5）拾得人妥善保管义务。

在遗失物送交有关部门前，有关部门在遗失物被领取前，应当妥善保管遗失物。因"故意或者重大过失"致使遗失物毁损、灭失的，应当承担民事责任。

（6）遗失物通过转让为他人占有。

①权利人有权向无处分权人请求损害赔偿，或者自知道或者应当知道受让人之日起2年内向受让人请求返还原物。

②受让人通过拍卖或者向具有经营资格的经营者购得该遗失物的，权利人请求返还原物时应当支付受让人所付的费用。权利人向受让人支付所付费用后，有权向无处分权人追偿。

3.添附（见表3-4）

表3-4 添附

附合	不同所有人的物密切结合，构成不可分割的一物	1.动产附合于不动产：不动产所有人取得附合之物所有权（如钢筋附合于房屋） 2.动产附合于动产： （1）价高者得，价低者获补偿，油漆漆于他人木板，木板所有人取得整个所有权。 （2）依价值成立共有，如各木板成箱，各木板所有者共有
混合	所有权不属同一人的动产，相互混杂，难以识别或分离（如雪碧加红酒）	同上
加工	在他人之动产上进行改造或劳作，并生成新物的法律事实（如木板加工为板凳）	加工者取得新物所有权，只要加工价值不明显低于材料价值

第二节　所有权制度

一、所有权的基本理论

（一）所有权的概念

1.具有完整性

所有权与他物权的区别主要表现为所有人对财产享有占有、使用、收益和处分的完整权利，他物权只能具有所有权的部分权能。所有权有完整性并不意味着所有权人必须实际行使各项权能，它可以将四项权能中的一项或数项权能分离出去由他人享有并行使，从而更好地实现所有权人的意志和利益。

2.一种绝对权

3.具有排他性

4.具有存续上的永久性

（二）所有权的权能

所有权包括占有权、使用权、收益权和处分权。

处分权是财产所有人最基本的权利，也是所有权的核心内容。

二、各类所有权

所有权的种类包括：国家所有权；劳动群众集体所有权；私人所有权。

（一）国家所有权

1.国有财产的行使，除法律另有规定外，均由国务院代表国家行使所有权。

2.未授权给公民、法人经营、管理的国家财产受到侵害的，不受诉讼时效的限制。

3.国家所有权的客体范围：

（1）城市土地、矿藏、水流、海域；

（2）野生动植物资源；

（3）无线电频谱资源；

（4）国防资产；

（5）森林、山岭、草原、荒地、滩涂等自然资源，属于国家所有，但法律规定属于集体所有的除外；

（6）法律规定属于国家所有的农村和城市郊区的土地及铁路、公路、电力设施、电信设施和油气管道等基础设施；

（7）法律规定属于国家所有的文物。

（二）劳动群众集体所有权

集体组织可享有土地、森林、山岭、草原、荒地、滩涂等的所有权，但是，矿藏、水源、海域、无线电频谱资源、国防资产、城市的土地，这些只能是国家所有。

（三）私人所有权

私人对其合法的收入、房屋、生活用品、生产工具、原材料等不动产和动产享有所有权。私人不仅包括自然人，而且民法上的法人尤其是企业法人也包括在内。

三、共有

考霸笔记

由于共同共有没有份额的概念，因此事务管理中，先看约定，没有约定的通常需要全体同意。

（一）共同共有

1.共同共有是基于共同关系产生的，共同关系表现为夫妻关系、家庭关系。

2.共同共有的内部关系。

主要体现在共有物的管理、共有物的分割以及对外债权债务的内部效力三个方面：

第一，关于共有物的管理。主要涉及对共有物的重大修缮及管理费用的分担。《物权法》第九十七条规定，对共有的不动产或者动产作重大修缮的，应当经全体共同共有人同意，但共有人之间另有约定的除外。《物权法》第九十八条则规定，对共有物的管理费用以及其他负担，有约定的，按照约定，没有约定或者约定不明确的，共同共有人共同负担。

第二，关于共有物的分割。共同共有关系存续期间，原则上禁止对共有物进行分割，原因在于，分割共有物即意味着共同共有关系的破裂。《物权法》第九十九条规定，共有人约定不得分割共有的不动产或者动产，以维持共有关系的，应当按照约定，但共有人有重大理由需要分割的，可以请求分割；没有约定或者约定不明确的，共同共有人在共有的基础丧失或者有重大理由需要分割时可以请求分割。因分割对其他共有人造成损害的，应当给予赔偿。共同共有财产分割后，一个或者数个原共有人出卖自己分得的财产时，如果出卖的财产与其他原共有人分得的财产属于一个整体或者配套使用，其他原共有人享有优先购买权。

第三，关于对外债权债务的内部效力。共同共有人之一对外受领的全部债权所得为所有共有人共享，其他共有人不存在主张分享的问题；用以承担债务的财产属于全体共有人共同共有的财产，故对外承担债务后，共有人之间亦不存在分担的问题。为此，《物权法》第一百零二条规定，在共有人内部关系上，除共有人另有约定外，共同共有人共同享有债权、承担债务。

如何理解共同共有的管理规则？

4710

3.共同共有的外部关系。

既然全体共有人对共有物不分份额地享有共有权，即意味着各共有人之间地位平等，因此，原则上，物之处分须征得全体一致同意，共有人之间若是另有约定，则从其约定。

问题是，若共有人之一未征得其他共有人同意，擅将共有物所有权转让给第三人，该转让行为效力如何？

一般情况下，此转让行为构成无权处分，依无权处分的基本规则，其有效性取决于其他共有人追认与否。只要有任何一位共有人拒绝追认，该无权处分行为即无效，受让人不能取得共有物的所有权；若所有其他共同人均表示追认，则无权处分转化为有权处分，转让行为有效，受让人取得共有物所有权。在其他共有人未表示是否追认之前，无权处分行为既非有效，亦非无效，处于效力待定状态。

需要注意的是，效力待定的只是无权处分行为，该处分行为以直接转移所有权为目的，属物权行为。与第三人签订的共有物买卖合同则属债权行为，该行为不以处分权为有效要件，故无论其他共有人是否同意，买卖合同均有效。当其他共有人拒绝追认因而转让行为无效时，作为出卖人的共有人因无法向作为买受人的第三人履行转移所有权的义务，故应向第三人承担合同法上的违约责任。

不过，如果第三人不知并且没有义务知道所受让的标的物存在其他共有人，或者，虽然知道存在其他共有人，但不知并且没有义务知道共有人转让标的物时未征得其他共有人的同意，该第三人即构成善意，可依善意取得制度取得标的物所有权，此时，即便其他共有人表示反对，亦不影响转让行为的有效性。但如此一来，其他共有人将因擅自转让共有物的行为而失去共有物，为了获得法律救济，其他共有人应有权向转让人请求损害赔偿。

考霸笔记
第三人不知道或不应当知道共有或未经全体同意，可构成善意取得。反对不影响，可求赔偿。

（二）按份共有

考霸笔记
特点在于分享权利，分担义务，这是与共同共有最大的不同。

按份共有人对共有物按照其份额享有所有权。按份共有人对共有的不动产或者动产享有的份额，没有约定或者约定不明确的，按照出资额确定；不能确定出资额的，视为等额享有。

1.按份共有的内部关系。

第一，共有物的管理。按份共有人对共有的不动产或者动产作重大修缮的，应当经占份额2/3以上的按份共有人同意，但共有人之间另有规定的除外。同时，对共有物的管理费用以及其他负担，有约定的，按照约定，没有约定或者约定不明的，按份共有人按照其份额负担。

第二，共有物的分割。共有人约定不得分割共有的不动产或者动产，以维持共有关系的，应当按照约定，但共有人有重大理由需要分割的，可以请求分割；没有约定或者约定不明确的，按份共有人可以随时请求分割，共同共有人在共有的基础丧失或者有重大理由需要分割时可以请求分割。因分割对其他共有人造成损害的，应当给予赔偿。

第三，对外债权债务的内部效力。因共有的不动产或者动产产生的债权债务，在对外关系上，共有人享有连带债权，承担连带债务，但法律另有规定或者第三人知道共有人不具有连带债权债务关系的除外；在共有人内部关系上，除共有人另有约定外，按份共有人按照份额享有债权、承担债务。偿还债务超过自己应当承担份额的按份共有人，有权向其他共有人追偿。

2.按份共有的外部关系。

第一，共有物的处分。应当经占份额2/3以上的按份共有人同意。未满2/3份额却转让共有物者，亦构成无权处分，其处理规则与上述共同共有相同。

第二，份额之处分。按份共有人有权自由处分自己的共有份额，无须取得其他共有人的同意，但是共有人将份额出让给共有人以外的第三人时，其他共有人在同等条件下有优先购买的权利。

【总结】按份共有VS共同共有（见表3-5）

按份共有与共同共有的区别有哪些？

表3-5 按份共有VS共同共有

	按份共有	共同共有
重大修缮或处分共有物	有约按约，否则份额2/3以上	有约按约，否则一致同意
收益及占有	按份额占有	共同占有
费用	有约按约，否则按照其份额负担	有约按约，否则共同负担
分割情形	有约按约，否则随时请求分割	有约按约，否则：（1）共有的基础丧失；（2）有重大理由的需要分割
对外债务连带	共有人享有连带债权，承担连带债务，但法律另有规定或者第三人知道共有人不具有连带债权债务关系的除外	同按份共有
内部追偿	可以，即除另有约定外，按份共有人按照份额享有债权，承担债务	不可，除另有约定外，共同共有人共同享有，共同分担

例3-8·2017年单选题

朋友6人共同出资购买一辆小汽车，未约定共有形式，且每人的出资额也不能确定。部分共有人欲对外转让该车。为避免该转让成为无权处分，在没有其他约定的情况下，根据物权法律制度的规定，同意转让的共有人至少应当达到的人数是（　　）。

A.4人　　B.3人

C.6人　　D.5人

【答案】A

【解析】（1）共有人对共有的不动产没有约定为按份共有或者共同共有，除共有人具有家庭关系等外，视为按份共有；按份共有人对共有的不动产或者动产享有的份额，可以约定；没有约定或者约定不明确的，按照出资额确定；不能确定出资额的，视为等额享有；（2）按份共有中，处分共有的不动产或者动产，当经占份额2/3以上（≥2/3）的按份共有人同意，但共有人之间另有约定的除外。本题中，朋友6人等额享有该汽车，故同意转让的共有人至少应当达到的人数是6×2/3=4（人）。

例3-9·2008年单选题

甲、乙、丙、丁按份共有一栋房屋，份额相同。为提高该房屋使用价值，甲向乙、丙、丁提议拆旧翻新。在共有人之间未就该事项作出明确约定的情况下，下列表述中，符合物权法律制度规定的是（　　）。

A.即使乙、丙、丁不同意，甲仍可以拆旧翻新

B.只要乙、丙、丁中有一人同意，甲就可以拆旧翻新

C.只要乙、丙、丁中有二人同意，甲就可以拆旧翻新

D.只有乙、丙、丁均同意，甲才可以拆旧翻新

【答案】C

【解析】对共有的不动产或者动产作重大修缮（拆旧翻新）的，应当经占份额2/3以上的按份共有人同意，但共有人之间另有约定的除外。

例 3-10·2012年单选题

甲、乙系多年同窗，二人共同购买了一套住房。甲出资90万元，乙出资60万元，双方未约定共有类型。一年后，甲利用乙出差之机，请丙装修公司对房屋重新装修，并告知丙，该房屋由自己与乙共有，但装修费用由乙一人承担。乙获悉装修事宜后，表示反对，并拒绝向丙付款。后乙欲将房屋所有权转让给丁。根据物权法律制度的规定，下列表述中，正确的是（　）。

A.甲、乙对该套房屋形成共同共有关系

B.甲对房屋重新装修，不必征得乙的同意

C.乙转让房屋所有权，须征得甲的同意

D.对于丙公司的付款请求，乙有权拒绝

【答案】C

【解析】本题考核按份共有。根据规定，共有人对共有的不动产或者动产没有约定为按份共有或者共同共有，或者约定不明确的，除共有人具有家庭关系等外，视为按份共有，因此选项A错误；对共有的不动产或者动产作重大修缮的，应当经占份额2/3以上的按份共有人同意，因此选项B错误；对外关系上，任何一位按份共有人均有权主张全部债权或有义务承担全部债务，因此选项D错误。

（三）按份共有人的优先购买权

按份共有人向共有人之外的人转让其份额，其他按份共有人有权依同等条件优先购买该共有份额，关于优先购买权，需注意如下问题：

按份共有人具有优先购买权需满足什么条件？

第一，优先购买权以交易为前提。因此，除非按份共有人另有约定，否则共有份额因继承、遗赠等非交易方式发生转让时，其他共有人不得主张优先购买，同时，构成优先购买权行使前提的交易须发生在共有人与共有人之外的第三人之间。如果按份共有人之间相互转让共有份额，除非共有人另有约定，否则其他共有人不得主张优先购买。

第二，优先购买权需在同等条件下行使，判断是否构成“同等条件”时，应当综合共有份额的转让价格、价款履行方式及期限等因素确定，因此，如果按份共有人主张优先购买，提出减少价款、增加转让人负担等交易条件的实质变更要求，其优先购买权不能得到支持。

第三，优先购买权需在期限内行使。优先购买权的行使期间，按份共有人之间有约定的，按照约定处理。没有约定或者约定不明的，按照下列情形确定：

（1）转让人向其他按份共有人发出的包含同等条件内容的通知中载明行使期间的，以该期间为准；

（2）通知中未载明行使期间，或者载明的期间短于通知送达之日起15日的，为15日；

（3）转让人未通知的，为其他按份共有人知道或者应当知道最终确定的同等条件之日起15日；

（4）转让人未通知，且无法确定其他按份共有人知道或者应当知道最终确定的同等条件的，为共有份额权属转移之日起6个月。

第四，数人主张优先购买的处理。两个以上按份共有人主张优先购买且协商不成时，请求按照转让时各自份额比例行使优先购买权的，应予支持。

第五，优先购买权不具有排他的物权效力。优先购买权受到侵害，只能向侵害人请求债权性质的损害赔偿救济，不得主张排他效力、要求撤销共有人与第三人的份额转让合同或主张该合同无效。

第三节　用益物权制度

一、用益物权的基本理论

用益物权是对他人所有的“不动产或者动产”，依法享有占有、使用和收益的权利。

【提示】《物权法》规定的用益物权包括：（1）土地承包经营权；（2）建设用地使用权；（3）宅基地使用权；（4）地役权。

二、建设用地使用权

（一）建设用地使用权的概述

原则上，除兴建乡镇企业、村民建设住宅、乡镇村公共设施及公益事业建设经依法批准使用本集体经济组织农民集体所有土地的外，其他对集体土地的建设利用，必须先征归国有，然后取得国有建设用地使用权。

（二）建设用地使用权的取得

建设用地使用权有创设取得与移转取得两种方式，分别对应国有土地的一级市场与二级市场。其中，创设取得可采取有偿出让或无偿划拨等方式，移转取得有转让、互换、出资、赠与或抵押等方式。

1.创设取得

（1）无偿划拨

无偿划拨与有偿出让有什么区别?

土地使用权划拨，是指县级以上人民政府依法批准，在土地使用者缴纳补偿、安置等费用后将该幅土地交付其使用，或者将土地使用权无偿交付给土地使用者使用的行为。

下列建设用地的土地使用权，确属必需的，可以有县级以上人民政府依法批准划拨：

①国家机关用地和军事用地；

②城市基础设施用地和公益事业用地；

③国家重点扶持的能源、交通、水利等项目用地；

④法律、行政法规规定的其他用地。

严格限制以划拨方式设立建设用地使用权。采取划拨方式的，应当遵守法律、行政法规关于土地用途的规定。用于商业开发的建设用地，不得以划拨方式取得建设用地使用权。

（2）有偿出让

建设用地使用权出让，可以采取拍卖、招标或者双方协议的方式。

其中，工业、商业、旅游、娱乐和商品住宅等经营性用地以及同一土地有两个以上意向用地者的，应当采取招标、拍卖等公开竞价的方式出让，不能采取无偿划拨方式。没有条件，不能采取拍卖、招标方式的，可以采取双方协议的方式。采取双方协议方式出让土地使用权的出让金不得低于按国家规定所确定的最低价。

土地使用权出让合同约定的使用年限届满，土地使用者需要继续使用土地的，应当至迟于届满前一年申请续期，除根据社会公共利益需要收回该幅土地的，应当予以批准。经批准准予续期的，应当重新签订土地使用权出让合同，依照规定支付土地使用权出让金。

【注】住宅建设用地使用权期间届满的，自动续期。

【解释】2016年12月8日，国土资源部针对温州市出现的20年住房土地使用权到期问题向浙江省国土厅复函中指出，在尚未对住宅建设用地等土地使用权到期后续期作出法律安排前，少数住宅建设用地使用权期间届满的，可按以下过渡性办法处理：

（1）不需要提出续期申请。少数住宅建设用地使用权期限届满的，权利人不需要专门提出续期申请。

考霸笔记
自动续期。

（2）不收取费用。市、县国土资源主管部门不收取相关费用。

（3）正常办理交易和登记手续。此类住房发生交易时，正常办理房地产交易和不动产登记手续，涉及"土地使用期限"仍填写该住宅建设用地使用权的原起始日期和到期日期，并注明："根据《国土资源部办公厅关于妥善处理少数住宅建设用地使用权到期问题的复函》（国土资厅函〔2016〕1712号）办理相关手续。"

2.移转取得

（1）移转取得的方式

建设用地使用权转让、互换、出资、赠与或者抵押的，当事人应当采取书面形式订立相应的合同。使用期限由当事人约定，但不得超过建设用地使用权的剩余期限。

《中华人民共和国城市房地产管理法》（以下简称《城市房地产管理法》）第三十九条规定：以出让方式取得土地使用权的，转让房地产时，应当符合下列条件：

考霸笔记
出让土地转房产：一金二证三投资，二五上工业。

①按照出让合同约定已经支付全部土地使用权出让金，并取得土地使用权证书；

②按照出让合同约定进行投资开发，属于房屋建设工程的，完成开发投资总额的25%以上，属于成片开发土地的，形成工业用地或者其他建设用地条件。

③转让房地产时房屋已经建成的，还应当持有房屋所有权证书。

《城市房地产管理法》第四十条规定：以划拨方式取得土地使用权的，转让房地产时，应当按照国务院规定，报有批准权的人民政府审批。有批准权的人民政府准予转让的，应当由受让方办理土地使用权出让手续，并依照国家有关规定缴纳土地使用权出让金。

考霸笔记
缺憾让与要禁止：
出让违法 被限权
依法收回共不同
权属争议未领证

（2）让与禁止

《城市房地产管理法》规定，下列房地产，不得转让：

①以出让方式取得土地使用权的，不符合本法第三十九条规定的条件的；

②司法机关和行政机关依法裁定、决定查封或者以其他形式限制房地产权利的；

③依法收回土地使用权的；

④共有房地产，未经其他共有人书面同意的；

⑤权属有争议的；

⑥未依法登记领取权属证书的；

⑦法律、行政法规规定禁止转让的其他情形。

例3-11·2016年多选题

根据物权法律制度的规定，以出让方式取得土地使用权后，转让房地产时，应当符合的条件有（　　）。

A.按出让合同约定投资开发，属于房屋建设工程的，完成开发投资总额的20%以上

B.转让房地产时，房屋建成后，应当持有房屋所有权证书

C.按出让合同约定投资开发，属于成片开发土地的，形成工业用地或其他建设用地条件

D.按出让合同约定已支付全部土地使用权出让金，并取得土地使用权证书

【答案】BCD

【解析】以出让方式取得土地使用权的，转让房地产时，应当符合下列条件：(1)按照出让合同约定已经支付全部土地使用权出让金，并取得土地使用权证书；(2)按照出让合同约定进行投资开发，属于房屋建设工程的，完成开发投资总额的25%以上，属于成片开发土地的，形成工业用地或者其他建设用地条件；(3)转让房地产时房屋已经建成的，还应当持有房屋所有权证书。

如何记忆建设用地使用权的期限？

（三）建设用地使用权的期限

以无偿划拨方式取得的建设用地使用权，除法律、行政法规另有规定外，没有使用期限的限制。

以有偿出让方式取得的建设用地使用权，出让最高年限按下列用途确定：居住用地70年；工业用地50年；教育、科技、文化、卫生、体育用地50年；商业、旅游、娱乐用地40年；综合或者其他用地50年。

【总结】建设用地使用权期限（见表3-6）

表3-6　**建设用地使用权期限**

无偿划拨	无期限		
有偿出让	期限	70年	居住用地。住宅建设用地使用权届满，自动续期
		40年	商业、旅游、娱乐用地
		50年	工业用地、教育、科技、文化、卫生、体育用地、综合用地等

例3-12·2014年单选题

下列关于以无偿划拨方式取得的建设用地使用权期限的表述中，符合物权法律制度规定的是（　　）。

A.最长期限为30年　　B.最长期限为50年

C.最长期限为70年　　D.一般无使用期限的限制

【答案】D

【解析】以无偿划拨方式取得的建设用地使用权，除法律、行政法规另有规定外，没有使用期限限制。

（四）建设用地使用权的终止

建设用地使用权因土地使用权出让合同规定的使用年限届满、提前收回及土地灭失等原因而终止。

出现下列情形之一的，由有关政府土地行政主管部门报经原批准用地的政府或者有批准权的政府批准，可以收回国有土地使用权：

1. 为公共利益需要使用土地；

2. 为实施城市规划进行旧城区改建，需要调整使用土地；

3. 土地出让等有偿使用合同约定的使用期限届满，土地使用者未申请续期或者申请续期未获批准；

4. 因单位撤销、迁移等原因，停止使用原划拨的国有土地；

5. 公路、铁路、机场、矿场等经核准报废。

第四节　担保物权制度

一、担保物权的基本理论

（一）担保物权的概念

以担保债权实现为目的的物权，为担保物权。其包括抵押权、质权、留置权。

（二）担保物权的特性

1. 从属性：担保物权不得与主债权分离而单独转让。

2. 权利行使的附条件性：担保物权的行使条件是债务人不履行到期债务或者发生当事人约定的实现担保物权的情形。

3. 优先受偿性：担保物权对于债权的担保，系通过优先受偿权而实现，即当债务人不履行到期债务或者发生当事人约定的实现担保物权情形时，担保物权人可就担保物变价之后的价金优先于普通债权人得到清偿。

（三）担保物权的消灭

有下列情形之一，担保物权消灭：（1）主债权消灭；（2）担保物权实现；（3）债权人放弃担保物权；（4）法律规定担保物权消灭的其他情形。

（四）物上代位性

在担保期间，如果担保财产毁损、灭失或者被征收的，担保物权人可以就获得的保险金、赔偿金或者补偿金优先受偿。

例 3-13 · 2009 年单选题

甲向乙借款，并以本人所有的一件古董花瓶设定质押担保，甲为此就该花瓶购买了一份财产意外损失险。在乙保管花瓶期间，花瓶毁于泥石流。如果甲没有按时还款，下列表述中，正确的是（　　）

A. 乙可以就保险金优先受偿

B. 乙可以要求以保险金受偿，但是并不优先于甲的其他债权人

C. 泥石流属于不可抗力事件，甲可以不偿还乙的借款

D. 乙应当赔偿甲花瓶灭失的损失

【答案】A

【解析】根据规定，担保期间，担保财产毁损、灭失或者被征收等，担保物权人可以就获得的保险金、赔偿金或者补偿金等优先受偿。

二、抵押的财产范围

（一）抵押的概念与特征

抵押，是指为担保债务的履行，债务人或者第三人不转移对财产的占有，将该财产抵押给债权人，债务人不履行到期债务或者发生当事人约定的实现抵押权的情形时，债权人有权依法以该财产折价或者以拍卖、变卖该财产的价款优先受偿。抵押中提供财产担保的债务人或者第三人为抵押人，债权人为抵押权人，提供担保的财产为抵押物。

1.抵押权是不移转标的物占有的一种担保物权。

2.是否移转标的物的占有是抵押权与其他担保物权的重要区别。

3.由于抵押权的设定不需要移转占有，因此，抵押权的设定不能采用占有移转的公示方法，而必须采用登记或其他方法公示。

（二）抵押权的财产范围

1.概述

（1）抵押权的取得方式：可以基于法律行为（签订抵押合同），也可以基于事实行为（继承或者善意取得抵押权）。抵押权的设定是指基于法律行为取得抵押权。

流质条款怎么理解?

（2）“流质条款”：当事人在订立抵押合同时，不得在合同中约定在债务履行期满抵押权人未受清偿时，抵押物的所有权转移为债权人所有。如果合同中有这样的条款，则该条款无效，即“流质条款无效”。流质条款无效不影响抵押合同其他条款的效力。

【案例】甲向乙借款，以自己的房屋作抵押，并在抵押合同中约定，如甲到期不归还借款，该房直接归乙所有。这一条款即为流质条款，为无效条款，但仅仅是该流质条款无效，并不影响抵押合同其他条款的效力。

【链接】质权人在债务履行期届满前，不得与出质人约定债务人不履行到期债务时质押财产归债权人所有，但“流质条款”的无效不影响质押合同其他部分的效力。

2.抵押的财产范围

（1）学校、医院、幼儿园等以公益为目的的事业单位、社会团体的教育设施、医疗卫生设施，不能抵押；但当事人以其教育设施、医疗卫生设施以外的财产为自身债务设定抵押的，人民法院可以认定抵押有效。

（2）所有权、使用权不明或者有争议的财产，不能抵押。

（3）依法被查封、扣押、监管的财产，不能抵押；已经设定抵押的财产被查封、扣压的，不影响抵押权的效力。

（4）经法定程序确认为违法、违章的建筑物，不能抵押。

（5）城市房地产：“房随地走、地随房走”。

以建筑物抵押的，该建筑物占用范围内的建设用地使用权一并抵押；以建设用地使用权抵押的，该土地上的建筑物一并抵押。

（6）农村集体土地：只能“地随房走”、不能“房随地走”。

考霸笔记
手里有房，心中不慌；手里无房，全身都晃。

乡镇、村企业的建设用地使用权不得“单独”抵押；以乡镇、村企业的厂房等建筑物抵押的，其占用范围内的建设用地使用权一并抵押。在实现抵押权后，未经法定程序，不得改变土地所有权的性质和土地用途。

（7）以城市房地产设定抵押的，土地上新增的房屋不属于抵押物。抵押权实现时，可以依法将该土地上新增的房屋与抵押物一同变价，但对新增房屋的变价所得，抵押权人无权优先受偿。

（8）当事人以农作物和与其尚未分离的土地使用权同时抵押的，土地使用权部分的抵押无效。

（9）只有以招标、拍卖、公开协商等方式取得的“荒地”等土地承包经营权，才可以抵押。

例3-14·2009年单选题

根据物权法律制度的规定，下列财产中，不可以作为抵押权客体的是（　　）。

A.工厂的半成品

B.正在建造的船舶

C.以招标方式取得的荒地的土地承包经营权

D.土地所有权

【答案】D

【解析】根据规定，下列财产不得抵押：（1）土地所有权；（2）耕地、宅基地、自留地、自留山等集体所有的土地使用权，但法律规定可以抵押的除外；（3）学校、幼儿园、医院等以公益为目的的事业单位、社会团体的教育设施、医疗卫生设施和其他社会公益设施；（4）所有权、使用权不明或者有争议的财产；（5）依法被查封、扣押、监管的财产；（6）法律、行政法规规定不得抵押的其他财产。

三、抵押登记

（一）登记是抵押权的设立条件

1.建筑物和其他土地附着物；

2.建设用地使用权；

3.以招标、拍卖、公开协商等方式取得的荒地等土地承包经营权；

4.正在建造的建筑物。

【解释】不动产的抵押必须办理抵押物登记，抵押权自登记之日起设立。如果当事人未办理登记，只是抵押权未设立，但不影响抵押合同的生效。

考霸笔记
注意：抵押合同自签订之日起成立并生效，是否登记不影响抵押合同的生效，只影响抵押权的设立。

抵押物登记记载的内容与抵押合同约定的内容不一致的，以登记记载的内容为准。

（二）登记为对抗第三人的效力

自愿登记：以除法定登记财产以外的其他财产设定抵押的，当事人可以自愿办理登记。

当事人以生产设备、原材料、半成品、产品，正在建造的船舶、航空器，交通运输工具设定抵押的，抵押权自抵押合同生效时（签订时）设立。但未经登记，不得对抗善意第三人。

【解释】这些财产无论是否进行了抵押登记，抵押合同自签订之日起生效，抵押权自抵押合同签订（生效）之日起设立。只是未登记的，不能对抗善意第三人。

抵押登记见表3-7。

表3-7 抵押登记

应当办理抵押登记（未经登记，不发生法律效力）	1.建筑物和其他土地附着物、 2.建设用地使用权 3.以招标、拍卖、公开协商等方式取得的荒地等土地承包经营权 4.正在建造的建筑物	抵押权自登记时设立	
可以办理抵押登记（也可以不办理抵押登记）	以生产设备、原材料、半成品、产品、交通运输工具或者以正在建造的船舶、航空器抵押的	抵押权自抵押合同生效时设立	未经登记，不得对抗善意第三人

四、抵押权的效力

（一）抵押人的权利

1.抵押物的占有权

根据《物权法》的规定，债务人不履行到期债务或者发生当事人约定的实现抵押权的情形致使抵押财产被人民法院依法扣押的，自扣押之日起抵押权人有权收取该抵押财产的天然孳息或者法定孳息，但抵押权人未通知应当清偿法定孳息的义务人的除外。

考霸笔记：比如收取的是房租，抵押权人应该通知承租人，否则承租人不知道将房租交给谁。抵押权人所收取的孳息应当先充抵收取孳息的费用。

2.抵押物的收益权

（1）如果抵押权设定在先，出租在后，抵押权实现后，租赁合同对受让人不具有约束力。抵押人将已经抵押的财产出租时，如果抵押人未书面通知承租人该财产已经抵押的，抵押人对出租抵押物造成承租人的损失承担赔偿责任。

（2）如果出租在先，抵押在后，租赁合同在有效期内对抵押物的受让人继续有效。

3.抵押物的处分权

抵押期间，抵押人经抵押权人同意转让抵押财产的，应当将转让所得的价款向抵押权人提前清偿债务或者提存。转让的价款超过债权数额的部分归抵押人所有，不足部分由债务人清偿。

抵押期间，抵押人未经抵押权人同意，不得转让抵押财产，但受让人代为清偿债务消灭抵押权的除外。

原则上，抵押人若未经抵押权人同意而转让抵押财产，转让行为无效，但受让人若是通过代为清偿债务的方式消灭抵押权，则转让行为有效。受让人以清偿债务的方式涤除抵押权，以获得抵押物所有权的权利，称为涤除权。

考霸笔记：抵押权的存在价值就是为了保障债权的实现，若债权已得到清偿，抵押权便随之消灭。此时，抵押物的转让，自然无须债权人同意。

【解释】

1.如果抵押物已经登记，抵押人转让抵押物时，应当经抵押权人“同意”，否则该转让行为无效（但受让人代为清偿全部债务消灭抵押权的除外）；

2.如果抵押物未经登记的，抵押权不能对抗善意第三人。

【案例】A欠B 100万元，C以自己的房屋为B设定抵押。

（1）假如C和B之间在4月1日签订抵押合同，4月10日登记，那么4月1日抵押合同生效，4月10日抵押权设立。

（2）如果C想把房屋转让给D，必须经过B的同意，如果B同意，转让的价款提前清偿债务或者提存（即抵押人经抵押权人同意转让抵押财产的，应当将转让所得的价款向抵押权人提前清偿债务或者提存）。如果B没有同意，C就不能转让，如果D愿意代为清偿100万元债款来消灭主债权，那么主债权消灭，抵押权也随之消灭（即抵押期间，抵押人未经抵押权人同意，不得转让抵押财产，但受让人代为清偿债务消灭抵押权的除外）。

（二）抵押权人的权利

1.保全抵押物

抵押人的行为足以使抵押财产价值减少的，抵押权人有权要求抵押人停止其行为。抵押财产价值减少的，抵押权人有权要求恢复抵押财产的价值，或者提供与减少的价值相应的担保。抵押人不恢复抵押财产的价值也不提供担保的，抵押权人有权要求债务人提前清偿债务。

2.放弃抵押权或者变更抵押权的顺位

放弃抵押权或者变更抵押权的顺位的效力是什么？

（1）抵押权人与抵押人可以协议变更抵押权顺位以及被担保的债权数额等内容，但抵押权的变更，未经其他抵押权人书面同意，不得对其他抵押权人产生不利影响。

（2）债务人以自己的财产设定抵押，抵押权人放弃该抵押权、抵押权顺位或者变更抵押权的，其他担保人在抵押权人丧失优先受偿权益的范围内免除担保责任，但其他担保人承诺仍然提供担保的除外。

【案例】假设甲向乙银行借100万元，甲用自己的设备作抵押，同时丙也用自己的厂房为乙作抵押，甲到期未清偿所借的本息。本案中，乙是债权人，甲是主债务人，丙是次债务人。

（1）如果需要拍卖抵押物，应先拍卖甲（主债务人）的设备，如果价款足够偿还100万元，则不需要拍卖丙的厂房，如果不够，就需要拍卖丙的厂房补齐剩余债款。

（2）如果甲的设备能卖40万元，假如乙放弃了主债务人甲的抵押，找丙要100万元，丙只需要给乙60万元就可以（其他担保人在抵押权人丧失优先受偿权益的范围内免除担保责任）。

（3）丙也可以继续承诺还清全款100万元。

（三）优先受偿权

债务人不履行到期债务或者发生当事人约定的实现抵押权的情形，抵押权人可以与抵押人协议以抵押财产折价或者以拍卖、变卖该抵押财产所得的价款优先受偿。不足清偿债权的部分由债务人按普通债权清偿。

如果协议损害其他债权人利益，其他债权人可以在知道或者应当知道撤销事由之日起1年内请求人民法院撤销该协议。抵押权人与抵押人未就抵押权实现方式达成协议的，抵押权人可以请求人民法院拍卖、变卖抵押财产。

五、抵押权的实现

抵押物折价或者拍卖、变卖所得价款，当事人没有约定的，清偿程序如下：

（1）实现抵押权的费用；

（2）主债权的利息；

（3）主债权。

> 考霸笔记
> 【注意】土地出让金优先于抵押权：拍卖划拨的国有土地使用权所得的价款，应先依法缴纳相当于应缴纳的土地使用权出让金的款额，抵押权人可主张剩余价款的优先受偿权。

（一）多个抵押权并存时的清偿顺序

1.同一财产向两个以上债权人设定抵押时的清偿顺序。

（1）抵押权已登记的，按照登记的先后顺序清偿；顺序相同的，按照债权比例清偿；如果当事人同一天在不同的法定登记部门办理抵押物登记的，视为顺序相同。

【案例】甲公司以厂房作为抵押财产为乙银行设立抵押权，4月6日至房屋管理部门登记，又以厂房所占土地之使用权作为抵押财产为丙银行设立抵押权，4月6日至土地管理部门登记。基于房地一体原则，厂房上设立的抵押权效力及于相应的土地使用权，而土地使用权上设立的抵押权效力亦及于相应的厂房，换言之，乙、丙二银行所取得抵押权，虽然在不同财产上设立，但各自抵押财产范围其实是相同的，此时，二银行的抵押权被视为顺序相同。

（2）抵押权已登记的先于未登记的受偿。（因抵押权登记的产生对抗效力）

2.顺位在后的抵押权所担保的债权先到期的，抵押权人只能就抵押物价值超出顺位在先的抵押担保债权的部分受偿。

【解释】这一规则旨在维护顺位在先抵押权人的利益。若顺位在后的抵押权所担保的债权先到期，该抵押权人自有权主张实现抵押权，从而变卖或拍卖抵押物。但抵押物拍卖或变卖后，必须在所得价款中剔除顺位在先抵押权所担保的债权额，予以提存，剩余部分方可供顺位在后的抵押权优先受偿。

3.顺位在先的抵押权所担保的债权先到期的，抵押权实现后的剩余价款应予提存，留待清偿顺位在后的抵押担保债权。

【解释】顺位在先的抵押权所担保的债权一旦到期，无论其他债权是否到期，该抵押权人均可主张实现抵押权，并就全部拍卖或变卖所得优先受偿。若有剩余，顺位在后的抵押权即存在于剩余价款之上，为确保债权到期后抵押权能够实现，债务人有义务将剩余价款提存；若所得价款不足以清偿顺位在先之抵押权，则顺位在后的抵押权消灭，其所担保的债权转化为普通债权。

4.抵押权均未登记的，按照债权比例清偿。

【解释】既然均未登记，即意味着各自皆无对抗第三人效力，唯一公平的实现方式即是按照债权比例清偿。此时，无论是设立在先的抵押权，还是先到期的债权，皆不得主张优先性。

> 考霸笔记
> 【总结】抵押权清偿顺序：
> 均登记的按先后；
> 已登记优先于未登记；
> 在后先到期，超出受偿，剩余提存；
> 在先先到期，剩余应提存；
> 均未登记按比例受偿。

> 多个抵押权并存时，抵押权实现的顺位是什么？
> 4717

（二）与其他物权并存时的清偿顺序

同一财产法定登记的抵押权与质权并存时，抵押权人优先于质权人受偿；同一财产抵押权与留置权并存时，留置权人优先于抵押权人受偿。

六、抵押权的消灭

1. 债权消灭
2. 抵押权实现
3. 抵押物灭失
4. 混同

考霸笔记

所谓混同，是指权利与义务归于一人。抵押权是设立于他人之物上的限制物权，因此，若抵押权人获得抵押物的所有权，即其集抵押权人与抵押人的身份于一身，用自己的物担保自己的债权显然无意义，故导致抵押权消灭。

七、最高额抵押

最高额抵押是指为担保债务的履行，债务人或者第三人对一定期间内将要连续发生的债权提供担保财产的，债务人不履行到期债务或者发生当事人约定的实现抵押权的情形，抵押权人有权在最高债权额限度内就该担保财产优先受偿。

【案例】甲与乙银行签订一份最高额贷款合同。甲用其价值1亿元的土地使用权作为抵押开发一房地产项目，工程完工后验收决算，确定甲贷款额为1.2亿元，则如果甲不能如期偿还乙的借款时，乙可以主张拍卖抵押的土地使用权获得1亿元清偿，不足部分为普通债权，可以继续向甲追偿。

（一）抵押权人的债权确定

1. 约定的债权确定期间届满；
2. 没有约定债权确定期间或者约定不明确，抵押权人或者抵押人自最高额抵押权设立之日起满2年后请求确定债权；
3. 新的债权不可能发生；
4. 抵押财产被查封、扣押；
5. 债务人、抵押人被宣告破产或者被撤销；
6. 法律规定债权确定的其他情形。

（二）转让限制

最高额抵押担保的债权确定前，部分债权转让的，最高额抵押权不得转让，但当事人另有约定的除外。

【案例】甲、乙双方签订最高额抵押合同，按照合同约定，对2009年1月1日—2009年12月31日发生的债权作担保，那么此期间即为债权确定期间。如果在此期间内双方共发生了10笔债务，总计金额为100万元，那么截至2009年12月31日，确定的债权额就为100万元，在债权额未确定前，债权人享有的最高额抵押权是不能转让的。

（三）变更限制

最高额抵押担保的债权确定前，抵押权人与抵押人可以通过协议变更债权确定的期间、债权范围以及最高债权额，但变更的内容不得对其他抵押权人产生不利影响。

八、浮动抵押

如何理解浮动抵押?

（一）概念

经当事人书面协议，企业、个体工商户、农业生产经营者可以将现有的以及将有的生产设备、原材料、半成品、产品抵押，债务人不能履行到期债务或者发生当事人约定的实现抵押权的情形，债权人有权就实现抵押权时的动产优先受偿。

我国《物权法》规定：

第一，浮动抵押标的物限于现有的以及将有的动产。

第二，适用主体包括企业、个体工商户和农业生产经营者。

（二）条件

1.特定的主体设立，即企业、个体工商户、农业生产经营者。

2.特定的财产，即生产设备、原材料、半成品、产品。

3.实现抵押权的条件是不履行到期债务或者发生当事人约定的实现抵押权的事由。

4.合同的生效为设立条件，不以登记为要件。不登记的，抵押权不能对抗善意第三人。

（三）浮动抵押的抵押财产自下列情形之一发生时确定

1.债务履行期届满，债权未实现；

2.抵押人被宣告破产或者被撤销；

3.当事人约定的实现抵押权的情形；

4.严重影响债权实现的其他情形。

例3-15·2010年多选题

甲公司向乙银行借款，同意以自己现有以及将有的全部生产设备、原材料、产品、半成品进行抵押。根据担保法律制度的规定，下列关于该抵押的表述中，正确的有（　　）。

A.甲公司与乙银行协商一致时，抵押权设立

B.甲公司与乙银行协商一致，并达成书面协议时，抵押权设立

C.该抵押权非经登记不得对抗善意第三人

D.如在正常经营中第三人乙向甲公司支付了合理价款并取得抵押财产，则抵押权不得对抗该第三人

【答案】BCD

【解析】本题考核点是浮动抵押。浮动抵押必须经过“书面协议”，因此选项A错误，选项B正确；浮动抵押的设立是以合同的生效为条件，不以登记为要件，但是不登记的，抵押权不能对抗善意第三人，因此选项C的说法正确；在动产浮动抵押确定抵押物之前，即使浮动抵押办理了登记，该抵押权也不得对抗正常经营活动中已支付合理价款并取得抵押财产的买受人，因此选项D正确。

九、质押

（一）概念

质押是指债务人或者第三人将其动产或权利移交债权人占有，将该财产作为债权的担保，当债务人不履行债务或发生当事人约定的实现抵押权的情形时，债权人有权依法以该财产变价所得优先受偿。

（二）质押和抵押比较

1.质押的标的物可以是动产或权利，但不能是不动产；抵押的标的物既可是动产也可以是不动产。

2.质权的设定必须移转质物的占有；抵押权的设定不要求移转抵押物的占有。

3.因抵押权设定不移转占有，故抵押人可以继续对抵押物占有、使用、收益；因质押移转标的物的占有，故质押人虽然享有对标的物的所有权，但不能直接对质押物进行占有、使用、收益。

十、动产质押

动产质押的成立条件有哪些?

（一）动产质押的设定

1.动产质权自质物移交给质权人占有时设立。质押合同是诺成合同，原则上自双方当事人意思表示一致时成立。质物占有的移转不是合同的生效要件。

2.出质人以间接占有的财产出质的，书面通知送达占有人时视为移交。

例3-16·2009年单选题

甲与乙签订借款合同，并约定由乙将自己的钻戒出质给甲。但其后乙并未将钻戒如约交付给甲，而是把该钻戒卖给了丙。丙取得钻戒后，与甲因该钻戒的权利归属发生纠纷。根据《物权法》的规定，下列关于该钻戒权利归属的表述中，正确的是（　　）。

A.丙不能取得该钻戒的所有权，因为该钻戒已质押给甲

B.丙能取得该钻戒的所有权，但甲可依其质权向丙追偿

C.丙能取得该钻戒的所有权，甲不能向丙要求返还该钻戒

D.丙能否取得该钻戒的所有权，取决于甲同意与否

【答案】C

【解析】动产质权自出质人交付质押财产时设立，在本题中，乙未向甲交付钻戒，质权并未设立。乙将钻戒交付给丙，丙依法取得了该钻戒的所有权。

例3-17·2012年多选题

6月6日，丙向甲借用劳力士手表，约定6月10日归还。6月7日，甲向乙借款5万元，并以该劳力士手表出质担保。双方在书面质押合同中约定，若甲届时不能清偿债务，则手表归乙所有。6月8日，甲通知丙于借用期满后直接将手表交给乙。根据物权法律制度的规定，下列表述中，正确的有（　　）。

A.乙的质权设立于6月7日

B.乙的质权设立于6月8日

C.若甲届时不能清偿对乙债务，乙依约直接取得手表所有权

D.若甲届时不能清偿对乙债务，乙有权就手表变价，并以变价所得优先受偿

【答案】BD

【解析】（1）选项A和B：动产质权自出质人交付质押财产时设立，在本题中，甲、乙以指示交付的方式设立动产质权；（2）选项C和D：质权人在债务履行期届满前，不得与出质人约定债务人不履行到期债务时质押财产归债权人所有，但流质条款的无效不影响质押合同其他部分的效力。

（二）动产质押的标的物

出质人以其不具有所有权但合法占有的动产出质的，法律保护善意质权人的权利。善意质权人行使质权给动产所有人造成损失的，由出质人承担赔偿责任。

动产质权的效力及于质物的从物。但是从物未随质物移交质权人占有的，质权的效力不及于从物。

例 3-18 · 2008年多选题

甲、乙各出资10万元共同购买机械设备一套，双方约定轮流使用，每次时间为半年。甲在使用设备期间，向善意的丙借款15万元，并将该设备交付给丙设定质押担保。甲无力还款，丙行使了质权，从而引发纠纷。根据《物权法》的规定，下列关于纠纷解决的表述中，正确的有（　　）。

A.甲无权处分，但丙仍应取得质权

B.甲无权处分，故丙无权主张质权

C.乙有权就所发生的损失请求甲赔偿

D.乙有权就所发生的损失要求甲、丙承担连带责任

【答案】AC

【解析】(1) 选项A和B：出质人以其不具有所有权但合法占有的动产出质的，法律保护善意质权人的权利；(2) 选项C和D：善意质权人行使质权给动产所有人造成损失的，由出质人承担赔偿责任。甲、乙各出资10万元，如果双方没有约定，除非是家庭关系，否则视为按份共有。提供担保处分，需要经过占份额2/3以上的按份共同人同意才可以，但是甲没有经过乙同意就拿设备提供质押担保，对象是善意的丙，甲无力还款，丙行使了质权，从而引发纠纷。

(三) 动产质押的效力

1.动产质押设立后，在主债务清偿以前，质权人有权占有质物，并有权收取质物所生的孳息。

2.质权人在质权存续期间，为担保自己的债务，经出质人同意，以其所占有的质物为第三人设定质权的，应当在原质权所担保的债权范围之内，超过的部分不具有优先受偿的效力。转质权的效力优于原质权。

质权人在质权存续期间，未经出质人同意转质，造成质押财产毁损、灭失的，应当向出质人承担赔偿责任。

权利质押的易考点有哪些?

十一、权利质押（见表3-8）

考霸笔记

三票三单一债券。

表3-8　**权利质押**

汇票、支票、本票、债券、存款单、仓单、提单	交付生效；没有权利凭证的，质权自有关部门办理出质登记时设立	
基金份额、股权	以基金份额、证券登记结算机构登记的股权出质	证券登记结算机构办理登记时设立
	以其他股权出质	工商行政管理部门办理登记时设立
知识产权中的财产权：注册商标专用权、专利权、著作权	自有关主管部门办理出质登记	
应收账款（不包括有价证券的付款请求权）	①质权自信贷征信机构办理出质登记时设立。 ②应收账款出质后，不得转让，但经出质人与质权人协商同意的除外	

例3-19·2014年单选题

根据物权法律制度的规定，以下权利出质时，质权自权利凭证交付时设立的是（ ）。

A.仓单

B.股票

C.基金份额

D.应收账款

【答案】A

【解析】以汇票、支票、本票、债券、存款单、仓单、提单出质的，当事人应当订立书面合同，质权自权利凭证交付质权人时设立；没有权利凭证的，质权自有关部门办理出质登记时设立。

十二、留置权

（一）留置权概述

1.留置权是指债权人合法占有债务人的动产，在债务人不履行到期债务时，债权人有权依法留置该财产，并有权就该财产享有优先受偿的权利。

2.留置权的特征。

（1）留置权属于担保物权，因此具有担保物权的从属性、不可分性和物上代位性等特征。

（2）留置权属于法定的担保物权。留置权的产生不是依据当事人之间的约定，而是在符合法律规定的条件时产生。但当事人可以通过合同约定排除留置权的适用。

留置权的成立条件是什么？

（二）留置权的成立条件

1.债权人合法占有债务人的动产。

留置权的善意取得：如果债权人合法占有债务人交付的动产时，不知债务人无处分该动产的权利，债权人仍可以行使留置权。

2.债权人留置的动产，应当与债权属于同一法律关系，但企业之间留置的除外。

考霸笔记

【解释】对于企业之间留置权的行使，可以不以同一债权债务关系为要件。

3.债务已届清偿期且债务人未按规定期限履行义务。

（三）留置权的效力

（1）留置权人在占有留置物期间内，除了留置物本身以外，留置权的效力还及于从物、孳息和代位物。

（2）债权人在其债权没有得到清偿时，有权留置债务人的财产，并给债务人确定一个履行期限。根据规定，该履行期限应当在2个月以上。

（3）债务人超过规定的期限仍不履行其债务时，留置权人可依法以留置物折价或拍卖、变卖所得价款优先受偿。

（4）同一动产上已设立抵押权或者质权，该动产又被留置的，留置权人优先受偿。

例 3-20 · 2011 年单选题

根据担保法律制度的规定，下列情形中，甲享有留置权的是（　　）。

A. 甲为乙修理汽车，乙拒付修理费，待乙前来提车时，甲将该汽车扣留

B. 甲为了迫使丙偿还欠款，强行将丙的一辆汽车拉走

C. 甲为丁有偿保管某物，保管期满，丁取走保管物却未付保管费。于是，甲谎称丁取走的保管物有误，要求丁送回调换。待丁送回该物，甲即予以扣留，要求丁支付保管费

D. 甲为了确保对戊的一项未到期债权能够顺利实现，扣留戊交其保管的某物不还

【答案】A

【解析】(1) 选项 B 和 C：债权人非法占有债务人的动产，不适用留置；(2) 选项 D：债权尚未到期，也不能留置。

智能测评

在线练习	我要提问
4722 扫码在线做题　4940 扫码看答案 本书“本章同步强化训练”均配备二维码，打开微信“扫一扫”即可完成在线测评，查看本章详细的测评反馈报告，了解知识掌握情况，也可扫码直接看答案噢。 快来扫码做题吧！	4951 扫码答疑 本书配备答疑专用二维码，打开微信“扫一扫”，即可完成在线提问，获取专业老师全面个性化解答，让学习问题不再拖延。 快来扫码提问吧！

本章同步强化训练

一、单项选择题

1. 根据物权法律制度的规定，下列说法中不正确的是（　　）。

A. 物权只存在于确定的一物之上

B. 一项行为只能处分一物

C. 债权的客体是当事人的给付行为，并不直接存在于物

D. 物权尚未确定，甚至不存在，相应的债权合同无效

2. 雕塑家王某在举办个人雕塑展期间，其所雕塑的一件作品被孙某看中，双方约定价款为 80 万元，而该雕塑仍需展览至雕塑展结束方可交付给孙某。根据物权法律制度的规定，王某、孙某约定的交付方式是（　　）。

A. 现实交付　　B. 简易交付　　C. 指示交付　　D. 占有改定

3. 张三、李四各按 30% 和 70% 的份额共有一辆汽车，二人将该汽车出租给王五。现张三欲转让自己的份额。根据《物权法》的规定，下列表述中，正确的是（　　）。

A. 李四、王五都有优先购买权，李四的购买权优先于王五的购买权

B. 李四、王五都有优先购买权，王五的购买权优先于李四的购买权

C.李四无优先购买权，王五有优先购买权

D.李四有优先购买权，王五无优先购买权

4.根据物权法律制度的规定，下列表述中，不正确的是（　　）。

A.不动产物权预告登记后，债权消灭或者自能够进行不动产登记之日起3个月内未申请登记的，预告登记失效

B.遗失物通过转让被他人占有的，权利人有权自知道或者应当知道受让人之日起2年内向受让人请求返还原物

C.在最高额抵押中，当事人没有约定债权确定期间或者约定不明确，抵押权人或者抵押人自最高额抵押权设立之日起满2年后有权请求确定债权

D.遗失物自发布招领公告之日起1年内无人认领的，归国家所有

5.A公司以正在建造的游轮作为抵押向N银行贷款400万元，10月1日，双方依法签订抵押合同，10月10日，办理了抵押登记。12月1日，A公司未经N银行同意将该建造好的游轮转让给不知情的甲。根据物权法的规定，下列表述不正确的是（　　）。

A.抵押权设立的时间为10月1日

B.除当事人另有约定外，抵押权的担保范围只限于主债权及其利息

C.若甲不代替A公司清偿N银行的贷款，A公司到期无法清偿贷款时，N银行仍可以行使抵押权

D.如果甲代替A公司清偿N银行的贷款，则该抵押权消灭，甲取得该船舶所有权

6.卫来公司因资金紧张向岑金公司借款100万元，以自己的一辆奔驰轿车设定抵押，该轿车市场价为50万元。华旭公司与伯来公司为该债权提供保证。借款到期后，鉴于与卫来公司一直以来合作愉快，岑金公司决定放弃对卫来公司奔驰轿车的抵押权。后岑金公司要求华旭公司与伯来公司承担保证责任。根据物权法律制度的规定，下列对该案的表述正确的是（　　）。

A.华旭、伯来公司有权拒绝承担保证责任

B.华旭、伯来公司应承担100万元的保证责任

C.华旭、伯来公司应承担50万元的保证责任

D.因未通知华旭、伯来公司，岑今公司的放弃行为无效

7.刘明欠王鑫货款150万元，王鑫要求提供担保，刘明遂将其持有的大华有限责任公司股权质押给王鑫，双方签订股权质押合同。同日，大华公司的其他股东作出股东会决议，同意刘明将其股权质押给王鑫。次日，王鑫为股权质押合同及相关质押资料办理了公证。根据物权法律制度的规定，下列表述中正确的是（　　）。

A.该股权的质权自双方签订股权质押合同之时设立

B.该股权的质权未设立

C.该股权的质权自大华公司作出股东会决议之日起设立

D.该股权的质权自办理公证之日起设立

8.2017年5月2日，李小刚用自己所有的跑车向建设银行贷款50万元，且办理了抵押登记；5月6日，李小刚在一次驾车过程中不幸发生车祸，李小刚轻伤，而损坏严重的跑车被拖去送修。6月1日，因李小刚无力支付30万元的修理费，修理厂将修好的车留置，且给予李小刚3个月的时间筹钱来支付修理费。根据规定，下列表述不正确的是（　　）。

A.留置期间，修理厂应妥善保管该车

B.修理厂给予李小刚3个月的时间筹钱来支付修理费，符合规定

C.若3个月后李小刚仍未支付修理费，修理厂可就拍卖该车的价款优先受偿

D.因该车已设定抵押且办理了抵押登记，建设银行优先受偿拍卖该车的价款

9.张三利用李四的树根，雕刻成艺术价值很高的精美根雕。双方为该艺术品的所有权发生争执。根据物权法律制度的规定，拥有该根雕所有权的是（　　）。

A.张三　　B.李四　　C.收归国有　　D.张三、李四共有

10.李四购买张三的一套房屋，已经支付1/3的价款，双方约定余款待过户手续办理完毕后付清。后张三反悔，要求解除合同，李四不同意，起诉要求张三继续履行合同，转移房屋所有权。根据《物权法》的规定，下列选项中，正确的是（　　）。

A.合同尚未生效，张三应返还所受领的价款并承担缔约过失责任

B.合同无效，张三应返还所受领的价款

C.合同有效，张三应继续履行合同

D.合同有效，法院应当判决解除合同、张三赔偿李四的损失

11.根据规定，如果不动产登记簿记载的权利人不同意更正，利害关系人可以申请异议登记。法律要求异议登记申请人在异议登记之日起一定时间内起诉，不起诉的，异议登记失效。该一定时间是（　　）。

A.5日　　B.10日　　C.15日　　D.20日

12.按份共有人有权自由处分自己的共有份额，无须取得其他共有人的同意，但是共有人将份额出让给共有人以外的第三人时，（　　）。

A.第三人在同等条件下，有优先购买权

B.其他共有人在同等条件下，有优先购买的权利

C.其他共有人在任何条件均有优先购买权

D.其他共有人与第三人在同等条件下有平等的购买权

13.张老汉立下遗嘱，等他死后由他的小儿子张二继承张老汉名下的一处房屋。张老汉死后，张二要求继承该房屋，张二的哥哥张一提出异议，认为虽然有父亲的遗嘱，但是由于房屋需要登记才能转移所有权。因此张一否认张二对房屋享有所有权。关于该案例，下列说法中正确的是（　　）。

A.张二从继承开始时取得房屋的所有权

B.张二只有办理房屋登记后才能取得房屋的所有权

C.张二从父亲立下遗嘱时就取得了房屋的所有权

D.张二的继承属于基于法律行为的物权变动

14.2013年9月，李刚的父母在购买住房时，将房屋的所有权人登记为李刚，并办理了房产证。2014年5月，李刚做生意急需大笔资金，便瞒着父母将该房屋卖给不知情的刘洋，并且办理了过户登记手续。李刚的父母知情后，与刘洋就房屋产权归属发生争执。根据物权公示原则，房屋所有权应当属于（　　）。

A.李刚　　B.李刚的父亲　　C.刘洋　　D.李刚的父母

15.长隆公司向建设银行借款，以自己所有的办公楼作为抵押物，并办理了抵押权登记，建设银行对长隆公司享有的抵押权的性质不包括（　　）。

A.请求权　　B.绝对权　　C.限制物权　　D.从物权

16.物可分为原物和孳息物，下列选项中属于孳息物的是（　　）。

A.鹿头上的鹿茸　　B.奶牛体内的牛奶　　C.苹果树上掉下的苹果　　D.电灯发出的灯光

17.下列各项中，属于物权法上的物的是（　　）。

A.权利　　B.智慧成果　　C.行为　　D.人体器官脱离人的身体

18.某失物招领处将一块已经超过招领期限的手表以拍卖方式卖给张三，李四盗得该表并赠与王五，王五将该表丢失，被人拾起又送到招领处。经查，该手表原为赵六所有，该表的所有权属于（　　）。

A.张三　　B.王五　　C.赵六　　D.张三、王五、赵六三人

19.甲租用乙的一辆自行车，后甲将该自行车转让给丙，丙知道该自行车为乙的财产，但仍然以明显低于市场同类产品的价格受让了该自行车，根据《物权法》的规定，下列说法正确的是（　　）。

A.乙有权追回该自行车　　B.丙取得该自行车的所有权

C.乙无权追回该自行车　　D.该转让行为有效

20.下列各项中，不属于动产所有权的特殊取得的方式的是（　　）。

A.先占　　B.添附　　C.继承　　D.发现埋藏物

二、多项选择题

1.根据物权法律制度的规定，下列选项中，属于主物与从物的有（　　）。

A.甲的外套和外套上的拉链　　B.乙的眼镜和丙的眼镜盒

C.丁的保险柜和保险柜钥匙　　D.戊的羽毛球拍和羽毛球

2.根据物权法律制度的规定，下列各项中，属于原始取得物权的有（　　）。

A.王一去世后，王二继承了王一的遗产，取得房屋的所有权

B.拾荒老人在垃圾堆中捡到李某丢弃的军大衣，取得军大衣的所有权

C.张某建造了一栋房屋，取得房屋的所有权

D.林老汉家的母牛产下一头小牛，林老汉取得小牛的所有权

3.根据《物权法》的规定，下列关于更正登记与异议登记的表述中，正确的有（　　）。

A.提起异议登记之前，须先申请更正登记

B.更正登记的申请人可以是权利人，也可以是利害关系人

C.异议登记之日起15日内申请人不起诉的，异议登记失效

D.异议登记不当造成权利人损害的，登记机关应承担损害赔偿责任

4.2014年7月15日，张三将自己的一栋别墅以1 800万元的价格卖给了李四，签订了买卖合同，并交付给李四，但未办理登记。8月20日，张三突发疾病死亡，其儿子小张继承了该别墅。9月15日，小张因借款将该别墅抵押给了王五；10月10日，小张办理了房屋过户登记后，又与王五办理了抵押登记。随后，王五多次索要欠款，小张无力偿还，此时王五主张行使抵押权。根据物权法的规定，下列表述中，不正确的有（　　）。

A.8月20日，小张取得该别墅的所有权

B.9月15日，王五的抵押权设立

C.小张可以主张张三与李四之间的买卖合同无效

D.李四可要求小张办理房屋所有权变更登记，获得所有权

5.大鸿开发商正在合法建造一栋房屋。2014年5月20日，王强与大鸿开发商签订了房屋买卖合同。7月1日，王强为保障将来实现物权，按照约定向登记机构申请了预告登记。2014年9月15日，该房屋建造完工。根据《物权法》的规定，下列表述中，正确的有（　　）。

A.大鸿开发商与王强之间的买卖合同有效

B.2014年7月1日，王强取得房屋所有权

C.预告登记期间，未经王强同意，大鸿开发商不得处分该房屋

D.大鸿开发商与王强应在2014年12月15日之前办理房屋所有权转让登记，否则预告登记失效

6.下列选项中，属于我国《物权法》规定的用益物权的有（　　）。

A.建设用地使用权

B.抵押权

C.宅基地使用权

D.土地承包经营权

7.诚达公司向甲银行借款，同意以自己现有以及将有的全部生产设备、原材料、产品、半成品进行抵押。根据担保法律制度的规定，下列关于该抵押的表述中，正确的有（　　）。

A.诚达公司与甲银行协商一致时，抵押权设立

B.诚达公司与甲银行协商一致，并达成书面协议时，抵押权设立

C.该抵押权非经登记不得对抗善意第三人

D.如第三人向诚达公司支付了合理价款并取得抵押财产，则抵押权不得对抗该第三人

8.周某将自己的手机送到某手机修理部修理，但由于手机主板损坏，修理费用为800元，周某认为修理费过高，在手机修理好后不予支付修理费，于是该手机修理部将周某的手机留置。根据《物权法》的规定，下列选项中，不正确的有（　　）。

A.手机修理部只能通过起诉来追讨修理费，不能通过留置手机来追讨修理费

B.手机修理部对该手机的占有是非法占有

C.手机修理部只能留置手机不能留置手机的充电器

D.手机修理部留置后可立即变卖手机以充抵修理费

9.下列选项中，属于当事人可以申请预告登记的情形的有（　　）。

A.以预购商品房设定抵押

B.预购商品房

C.房屋所有权转让、抵押

D.以销售商品房设定质押

10.下列属于基于公法行为的物权变动的情形的有（　　）。

A.甲因人民法院的判决书取得了某处房屋的所有权

B.乙因仲裁机构的裁决书取得了一件名贵的艺术品

C.丙因一项买卖合同取得了一辆汽车

D.丁因人民政府的征收决定取得了某块儿土地的使用权

11.与债权行为相比，下列选项中具有物权行为特点的有（　　）。

A.物权行为不会直接导致行为人积极财产的减少

B.物权对于同一物可以实施两次处分行为

C.物权行为直接导致行为人积极财产的减少

D.物权行为使得物权发生变动，故出让人需要对标的物具有处分权

12.我国《物权法》规定的基本原则包括（　　）。

A.物权客体特定原则　B.物权法定原则　C.物权公示原则　D.公平原则

13.下列各项中，属于限制流通物的有（　　）。

A.文物　　B.房屋　　C.药品　　D.黄金

14.下列有关拾得遗失物的说法中，正确的有（　　）。

A.拾得人拾得遗失物后，如果无人来认领，所有权归拾得人

B.拾得人拾得遗失物后，不能享有拾得物的所有权，但可享有费用偿还请求权

C.遗失物自发布招领公告之日起6个月内无人认领的，归国家所有

D.如果遗失人发出悬赏广告，归还失物的拾得人还享有悬赏广告所允诺的报酬请求权

15.下列情形中，不发生标的物所有权转移的有（　　）。

A.甲出售房屋给乙，已交付但未登记

B.甲卖给乙一台电脑，尚未交付

C.甲赠送乙手机一部，已交付

D.甲将自己的汽车借用给乙，已交付

16.下列关于留置权的相关说法中，正确的有（　　）。

A.留置物为不可分物的，留置权人可以就其留置物的全部行使留置权

B.自留置开始之时起，留置权人就享有收取留置物孳息的权利

C.债务人超过规定的期限仍不履行其债务，留置权人可依法以留置物折价或拍卖、变卖所得价款优先受偿

D.留置财产折价或者拍卖、变卖后，其价款超过债权数额的部分归债务人所有，不足部分由债务人清偿

三、案例分析题

1.张三、李四按份共有一辆汽车，张三占70%的份额，李四占30%的份额。2018年4月1日，该汽车的刹车片出现问题，由王五汽车修理厂进行维修。2018年4月4日，王五的汽车修理厂维修完毕，通知张三、李四10日内取回汽车，并支付维修费4 300元。2018年4月15日，张三、李四仍未来取汽车。2018年4月30日，张三支付了4 300元的维修费取回汽车。另查，张三、李四双方对汽车的处分等没有任何约定；王五汽车修理厂亦不知道张三、李四之间为按份共有。

根据上述事实及相关法律的规定，回答下列问题：

（1）如果李四对外转让自己的份额，是否需要经过张三的同意？并说明理由。

（2）如果张三将该汽车卖给第三人赵六，是否需要经过李四的同意？并说明理由。

（3）对于王五汽车修理厂的4 300元维修费，张三、李四应如何承担？并说明理由。

（4）若张三、李四不支付维修费，王五汽车修理厂是否有权留置该汽车？并说明理由。

（5）2018年4月15日，王五汽车修理厂能否将汽车折价或者拍卖、变卖并就价款优先受偿？并说明理由。

2.甲的父亲生前收藏一幅张大千书画真迹，2015年1月甲的父亲去世之后，甲继承了该画的所有权。甲的好朋友乙是一位美术爱好者，他知道甲家收藏此书画。乙以欣赏为名，从甲手中借走了此画，一直不还。甲多次向乙追要，乙谎称该画不慎丢失，并立下字据，说明一旦找到，就及时归还。

之后，乙以从甲处拿来的真迹为蓝本，找人临摹了此书画。同年10月，乙以合法所有权人的身份以50万元的价格将临摹的书画仿称为真迹转让给A书画店的老板丙。

2016年，甲偶然发现A书画店有一幅徐悲鸿书画和乙借走的那幅一模一样，就向丙提出返还该画的要求，丙说是自己花50万元买来的，不予返还，于是双方发生争议并诉至法院。

经过法院指定的专业鉴定机构鉴定，发现该争议的书画并非徐悲鸿的真迹，只是绘制上乘的一幅赝品。于是，甲要求乙返还真迹；丙主张撤销与乙之间的转让行为，并要求乙返还50万元。

根据以上事实并结合法律规定，回答下列问题：

（1）甲何时取得该画的所有权？并说明理由。

（2）丙主张撤销与乙之间的转让行为，并要求乙返还50万元是否合法？并说明理由。

（3）如果乙转让给丙的书画是从甲处借来的那幅，且丙支付了合理的价款，丙是否可以取得该书画的所有权？并说明理由。

（4）如果乙将该书画的真迹无偿赠送给不知情的丁，丁是否可以取得该书画的所有权？并说明理由。

第四章
合同法律制度

本章导学

本章框架图

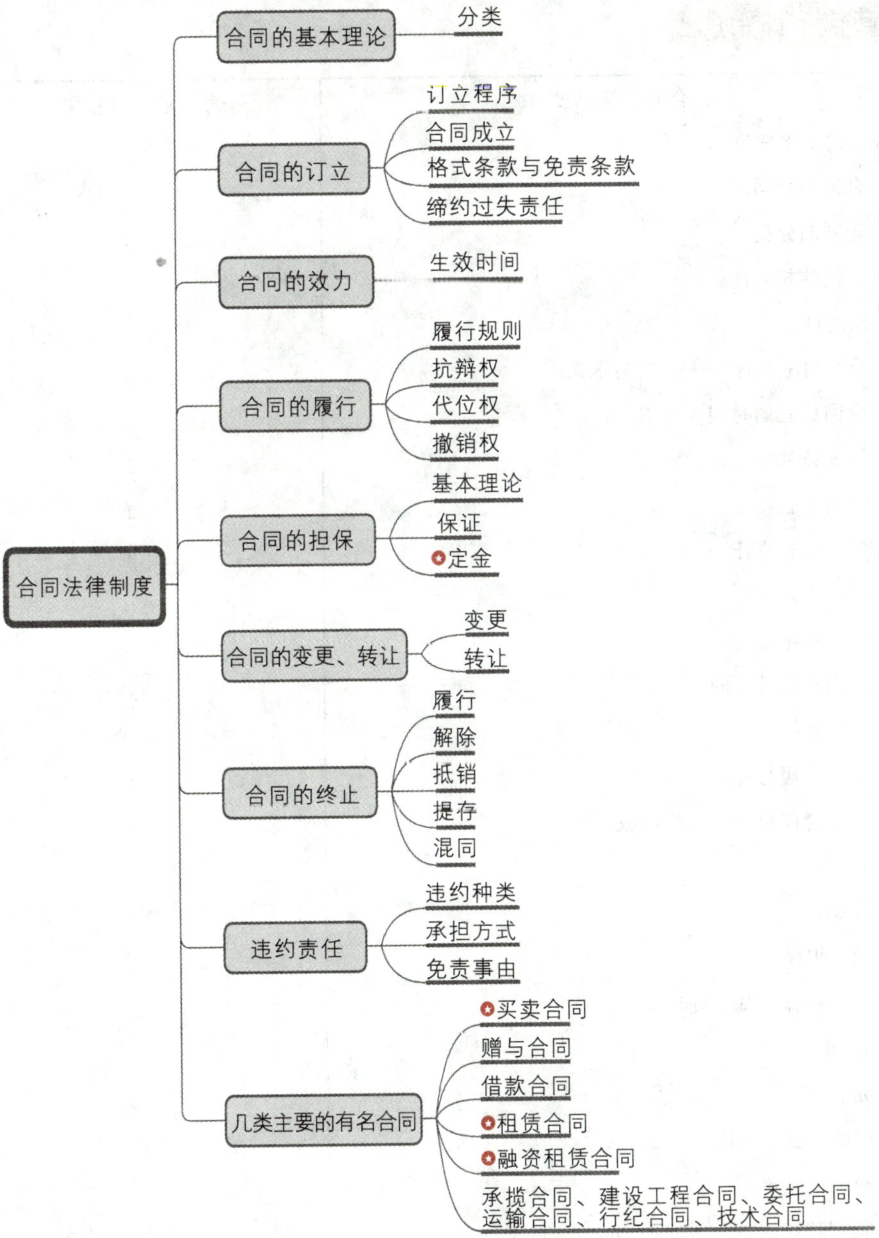

本章考情概述

本章概述：本章属于重点章节，近几年平均每年考查分值在16分左右，而且每年都会考查主观题。在学习本章时，应以理解为主，需要大家结合物权法、票据法等法律的相关内容。

本章应关注的问题：合同的履行、违约责任、买卖合同、运输合同、融资租赁合同以及租赁合同。

近三年主要考点：买卖合同、租赁合同、融资租赁合同。

本章考点概况

合同法律制度	考纲能力等级要求
1.合同的基本理论	
（1）合同与合同法	1
（2）合同的分类	2
（3）合同的相对性	3
2.合同的订立	
（1）合同订立程序——要约与承诺	3
（2）合同成立的时间与地点	2
（3）格式条款	2
（4）免责条款	2
（5）缔约过失责任	2
3.合同的效力	
（1）合同的生效	3
（2）效力待定的合同	3
4.合同的履行	
（1）合同的履行规则	2
（2）双务合同履行中的抗辩权	3
（3）代位权	3
（4）撤销权	3
5.合同的担保	
（1）合同担保的基本理论	2
（2）保证	3
（3）定金	2
6.合同的变更与转让	
（1）合同的变更	2
（2）债权转让	3
（3）债务承担	2

（4）债权债务的概括移转	2
7.合同的终止	
（1）合同终止的基本理论	1
（2）清偿	1
（3）解除	3
（4）抵销	2
（5）提存	3
（6）免除与混同	2
8.违约责任	
（1）违约责任的基本理论	2
（2）违约形态	2
（3）违约责任的承担方式	3
（4）免责事由	2
9.几类主要的有名合同	
（1）买卖合同	3
（2）赠与合同	3
（3）借款合同	3
（4）租赁合同	3
（5）融资租赁合同	3
（6）承揽合同	3
（7）建设工程合同	3
（8）委托合同	3
（9）运输合同	3
（10）行纪合同	3
（11）技术合同	3

第一节　合同的基本理论

一、合同与合同法

（一）合同与合同法概念

1.合同的概念

《中华人民共和国合同法》（以下简称《合同法》）中所指的合同，是指平等主体的自然人、法人、其他组织之间设立、变更、终止民事权利义务关系的协议。

2.合同法的概念与特征

合同法是调整平等主体之间商品交换关系的法律规范的总称。

（二）《合同法》的适用范围

1.婚姻、收养、监护等有关身份关系的协议，不适用《合同法》。

2.政府采购合同适用《合同法》。因为在政府采购的时候，双方的法律地位是平等的。

有哪些常见的情形适用合同法?

3.中外合资经营企业合同、中外合作经营企业合同、中外合作勘探开发自然资源合同，只能适用中华人民共和国法律。

例4-1·2009年多选题

下列协议中，适用《中华人民共和国合同法》的有（　　）。

A.监护协议

B.政府采购协议

C.专利转让协议

D.股权转让协议

【答案】BCD

【解析】合同是平等主体的自然人、法人、其他组织之间设立、变更、终止民事权利义务关系的协议。婚姻、收养、监护等有关身份关系的协议，适用其他法律的规定。

二、合同的分类

（一）有名合同与无名合同

1.有名合同：是指法律上或者经济生活习惯上按其类型已确定了一定名称的合同，又称典型合同。

2.无名合同：是指有名合同以外的、尚未统一确定一定名称的合同。

【注】无名合同如经法律确认或在形成统一的交易习惯后，可以转化为有名合同。

（二）单务合同与双务合同

1.单务合同：是指仅有一方当事人承担义务的合同，如赠与合同。

2.双务合同：是指双方当事人互负对价义务的合同，如买卖合同、承揽合同、租赁合同等。

（三）诺成合同与实践合同

1.诺成合同：是指当事人意思表示一致即可认定合同成立的合同。

2.实践合同：是指在当事人意思表示一致以外，尚需有实际交付标的物或者有其他现实给付行为才能成立的合同。确认某种合同属于实践合同必须法律有规定或者当事人之间有约定。

考霸笔记

常见的实践合同有3类：保管合同、自然人之间的借贷合同、定金合同。

而根据规定，赠与合同、质押合同不再是实践合同。

3.区分两者的法律意义在于：除了两种合同的成立要件不同以外，实践合同中作为合同成立要件的给付义务的违反不产生违约责任，而只是一种缔约过失责任。

三、合同的相对性

合同法律关系具有相对性，只在特定的合同当事人之间发生权利和义务关系，当事人只能基于合同向另一方当事人提出请求或者提起诉讼，不能向无合同关系的第三人提出合同上的请求，也不能擅自为第三人设定合同上的义务。

如何理解合同的相对性?

（一）主体上的相对性

1.只有合同关系当事人相互之间才能提出合同上的请求，合同关系以外的第三人不能依据合同提出请求或者提出诉讼。

2.合同关系当事人不能向第三人提出合同上的请求及诉讼。

（二）内容上的相对性

1.合同规定由当事人享有的权利，原则上并不及于第三人。

2.合同当事人无权为他人设定合同上的义务。

3.合同权利与义务主要对合同当事人产生约束力。

（三）责任的相对性

1.违约当事人应对违约后果承担违约责任，违约当事人同样应当对履行辅助人的行为负责。

2.因第三人的行为造成债务不能履行的情况下，债务人仍应向债权人承担违约责任。

3.债务人只能向合同中的债权人承担违约责任，而不应向国家或者第三人承担违约责任。

具体规定：

1.涉及第三人的合同。

（1）当事人约定由债务人向第三人履行债务的，债务人未向第三人履行债务或者履行债务不符合约定，应当由债务人向债权人承担违约责任。

（2）当事人约定由第三人向债权人履行债务的，第三人不履行债务或者履行债务有瑕疵的，应当由债务人向债权人承担违约责任。

2.当事人一方因第三人的原因造成违约的，应当向对方承担违约责任；当事人一方和第三人之间的纠纷，按照约定解决。

3.租赁合同。

承租人经出租人同意，可以将租赁物转租给第三人，承租人与出租人的租赁合同继续有效，第三人对租赁物造成损失的，承租人应当赔偿损失。

4.承揽合同。

承揽人经定作人同意，将其承揽的主要工作交由第三人完成的，应当就该第三人完成的工作成果向定作人负责。

（四）合同相对性的例外

1.代位权和撤销权：在债权保全措施中，突破了合同的相对性，使得债权人可以向合同关系以外的第三人提起诉讼，主张权利。

2.买卖不破租赁：租赁物在租赁期间发生所有权变动的，不影响租赁合同的效力。租赁合同的承租人可以以自己的租赁权对抗新的所有权人，突破了合同关系的相对性。

3.建设工程合同：经发包人同意，总承包人可以将自己承包的部分工作交由第三人完成。第三人就其完成的工作成果与总承包人向发包人承担连带责任。

4.分包合同、单式联运合同：《合同法》中关于分包人与承包人共同对发包人承担连带责任、单式联运合同中某一区段的承运人与总的承运人共同向托运人承担连带责任的规定也都突破了合同的相对性。因为实际上在这两种合同中，分包人与发包人，托运人与某一区段的承运人之间并无合同关系。

例 4-2 · 2011 年单选题

甲公司与乙公司订立货物买卖合同，约定出卖人甲公司将货物送至丙公司，经丙公司验收合格后，乙公司应付清货款。甲公司在送货前发现丙公司已濒于破产，遂未按时送货。根据合同法律制度的规定，下列各项中，正确的是（　）。

A.甲公司应向乙公司承担违约责任

B.甲公司应向丙公司承担违约责任

C.甲公司应向乙公司、丙公司分别承担违约责任

D.甲公司不承担违约责任

【答案】A

【解析】当事人约定由债务人向第三人履行债务的，债务人未向第三人履行债务或者履行债务不符合约定，债务人应当向债权人承担违约责任。在本题中，甲公司与乙公司订立货物买卖合同，合同的当事人是甲、乙公司。甲公司未按时送货的行为构成违约，应当向乙公司承担违约责任，而不是向丙公司承担违约责任。

考霸笔记

【链接】悬赏人以公开方式声明对完成一定行为的人支付报酬，完成特定行为的人请求悬赏人支付报酬的，人民法院应予支持，但悬赏有《合同法》第52条规定（合同无效）情形的无效。

第二节　合同的订立

一、合同订立程序——要约与承诺

（一）要约

要约，是指希望和他人订立合同的意思表示。要约应当符合下列规定：第一，内容具体确定；第二，表明经受要约人承诺，要约人即受该意思表示的约束。

要约和要约邀请的区别是什么？

1.要约邀请

要约邀请是希望他人向自己发出要约的意思表示，不属于订立合同的行为。

【注意】要约和要约邀请的区别：

（1）要约的内容应当具体明确，如果缺少某一主要条款（如数量、价款等），则属于要约邀请。

（2）要约具有法律约束力，A向B发出的是要约，在此情况下，如果B承诺，那个合同就成立，如果A不履行就要承担违约责任，但如果是要约邀请是没有法律约束力。

性质认定：寄送的价目表、拍卖公告、招标公告、招股说明书、商业广告等，性质为要约邀请，商业广告一般视为要约邀请，但商业广告的内容符合要约的规定，则视为要约。

根据《最高人民法院关于审理商品房买卖合同纠纷案件适用法律若干问题的解释》的规定，商品房的销售广告和宣传资料为要约邀请，但是出卖人就商品房开发规划范围内的房屋及相关设施所作的说明和允诺具体确定，并对商品房买卖合同的订立以及房屋价格的确定有重大影响的，应当视为要约。该说明和允诺即使未载入商品房买卖合同，亦应当视为合同内容，当事人违反的，应当承担违约责任。

考霸笔记

【注意】要约到达受要约人，并不是指要约一定实际到达受要约人（或者其代理人）手中，要约只要送达受要约人通常的地址、住所或者能够控制的地方（如信箱），即为到达。

2.要约的生效时间

要约到达受要约人时生效。

【两个"视为到达"】（1）收件人指定特定系统接收数据电文的，数据电文进入该特定系统的时间，视为到达时间。

（2）未指定特定系统的，相对人知道或者应当知道该数据电文进入其系统时生效。当事人对采用数据电文形式的意思表示的生效时间另有约定的，按照其约定。（2019年修改）

3.要约的撤回与撤销

第一，撤回要约。要约在发出后、生效前，要约人可以撤回要约。

第二，撤销要约。要约在生效后、受要约人承诺前，要约人可以撤销要约。

但法律规定的下列情形不得撤销：

①要约人确定了承诺期限的；

②以其他形式明示要约不可撤销；

③受要约人有理由认为要约是不可撤销的，并已经为履行合同做了准备工作。

④对方已经承诺，不得撤销。

考霸笔记

【提示】要约撤销与要约撤回都旨在使要约作废，或取消要约，并且都只能在承诺作出之前实施。但两者存在一定的区别，具体表现在：撤回要约发生在要约到达受要约人之前；而撤销要约则发生在要约已经到达受要约人，但受要约人尚未作出承诺的期限内。

4.要约的失效

①拒绝要约的通知到达要约人；

②要约人依法撤销要约；

③承诺期限届满，受要约人未作出承诺；

④受要约人对要约的内容作出实质性变更。

（二）承诺

承诺，是指受要约人同意要约的意思表示，即承诺是受要约人在承诺期限内对要约表示完全同意的意思表示。

1.承诺期限

要约以信件或者电报作出的，承诺期限自信件载明的日期或者电报交发之日开始计算；信件未载明日期的，自投寄该信件的邮戳日期开始计算。

要约以电话、传真作出的，承诺期限自要约到达受要约人时开始计算。

2.承诺的生效时间

承诺自通知到达要约人时生效。承诺不需通知的，自根据交易习惯或者要约的要求作出承诺的行为时生效。采用数据电文形式订立合同，收件人指定特定系统接收数据电文的，该数据电文进入该特定系统的时间，视为承诺到达时间；未指定特定系统的，相对人知道或者应当知道该数据电文进入其系统时生效。当事人对采用数据电文形式的意思表示的生效时间另有约定的，按照其约定。（2019年修改）

3.承诺的撤回

承诺可以撤回，但不存在撤销。

4.承诺的迟延与迟到

考霸笔记

自身原因，原则上是新要约，除非要约人及时表示接受。

受要约人超过承诺期限发出承诺的，为迟延承诺，除要约人及时通知受要约人该承诺有效的以外，应视为新要约。

受要约人在承诺期限内发出承诺，按照通常情形能够及时到达要约人，但因其他原因致使承诺到达要约人时超过承诺期限的，为迟到承诺，除要约人及时通知受要约人因承诺超过期限不接受该承诺的以外，该承诺有效。

考霸笔记

非自身原因，原则上有效，除非要约人及时表示反对。

5.承诺的内容

考霸笔记

有关合同标的、数量、质量、价款或者报酬、履行期限、履行地点和方式、违约责任和解决争议方法等的变更，是对合同内容的实质性变更。

（1）受要约人对要约的内容作出实质性变更的，视为新要约。

（2）承诺对要约内容作出非实质性变更的，除要约人及时表示反对或者要约表明承诺不得对要约的内容作出任何变更的以外，该承诺有效，合同的内容以承诺的内容为准。

例 4-3 · 2007 年单选题

2007 年 4 月 30 日，甲以手机短信形式向乙发出购买一台笔记本电脑的要约，乙于当日回短信同意要约。但由于“五一”期间短信系统繁忙，甲于5月3日才收到乙的短信，并因个人原因于5月8日才阅读乙的短信，后于9日回复乙短信收到。根据合同法律制度的规定，甲、乙之间买卖合同的成立时间是（　　）。

A.2007 年 4 月 30 日　　B.2007 年 5 月 3 日

C.2007 年 5 月 8 日　　D.2007 年 5 月 9 日

【答案】B

【解析】承诺于5月3日到达对方时生效。承诺生效、合同成立。

例 4-4 · 2012 年单选题

2011 年 4 月 24 日，甲向乙发出函件称：本人欲以每吨 5 000 元的价格出售螺纹钢 100 吨。如欲购买，请于 5 月 10 日前让本人知悉。乙于 4 月 27 日收到甲的函件，并于次日回函表示愿意购买。但由于投递错误，乙的回函于 5 月 11 日方到达甲处。因已超过 5 月 10 日的最后期限，甲未再理会乙，而将钢材售给他人。乙要求甲履行钢材买卖合同。根据合同法律制度的规定，下列表述中，正确的是（　　）。

A. 甲、乙之间的合同未成立，甲对乙不承担任何责任

B. 甲、乙之间的合同未成立，但乙有权要求甲赔偿信赖利益损失

C. 甲、乙之间的合同成立但未生效，甲有权以承诺迟到为由撤销要约

D. 甲、乙之间的合同成立且已生效，乙有权要求甲履行合同

【答案】D

【解析】受要约人在承诺期限内发出承诺，按照通常情况能够及时到达要约人，但因其他原因（如投递错误）致使承诺到达要约人时超过承诺期限的，为迟到承诺，除要约人及时通知受要约人因承诺超过期限不接受该承诺的以外，迟到承诺为有效承诺。

如何判断合同成立的时间与地点?

考霸笔记

【链接】当事人约定以交付定金作为主合同成立或者生效要件的，给付定金的一方未支付定金，但主合同已经履行或者已经履行主要部分的，不影响主合同的成立或者生效。

二、合同成立的时间与地点

（一）合同成立的时间

1. 在一般情况下，承诺生效时合同成立。

2. 当事人约定采用合同书形式订立合同的，自双方当事人签字或者盖章时合同成立。如双方当事人未同时在合同书上签字或盖章，则以当事人中最后一方签字或者盖章的时间为合同的成立时间。

3. 当事人采用信件、数据电文等形式订立合同的，可以要求在合同成立之前签订确认书。签订确认书时合同成立。

实际履行原则（实际履行与合同成立的关系）：

1. 法律、行政法规规定或者当事人约定采用书面形式订立合同，当事人未采用书面形式，但一方已经履行主要义务并且对方接受的，该合同成立。

2. 采用合同书形式订立合同，在签字或盖章前，当事人一方已经履行主要义务

并且对方接受的，该合同成立。当事人在合同书上摁手印的，具有与签字或者盖章同等的法律效力。

（二）合同成立的点

承诺生效的地点为合同成立的地点。

1.采用数据电文形式订立合同的，收件人的主营业地为合同成立的地点；没有主营业地的，其经常居住地为合同成立的地点。当事人另有约定的，按照其约定。

2.当事人采用合同书形式订立合同的，双方当事人签字或者盖章的地点为合同成立的地点。如双方当事人未在同一地点签字或者盖章的，则以当事人中最后一方签字或者盖章的地点为合同的成立地点。

3.采用书面形式订立合同，合同约定的签订地与实际签字或者盖章地点不符的，约定的签订地为合同签订地；合同没有约定签订地，双方当事人签字或者盖章不在同一地点的，最后签字或者盖章的地点为合同签订地。

格式条款无效的情形有哪些?

三、格式条款

（一）提示说明义务

提供格式条款的一方应当遵循公平原则确定当事人之间的权利和义务，并采取合理的方式提请对方注意免除或限制其责任的条款，按照对方的要求，对该条款予以说明。提供格式条款的一方对已尽合理提示及说明义务承担举证责任。

（二）格式条款无效的情形

1.格式条款具有《合同法》规定的合同无效（损害社会公共利益、违反法律的强制性规定、以合法形式掩盖非法目的等）和免责条款无效的情形（造成对方人身伤害的、因故意或者重大过失造成对方财产损失的）时，该条款无效。

2.提供格式条款的一方免除其责任、加重对方责任、排除对方主要权利的，该格式条款无效。

（三）格式条款的解释

对格式条款有两种以上解释的，应当作出不利于提供格式条款一方的解释；格式条款与非格式条款不一致的，应当采用非格式条款。

四、免责条款

免责条款是指合同当事人在合同中规定的排除或限制一方当事人未来责任的条款。

《合同法》规定，合同中下列免责条款无效：

1.造成对方人身伤害的；

2.因故意或者重大过失造成对方财产损失的。

例 4-5 · 2014年多选题

根据合同法律制度的规定，合同中的下列免责条款中，无效的有（　　）。

A.排除因故意造成对方人身伤害的责任

B.排除因重大过失造成对方人身伤害的责任

C.排除因故意造成对方财产损失的责任

D.排除因重大过失造成对方财产损失的责任

【答案】ABCD

【解析】本题考核合同的免责条款。合同中的下列免责条款无效：(1)造成对方人身伤害的；(2)因故意或者重大过失造成对方财产损失的。

五、缔约过失责任

1.概念：缔约过失责任，是指合同当事人在订立合同过程中，因违背法律规定、违背诚实信用原则，致使合同未能订立，并给对方造成损失而应承担的损害赔偿责任。

2.具体情形：《合同法》规定，当事人在订立合同过程中有下列情形之一，给对方造成损失的，应当承担损害赔偿责任：【总结】恶瞒泄密，缔约过失要赔偿。

（1）假借订立合同，恶意进行磋商；

（2）故意隐瞒与订立合同有关的重要事实或者提供虚假情况；

（3）当事人泄露或者不正当地使用在订立合同过程中知悉的商业秘密；

（4）有其他违背诚实信用原则的行为。

第三节 合同的效力

1.依法成立的合同，原则上自成立时生效。

2.法律、行政法规规定应当办理批准、登记等手续生效的。

（1）在依照其规定办理批准、登记等手续后生效。

（2）法律、法规规定合同应当办理登记手续，但未规定登记后生效的，当事人未办理登记手续不影响合同的效力，但合同标的所有权及其他物权不能转移。

（3）根据最高人民法院司法解释的规定，当事人以商品房预售合同未按照法律、行政法规的规定办理登记备案手续为由，请求确认合同无效的，不予支持。当事人约定以办理登记备案手续为商品房预售合同生效条件的，从其约定，但当事人一方已经履行主要义务，对方接受的除外。

3.当事人可以对合同的生效附条件或者附期限。

（1）附生效条件的合同，自条件成就时生效。

（2）附生效期限的合同，自期限届至时生效。

第四节 合同的履行

> 考霸笔记
> 【总结】有约按约；无约补充；否则推定，最后法定。

一、合同的履行规则

> 约定不明时合同内容的确定规则是什么？

（一）约定不明时合同内容的确定规则

> 考霸笔记
> 【总结】注意三个要点：订立合同时、履行地、市场价格。
> 例如，北京的甲公司从海口的乙公司购买1吨香蕉，乙公司发货后收款，乙公司作为接受货币方，海口就是订立合同时的履行地。

合同生效后，当事人就质量、价款或者报酬、履行地点等内容没有约定或者约定不明确的，可以协议补充；不能达成补充协议的，按照合同有关条款或者交易习惯确定。如果仍然不能确定的，适用下列履行规则：

1.质量要求不明确的，按照国家标准、行业标准履行；没有国家标准、行业标准的，按照通常标准或者符合合同目的的特定标准履行。

2.价款或者报酬不明确的，按照订立合同时履行地的市场价格履行；依法应当执行政府定价或者政府指导价的，按照规定履行。

3.履行地点不明确，给付货币的，在接受货币一方所在地履行；交付不动产的，在不动产所在地履行；其他标的，在履行义务一方所在地履行。

4.履行期限不明确的，债务人可以随时履行，债权人也可以随时要求履行，但应当给对方必要的准备时间。

5.履行方式不明确的，按照有利于实现合同目的的方式履行。

6.履行费用的负担不明确的，由履行义务的一方负担。

例4-6·2014年单选题

甲、乙两公司的住所地分别位于北京和海口。甲向乙购买一批海南产香蕉，3个月后交货。但合同对于履行地点和价款均无明确约定，双方也未能就有关内容达成补充协议，依照合同其他条款及交易习惯也无法确定。根据合同法律制度的规定，下列关于合同履行价格的表述中，正确的是（　　）。

A.按合同订立时海口的市场价格履行

B.按合同订立时北京的市场价格履行

C.按合同履行时海口的市场价格履行

D.按合同履行时北京的市场价格履行

【答案】A

【解析】合同生效后，当事人就价款、履行地点等内容没有约定或者约定不明确的，可以协议补充；不能达成补充协议的，按照合同有关条款或者交易习惯确定。依照上述规则仍不能确定的：（1）价款或者报酬不明确的，一般按照订立合同时履行地的市场价格履行。（2）履行地点不明确，给付货币的，在接受货币一方所在地履行；交付不动产的，在不动产所在地履行；其他标的，在履行义务一方所在地履行。在本题中，履行地点应推定为海口，履行价格为订立合同时海口的市场价格。

（二）中止履行、提前履行与部分履行

1.中止履行。债权人分立、合并或者变更住所没有通知债务人，致使履行债务发生困难的，债务人可以中止履行或将标的物提存。

2.提前履行。债权人可以拒绝债务人提前履行债务，但提前履行不损害债权人利益的除外。债务人提前履行债务给债权人增加的费用，由债务人负担。

3.债权人可以拒绝债务人部分履行债务，但部分履行不损害债权人利益的除外。债务人部分履行债务给债权人增加的费用，由债务人负担。

> **考霸笔记**
> 例如，甲方从乙处购买货物，双方订立买卖合同，合同约定乙在某日将水泥送到甲租用的库房内。如果乙提前送货导致甲方多付了库房租金，多付的租金即为增加的费用。

二、抗辩权

（一）同时履行抗辩权

同时履行抗辩权，是指双务合同的当事人应同时履行义务的（没有先后顺序），一方在对方未履行前（或履行不符合约定），有拒绝对方请求自己履行合同的权利。

> **考霸笔记**
> 一手交钱，一手交货。

（二）先履行抗辩权（后履行方）

先履行抗辩权是指双务合同中应先履行义务的一方当事人未履行时（或履行不符合约定），对方当事人有拒绝对方请求履行的权利。

> **考霸笔记**
> 先交钱（交货），后交货（交钱）。

第四章

不安抗辩权的行使条件

（三）不安抗辩权（先履行方）

不安抗辩权，是指双务合同中应先履行义务的一方当事人，有确切证据证明相对人财产明显减少或欠缺信用，不能保证及时给付时，有暂时中止履行合同的权利。该情形为：

1.经营状况严重恶化；

2.转移财产、抽逃资金，以逃避债务；

3.丧失商业信誉；

4.有丧失或者可能丧失履行债务能力的其他情形。

考霸笔记

【注意】先履行义务的一方行使不安抗辩权时，应把握以下要点：

(1) 要有对方当事人不能履行合同的确切证据，否则，应承担相应的责任。

(2) 如有证据证明对方当事人不能或者可能不能履行合同义务时，应及时通知对方中止履行合同，而不是立即解除合同。只有在对方当事人在合理期限内未恢复履行能力并且未提供担保的，方能解除合同。

例 4-7 · 2017年单选题

甲、乙双方签订买卖合同，约定甲支付货款一周后乙交付货物。甲未在约定日期付款，却请求乙交货。根据合同法律制度的规定，对于甲的请求，乙可行使的抗辩权是（　　）。

A.不安抗辩权

B.先诉抗辩权

C.不履行抗辩权

D.先履行抗辩权

【答案】D

【解析】先履行抗辩权，是指双务合同的当事人互负债务，有先后履行顺序，先履行（甲）一方未履行的，后履行（乙）一方有权拒绝其履行要求。先履行一方履行债务不符合约定的，后履行一方有权拒绝其相应的履行要求。

例 4-8 · 2012年单选题

甲、乙双方签订一份煤炭买卖合同，约定甲向乙购买煤炭1 000吨，甲于4月1日向乙支付全部煤款，乙于收到煤款半个月后装车发煤。3月31日，甲调查发现，乙的煤炭经营许可证将于4月15日到期，目前煤炭库存仅剩700余吨，且正加紧将库存煤炭发往别处。甲遂决定暂不向乙付款，并于4月1日将暂不付款的决定及理由通知了乙。根据合同法律制度的规定，下列表述中，正确的是（　　）。

A.甲无权暂不付款，因为在乙的履行期届至之前，无法确知乙将来是否会违约

B.甲无权暂不付款，因为甲若怀疑乙届时不能履行合同义务，应先通知乙提供担保，只有在乙不能提供担保时，甲方可中止履行己方义务

C.甲有权暂不付款，因为甲享有先履行抗辩权

D.甲有权暂不付款，因为甲享有不安抗辩权

【答案】D

【解析】应当先履行债务的当事人，有确切证据证明对方有下列情形之一的，可以中止履行：经营状况严重恶化；转移财产、抽逃资金，以逃避债务；丧失商业信誉；有丧失或者可能丧失履行债务能力的其他情形。本题中，乙的煤炭经营许可证将于4月15日到期，有丧失履行债务能力的可能性，所以甲可以行使不安抗辩权。

例 4-9 · 2010年单选题

2010年3月8日，甲向乙借用电脑一台。3月15日，乙向甲借用名牌手表一块。5月10日，甲要求乙返还手表，乙以甲尚未归还电脑为由，拒绝返还手表。

根据合同法律制度和物权法律制度的规定，下列表述中，正确的是（　　）。

A.乙是在行使同时履行抗辩权，可以暂不返还手表

B.乙是在行使不安抗辩权，可以暂不返还手表

C.乙是在行使留置权，可以暂不返还手表

D.乙应当返还手表

【答案】D

【解析】行使抗辩权限于同一双务合同，甲向乙借用电脑和乙向甲借用手表属于两个合同，并非一个双务合同，选项A、B错误。债权人合法占有债务人的动产，在债务人不履行到期债务时，债权人有权依法留置该财产，但是，债权人占有的动产与债权应当属于同一法律关系，企业之间留置的除外。在本题中，甲、乙并非企业，乙占有的手表与其要求甲返还电脑的债权并不属于同一法律关系，所以乙并不享有留置权，选项C错误。

三、债权人代位权

债权人代位权，是指债务人怠于行使其对第三人（次债务人）享有的到期债权，危及债权人债权实现时，债权人为保障自己的债权，可以自己的名义代位行使债务人对次债务人的债权的权利。

代位权行使的条件

（一）代位权行使的条件

1.债权人对债务人的债权合法。

2.债务人怠于行使其到期债权，对债权人造成损害。债务人的懈怠行为必须是债务人不以诉讼方式或者仲裁方式向次债务人主张其享有的具有金钱给付内容的到期债权。

3.债务人的债权已到期。债权人的债权已到期。两个都到期才可以。

4.债务人的债权不是专属于债务人自身的债权。所谓专属于债务人自身的债权是指基于扶养关系、抚养关系、赡养关系、继承关系产生的给付请求权和劳动报酬、退休金、养老金、抚恤金、安置费、人寿保险、人身伤害赔偿请求权等权利。

（二）代位权诉讼中的主体及管辖

债权人行使代位权是以自己的名义，以次债务人为被告，以债务人为第三人。提起诉讼的管辖法院为被告住所地的人民法院。

如果债权人胜诉的，由次债务人承担诉讼费用，且从实现的债权中优先支付。

（三）代位权行使的法律效果

1.经人民法院审理后认定代位权成立的，由次债务人向债权人履行清偿义务，债权人与债务人、债务人与次债务人之间相应的债权债务关系即予消灭。

2.债权人的债权就代位权行使的结果有优先受偿权利。

3.在代位权诉讼中，次债务人对债务人的抗辩，可以向债权人主张。

不可代位行使的权利：

（1）基于特殊家庭关系：基于扶养、抚养、赡养、继承而产生的请求权；

（2）基于特定社会关系：退休金、养老金、抚恤金、安置费；

（3）基于劳动关系：工资报酬；

（4）基于人身伤害和人寿保险赔偿请求权。

【例4-10·多选题】

甲对乙享有50 000元债权，已到清偿期限，但乙一直宣称无能力清偿欠款。甲调查发现，乙对丁享有3个月后到期的7 000元债权，戊因赌博欠乙8 000元；另外，乙在半年前发生交通事故，因事故中的人身伤害对丙享有10 000元债权，因事故中的财产损失对丙享有5 000元债权。乙无其他可供执行的财产，乙对其享有的债权都怠于行使。根据《合同法》的规定，下列各项中，甲不可以代位行使的债权有（　　）。

A.乙对丁的7 000元债权　　B.乙对戊的8 000元债权

C.乙对丙的10 000元债权　　D.乙对丙的5 000元债权

【答案】ABC

【解析】根据规定，专属于债务人自身的债权包括人身伤害赔偿请求权等权利，未到期的债权、不合法的债权（赌博债务）不能行使代位权。

四、债权人撤销权

（一）概念与性质

债权人撤销权，是指债权人对债务人减少财产以致危害债权的行为，请求人民法院予以撤销的权利。

撤销权的成立要件

（二）撤销权的成立要件

1.债权人须以自己的名义行使撤销权。

2.债权人对债务人存在有效债权。

3.债务人实施了减少财产的处分行为。

（1）放弃债权（到期、未到期皆可）、放弃债权担保或者恶意延长到期债权的履行期，对债权人造成危害。

（2）无偿转让财产，对债权人造成损害。

（3）以明显不合理的低价转让财产或者以明显不合理的高价收购他人财产，对债权人造成损害，并且相对人知道该情形。

明显不合理低价的判断标准：一般应以交易当地一般经营者的判断，并参考交易当时交易地的物价部门指导价或者市场交易价，结合其他因素综合考虑。一般认为，转让价格达不到交易时交易地的指导价或者市场交易价70%的，一般可以视为明显不合理的低价；对转让价格高于当地指导价或者市场交易价30%的，一般可以视为明显不合理的高价。

债权人行使撤销权的情形是：

（1）债务人的无偿行为（放弃到期债权、放弃债权担保、无偿转让财产），不论第三人是否善意、恶意取得，均可撤销。

（2）债务人的有偿行为（以明显不合理的低价转让财产），以第三人的恶意取得为要件，如果第三人主观上无恶意，则不能撤销取得的行为。

4.债务人的处分行为有害于债权人债权的实现。

（三）撤销权行使的期限

撤销权自债权人知道或者应当知道撤销事由之日起1年内行使，自债务人的行为发生之日起5年内没有行使撤销权的，该撤销权消灭。

（四）撤销权诉讼

1.债权人为原告，债务人为被告，受益人或者受让人为诉讼上的第三人。代位权是次债务人作被告。

2.债权人行使撤销权所支付的律师代理费、差旅费等必要费用，由债务人负担；第三人有过错的，应当适当分担。明显不合理的价格交易，并且第三人知道，就要适当承担。（行使撤销权过程中的费用负担问题需要注意，有可能作为选择题进行考查）

3.撤销权诉讼由被告住所地人民法院管辖。

4.撤销权的行使范围以债权人的债权为限。代位权也是。

（五）行使撤销权的法律效果

1.一旦人民法院确认债权人的撤销权成立，债务人的处分行为即归于无效，视为自始无效。

2.撤销权行使的目的是恢复债务人的财产，债权人就撤销权行使的结果并无优先受偿权利。

第五节　合同的担保

一、合同担保的基本理论

（一）担保的方式

1.合同的担保方式一般有五种

即：保证、抵押、质押、留置和定金。其中，保证、抵押、质押和定金，都是依据当事人的合同而设立的，称为约定担保。留置则是直接依据法律的规定而设立的，无须当事人之间特别约定，称为法定担保。保证是以保证人的财产和信用为担保的基础，属于人的担保。抵押、质押、留置，是以一定的财产为担保的基础，属于物的担保。定金是以一定的金钱为担保的基础，称为金钱担保。

2.反担保

为了换取担保人提供保证、抵押或质押等担保方式，担保人可以要求债务人为担保人的担保提供担保。这种由债务人或第三人向该担保人提供的担保，相对于原担保而言被称为反担保。

（1）反担保方式可以是债务人提供的抵押或者质押，也可以是其他人提供的保证、抵押或者质押。

（2）留置和定金不能作为反担保方式。

（3）债务人亲自向原担保人提供反担保的，保证不得作为反担保方式。

（二）担保合同的无效

1.担保无效的情形

（1）下列担保合同无效：

①国家机关和以公益为目的的事业单位、社会团体违反法律规定提供担保的，担保合同无效。

②董事、高级管理人员违反《公司法》第一百四十九条规定，即违反公司章程

的规定，未经股东会、股东大会或者董事会同意，以公司财产为他人提供担保的，担保合同无效。

③以法律、法规禁止流通的财产或者不可转让的财产设定担保的，担保合同无效。

（2）应由上市公司股东大会审批的对外担保，必须经董事会审议通过后，方可提交股东大会审批。须经股东大会审批的对外担保，包括但不限于下列情形：（与公司法结合学习）

①上市公司及其控股子公司的对外担保总额，超过最近一期经审计净资产50%以后提供的任何担保；

②公司的对外担保总额，达到或者超过最近一期经审计总资产的30%以后提供的任何担保。

③为资产负债率超过70%的担保对象提供的担保；

④单笔担保额超过最近一期经审计净资产10%的担保；

⑤对股东、实际控制人及其关联方提供的担保。

股东大会在审议为股东、实际控制人及其关联方提供的担保议案时，该股东或受该实际控制人支配的股东，不得参与该项表决，该项表决由出席股东大会的其他股东所持表决权的半数以上通过。

应由董事会审批的对外担保，必须经出席董事会的2/3以上董事审议同意并做出决议。

2.担保合同无效的法律责任

担保合同被确认无效时，债务人、担保人、债权人有过错的，应当根据其过错各自承担《合同法》规定的缔约过失责任。

二、保证

保证合同的特殊情形有哪些?

（一）保证与保证合同

1.保证的概念

保证是指第三人和债权人约定，当债务人不履行其债务时，该第三人按照约定履行债务或者承担责任的担保方式。第三人被称作保证人；债权人既是主债的债权人，也是保证合同中的债权人。保证是保证人与债权人之间的合同关系。保证的方式有两种，即一般保证和连带责任保证。

2.保证合同

性质：单务合同（无权利、只承担担保义务）、无偿合同、要式合同、诺成合同、从合同。

保证合同的几种特殊形式：

（1）保证人在债权人与被保证人签订的订有保证条款的主合同上，以保证人的身份签字或者盖章的，保证合同成立。

（2）第三人单方以书面形式向债权人出具担保书，债权人接受且未提出异议的，保证合同成立。

（3）主合同中虽然没有保证条款，但保证人在主合同上以保证人的身份签字或者盖章的，保证合同成立。

但是当事人在借据、收据、欠条等债权凭证或者借款合同上签字或者盖章，但未表明其保证人身份或者承担保证责任，或者通过其他事实不能推定其为保证人的，出借人不能要求当事人承担保证责任。

例4-11·2017年多选题

保证合同是保证人与债权人订立的在主债务人不履行其债务时，由保证人按照约定履行债务或者承担责任的协议。根据合同法律制度的规定，下列关于保证合同性质的表述中，正确的有（　　）。

A.单务合同　　B.要式合同　　C.有偿合同　　D.诺成合同

【答案】ABD

【解析】保证合同是单务合同、无偿合同、诺成合同、要式合同、从合同。

（二）保证人

担任保证人需要一定的资格，考生应当特别注意不能担任保证人的几种情形，尤其是：

1.主债务人不得同时为保证人。如果主债务人同时为保证人，意味着其责任财产未增加，保证的目的落空。

2.国家机关原则上不得为保证人。但经国务院批准为使用外国政府或者国际经济组织贷款进行转贷的，国家机关可以为保证人。

3.学校、幼儿园、医院等以公益为目的事业单位、社会团体不得为保证人。但从事经营活动的事业单位、社会团体，可担任保证人。

4.企业法人的职能部门在任何情况下都不能成为保证人。

5.企业法人的分支机构有法人书面授权的，可以在授权范围内提供保证。

6.不具有完全代偿能力的主体，只要以保证人身份订立保证合同后，就应当承担保证责任。

（三）保证方式

1.一般保证（补充责任保证）和连带责任保证（按照保证人承担方式的不同）（见表4-1）。

一般保证与连带责任保证的区分

表4-1　**一般保证和连带责任保证**

	一般保证	连带责任保证
概念	保证人与债权人约定，当债务人不能履行债务时，由保证人承担保证责任（有先后顺序）	保证人与债权人约定，保证人与债务人对债务承担连带责任（无先后顺序）
先诉抗辩权	（1）主合同未经审判或仲裁并对财产强制执行前，保证人拒绝承担保证责任 （2）一般保证人具有先诉抗辩权	连带责任保证无先诉抗辩权
责任承担	对保证方式没有约定或约定不明确，按连带责任保证承担保证责任	

一般保证的保证人对债权人享有先诉抗辩权，即在主合同纠纷未经审判和仲裁，并就债务人的财产依法强制执行前，对债权人可拒绝承担保证责任。

有下列情形之一的，保证人不得行使先诉抗辩权：

①债务人住所变更，致使债权人要求其履行债务发生重大困难的；

②人民法院受理债务人破产案件，中止执行程序的；

③保证人以书面形式放弃先诉抗辩权的。

一般保证的保证人在主债权履行期间届满后，向债权人提供了债务人可供执行财产的真实情况的，债权人放弃或怠于行使权利致使该财产不能被执行，保证人可以请求法院在其提供可供执行财产的实际价值范围内免除保证责任。

2.单独保证和共同保证

按照保证人是否约定了各自承担的担保份额，共同保证可以分为按份共同保证和连带共同保证。

（1）按份共同保证

按份共同保证是保证人与债权人约定按份额对主债务承担保证义务，该约定对债权人有约束力。

（2）连带共同保证

①连带共同保证是各保证人约定均对全部主债务承担担保义务或者保证人与债权人之间没有约定所承担保证份额的共同保证。

②连带共同保证的主债务人在主合同规定的债务履行期限届满没有履行债务的，债权人可以要求主债务人履行债务，也可以要求任何一个保证人承担全部保证责任。

【解释 1】请注意，这里说的是连带共同保证，只是保证，没有物保。

【解释 2】连带共同保证的保证人承担保证责任后，向主债务人不能追偿的部分，由各连带保证人按其内部约定的比例分担；没有约定的，平均分担。也就是说，某一个保证人承担保证责任后，应先向主债务人追偿；向主债务人不能追偿的部分，有权要求其他保证人承担其应当承担的份额。

考霸笔记

【提示】注意以上两个法条的主体区别。在连带共同保证中，如果是债权人要钱，可以向主债务人要，也可以向任何一个保证人要。但是如果保证人还了钱之后，要先向主债务人要，不够的，再向其他保证人要（教材今年明确了一点，就是保证人还钱之后先向债务人要，其实也就是防止循环追偿）。

（四）保证责任

1.保证责任的范围。

当事人对保证担保的范围没有约定或者约定不明确的，保证人应当对全部债务（主债权及利息、违约金、损害赔偿金和实现债权的费用）承担责任。

2.主合同变更与保证责任承担。

主合同变更与保证责任承担

第一，保证期间，债权人依法将主债权转让给第三人，保证债权同时转让，保证人在原担保范围内对受让人承担担保责任。

第二，保证期间，债权人许可债务人转让债务的，应当取得保证人的书面同意，保证人对未经其同意转让的债务部分，不再承担保证责任。

第三，保证期间，债权人与债务人协议变更主合同的，应当取得保证人书面同意，未经保证人书面同意的主合同变更，保证人责任并不能免除：

（1）如果减轻债务人的债务的，保证人仍应当对变更后的合同承担保证责任；

（2）如果加重债务人的债务的，保证人对加重的部分不承担保证责任。

（3）如果对主合同履行期间作了变动，保证期间为原合同约定的或者法律规定的期间。

3.主合同当事人双方协议以新贷偿还旧贷，除保证人知道或者应该知道者外，保证人不承担民事责任，但是新贷和旧贷系同一保证人的除外。

4.保证期间。

（1）当事人可以自由约定。根本未约定：保证期间为主债务履行期届满之日起6个月。

（2）虽有约定，但早于或等于主债务履行期限的，等于无约定，推定为6个月。

（3）约定不明：保证期间为主债务履行期限届满之日起2年。

（4）保证合同约定保证人承担保证责任直至主债务本息还清时为止等类似内容的，视为约定不明，推定为2年。

5.保证的诉讼时效。

在保证期间中，债权人主张权利的，保证责任确定。从确定保证责任时起，开始计算保证的诉讼时效。在一般保证，则在对债务人提起诉讼或者申请仲裁的判决或者仲裁裁决生效之日起计算保证的诉讼时效。保证的诉讼时效期限，按照《民法通则》的规定应为3年。

诉讼时效的计算：

（1）一般保证。

①在合同约定的保证期间或者法律规定的保证期间，如债权人未对债务人提起诉讼或者申请仲裁的，保证人免除保证责任。

②一般保证的债权人在保证期间届满前对债务人提起诉讼或者申请仲裁的，从判决或者仲裁裁决生效之日起，开始计算保证合同的诉讼时效。

（2）连带责任保证。

①在连带保证中，债务人不能履行到期债务时，债权人可以要求债务人履行债务，也可以直接要求保证人承担保证责任。

②债权人在保证期间内要求连带保证人承担保证责任的，从债权人要求保证人承担保证责任之日起，开始计算保证合同的诉讼时效。

③保证人对债务人行使追偿权的诉讼时效，自保证人向债权人承担保证责任之日起开始计算。

（3）时效中断。

在一般保证中，主债务诉讼时效中断，保证债务（从债务）诉讼时效中断；

连带责任保证中，主债务诉讼时效中断，保证债务诉讼时效不中断。

在一般保证和连带责任保证中，主债务诉讼时效中止的，保证债务诉讼时效同时中止。

（4）保证责任消灭后，债权人书面通知保证人要求其承担保证责任或者清偿债务，保证人在催款通知书上签字的，人民法院不得认定保证人继续承担保证责任。但是，该催款通知书内容符合法律有关担保合同成立的规定的，并经保证人签字认可，能够认定成立新的保证合同的，人民法院应当认定保证人按照新保证合同承担责任。

> 考霸笔记
>
> 【提示】最高额保证合同对保证期间没有约定或者约定不明的，如合同约定有保证人清偿债务期限的，保证期间为清偿期届满之日起6个月；没有约定债务清偿期限的，保证期间为自最高额保证合同终止之日或自债权人收到保证人终止保证合同的书面通知到达之日起6个月。保证人对通知到达债权人前所发生的债权，承担保证责任。

6.特殊情形下的保证责任。

保证人对债务人的注册资金提供保证的，债务人的实际投资与注册资金不符，或者抽逃转移注册资金的，保证人在注册资金不足或者抽逃转移注册资金的范围内承担连带责任保证。

7.保证人的抗辩权。

债务人放弃对债务的抗辩权，保证人仍有权抗辩，因其保证责任并未免除。据此，不仅保证人有权参加债权人对债务人的诉讼，在债务人对债权人提起诉讼，债权人提起反诉时，保证人也可以作为第三人参加诉讼。

保证人对已经超过诉讼时效期间的债务承担保证责任或者提供保证的，不得又以超过诉讼时效为由提出抗辩。

8.共同担保下的保证责任。

被担保的债权既有物的担保又有人的担保的，债务人不履行到期债务或者发生当事人约定的实现担保物权的情形时：

①债权人应当按照约定实现债权；

②没有约定或者约定不明确，债务人自己提供物的担保的，债权人应当先就该物的担保实现债权；

③第三人提供物的担保的，债权人可以就物的担保实现债权，也可以要求保证人承担保证责任；

④没有约定或者约定不明的，如果保证与第三人提供的物的担保并存，其中一人承担了担保责任，则只能向债务人追偿，不能向另外一个担保人追偿。

（五）保证人的追偿权

①保证人对债务人行使追偿权的诉讼时效，自保证人向债权人承担责任之日起开始计算。

②保证人自行履行保证责任时，其实际清偿额大于主债权范围的，保证人只能在主债权范围内对债务人行使追偿权。

定金常考点梳理

三、定金

（一）定金的概念及种类

按照定金的目的和功能，可以把定金分为立约定金、成约定金、证约定金、违约定金、解约定金。

（二）定金的生效与法律效力

定金合同为实践合同，自实际交付定金之日起生效。

1.定金一旦交付，定金所有权发生移转。此为货币的特点所决定。

2.定金罚则：交定金一方不履行约定的债务的，无权要求返还定金；收受定金的一方不履行约定的债务的，应当双倍返还定金。当事人一方不完全履行合同的，应当按照未履行部分所占合同约定内容的比例，适用定金罚则。

3.在迟延履行或者有其他违约行为时，并不能当然适用定金罚则。只有因当事人一方延迟履行或者有其他违约行为致使合同目的不能实现，才可以适用定金罚则，法律另有规定或当事人另有约定除外。

4.定金数额不得超过主合同标的额的20%，超过部分无效。

5.因不可抗力、意外事件致使主合同不能履行的，不适用定金罚则。因合同关系以外的第三人的过错，致使主合同不能履行时，适用定金罚则。受定金处罚的当事人，可以依法向第三人追偿。

6.违约金与定金不能并存，只能二选一。如果在同一合同中，当事人既约定违约金，又约定定金的，在一方违约时，当事人只能选择适用违约金条款或者定金条款，不能同时要求适用两个条款。

当事人约定以交付定金作为主合同成立或者生效要件的，给付定金的一方未支付定金，但主合同已经履行或者已经履行主要部分的，不影响主合同的成立或者生效。

例 4-12 · 2012年单选题

甲餐厅承接乙的婚宴。双方约定：婚宴共办酒席20桌，每桌2 000元；乙先行向甲餐厅支付定金1万元；任何一方违约，均应向对方支付违约金5 000元。合同订立后，乙未依约向甲支付定金。婚宴前一天，乙因故通知甲取消婚宴。甲要求乙依约支付1万元定金与5 000元违约金。根据合同法律制度的规定，下列表述中，正确的是（　）。

A. 甲餐厅应在1万元定金与5 000元违约金之间择一向乙主张，因为定金与违约金不能同时适用

B. 甲餐厅仅有权请求乙支付8 000元定金，因为定金不得超过合同标的额的20%

C. 甲餐厅无权请求乙支付定金，因为乙未实际交付定金，定金条款尚未生效

D. 甲餐厅无权请求乙支付定金，因为定金额超过合同标的额的20%，定金条款无效

【答案】C

【解析】定金合同是实践合同，从定金实际交付之日起生效，本题中由于未实际支付定金，所以双方的定金合同未生效。

第六节 合同的变更与转让

一、合同的变更

1. 当事人对合同变更的内容约定不明确的，推定为未变更。

2. 合同的变更，仅对未履行的部分有效，对已经履行的部分没有溯及力。

二、债权转让

（一）债权转让的条件

债权转让，是指债权人（转让人）将合同的权利全部或部分转让给第三人（受让人）的法律制度。

债权人转让权利的，无须债务人同意，但应通知债务人。未经通知，该转让对债务人不发生效力。

债权人转让权利的通知不得撤销，但经受让人同意的除外。

债权转让不以债务人的同意为生效条件，但是要对债务人发生效力，则必须通知债务人。

（二）禁止债权转让的情形

1. 根据合同性质不得转让。主要指基于当事人特定身份而订立的合同，如出版合同、委托合同、雇用合同、赠与合同等。

2. 按照当事人约定不得转让。

3.依照法律规定不得转让。

（三）债权转让的效力

1.债权人转让债权无须债务人同意，但应通知债务人，对让与人享有的抗辩权和抵销权，可以向受让人主张。

2.债务人接到债权转让通知后，债务人对让与人享有债权，并且其债权先于转让的债权到期或者同时到期的，债务人可以向受让人主张抵销。

三、债务承担

1.债务人将合同义务的全部或者部分转移给第三人的，应当经债权人同意。

2.债务人转移义务的，新债务人可以主张原债务人对债权人的抗辩。

3.新债务人应当承担与主债务有关的从债务，但该从债务专属于原债务人自身的除外。

4.并存的债务承担，即第三人以担保为目的加入债的关系，与原债务人共同承担同一债务。

> 考霸笔记
>
> 【链接1】保证期间，债权人许可债务人转让债务的，应当取得保证人书面同意；保证人对未经其同意转让的债务，不再承担保证责任。
>
> 【链接2】债务承担情形下，构成原债务人对债务承认的，应当认定诉讼时效从债务承担意思表示到达债权人之日起中断。

四、债权债务的概括移转

1.当事人一方经他方当事人同意，可以将自己在合同中的权利义务一并转让给第三人。

2.当事人订立合同后合并的，由合并后的法人行使合同权利，履行合同义务。

3.当事人订立合同后分立的，除债权人和债务人另有约定的以外，由分立的法人对合同的权利和义务享有连带债权，承担连带债务。

【链接1】公司分立前的债务由分立后的公司承担连带责任。但是，公司在分立前与债权人就债务清偿达成的书面协议另有约定的除外。

【链接2】对于连带债权人、连带债务人中的一人发生诉讼时效中断效力的事由，应当认定对其他连带债权人、连带债务人也发生诉讼时效中断的效力。

第七节　合同的终止

一、合同终止的基本理论

根据《合同法》的规定，引起合同终止的法律事实，主要有：

1.债务已经按照约定履行；

2.合同解除；

3.债务相互抵销；

4.债务人依法将标的物提存；

5.债权人免除债务；

6.债权债务同归于一人，即混同；

7.法律规定或者当事人约定终止的其他情形。

二、清偿

清偿，又叫履行，是指为了实现合同目的，满足债权，合同债务人依照合同的约定圆满完成约定义务的行为和终局状态。它是合同消灭的最主要和最常见的原因。

（一）对同一债权人数项债务并存时的抵充顺序

1.当债务人的给付不足以清偿其对同一债权人所负的数笔相同种类的全部债务时，应当优先抵充已到期的债务；

2.几项债务均到期的，优先抵充对债权人缺乏担保或者担保数额最少的债务；

3.担保数额相同的，优先抵充债务负担较重的债务；

4.负担相同的，按照债务到期的先后顺序抵充；

5.到期时间相同的，按比例抵充；

6.债权人与债务人对清偿的债务或者清偿抵充顺序有约定的除外。

（二）主债务、利息、费用的抵充顺序

债务人除主债务之外还应当支付利息和费用，当其给付不足以清偿全部债务时，并且当事人没有约定的，人民法院应当按照下列顺序抵充：

1.实现债权的有关费用；

2.利息；

3.主债务。

三、解除

合同的梳理

（一）合意解除

1.双方在订立合同时，约定了合同当事人一方解除合同的条件，一旦该条件成就，解除权人就可以通过行使解除权而终止合同。

2.合同订立后，经当事人协商一致，也可以解除合同。

（二）法定解除

1.一般情况。

（1）因不可抗力致使不能实现合同目的；

（2）在履行期限届满之前，当事人一方明确表示或者以自己的行为表明不履行主要债务；

（3）当事人一方延迟履行主要债务，经催告后在合理期限内仍未履行；

（4）当事人一方延迟履行债务或者有其他违约行为致使不能实现合同目的；

（5）当事人在中止履行合同后，如果对方在合理期限内未恢复履行能力并且未提供适当担保的，可以解除合同。

2.单方解除权。

（1）在承揽合同中，定作人可以随时解除承揽合同，但定作人因此造成承揽人损失的，应赔偿损失。

（2）在委托合同中，委托人或者受托人可以随时解除委托合同，因解除合同给对方造成损失的，除不可归责于该当事人的事由以外，应当赔偿损失。

（3）在不定期租赁合同中，出租人或者承租人均可以随时解除合同，但出租人解除合同应当在合理期限之前通知承租人。

（4）在货运合同中，托运人有单方解除权。在承运人将货物交付收货人之前，托运人可以要求承运人中止运输、返还货物、变更到达地或者将货物交付给其他收货人，但应当赔偿承运人因此所受的损失。

（5）租赁物危及承租人的安全或者健康的，即使承租人订立合同时明知该租赁物质量不合格，承租人仍然可以随时解除合同。

3.当事人一方主张解除合同时，应当通知对方，合同自通知到达对方时解除。对方有异议的，可以请求人民法院或者仲裁机构确认解除合同的效力。

4.合同解除的效力。

（1）尚未履行的，终止履行。

（2）已经履行的，根据履行情况和合同性质，当事人可以要求恢复原状、采取其他补救措施，并要求要求赔偿损失。

（3）合同的解除不影响合同中结算条款、清理条款以及解决争议方法条款的效力。

例4-13·2014年多选题

下列情形中，买受人可以取得合同解除权的有（　　）。

A.因不可抗力导致标的物在交付前灭失

B.因出卖人过错导致标的物在交付前灭失

C.出卖人在履行期限届满前明确表示拒绝交付标的物

D.出卖人在履行期限届满后明确表示拒绝交付标的物

【答案】ABCD

四、抵销

（一）约定抵销

当事人互负债务，标的物种类、品质不相同的，经双方协商一致，也可以抵销。

（二）法定抵销

1.当事人互负到期债务，债务标的物种类、品质相同的，任何一方均可主张抵销。

2.当事人主张抵销的，应当通知对方，通知到达对方时生效。

3.抵销不得附条件或者附期限。

4.法定抵销中的抵销权在性质上属于形成权。

【注意】不得抵销的债务：

1.法律规定不得抵销的债务（如因故意侵权产生的债务）；

2.根据合同性质不能抵销的债务（如提供劳务的债务）；

3.当事人约定不得抵销的债务。

> **考霸笔记**
>
> 【解释1】效力不完全的债权不能作为主动债权而主张抵销，如诉讼时效届满后的债权，该债权人不得主张抵销；但作为被动债权，对方以其债权主张抵销的，应当允许。
>
> 【解释2】一方债务已经到期，另一方债务尚未到期，则未到期的债务人可以主张抵销。

例4-14·2017年单选题

根据合同法律制度的规定，下列关于法定抵销权性质的表述中，正确的是（　　）。

A.支配权　　B.请求权　　C.抗辩权　　D.形成权

【答案】D

【解析】法定抵销中的抵销权在性质上属于形成权，当事人主张抵销的，应当通知对方，抵销的效果自通知到达对方时生效。

五、提存

提存的情形与效力总结

（一）提存的原因

1.债务人可以将标的物提存的情形

（1）债权人没有正当理由拒绝受领；

（2）债权人下落不明；

（3）债权人死亡未确定继承人或者丧失民事行为能力未确定监护人；

（4）法律规定的其他情形（如抵押人转让抵押物所得的价款，应当向抵押权人提前清偿所担保的债权或者向与抵押权人约定的第三人提存）。

2.通知义务

除债权人下落不明的以外，债务人应当及时通知债权人或者债权人的继承人、监护人。

（二）提存的法律效果

1.提存的法律效力：

（1）毁损、灭失的风险由债权人承担；

（2）标的物的孳息归债权人所有；

（3）提存费用由债权人负担。

2.标的物提存后，其风险由债权人承担，孳息归债权人所有，提存费用由债权人负担。债权人自提存之日起5年内不领取提存物的，提存物扣除提存费用后归国家所有。

考霸笔记

【链接】有关部门收到遗失物，知道权利人的，应当及时通知其领取；不知道的，应当及时发布招领公告。遗失物自发布招领公告之日起6个月内无人认领的，归国家所有。

例4-15 · 2014年单选题

根据合同法律制度的规定，下列关于提存的法律效果的表述中，正确的是（　　）。

A.标的物提存后，毁损、灭失的风险由债务人承担

B.提存期间，标的物的孳息归债务人所有

C.提存费用由债权人负担

D.债权人提取提存物的权利，自提存之日起2年内不行使而消灭

【答案】C

【解析】本题考核提存。标的物提存后，毁损、灭失的风险由债权人承担。提存期间，标的物的孳息归债权人所有。提存费用由债权人负担。债权人领取提存物的权利，自提存之日起5年内不行使而消灭，提存物扣除提存费用后归国家所有。

例4-16 · 2009年多选题

债务人甲因债权人乙下落不明，遂将作为合同标的物的名贵西服一套交当地公证机关提存。根据合同法律制度的规定，下列关于提存期间当事人间权利义务的表述中，正确的有（　　）。

A.西服提存后，甲负有通知义务

B.保管西服产生的保管费由乙承担

C.如果西服因为地震灭失，损失由乙承担

D.如果自提存之日起5年后，乙仍没有领取西服，甲可以在交付保管费后取回西服

【答案】BC

考霸笔记

【解释】由于合同关系具有相对性，违约责任也具有相对性，即违约责任只能在合同关系的当事人之间发生。

【解析】根据规定，标的物提存后，除债权人下落不明的以外，债务人应当及时通知债权人或者债权人的继承人、监护人。标的物提存后，毁损、灭失的风险由债权人承担。提存期间，标的物的孳息归债权人所有。提存费用由债权人负担。债权人领取提存物的权利，自提存之日起5年内不行使而消灭，提存物扣除提存费用后归国家所有。

第八节 违约责任

一、违约责任的基本原理

1.当事人一方因第三人的原因造成违约的，应当向对方承担违约责任；当事人一方和第三人之间的纠纷，依照法律规定或者按照约定解决。

考霸笔记

【相关链接】因合同关系以外的第三人的过错，致使主合同不能履行时，适用定金罚则。

2.因合同当事人一方的违约行为，侵害对方人身、财产权益的，受损害方有权选择依据《合同法》的规定要求其承担违约责任或者依照其他法律要求其承担侵权责任。

3.违约形态包括：预期违约（履行期到来之前）和届期违约（履行期到来之后）。

二、违约责任的承担方式

（一）继续履行

考霸笔记

【链接】债权人因合并、分立或者变更住所没有通知债务人，致使履行债务发生困难的，债务人可以中止履行或者将标的物提存。

注意继续履行的除外情形。当事人一方不履行非金钱债务或者履行非金钱债务不符合约定的，对方可以要求履行，但有下列情形之一的除外：

1.法律上或者事实上不能履行；

2.债务的标的不适合于强制履行或者履行费用过高；

3.债权人在合理期限内未要求履行。

（二）补救措施

履行质量不符合约定的，应当按照当事人的约定承担违约责任。受损害方可以根据标的的性质以及损失的大小，合理选择要求对方采取修理、更换、重作、退货、减少价款或者报酬等补救措施。

（三）赔偿损失

1.当事人一方不履行合同义务或者履行合同义务不符合约定的，在履行义务或者采取补救措施后，对方还有其他损失的，应当赔偿损失。

2.损失赔偿额应当相当于因违约所造成的损失，包括合同履行后可以获得的利益，但不得超过违反合同一方订立合同时预见到或者应当预见到的因违反合同可能造成的损失。

3.当事人一方违约后，对方应当采取适当措施防止损失的扩大；没有采取适当措施致使损失扩大的，不得就扩大的损失要求赔偿。当事人因防止损失扩大而支出的合理费用由违约方承担。

【案例】小凤从昆零公司购买草莓并按约定支付了全部货款，可是收到的草莓却是有问题的，小凤认为昆零公司违约，因而次日大雨时未对草莓采取任何保护措施，导致草莓受潮而且还生了小虫子，这就属于没有采取适当措施致使损失扩大，因此受潮有小虫子的损失就不得要求昆零公司赔偿。

4.根据《买卖合同司法解释》的规定，买卖合同当事人一方违约造成对方损失，对方对损失的发生也有过错，违约方主张扣减相应的损失赔偿额的，人民法院应予支持。

【案例】子轩公司销售子轩牌汽车，但是汽车经常出现质量问题，臣和买了一辆子轩牌汽车，规定的车载人数为3人，但某天载了6人，结果发生了事故，这时子轩公司可以主张扣减相应的损失赔偿额。

5.根据《买卖合同司法解释》的规定，买卖合同当事人一方因对方违约而获有利益，违约方主张从损失赔偿额中扣除该部分利益的，人民法院应予支持。

【案例】小峰要求小怡1月份发5头小猪，但小怡筹备婚礼以致4月份才发货，而正好小峰的猪圈正在维修，4月份才能修好，这样小怡的违约使得小峰节约了小猪的保管费，保管费的减少即为利益，抵减一部分小怡的赔偿金。

（四）支付违约金

1.违约金的具体数额视造成损失的大小而定。即约定的违约金低于损失的，当事人可以要求增加；约定的违约金过分高于损失的，可以要求适当减少。

2.根据《最高人民法院关于审理商品房买卖合同纠纷案件适用法律若干问题的解释》规定：当事人以约定的违约金过高为由请求减少的，应当以违约金超过造成的损失30%为标准适当减少；当事人以约定的违约金低于造成的损失为由请求增加的，应当以违约造成的损失确定违约金数额。

3.当事人就迟延履行约定违约金的，违约方支付违约金后，还应当继续履行债务。

（五）定金

违约金与定金如何适用?

1.当事人在合同中既约定违约金，又约定定金的，当事人可以选择适用违约金或定金条款，不可同时并用。

2.根据《买卖合同司法解释》的规定，买卖合同约定的定金不足以弥补一方违约造成的损失，对方请求赔偿超过定金部分的损失的，人民法院可以并处，但定金和损失赔偿的数额总和不应高于因违约造成的损失。

例4-17·2006年单选题

甲、乙订立买卖合同约定：甲向乙交付200吨铜材，货款为200万元；乙向甲支付定金20万元；如任何一方不履行合同应支付违约金30万元。甲因将铜材卖给丙而无法向乙交货。根据合同法律制度的规定，在乙向法院起诉时，既能最大限度保护自己的利益，又能获得法院支持的诉讼请求是（　　）。

A.请求甲双倍返还定金40万元

B.请求甲支付违约金30万元

C.请求甲支付违约金30万元，同时请求甲双倍返还定金40万元

D.请求甲支付违约金30万元，同时请求甲返还定金20万元

【答案】D

【解析】首先，定金罚则和违约金罚则不能同时并用，选项C错误。本题中，还应注意20万元的定金本来就是乙的，如果请求甲双倍返还定金40万元，对甲的

惩罚就只有20万元；同时，只请求甲支付违约金30万元，相当于放弃要求返还原由乙支付的定金，最终结果是对甲的惩罚只有10万元。所以，选项D是最能保护乙利益的选择。

三、免责事由

（一）不可抗力

因不可抗力不能履行合同的，根据不可抗力的影响，部分或者全部免除责任。不可抗力是指不能预见、不能避免并不能克服的客观情况。

常见的不可抗力包括：

1.自然灾害，如地震、台风、洪水、海啸等。

2.政府行为，比如运输合同订立后，由于政府颁布禁运的法律，使合同不能履行。

3.社会异常现象，如罢工、骚乱等。

（二）情势变更 【总结】无法预见的+非不可抗力+非商业风险+重大变化。

情势变更是指在合同成立以后，如果客观情况发生了当事人在订立合同时无法预见的、非不可抗力造成的不属于商业风险的重大变化，继续履行合同对于一方当事人明显不公平或者不能实现合同目的，当事人请求人民法院变更或解除的，人民法院应根据公平原则，并结合案件的实际情况确定是否变更或解除。

第九节 买卖合同

一、双方当事人的权利义务

（一）交付标的物

出卖人应当按照约定的期限交付标的物。约定交付期间的，出卖人可以在该交付期间内的任何时间交付。标的物在订立合同之前已为买受人占有的，合同生效的时间为交付时间。

出卖人应当按照约定的地点交付标的物。当事人没有约定交付地点或者约定不明确，依照合同法的有关规定仍不能确定的，适用下列规定：

1.标的物需要运输的，出卖人应当将标的物交付给第一承运人以运交给买受人；

2.标的物不需要运输，出卖人和买受人订立合同时知道标的物在某一地点的，出卖人应当在该地点交付标的物；不知道标的物在某一地点的，应当在出卖人订立合同时的营业地交付标的物。

在买卖合同中，标的物在交付之前产生的孳息归出卖人所有，交付之后产生的孳息归买受人所有。

（二）转移标的物的所有权

标的物的所有权自交付时转移，但法律另有规定或当事人另有约定的除外。当事人可以约定买受人未履行支付价款或其他义务的，标的物所有权属于出卖人。（所有权保留）

二、动产多重买卖中所有权的移转规则

多重买卖合同中动产看所有权的转移规则

（一）普通动产

出卖人就同一普通动产订立多重买卖合同，在买卖合同均有效的情况下，买受人均要求实际履行合同的，应当按照以下情形分别处理：

1. 先行受领交付的买受人请求确认所有权已经转移的，人民法院应予支持；

2. 均未受领交付，先行支付价款的买受人请求出卖人履行交付标的物等合同义务的，法院应予支持；

3. 均未受领交付，也未支付价款，依法成立在先合同的买受人请求出卖人履行交付标的物等合同义务的，人民法院应予支持。

考霸笔记

【总结】普通动产顺序：交付→付款→合同成立时间。

（二）特殊动产

出卖人就同一船舶、航空器、机动车等特殊动产订立多重买卖合同，在买卖合同均有效的情况下，买受人均要求实际履行合同的，应当按照以下情形分别处理：

1. 先行受领交付的买受人请求出卖人履行办理所有权转移登记手续等合同义务的，人民法院应予支持；

2. 均未受领交付，先行办理所有权转移登记手续的买受人请求出卖人履行交付标的物等合同义务的，人民法院应予支持；

3. 均未受领交付，也未办理所有权转移登记手续，依法成立在先合同的买受人请求出卖人履行交付标的物和办理所有权转移登记手续等合同义务的，人民法院应予支持；

4. 出卖人将标的物交付给买受人之一，又为其他买受人办理所有权转移登记，已受领交付的买受人请求将标的物所有权登记在自己名下的，人民法院应予支持。

考霸笔记

【总结】顺序：交付→登记→合同成立时间；如果交付与登记冲突时，以交付为准。

第四章

三、标的物的风险承担

标的物的风险承担规则

可归责于一方当事人的事由导致标的物毁损、灭失，不属于风险负担，应当按照违约责任或者侵权责任处理。

1. 标的物毁损、灭失的风险，在标的物交付之前由出卖人承担，交付之后由买受人承担，但法律另有规定或者当事人另有约定的除外。据此，标的物的所有权转移与风险的承担可能并不一致，所有权转移与否不是确定风险转移的标准。

【案例】2009年7月1日，甲公司与乙公司签订一所有权保留条款的买卖合同。约定：乙公司于8月1日将合同约定的货物交付给甲公司；甲公司于10月1日付款，付款后甲取得该批货物的所有权。根据该合同的约定，该批货物于10月1日付款时才转移所有权，但该批货物毁损、灭失的风险则自8月1日交付时就已经从乙公司转移给了甲公司。由此可见，标的物所有权转移与否并不是确定其风险转移的标准。

2. 因买受人的原因致使标的物不能按照约定的期限交付的，买受人应当自违反约定之日起承担标的物毁损、灭失的风险。

3. 出卖人出卖交由承运人运输的在途标的物，除当事人另有约定的以外，毁损、灭失的风险自合同成立时起由买受人承担。出卖人出卖交由承运人运输的在途

标的物，在合同成立时知道或者应当知道标的物已经毁损、灭失却未告知买受人，买受人主张出卖人负担标的物毁损、灭失的风险的，人民法院应予支持。

【案例】A企业与B企业签订了150万元的买卖合同，该合同自2010年1月5日起成立，买卖的标的物是由承运人正在运输的货物。这种情况下，在途标的物的毁损、灭失风险自2010年1月5日合同成立之日起由买方承担。

4.当事人没有约定交付地点或者约定不明确，标的物需要运输的，出卖人将标的物交付给第一承运人后，标的物毁损、灭失的风险由买受人承担。

5.出卖人按照约定或者依照规定将标的物置于交付地点，买受人违反约定没有收取的，标的物毁损、灭失的风险自违反约定之日起由买受人承担。

6.出卖人未按照约定交付有关标的物的单证和资料的，不影响标的物毁损、灭失风险的转移。

7.因标的物不符合质量要求，致使不能实现合同目的的，买受人可以拒绝接受标的物或者解除合同。

8.标的物毁损、灭失的风险由买受人承担的，不影响因出卖人履行债务不符合约定，买受人要求其承担违约责任的权利。

9.债务人将标的物提存后，毁损、灭失的风险由债权人承担。

例4-18·2013年多选题

根据合同法律制度的规定，下列情形中，买受人应当承担标的物灭失风险的有（　　）。

A.出卖人依约为买受人代办托运，货交付给第一承运人后意外灭失

B.买卖双方未约定交付地点，出卖人将标的物交由承运人运输，货物在运输途中意外灭失

C.约定在出卖人营业地交货，买受人未按约定时间前往提货，后货物在地震中灭失

D.买受人下落不明，出卖人将标的物提存后意外灭失

【答案】ABCD

【解析】当事人没有约定交付地点或者约定不明确，标的物需要运输的，出卖人将标的物交付给第一承运人后，标的物毁损、灭失的风险由买受人承担；出卖人按照约定将标的物置于交付地点，买受人违反约定没有收取的，标的物毁损、灭失的风险自违反约定之日起由买受人承担；标的物提存后，风险由债权人承担。

例4-19·2009年多选题

2009年5月12日，甲因农忙借用邻居乙的一头耕牛耕地三天。5月14日，甲、乙两人又以2 500元价格达成购买该耕牛的买卖合同，双方约定甲应在5月31日前付清价款。5月14日晚，当地爆发泥石流，导致耕牛灭失。根据合同法律制度的有关规定，下列表述中，正确的有（　　）。

A.甲在5月12日取得耕牛的所有权

B.甲在5月14日取得耕牛的所有权

C.耕牛灭失的损失由甲承担

D.耕牛灭失的损失由乙承担

【答案】BC

【解析】根据规定，动产物权设立和转让前，权利人已经依法占有该动产的，物权自法律行为生效时发生效力，动产物权的设立和转让，自交付时发生效力。标的物毁损、灭失的风险，在标的物交付之前由出卖人承担，交付之后由买受人承担，但法律另有规定或者当事人另有约定的除外。

四、标的物的检验和付款

标的物的检验和付款规则

（一）标的物的检验

1.标的物包装方式：无约定的或约定不明的，依补缺规则——按通用的方式；无通用方式的，应当采取足以保护标的物的包装方式。

2.标的物检验期间：应当在约定的检验期内检验；买受人应当在检验期内将不符合约定的情形通知出卖人，怠于通知的，视为合格。当事人没有约定检验期间的，买受人应当在发现或者应当发现标的物的数量或者质量不符合约定的合理期间内通知出卖人。

3.当事人没有约定检验期间的，应当及时检验并在合理期限内通知出卖人；买受人在合理期限内未通知或者自标的物收到之日起2年内未通知出卖人的，视为标的物的数量或者质量符合约定，但对标的物有质量保证期的适用质量保证期；出卖人知道或应当知道提供的标的物不符合约定的，买受人不受上述通知期限的限制。在超过合理期间或者2年期间后，出卖人自愿承担违约责任后，又以上述期间经过为由反悔的，人民法院不予支持。

（二）价款支付

买受人应当按照约定的数额、地点和时间支付价款。

1.对支付价款无约定或不明确的，按补缺规则。

2.对支付价款地点不明确的，按补缺规则（即应当在出卖人的营业地支付），但约定支付价款以交付标的物或交付提取标的物单证为条件的，在交付标的物或提取单证所在地。

3.对支付价款时间不明的，按补缺规则，仍不能确定的，买受人应当在收到标的物或提货单的同时支付。

出卖人多交标的物的，买受人可以接收或者拒绝接收多交的部分。买受人接收多交部分的，按照合同的价格支付价款；买受人拒绝接收多交部分的，应当及时通知出卖人。

地点：先按约定，约定不明，在出卖人的营业地支付，但约定支付价款以交付标的物或者交付标的物单证为条件的，在交付地。

五、买卖合同的特别解除规则

买卖合同的特别解除规则

1.因标的物的主物不符合约定而解除合同的，解除合同的效力及于从物。因标的物的从物不符合约定被解除的，解除的效力不及于主物。

2.标的物为数物，其中一物不符合约定的，买受人可以就该物解除合同，但该物与他物分离使标的物的价值显受损害的，当事人可以就数物解除合同。

3. 出卖人分批交付标的物的，出卖人对其中一批标的物不交付或者交付不符合约定，致使该批标的物不能实现合同目的的，买受人可以就该批标的物解除合同。

4. 出卖人不交付其中一批标的物或者交付不符合约定，致使今后其他各批标的物的交付不能实现合同目的的，买受人可以就该批以及今后其他各批标的物解除合同。

5. 买受人如果就其中一批标的物解除合同，该批标的物与其他各批标的物相互依存的，可以就已经交付和未交付的各批标的物解除合同。

六、特种买卖合同

（一）分期付款买卖合同

分期付款的买受人未支付到期价款的金额达到全部价款的五分之一（20%）的，出卖人可以要求买受人一并支付到期与未到期的全部价款或者解除合同。出卖人解除合同的，双方应当互相返还财产，出卖人可以要求买受人支付使用费。分期付款要求买受人将应付的总价款在一定期间内至少分三次向出卖人支付。

（二）凭样品买卖合同

凭样品买卖的买受人不知道样品有隐蔽瑕疵的，即使交付的标的物与样品相同，出卖人交付的标的物的质量仍然应当符合同种标的物的通常标准。

（三）试用买卖合同

试用买卖，指出卖人与买受人约定，于买卖合同成立时，出卖人将标的物交付给买受人试验或检验，若买受人在试用期内认可该买卖，则买卖合同溯及至合同成立时生效的特殊买卖。

试用买卖合同具有以下特征：

1. 买卖合同已经成立，但尚未生效，以买受人的认可作为合同的生效条件。

2. 认可系形成权，是否认可是买受人的自由。

对试用期间无约定的，按补缺规则仍不能确定的，由出卖人确定。试用买卖的买受人在试用期内可以购买标的物，也可以拒绝购买。

试用买卖合同的试用期间届满的法律后果：

1. 买受人对是否购买标的物未作表示的，视为购买。

2. 买受人已无保留地支付部分或全部价款的，视为同意购买。

3. 买受人对标的物进行试用以外的行为（如出租、出售等），视为同意购买。

但买卖合同存在下列约定内容之一的，不属于试用买卖。买受人主张属于试用买卖的，人民法院不予支持：

1. 约定标的物经过试用或者检验符合一定要求时，买受人应当购买标的物；

2. 约定第三人经试验对标的物认可时，买受人应当购买标的物；

3. 约定买受人在一定期间内可以调换标的物；（其实质是在一个生效的买卖合同中，约定买受人享有任意变更权）

4. 约定买受人在一定期间内可以退还标的物。（其实质是在一个生效的买卖合同中，约定买受人享有任意解除权）

（四）招标投标

招标投标买卖的程序，一般分为招标、投标、开标、验标、评标和定标。

1.招标公告属于要约邀请。

2.投标人投标属于要约。

3.招标人定标属于承诺。

4.中标人在接到中标通知后，在指定的期间、地点与招标人签订书面合同，买卖合同正式成立。

（五）商品房买卖合同

1.销售广告的性质认定

对于商品房销售中出现的销售广告和宣传资料，根据最高人民法院的司法解释，有几个要点：

第一，有关商品房的销售广告和宣传资料为要约邀请，对出卖人无合同上的约束力；

第二，就商品房开发规划范围内的房屋及相关设施所作的说明和允诺具体确定，并对合同的订立以及房屋价格的确定有重大影响的，视为要约；

第三，第二点的内容即使未订入合同，仍属于合同的组成部分，当事人违反这些内容的，承担违约责任。

2.商品房预售合同的效力

商品房预售，属于法律规定的特许经营范围，因此出卖人必须申领商品房预售许可证明。出卖人未取得预售许可而与买受人订立预售合同的，合同无效，但是在起诉前取得预售许可的，合同有效。

商品房预售合同应当办理登记备案手续，但该登记备案手续并非合同生效条件，当事人另有约定的除外。

3.被拆迁人的优先权

拆迁人与被拆迁人按照所有权调换形式设立拆迁补偿安置协议，明确约定拆迁人以位置、用途特定的房屋对被拆迁人予以补偿安置，如果拆迁人将该补偿安置房屋另行出卖给第三人，被拆迁人请求优先取得补偿安置房屋的，应予支持。

4.商品房买卖中法定解除权的行使

根据最高人民法院的司法解释，商品房买卖合同中解除权行使的情形包括：

第一，因房屋主体结构质量不合格不能交付使用，或者房屋交付使用后，房屋主体结构质量经核验确属不合格的；

第二，因房屋质量问题严重影响正常居住使用的；

第三，房屋套内建筑面积或者建筑面积与合同约定的面积误差比绝对值超过3%的；

第四，出卖人迟延交付房屋或者买受人迟延支付购房款，经催告后在3个月的合理期限内仍未履行的；

第五，约定或者法定的办理房屋所有权登记的期限届满后超过1年，因出卖人的原因导致买受人无法办理房屋所有权登记的。

商品房买卖合同中适用惩罚性赔偿金的情形

5.可以适用惩罚性赔偿金的情形

在下列情形下，由于出卖人的行为构成了欺诈，因此买受人可以在解除合同并赔偿损失的前提下，还可以要求出卖人承担不超过已付房款1倍的惩罚性赔偿金：

第一，商品房买卖合同订立后，出卖人未告知买受人又将该房屋抵押给第三人；

第二，商品房买卖合同订立后，出卖人又将该房屋出卖给第三人；

第三，故意隐瞒没有取得商品房预售许可证明的事实或者提供虚假商品房预售许可证明；

第四，故意隐瞒所售房屋已经抵押的事实；

第五，故意隐瞒所售房屋已经出卖给第三人或者为拆迁补偿安置房屋的事实。

> 考霸笔记
> 【口诀】一房二卖，一房又抵，无证预售，故瞒已抵，拆迁补偿。

6.商品房买卖合同与贷款合同的效力关系

第一，贷款合同未能订立，导致商品房买卖合同不能履行的，则当事人可以要求解除合同，并分析贷款合同未能订立的原因，在可归责于一方当事人的情况下，由该当事人赔偿损失。

第二，商品房买卖合同无效、被撤销或者被解除，则贷款合同也应相应解除，出卖人应当将收受的购房贷款和购房款的本金及利息分别返还给担保人和买受人。

例4-20·2010年多选题

甲房地产开发公司在预售某住宅小区的广告中，宣称其“容积率不高于1.2，绿地面积超过50%”，引起购房者的热烈关注，所预售的商品房一售而空，价格也比周边小区高出20%。但是，该小区商品房的预售合同中未对容积率和公共绿地面积问题作约定。甲公司交房时，购房者乙却发现小区的容积率超过2.0，绿地面积只有20%，并且在调查后得知，甲公司报经批准的规划就是如此。下列关于甲公司和乙之间的房屋预售合同的表述中，正确的有（　　）。

A.合同无效

B.乙有权请求人民法院或仲裁机构撤销合同并请求甲公司赔偿损失

C.乙有权请求甲公司承担违约责任

D.乙有权请求甲公司支付不超过已付房款1倍的惩罚性赔偿金

【答案】BC

【解析】因欺诈而订立的合同，如果不损害国家利益的，属于可变更、可撤销合同，选项A错误。商品房出卖人就商品房开发规划范围内的房屋及相关设施所作的说明和允诺具体确定，并对商品房买卖合同的订立以及房屋价格的确定有重大影响的，应当视为要约，即使未载入商品房买卖合同，亦为合同内容，当事人违反的，应当承担违约责任，选项C正确。本题的情形不适用惩罚性赔偿金，选项D错误。

> 考霸笔记
> 【解释】此处的“货”应当是指金钱以外的商品，因此互易合同是指金钱以外相互交换标的物所有权的合同。在货币发明之前，人类商品交易的主要形态就是互易，但是随着货币的出现，互易被买卖所取代，但仍然没有完全消失。因此，法律仍有就互易进行规范的必要。

（六）互易合同

1.互易合同是当事人约定易货交易，转移标的物所有权的合同。

2.根据规定，互易合同参照买卖合同的规定，故互易合同属于双务、诺成的合同。互易合同双方当事人的主要义务是各自向对方交付标的物，并转移标的物的所有权，同时，合同双方各自就标的物的权利状态向对方负担权利瑕疵担保责任。

3.互易合同的标的物价值并不当然对等，实践中常见的是在相互交付标的物并转移标的物所有权以外，一方当事人还须交付一定金钱的情形，此种互易学理上称为附补足金的互易合同。附补足金互易合同中的金钱部分，应当参照买卖合同中关于支付价款部分的规定处理。

第十节 赠与合同

一、赠与合同概述

1.赠与合同的性质：属于单务、无偿、诺成合同。

2.赠与可以附义务；附义务的，受赠人应当按约履行。

3.因赠与人故意或重大过失致使赠与的财产毁损、灭失的，赠与人应当承担赔偿责任。

4.赠与的财产有瑕疵的，赠与人不承担责任；附义务的赠与，赠与的财产有瑕疵的，赠与人在附义务的限度内承担与出卖人相同的责任。

赠与人故意不告知瑕疵或者保证无瑕疵，造成受赠人损失的，应当承担损害赔偿责任。

5.赠与合同成立后，赠与人的经济状况显著恶化，严重影响其生产经营或者家庭生活的，可以解除合同，不再履行赠与义务。

【案例】甲为黄浦江江边一养猪专业户，较为富裕。3月2日，他向村办小学承诺，“五一”母猪生崽后将向小学捐赠电脑10台。不料，4月中旬，黄浦江被大规模的致命细菌侵袭，导致所有的母猪全部病死。甲损失惨重。“五一”之后，村办小学请求甲交付电脑。此时，甲可以不再履行赠与义务。

第四章

二、赠与合同的撤销

赠与合同撤销的情形有哪些?

（一）任意撤销

赠与人在赠与财产的权利转移之前可以撤销赠与，但具有救灾、扶贫等社会公益、道德义务性质的赠与合同或者经过公证的赠与合同不得撤销。对于这类赠与合同，如果赠与人不交付赠与的财产的，受赠人可以要求交付。

（二）法定撤销情形

1.严重侵害赠与人或者赠与人的近亲属；

2.对赠与人有扶养义务而不履行；

3.不履行赠与合同约定的义务。

（三）撤销权

1.赠与人的撤销权自知道或者应当知道撤销原因之日起1年内行使。

2.因受赠人的违法行为致使赠与人死亡或丧失民事行为能力的，赠与人的继承人或者法定代理人的撤销权，应当自知道或者应当知道撤销原因之日起6个月内行使。

例 4-21·2017年多选题

赠与合同履行后，受赠人有特定忘恩行为时，赠与人有权撤销赠与合同。根据合同法律制度的规定，下列各项中，属于此类忘恩行为的有（　　）。

A.受赠人严重侵害赠与人亲属

B.受赠人严重侵害赠与人

C.受赠人不履行赠与合同约定的业务

D.受赠人对赠与人有扶养义务而不履行

【答案】ABCD

【解析】受赠人有下列情形之一的，赠与人可以行使撤销权：（1）严重侵害赠与人或其近亲属；（2）对赠与人有扶养义务而不履行；（3）不履行赠与合同约定的义务。

第十一节 借款合同

一、借款合同概述

借款合同是借款人向贷款人借款，到期返还借款并支付利息的合同。金融机构贷款的借款合同自双方意思表示一致时成立，自然人之间的借款合同自贷款人提供借款时生效。

【注意】典型的实践合同包括：保管合同、自然人之间的借贷合同、定金合同等。

借款合同中的利息支付规则

二、双方当事人的权利义务

1.贷款人未按照约定的日期、数额提供借款，造成借款人损失的，应当赔偿损失。借款人未按照约定的日期、数额收取借款的，应当按照约定的日期、数额支付利息。

2.借款人未按照约定的借款用途使用借款的，贷款人可以停止发放借款、提前收回借款或者解除合同。

3.借款的利息不得预先在本金中扣除，利息预先在本金中扣除的，应当按照实际借款数额返还借款并计算利息。

4.借款人应当按照约定的期限支付利息。对支付利息的期限没有约定或者约定不明确，依照《合同法》的有关规定仍不能确定的，借款期间不满1年的，应当在返还借款时一并支付；借款期间1年以上的，应当在每届满1年时支付；剩余期间不满1年的，应当在返还借款时一并支付。

5.借款人应当按照约定的期限返还借款。借款人提前偿还借款的，除当事人另有约定的以外，应当按照实际借款的期间计算利息。借款人可以在还款期限届满之前向贷款人申请展期。贷款人同意的，可以展期。

例4-22·2005年单选题

根据合同法律制度的规定，借款人提前偿还贷款的，除当事人另有约定外，计算利息的方法是（　　）。

A.按照借款合同约定的期间计算

B.按照借款合同约定的期间计算，实际借款期间小于1年的，按1年计算

C.按照实际借款的期间计算

D.按照实际借款的期间计算，但是借款人应当承担相应的违约责任

【答案】C

【解析】根据规定，借款人提前偿还借款的，除当事人另有约定的以外，应当按照实际借款的期间计算利息。

例 4-23 · 2003年多选题

甲公司向乙银行借款1 000万元，甲公司未按约定的借款用途使用借款。根据合同法律制度的规定，乙银行可以采取的措施有（　　）。

A.停止发放借款

B.提前收回借款

C.解除借款合同

D.按已确定的借款利息双倍收取罚息

【答案】ABC

【解析】根据规定，借款人未按照约定用途使用借款的，贷款人可以采取的措施仅包括：（1）停止发放借款；（2）提前收回借款；（3）解除借款合同。

三、民间借贷合同

（一）民间借贷的范围

民间借贷，是指自然人、法人、其他组织之间及其相互之间进行资金融通的行为。经金融监管部门批准设立的从事贷款业务的金融机构及其分支机构，因发放贷款等相关金融业务引发的纠纷，不属于民间借贷。

（二）民间借贷案件的受理与管辖

1.借据、收据、欠条等债权凭证以及其他能够证明借贷法律关系存在的证据可以作为证明借贷关系的证据（一般情形下，民间借贷不签订正式的借款合同）。如果当事人持有的借据、收据、欠条等债权凭证没有载明债权人，仍可以提起诉讼，但被告对原告的债权人资格提出有事实依据的抗辩，人民法院经审理认为原告不具有债权人资格的，裁定驳回起诉。

2.如果借贷双方就合同履行地未约定或者约定不明确，事后未达成补充协议，按照合同有关条款或者交易习惯仍不能确定的，以接受货币一方所在地为合同履行地。

3.人民法院在民间借贷纠纷案件中发现虽有关联但不是同一事实的涉嫌非法集资等犯罪的线索、材料的，不影响人民法院对民间借贷纠纷案件的审理，只是应当将涉嫌非法集资等犯罪的线索、材料移送公安或者检察机关。如果借款人涉嫌犯罪或者生效判决认定其有罪，出借人起诉请求担保人承担民事责任的，人民法院应予受理。

（三）民间借贷合同的效力

1.法人之间、其他组织之间以及它们相互之间为生产、经营需要订立的民间借贷合同，原则上有效，除非存在如下情形之一：存在《合同法》第五十二条规定的无效情形；套取金融机构信贷资金又高利转贷给借款人，且借款人事先知道或者应当知道的；以向其他企业借贷或者向本单位职工集资取得的资金又转贷给借款人牟利，且借款人事先知道或者应当知道的；出借人事先知道或者应当知道借款人借款用于违法犯罪活动仍然提供借款的；违背社会公序良俗的；其他违反法律、行政法规效力性强制性规定的。

2.法人或者其他组织在本单位内部通过借款形式向职工筹集资金，用于本单位生产、经营签订的民间借贷合同，其效力与第1项作相同处理。

3.借款人或者出借人的借贷行为涉嫌犯罪，或者已经生效的判决认定构成犯罪，当事人提起民事诉讼的，民间借贷合同并不当然无效。人民法院应当根据第1项中的规则认定民间借贷合同的效力。

4.担保人以借款人或者出借人的借贷行为涉嫌犯罪或者已经生效的判决认定构成犯罪为由，主张不承担民事责任的，人民法院应当依据民间借贷合同与担保合同的效力、当事人的过错程度，依法确定担保人的民事责任。

（四）互联网借贷平台的法律责任

借贷双方通过网络贷款平台形成借贷关系，网络贷款平台的提供者仅提供媒介服务，不承担担保责任。网络贷款平台的提供者通过网页、广告或者其他媒介明示或者有其他证据证明其为借贷提供担保的，网络贷款平台的提供者应当承担担保责任。

（五）法定代表人在民间借贷合同中的责任

1.企业法定代表人或负责人以企业名义与出借人签订民间借贷合同，出借人、企业或者其股东能够证明所借款项用于企业法定代表人或负责人个人使用，出借人可以要求将企业法定代表人或负责人列为共同被告或者第三人。

2.企业法定代表人或负责人以个人名义与出借人签订民间借贷合同，所借款项用于企业生产经营，出借人可以请求企业与个人共同承担责任。

（六）民间借贷与买卖合同混合时的处理规则

1.当事人已签订买卖合同作为民间借贷合同的担保，借款到期后借款人不能还款，出借人请求履行买卖合同的，人民法院应当按照民间借贷法律关系审理，并向当事人释明变更诉讼请求。当事人拒绝变更的，人民法院裁定驳回起诉。

2.按照民间借贷法律关系审理作出的判决生效后，借款人不履行生效判决确定的金钱债务，出借人可以申请拍卖买卖合同标的物，以偿还债务。就拍卖所得的价款与应偿还借款本息之间的差额，借款人或者出借人有权主张返还或补偿。

> 考霸笔记
>
> 年利率：未超过24%有效，超过36%无效。超过24%未超过36%的部分，顺其自然，已付的不能要回，未付的不能要。

（七）民间借贷的利息与利率

1.关于利息的约定

借贷双方没有约定利息，出借人不得主张支付借期内利息。除自然人之间借贷外，借贷双方对借贷利息约定不明，出借人主张利息的，应当结合民间借贷合同的内容，并根据当地或者当事人的交易方式、交易习惯、市场利率等因素确定利息。

> 民间借贷中有关利率的规定

2.关于利率的约定

（1）借贷双方约定的利率未超过年利率24%，出借人请求借款人按照约定的利率支付利息的，人民法院应予支持。

（2）借贷双方约定的利率超过年利率36%，超过部分的利息约定无效。借款人请求出借人返还已支付的超过年利率36%部分的利息的，人民法院应予支持。

（3）借贷双方对前期借款本息结算后将利息计入后期借款本金并重新出具债权凭证，如果前期利率没有超过年利率24%，重新出具的债权凭证载明的金额可认定为后期借款本金；超过部分的利息不能计入后期借款本金。

（4）约定的利率超过年利率24%，当事人主张超过部分的利息不能计入后期借款本金的，人民法院应予支持。

（5）借款人在借款期间届满后应当支付的本息之和，不能超过最初借款本金与以最初借款本金为基数，以年利率24%计算的整个借款期间的利息之和。出借人请求借款人支付超过部分的，人民法院不予支持。

3.关于逾期利率

借贷双方对逾期利率有约定的，从其约定，但以不超过年利率24%为限。借贷双方未约定逾期利率或者约定不明的，区分不同情况处理：既未约定借期内的利率，也未约定逾期利率，出借人主张借款人自逾期还款之日起按照年利率6%支付资金占用期间利息的，人民法院应予支持；约定了借期内的利率但未约定逾期利率，出借人主张借款人自逾期还款之日起按照借期内的利率支付资金占用期间利息的，人民法院应予支持。

4.逾期利率与其他违约责任

出借人与借款人既约定了逾期利率，又约定了违约金或者其他费用，出借人可以选择主张逾期利息、违约金或者其他费用，也可以一并主张，但总计超过年利率24%的部分，人民法院不予支持。

四、自然人之间的借款合同

1.自然人之间的借款，是指双方当事人均为自然人的借款合同。自然人之间的借款合同为实践合同，自出借人提供借款时生效。

2.具有下列情形之一的，可以认为满足了“出借人提供借款”的要件，合同生效：

（1）以现金支付的，自借款人收到借款时；

（2）以银行转账、网上电子汇款或者通过网络贷款平台等形式支付的，自资金到达借款人账户时；

（3）以票据交付的，自借款人依法取得票据权利时；

（4）出借人将特定资金账户支配权授权给借款人的，自借款人取得对该账户实际支配权时；

（5）出借人以与借款人约定的其他方式提供借款并实际履行完成时。

3.自然人之间的借款合同对支付利息没有约定或者约定不明确的，视为不支付利息。但自然人之间的借款合同有约定偿还期限而借款人不按期偿还，或者未约定偿还期限但经出借人催告后，借款人仍不偿还的，出借人可以要求借款人偿付逾期利息。

第十二节　租赁合同

一、租赁合同概述

（一）性质

租赁合同为有偿、双务、诺成合同。租赁物一般应为特定的非消耗物。

（二）租赁合同的期限

租赁合同属于临时性使用合同，租赁期限不得超过20年。超过20年的，超过部分无效。租赁期间届满，当事人可以续订租赁合同，但约定的租赁期限自续订之日起不得超过20年。

考霸笔记

【链接】租赁物危及承租人的安全或者健康的，即使承租人订立合同时明知该租赁物质量不合格，承租人仍然可以随时解除合同。

（三）不定期租赁

【解释】对于不定期租赁，出租人或者承租人均可以随时解除合同，但出租人解除合同应当在合理期限之前通知承租人。

1.租赁期限6个月以上的，合同应当采用书面形式。当事人未采用书面形式，视为不定期租赁。

2.当事人对租赁期限没有约定或者约定不明确，依照《合同法》的有关规定仍不能确定的，视为不定期租赁。

3.租赁期届满，承租人继续使用租赁物，出租人没有提出异议的，原租赁合同继续有效，但租赁合同为不定期租赁合同。

二、双方当事人的权利义务

租赁合同中双方当事人的权利义务

（一）维修义务

1.出租人应当履行租赁物的维修义务，但当事人另有约定的除外。

2.承租人在租赁物需要维修时可以要求出租人在合理期限内维修。出租人未履行维修义务的，承租人可以自行维修，维修费用由出租人负担。因维修租赁物影响承租人使用的，应当相应减少租金或者延长租期。

3.承租人经出租人同意，可以对租赁物进行改善或者增设他物，如未经出租人同意，出租人可以要求承租人恢复原状或者赔偿损失。

（二）转租

承租人经出租人同意，可以将租赁物转租给第三人，承租人与出租人的租赁合同继续有效，第三人对租赁物造成损失的，承租人应当赔偿损失。承租人未经出租人同意转租的，出租人可以解除合同。

（三）租金支付期限

【提示】与借款合同利息支付期限的规定相同。

对支付期限没有约定或者约定不明确，依照《合同法》有关规定仍不能确定，租赁期间不满1年的，应当在租赁期间届满时支付；租赁期间1年以上的，应当在每届满1年时支付；剩余期间不满1年的，应当在租赁期间届满时支付。

考霸笔记

买卖不破租赁非常重要，经常会在综合题当中出现，选择题也常考。

（四）买卖不破租赁

1.租赁物在租赁期间发生所有权变动的，不影响租赁合同的效力。

2.出租人出卖租赁房屋的，应在出卖之前的合理期限内通知承租人，承租人享有以同等条件优先购买的权利。

考霸笔记

【提示】(1)只有在房屋租赁中承租人才有优先购买权，对于其他标的物的租赁，并不适用优先购买权。(2)出租人出卖租赁物无需征得承租人同意，但应当提前通知，便于其行使优先购买权。

【链接】（1）先出租后抵押的，租赁合同优先；（2）先抵押后出租的，抵押权优先。

例4-24·2005年单选题

甲与乙订立租赁合同，将自己所有的一栋房屋租赁给乙使用。租赁期间，甲在征得乙同意后，将房屋卖给丙，并转移了所有权。下列有关该租赁合同效力的表述中，正确的是（　　）。

A.租赁合同在乙和丙之间继续有效

B.租赁合同自动解除

C.租赁合同自动解除，但是甲应当对乙承担违约责任

D.租赁合同自动解除，但是丙应当另行与乙订立租赁合同

【答案】A

【解析】本题考核租赁合同当事人双方的权利义务。租赁物在租赁期间发生所有权变动的，不影响租赁合同的效力。

三、房屋租赁合同

房屋租赁合同，除了要遵守一般租赁合同的规定以外，还要注意以下问题：

（一）房屋租赁的无效与处理

房屋租赁合同存在下列情形时，合同无效：

1.出租人就未取得建设工程规划许可证或者未按照建设工程规划许可证的规定建设的房屋，与承租人订立的租赁合同无效；但在一审法庭辩论终结前取得建设工程规划许可证或者经主管部门批准建设的，人民法院应当认定有效。

2.出租人就未经批准或者未按照批准内容建设的临时建筑，与承租人订立的租赁合同无效；但在一审法庭辩论终结前经主管部门批准建设的，人民法院应当认定有效。

3.租赁期限超过临时建筑的使用期限，超过部分无效；但在一审法庭辩论终结前经主管部门批准延长使用期限的，人民法院应当认定延长使用期限内的租赁期间有效。

房屋租赁合同无效，当事人请求参照合同约定的租金标准支付房屋占有使用费的，人民法院一般应予支持。

但当事人以房屋租赁合同未按照法律、行政法规规定办理登记备案手续为由，请求确认合同无效的，人民法院不予支持。

考霸笔记

【解释】这是房屋租赁合同中特别为承租人设计的优先购买权，只有房屋租赁规定了优先购买权，其他标的物租赁并不适用优先购买权。

（二）房屋租赁中承租人的优先权

房屋租赁中承租人的优先购买权

出租人出卖租赁房屋的，应当在出卖之前的合理期限内通知承租人，承租人享有以同等条件优先购买的权利。

出租人委托拍卖人拍卖租赁房屋，应当在拍卖5日前通知承租人。承租人未参加拍卖的，人民法院应当认定承租人放弃优先购买权。

出租人出卖租赁房屋未在合理期限内通知承租人或者存在其他侵害承租人优先购买权的情形，承租人可以请求出租人承担赔偿责任。但请求确认出租人与第三人签订的房屋买卖合同无效的，人民法院不予支持。

【注意】具有下列情形之一，承租人主张优先购买房屋的，人民法院不予支持：

1.房屋共有人行使优先购买权的；

2.出租人将房屋出卖给近亲属，包括配偶、父母、子女、兄弟姐妹、祖父母、外祖父母、孙子女、外孙子女的；

3.出租人履行通知义务后，承租人在15日内未明确表示购买的；

4.第三人善意购买租赁房屋并已经办理登记手续的。

【注意】房屋租赁中同住人的权利：

①承租人在房屋租赁期间死亡的，与其生前共同居住的人可以按照原租赁合同租赁该房屋。

②承租人租赁房屋用于以个体工商户或者个人合伙方式从事经营活动，承租人在租赁期间死亡、被宣告失踪或者被宣告死亡，其共同经营人或者其他合伙人请求按照原租赁合同租赁该房屋的，人民法院应当支持。

例4-25·2011年多选题

甲承租乙的住房，租期未满，乙有意将该住房出售。根据合同法律制度的规定，下列表述中，正确的有（　　）。

A.乙应在出售之前的合理期限内通知甲，甲在同等条件下享有优先购买权

B.如果乙对甲隐瞒情况，将房屋出售给丙，甲可以主张乙、丙之间的房屋买卖合同无效

C.如果甲放弃优先购买权，当丙购得该住房成为新所有人后，即使租期未满，也有权要求甲立即迁出该住房

D.如果乙的哥哥丁想要购买该住房，则甲不得主张优先购买权

【答案】AD

【解析】出租人出卖租赁房屋未在合理期限内通知承租人或者存在其他侵害承租人优先购买权的情形，承租人可以请求出租人承担赔偿责任，但不得主张出租人与第三人签订的房屋买卖合同无效；租赁物在租赁期间发生所有权变动的，不影响租赁合同的效力。

考霸笔记

【解释】融资租赁合同中出租人购买租赁物的目的主要是出租给承租人使用，而非自己使用。所以，要求出租人必须获得行政许可并无太大必要。也就是说，只要承租人具有相关的行政许可，出租人没有，不得因此认定该融资租赁合同无效（即对于生产者、使用者具有行政许可即可，把出租方限制了，就不利于融资活动的开展了）。

四、租赁合同的解除与延期

因不可归责于承租人的事由，致使租赁物部分或全部毁损、灭失的，承租人可以要求减少租金或不支付租金；因租赁物部分或全部毁损灭失，致使不能实现合同目的的，承租人可以解除合同。

租赁物危及承租人的安全或健康的，即使承租人订立合同时明知该租赁物质量不合格，承租人仍然可以随时解除合同。

第十三节　融资租赁合同

一、融资租赁合同概述

1.概念：融资租赁合同是出租人根据承租人对出卖人、租赁物的选择，向出卖人购买租赁物，提供给承租人使用，承租人支付租金的合同。典型的融资租赁关系涉及三方当事人，即出租人、承租人和出卖人，内容涉及租赁和买卖两个方面。

【案例】A想从B企业购买一台设备，因缺少资金，A就向融资租赁公司C求助。C是出租人，A是承租人，A与C签订了融资租赁合同。签约后，C让A自己去挑选厂家和设备，C根据承租人A的选择跟B签订了买卖合同，B向承租人A出售设备，A对设备进行检验，检验合格后，A需向C出示检验合格同意书，C向B支付价款。设备价款为2 000万元，A与C可以约定分5年付款，每次付款400万元，5年之后，设备的所有权归A所有。

注意：售后回租交易按融资租赁法律关系定性。

承租人将其自有物出卖给出租人，再通过融资租赁合同将租赁物从出租人处租回的，人民法院不应仅以承租人和出卖人系同一人为由认定不构成融资租赁法律关系。

【案例】A企业欲购买B企业生产的设备，但A企业资金不足，A企业可以向银行借款，也可以向融资租赁公司融资租赁B企业的设备，A企业（承租人）与C融资租赁公司（出租人）签订融资租赁合同，C融资租赁公司（出租人）应该根据承租人A企业的选择与B企业（出卖人）签订买卖合同。以上涉及两个合同，三方当事人之间的关系就属于融资租赁。若A企业把生产的设备卖给C融资租赁公司后，再分期支付租金租回使用。

问：A企业与C融资租赁公司签订的合同的性质是属于抵押借款合同还是融资租赁合同？

2.融资租赁合同应当采用书面形式。

3.融资租赁合同标的物的行政许可（比如大型的医疗器材——核磁共振，要取得医疗器械生产企业许可证）、风险承担的处理规则：　（✔重要，必须掌握）

（1）承租人对于租赁物的经营使用应当取得行政许可，出租人未取得行政许可的，不得以此为理由认定融资租赁合同无效。

（2）承租人占有租赁物期间，租赁物毁损、灭失的风险由承租人承担，出租人要求承租人继续支付租金的，人民法院应予支持。但当事人另有约定或者法律另有规定的除外。

4.在融资租赁合同中，承租人解除合同的权利应受到一定的限制，在合同有效期内，无正当、充分的理由不得解除合同。

5.出租人根据承租人对出卖人、租赁物的选择与出卖人订立买卖合同，出卖人按照约定向承租人交付标的物，承租人享有与受领标的物有关的买受人的权利。承租人检验标的物合格后出具验收合格通知书，并与出租人订立融资租赁合同，出租人据此向出卖人付款。

6.出租人违反合同约定的向承租人交付标的物的义务，存在下列情形之一的，承租人可以拒绝受领租赁物：

（1）租赁物严重不符合约定的；

（2）出卖人未在约定的交付期间或者合理期间内交付租赁物，经承租人或者出租人催告，在催告期满后仍未交付的。

承租人拒绝受领租赁物，未及时通知出租人，或者无正当理由拒绝受领租赁物，造成出租人损失，出租人可以要求承租人承担损害赔偿责任。

7.出租人、出卖人、承租人可以约定，出卖人不履行买卖合同义务的，由承租人行使索赔的权利。承租人行使索赔权利的，出租人应当予以协助。承租人对出卖人行使索赔权，不影响其履行融资租赁合同项下支付租金的义务，但承租人以依赖出租人的技能确定租赁物或者出租人干预选择租赁物为由，主张减轻或者免除相应租金支付义务的除外。

融资租赁合同中不适用善意取得制度的情形有哪些？

8.出租人根据承租人对出卖人、租赁物的选择订立的买卖合同，未经承租人同意，出租人不得变更与承租人有关的合同内容。

9.出租人享有租赁物的所有权。承租人破产的，租赁物不属于破产财产。

10.承租人或者租赁物的实际使用人，未经出租人同意转让租赁物或者在租赁物上设立其他物权，第三人依据《物权法》第一百零六条的规定取得租赁物的所有权或者其他物权，出租人主张第三人物权权利不成立的，人民法院不予支持，但有下列情形之一的除外：

（1）出租人已在租赁物的显著位置作出标识，第三人在与承租人交易时知道或者应当知道该物为租赁物的；

（2）出租人授权承租人将租赁物抵押给出租人并在登记机关依法办理抵押权登记的；

考霸笔记

【解释】出租人把出租的财产抵押给自己，出租方作为抵押权人并登记，这样做就可以对抗第三人，防止自己的财产被不当处置。也就是说，抵押物登记后，抵押人（承租人）转让抵押物时应该经过抵押权人（出租人）同意，否则该转让行为无效。

（3）第三人与承租人交易时，未按照法律、行政法规、行业或者地区主管部门的规定在相应机构进行融资租赁交易查询的；

（4）出租人有证据证明第三人知道或者应当知道交易标的物为租赁物的其他情形。

11.出租人转让其在融资租赁合同项下的部分或者全部权利，受让方不得以此为由请求解除或者变更融资租赁合同。

12.有下列情形之一的，出租人可以要求解除融资租赁合同：

（1）承租人未经出租人同意，将租赁物转让、转租、抵押、质押、投资入股或者以其他方式处分租赁物的；

（2）承租人未按照合同约定的期限和数额支付租金，符合合同约定的解除条件，经出租人催告后在合理期限内仍不支付的；

（3）合同对于欠付租金解除合同的情形没有明确约定，但承租人欠付租金达到两期以上，或者数额达到全部租金15%以上，经出租人催告后在合理期限内仍不支付的；

（4）承租人违反合同约定，致使合同目的不能实现的其他情形。

13.因出租人的原因致使承租人无法占有、使用租赁物，承租人可以请求解除融资租赁合同。

融资租赁中双方的权利、义务关系

二、当事人双方权利义务

1.租赁物不符合租赁合同约定或者不符合使用目的的，出租人不承担责任，但承租人依赖出租人的技能确定租赁物或者出租人干预选择租赁物的除外。

2.出租人应当保证承租人对租赁物的占有和使用。承租人占有租赁物期间，租赁物造成第三人的人身伤害或者财产损害的，出租人不承担责任。

3.承租人应当妥善保管、使用租赁物，履行占有租赁物期间的维修义务。

4.承租人应当按照约定支付租金。承租人经催告后在合理期限内仍不支付租金的，出租人可以要求支付全部租金；也可以解除合同，收回租赁物。

5.出租人和承租人可以约定租赁期间届满租赁物的归属。对租赁物的归属没有约定或者约定不明确，依照《合同法》的有关规定仍不能确定的，租赁物的所有权归出租人。

6.当事人约定租赁期间届满租赁物归承租人所有，承租人已经支付大部分租金，但无力支付剩余租金，出租人因此解除合同收回租赁物的，收回的租赁物的价值超过承租人欠付的租金以及其他费用的，承租人可以要求部分返还。

考霸笔记

【总结】在融资租赁合同中，一般情况下，合同解除、标的物维修、标的物质量瑕疵及风险承担等问题原则上均与出租人无关。

例 4-26 · 2011 年多选题

甲公司欲购乙公司生产的塔吊，因缺乏资金，遂由丙公司提供融资租赁。由于塔吊存在质量问题，吊装的物品坠落并砸伤行人丁，甲公司被迫停产修理。根据合同法律制度的规定，下列各项中，正确的有（　　）。

A.甲公司无权请求丙公司赔偿修理塔吊的费用

B.甲公司不得以塔吊存在质量问题并发生事故为由，延付或拒付租金

C.丙公司应当对甲公司承担违约责任

D.丁可以请求丙公司赔偿损失

【答案】AB

【解析】融资租赁期间，维修义务由承租人承担；租赁物不符合租赁合同约定或者不符合使用目的的，出租人不承担责任，但承租人依赖出租人的技能确定租赁物或者出租人干预选择租赁物的除外；承租人占有租赁物期间，租赁物造成第三人的人身伤害或者财产损害的，出租人不承担责任。

第十四节　承揽合同

一、承揽合同概述

承揽合同是双务、有偿、诺成的合同；工作成果可以是有形的，也可以是无形的。承揽人为多人的，除另有约定外，共同承揽人对定作人承担连带责任。

二、双方当事人的权利义务

1.承揽人应当以自己的技术、设备和劳力完成主要工作，但当事人另有约定的除外。

（1）承揽人将其承揽的主要工作交由第三人完成的，应经定作人同意并就第三人完成的工作向定作人负责。

（2）承揽人将其承揽的辅助工作交由第三人完成的，无须经定作人同意，但应就第三人完成的工作向定作人负责。

（3）承揽人发现定作人提供的图纸或技术要求不合理的，应当及时通知定作人。因定作人怠于答复等原因造成承揽人损失的，应当赔偿损失；定作人中途改变要求的，造成承揽人损失的，应当赔偿损失。

（4）承揽人享有对定作物的留置权。

2.定作人可以随时解除承揽合同，而不需要得到承揽人的同意，这是承揽合同的一个特点。因承揽合同是为满足定作人的特殊需要而订立的，如订立合同后需要改变，应允许定作人解除合同，以免给其造成更大的经济损失。但定作人因此造成承揽人损失的，应向承揽人赔偿损失。

另外注意承揽人的保密义务，未经过许可不得留存复制品或技术资料。

第十五节　建设工程合同

一、建设工程合同概述

（一）建设工程合同的概念及特点

性质：本质上属于承揽合同，因此《合同法》没有规定的，可以适用承揽合同的有关规定。

建设工程合同应当采用书面形式，以招标方式订立。针对实践中为规避招标程序，中标后订立阴阳两套合同的做法，《最高人民法院关于审理建设工程施工合同纠纷案件适用法律问题的解释》规定，当事人就同一建设工程另行订立的建设工程施工合同与经过备案的中标合同实质性内容不一致的，应以备案的合同作为结算工程款的根据。

（二）建设工程合同的无效

建设工程合同无效的情形

具有下列情形之一的，属于无效：

1.承包人未取得建筑施工企业资质或超越资质等级的；

2.没有资质的实际施工人借用有施工资质的企业名义的；

3.建设工程必须进行招标而未招标或中标无效的。

承包人超越资质等级许可的业务范围签订建设工程施工合同，在建设工程竣工前取得相应资质等级的，不按无效合同处理。

建设工程施工合同无效，但建设工程竣工验收合格，承包人可以请求参照合同约定支付工程价款。

建设工程施工合同无效，且建设工程竣工验收不合格，按照以下情形分别处理：

1.修复后验收合格的，发包人可以请求承包人承担修复的费用；

2.修复后验收不合格的，承包人无权要求支付工程款。

发包人对建设工程不合格造成的损失有过错的，也应承担相应的民事责任。

例 4-27 · 2013年单选题

甲公司与乙公司签订建设工程施工合同，由乙公司承建甲公司的办公楼，但乙公司并无相应的建筑施工企业资质。工程竣工后，经验收合格。根据合同法律制度的规定，下列表述中，正确的是（　　）。

A.合同无效，乙公司无权请求甲公司付款

B.合同无效，但乙公司有权请求甲公司参照合同约定的工程价款数额付款

C.合同有效，乙公司有权请求甲公司按照合同约定的数额支付工程价款

D.合同有效，但甲公司有权撤销合同并拒付工程价款

【答案】B

【解析】本题考核建设工程合同无效的相关规定。根据规定，承包人未取得建筑施工企业资质或者超越资质等级签订建设工程合同的，属于无效合同。建设工程施工合同无效，但建设工程经竣工验收合格，承包人可以请求参照合同约定支付工程价款。

（三）建设工程合同的分包

1.发包人不得将应当由一个承包人完成的建筑工程肢解成若干部分分包给几个承包人。

2.经发包人同意，总承包人可以将自己承包的部分工作交由第三人完成。第三人就其完成的工作成果与总承包人或勘察、设计、施工承包人向发包人承担连带责任。

3.承包人不得将其承包的全部建设工程转包或将其承包的工程肢解后以分包的名义分别转包。

4.建设工程主体结构的施工必须由总承包人自行完成。

5.禁止分包人将其承包的工程再分包。

考霸笔记

【注意】分包的四个条件：同意+资质+不得再分包+主体自行完成（认真掌握有关分包和转包的规定）。

【链接】在承揽合同中，承揽人经定作人的同意，将其承揽的主要工作交由第三人完成的，由承揽人（就第三人完成的部分）向定作人负责。

（四）承包人垫资

1.当事人对垫资和垫资利息有约定，承包人可以请求按照约定返还垫资及利息；但是约定的利息计算标准高于中国人民银行发布的同期同类贷款利率的部分除外。

2.当事人对垫资没有约定的，按照工程欠款处理。

3.当事人对垫资利息没有约定，承包人无权请求支付利息。

【相关链接】工程欠款的利息，当事人有约定的，按照约定处理；没有约定的，按照同期贷款利率计息。

建设工程合同中承包人垫资的处理

（五）委托监理合同

发包人委托工程监理人代表其对承包人的工程建设情况进行监督，适用《合同法》关于委托合同的规定。

例 4-28 · 2014 年单选题

建设工程监理是指工程监理人代表发包人对承包人的工程建设情况进行监督。发包人与监理人之间的权利、义务以及法律责任应当依照特定类型的有名合同处理。该有名合同是（　　）。

A.技术服务合同　　B.承揽合同

C.建设工程合同　　D.委托合同

【答案】D

二、双方当事人的权利义务　（✔熟悉，可能考选择题）

1.承包人具有以下情形之一的，发包人可以请求解除建设工程施工合同：

（1）明确表示或者以行为表明不履行合同主要义务的；

（2）在合同约定的期限内没有完工，且在发包人催告的合理期限内仍未完工的；

（3）已经完成的建设工程质量不合格，并拒绝修复的；

（4）将承包的建设工程非法转包、违法分包的。

2.发包人具有以下情形之一，致使承包人无法施工，且在催告的合理期限内仍未履行相应义务，承包人可以请求解除建设工程施工合同：

（1）未按约定支付工程欠款的；

（2）提供的主要建筑材料、建筑构配件和设备不符合强制性标准的；

（3）不履行合同约定的协助义务的。

【解除后果】解除后，已完成的建设工程质量合格的，发包方应当按约支付相应的价款；不合格的，参照前述施工合同无效且工程质量验收不合格的情形处理。

3.建设工程的竣工。

当事人对建设工程实际竣工日期有争议的，按照以下情形分别处理（见表4-2）：

表4-2 竣工日

情形	竣工日
①经验收合格	竣工验收合格之日
②承包人已经提交竣工验收报告，发包人拖延验收	承包人提交验收报告之日
③未经竣工验收，发包人擅自使用	转移占有建设工程之日

例4-29・2012年多选题

下列关于建设工程施工合同上的竣工与验收的表述中，符合合同法律制度规定的有（　　）。

A.建设工程未经竣工验收合格，不得交付使用

B.建设工程经竣工验收合格的，以建设工程转移占有之日为竣工日期

C.建设工程未经竣工验收，发包人即擅自使用的，以发包人开始使用之日为竣工日期

D.承包人已提交竣工验收报告，发包人拖延验收的，以提交验收报告之日为竣工日期

【答案】AD

【解析】建设工程经竣工验收合格的，以竣工验收合格之日为竣工日期；建设工程未经竣工验收，发包人擅自使用的，以转移占有建设工程之日为竣工日期。

4.工程价款的结算。

有约按约；约定按固定价结算工程款的，一方当事人不得请求对工程造价进行鉴定。

（1）建设工程优先受偿权。

建设工程价款的优先受偿权

①建设工程优先受偿权的含义。建设工程合同的发包人未按照约定支付价款的，承包人可以催告发包人在合理期限内支付价款。发包人逾期不支付的，除按照建设工程的性质不宜折价、拍卖的以外，承包人可以与发包人协议将该工程折价，也可以申请人民法院将该工程依法拍卖。建设工程的价款就该工程折价或者拍卖的价款优先受偿。

②建筑工程承包人对工程价款享有优先受偿权，该优先受偿权优先于抵押权和其他债权。

③建设工程优先受偿权的限制。如果消费者交付购买商品房的全部或者大部分款项后，承包人就该商品房享有的工程价款优先受偿权不得对抗买受人。

④建设工程价款的界定。建设工程价款包括承包人为建设工程应当支付的工作人员报酬、材料款等实际支出的费用，不包括承包人因发包人违约所造成的损失。

⑤建设工程价款优先受偿权的期限。建筑工程承包人行使优先权的期限为6个月，自建设工程竣工之日起或者建设工程合同约定的竣工之日起计算。

(2) 欠付工程款的利息处理。

当事人对欠付工程价款利息计付标准有约定的，按照约定处理；没有约定的，按照中国人民银行发布的同期同类贷款利率计息。利息从应付工程价款之日计付。当事人对付款时间没有约定或者约定不明的，下列时间视为应付款时间：

①建设工程已实际交付的，为交付之日；

②建设工程没有交付的，为提交竣工结算文件之日；

③建设工程未交付，工程价款也未结算的，为当事人起诉之日。

5. 当事人的其他义务。

因建设工程质量发生争议的，发包人可以以总承包人、分包人和实际施工人为共同被告提起诉讼。

实际施工人以转包人、违法分包人为被告起诉的，人民法院应当依法受理。实际施工人以发包人为被告主张权利的，人民法院可以追加转包人或者违法分包人为本案当事人。发包人只在欠付工程价款范围内对实际施工人承担责任。

第十六节　委托合同

一、委托合同概述

(一) 委托的特征与适用范围

1. 委托是代理、行纪、居间的基础；委托关系只涉及两方当事人。

2. 具有人身属性的事项不得委托，如结婚、离婚、收养子女。

(二) 委托与代理的区别

1. 代理是三方关系，委托是双方关系；

2. 代理属于对外关系，委托是委托人和受委托人的内部关系；

3. 代理包括委托代理、法定代理和指定代理，委托合同仅仅是委托代理的基础关系。

二、委托事务的处理

1. 受托人应当按照委托人的指示处理委托事务。需要变更委托人指示的，应当经委托人同意；因情况紧急，难以和委托人取得联系的，受托人应当妥善处理委托事务，但事后应当将该情况及时报告委托人。

2. 受托人应当亲自处理委托事务。经委托人同意，受托人可以转委托。转委托经同意的，委托人可以就委托事务直接指示转委托的第三人，受托人仅就第三人的选任及其对第三人的指示承担责任。转委托未经同意的，受托人应当对转委托的第三人的行为承担责任，但在紧急情况下受托人为维护委托人的利益需要转委托的除外。

隐名代理的特点是什么?

三、隐名代理

受托人以自己的名义，在委托人的授权范围内与第三人订立的合同。

（一）第三人问题

1.第三人在订立合同时知道受托人与委托人之间的代理关系的：该合同直接约束委托人和第三人。

2.第三人在订立合同时不知道受托人与委托人之间的代理关系的：披露义务。

（1）受托人因第三人的原因对委托人不履行义务，受托人应当向委托人披露第三人，委托人因此可以行使受托人对第三人的权利，但第三人如果知道该委托人存在，就不会与受托人订立合同的除外。

（2）受托人因委托人的原因对第三人不履行义务，受托人应当向第三人披露委托人，第三人因此可以选择受托人或者委托人作为相对人主张其权利，但第三人不得变更选定的相对人。

【案例】莉莉委托章章帮他买一个煎饼，委托价格是40元。（1）章章可以委托人莉莉的名义跟卖煎饼人笛笛签订合同；（2）章章也可以以自己的名义跟笛笛签订合同（这就是隐名代理）。若笛笛当时知道莉莉与章章之间的委托关系，合同直接约束莉莉和笛笛；若笛笛当时不知道莉莉与章章的委托关系，章章有披露的义务：①笛笛做煎饼时用料有问题，章章向莉莉披露笛笛，莉莉可直接让笛笛承担责任；但是如果笛笛说要是知道是莉莉要煎饼就不跟章章做这个买卖，那莉莉不能要求笛笛承担责任。②莉莉拒绝支付价款，那章章要向笛笛披露莉莉，笛笛可以找莉莉要求支付价款也可以找章章，但是不能够随意变更。

（二）抗辩

委托人行使受托人对第三人的权利的，第三人可以向委托人主张其对受托人的抗辩。第三人选定委托人作为其相对人的，委托人可以向第三人主张其对受托人的抗辩以及受托人对第三人的抗辩。

四、费用与报酬

1.受托人为处理委托事务垫付的必要费用，委托人应当偿还该费用及其利息。受托人完成委托事务的，委托人应该支付报酬。

2.委托合同可以是有偿合同，也可以是无偿合同。

3.因不可归责于受托人的事由，委托合同解除或者委托事务不能完成的，委托人应当向受托人支付相应的报酬。当事人另有约定的，从其约定。

五、损失赔偿

有偿的委托合同，因受托人的过错给委托人造成损失的，委托人可以要求赔偿损失。

无偿的委托合同，因受托人的故意或者重大过失给委托人造成损失的，委托人可以要求赔偿损失。

第十七节　运输合同

一、概述

1. 运输合同是指承运人将旅客或者货物从起运地点运输到约定地点，旅客、托运人或者收货人支付票款或者运输费用的合同。

【解释1】运输合同分为客运合同、货运合同和多式联运合同。

【解释2】运输合同一般为格式合同。

【解释3】运输合同的订立具有强制性，以保障旅客、托运人的利益和社会秩序。《合同法》规定，从事公共运输的承运人不得拒绝旅客、托运人通常、合理的运输要求，拒绝订立运输合同。

2. 承运人应当在约定期间或者合理期间内，按照约定的或者通常的运输路线将旅客、货物安全运输到约定地点。旅客、托运人或者收货人应当支付票款或者运输费用。承运人未按照约定路线或者通常路线运输而致使增加票款或者运输费用的，旅客、托运人或者收货人可以拒绝支付增加部分的票款或者运输费用。

二、客运合同

客运合同自承运人向旅客交付客票时成立，但当事人另有约定或者另有交易习惯的除外。

（一）旅客权利义务

1. 旅客应当持有效客票乘运

旅客无票乘运、超程乘运、越级乘运或者持失效客票承运的，应当补交票款，承运人可以按照规定加收票款。旅客不交付票款的，承运人可以拒绝运输。

2. 旅客可以自行决定解除客运合同

旅客因自己的原因不能按照客票记载的时间乘坐的，应当在约定的时间内办理退票或者变更手续。逾期办理的，承运人可以不退票款，并不再承担运输义务。

3. 旅客在运输过程中应当按照约定的限量携带行李，超过限量的应当办理托运手续

旅客不得随身携带或者在行李中夹带危险物品或者其他违禁物品。旅客违反规定携带或者夹带违禁物品的，承运人可以将违禁物品卸下、销毁或者送交有关部门。旅客坚持携带或者夹带违禁物品的，承运人应当拒绝运输。

（二）承运人权利义务

1. 承运人应当向旅客及时告知有关不能正常运输的重要事由和安全运输应当注意的事项。

2. 承运人应当按照客票载明的时间和班次运输旅客。承运人延迟运输的，应当根据旅客的要求安排改乘其他班次或者退票。

3. 承运人擅自变更运输工具而降低服务标准的，应当根据旅客的要求退票或者减收票款；提高服务标准的，不应当加收票款。

客运合同中承运人的权利义务

4. 承运人在运输过程中，应当尽力救助患有急病、分娩、遇险的旅客。

5. 承运人应当对运输过程中的旅客，包括按规定免票、持优待票或者经承运人许可搭乘的无票旅客的伤亡，承担损害赔偿责任，但伤亡是旅客自身健康原因造成的或者承运人证明伤亡是旅客故意、重大过失造成的除外。

在运输过程中旅客自带物品毁损、灭失，承运人有过错的，应当承担损害赔偿责任。旅客托运的行李毁损、灭失的，适用货物运输的有关规定。

三、货运合同

（一）托运人权利义务

1. 托运人办理货物运输，应当向承运人准确表明收货人的名称或者姓名或者凭指示的收货人，货物的名称、性质、重量、数量，收货地点等有关货物运输的必要情况。因托运人申报不实或者遗漏重要情况，造成承运人损失的，托运人应当承担损害赔偿责任。货物运输需要办理审批、检验等手续的，托运人应当将办理完有关手续的文件提交承运人。

2. 托运人应当按照约定的方式包装货物。对包装方式没有约定或者约定不明确的，依照《合同法》的有关规定仍不能确定的，应当按照通用的方式包装，没有通用方式的，应当采取足以保护标的物的包装方式。托运人违反此项规定的，承运人可以拒绝运输。

3. 托运人托运易燃、易爆、有毒、有腐蚀性、有放射性等危险物品的，应当按照国家有关危险物品运输的规定对危险物品妥善包装，作出危险物标志和标签，并将有关危险物品的名称、性质和防范措施的书面材料提交承运人。托运人违反此项规定的，承运人可以拒绝运输，也可以采取相应措施以避免损失的发生，因此产生的费用由托运人承担。

4. 在承运人将货物交付收货人之前，托运人可以要求承运人中止运输、返还货物、变更到达地或者将货物交给其他收货人，但应当赔偿承运人因此受到的损失。

（二）承运人权利义务

1. 货物运输到达后，承运人知道收货人的，应当及时通知收货人，收货人应当及时提货。收货人逾期提货的，应当向承运人支付保管费等费用。

2. 收货人提货时应当按照约定的期限检验货物。对检验货物的期限没有约定或者约定不明确，依照《合同法》的有关规定仍不能确定的，应当在合理期限内检验货物。收货人在约定的期限或者合理期限内对货物的数量、毁损等未提出异议的，视为承运人已经按照运输单证的记载交付货物的初步证据。但以后如收货人有证据证明货物的毁损、灭失发生在运输过程中，仍可向承运人索赔。

3. 承运人对运输过程中货物的毁损、灭失承担损害赔偿责任，但承运人证明货物的毁损、灭失是因不可抗力、货物本身的自然性质或者合理损耗以及托运人、收货人的过错造成的，不承担损害赔偿责任。货物在运输过程中因不可抗力灭失，未收取运费的，承运人不得要求支付运费；已收取运费的，托运人可以要求返还。

4. 货物的毁损、灭失的赔偿额，当事人有约定的，按照其约定；没有约定或者约定不明确，依照《合同法》的有关规定仍不能确定的，按照交付或者应当交付时货物到达地的市场价格计算。法律、行政法规对赔偿额的计算方法和赔偿限额另有规定的，依照其规定。

5.两个以上承运人以同一运输方式联运的，与托运人订立合同的承运人应当对全程运输承担责任。损失发生在某一运输区段的，与托运人订立合同的承运人和该区段的承运人承担连带责任。

6.托运人或者收货人不支付运费、保管费以及其他运输费用的，承运人对相应的运输货物享有留置权，但当事人另有约定的除外。

7.收货人不明或者收货人无正当理由拒绝受领货物的，承运人可以依法提存货物。

第十八节　行纪合同

行纪合同，是行纪人以自己的名义为委托人从事贸易活动，委托人支付报酬的合同。拍卖公司与委托人之间的合同是一种较为典型的行纪合同。

一、行纪合同的性质

1.从广义上讲，行纪合同属于委托合同的一种。故《合同法》规定，该法对行纪合同没有规定的，适用其有关委托合同的规定。

2.行纪合同与委托合同的主要区别。

（1）行纪人以自己的名义与第三人订立合同；而委托合同的受托人原则上是以委托人的名义订立合同。

（2）行纪合同为有偿合同；而委托合同可以是有偿的，也可以是无偿的。

（3）行纪人处理委托事务支出的费用，除当事人另有约定，应自行承担；而委托合同的受托人的费用由委托人承担。

行纪与委托的区别是什么?

二、行纪合同当事人的权利义务

在行纪合同中，当事人双方的权利义务主要有：

1.行纪人处理委托事务产生的费用，由行纪人负担。行纪人占有委托物的，应当妥善保管委托物。

2.行纪人完成或者部分完成委托事务的，委托人应当向其支付相应的报酬。委托人逾期不支付报酬的，行纪人对委托物享有留置权，但当事人另有约定的除外。

3.行纪人在行纪中低于委托人指定的价格卖出或者高于委托人指定的价格买入的，应当经委托人同意。未经委托人同意，行纪人补偿其差额的，该买卖对委托人发生效力。行纪人高于委托人指定的价格卖出或者低于委托人指定的价格买入的，可以按照约定增加报酬。没有约定或者约定不明确，依照《合同法》的有关规定仍不能确定的，该利益属于委托人。委托人对价格有特别指示的，行纪人不得违背该指示卖出或者买入。

4.行纪人卖出或者买入具有市场定价的商品，除委托人有相反意思表示的以外，行纪人自己可以作为买受人或出卖人。此为行纪人的介入权。

行纪人要行使介入权，必须要注意以下几点：

（1）委托人委托的商品具有市场定价；

（2）委托人没有相反的意思表示；

（3）在可以行使介入权的情形，行纪人仍然可以要求委托人支付报酬。

5.行纪人与第三人订立合同的，行纪人对该合同直接享有权利、承担义务。第三人不履行义务致使委托人受到损害的，行纪人应当承担损害赔偿责任，但行纪人与委托人另有约定的除外。

本章同步强化训练

一、单项选择题

1.2011年4月24日，张三向李四发出函件称：“本人欲以每吨2 000元的价格出售木材100吨。如欲购买，请于5月10日前让本人知悉。”李四于4月27日收到张三的函件，并于次日回函表示愿意购买。但由于投递错误，李四的回函于5月11日方到达张三处。因已超过5月10日的最后期限，张三未再理会李四，而将木材径售他人。李四要求张三履行木材买卖合同。根据合同法律制度的规定，下列表述中，正确的是（　　）。

A.张三、李四之间的合同未成立，张三对李四不承担任何责任

B.张三、李四之间的合同未成立，但李四有权要求张三赔偿信赖利益损失

C.张三、李四之间的合同成立但未生效，张三有权以承诺迟到为由撤销要约

D.张三、李四之间的合同成立且已生效，李四有权要求张三履行合同

2.张三欠李四10 000元，李四多次催促，张三拖延不还。后李四告张三必须在半个月内还钱，否则起诉。张三立即将家中仅有的值钱物品八成新空调和32寸彩电各一台以150元价格卖给知情的王五,被李四发现。下列说法错误的是（　　）。

A.李四可书面通知张三、王五，撤销该买卖合同

B.如李四发现之日为2013年5月1日，则自2014年5月2日起，李四不再享有撤销权

C.如李四向法院起诉，应以张三为被告

D.如李四的撤销权成立，则李四为此支付的律师代理费、差旅费应由张三、王五承担

3.根据有关司法解释，下列关于保证期间内债权债务变动法律后果的说法中，正确的是（　　）。

A.债权人变更，原保证合同约定保证人仅对特定的债权人承担保证责任的，保证人不再承

担保证责任

B.债权人许可债务人转让部分债务，经保证人口头同意的，保证人仍应承担保证责任

C.债权人与债务人对主合同数量、价款、币种、利率等内容作了变动，但未经保证人同意的，原保证责任免除

D.债权人与债务人对主合同履行期限作了变动，但未经保证人书面同意的，保证期间为变更后的合同约定期间

4. 张三餐厅承接李四的生日宴。双方约定：生日宴共办酒席20桌，每桌2 000元；李四先行向张三餐厅支付定金10 000元；任何一方违约，均应向对方支付违约金5 000元。合同订立后，李四未依约向张三支付定金。生日宴前一天，李四因故通知张三取消生日宴。张三要求李四依约支付10 000元定金与5 000元违约金。根据合同法律制度的规定，下列表述中，正确的是（　　）。

A.张三餐厅应在10 000元定金与5 000元违约金之间择一向李四主张，因为定金与违约金不能同时适用

B.张三餐厅仅有权请求李四支付8 000元定金，因为定金不得超过合同标的额的20%

C.张三餐厅无权请求李四支付定金，因为李四未实际交付定金，定金条款尚未生效

D.张三餐厅无权请求李四支付定金，因为定金额超过合同标的额的20%，定金条款无效

5. 甲科研中心与乙企业于3月份签订一份设备改造的技术服务合同，约定自同年7月1日至12月1日，甲科研中心负责对乙企业的自动生产线进行技术改造的指导工作。合同签订后，乙企业为履行合同做了一些准备工作。同年5月，甲科研中心通知乙企业，因甲科研中心某技术人员已经辞职，不能履行该合同。乙企业遂于同年6月1日诉至法院。下列说法正确的是（　　）。

A.乙企业有权解除合同，并追究甲科研中心违约责任

B.乙企业有权主张合同无效，并追究甲科研中心缔约过失责任

C.乙企业有权撤销合同，并追究甲科研中心缔约过失责任

D.合同有效，乙企业至7月1日才有权主张违约责任

6. 万达公司与长兴公司订立货物买卖合同，约定出卖人万达公司将货物送至长盛公司，经长盛公司验收合格后，长兴公司应付清货款。万达公司在送货前发现长盛公司已濒于破产，遂未按时送货。根据合同法律制度的规定，下列各项中，正确的是（　　）。

A.万达公司应向长兴公司承担违约责任

B.万达公司应向长盛公司承担违约责任

C.万达公司应向长兴公司、长盛公司分别承担违约责任

D.万达公司不承担违约责任

7. 在下列情形中，出卖人应承担标的物毁损、灭失风险的是（　　）。

A.出卖人出卖交由承运人运输的在途标的物，买卖合同成立，买卖双方未就标的物损毁、灭失的风险做特别约定

B.买受人下落不明，出卖人将标的物提存

C.标的物已运抵交付地点，买受人因标的物质量不合格而拒收货物

D.合同约定在标的物所在地交货，约定时间已过，买受人仍未前往提货

8. 兴中公司向平安公司租赁货车。租赁期内，因主营业务变化，平安公司与华盛公司签订转让合同，将其名下所有货车转让给华盛公司，但未事先征求兴中公司的意见。根据合同法律制度

的规定，下列表述正确的是（　　）。

A.平安公司出租给兴中公司的货车，因尚在租赁期间，不得转让

B.转让合同有效，原租赁合同对兴中公司和华盛公司继续有效

C.兴中公司有权以侵害其优先购买权为由，主张转让合同无效

D.转让合同经兴中公司明确表示放弃优先购买权后生效

9.2011年10月8日，张三提出将其正在使用的轿车赠送给李四，李四欣然接受。10月21日，张三将车交付给李四，但未办理过户登记。交车时，李四向张三询问车况，张三称“一切正常，放心使用”。事实上，该车三天前曾出现刹车失灵，故障原因尚未查明。李四驾车回家途中，刹车再度失灵，车毁人伤。根据合同法律制度的规定，下列表述中，正确的是（　　）。

A.张三、李四赠与合同的成立时间是2011年10月8日

B.双方没有办理过户登记，因此轿车所有权尚未转移

C.张三未如实向李四告知车况，构成欺诈，因此赠与合同无效

D.赠与合同是无偿合同，因此李四无权就车毁人伤的损失要求张三赔偿

10.2014年1月2日，鸿运公司因资金周转困难将5套生产设备卖给恒隆公司，并约定将其中一套生产设备租回使用。双方约定租期为3年，年租金300万元，其他并无约定。鸿运公司对于该套生产设备的经营使用取得了行政许可，但恒隆公司未取得该行政许可。后鸿运公司占有使用该套生产设备期间，该套生产设备因地震发生毁损。后鸿运公司和恒隆公司因责任承担发生纠纷，恒隆公司依法向人民法院提起诉讼。根据融资租赁合同法律制度及司法解释的规定，下列表述中，正确的是（　　）。

A.因承租人和出卖人同为鸿运公司，人民法院应认定不构成融资租赁关系

B.因恒隆公司未取得行政许可，人民法院应认定该融资租赁合同无效

C.因该生产设备已毁损，恒隆公司要求鸿运公司继续支付租金的，人民法院不予支持

D.若鸿运公司被申请破产，该套生产设备不属于破产财产

11.张三、李四订立承揽合同，张三提供木料，李四为其加工家具。在李四已完成加工工作的50%时，张三通知李四解除合同。根据合同法律制度的规定，下列表述中，正确的是（　　）。

A.张三有权解除合同，但应赔偿李四的损失

B.张三有权解除合同，但应按约定金额向李四支付报酬

C.张三有权解除合同，且无须赔偿李四的损失

D.张三无权解除合同，并应依约向李四支付报酬

12.伟林公司与达建建筑公司签订建设工程施工合同，由达建公司作为总承包商承建伟林公司的一栋厂房。该厂房竣工后经验收不合格，后伟林公司发现达建公司未取得建筑施工企业资质，达建公司对承建的厂房进行了修复，则根据合同法律制度的规定，下列表述中不正确的是（　　）。

A.伟林公司与达建公司之间的建设工程施工合同无效

B.修复后的厂房经竣工验收不合格的，达建公司无权请求支付工程价款

C.修复后的厂房经竣工验收合格的，伟林公司应承担修复费用

D.伟林公司对建设工程不合格造成的损失有过错的，应承担相应的民事责任

13.2014年2月2日，张某将自己所有的房屋出租给李某，双方签订了书面租赁合同，租期1年。下列情形下，李某可以主张优先购买权的有（　　）。

A.张某出售房屋前已依法通知李某，但李某并未参加拍卖

B.张某将自己的房屋低价出售给外祖母养老

C.张某已将房屋卖与善意第三人，但尚未办理房屋过户登记手续

D.张某出售房屋前已依法通知李某，但李某在之后的1个月内无任何表示

14.张三将自己的房屋出租给李四，租期1年。半年后，张三将该房屋出卖给了不知情的丙，并与丙办理了过户登记手续，则根据合同法律制度的规定，下列表述中正确的是（　　）。

A.丙有权取得该房屋的所有权

B.张三、丙之间的房屋转让合同因侵害李四的优先购买权而无效

C.张三、李四之间的租赁合同自张三、丙之间的买卖合同生效之日起自动解除

D.张三、李四之间的租赁合同须经过丙的同意方能继续有效

15.红花企业向A银行借款100万元，绿树企业和白柳企业在红花企业与A银行的借款合同上以保证人的身份签字，但未就保证方式作出约定；绿树企业与白柳企业事后约定，红花企业不能清偿借款时，绿树企业和白柳企业平均承担保证责任。红花企业的借款到期但无力清偿，A银行遂向绿树企业主张保证责任，要求其偿还100万元的债务，根据以上表述及合同法的相关规定，下列各项中，不正确的是（　　）。

A.绿树企业与白柳企业提供的是连带共同保证

B.绿树企业应当向A银行清偿100万元的债务

C.绿树企业承担保证责任后，有权向红花企业追偿100万元

D.绿树企业承担保证责任后，有权向白柳企业追偿100万元

16.润发公司因资金周转困难向A银行借款500万元，顺和公司与兴化公司作为保证人与A银行签订保证合同，但是没有约定各自承担的保证份额，亦未约定保证方式。润发公司到期不能还款，A银行要求顺和公司承担500万元的债务。根据合同法律制度的规定，下列关于顺和公司的主张中正确的是（　　）。

A.顺和公司承担500万元债务后有权向润发公司追偿500万元

B.顺和公司承担500万元债务后有权直接向兴化公司追偿250万元

C.顺和公司有权主张A银行必须先向润发公司要求偿还，润发公司无力偿还时再承担保证责任

D.顺和公司主张只承担250万元的保证责任

17.辉光公司于1月1日以信件的形式向兴源公司发出一份订购木材的要约，要求10日内答复，兴源公司于1月3日收到该要约，次日回函表示同意；但因辉光公司所在地区连续数日遭遇暴雨导致通讯中断，辉光公司至1月11日仍未收到该回函；因该木材价格下跌，辉光公司遂于1月8日再次发函至兴源公司，表示撤销其要约；1月14日，辉光公司收到兴源公司先前的回函，未作处理。假设正常情况下，兴源公司的函件可在5日内送达辉光公司，则下列说法中，正确的是（　　）。

A.辉光公司与兴源公司之间的合同于1月4日成立

B.兴源公司的回函属于迟延承诺，该承诺有效

C.兴源公司的回函属于迟到承诺，该承诺有效

D.辉光公司1月8日的函件属于对要约的撤销，导致原要约失效

18.万康公司向银行借款100万元，张某与李某提供了保证，张某、李某与万康公司约定，张某对40万元承担连带保证责任，李某对60万元承担连带保证责任。借款到期后，万康公司无

力清偿借款，而李某并无代偿能力。根据合同法律制度的规定，下列表述正确的是（　　）。

A.银行只能要求张某承担40万元的保证责任

B.银行无权要求李某承担保证责任

C.若张某清偿了100万元，只能向万康公司追偿

D.若张某清偿了100万元，有权向李某追偿60万元

19.下列有关商品房买卖合同的说法，不符合法律规定的是（　　）。

A.商品房的销售广告和宣传资料为要约邀请，但是出卖人就商品房开发规划范围内的房屋及相关设施所作的说明和允诺具体确定，并对商品房买卖合同的订立以及房屋价格的确定有重大影响的，应当视为要约

B.出卖人未取得预售许可而与买受人订立预售合同的，该合同效力待定

C.房屋套内建筑面积或者建筑面积与合同约定的面积误差比绝对值超过3%的，买受人可以解除合同

D.出卖人故意隐瞒所售房屋已经抵押的事实，买受人可以在解除合同并赔偿损失的前提下，还可以要求出卖人承担不超过已付房款一倍的惩罚性赔偿金

20.张某以信件发出要约，信件未载明承诺开始日期，仅规定承诺期限为10天。5月8日，张某将信件投入信箱；邮局将信件加盖5月9日邮戳发出，5月11日，信件送达受要约人李某的办公室；李某因外出，直至5月15日才知悉信件内容。根据《合同法》的规定，该承诺期限的起算日为（　　）。

A.5月8日　　B.5月9日　　C.5月11日　　D.5月15日

二、多项选择题

1.高山将自行车出租给何野使用，租赁期间，何野以自己的名义将该自行车卖给不知情的高某，双方签订了书面合同，但尚未交付。租期届满后，高山将自行车取回，待高某要求何野交付自行车时，何野方告知，自行车为高山所有，无法交付。根据物权法律制度和合同法律制度的规定，下列表述正确的有（　　）。

A.何野构成无权处分，高某有权以何野在缔约时对自行车没有所有权或处分权为由主张合同无效

B.何野构成无权代理，高某有权以不能取得自行车所有权为由，主张撤销该合同

C.高某因不能取得自行车的所有权，可以要求何野承担违约责任

D.高某因不能取得自行车的所有权，可以要求解除合同并主张损害赔偿

2.同丰、飞庆公司签订一份药材买卖合同，约定同丰公司先交付药材，飞庆公司验收完毕后再付款。有确切证据证明，同丰公司可中止履行的有（　　）。

A.飞庆公司年度报表中表明出现严重亏损，无法依约履行

B.飞庆公司被工商部门定为合同信用极差单位

C.飞庆公司已被其债权人提起破产宣告申请

D.原与同丰公司合作良好的飞庆公司董事长已辞职，同丰公司对新董事长不熟悉

3.张某向李某借款10万元，双方签订了书面合同，借款合同中并未约定保证条款，但马某仍以保证人的名义在借款合同上签字；牛某与李某另行签订了一份保证合同，约定牛某对该笔债务承担一般保证责任。根据担保法律制度的规定，下列表述正确的有（　　）。

A.马某的保证不成立

B.马某的保证为连带责任保证，应对主债权及利息、违约金、损害赔偿金和实现债权的费用承担保证责任

C.主债务诉讼时效中断，牛某保证债务的诉讼时效中断，马某保证债务的诉讼时效不中断；主债务诉讼时效中止，牛某和马某保证债务的诉讼时效均中止

D.牛某以口头形式或书面形式放弃先诉抗辩权、张某下落不明且无财产可供执行时，则牛某不得行使先诉抗辩权

4.李明在W电脑城购买电脑，其选定的一台电脑价值1万元。W电脑城与李明订立了电脑买卖合同，在下列的条款中，不正确的有（　　）。

A.李明先交纳500元的预付款，若李明违约该款项不予退还

B.李明先交纳1 000元的定金，合同履行后抵作价款

C.定金合同自定金交付之日起生效

D.如果李明违约，可同时适用约定的定金和违约金条款，但并用的结果不超过合同的总价款

5.张三向李四借款300万元于2013年12月30日到期，王五提供保证担保，保证合同中约定“王五仅对李四承担保证责任”。后李四从张三处购买价值50万元的货物，双方约定2014年1月1日付款。2013年10月1日，李四将债权让与赵六，并于同月15日通知张三，但未告知王五。对此，下列选项正确的有（　　）。

A.李四将债权让与赵六，无需经债务人同意，通知债务人即可

B.2013年10月15日债权让与对张三生效

C.2013年10月15日张三可向赵六主张抵销50万元

D.2013年10月15日后王五的保证债务继续有效

6.张三、李四签订房屋买卖合同，将房屋卖给李四。合同约定，一方违约应当支付购房款35%的违约金。但在交房前张三将该房屋卖给了赵六，并办理了过户手续。下列说法中正确的有（　　）。

A.李四可以自己与张三签订的合同在先，主张张三与赵六的合同无效

B.李四有权要求张三收回房屋，实际履行合同

C.李四不能要求张三实际交付该房屋，但可要求张三承担违约责任

D.若李四要求张三支付约定的违约金，张三可以请求法院或仲裁机构予以适当减少

7.某房地产开发公司在销售中被查出大量欺诈消费者的事实。下列情形中，属于买受人可以请求该公司返还已付购房款及利息、赔偿损失，并可以请求该公司承担不超过已付购房款一倍的赔偿责任的情形有（　　）。

A.该公司故意隐瞒没有取得商品房预售许可证明的事实

B.该公司故意隐瞒所售房屋已经抵押的事实

C.该公司故意隐瞒所售房屋已经出卖给第三人的事实

D.该公司故意隐瞒所售房屋存在严重质量问题的事实

8.李四与王五签订了书面房屋租赁合同，租期2年。租期内李四发现该房屋屋顶漏水，要求王五在7日内维修。7日后王五仍未修理，李四只能自己找施工队进行维修，花去维修费用5 000元，根据合同法律制度的规定，李四下列的请求可以得到法律支持的有（　　）。

A.要求王五承担缔约过失责任

B.要求王五偿还5 000元维修费用

C.要求王五减少租金

D.要求王五延长租赁期限

9.下列赠与合同中，不得主张任意撤销的有（ ）。

A.赠与财产的权利已经转移给受赠人的赠与合同

B.与地震灾区某受损学校订立的赠与合同

C.经过律师见证的赠与合同

D.附义务的赠与合同

10.根据合同法律制度的规定，下列关于融资租赁合同的表述正确的有（ ）。

A.承租人将其自有物出卖给出租人，再将租赁物从出租人处租回，应认定不构成融资租赁关系

B.根据法律、行政法规的规定，承租人对于租赁物的经营使用应当取得行政许可，若出租人未取得行政许可，人民法院应以此认定融资租赁合同无效

C.合同对于欠付租金解除合同的情形没有明确约定，但承租人欠付租金达到2期以上，或者数额达到全部租金15%以上，经出租人催告后在合理期限内仍不支付的，出租人请求解除融资租赁合同的，人民法院应予支持

D.承租人占有租赁物期间，租赁物毁损、灭失的风险由承租人承担，出租人要求承租人继续支付租金的，人民法院应予支持；但当事人另有约定或者法律另有规定的除外

11.A建筑公司与B置业公司签订一份建设工程合同，由A建筑公司为B置业公司承建写字楼一栋，工程总造价15 000万元，由A建筑公司全额垫资。工程如期竣工后，因写字楼出租状况不佳而未按约定支付工程价款，经A建筑公司催告在合理期限内，B置业公司表示仍无法支付工程价款。在此情形下，A建筑公司可以采取的措施及后果有（ ）。

A.需要在六个月内行使优先权

B.优先受偿权应支付的工作人员报酬、材料款以及A建筑公司因B置业公司违约造成的损失

C.对工程折价或拍卖的价款，A建筑公司享有的优先受偿权优于抵押权和未设定抵押的其他债权

D.A建筑公司享有的优先受偿权可以对抗已支付大部分购买该商品房价款的消费者

12.广安公司委托张某到福建省采购10吨茶叶，张某要求广安公司预付10万元处理委托事务的费用，广安公司予以拒绝，双方无其他约定。后张某在处理委托事务过程中自己垫付了5万元的必要费用。但因福建省遭受旱灾，致使茶叶欠收，张某无法采购到符合广安公司质量要求的茶叶。根据合同法律制度的规定，下列表述中正确的有（ ）。

A.广安公司应当预付张某处理委托事务的费用

B.张某有权要求广安公司偿还为处理委托事务所支付的必要费用及利息

C.广安公司有权随时解除委托合同

D.张某无法采购到符合广安公司质量要求的茶叶，张某有权要求广安公司支付相应的报酬

13.下列关于民间借贷的表述中，不符合法律规定的有（ ）。

A.因从事贷款业务的金融机构的分支机构发放贷款引起的纠纷属于民间借贷

B.借贷双方通过网络贷款平台形成借贷关系，网络贷款平台的提供者仅提供媒介服务，不承担担保责任

C.借贷双方约定的利率超过年利率36%的，约定无效

D.自然人之间的借款合同对支付利息没有约定或者约定不明确的，按照银行同期利率计算利息

14.下列有关保证责任的诉讼时效的表述符合法律规定的有（ ）。

A.一般保证中，主债务诉讼时效中断，保证债务诉讼时效中断

B.一般保证中，主债务诉讼时效中断，保证债务诉讼时效不中断

C.连带责任保证中，主债务诉讼时效中断，保证债务诉讼时效中断

D.连带责任保证中，主债务诉讼时效中断，保证债务诉讼时效不中断

15.下列债权属于《合同法》代位权制度中债权人不能代位行使的有（ ）。

A.基于扶养关系、抚养关系、赡养关系、继承关系产生的给付请求权

B.人身伤害赔偿请求权

C.劳动报酬、退休金、养老金、抚恤金、安置费

D.人寿保险

三、案例分析题

1.2006年7月10日，张三与李四订立买卖合同，以500万元的价格向李四购买一套精装修住房。当日，张三支付了40万元定金，李四将房屋交付给张三。双方约定：张三应于8月1日前付清余款；李四应在收到余款后两日内办理房屋过户手续。7月15日，当地突降特大暴雨，该房屋被淹没，损失额达60万元。张三认为该损失应当由李四承担。

8月1日，张三向李四支付余款时直接扣除60万元，仅付400万元，同时要求李四办理房屋过户手续。李四收到上述款项后拒绝办理房屋过户手续。后经协商，张三于8月20日再向李四支付30万元，同日，李四将房屋过户至张三的名下。

2006年11月1日，张三将房屋出租给王五，约定租期1年，但双方未依法办理登记备案手续。租期届满后，王五将房屋交还张三，但以房屋租赁合同未登记备案因而无效为由，拒绝支付所欠剩余租金。

2008年4月1日，张三与赵六订立房屋买卖合同，约定价款600万元。赵六依约于4月5日付清了全部价款，张三将房屋钥匙交给赵六。但张三与赵六在办理过户登记时，登记机构因电脑系统发生故障停止办公，申请未被受理。因赵六需紧急出差，双方遂约定待赵六回来之后再办理房屋过户登记手续。

2008年4月10日，不知张三、赵六之间已签订房屋买卖合同的戊向张三表示愿以650万元的价格购买其房屋。张三同意，即刻与戊订立了房屋买卖合同。戊于次日付清了全部房款。双方于4月15日办理完毕过户登记手续。

4月20日，赵六出差归来。要求张三尽快办理房屋过户手续。张三告知赵六已将房屋卖给他人，愿意退还600万元并要求解除合同。赵六当即拒绝，坚持要张三办理过户手续。2008年5月10日，赵六在确悉房屋已过户至戊名下时，以自己与张三订约在先，张三、戊之间的房屋买卖合同无效为由，要求张三、戊退还房屋。戊则认为，由于张三、赵六未办理过户手续，所以他们之间的房屋买卖合同尚未发生效力。

根据上述内容，分别回答下列问题：

（1）张三提出的60万元房屋损失应由李四承担的主张是否成立？并说明理由。

（2）张三于2006年8月1日向李四支付400万元房款后，李四是否有权拒绝为之办理房屋过户登记手续？并说明理由。

（3）张三与王五之间的房屋租赁合同是否有效？并说明理由。

（4）张三与赵六之间的房屋买卖合同是否发生效力？并说明理由。

（5）张三与戊之间的房屋买卖合同是否有效？戊是否取得了房屋所有权？并分别说明理由。

（6）赵六若请求人民法院判决张三返还房屋，能否得到支持？并说明理由。

2. 宏仁公司将一幢自有二层楼房租赁给元正公司作为经营用房，双方签订租赁合同，合同约定：租赁期限自2006年1月1日至2009年12月31日，租金为每月5 000元，在每月初的前3天支付上月的租金。合同未约定房屋维修责任的承担以及是否可以转租等问题。

2007年3月，宏仁公司有意出售该租赁楼房，因元正公司无意购买，宏仁公司遂将租赁楼房转让给东昌企业，东昌企业取得租赁楼房所有权后，以自己不是租赁合同当事人为由向元正公司表示要解除租赁合同，元正公司不同意解除合同，但愿意每月增加租金1 000元，东昌企业表示同意。

2007年8月，租赁楼房的部分门窗自然损坏，元正公司要求东昌企业修理，东昌企业一直未予理睬，元正公司自行找某装修企业维修，为此支付维修费用4 000元。

2007年10月，元正公司另购买了一办公大楼。遂将其所租赁楼房转租给吉如企业。东昌企业于2008年1月3日得知转租事实后，以不得转租为由向元正公司主张解除租赁合同并要求元正公司支付上月未交付租金6 000元，元正公司表示，维修费用可以抵销4 000元租金，只愿意再支付2 000元，但不同意解除租赁合同。

根据《合同法》的有关规定，回答下列问题：

（1）东昌企业取得租赁楼房所有权后，可否以自己不是租赁合同当事人为由解除租赁合同？说明理由。

（2）东昌企业可否以不得转租为由向元正公司主张解除租赁合同？说明理由。

（3）元正公司可否以维修费用抵销4 000元租金？说明理由。

3. 顺发公司拟委托贵义厂制作500套员工制服，顺发公司发出的传真列明了对款式和面料的要求，要求贵义厂在3日内报价。贵义厂回复每套定价220元。顺发公司次日电话通知贵义厂称，若每套降价为200元即可成交。贵义厂表示同意，要求于10日后签订书面合同，3个月后交货，货到付款，同时指出：任何一方履行义务不符合约定的，需向对方支付合同金额20%的违约金。顺发公司接受该条件，10日后收到已经由贵义厂签章的合同书，顺发公司的法定代表人在合同书上盖章。之后，贵义厂告知顺发公司，因其员工有限，想把200套制服交给戊厂加工，顺发公司表示同意。

3个月后，贵义厂依约将货物运送至顺发公司所在地，但顺发公司因停业整顿无人负责接收货物，贵义厂无奈，将货物向公证机关办理了提存。贵义厂将其提存的事实通知了顺发公司相关人员，并要求其支付货款，顺发公司以资金周转受限为由予以拒绝。顺发公司整顿完毕派人去公证机关领取货物时得知，该批货物于提存后的第二日受雷击着火，50套制服被烧毁。公证机关称，根据债务人的要求，必须先履行债务，交付货款后才能领取货物；并要求顺发公司交纳保管费等提存费用共计8 000元。顺发公司认为提存费用应由贵义厂支付，并就被烧毁的部分制服要求贵义厂赔偿损失。顺发公司员工穿上制服后，部分人员出现过敏现象，致使顺发公司发生包括医疗费等在内的1万元的损失。经查是因戊厂加工的制服质量不合格所致，顺发公司遂起诉至法院，要求贵义厂：①就对顺发公司员工造成的人身伤害承担侵权责任共计1万元；②支付违约金2万元。贵义厂同意支付违约金，但称约定的违约金过高，要求适当减少；

不再承担侵权责任。

根据上述情况和相关法律制度的规定，分别回答下列问题：

（1）试述顺发公司发出的传真以及其次日对贵义厂的电话通知的法律性质，并说明理由。

（2）顺发公司与贵义厂之间的承揽合同何时成立？并说明理由。

（3）公证机关要求顺发公司先偿债后提货的做法是否合法？并说明理由。

（4）提存费用以及提存物的损失应由谁承担？并说明理由。

（5）贵义厂拒绝承担侵权责任，且申请减少违约金的主张能否得到法院支持？并说明理由。

第五章

合伙企业法律制度

本章导学

本章框架图

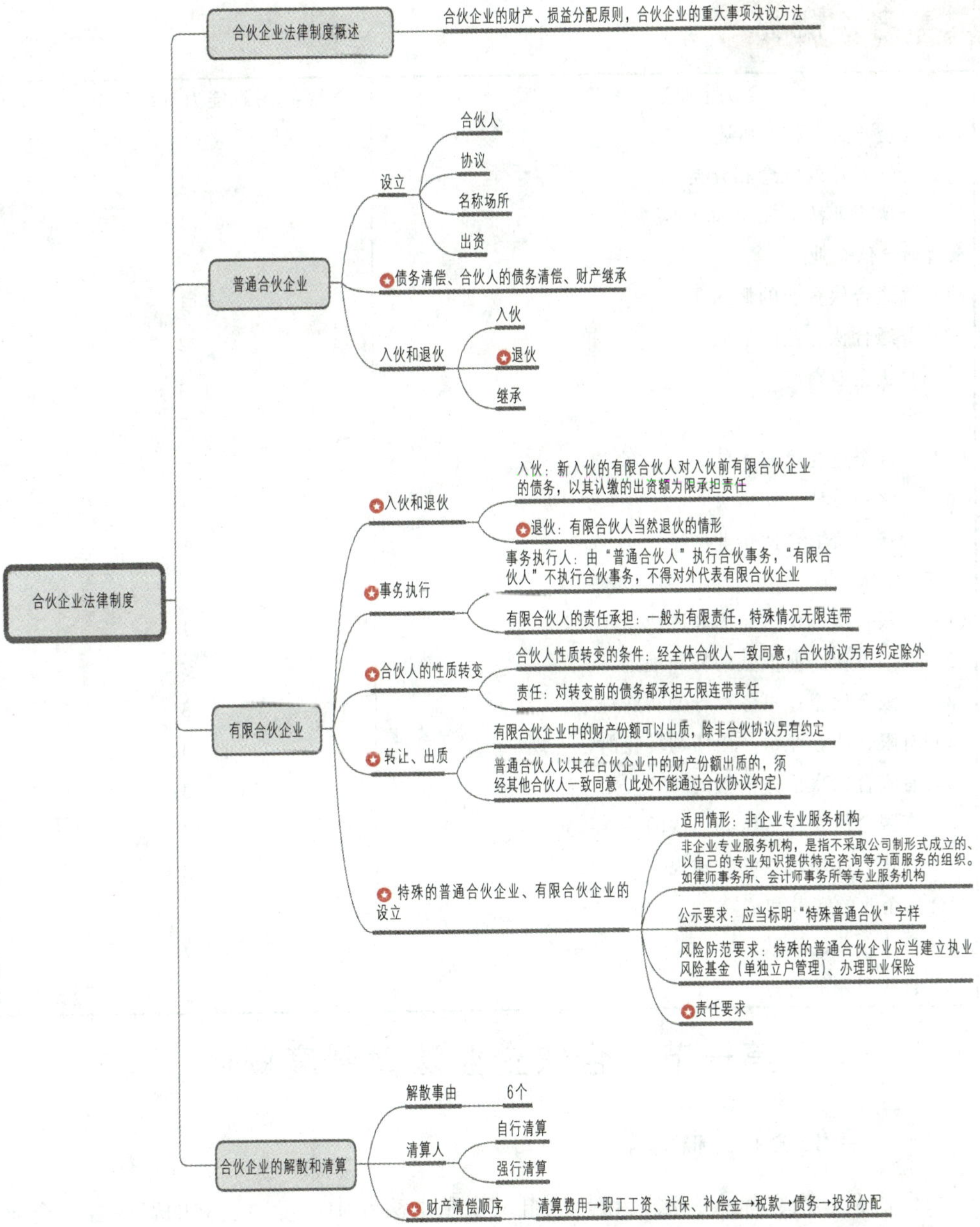

本章考情概述

本章内容较多，难度不大，近几年平均考查分值在7分左右，考点非常固定，相对于其他章节更容易得分，在考题中这一章的分数全部都拿到手也是很容易的，所以对于这一章一定要全面复习，准确掌握。

本章应关注的问题：合伙企业的性质、掌握有限合伙企业中普通合伙人和有限合伙人的区别，身份不同、制度不同。

近三年主要考点：合伙企业的设立、事务执行、财产问题和退伙问题，建议特别关注普通合伙企业与有限合伙企业的区别。

本章考点概况

合伙企业法律制度	考纲能力等级要求
1.合伙企业法律制度概述	
（1）合伙企业的概念和分类	1
（2）合伙企业法的概念和基本原则	1
2.普通合伙企业	
（1）普通合伙企业的概念	1
（2）普通合伙企业的设立	2
（3）合伙企业财产	3
（4）合伙事务执行	3
（5）合伙企业与第三人的关系	3
（6）入伙和退伙	3
（7）特殊的普通合伙企业	3
3.有限合伙企业	
（1）有限合伙企业的概念和法律适用	1
（2）有限合伙企业设立的特殊规定	3
（3）有限合伙企业事务执行的特殊规定	3
（4）有限合伙企业财产出质与转让的特殊规定	3
（5）有限合伙人债务清偿的特殊规定	3
（6）有限合伙企业入伙和退伙的特殊规定	3
（7）合伙人性质转变的特殊规定	3
4.合伙企业的解散和清算	
（1）合伙企业的解散	2
（2）合伙企业的清算	2

第一节　合伙企业法律制度概述

一、合伙企业的概念

合伙企业指自然人、法人和其他组织依照本法在中国境内设立的普通合伙企业和有限合伙企业。

二、合伙企业的分类

（1）普通合伙企业：由普通合伙人组成，合伙人对合伙企业债务承担无限连带责任。本法对普通合伙人承担责任的形式有特别规定的，从其规定。

（2）有限合伙企业：由普通合伙人和有限合伙人组成，普通合伙人对合伙企业债务承担无限连带责任，有限合伙人以其认缴的出资额为限对合伙企业债务承担责任。

第二节　普通合伙企业

一、普通合伙企业的设立

（一）普通合伙企业的概念

普通合伙企业，是指由普通合伙人组成，合伙人对合伙企业债务依照《合伙企业法》的规定承担无限连带责任的一种合伙企业。

普通合伙企业具有以下特点：

1.由普通合伙人组成。

所谓普通合伙人，是指在合伙企业中对合伙企业的债务依法承担无限连带责任的自然人、法人和其他组织。

《合伙企业法》规定，国有独资公司、国有企业、上市公司以及公益性的事业单位、社会团体不得成为普通合伙人。

考霸笔记

【口诀】两郭（国）上公社不得当普合。

2.合伙人对合伙企业债务依法承担无限连带责任，法律另有规定的除外。

所谓无限连带责任，包括两个方面：

一是连带责任。即所有的合伙人对合伙企业的债务都有责任向债权人偿还，不管自己在合伙协议中所确定的承担比例如何。一个合伙人不能清偿对外债务的，其他合伙人都有清偿的责任。但是，当某一合伙人偿还合伙企业的债务超过自己所应承担的数额时，有权向其他合伙人追偿。

二是无限责任。即所有的合伙人不仅以自己投入合伙企业的资金和合伙企业的其他资金对债权人承担清偿责任，而且在不够清偿时还要以合伙人自己所有的财产对债权人承担清偿责任。

（二）普通合伙企业的设立

设立普通合伙企业，应当具备下列条件：

1.有2个以上合伙人。

【注意】（1）合伙人可以是自然人，也可以是法人或者其他组织。

（2）合伙人是自然人的，应当具备完全民事行为能力。

（3）国有独资公司、国有企业、上市公司以及公益性的事业单位、社会团体不得成为普通合伙人。

例5-1·2014年单选题

甲上市公司、乙普通合伙企业、丙全民所有制企业和丁公立大学拟共同设立一有限合伙企业。根据合伙企业法律制度的规定，甲、乙、丙、丁中可以成为普通合伙人的是（　　）。

A.甲　　B.乙　　C.丙　　D.丁

【答案】B

【解析】国有独资公司、国有企业、上市公司以及公益性的事业单位、社会团体不得成为普通合伙人，但可以成为有限合伙人。

2.有书面合伙协议。

合伙协议经全体合伙人签名、盖章后生效。合伙人依照合伙协议享有权利，承担责任。

（1）合伙人违反合伙协议的，应当依法承担违约责任。

（2）合伙人履行合伙协议发生争议的，合伙人可以通过协商或者调解解决。不能通过协商、调解解决或者协商、调解不成的，可以按照合伙协议约定的仲裁条款或者事后达成的书面仲裁协议，向仲裁机构申请仲裁。

（3）合伙协议中未订立仲裁条款，事后又没有达成书面仲裁协议，可以向人民法院起诉。

3.有各合伙人认缴或者实缴的出资。

合伙企业的出资形式可以是货币、实物、土地使用权、知识产权或者其他财产权利，也可以用劳务出资。合伙人以劳务出资的，其评估办法由全体合伙人协商确定，并在合伙协议中载明。

考霸笔记

【提示】以"劳务"形式出资，为合伙企业普通合伙人特有的出资方式。

4.有合伙企业的名称和生产经营场所。

普通合伙企业应当在其名称中标明"普通合伙"字样，其中，特殊的普通合伙企业还应当在其名称中标明"特殊普通合伙"字样。

5.办理设立登记。

合伙企业的营业执照签发日期，为合伙企业成立日期。

二、合伙企业的财产

（一）合伙企业财产的构成

合伙企业存续期间，合伙人的出资、所有以合伙企业名义取得的收益、依法取得的其他财产（如合法接受的赠与财产）均为合伙企业的财产。

例5-2·2014年多选题

根据合伙企业法律制度的规定，下列各项中，属于合伙企业财产的有（　　）。

A.合伙人缴纳的实物出资

B.合伙企业借用的某合伙人的电脑

C.合伙企业对某公司的债权

D.合伙企业合法接受的赠与财产

【答案】ACD

【解析】选项B属于借用的财产，合伙企业并没有所有权，因此不属于合伙企业财产。

（二）合伙企业财产的性质

合伙企业的合伙财产具有共有财产性质，即由合伙人共有。对合伙企业财产的占有、使用、收益和处分，应当依据全体合伙人的共同意志进行。合伙人在合伙企业清算前，不得请求分割合伙企业的财产；但是，合伙企业法另有规定的除外。合伙人在合伙企业清算前私自转移或者处分合伙企业财产的，合伙企业不得以此对抗善意第三人。

（三）合伙人财产份额的转让

合伙人财产份额的转让有多种形式（见表5-1）：

表5-1 合伙人财产份额的转让形式

内部转让	合伙人之间转让在合伙企业中的全部或者部分财产份额时，应当通知其他合伙人
对外转让	除合伙协议另有约定外，合伙人向合伙人以外的人转让其在合伙企业中的全部或者部分财产份额时，须经其他合伙人一致同意。在同等条件下，其他合伙人有优先购买权；但是，合伙协议另有约定的除外
依法受让	合伙人以外的人依法受让合伙人在合伙企业中的财产份额的，经修改合伙协议即成为合伙企业的合伙人

普通与有限合伙人财产份额对内、对外转让的区别是什么？

合伙人以其在合伙企业中的财产份额出质（即质押担保）的，须经其他合伙人一致同意；未经其他合伙人一致同意，其行为无效，由此给善意第三人造成损失的，由行为人依法承担赔偿责任。

考霸笔记

注意：这里不存在善意第三人利益保护，未经其他合伙人一致同意，出质行为就是无效的！

例5-3·2014年单选题

某普通合伙企业合伙人甲，在未告知其他合伙人的情况下，以其在合伙企业中的财产份额出质。其他合伙人知悉后表示反对。根据合伙企业法律制度的规定，下列关于该出质行为效力的表述中，正确的是（ ）。

A.有效　　B.无效　　C.可撤销　　D.效力未定

【答案】B

【解析】普通合伙人以其在合伙企业中的财产份额出质的，须经其他合伙人一致同意；未经其他合伙人一致同意，其行为无效，由此给善意第三人造成损失的，由行为人依法承担赔偿责任。

三、合伙事务执行

1.合伙事务执行的形式。

合伙人执行合伙企业事务，可以由全体合伙人共同执行，也可以委托一名或者数名合伙人执行合伙企业事务。执行合伙企业事务的合伙人，对外代表合伙企业。但是，并非所有的合伙企业事务的决定权都可以被授予个别合伙人。

须经全体合伙人一致同意的事项如何记忆？

2.除合伙协议另有约定外，合伙企业必须经全体合伙人一致同意的事项：

（1）改变合伙企业的名称；

（2）改变合伙企业的经营范围、主要经营场所的地点；

（3）处分合伙企业的不动产；

（4）转让或者处分合伙企业的知识产权和其他财产权利；

（5）以合伙企业的名义为他人提供担保；

（6）聘任合伙人以外的人担任合伙企业的经营管理人员。

例5-4·2016年单选题

某普通合伙企业拟变更企业名称，但合伙协议对该事项的决议规则未作约定。下列表述中，符合合伙企业法律制度规定的是（　　）。

A.该事项经半数以上合伙人同意即可通过

B.该事项经2/3以上合伙人同意即可通过

C.该事项经全体合伙人一致同意方可通过

D.该事项经出资占2/3以上的合伙人同意即可通过

【答案】C

【解析】除合伙协议另有约定外，合伙企业的下列事项应当经全体合伙人一致同意：（1）改变合伙企业的名称；（2）改变合伙企业的经营范围、主要经营场所的地点；（3）处分合伙企业的不动产；（4）转让或者处分合伙企业的知识产权和其他财产权利；（5）以合伙企业名义为他人提供担保；（6）聘任合伙人以外的人担任合伙企业的经营管理人员。

3.合伙协议的约定不得与法律相抵触，某些特定事项法律有明确规定的必须按照法律的规定执行，具体包括：

（1）普通合伙人以其财产份额出质必须经其他合伙人一致同意；

（2）普通合伙人绝对不得从事同本企业相竞争的业务；

（3）普通合伙企业的合伙协议绝对不得约定将全部利润分配给部分合伙人或者由部分合伙人承担全部亏损；

（4）将普通合伙人除名必须经其他合伙人一致同意；

（5）普通合伙人死亡，继承人为无民事行为能力人或者限制民事行为能力人的，经全体合伙人一致同意，可以依法成为有限合伙人；

（6）合伙企业解散时如指定一个或者数个合伙人，或者委托第三人担任清算人的，应当经全体合伙人过半数同意；

（7）有限合伙人不得以劳务出资；

（8）有限合伙人不执行合伙事务，不得对外代表有限合伙企业。

4.合伙人在执行合伙企业事务中的权利和义务。

（1）权利。

①合伙人平等享有合伙事务执行权；

②执行合伙事务的合伙人对外代表合伙企业；

③不参加执行事务的合伙人的监督权；

④合伙人查阅账簿权；

⑤合伙人提出异议权和撤销委托执行事务权。合伙人分别执行合伙事务的，执行事务合伙人可以对其他合伙人执行的事务提出异议。提出异议时，应当暂停该项事务的执行。如果发生争议，按照合伙协议约定的表决办法办理，合伙协议未约定或者约定不明确的，实行合伙人一人一票并经全体合伙人过半数通过的表决办法。受委托执行合伙事务的合伙人不按照合伙协议或者全体合伙人的决定执行事务的，其他合伙人可以决定撤销该委托。

考霸笔记

竞业的绝对禁止和自我交易的相对禁止。

（2）义务。

①合伙事务执行人向不参加执行事务的合伙人报告企业经营状况和财务状况；

②合伙人不得自营或者同他人合作经营与本合伙企业相竞争的业务；

③除合伙协议另有约定或者经全体合伙人一致同意外，合伙人不得同本合伙企业进行交易；

④合伙人不得从事损害本合伙企业利益的活动。

5.合伙事务执行决议办法。

（1）合伙人对合伙企业有关事项作出决议，按照合伙协议约定的表决办法办理。

（2）合伙协议未约定或约定不明确，实行合伙人一人一票并经全体合伙人过半数通过的表决办法。

（3）《合伙企业法》对合伙企业的表决办法另有规定的，从其规定。

6.合伙企业的损益分配（见表5-2）。

考霸笔记

注意：普通合伙企业的合伙协议不得约定将全部利润分配给部分合伙人或者由部分合伙人承担全部亏损。

表5-2 合伙企业的损益分配

合伙协议有约定	按约定的比例分配和分担
合伙协议未约定	首先由合伙人协商决定
	协商不成的，由合伙人按照实缴出资比例分配、分担
	无法确定出资比例的，由合伙人平均分配、分担

7.非合伙人参与经营管理。

《合伙企业法》规定，除合伙协议另有约定外，经全体合伙人一致同意，可以聘任合伙人以外的人担任合伙企业的经营管理人员。

例5-5·2012年单选题

根据合伙企业法律制度的规定，除合伙协议另有约定外，下列事项中，需全体合伙人一致同意的是（ ）。

A.聘请合伙人以外的人担任企业的财务负责人

B.出售合伙企业名下的动产

C.合伙人以其个人财产为他人提供担保

D.聘请会计师事务所承办合伙企业的审计业务

【答案】A

【解析】根据规定，除合伙协议另有约定外，处分合伙企业的不动产的，须经全体合伙人一致同意，因此选项B不选；以合伙企业名义为他人提供担保的，须经全体合伙人一致同意，因此选项C不选；选项D不需要一致同意。

四、合伙企业与第三人的关系

1.合伙企业对外代表权的效力。

（1）全体合伙人都有权对外代表合伙企业；

（2）委托一个或者数个合伙人对外代表合伙企业；

（3）仅单项事务对外代表合伙企业。例如，仅代表合伙企业对外签订某个具体合同。

2.合伙企业和合伙人的债务清偿。（非常重要，常考选择题，可能考案例题）

（1）合伙企业的债务清偿与合伙人的关系。

合伙人之间的分担比例对债权人没有约束力，债权人可以根据自己的清偿利益，请求全体合伙人中的一人或数人承担全部清偿责任，也可以按照自己确定的清偿比例向各合伙人分别追偿。

合伙人的债务清偿顺序是什么?

合伙企业的债务先由企业的财产承担，再由合伙人个人财产清偿，即：

①以合伙企业的全部财产进行清偿；

②合伙企业的财产无法清偿全部到期债务的，各个合伙人应承担无限连带责任；

③合伙人由于承担无限连带责任，清偿数额超过其亏损分担比例的，有权向其他合伙人追偿。

例 5-6 · 2015年单选题

根据合伙企业法律制度的规定，下列关于普通合伙企业债务清偿的表述中，正确的是（　　）。

A.债权人应当首先向合伙企业求偿

B.债权人应当首先向合伙人求偿

C.债权人应当同时向合伙企业及其合伙人求偿

D.债权人可以选择向合伙企业或其合伙人求偿

【答案】A

【解析】本题考核合伙企业的债务清偿。合伙企业对其债务，应先以其全部财产进行清偿。合伙企业不能清偿到期债务的，合伙人承担无限连带责任。

（2）合伙人的债务清偿与合伙企业的关系。

①合伙人发生与合伙企业无关的债务，相关债权人不得以其债权抵销其对合伙企业的债务；也不得代位行使该合伙人在合伙企业中的权利。

②合伙人的自有财产不足清偿其与合伙企业无关的债务，该合伙人可以以其从合伙企业中分取的收益用于清偿；债权人也可以依法请求人民法院强制执行该合伙人在合伙企业中的财产份额用于清偿。

人民法院强制执行合伙人的财产份额时，应当通知全体合伙人，其他合伙人有优先购买权；其他合伙人未购买，又不同意将该财产份额转让给他人的，依照《合伙企业法》的规定为该合伙人办理退伙结算，或者办理削减该合伙人相应财产份额的结算。

例 5-7 · 2009年单选题

某合伙企业欠甲到期借款3万元，该合伙企业合伙人乙亦欠甲到期借款2万元；甲向该合伙企业购买了一批产品，应付货款5万元。下列表述中，符合合伙企业法规定的是（　　）。

A.甲可将其所欠合伙企业5万元货款与该合伙企业所欠其3万元到期借款以及合伙人乙所欠其2万元到期借款相抵销，甲无需再向合伙企业偿付货款

B.甲只能将其所欠合伙企业5万元货款与该合伙企业所欠其3万元到期借款进行抵销，因此，甲仍应向该合伙企业偿付2万元

C.甲只能将其所欠合伙企业5万元货款与乙所欠其2万元到期借款进行抵销，因此，甲仍应向该合伙企业偿付3万元

D.甲所欠合伙企业之债务与该合伙企业及乙所欠其债务之间均不能抵销

【答案】B

【解析】本题考核合伙企业与第三人关系。合伙人发生与合伙企业无关的债务，相关债权人不得以其债权抵销其对合伙企业的债务。所以甲不能以其对合伙人乙的2万元债权抵销欠合伙企业的剩余2万元债务。因此选项B正确。

五、入伙和退伙

（一）入伙

1.新合伙人入伙，除合伙协议另有约定外，应当经全体合伙人同意，并依法订立书面入伙协议。订立入伙协议时，原合伙人应当向新合伙人告知原合伙企业的经营状况和财务状况。

2.入伙的新合伙人与原合伙人享有同等权利，承担同等责任。

3.新合伙人对入伙前合伙企业的债务承担无限连带责任。

例5-8·2012年单选题

甲、乙、丙、丁、戊共同出资设立一有限合伙企业，甲、乙、丙为普通合伙人，丁、戊为有限合伙人。执行合伙人甲提议接收庚为新合伙人，乙、丙反对，丁、戊同意。合伙协议对新合伙人入伙的表决办法未作约定。根据合伙企业法律制度的规定，下列表述中，正确的是（　　）。

A.庚可以入伙，因甲作为执行合伙人有权自行决定接收新合伙人

B.庚可以入伙，因全体合伙人过半数同意

C.庚不得入伙，因丁、戊作为有限合伙人无表决权，而反对庚入伙的普通合伙人占全体普通合伙人的2/3

D.庚不得入伙，因未得到全体合伙人一致同意

【答案】D

【解析】本题考核新合伙人入伙。根据规定，新合伙人入伙，除合伙协议另有约定外，应当经全体合伙人一致同意，并依法订立书面入伙协议。

（二）退伙

1.协议退伙

合伙协议约定合伙期限的，在合伙企业存续期间，有下列情形之一的，合伙人可以退伙：

（1）合伙协议约定的退伙事由出现；

（2）经全体合伙人一致同意；

（3）发生合伙人难以继续参加合伙的事由；

（4）其他合伙人严重违反合伙协议约定的义务。

2.单方通知退伙：声明退伙是指基于退伙人的单方意思表示而退伙。

合伙协议未约定合伙期限的，合伙人在不给合伙企业事务执行造成不利影响的情况下，可以退伙，但应当提前三十日通知其他合伙人。

普通合伙人当然退伙的情形有哪些？

考霸笔记

【注意】有限合伙人没有这个退伙原因。

合伙人违反上述的规定退伙的，应当赔偿由此给合伙企业造成的损失。

3.当然退伙（事件导致）

退伙事由实际发生之日为退伙生效日。合伙人有下列情形之一的，当然退伙：

（1）作为合伙人的自然人死亡或者被依法宣告死亡；

（2）个人丧失偿债能力；

（3）作为合伙人的法人或者其他组织依法被吊销营业执照、责令关闭、撤销，或者被宣告破产；

（4）法律规定或者合伙协议约定合伙人必须具有相关资格而丧失该资格；

（5）合伙人在合伙企业中的全部财产份额被人民法院强制执行。

【注意1】合伙人被依法认定为无民事行为能力人或者限制民事行为能力人的，经其他合伙人一致同意，可以依法转为有限合伙人，普通合伙企业依法转为有限合伙企业。其他合伙人未能一致同意的，该无民事行为能力或者限制民事行为能力的合伙人退伙。

【注意2】作为有限合伙人的自然人在有限合伙企业存续期间丧失民事行为能力的，其他合伙人不得因此要求其退伙。

【注意3】退伙事由实际发生之日为退伙生效日。

例5-9·2009年多选题

根据合伙企业法的规定，下列各项中，属于普通合伙企业的合伙人当然退伙情形的有（　　）。

A.作为合伙人的自然人被依法宣告死亡

B.作为合伙人的自然人被依法认定为无民事行为能力人

C.作为合伙人的法人依法被宣告破产

D.合伙人在合伙企业中的全部财产份额被人民法院强制执行

【答案】ACD

【解析】本题考核合伙人退伙。合伙人被依法认定为无民事行为能力人或者限制民事行为能力人的，经其他合伙人一致同意，可以依法转为有限合伙人，普通合伙企业依法转为有限合伙企业，因此B选项并不会导致合伙人当然退伙。

例5-10·2014年单选题

某普通合伙企业的合伙人包括有限责任公司甲、乙，自然人丙、丁。根据合伙企业法律制度的规定，下列情形中，属于当然退伙事由的是（　　）。

A.甲被债权人申请破产

B.丁因斗殴被公安机关拘留

C.丙被依法宣告失踪

D.乙被吊销营业执照

【答案】D

【解析】（1）选项A、D：作为合伙人的法人或者其他组织被宣告破产（并非被申请破产），当然退伙；（2）选项B、C：作为合伙人的自然人死亡或者被依法宣告死亡（而非宣告失踪、被拘留）。

4.除名退伙：有过错即开除。

合伙人有下列情形之一的，经其他合伙人一致同意，可以决议将其除名：

（1）未履行出资义务；

（2）因故意或者重大过失给合伙企业造成损失；

（3）执行合伙事务时有不正当行为；

（4）发生合伙协议约定的事由。

对合伙人的除名决议应当书面通知被除名人。被除名人接到除名通知之日，除名生效，被除名人退伙。被除名人对除名决议有异议的，可以自接到除名通知之日起三十日内，向人民法院起诉。

例5-11·2005年单选题

赵某、钱某、孙某和李某共同出资设立一个普通合伙企业，钱某被委托单独执行合伙企业事务。钱某因重大过失给合伙企业造成了较大的损失，但自己并未牟取私利。为此，赵某、孙某和李某一致同意将钱某除名，并作出除名决议，书面通知钱某本人。对于该除名决议的下列表述中，正确的是（　　）。

A. 赵某、孙某和李某不能决议将钱某除名，但可以终止对钱某单独执行合伙事务的委托

B. 如果钱某对除名决议没有异议，该除名决议自作出之日起生效

C. 如果钱某对除名决议有异议，可以在接到除名通知之日起30日内，向人民法院起诉

D. 如果钱某对除名决议有异议，可以在接到除名通知之日起30日内，请求工商行政管理机关作出裁决

【答案】C

【解析】（1）选项A：合伙人因故意或者重大过失给合伙企业造成损失的，经其他合伙人一致同意，可以决议将其除名。（2）选项B：被除名人自接到除名通知之日起，除名生效。（3）选项C、D：被除名人对除名决议有异议的，可以自接到除名通知之日起30日内，向人民法院起诉，并非向其他机关申请作出裁决。

5. 合伙人死亡或者被依法宣告死亡的，对该合伙人在合伙企业中的财产份额享有合法继承权的继承人，按照合伙协议的约定或者经全体合伙人一致同意，从继承开始之日起，取得该合伙企业的合伙人资格。

6. 有下列情形之一的，合伙企业应当向合伙人的继承人退还被继承合伙人的财产份额：

（1）继承人不愿意成为合伙人；

（2）法律规定或者合伙协议约定合伙人必须具有相关资格，而该继承人未取得该资格；

（3）合伙协议约定不能成为合伙人的其他情形。

7. 合伙人的继承人为无民事行为能力人或者限制民事行为能力人的，经全体合伙人一致同意，可以依法成为有限合伙人，普通合伙企业依法转为有限合伙企业。全体合伙人未能一致同意的，合伙企业应当将被继承合伙人的财产份额退还该继承人。

例5-12·2009年单选题

甲、乙、丙共同投资设立一普通合伙企业，合伙协议对合伙人的资格取得或丧失未作约定。合伙企业存续期间，甲因车祸去世，甲妻丁是唯一继承人。下列

表述中，符合合伙企业法律制度规定的是（　　）。

A.丁自动取得该企业合伙人资格

B.经乙、丙一致同意，丁取得该企业合伙人资格

C.丁不能取得该企业合伙人资格，只能由该企业向丁退还甲在企业中的财产份额

D.丁自动成为有限合伙人，该企业转为有限合伙企业

【答案】B

【解析】合伙人死亡或者被依法宣告死亡的，对该合伙人在合伙企业中的财产份额享有合法继承权的继承人，按照合伙协议的约定或者经全体合伙人一致同意，从继承开始之日起，取得该合伙企业的合伙人资格。在本题中，合伙协议对此未作约定，如果甲妻丁自愿继承且具备完全民事行为能力，则经其他合伙人一致同意，可以取得该企业合伙人资格。

8.合伙人退伙后的相关事务处理。

（1）合伙人退伙的，其他合伙人应当与该退伙人按照退伙时的合伙企业的财产状况进行结算，退回退伙人的财产份额。退伙人对给合伙企业造成的损失负有赔偿责任的，相应扣减其应当赔偿的数额。

退伙时有未了结的合伙企业债务的，待了结后进行结算。合伙人退伙时，合伙企业财产少于合伙企业债务的，如果合伙协议约定亏损分担比例的，退伙人应当按照约定的比例分担亏损；如果合伙协议未约定或者约定不明确的，由合伙人协商决定；协商不成的，由合伙人按照实缴出资比例分担；无法确定出资比例的，由合伙人平均分担。

（2）退伙人对基于其退伙前的原因发生的合伙企业债务，承担无限连带责任。

例 5-13 · 2008年多选题

某普通合伙企业在经营期间吸收甲入伙。甲入伙前，合伙企业对乙负债10万元。甲入伙后，该合伙企业继续亏损，甲遂要求退伙，获其他合伙人一致同意。在此期间，该合伙企业欠丙货款20万元。甲退伙后，合伙企业又向丁借款20万元。后合伙企业解散，上述债务均未清偿。下列表述中，符合合伙企业法律制度规定的有（　　）。

A.对于合伙企业对乙的债务，甲应承担无限连带责任

B.对于合伙企业对丙的债务，甲应承担无限连带责任

C.对于合伙企业对丁的债务，甲应承担无限连带责任

D.对于合伙企业对乙、丁的债务，甲均不承担责任

【答案】AB

【解析】（1）选项A：新入伙的普通合伙人对入伙前合伙企业的债务（10万元）承担无限连带责任；（2）选项B：退伙的普通合伙人对基于其退伙前原因发生的合伙企业债务（对丙的20万元）承担无限连带责任；（3）选项C：退伙的普通合伙人对退伙后的债务（对丁的20万元）不承担责任。

例 5-14 · 2006年多选题

根据合伙企业法律制度的规定，在普通合伙企业中，当合伙企业的财产不足以清偿其债务时，下列人员中，应对合伙企业的债务承担连带责任的有（　　）。

A.合伙企业债务发生后入伙的新合伙人

B.合伙企业债务发生后自愿退伙的合伙人

C.合伙企业债务发生后被除名的合伙人

D.不参加执行合伙企业事务的合伙人

【答案】ABCD

【解析】（1）选项A：普通合伙企业的新合伙人对入伙前合伙企业的债务承担无限连带责任；（2）选项B、C：普通合伙企业的退伙人对基于其退伙前原因发生的合伙企业债务，承担无限连带责任；（3）选项D：普通合伙人（不论是否执行企业事务）应当对合伙企业的债务承担无限连带责任。

六、特殊的普通合伙企业

特殊的普通合伙企业的责任形式（因债而异）

（一）有限责任与无限责任相结合

对外：如果是合伙人因故意或者重大过失造成合伙企业债务的，该合伙人应当承担无限责任或者无限连带责任，其他合伙人以其在合伙企业中的财产份额为限承担责任。

对内：合伙人执业活动中因故意或者重大过失造成的合伙企业债务，以合伙企业财产对外承担责任后，该合伙人应当按照合伙协议的约定对给合伙企业造成的损失承担赔偿责任。

（二）无限连带责任

如果是合伙人非因故意或者重大过失造成的合伙企业债务以及合伙企业的其他债务，由全体合伙人承担无限连带责任。

（三）执业风险防范

1.建立执业风险基金

（1）来源：从经营收益中提取一定比例留存或按规定上缴至指定机构；

（2）管理：单独立户管理；

（3）用途：用于偿付合伙人执业活动造成的债务。

2.办理职业保险

> 考霸笔记
> 注意：建立执业风险基金和办理职业保险必须同时进行。

例 5-15 · 2016年多选题

根据合伙企业法律制度的规定，下列关于特殊的普通合伙企业执业风险防范措施的表述中，正确的有（　　）。

A.企业应当从其经营收益中提取相应比例资金作为执业风险基金

B.执业风险基金应当单独立户管理

C.执业风险基金用于偿付合伙人执业活动造成的债务

D.企业可以选择建立执业风险基金或办理职业保险

【答案】ABC

【解析】特殊的普通合伙企业从其经营收益中提取相应比例的资金留存或者根据相关规定上缴至指定机构形成执业风险基金，选项A正确。执业风险基金应当单独立户管理。执业风险基金用于偿付合伙人执业活动造成的债务，选项B、C正确。特殊的普通合伙企业应当建立执业风险基金、办理职业保险，选项D错误。

例5-16·2013年单选题

注册会计师甲、乙、丙共同出资设立一特殊的普通合伙制会计师事务所。因甲、乙在某次审计业务中故意出具不实审计报告，人民法院判决会计师事务所赔偿当事人50万元。根据合伙企业法律制度的规定，下列关于该赔偿责任承担的表述中，正确的是（　　）。

A.甲、乙、丙均承担无限连带责任

B.甲、乙、丙均以其在会计师事务所中的财产份额为限承担责任

C.以该会计师事务所的全部财产为限承担责任

D.甲、乙承担无限连带责任，丙以其在会计师事务所中的财产份额为限承担责任

【答案】D

【解析】一个合伙人或者数个合伙人在执业活动中因故意或者重大过失造成合伙企业债务的，应当承担无限责任或者无限连带责任，其他合伙人以其在合伙企业中的财产份额为限承担责任。

例5-17·2012年多选题

甲、乙、丙共同出资设立一特殊的普通合伙制律师事务所。2010年5月，乙从事务所退出，丁加入事务所成为新合伙人。2010年8月，法院认定甲在2009年的某项律师业务中存在重大过失，判决事务所向客户赔偿损失。根据合伙企业法律制度的规定，下列关于赔偿责任承担的表述中，正确的有（　　）。

A.甲应以其全部个人财产承担无限责任

B.乙应以其退出时在事务所中的实际财产份额为限承担赔偿责任

C.丙应以其在事务所中的财产份额为限承担赔偿责任

D.丁无需承担赔偿责任

【答案】ABC

【解析】在特殊的普通合伙企业中，一个合伙人或者数个合伙人在执业活动中因故意或者重大过失造成合伙企业债务的，应当承担无限责任或者无限连带责任，其他合伙人以其在合伙企业中的财产份额为限承担责任（丁应以其在事务所中的财产份额为限承担赔偿责任）。

第三节　有限合伙企业

一、有限合伙企业概念和法律适用

（一）有限合伙企业概念

有限合伙企业，是指由有限合伙人和普通合伙人共同组成，普通合伙人对合伙

企业债务承担无限连带责任，有限合伙人以其认缴的出资额为限对合伙企业债务承担责任的合伙组织。

有限合伙企业与普通合伙企业、有限责任公司的比较：

1. 在经营管理上：普通合伙企业的合伙人，一般均可参与合伙企业的经营管理。有限责任公司的股东有权参与公司的经营管理（含直接参与和间接参与）。而在有限合伙企业中，有限合伙人不执行合伙事务，由普通合伙人从事具体的经营管理。

2. 在风险承担上：普通合伙企业的合伙人之间对合伙债务承担无限连带责任。有限责任公司的股东对公司债务以其各自的出资额为限承担有限责任。而在有限合伙企业中，不同类型的合伙人所承担的责任则存在差异，其中有限合伙人以其各自的出资额为限承担有限责任，普通合伙人之间承担无限连带责任。

（二）有限合伙企业的法律适用

凡是《合伙企业法》中对有限合伙企业有特殊规定的，应当适用有关《合伙企业法》中对有限合伙企业的特殊规定。无特殊规定的，适用有关普通合伙企业及其合伙人的一般规定。

二、有限合伙企业设立的特殊规定

（一）有限合伙企业人数

有限合伙企业由2个以上50个以下合伙人设立；但是，法律另有规定的除外。有限合伙企业至少应当有1个普通合伙人。

有限合伙企业至少应当有1个普通合伙人和1个有限合伙人。有限合伙企业仅剩有限合伙人的，应当解散；有限合伙企业仅剩普通合伙人的，应当转为普通合伙企业。

例5-18·2014年单选题

根据合伙企业法律制度的规定，下列各项中，有限合伙人可用作合伙企业出资的是（　　）。

A. 为合伙企业提供财务管理　　B. 为合伙企业提供战略咨询

C. 债权　　D. 社会关系

【答案】C

【解析】(1) 选项A、B：普通合伙人可以劳务出资，但有限合伙人不得用劳务出资。(2) 选项C、D：有限合伙人可以用货币、实物、知识产权、土地使用权或者其他财产权利作价出资；债权（应收账款）作为财产权利已为《物权法》等法律认可，而社会关系无法评估不可作价出资。

（二）有限合伙企业名称

有限合伙企业名称中应当标明“有限合伙”字样。

【链接】普通的合伙企业名称中应当标明“普通合伙”字样，特殊的普通合伙企业名称中应当标明“特殊普通合伙”字样。

（三）有限合伙企业协议

有限合伙企业的合伙协议除符合普通合伙企业合伙协议的规定外，还应当载明下列事项：

①普通合伙人和有限合伙人的姓名或者名称、住所；

②执行事务合伙人应具备的条件和选择程序；

③执行事务合伙人的权限与违约处理办法；

④执行事务合伙人的除名条件和更换程序；

⑤有限合伙人入伙、退伙的条件、程序以及相关责任；

⑥有限合伙人和普通合伙人相互转变程序。

【注意】合伙企业的经营期限并非合伙协议必须记载的事项。

（四）有限合伙人出资形式

有限合伙人可以用货币、实物、知识产权、土地使用权或者其他财产权利作价出资。

有限合伙人不得以劳务出资。有限合伙人应当按照合伙协议的约定按期足额缴纳出资；未按期足额缴纳的，应当承担补缴义务，并对其他合伙人承担违约责任。

三、有限合伙企业事务执行的特殊规定

（一）有限合伙企业事务执行人的规定

有限合伙企业由普通合伙人执行合伙事务。执行事务合伙人可以要求在合伙协议中确定执行事务的报酬及报酬提取方式。

（二）禁止有限合伙人执行合伙事务

有限合伙人不视为执行合伙事务的8种情形如何辨别?

有限合伙人不执行合伙事务，不得对外代表有限合伙企业。有限合伙人的下列行为，不视为执行合伙事务：

1.参与决定普通合伙人入伙、退伙；

2.对企业的经营管理提出建议；

3.参与选择承办有限合伙企业审计业务的会计师事务所；

4.获取经审计的有限合伙企业财务会计报告；

5.对涉及自身利益的情况，查阅有限合伙企业财务会计账簿等财务资料；

6.在有限合伙企业中的利益受到侵害时，向有责任的合伙人主张权利或者提起诉讼；

7.执行事务合伙人怠于行使权利时，督促其行使权利或者为了本企业的利益以自己的名义提起诉讼；

8.依法为本企业提供担保。

例 5-19 · 2014年多选题

某产业投资基金的组织形式为有限合伙企业。其有限合伙人的下列行为中，符合合伙企业法律制度规定的有（　　）。

A.担任该基金总经理

B.对该基金的经营管理提出建议

C.参与选择承办该基金审计业务的会计师事务所

D.依法为该基金提供担保

【答案】BCD

【解析】有限合伙企业由普通合伙人执行合伙事务，有限合伙人不执行合伙事务，不得对外代表有限合伙企业。有限合伙人的下列行为，不视为执行合伙事务：对企业的经营管理提出建议（选项B）；参与选择承办有限合伙企业审计业务的会计师事务所（选项C）；依法为本企业提供担保（选项D）。

（三）有限合伙人的表见代理和无权代理责任的承担

1.第三人有理由相信有限合伙人为普通合伙人并与其交易的，该有限合伙人对该笔交易承担与普通合伙人同样的责任（有限合伙人的表见代理）。

2.有限合伙人未经授权以有限合伙企业名义与他人进行交易，给有限合伙企业或者其他合伙人造成损失的，该有限合伙人应当承担赔偿责任（有限合伙人的无权代理）。

（四）有限合伙企业利润分配

有限合伙企业不得将全部利润分配给部分合伙人；但是，合伙协议另有约定的除外。

（五）合伙人的权利

1.关联交易的规定

（1）有限合伙人可以同本有限合伙企业进行交易；但是，合伙协议另有约定的除外。

（2）除合伙协议另有约定或者经全体合伙人一致同意外，“普通合伙人”不得同本合伙企业进行交易。

2.竞业禁止的规定

（1）有限合伙人可以自营或者同他人合作经营与本有限合伙企业相竞争的业务；但是，合伙协议另有约定的除外。

（2）“普通合伙人”不得自营或者同他人合作经营与本合伙企业相竞争的业务。

四、有限合伙企业财产出质与财产转让的特殊规定

（一）合伙人财产份额的出质

1.有限合伙人可以将其在有限合伙企业中的财产份额出质；但是，合伙协议另有约定的除外。

2.普通合伙人以其在合伙企业中的财产份额出质的，须经其他合伙人一致同意；未经其他合伙人一致同意，其行为无效，由此给善意第三人造成损失的，由行为人依法承担赔偿责任。

（二）合伙人财产份额的转让

1.有限合伙人可以按照合伙协议的约定向合伙人以外的人转让其在有限合伙企业中的财产份额，但应当提前30日通知其他合伙人。

2.除合伙协议另有约定外，普通合伙人向合伙人以外的人转让其在合伙企业中的财产份额时，须经其他合伙人一致同意。

【提示】有限合伙人四大自由：竞业自由、自我交易自由、出质自由、转让自由。（注意前三个但书，后一个通知）有限合伙人和普通合伙人在竞业、自我交易、出质和转让方面的区别见表5-3和表5-4。

表5-3　　有限合伙人在竞业、自我交易、出质和转让方面的特点

有限合伙人	竞业	有限合伙人可以自营或者同他人合作经营与本有限合伙企业相竞争的业务；但是，合伙协议另有约定的除外
	自我交易	有限合伙人可以同本有限合伙企业进行交易；但是，合伙协议另有约定的除外
	出质	有限合伙人可以将其在有限合伙企业中的财产份额出质；但是，合伙协议另有约定的除外
	转让	有限合伙人可以按照合伙协议的约定向合伙人以外的人转让其在有限合伙企业中的财产份额，但应当提前30日通知其他合伙人

表5-4　　普通合伙人在竞业、自我交易、出质和转让方面的特点

普通合伙人	竞业	普通合伙人不得自营或者同他人合作经营与本合伙企业相竞争的业务
	自我交易	除合伙协议另有约定或者经全体合伙人一致同意外，普通合伙人不得同本合伙企业进行交易
	出质	普通合伙人以其在合伙企业中的财产份额出质的，须经其他合伙人一致同意；未经其他合伙人一致同意，其行为无效，由此给善意第三人造成损失的，由行为人依法承担赔偿责任
	转让	除合伙协议另有约定外，普通合伙人向合伙人以外的人转让其在合伙企业中的财产份额时，须经其他合伙人一致同意

【口诀】竞业绝对禁，出质其他同，转让交易可先定。

（三）债务清偿

1.有限合伙人的自有财产不足以清偿其与合伙企业无关的债务的，该合伙人可以以其从有限合伙企业中分取的收益用于清偿；债权人也可以依法请求人民法院强制执行该合伙人在有限合伙企业中的财产份额用于清偿。

2.普通合伙人的自有财产不足以清偿其与合伙企业无关的债务的，该合伙人可以以其从合伙企业中分取的收益用于清偿；债权人也可以依法请求人民法院强制执行该合伙人在合伙企业中的财产份额用于清偿。

有限合伙企业入伙与退伙的特殊规定有哪些?

五、有限合伙企业入伙与退伙的特殊规定

1.新入伙的有限合伙人对入伙前有限合伙企业的债务，以其认缴的出资额为限承担责任。

新入伙的“普通合伙人”对入伙前合伙企业的债务承担无限连带责任。

例5-20·2009年单选题

某有限合伙企业在经营期间吸收甲为有限合伙人。关于甲入伙前有限合伙企业的债务，下列表述中符合合伙企业法规定的是（　　）。

A.甲不承担责任

B.甲承担无限连带责任

C.甲以其认缴的出资额为限承担责任

D.甲以其实缴的出资额为限承担责任

【答案】C

2.有限合伙人出现下列情形之一时当然退伙：

(1) 作为合伙人的自然人死亡或者被依法宣告死亡；

(2) 作为合伙人的法人或者其他组织依法被吊销营业执照、责令关闭、撤销，或者被宣告破产；

(3) 法律规定或者合伙协议约定合伙人必须具有相关资格而丧失该资格；

(4) 合伙人在合伙企业中的全部财产份额被人民法院强制执行。

3.作为有限合伙人的自然人在有限合伙企业存续期间丧失民事行为能力的，其他合伙人不得因此要求其退伙。★

4.作为有限合伙人的自然人死亡、被依法宣告死亡或者作为有限合伙人的法人及其他组织终止时，其继承人或者权利承受人可以依法取得该有限合伙人在有限合伙企业中的资格。(当然继承)

5.有限合伙人退伙后，对基于其退伙前的原因发生的有限合伙企业债务，以其退伙时从有限合伙企业中取回的财产承担责任。

考霸笔记

【链接】在此情形下，普通合伙人经其他合伙人一致同意可以转为有限合伙人。否则，该合伙人退伙。

六、合伙人性质转变的特殊规定

有限合伙企业仅剩有限合伙人的，应当解散；有限合伙企业仅剩普通合伙人的，转为普通合伙企业。

1.除合伙协议另有约定外，普通合伙人转变为有限合伙人，或者有限合伙人转变为普通合伙人，应当经全体合伙人一致同意。

2.有限合伙人转变为普通合伙人的，对其作为有限合伙人期间有限合伙企业发生的债务承担无限连带责任。

3.普通合伙人转变为有限合伙人的，对其作为普通合伙人期间合伙企业发生的债务承担无限连带责任。

合伙人性质转变在责任承担方面有什么后果?

例 5-21 · 2013年单选题

甲、乙、丙、丁设立一个有限合伙企业，其中甲、乙为普通合伙人，丙、丁为有限合伙人。1年后，甲转为有限合伙人，同时丙转为普通合伙人。合伙企业设立之初，企业欠银行50万元，该债务直至合伙企业被宣告破产仍未偿还。下列关于该50万元债务清偿责任的表述中，符合合伙企业法律制度规定的是（　　）。

A.乙、丙承担无限连带责任，甲、丁以其出资额为限承担责任

B.甲、乙、丙承担无限连带责任，丁以其出资额为限承担责任

C.甲、乙承担无限连带责任，丙、丁以其出资额为限承担责任

D.乙承担无限责任，甲、丙、丁以其出资额为限承担责任

【答案】B

【解析】普通合伙人转变为有限合伙人的，对其作为普通合伙人期间合伙企业发生的债务承担无限连带责任；有限合伙人转变为普通合伙人的，对其作为有限合伙人期间有限合伙企业发生的债务承担无限连带责任。

例5-22·2014年多选题

甲、乙分别为某有限合伙企业的普通合伙人和有限合伙人。后甲变更为有限合伙人，乙变更为普通合伙人。下列关于甲、乙对其合伙人性质互换前的企业债务承担的表述中，符合合伙企业法律制度规定的有（　　）。

A.甲对其作为普通合伙人期间的企业债务承担有限责任

B.甲对其作为普通合伙人期间的企业债务承担无限连带责任

C.乙对其作为有限合伙人期间的企业债务承担无限连带责任

D.乙对其作为有限合伙人期间的企业债务承担有限责任

【答案】BC

【解析】(1）选项A、B：普通合伙人转变为有限合伙人的，对其作为普通合伙人期间合伙企业发生的债务承担无限连带责任；(2）选项C、D：有限合伙人转变为普通合伙人的，对其作为有限合伙人期间有限合伙企业发生的债务承担无限连带责任。

第四节　合伙企业解散和清算

一、合伙企业解散

合伙企业有下列情形之一的，应当解散：

1.合伙期限届满，合伙人决定不再经营；

2.合伙协议约定的解散事由出现；

3.全体合伙人决定解散；

4.合伙人已不具备法定人数满30天；

5.合伙协议约定的合伙目的已经实现或者无法实现；

6.依法被吊销营业执照、责令关闭或者被撤销；

7.法律、行政法规规定的其他原因。

二、合伙企业清算

（一）清算人的确定

1.由全体合伙人担任清算人；

2.由合伙人指定或者委托清算人；

前提条件：①合伙企业的清算人未能由全体合伙人担任；②经全体合伙人过半数同意；③自合伙企业解散后15日内作出指定或者委托。

3.由人民法院指定清算人。

前提条件：

(1）合伙企业的清算人未能由全体合伙人担任；

(2）在法定期间内合伙企业未确定清算人；

(3）由合伙人或者其他利害关系人提出申请。

（二）债权申报——与《公司法》规定一致

清算人自被确定之日起10日内将合伙企业解散事项通知债权人，并于60日内在报纸上公告。债权人应当自接到通知书之日起30日内，未接到通知书的自公告之日起45日内，向清算人申报债权。

（三）清偿顺序

合伙企业财产在支付清算费用和职工工资、社会保险费用、法定补偿金以及缴纳所欠税款、清偿债务后的剩余财产，依法进行分配。

1.合伙企业注销后，原普通合伙人对合伙企业存续期间的债务仍应承担无限连带责任。

2.合伙企业不能清偿到期债务的，债权人可以依法向人民法院提出破产清算申请，也可以要求普通合伙人清偿。

3.合伙企业依法被宣告破产的，普通合伙人对合伙企业债务仍应承担无限连带责任。

本章的总结表格见表5-5和表5-6。

表5-5 普通合伙企业与有限合伙企业的区别

项目	普通合伙企业	有限合伙企业
1.合伙人的规定	合伙人可以是自然人，也可以是法人或者其他组织	
	1.有2个以上合伙人。合伙人为自然人的，应当具有完全民事行为能力 2.国有独资公司、国有企业、上市公司以及公益性的事业单位、社会团体不得成为普通合伙人	1.2个以上50个以下的合伙人 2.由普通合伙人和有限合伙人组成 3.至少有1个普通合伙人
2.出资方式	货币、实物、土地使用权、知识产权、劳务或者其他财产权利	
	合伙人也可以用劳务出资	有限合伙人不得以劳务出资
3.事务执行	共同执行和委托执行	1.由普通合伙人执行合伙事务 2.有限合伙人不执行合伙事务，不得对外代表有限合伙企业
4.竞业禁止	合伙人不得自营或者同他人合作经营与本合伙企业相竞争的业务	有限合伙人可以同本有限合伙企业进行交易，但是，合伙协议另有约定的除外
5.自我交易	除合伙协议另有约定或者经全体合伙人一致同意外，合伙人不得同本合伙企业进行交易	有限合伙人可以自营或者同他人合作经营与本有限合伙企业相竞争的业务，但是，合伙协议另有约定的除外
6.出质	合伙人以其在合伙企业中的财产份额出质的，须经其他合伙人一致同意	有限合伙人可以将其在有限合伙企业中的财产份额出质，但是，合伙协议另有约定的除外
7.财产转让	除合伙协议另有约定外，合伙人向合伙人以外的人转让其在合伙企业中的全部或者部分财产份额时，须经其他合伙人一致同意	有限合伙人可以按照合伙协议的约定向合伙人以外的人转让其在有限合伙企业中的财产份额，但应当提前30日通知其他合伙人
8.新入伙	新入伙的普通合伙人对入伙前、入伙后的合伙企业的债务承担无限连带责任	新入伙的有限合伙人对入伙前有限合伙企业的债务，以其认缴的出资额为限承担责任

续表

项目	普通合伙企业	有限合伙企业
9.退伙	普通退伙人退伙后，对基于其退伙前的原因发生的合伙企业债务，承担无限连带责任	有限合伙人退伙后，对基于其退伙前的原因发生的有限合伙企业债务，以其退伙时从有限合伙企业中取回的财产承担责任
10.责任承担	普通合伙企业：合伙人对合伙企业的债务承担无限连带责任	有限合伙人以其认缴的出资额为限对合伙企业债务承担责任
	特殊的普通合伙企业： 1.一个或数个合伙人在执业活动中因故意或者重大过失造成合伙企业债务的，该合伙人应承担无限责任或者无限连带责任，其他合伙人以其在合伙企业中的财产份额为限承担责任 2.合伙人在执业活动中非因故意或者重大过失造成的合伙企业债务以及合伙企业的其他债务，由全体合伙人承担无限连带责任	
11.合伙人身份改变后的责任承担	普通合伙人转变为有限合伙人的，对其作为普通合伙人期间合伙企业发生的债务承担无限连带责任	有限合伙人转变为普通合伙人的，对其作为有限合伙人期间有限合伙企业发生的债务承担无限连带责任
12.丧失偿债能力	当然退伙	无须退伙
13.人数不够	有限合伙企业仅剩普通合伙人的，应当转为普通合伙企业	有限合伙企业仅剩有限合伙人的，应当解散
14.继承	1.继承人具备完全民事行为能力的，按照合伙协议的约定或者经全体合伙人一致同意，从继承开始之日起，取得普通合伙人资格 2.继承人为无民事行为能力人或者限制民事行为能力人的，经全体合伙人一致同意，可以依法成为有限合伙人，普通合伙企业依法转为有限合伙企业。全体合伙人未能一致同意的，合伙企业应当将被继承合伙人的财产份额退还该继承人	无论其继承人是否具备完全民事行为能力，都可以依法取得有限合伙人的资格
15.利润分配	合伙协议不能将全部利润分配给“部分合伙人”	合伙企业不得将全部利润分配给“部分合伙人”；但是，合伙协议另有约定的除外

表 5-6　　合伙事务执行的决议办法

决议办法	具体规定
严格按照法定特殊要求处理的事项	（1）普通合伙人不能从事与本企业相竞争的业务 （2）普通合伙企业的合伙协议不得约定将全部利润分配给部分合伙人或者由部分合伙人承担全部亏损 （3）将合伙人除名必须经其他合伙人一致同意 （4）普通合伙人死亡，继承人为无民事行为能力或者限制民事行为能力人的，经全体合伙人一致同意，可以依法成为有限合伙人，普通合伙企业依法转为有限合伙企业
除合伙协议另有约定外，应当经全体（其他）合伙人一致同意的事项	（1）合伙企业委托一个或者数个合伙人执行企业事务的，除合伙协议另有约定外，合伙企业的下列事项应当经全体合伙人一致同意： ①改变合伙企业的名称 ②改变合伙企业的经营范围、主要经营场所的地点 ③处分合伙企业的不动产 ④转让或者处分合伙企业的知识产权和其他财产权利 ⑤以合伙企业名义为他人提供担保 ⑥聘任合伙人以外的人担任合伙企业的经营管理人员 （2）除合伙协议另有约定外，普通合伙人转变为有限合伙人，或者有限合伙人转变为普通合伙人，应当经全体合伙人一致同意 （3）按照合伙协议的约定或者经全体合伙人一致同意，普通合伙人可以同本企业进行交易 （4）普通合伙人死亡，继承人具备完全民事行为能力的，按照合伙协议的约定或者经全体合伙人一致同意，可以取得普通合伙人资格
有约定依约定，无约定或者约定不明确，实行合伙人一人一票并经全体合伙人过半数通过的表决办法	

智能测评

在线练习	我要提问
扫码在线做题　　扫码看答案 本书“本章同步强化训练”均配备二维码，打开微信“扫一扫”即可完成在线测评，查看本章详细的测评反馈报告，了解知识掌握情况，也可扫码直接看答案噢。 快来扫码做题吧！	扫码答疑 本书配备答疑专用二维码，打开微信“扫一扫”，即可完成在线提问，获取专业老师全面个性化解答，让学习问题不再拖延。 快来扫码提问吧！

本章同步强化训练

一、单项选择题

1. 甲上市公司、乙普通合伙企业、丙全民所有制企业和丁公立大学拟共同设立一有限合伙企业。根据合伙企业法律制度的规定，甲、乙、丙、丁中可以成为普通合伙人的是（　　）。

A.甲　　B.乙　　C.丙　　D.丁

2. 甲、乙、丙设立了一家普通合伙企业。经营期间，外国人丁提出加入该合伙企业。下列说法正确的是（　　）。

A.丁不能以劳务出资

B.丁可以以依法获得的人民币出资

C.丁入伙后，不能执行企业事务

D.丁入伙后，该合伙企业应当变更为有限合伙企业

3. 下列关于普通合伙企业合伙人财产份额转让的说法中，正确的是（　　）。

A.合伙人之间可以自由转让各自的财产份额，无须经其他合伙人同意，也不需要通知其他合伙人

B.合伙人不得将其财产份额转让给合伙企业以外的人

C.合伙人以其在合伙企业中的财产份额出质的，须经其他合伙人一致同意

D.在任何情况下，合伙人均不得以其财产份额出质

4. 根据合伙企业法律制度的规定，除合伙协议另有约定外，下列事项中，需全体合伙人一致同意的是（　　）。

A.聘请合伙人以外的人担任企业的财务负责人

B.出售合伙企业名下的动产

C.合伙人以其个人财产为他人提供担保

D.聘请会计师事务所承办合伙企业的审计业务

5. 某合伙企业欠甲到期借款3万元，该合伙企业合伙人乙亦欠甲到期借款2万元；甲向该合伙企业购买了一批产品，应付货款5万元。下列表述中，符合合伙企业法规定的是（　　）。

A.甲可将其所欠合伙企业5万元货款与该合伙企业所欠其3万元到期借款以及合伙人乙所欠其2万元到期借款相抵销，甲无需再向合伙企业偿付货款

B.甲只能将其所欠合伙企业5万元货款与该合伙企业所欠其3万元到期借款进行抵销，因此，甲仍应向该合伙企业偿付2万元

C.甲只能将其所欠合伙企业5万元货款与乙所欠其2万元到期借款进行抵销，因此，甲仍应向该合伙企业偿付3万元

D.甲所欠合伙企业之债务与该合伙企业及乙所欠其债务之间均不能抵销

6. 已知在A有限合伙企业中，甲、乙是有限合伙人，丙、丁是普通合伙人。根据合伙企业法律制度的规定，除合伙协议另有约定外，下列表述中，不正确的是（　　）。

A.A企业不得将全部利润只分配给甲、丙

B.甲可以同A企业进行交易

C.丙可以经营与A企业相竞争的业务

D.乙可以参与选择承办A企业审计业务的会计师事务所

7.甲是某有限合伙企业的有限合伙人，持有该企业15%的份额。在合伙协议无特别约定的情况下，甲在合伙期间未经其他合伙人同意实施了下列行为，其中违反《合伙企业法》规定的是（　　）。

A.将自购的机器设备出租给合伙企业使用

B.以合伙企业的名义购买汽车一辆归合伙企业使用

C.以自己在合伙企业中的财产份额向银行提供质押担保

D.提前一个月通知其他合伙人将其部分合伙份额转让给合伙人以外的人

8.赵某、钱某、孙某和李某共同出资设立一个普通合伙企业，钱某被委托单独执行合伙企业事务。钱某因重大过失给合伙企业造成了较大的损失，但自己并未牟取私利。为此，赵某.孙某和李某一致同意将钱某除名，并作出除名决议，书面通知钱某本人。对于该除名决议的下列表述中，正确的是（　　）。

A.赵某、孙某和李某不能决议将钱某除名，但可以终止对钱某单独执行合伙事务的委托

B.如果钱某对除名决议没有异议，该除名决议自作出之日起生效

C.如果钱某对除名决议有异议，可以在接到除名通知之日起30日内，向人民法院起诉

D.如果钱某对除名决议有异议，可以在接到除名通知之日起30日内，请求工商行政管理机关作出裁决

9.甲、乙、丙三人成立有限合伙企业，甲和乙为普通合伙人，合伙企业经营一段时间后，甲欲转变为有限合伙人，但合伙协议中并没有约定此方面的内容，下列说法正确的是（　　）。

A.甲转变为有限合伙人后会导致该有限合伙企业中的普通合伙人不足2人，因此甲不能转换

B.经过全体合伙人一致同意，甲可以转换为有限合伙人

C.甲转变后，对其作为普通合伙人期间合伙企业发生的债务承担有限责任

D.由于合伙协议未约定转换的方式，因此应该经过全体合伙人过半数同意，才能进行转换

10.甲、乙、丙、丁投资设立A普通合伙企业，合伙协议约定如果聘任合伙人以外的人担任合伙企业的经营管理人员，必须经全体合伙人2/3以上同意才可以。现欲聘任戊担任合伙企业的经营管理人员。根据合伙企业法律制度的规定，下列表述正确的是（　　）。

A.应当经全体合伙人一致同意才可以

B.应当经全体合伙人过半数同意才可以

C.应当经全体合伙人2/3以上同意才可以

D.应当经全体合伙人1/2以上同意才可以

11.根据《合伙企业法》的规定，下列关于有限合伙企业的表述中，正确的是（　　）。

A.上市公司可以成为有限合伙企业的普通合伙人

B.有限合伙人可以用劳务出资

C.有限合伙人不执行合伙事务，不得对外代表有限合伙企业

D.有限合伙企业仅剩普通合伙人的，应当解散

12.根据合伙企业法律制度规定，下列关于合伙企业的清算说法正确的是（　　）。

A.合伙企业解散，清算人必须由合伙人担任

B.清算人自被确定之日起10日内将合伙企业解散事项通知债权人，并于30日内在报纸上公告

C.合伙企业财产依法清偿后仍有剩余时，对剩余财产由合伙人按照实缴出资比例分配

D.合伙企业被依法宣告破产的，普通合伙人对合伙企业的债务仍应承担无限连带责任

13. 根据《合伙企业法》的规定，若出现（　　）的，合伙企业应当解散。

A. 合伙期限届满合伙人对继续经营产生严重分歧

B. 合伙协议约定的合伙目的已经实现

C. 有2/3以上的合伙人决定解散

D. 合伙人已不具备法定人数满15天

14. 根据合伙企业法律制度的规定，下列各项中，不属于合伙企业财产的是（　　）。

A. 合伙人的出资　　B. 合伙企业取得的专利权

C. 合伙企业接受的捐赠　　D. 合伙企业承租的设备

15. 甲合伙企业为生产电动车的企业，欲与生产电动车电池的乙企业达成协议进行合作，合伙企业对此事项无特殊约定。下列说法中正确的是（　　）。

A. 须经全体合伙人一致同意

B. 全体合伙人按照出资额行使表决权，表决权二分之一以上通过

C. 全体合伙人按照出资额行使表决权，表决权三分之二以上通过

D. 全体合伙人一人一票并经全体合伙人过半数通过

16. 关于普通合伙企业的出资，下列说法错误的是（　　）。

A. 合伙人可以分期缴付出资

B. 合伙人首次缴付的出资不得低于认缴数额的20%

C. 合伙人以劳务出资的，其评估办法由全体合伙人协商确定

D. 合伙人可以用土地使用权出资

17. 齐某、陆某、何某共同投资设立一普通合伙企业，合伙协议对合伙人的资格取得或丧失未作约定。合伙企业存续期间，齐某因车祸去世，齐某妻林某是唯一继承人。下列表述中，符合合伙企业法律制度规定的是（　　）。

A. 林某自动取得该企业合伙人资格

B. 经陆某、何某一致同意，林某取得该企业合伙人资格

C. 林某不能取得该企业合伙人资格，只能由该企业向林某退还齐某在企业中的财产份额

D. 林某自动成为有限合伙人，该企业转为有限合伙企业

18. 合伙人通知退伙的，应当符合的条件有（　　）。

A. 其他合伙人严重违反合伙协议约定的义务

B. 合伙人的退伙不会给合伙企业事务执行造成不利影响

C. 提前30日通知其他合伙人

D. 提前60日通知其他合伙人

19. 甲、乙、丙为某普通合伙企业的合伙人。除合伙协议另有约定外，该合伙企业发生的下列事项中，需要经全体合伙人一致同意的有（　　）。

A. 甲向乙转让50%的财产份额

B. 丙向张某转让10%的财产份额

C. 甲以个人名义为李某提供担保

D. 丙以合伙企业名义为王某提供担保.

20. 张三、李四和赵五同为甲普通合伙企业的合伙人。张三借王六钱款30万元，无力用个人财产清偿。王六在不满足于用张三从甲合伙企业分得的收益偿还其债务的情况下，还可以（　　）。

A.代位行使张三在甲合伙企业的权利

B.依法请求人民法院强制执行张三在甲合伙企业的财产份额用于清偿

C.自行接管张三在甲合伙企业的财产份额

D.直接变卖张三在甲合伙企业的财产份额用于清偿

二、多项选择题

1.某普通合伙企业成立时，下列人员不能成为合伙人的有（　　）。

A.甲声明对企业的债务最多只承担1万元

B.乙是国家公务员，以自己8岁的儿子的名义入伙

C.丙是被开除的警察

D.丁于1个月前刚被刑满释放

2.甲、乙、丙、丁四人准备设立一家有限合伙企业，甲乙是有限合伙人，丙丁是普通合伙人。下列选项不符合合伙企业法要求的有（　　）。

A.甲是国有企业

B.乙以劳务作价出资

C.丙提出企业名称为××有限合伙公司

D.丁认为人数不符合要求

3.张某和李某共同出资设立一合伙企业，他们共同出资20万元，一年后获得经营利润2万元，还获赠一台电脑。那么，下列说法中错误的有（　　）。

A.该20万元出资和2万元利润属于合伙企业的财产

B.获赠的电脑不属于出资，也不属于营业所得，但仍属合伙企业财产

C.张某欲向王某转让其在合伙企业中的一半财产份额，只需通知李某即可

D.张某以其在合伙企业中的财产份额出质而未取得李某的同意，但不得以之对抗善意第三人，故该出质行为有效

4.下列有关有限合伙人的表述中，符合《合伙企业法》规定的有（　　）。

A.有限合伙人经全体合伙人协商一致可以劳务出资

B.有限合伙人可以根据合伙协议的约定执行合伙事务

C.除合伙协议另有约定外，有限合伙人可以将其在有限合伙企业中的财产份额出资

D.有限合伙人可以按照合伙协议的约定向合伙人以外的人转让其在有限合伙企业中的财产份额，但应当提前30日通知其他合伙人

5.某产业投资基金的组织形式为有限合伙企业。其有限合伙人的下列行为中，符合合伙企业法律制度规定的有（　　）。

A.担任该基金总经理

B.对该基金的经营管理提出建议

C.参与选择承办该基金审计业务的会计师事务所

D.依法为该基金提供担保

6.甲向乙借款4万元作为出资与他人合伙设立了一家食品厂（普通合伙企业）。借款到期后，乙要求甲偿还借款，甲个人财产不足以清偿。根据合伙企业法律制度的规定，下列有关偿还借款的方式中，正确的有（　　）。

A.甲用从食品厂分取的收益偿还借款

B.甲自行将自己在食品厂的财产份额转让给乙，以抵偿借款

C.甲自行将自己在食品厂的财产份额出质取得贷款，用于偿还借款

D.乙请求人民法院强制执行甲在食品厂的财产份额用于清偿借款

7.甲死亡，乙对甲在某普通合伙企业中的财产份额享有合法继承权。下列有关乙与合伙企业关系的表述中，符合合伙企业法规定的有（　　）。

A.如果乙不愿意成为合伙企业的合伙人，则该合伙企业可以不必向乙退还甲的财产份额

B.如果乙未取得合伙协议约定的合伙人资格，则该合伙企业可以不必向乙退还甲的财产份额

C.如果乙为无民事行为能力人，全体合伙人未能一致同意乙入伙，则该合伙企业应当将甲的财产份额退还乙

D.如果乙为无民事行为能力人，经全体合伙人一致同意，乙可以成为有限合伙人，但该合伙企业应转为有限合伙企业

8.根据合伙企业法律制度的规定，合伙企业的下列事项中，应当在工商行政管理机关登记的有（　　）。

A.主要经营场所　　B.执行事务合伙人

C.合伙人的住所　　D.合伙人的家庭状况

9.甲、乙、丙、丁投资设立A普通合伙企业，根据合伙企业法律制度的规定，除合伙协议另有约定外，下列行为的实施必须取得甲、乙、丙、丁四人同意的有（　　）。

A.将合伙企业的厂房卖给第三人戊

B.将合伙企业的主要营业场所由上海转移到北京

C.以合伙企业的名义为第三人辛提供担保

D.将合伙企业名称更改为B合伙企业

10.根据《合伙企业法》的规定，下列关于普通合伙企业利润分配的表述中，正确的有（　　）。

A.合伙协议约定比例的，按约定比例分配

B.合伙协议没有约定比例的，由各合伙人协商确定

C.合伙协议没有约定比例的，由各合伙人按照实缴出资比例分配

D.合伙协议可以约定将全部的利润分配给部分合伙人

11.甲、乙、丙共同出资设立A普通合伙企业。甲因个人原因欠丁银行10万元借款，丁银行亦欠A企业10万元。根据合伙企业法律制度的规定，下列表述中，正确的有（　　）。

A.丁银行可以以对甲的债权抵销其对A企业的债务

B.丁银行不得代位行使甲在A企业中的权利

C.甲可以用其从A企业分取的收益偿还丁银行的借款

D.如果甲无力清偿丁银行的借款，丁银行可以请求人民法院强制执行甲在A企业的财产份额

12.甲是普通合伙企业的合伙人，合伙协议约定合伙期限为2年，在合伙企业存续期间，发生下列情形，甲可以退伙的有（　　）。

A.合伙协议约定的退伙事由出现

B.经过全体合伙人一致同意甲退伙

C.发生了甲难以继续参加合伙的事由

D.其他合伙人严重违反合伙协议约定的义务

13.张某、李某、王某共同出资设立某普通合伙企业。后来张某死亡，继承人只有小张。合伙协议对合伙人资格取得或者丧失未作约定。根据《合伙企业法》的规定，下列表述中，正确的

有（　　）。

A.如果小张具备完全民事行为能力，可以自动取得普通合伙人资格

B.如果小张具备完全民事行为能力，经全体合伙人一致同意，小张可以取得普通合伙人资格

C.如果小张为无民事行为能力人或者限制民事行为能力人，无须全体合伙人一致同意，就可以依法成为有限合伙人，普通合伙企业依法转为有限合伙企业

D.如果小张为无民事行为能力人或者限制民事行为能力人，经全体合伙人一致同意，可以依法成为有限合伙人，普通合伙企业依法转为有限合伙企业

14.下列关于合伙企业的相关说法中，正确的有（　　）。

A.采取合伙制的非企业专业服务机构是指不采用企业形式成立的.以自己专业知识提供特定服务的组织

B.采用合伙制的非企业专业服务机构主要指的是律师事务所.会计师事务所等专业服务机构

C.合伙企业的生产经营所得和其他所得，按照国家有关税收规定，应依法缴纳企业所得税

D.合伙企业的生产经营所得和其他所得，按照国家有关税收规定，由合伙人分别缴纳所得税

15.根据《合伙企业法》的规定，合伙企业解散事由包括（　　）。

A.合伙期限届满，合伙人决定不再经营

B.全体合伙人决定解散

C.合伙人已不具备法定人数满20天

D.依法被吊销营业执照，责令关闭或者被撤销

三、案例分析题

1.2013年1月15日，赵一、钱二、孙三、李四四人投资设立建发普通合伙企业（以下简称“建发企业”），并签订了书面合伙协议。协议的部分内容如下：赵一、钱二、孙三、李四各以货币20万元作为出资，四人平均分配利润、分担风险；由钱二执行建发企业事务，对外代表建发企业；对其他事项无约定。建发企业存续期间，发生如下事实：

（1）2013年2月1日，钱二因建发企业事务繁忙，独自决定聘任合伙人以外的周五担任建发企业经营管理人员。

（2）2013年3月10日，华夏公司欠建发企业的30万元到期；孙三欠华夏公司的30万元亦到期（与建发企业无关），华夏公司拟将该债权债务抵销。

根据上述事实以及合伙企业法律制度的规定，分别回答下列问题：

（1）根据本题要点（1），钱二聘任周五的行为是否符合法律规定？并说明理由。

（2）根据本题要点（2），华夏公司能否将该债权债务抵销？并说明理由。

（3）根据本题要点（2），若孙三的自有财产不足清偿欠华夏公司的30万元，应如何处理？并说明理由。

2.2016年9月，甲、乙、丙、丁协商设立普通合伙企业。其中，甲、乙、丁系辞职职工，丙系一法人型集体企业，其拟定的合伙协议约定：甲以劳务出资，而乙、丁以实物出资，对企业债务承担无限责任，并由甲、乙负责公司的经营管理事务；丙以货币出资，对企业债务以其出资额承担有限责任，但不参与企业的经营管理。经过纠正有关问题后，合伙企业得以成立。开业不久，丁发现甲、乙的经营不符合自己的要求，随即提出退伙。在该年11月下旬丁撤资退伙的同时，合伙企业又接纳戊入伙。该年11月底，在企业财产不足清偿的情况下，合伙企业的债权人

甲就11月前发生的债务要求现在的合伙人及退伙人共同承担连带清偿责任。对此，丁认为其已退伙，对合伙企业的债务不再承担责任；入伙人戊则认为自己对入伙前发生的债务也不承担任何责任。

2016年12月，戊向丙公司借款时，在仅征得甲的同意后，将其在合伙企业中的财产份额出质给丙公司。

要求：根据以上资料，回答下列问题。

（1）丙是否可以成为普通合伙企业的合伙人？并说明理由。

（2）在合伙企业的设立中，请指出不合规定之处？并说明理由。

（3）对债权人甲的请求，合伙人应当如何承担责任？并说明理由。

（4）假设合伙协议约定只有甲和丁有权执行合伙事务、乙和丙无权执行合伙事务，而乙与乙公司签订一份合同，乙公司并不知道合伙协议对乙的职权限制，甲、丁知悉后认为该合同不符合企业的利益，并明确地向乙公司表示对该合同不予承认，那么，该合同的效力如何确认？并说明理由。

（5）戊的出质行为是否有效？并说明理由。

第六章 公司法律制度

本章导学

本章框架图

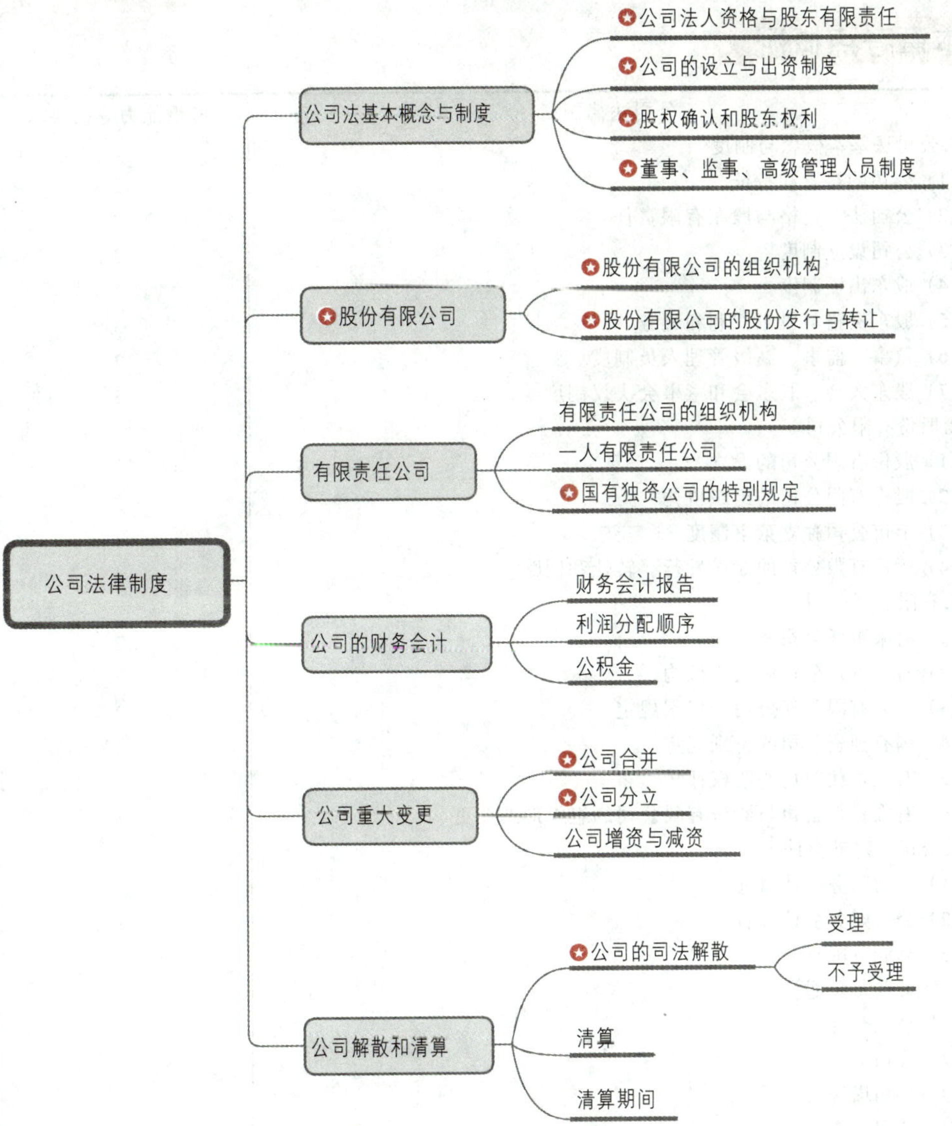

本章考情概述

本章属于重点章节，近几年平均每年考查分值在15分左右，历来是经济法考试当中分值相对最高且较稳定的一章，每年必考综合题，经常会结合证券法进行考查。

本章应关注的问题：出资制度、股东和股权问题、公司的组织机构以及股权（份）转让。

近3年主要考点：有限责任公司、股份有限公司的组织机构及其职能。

本章考点概况

公司法律制度	考纲能力等级要求
1.公司法基本概念与制度	
（1）公司的概念和特征	2
（2）公司法人资格与股东有限责任	3
（3）公司设立制度	3
（4）股东出资制度	3
（5）股东资格与股东权利和义务	3
（6）董事、监事、高级管理人员制度	3
（7）股东大会、股东会和董事会决议制度	3
2.股份有限公司	
（1）股份有限公司的设立	2
（2）股份有限公司的组织机构	3
（3）上市公司独立董事制度	3
（4）股份有限公司的股份发行、转让和回购	3
3.有限责任公司	
（1）有限责任公司的设立	2
（2）有限责任公司的组织机构	2
（3）一人有限责任公司的特别规定	2
（4）国有独资公司的特别规定	2
（5）有限责任公司的股权移转	3
（6）有限责任公司与股份有限公司的组织形态变更	3
4.公司的财务会计	
（1）公司财务会计概述	2
（2）公司财务会计报告	3
（3）利润分配	3
5.公司重大变更	
（1）公司合并	2
（2）公司分立	2
（3）公司增资	2
（4）公司减资	2
6.公司解散和清算	
（1）公司解散	1
（2）公司清算	2

第一节　公司法的基本理论

一、公司法概述

（一）公司具有独立法人资格

公司是具有法人地位的企业组织，这是公司与合伙、独资等企业组织形式的重要区别。公司具有法人地位的特征主要表现在：

1.独财

股东最大义务出资→获得股权（收益、分红）→公司获得独立财产权→有限责任（出资额、股份）

2.独责

（1）公司的责任与股东的责任相互独立——股东有限责任；

（2）公司的责任与公司管理人员和工作人员的责任是相互独立的；

（3）公司的责任与下属企业或其他组织的责任是相互独立的。

3.独体

组织机构独立，三会依法设立。

考霸笔记
有限责任，指的是股东的有限责任，而不是公司的有限责任，公司是以其全部财产对外承担无限责任的。

（二）有限责任制度的例外

公司法人人格否认制度（刺破公司面纱原则）

根据《公司法》的规定，股东滥用公司法人独立地位和股东有限责任，逃避债务，严重损害公司债权人利益的，股东应当对公司债务承担连带责任。

有限责任制度：有限责任公司的股东以其认缴的出资额为限对公司承担责任；股份有限公司的股东以其认购的股份为限对公司承担责任。

1.公司股东滥用公司法人独立地位和股东有限责任，逃避债务，严重损害公司债权人利益的，股东应当对公司债务承担连带责任。

2.一人有限责任公司的股东不能证明公司财产独立于股东自己财产的，应当对公司债务承担连带责任。

【解释】公司的最大优点是法律为公司提供了全面的有限责任保护。《公司法》规定，有限责任公司的股东以其认缴的出资额为限对公司承担责任，股份有限公司的股东以其认购的股份为限对公司承担责任。换句话说，股东除了对公司负有出资义务之外，并不对公司的债务承担责任。

有限责任制度使得股东可以将投资的风险与自身的其他资产相隔离，有利于股东控制投资风险，促进了公众的投资意愿，也促进了股票交易市场的蓬勃发展。

抽逃出资有哪些情形？

考霸笔记
【解释1】公司成立后，股东不得抽逃出资。
【解释2】发起人、认股人缴纳股款或者交付抵作股款的出资后，除未按期募足股份、发起人未按期召开创立大会或者创立大会决议不设立公司的情形外，不得抽回其股本。

二、公司的法律人格

（一）股东抽逃出资

1.抽逃出资的形态

公司成立后，公司、股东或者公司债权人以相关股东的行为符合下列情形之一且损害公司权益为由，请求认定该股东抽逃出资的，人民法院应予支持：

（1）通过虚构债权债务关系将其出资转出；

（2）制作虚假财务会计报表虚增利润进行分配；

（3）利用关联交易将出资转出。

例6-1·2014年多选题

根据公司法律制度的规定，认股人缴纳出资后，有权要求返还出资的情形有（　　）。

A.公司未按期募足股份

B.发起人未按期召开创立大会

C.创立大会决议不设立公司

D.公司发起人抽逃出资，情节严重

【答案】ABC

【解析】发起人、认股人缴纳股款或者交付抵作股款的出资后，除未按期募足股份、发起人未按期召开创立大会或者创立大会决议不设立公司的情形外，不得抽回其股本。

考霸笔记

【解释】股东在公司增资时未履行或者未全面履行出资义务，未尽法定义务的董事、高级管理人员也承担相应责任。

2.抽逃出资的民事责任

（1）股东抽逃出资，公司或者其他股东可以请求其向公司返还出资本息，还可以请求协助其抽逃出资的其他股东、董事、高级管理人员或者实际控制人对此承担连带责任，人民法院应予支持。

（2）股东抽逃出资，公司债权人请求抽逃出资的股东在抽逃出资本息范围内对公司债务不能清偿的部分承担补充赔偿责任、协助抽逃出资的其他股东、董事、高级管理人员或者实际控制人对此承担连带责任的，人民法院应予支持；抽逃出资的股东已经承担上述责任，其他债权人提出相同请求的，人民法院不予支持。

（二）公司法人财产

公司法人财产与公司资本不是同一个概念。公司资本是股东出资构成的财产总额，其只是公司法人财产的一部分，公司法人财产还包括公司成立后在经营过程中积累或接受赠与等形成的财产；公司资本是一个确定不变的财产数额，一旦确定，非经法律程序，不能自然或随意改变，而公司法人财产则会随公司经营活动而不断变化。

考霸笔记

【解释1】《公司法》对公司对外投资的规模并没有限制，公司章程可以自己限定。

【解释2】公司章程对公司、股东、董事、监事和高级管理人员均有约束力。

（三）公司法人财产权的限制

1.对投资的限制

（1）公司可以向其他企业投资；但是，除法律另有规定外，不得成为对所投资企业的债务承担连带责任的出资人。

（2）公司向其他企业投资，依照公司章程的规定，由董事会或者股东会、股东大会决议；公司章程对投资的总额及单项投资的数额有限额规定的，不得超过规定的限额。

2.担保的限制　【口诀】对外担保，董股决议；对内担保，股决议。

（1）公司为他人提供担保，依照公司章程的规定，由董事会或者股东会、股东大会决议。

（2）公司章程对投资或担保的总额及单项投资或者担保的数额有限额规定的，不得超过规定的限额。

（3）公司为公司股东或者实际控制人提供担保的，必须经股东会或者股东大会决议。接受担保的股东或者受实际控制人支配的股东不得参加表决。该项表决由出席会议的其他股东所持表决权的过半数通过。

【注意】公司为非股东、非实际控制人提供担保的，公司章程可以规定由董事会或者股东（大）会决议，总经理、董事长无此资格。

【注意】公司为股东或者实际控制人提供担保的：

必须由股东（大）会决议，董事会无此资格；股东（大）会在表决时，接受担保的股东或者受实际控制人支配的股东应当回避，不得参加表决；该项表决由出席会议的其他股东所持表决权的过半数（>1/2）通过。

考霸笔记
公司在为股东或者实际控制人（也就是自己人）提供担保时，因为自己人是被担保方，是受益方，所以不得参与表决，否则其他股东，尤其是小股东利益就会受损，在被担保不参与表决的情况下，该表决应由“出席会议”的“其他股东”所持“表决权”的“过半数”（>1/2），“出席会议”“过半数”是重点。“出席会议”的人才算在内，如果不出席该事项的表决的话，那么就不作为分子分母计算在内。

3.借款的限制

一般情况下，除非公司章程有特别规定或经过股东会（或股东大会）的批准，公司董事、经理不得擅自将公司资金借贷给他人。

公司不得直接或者通过子公司向董事、监事、高级管理人员提供借款。

例6-2·2009年单选题

甲持有乙公司34%的股份，为第一大股东。2007年1月，乙公司召开股东大会讨论其为甲向银行借款提供担保事宜。出席本次大会的股东（包括甲）所持表决权占公司发行在外股份总数的49%，除一名持有公司股份总额1%的小股东反对外，其余股东都同意乙公司为甲向银行借款提供担保。根据公司法律制度的规定，下列说法中正确的是（　　）。

A.决议无效，因为出席股东大会的股东所持表决权数不足股份总额的半数

B.决议无效，因为决议所获同意票代表的表决权数不足公司股份总额的半数

C.决议无效，因为甲未回避表决

D.决议无效，因为公司不得为其股东提供担保

【答案】C

【解析】（1）选项A、B：公司为股东提供担保的，应当经出席会议的其他股东所持表决权过半数通过，排除这两个选项。（2）选项D：公司可以为股东提供担保。

三、名义股东与实际出资人

实践中，由于各种原因，公司相关文件记名的股东（名义股东）与真正投资人（实际出资人）不是同一个人，二者经常就股权及投资收益的归属发生争议。《公司法司法解释（三）》就名义股东与实际出资人的问题作出了明确规定。

1.名义股东与实际出资人之间的内部约定有效吗？

名义股东与实际出资人之间的内部约定有效吗？

有限责任公司的实际出资人与名义出资人订立合同，约定由实际出资人出资并享有投资权益，以名义出资人为名义股东，实际出资人与名义股东对该合同效力发生争议的，如无《合同法》第52条（合同无效的界定）规定的情形，人民法院应当认定该合同有效。这就是说，如果名义股东与实际出资人约定由名义股东出面行使股权，但由实际出资人享受投资权益时，这属于双方之间的自由约定，根据缔约

第六章

自由的精神，如无其他违法情形，该约定应当有效，实际出资人可依照合同约定向名义股东主张相关权益。基于这一精神，在实际出资人与名义股东就出资约定合法的情况下，二者因投资权益的归属发生争议，实际出资人以其实际履行了出资义务为由向名义股东主张权利的，人民法院应予支持。名义股东以公司股东名册记载、公司登记机关登记为由否认实际出资人权利的，人民法院不予支持。

2.实际出资人如果想从幕后走向前台，展示自己的风采，怎么办？

如果实际出资人请求公司变更股东、签发出资证明书、记载于股东名册、记载于公司章程并办理公司登记机关登记等，此时实际出资人的要求已经突破了前述双方合同的范围，实际出资人将从公司外部进入公司内部成为公司的成员。此种情况下，应当参照《公司法》中股东向股东以外的人转让股权的规定。根据《公司法司法解释（三）》的规定，如果实际出资人未经公司其他股东半数以上同意，请求公司变更股东、签发出资证明书、记载于股东名册、记载于公司章程并办理公司登记机关登记的，人民法院不予支持。

3.名义股东"不着调""瞎折腾"怎么办？

名义股东将登记于其名下的股权转让、质押或者以其他方式处分，实际出资人以其对于股权享有实际权利为由，请求认定处分股权行为无效的，人民法院可以参照《物权法》第一百零六条（善意取得制度）的规定处理。这就是说，只要受让方构成善意取得，交易的股权可以最终为其所有。但是，名义股东处分股权造成实际出资人损失，实际出资人请求名义股东承担赔偿责任的，人民法院应予支持。

【解释】善意取得的构成要件：(1) 受让人受让财产时主观上为善意；(2) 以合理的价格有偿受偿；(3) 转让财产依照法律规定应当登记的已经登记，不需要登记的已经交付给受让人。

【案例】甲（名义股东）持有A有限责任公司20%的股权，乙为实际出资人，甲作为乙的傀儡，对该股权无权处分。2012年4月1日，未经乙同意，甲将该股权作价100万元转让给了不知情的丙，并办理了股权变更登记手续。在本案中：(1) 受让人丙善意地、以合理的价格有偿受让并办理了股权变更登记手续，丙基于善意取得制度依法取得了该股权；(2) 实际出资人乙已经丧失了该股权，乙无权要求丙返还该股权；(3) 乙有权要求甲承担赔偿责任。

4.被冒名了该怎么解决？

如果冒用他人名义出资并将该他人作为股东在公司登记机关登记的，冒名登记行为人应当承担相应责任；公司、其他股东或者公司债权人以未履行出资义务为由，请求被冒名登记为股东的人承担补足出资责任或者对公司债务不能清偿部分的赔偿责任的，人民法院不予支持。（冒名人承担相应责任，被冒名人不需要承担任何责任）

四、股东权利

（一）股东权利的概念

股东权利是指股东向公司出资或认购股份而对公司享有的权利。

（二）股东权利的分类

股东权利可分为参与管理权和资产收益权。前者又称共益权，后者又称自益权。

1.参与管理权是股东依法参加公司事务的决策和经营管理的权利，如股东大会参加权、提案权、质询权，在股东大会上的表决权、累积投票权，股东大会召集请求权和自行召集权，了解公司事务、查阅公司账簿和其他文件的知情权，提起诉讼权等权利。

2.资产收益权是股东依法从公司取得利益、财产或处分自己股权的权利，主要为股利分配请求权、剩余财产分配权、新股认购优先权、股份质押权和股份转让权等。

（三）股东权利的内容

1.表决权（一股一票或者按照出资比例）。

（1）公司持有的本公司股份没有表决权。

（2）公司为股东或者实际控制人提供担保的，必须经股东会或者股东大会决议。接受担保的股东或者受实际控制人支配的股东不得参加表决，该项表决由出席会议的其他股东所持表决权过半数通过。

2.选举权或者被选举权。

股东大会选举董事、监事，可以依照公司章程的规定或者股东大会的决议，实行累积投票制。

累积投票制是指公司股东大会选举董事或者监事时，有表决权的每一股份拥有与应选董事或者监事人数相同的表决权，股东拥有的表决权可以集中使用。股东在选举董事、监事时拥有的表决权总数，等于其所持有的股份数与待选董事人数的乘积。这样能防止大股东利用表决权优势操纵董事的选举，消除一股一票的表决制度存在的弊端，最大程度地保护中小股东的利益。

3.依法转让出资额或者股份的权利。

4.查阅权。

有限公司与股份公司股东的查阅权有什么区别？

（1）查阅范围。

①有限责任公司。股东有权查阅、复制公司章程、股东会会议记录、董事会会议决议、监事会会议决议和财务会计报告。股东可以要求查阅公司会计账簿。

②股份有限公司。股东有权查阅公司章程、股东名册、公司债券存根、股东大会会议记录、董事会会议决议、监事会会议决议、财务会计报告。

③公司章程或者股东间协议可以对查阅范围、方式作出规定，但不得“实质性剥夺”股东以公司法享有的查阅权。

（2）查阅资格。

①提出查阅请求者应当具备股东资格。公司有证据证明原告在起诉时不具有公司股东资格的，人民法院应当驳回起诉。

②原告有初步证据证明在持股期间其合法权益受到损害的，有权请求依法查阅或者复制其持股期间的公司特定文件材料。

（3）查阅的“不正当目的”。

①股东要求查阅公司会计账簿的，应当向公司提出书面请求，说明目的。公司有合理根据认为股东查阅会计账簿有不正当目的，可能损害公司合法利益的，可以拒绝提供查阅，并应当自股东提出书面请求之日起15日内书面答复股东并说明理由。公司拒绝提供查阅的，股东可以请求人民法院要求公司提供查阅。

股东查阅会计档案的不正当目的情形有哪些?

②有限责任公司如证明股东有下列情形之一的，人民法院应认定该股东的查阅请求具有不正当目的：

A.股东自营或者为他人经营的业务与公司主营业务有“实质性竞争关系”，除非公司章程另有规定或者全体股东另有规定；

B.股东查阅公司会计账簿，是为了向他人通报有关信息，而他人一旦获知该信息，公司合法利益即可能遭受损害；

C.股东在向公司提出查阅请求之日前的3年内，曾通过查阅公司会计账簿，向他人通报有关信息损害公司合法利益。

（4）胜诉股东的便利措施和保密义务。

①人民法院审理股东请求查阅或者复制公司特定文件材料的案件，对原告诉讼请求予以支持的，应当在判决中明确查阅或者复制公司特定文件材料的时间、地点和特定文件材料的名录。

②股东依据人民法院生效判决查阅公司文件材料的，在该股东在场的情况下，可以由会计师、律师等依法或者依据执业行为规范负有保密义务的中介机构执业人员辅助进行。

③公司董事、高管有义务依法制作、保存公司资料。如果董事、高管未依法履职，导致公司未制作或者保存股东有权查阅的资料，造成股东损失的，应承担赔偿责任。

④股东行使查阅权，同时也负有保密义务。

A.股东行使知情权后泄露公司商业秘密导致公司合法利益受到损害，公司请求该股东赔偿相关损失的，人民法院应予支持。

B.辅助股东查阅公司文件材料的会计师、律师等泄露公司商业秘密导致公司合法利益受到损害，公司请求其赔偿相关损失的，人民法院应予支持。

5.建议和质询权。

股东会或者股东大会要求董事、监事、高级管理人员列席会议的，董事、监事、高级管理人员应当列席并接受股东的质询。

6.增资优先认购权。

有限责任公司新增资本时，股东有权优先按照实缴的出资比例认缴出资。但是，全体股东约定不按照出资比例优先认缴出资的除外（尊重当事人的自由意志）。

7.股利分配请求权。

（1）股利分配的决定权和比例

利润分配方案由董事会制定，股东会或者股东大会以普通决议多数通过后，再由董事会实施。

①有限责任公司的股东按照实缴的出资比例分取红利；但是，全体股东可以事先约定不按照出资比例分取红利。

②股份有限公司按照股东持有的股份比例分配，但股份有限公司章程规定不按持股比例分配的除外。

（2）股利分配诉讼

①股东请求公司分配利润案件，应当列公司为被告。

②一审法庭辩论终结前，其他股东基于同一分配方案请求分配利润并申请参加诉讼的，应当列为共同原告。

③股东提交载明具体分配方案的股东会或者股东大会的有效决议，请求公司分配利润，公司拒绝分配利润且其关于无法执行决议的抗辩理由不成立的，人民法院应当判决公司按照决议载明的具体分配方案向股东分配利润。

④股东未提交载明具体分配方案的股东会或者股东大会决议，请求公司分配利润的，人民法院应当驳回其诉讼请求，但违反法律规定滥用股东权利导致公司不分配利润，给其他股东造成损失的除外。

【解释】法院原则上不干预公司的利润分配事务，除非存在有违公平的情形。

8.提议召开临时股东（大）会。

（1）有限责任公司代表1/10以上表决权的股东，可以提议召开临时股东会。

（2）股份有限公司单独或者合计持有10%以上股份的股东，可以提议召开临时股东大会。

9.临时提案权。

单独或者合计持有公司3%以上股份的股东，可以在股东大会召开10日前提出临时提案并书面提交董事会；董事会应当在收到提案后2日内通知其他股东，并将该临时提案提交股东大会审议。临时提案的内容应当属于股东大会职权范围，并有明确议题和具体决议事项（3%+10+2）。

10.异议股东股份回购请求权。

这是指股东（大）会作出对股东利害关系产生实质性影响的决议时，对该决议有异议的股东，有权要求公司以公平价格回购其所持出资额或者股份，从而退出公司。

（1）有限责任公司。

有限责任公司出现下列三种情形之一的，对股东会决议投反对票的股东，可以请求公司按照合理价格收购其股权：

一是公司连续5年不向股东分配利润，而公司该5年连续盈利，并且符合法律规定的分配利润条件的；

二是公司合并、分立、转让主要财产的；

三是公司章程规定的营业期限届满或者章程规定的其他解散事由出现，股东会会议通过决议修改章程使公司存续的。

如果双方作出相关决议，在60日内不能达成股权回购协议的，该股东有权自决议作出之日起，在90日内向人民法院提起诉讼，要求法院判决让公司以合理的价格回购股权。

（2）股份有限公司。

股份有限公司异议股东股份收买请求权仅限于股东大会作出的公司合并、分立决议持有异议的情形。

【解释】自股东会会议决议通过之日起60日内，股东与公司不能达成股权收购协议的，股东可以自股东会会议决议通过之日起90日内向人民法院提起诉讼，要求公司回购股权。

11.请求人民法院解散公司的权利。

公司经营发生严重困难，继续存续会使股东利益受到重大损失，通过其他途径不能解决的，持有公司全部股东表决权10%以上的股东，可以请求人民法院解散公司。

有限公司与股份公司异议股东回购请求权有什么区别?

考霸笔记

【口诀】五年有钱不分红，合并、分立、转财产；期限届满还想干（改章程），股东反对六九零（60日、90日）。

例6-3·单选题

某有限责任公司发生经营困难，如果继续经营会使股东利益受到重大损失，并且通过其他途径不能解决的，持有公司全部股东表决权（　）以上的股东，可以请求（　）解散公司。

A.10%；工商行政管理部门　　B.5%；工商行政管理部门

C.10%；人民法院　　D.5%；人民法院

【答案】C

12.公司剩余财产的分配请求权。公司终止后，向其全体债权人清偿债务之后尚有剩余财产的，股东有权请求分配。

五、股东诉讼

股东诉讼的情形有哪些?

公司董事、监事、高级管理人员执行公司职务时违反法律、行政法规或者公司章程的规定，给公司造成损失的，应当承担赔偿责任。

（一）诉讼主体和条件

1.股东通过监事会或者监事提起诉讼。

（1）公司董事、高级管理人员执行公司职务时违反法律、行政法规或者公司章程的规定，给公司造成损失的，有限责任公司的股东、股份有限公司连续180日以上单独或者合计持有公司1%以上股份的股东，可以书面请求监事会或者不设监事会的有限责任公司的监事向人民法院提起诉讼。

（2）监事会或者不设监事会的有限责任公司的监事依照规定对董事、高级管理人员提起诉讼的，应当列公司为原告，依法由监事会主席或者不设监事会的有限责任公司的监事代表公司进行诉讼。

2.股东通过董事会或者董事提起诉讼。

（1）监事执行公司职务时违反法律、行政法规或者公司章程的规定，给公司造成损失的，有限责任公司的股东、股份有限公司连续180日以上单独或者合计持有公司1%以上股份的股东，可以书面请求董事会或者不设董事会的有限责任公司的执行董事向人民法院提起诉讼。

（2）董事会或者不设董事会的有限责任公司的执行董事依照规定对监事提起诉讼的，或者依据规定对他人提起诉讼的，应当列公司为原告，依法由董事长或者执行董事代表公司进行诉讼。

3.股东直接提起诉讼。

（1）监事会、不设监事会的有限责任公司的监事，或者董事会、执行董事收到上述股东的书面请求后拒绝提起诉讼，或者自收到请求之日起30日内未提起诉讼，或者情况紧急、不立即提起诉讼将会使公司利益受到难以弥补的损害的，有限责任公司的股东、股份有限公司连续180日以上单独或者合计持有公司1%以上股份的股东，有权为了公司的利益以自己的名义直接向人民法院提起诉讼。

（2）符合规定条件的股东，依据规定直接对董事、监事、高级管理人员或者他人提起诉讼的，应当列公司为第三人参加诉讼。一审法庭辩论终结前，符合规定条件的其他股东，以相同的诉讼请求申请参加诉讼的，应当列为共同原告。

(二)胜诉利益

1.股东依据规定直接提起诉讼的案件，胜诉利益归属于公司。股东请求被告直接向其承担民事责任的，人民法院不予支持。

2.为鼓励股东行使诉讼权利，股东依据规定直接提起诉讼的案件，其诉讼请求部分或者全部得到人民法院支持的，公司应当承担股东因参加诉讼支付的合理费用。

【解释1】具体程序如下：

(1)针对董事、高级管理人员——通过监事会或者监事提起诉讼。

(2)针对监事——通过董事会或者执行董事提起诉讼。

(3)拒绝或怠于或紧急情况下——股东直接提起诉讼。

(4)针对他人——通过监事会或者监事、董事会或者执行董事向人民法院提起诉讼，或者直接向人民法院提起诉讼。

【解释2】什么股东有资格代表公司提起诉讼？

(1)有限责任公司没有数量限制；

(2)股份有限公司必须是"连续180日以上单独或者合计持有公司1%以上股份的股东"。

【解释3】以谁的名义提起诉讼？

股东尽管是代表公司提起诉讼，但股东只能以自己的名义，而不能以公司的名义对被告提起诉讼。

【解释4】股东能否不通过董事会、监事会而直接对被告提起诉讼？

既然被告侵犯的是公司利益，一般情况下应当由董事会、监事会出面，以公司的名义提起诉讼。如果董事会、监事会不管，股东可以先书面请求董事会、监事会来管。只有董事会、监事会收到股东的书面请求后拒绝提起诉讼，或者自收到请求之日起30日内未提起诉讼，或者情况紧急、不立即提起诉讼将会使公司利益受到难以弥补的损害的，股东才能以自己的名义提起诉讼。简而言之，除非情况紧急，股东必须先找董事会、监事会，只有他们明确拒绝或者超过30日还不起诉的情况下，股东才能以自己的名义起诉。

3.股东直接诉讼(保护股东)

公司董事、高级管理人员违反法律、行政法规或者公司章程的规定，损害股东利益的，股东可以(直接作为原告)依法向人民法院提起诉讼。

【解释】提起直接诉讼是因为他人侵害了股东自身的利益，所以股东无须先找公司的董事会、监事会，直接提起诉讼。

六、股东义务

(一)出资义务

股东应按照法律和公司章程的规定，向公司按期足额缴纳出资。股东违反出资义务可能导致其股东权利受限甚至丧失股东资格。首先，公司有权通过公司章程或者股东(大)会决议对该股东的利润分配请求权、新股优先认购权、剩余财产分配请求权等权利予以合理的限制。其次，有限责任公司的股东未履行出资义务或者抽逃全部出资，经公司催告缴纳或者返还，其在合理期间内仍未缴纳或者返还出资，公司可以通过股东(大)会决议解除该股东的股东资格。最后，如果公司章程或者股东（大）会决议未对股东权利设置限制，人民法院可能在个案判决中认定未出资或者出资不足的股东的股东权利应受限制。

（二）股东不得滥用其权利（股东善意行使其权利）

公司股东应当遵守法律、行政法规和公司章程，依法行使股东权利，不得滥用股东权利损害公司或其他股东的利益。公司股东滥用股东权利给公司或者其他股东造成损失的，应当依法承担赔偿责任。

七、公司董事、监事、高级管理人员的资格和义务

1.公司董事、监事、高级管理人员的忠实和勤勉义务。

高级管理人员，是指公司的经理、副经理、财务负责人、上市公司董事会秘书和公司章程规定的其他人员。

忠实义务，是指公司的管理层应当以公司或者整体股东的利益最大化为目标，不得损害公司和整体股东的利益，更不得在自身利益与公司利益或者股东整体利益相冲突时偏向自身利益。

勤勉义务，是指公司管理层应当在执行公司职务时勤勉尽责，也就是说，在执行该职务时应当尽最大努力为公司或者股东的整体利益服务。只要公司管理层在决策时没有利益冲突，是在当时掌握的信息和认知条件下作出的善意决策，即使该决策事后被证明是失败的，也不能追究责任。这一规则国外一般称为商业判断规则。

例6-4·2015年单选题

根据公司法律制度的规定，公司董事的下列行为中，涉嫌违反勤勉义务的是（　）。

A.擅自披露公司商业秘密

B.将公司资金以个人名义开立账户存储

C.无正当理由长期不出席董事会会议

D.篡夺公司商业机会

【答案】C

【解析】本题考核公司董事的勤勉义务。勤勉义务是指公司管理者在执行职务时应当尽最大努力为公司或者股东的整体利益服务，适用于没有利益冲突的所有商业经营场合。这有两层的含义：一方面是积极的要求，即要求公司管理者勤勉尽责；另一方面是消极的抗辩，是对公司管理者的一种保护，即公司管理者在决策时没有利益冲突，是在当时掌握的信息和认知条件下作出诚实、善意的决策，即使该决策事后被证明是失败的，也不能追究其责任。选项A、B、D是有利益冲突，违反忠实义务的表现，所以选项A、B、D错误；选项C没有利益冲突，是违反勤勉义务的表现，所以选项C正确。

不得担任董监高的情形有哪些?

2.公司董事、监事和高级管理人员的资格有下列情形之一的，不得担任公司的董事、监事、高级管理人员。

（1）无民事行为能力或者限制民事行为能力；

（2）因贪污、贿赂、侵占财产、挪用财产或者破坏社会主义市场经济秩序，被判处刑罚，执行期满未逾5年，或者因犯罪被剥夺政治权利，执行期满未逾5年；

（3）担任破产清算的公司、企业的董事或者厂长、经理，对该公司、企业的破

产负有个人责任的，自该公司、企业破产清算完结之日起未逾3年；

（4）担任因违法被吊销营业执照、责令关闭的公司、企业的法定代表人，并负有个人责任的，自该公司、企业被吊销营业执照之日起未逾3年；

（5）个人所负数额较大的债务到期未清偿。

【解释】如果上述人员被选举、委派或者聘任，该选举、委派或者聘任无效；公司的董事、监事、高级管理人员在任职期间出现上述情形的，公司应当解除其职务。

3.公司董事、监事和高级管理人员的具体义务。

《公司法》规定，公司董事、高级管理人员不得有下列行为：

（1）违反公司章程的规定或者未经股东会、股东大会（而非董事会）同意，与本公司订立合同或者进行交易。（自我交易禁止）

（2）未经股东会或者股东大会同意，利用职务便利为自己或者他人谋取属于公司的商业机会，自营或者为他人经营与所任职公司同类的业务。（竞业禁止）

（3）一般情况下，除非公司章程有特别规定或者经股东会（股东大会）的批准同意，公司的董事、经理不得擅自将公司资金借贷给他人。

（4）公司为他人提供担保，按照公司章程的规定由董事会或者股东大会决议；公司为股东或者实际控制人提供担保的，必须经股东大会决议。

（5）挪用公司资金。

（6）将公司资金以其个人名义或者以其他个人名义开立账户存储。

（7）接受他人与公司交易的佣金归为己有。

（8）擅自披露公司秘密。

（9）违反对公司忠实义务的其他行为。

【注意】公司董事、高级管理人员违反上述规定所得的收入应当归公司所有。

例6-5·2005年多选题

某有限责任公司的董事李某拟将其所有的一套商住两用房屋以略低于市场价格的条件卖给公司作为办公用房。关于交易的下列表述中，正确的有（　　）。

A.该交易在获得公司监事会批准后可以进行

B.该交易在获得公司董事会批准后可以进行

C.该交易在获得公司股东会批准后可以进行

D.如果公司章程中规定允许此种交易，该交易可以进行

【答案】CD

【解析】公司董事、高级管理人员不得违反公司章程的规定或者未经股东会、股东大会同意，与本公司订立合同或者进行交易。

第二节　有限责任公司

一、设立条件

（一）股东条件

股东符合法定人数，有限责任公司股东为50人以下（1~50）。

（二）缴纳注册资本的出资形式

1.股东可以用货币出资，也可以用实物、知识产权、土地使用权等可以用货币估价并可以依法转让的非货币财产作价出资。

2.股东不得以劳务、信用、自然人姓名、商誉、特许经营权或者设定担保的财产等作价出资。

3.有限责任公司的注册资本为在公司登记机关登记的全体股东认缴的出资额。

4.除了特别规定（如银行、证券、保险公司等），公司法没有规定有限责任公司的最低注册资本限额和出资期限。

（三）非货币财产的评估作价

《公司法司法解释（三）》第九条：出资人以非货币财产出资，未依法评估作价，公司、其他股东或者公司债权人请求认定出资人未履行出资义务的，人民法院应当委托具有合法资格的评估机构对该财产评估作价。评估确定的价额显著低于公司章程所定价额的，人民法院应当认定出资人未依法全面履行出资义务。

但是，出资人以符合条件的非货币财产出资后，因市场变化或者其他客观因素导致出资财产贬值，公司、其他股东或者公司债权人则无权请求该出资人承担补足出资责任。当事人另有约定的除外。

（四）股权出资

投资人可以以其持有的在中国境内设立的有限责任公司或者股份有限公司的股权作为出资，投资于境内其他有限责任公司或者股份有限公司。但是，有下列情形之一的，该股权不得用于出资：

1.股权公司的注册资本尚未缴足；

2.已被设立质权；

3.已被依法冻结；

4.股权公司章程约定不得转让；

5.根据法律、行政法规的规定，股权公司股东转让股权应当报经批准而未经批准。

二、履行出资义务

根据有限责任公司制度，股东负有的唯一义务就是出资，因此，衡量股东是否已经履行出资义务就是股东是否需要承担责任的最重要根据。

（一）以其他公司的股权出资

出资人以其他公司股权出资，应当符合下列条件：

1.出资的股权由出资人合法持有并依法可以转让；

2.出资的股权无权利瑕疵或者权利负担；

3.出资人已履行关于股权转让的法定手续；

4.出资的股权已依法进行了价值评估。

（二）出资人以房屋、土地使用权或者需要办理权属登记的知识产权等财产出资

1.已经交付公司使用但未办理权属变更手续。

公司、其他股东或者公司债权人主张认定出资人未履行出资义务的，人民法院应当责令当事人在指定的合理期间内办理权属变更手续；在指定的期间内办理了权属变更手续的，人民法院应当认定其已经履行了出资义务；出资人主张自其实际交付财产给公司使用时享有相应股东权利的，法院应予支持。

2.已经办理权属变更手续但未交付给公司使用。

公司或者其他股东主张其向公司交付，并在实际交付之前不享有相应股东权利，人民法院应予支持。

（三）以贪污、受贿、侵占、挪用等违法犯罪所得的货币出资

以贪污、受贿、侵占、挪用等违法犯罪所得的货币出资后取得股权的，对违法犯罪行为予以追究、处罚时，应当采取拍卖或者变卖的方式处置其股权。这一规定防止将出资的财产直接从公司抽出的做法，采取将出资财产所形成的股权折价补偿受害人损失的方式，以保障公司资本之维持、维护公司债权人利益。

（四）出资人以不享有处分权的财产出资

出资人以不享有处分权的财产出资，当事人之间对于出资行为效力产生争议的，应该按照无权处分的规则处理。即该出资行为的效力不宜一概予以否认，只要公司取得该财产符合善意取得条件，该财产可以最终为公司所有。

条件包括：

1.公司受让该不动产或者动产时是善意的，即公司不知道出资人对该财产无处分权；

2.以合理的价格受让，即该不动产经评估合理作价；

3.转让的不动产或动产依照法律规定应当登记的已经登记，不需要登记的已经交付给受让人。公司如果不符合善意取得要件，原所有权人则有权取回该财产，此时应当视为出资人未履行出资义务。

三、违反出资义务的责任

违反出资义务包括未履行出资义务和未能全面履行出资义务。抽逃出资的责任与之类似。

（一）股东未履行或者未全面履行出资义务的责任

1.内部：公司或者其他股东有权请求其向公司依法全面履行出资义务。

2.外部：公司债权人有权请求其在未出资本息范围内对公司债务不能清偿的部分承担补充赔偿责任；未履行或者未全面履行出资义务的股东已经承担上述责任，其他债权人无权提出相同请求。

股东未履行或者未全面履行出资义务的责任有哪些?

3.股份有限公司的认股人未按期缴纳所认股份的股款，经公司发起人催缴后在合理期间内仍未缴纳，公司发起人对该股份另行募集的，人民法院应当认定该募集行为有效；认股人延期缴纳股款给公司造成损失，公司请求该认股人承担赔偿责任的，人民法院应予支持。

（二）对股东权利的合理限制

1.股东未履行或者未全面履行出资义务或者抽逃出资，公司可以根据公司章程或者股东会决议对其利润分配请求权、新股优先认购权、剩余财产分配请求权等股东权利作出相应的合理限制。

2.有限责任公司的股东（完全）未履行出资义务或者抽逃全部出资，经公司催告缴纳或者返还，其在合理期间内仍未缴纳或者返还出资，公司有权以股东会决议解除该股东的股东资格。

（三）发起人的连带责任

1.股东在公司设立时未履行或者未全面履行出资义务，发起人与该股东承担连带责任，但公司发起人承担责任后，可以向该股东追偿。

2.发起人股东的这一资本充实责任是法定责任，不得以发起人协议的约定、公司章程规定或股东会决议免除。

（四）董事、高级管理人员的相应责任

股东在公司增资时未履行或者未全面履行出资义务，原告请求未尽《公司法》规定的忠实和勤勉义务而使出资未缴足的董事、高级管理人员承担相应责任的，人民法院应予支持。董事、高级管理人员承担责任后，可以向被告股东追偿。

（五）增资时未履行出资义务的责任

股东在公司增资时未履行或者未全面履行出资义务，公司、其他股东或者公司债权人有权请求未尽忠实和勤勉义务的董事、高级管理人员（与发起人无关、与监事无关）承担相应的责任；董事、高级管理人员承担责任后，可以向被告股东追偿。

> 考霸笔记
> 【链接】基于投资关系产生的缴付出资请求权；支付存款本金及利息请求权；兑付国债、金融债券及向不特定对象发行的企业债券本息请求权。当事人提出诉讼时效抗辩的，人民法院不予支持。

（六）出资义务的诉讼时效抗辩

1.股东未履行或者未全面履行出资义务或者抽逃出资，公司或者其他股东请求其向公司全面履行出资义务，被告股东不得以诉讼时效为由进行抗辩。

2.公司债权人的债权未过诉讼时效期间，其依照规定请求未履行或者未全面履行出资义务的股东承担赔偿责任，被告股东以出资义务超过诉讼时效期间为由进行抗辩的，人民法院不予支持。

（七）恶意受让人的连带责任

有限责任公司的股东未履行或者未全面履行出资义务即转让股权，受让人对此知道或者应当知道，公司请求该股东履行出资义务、受让人对此承担连带责任的，人民法院应予支持。公司债权人依照规定对该股东提起承担补充赔偿责任的诉讼，同时请求受让人对此承担连带责任的，人民法院应予支持。但是，受让人对外承担连带责任后，向该未履行或者未全面履行出资义务的股东追偿的，人民法院应予支持。但是，当事人另有约定的除外。

例6-6·2012年单选题

某有限责任公司股东甲将其所持全部股权转让给该公司股东乙。乙受让该股权时，知悉甲尚有70%出资款未按期缴付。下列关于甲不按规定出资责任的表述中，符合公司法律制度规定的是（　　）。

A.甲继续向公司承担足额缴纳出资的义务，乙对此不承担责任

B.甲继续向公司承担足额缴纳出资的义务，乙对此承担连带责任

C.乙代替甲向公司承担足额缴纳出资的义务，甲对此不再承担责任

D.乙代替甲向公司承担足额缴纳出资的义务，甲对此承担补充清偿责任

【答案】B

【解析】本题考核有限责任公司的设立。有限责任公司的股东未履行或者未全面履行出资义务即转让股权，受让人对此知道或者应当知道，公司请求该股东履行出资义务、受让人对此承担连带责任的，人民法院应予支持。

(八) 除名程序

有限责任公司的股东未履行出资义务或者抽逃全部出资，经公司催告缴纳或者返还，其在合理期间内仍未缴纳或者返还出资，公司以股东会决议解除该股东的股东资格，该股东请求确认该解除行为无效的，人民法院不予支持。

四、公司的组织条件

公司的组织条件包括公司名称、住所、章程以及依法建立的组织机构。公司以其主要办事机构所在地为住所。以下将主要介绍公司章程的内容。

1.公司章程的概念和特点。

公司章程是由设立公司的股东共同制定，对公司、股东、董事、监事、高级管理人员具有约束力的公司规范性文件。

2.公司章程的制定和修改。

设立有限责任公司必须由股东共同依法制定公司章程，一人公司的公司章程由股东制定。但是，国有独资公司章程是由国有资产监督管理机构制定，或者由董事会制定报国有资产监督管理机构批准。公司章程制定之后，股东应当在公司章程上签字、盖章。

公司章程的修改必须经过股东会，并且应当经过代表2/3以上表决权的股东通过。

有限责任公司章程应当载明下列事项：

(1) 公司名称和住所；(2) 公司经营范围；(3) 公司注册资本；(4) 股东的姓名或者名称；(5) 股东的出资方式、出资额和出资时间；(6) 公司的机构及其产生办法、职权、议事规则；(7) 公司法定代表人；(8) 股东会会议认为需要规定的其他事项。

五、公司的设立

(一) 前置营业许可

在我国，设立一家合法的公司，绝大多数情况下都需要在工商登记前获得某种或者某些行政许可。这些行政许可被称为“前置审批”或“前置许可”。

1.许可可以分为两类

(1) 设立许可，是指公司的设立本身就须事先获得政府主管部门许可。法律、行政法规规定设立公司必须报经批准的，应当在公司登记前依法办理批准手续。

(2) 项目许可，是指公司仅就经营范围内的某个或若干个营业项目申请政府许可。公司经营范围中属于法律、行政法规规定须经批准的项目，应当依法获得批准。

【举例】公司有烟草销售项目的，须事先获得国家烟草管理部门批准；生产经营易燃易爆物品，经营刻字、印刷、复印等业务的，须经公安机关的审批。

2.依许可是否有数量限制，营业许可又可以分为普通许可和特别许可

凡是对获得许可者有数量限制的，称为特别许可；无数量限制的称为普通许可。

(二) 设立登记

1.商事登记是法定的登记机关对特定法律事实的记录。通常来说，商事登记的

法律效果有设权和公示两种。所谓设权效果，是指登记具有使所登记的法律事实成立的效果。所谓公示效果，是指登记仅具有对已经成立的法律事实予以公开、公告的效果。

公司的登记事项包括：（1）名称；（2）住所；（3）法定代表人姓名；（4）注册资本；（5）公司类型；（6）经营范围；（7）营业期限；（8）有限责任公司股东或者股份有限公司发起人的姓名或者名称。

2.设立公司应当首先申请名称预先核准。

预先核准的公司名称的保留期为6个月。预先核准的公司名称在保留期内，不得用于从事经营活动，不得转让。

（1）设立有限责任公司，应当由全体股东指定的代表或者共同委托的代理人向公司登记机关申请设立登记。

【注意】申请设立有限责任公司，应当向公司登记机关提交下列文件：

①公司法定代表人签署的设立登记申请书；

②全体股东指定代表或者共同委托代理人的证明；

③公司章程；

④股东的主体资格证明或者自然人身份证明；

⑤载明公司董事、监事、经理的姓名、住所的文件以及有关委派、选举或者聘用的证明；

⑥公司法定代表人任职文件和身份证明；

⑦企业名称预先核准通知书；

⑧公司住所证明；

⑨国家工商行政管理总局规定要求提交的其他文件。

（2）设立国有独资公司，应当由国务院或者地方人民政府授权的本级人民政府国有资产监督管理机构作为申请人，申请设立登记。

（3）法律、行政法规或者国务院决定规定设立有限责任公司必须报经批准的，应当自批准之日起90日内向公司登记机关申请设立登记；逾期申请设立登记的，申请人应当报批准机关确认原批准文件的效力或者另行报批。法律、行政法规或者国务院决定规定设立有限责任公司必须报经批准的，还应当提交有关批准文件。

（4）设立股份有限公司，应当由董事会向公司登记机关申请设立登记。以募集方式设立股份有限公司的，应当于创立大会结束后30日内向公司登记机关申请设立登记。

3.公司申请登记的经营范围中属于法律、行政法规或者国务院决定规定在登记前须经批准的项目的，应当在申请登记前报经国家有关部门批准，并向公司登记机关提交有关批准文件。

4.依法设立的公司，由公司登记机关发给《企业法人营业执照》。公司营业执照签发日期为公司成立日期。公司凭公司登记机关核发的《企业法人营业执照》刻制印章，开立银行账户，申请纳税登记。

5.公司成立后，股东不得抽逃出资。

6.有限责任公司应当置备股东名册。记载于股东名册的股东，可以依股东名册主张行使股东权利。公司应当将股东的姓名或者名称向公司登记机关登记；登记事项发生变更的，应当办理变更登记。未经登记或者变更登记的，不得对抗第三人。

六、有限责任公司的股东会

（一）股东会的职权

股东会由全体股东组成，是公司的最高权力机构，股东会的职权主要包括：

股东会的职权该如何记忆?

1.决定公司的经营方针和投资计划；

2.选举和更换非由职工代表担任的董事、监事，决定有关董事、监事的报酬事项；

3.审议批准董事会的报告；

4.审议批准监事会或者监事的报告；

5.审议批准公司的年度财务预算方案、决算方案；

6.审议批准公司的利润分配方案和弥补亏损方案；

7.对公司增加或者减少注册资本作出决议；

8.对发行公司债券作出决议；

9.对公司合并、分立、解散、清算或者变更公司形式作出决议；

10.修改公司章程；

11.公司章程规定的其他职权。

> 考霸笔记
> 注意：决定公司的经营计划和投资方案属于董事会的职权。

上述职权与股份有限公司的股东大会类似，比较特殊的是：在有限责任公司中，对上述事项，股东以书面形式一致同意的，可以不召开股东会会议，直接做出决定，并由全体股东在决定文件上签名、盖章。

（二）股东会会议

有限责任公司股东会会议的形式分为定期会议和临时会议两种。

临时会议的提议召开：

1.代表1/10以上表决权的股东；

2.1/3以上的董事；

3.监事会或者不设监事会的公司的监事。

以上人员提议召开临时会议的，应当在两个月内召开临时股东会议。

> 考霸笔记
> 【链接】同股份公司董事会临时会议提起情形。（注意：召开临时股东会的情形必须准确记忆，很有可能再次以选择题的形式考查）

（三）股东会的召集

1.首次股东会会议由出资最多的股东召集和主持。

2.以后的股东会会议：

（1）由董事会召集，董事长主持。董事长不履行职责的，由副董事长主持；副董事长不履行职责的，由半数以上董事共同推举一名董事主持。公司不设董事会的，由执行董事召集和主持。

（2）董事会不履行职责的，由监事会或不设监事会的公司的监事召集和主持。

（3）监事会和监事不召集和主持的，代表1/10以上表决权的股东可以自行召集和主持。

召开股东会会议，应当在会议召开15日以前通知全体股东，但公司章程另有约定或者全体股东另有约定的除外。股东会应当对所议事项的决定作成会议记录，出席会议的股东应当在会议记录上签名。

（四）股东会决议

1.股东会会议由股东按照出资比例行使表决权；但是，公司章程另有规定的除外。

2.特别决议：股东会会议作出修改公司章程、增加或者减少注册资本的决议，以及公司合并、分立、解散或者变更公司形式的决议，必须经代表2/3以上表决权的股东通过。

股东会特别决议的情形有哪些?

七、董事会

（一）董事会的概念和组成

1.董事会由3~13人组成。股东人数较少或者规模较小的有限责任公司，可以设一名执行董事，不设董事会，执行董事的职权与董事会相当。

【比较】股份有限公司的董事会由5~19人组成。

2.两个以上的国有企业或者两个以上的其他国有投资主体投资设立的有限责任公司，其董事会成员中应当有公司职工代表。

3.其他有限责任公司董事会成员中可以有公司职工代表。

4.董事会中的职工代表由公司职工通过职工代表大会、职工大会或者其他形式民主选举产生。

5.董事会设董事长一人，可以设副董事长。

【比较】

（1）有限责任公司、国有独资公司、股份有限公司：可以设副董事长。

（2）合营企业、合作企业：必须设副董事长，一方担任董事长的，他方担任副董事长。

6.董事长、副董事长的产生办法由公司章程规定。

（二）董事任期

董事任期由公司章程规定，但每届任期不得超过3年。董事任期届满，连选可以连任。

【比较】董事任期由公司章程规定，只要不超过3年即可；监事任期为法定制，就是3年。

（三）董事会的职权

一般职权是拟订方案，提交股东会表决通过。董事会有权直接决定的事项包括：

1.决定公司的经营计划和投资方案。

2.决定公司内部管理机构的设置。

3.决定聘任或者解聘公司经理；根据经理的提名，聘任或者解聘公司副经理、财务负责人，并决定其报酬事项。

4.制定公司的基本管理制度。

【链接】【公司法的具体规定】董事会对股东会负责，行使下列职权：

（1）召集股东会会议，并向股东会报告工作；

（2）执行股东会的决议；

（3）决定公司的经营计划和投资方案；

（4）制订公司的年度财务预算方案、决算方案；

（5）制订公司的利润分配方案和弥补亏损方案；

（6）制订公司增加或者减少注册资本以及发行公司债券的方案；

（7）制订公司合并、分立、解散或者变更公司形式的方案；

（8）决定公司内部管理机构的设置；

（9）决定聘任或者解聘公司经理及其报酬事项，并根据经理的提名决定聘任或者解聘公司副经理、财务负责人及其报酬事项；

（10）制定公司的基本管理制度；

（11）公司章程规定的其他职权。

（四）董事会的召集

有限责任公司设立董事会的，董事会会议由董事长召集和主持；董事长不能履行职务或者不履行职务的，由副董事长主持；副董事长不能履行职务或者不履行职务的，由半数以上董事共同推举一名董事主持。

（五）董事会的议事方式和表决程序

董事会的议事方式和表决程序，除《公司法》有规定的外，由公司章程规定。董事会应当对所议事项的决定作成会议记录，出席会议的董事应当在会议记录上签名。董事会决议表决，实行一人一票。

八、监事会

（一）监事会（公司的监督机构）的概念和组成

1.经营规模较大的有限责任公司，设立监事会，监事会成员不得少于3人，由股东代表和适当比例的公司职工代表组成。其中职工代表的比例不得低于1/3。

2.监事会主席由全体监事过半数选举产生。

3.股东人数较少或者经营规模较小的，可以只设1~2名监事，不设监事会。

4.董事、高级管理人员（经理、副经理、财务负责人、上市公司的董事会秘书）不得兼任监事。

（二）监事的任期

监事的任期每届为3年。监事任期届满，连选可以连任。

（三）监事会的职权

监事会的职权要注意哪些？

监事列席董事会会议。

监事会、不设监事会的公司的监事行使下列职权：

1.检查公司财务；

2.对董事、高级管理人员执行公司职务的行为进行监督，对违反法律、行政法规、公司章程或者股东会决议的董事、高级管理人员提出罢免的建议；

3.当董事、高级管理人员的行为损害公司的利益时，要求董事、高级管理人员予以纠正；

4.提议召开临时股东会会议，在董事会不履行召集和主持股东会会议职责时召集主持股东会会议；

5.向股东会会议提出提案；

6.依法对董事、高级管理人员提起诉讼；

7.公司章程规定的其他职权。

行使职权的必需费用（包括发现经营异常时自行调查的费用；必要时聘请会计师事务所的费用）由公司承担。

（四）监事会的召集和决议

1.同董事会。

2.监事会决议应当经半数以上监事通过。

3.监事会应当对所议事项的决定做成会议记录，出席会议的监事应当在会议记录上签名。

例 6-7·2014年单选题

中国公民甲、乙、丙共同设立一家有限责任公司。根据公司法律制度的规定，该公司必须设立的组织机构是（　）。

A. 股东会　　B. 董事会　　C. 监事会　　D. 职工代表大会

【答案】A

【解析】股东人数较少或者规模较小的有限责任公司，可以设1名执行董事，不设立董事会；股东人数较少或者规模较小的有限责任公司，可以设1~2名监事，不设立监事会；职工代表大会不属于有限责任公司的组织机构。

九、经营管理机关

（一）经营管理机关的概念

与董事会、监事会不同，经理不是以会议形式形成决议的机关，而是以自己最终意志为准的执行机关。

（二）经理的职权

有限责任公司可以设经理，由董事会决定聘任或者解聘。据此规定，在有限责任公司中，经理不再是必设机构而成为选设机构。公司章程可以规定不设经理，而设总裁、首席执行官等职务，行使公司的管理职权。

十、一人有限责任公司的特别规定

一人有限责任公司，是指只有一个自然人股东或者一个法人股东的有限责任公司。

（一）股东的特别规定

一人有限责任公司的特别规定需要注意什么?

一个自然人只能投资设立一个一人有限责任公司；另外，该一人有限责任公司不能投资设立新的一人有限责任公司。

（二）组织机构的特别规定

1.一人有限责任公司应当在公司登记中注明自然人独资或者法人独资，并在公司营业执照中载明。

一人有限责任公司章程由股东制定。

2.一人有限责任公司不设股东会。股东行使相应职权作出决定时，应当采用书面形式，并由股东签名后置备于公司。

（三）审计的特别规定

一人有限责任公司应当在每一会计年度终了时编制财务会计报告，并经会计师事务所审计。

例 6-8 · 2012年单选题

根据公司法律制度的规定，下列关于一人有限责任公司的表述中，正确的是（　）。

A. 一人有限责任公司应设股东会

B. 一人有限责任公司应在每一会计年度终了时编制财务会计报告，但不必经会计师事务所审计

C. 一人有限责任公司的股东可以是自然人，也可以是法人

D. 公司债权人要求股东对公司债务承担连带责任的，有义务证明该公司的财产不独立于股东自己的财产

【答案】C

【解析】本题考核一人公司的规定。一人有限责任公司不应设股东会，选项A的表述错误；一人有限责任公司应当在每一会计年度终了时编制财务会计报告，并经会计师事务所审计，选项B的表述错误；一人有限责任公司的股东不能证明公司财产独立于股东自己财产的，应当对公司债务承担连带责任，选项D中所说的举证责任的表述错误。

（四）有限责任的特别规定

一人有限责任公司的股东不能证明公司财产独立于股东自己的财产的，应当对公司债务承担连带责任。

十一、国有独资公司的特别规定

（一）章程制定的特别规定

国有独资公司的公司章程由国有资产监督管理机构制定，或者由董事会制订报国有资产监督管理机构批准。

（二）组织机构的特别规定

1. 国有独资公司不设股东会，由国有资产监督管理机构行使股东会职权

国有资产监督管理机构可以授权公司董事会行使股东会的部分职权，决定公司的重大事项。

公司的合并、分立、解散、增减注册资本和发行公司债券，必须由国有资产监督管理机构决定。其中，国务院有关规定确定的重要国有独资公司的合并、分立、解散、申请破产，应当由国有资产监督管理机构审核后，报本级人民政府批准。

2. 国有独资公司董事会的特别规定

（1）董事会中必须包括职工代表，职工代表由职工代表大会选举产生；其他董事由国有资产监督管理机构委派。

（2）设董事长1人，可以设副董事长。

（3）董事长、副董事长由国有资产监督管理机构从董事会成员中指定。

3. 经营管理机构的特别规定

国有独资公司设经理，由董事会聘任或者解聘。经国有资产监督管理机构同

意，董事会成员可以兼任经理。

4.国有独资公司的董事长、副董事长、董事、高级管理人员任职的特别规定

国有独资公司的董事长、副董事长、董事、高级管理人员，未经国有资产监督管理机构同意，不得在其他公司兼职。

【链接】普通的有限责任公司的监事会成员不得少于3人。

国有独资公司监事会与普通有限公司、股份公司的对比。

5.国有独资公司监事会的特别规定

（1）监事会成员不得少于5人，其中职工代表的比例不得低于1/3。

（2）监事会成员由国有资产监督管理机构委派，但监事会中的职工代表由职工代表大会选举产生。【链接】有限责任公司的监事会主席由全体监事过半数选举产生。

（3）监事会主席由国有资产监督管理机构从监事会成员中指定。

例6-9·2011年单选题

下列关于国有独资公司的表述中，符合公司法律制度规定的是（　　）。

A.国有独资公司不设股东会，由国有资产监督管理机构行使股东会职权

B.国有独资公司的董事会获得国有资产监督管理机构授权，可以决定公司合并事项

C.国有独资公司监事会的职工代表由国有资产监督管理机构委派

D.国有独资公司的董事会成员全部由国有资产监督管理机构委派

【答案】A

【解析】本题考核国有独资公司。（1）国有资产监督管理机构可以授权公司董事会行使股东会的部分职权，决定公司的重大事项，但公司的合并、分立、解散、增加或者减少注册资本和发行公司债券，必须由国有资产监督管理机构决定；B错误。（2）监事会成员中的职工代表由公司职工代表大会选举产生；C错误。（3）董事会成员由国有资产监督管理机构委派；但是，董事会成员中的职工代表由公司职工代表大会选举产生；D错误。

十二、有限责任公司的股权转让

（一）概述

股权转让只是让股东发生变化，公司的法人资格不发生变化，公司的财产不发生变化，公司以其财产对外承担的责任不发生变化。

有限公司股权移转包括：

1.基于股东法律行为的自愿转让；

2.基于法院强制执行的强制移转；

3.基于自然人股东死亡而发生的股权继承。

（二）股权转让

1.对内转让

股东之间可以相互转让其全部或者部分股权。

【解释】《公司法》并未作任何限制。无需通知其他股东，也无需取得其他股东同意。

2.对外转让

（1）股东向股东以外的人转让股权，应当经“其他”股东“过半数”（股东人

数过半数）同意。

（2）股东应就其股权转让事项以“书面或者其他能够确认收悉的合理方式”通知其他股东征求同意，其他股东自接到书面通知之日起满30日未答复的，视为同意转让。

（3）不同意的股东应当购买该转让的股权，不购买的，视为同意转让。

（4）经股东同意转让的股权，在同等条件下，其他股东有优先购买权。两个以上股东主张行使优先购买权的，协商确定各自的购买比例；协商不成的，按照转让时各自的出资比例行使优先购买权。

【解释】经股东同意转让的股权，其他股东主张转让股东应当向其以书面或者其他能够确认收悉的合理方式通知转让股权的同等条件的，人民法院应当予以支持。

（5）公司章程对股权转让另有规定的，从其规定。即公司章程可以对股权转让作出与《公司法》不同的规定。

3.《公司法司法解释四》的最新解释

（1）同等条件。在“同等条件”方面，法院应当考虑转让股份权的数量、价格、支付方式及期限等因素。

（2）先买权的行使期间。有限责任公司的股东主张优先购买转让股权的，应当在收到通知后，在公司章程规定的行使期间内提出购买请求。公司章程没有规定行使期间或者规定不明确的，以通知确定的期间为准，通知确定的期间短于30日或者未明确行使期间的，行使期间为30日。

（3）转让股东的撤回权。有限责任公司的转让股东有撤回其股权转让意思的权利。如果转让股东在其他股东主张优先购买后又不同意转让股权，则对于其他股东优先购买的主张，人民法院不予支持，但是，公司章程另有规定或者全体股东另有约定的除外（例如，公司章程可能规定股东不得撤回股权转让的意思）。其他股东如因转让股东撤回转让意思而受有损失，则可以主张转让股东赔偿其损失，人民法院对具有合理理由的请求应当予以支持。

（4）妨碍股东先买权的情形

①如果转让股东未就其股权转让事项通知其他股东征求意见，致使其他股东无从行使优先购买权，或者以欺诈、恶意串通等手段妨碍其他股东行使先买权，其他股东主张按同等条件购买拟转让股权的，人民法院应予支持。

②其他股东须在一定期限内提出上述主张，该期限为其他股东“自知道或者应当知道”行使先买权同等条件之日起30日内，最长不超过“股权变更登记之日起1年”。

③其他股东如果仅提出确认股权转让合同及股权变动效力等请求，未同时主张按照同等条件购买转让股权，则人民法院不予支持，但其他股东非因自身原因导致无法行使优先购买权，请求损害赔偿的除外。

（5）与第三人的转让合同。如果此前转让股东已经与股东以外的第三人成立股权转让合同，则转让股东可能因其他股东优先购买股权而不能履行该合同。这种情况下，第三人有权向转让股东主张损害赔偿，除非合同预先订有免责条款。

（6）特殊转让。通过拍卖向股东以外的人转让有限责任公司股权的，适用法律规定的“书面通知”“通知”“同等条件”时，根据相关法律、司法解释确定。在依法设立的产权交易场所转让有限责任公司国有股权的，适用法律规定的“书面通知”“通知”“同等条件”时，可以参照产权交易场所的交易规则。

（三）股权强制执行的规则

人民法院依照法律规定的强制执行程序转让股东的股权时，应当通知公司及全体股东，其他股东在同等条件下有优先购买权。其他股东自人民法院通知之日起满20日不行使优先购买权的，视为放弃优先购买权。

（四）股权继承规则

1.在公司章程没有另外规定的情况下，自然人股东死亡后，其合法继承人可以直接继承股东资格。

2.有限公司的自然人股东因继承发生变化时，其他股东主张依据法律规定行使优先购买权的，人民法院不予支持，但公司章程另有规定或者全体股东另有约定的除外。

（五）股权转让的程序

股东转让股权后，公司应当注销原股东的出资证明书，向新股东签发出资证明书，并相应修改公司章程和股东名册中有关股东及其出资额的记载。对公司章程的该项修改“不需”再由股东会表决。

十三、有限责任公司与股份有限公司的形态转化

1.股东会会议作出变更公司形式的决议，必须经代表2/3以上表决权的股东通过。

2.有限责任公司变更为股份有限公司时，折合的实收股本总额不得高于公司净资产额。

3.有限责任公司变更为股份有限公司的，或者股份有限公司变更为有限责任公司的，公司变更前的债权、债务由变更后的公司承继。

例6-10·2009年多选题

甲有限责任公司拟变更为乙股份有限公司。根据公司法律制度的规定，下列说法中，正确的有（　　）。

A.甲公司应当召开股东会，并获全体股东一致同意

B.甲公司在变更为乙公司时，不得增加注册资本

C.甲公司在变更为乙公司时，折合的股本总额不得高于公司净资产额

D.乙公司必须承担甲公司的所有债权债务

【答案】CD

【解析】（1）选项A：应由股东会决议，经代表2/3以上表决权的股东通过。（2）选项B：有限责任公司变更为股份有限公司时可以增加注册资本，如果属于为增加资本公开发行股份的，应当依照证券法律制度的有关规定办理。（3）选项D：公司变更类型前的债权、债务由变更后的公司承继。

第三节　股份有限公司

一、股东出资的法律效果

（一）有限责任公司的出资人认缴出资的法律效果

1.出资人将负担出资义务，即按期足额缴纳公司章程所规定的其所认缴的出资

额，未履行或者未全面履行出资义务的股东在一定条件下须对公司债务承担补充清偿责任。

2.出资人认足公司章程规定的出资后，才能向登记机关申请公司设立登记。

3.公司成立后，应向出资人签发出资证明书、设置股东名册，出资人正式成为股东，可依股东名册主张行使股东权利，但有一些股东权利（如盈余分配权、新股优先购买权）只能按照实缴出资比例行使。

4.公司解散时，股东尚未缴纳的出资应列为清算财产。

考霸笔记 【解释】股东尚未缴纳的出资，包括到期应缴纳而未缴纳的出资，以及按照公司章程的约定分期缴纳而缴纳期限尚未届满的出资。

（二）发起设立的股份有限公司的发起人认购股份的法律效果

1.发起人应按公司章程的规定缴纳出资，未履行或者未全面履行出资义务的股东在一定条件下须对公司债务承担补充清偿责任。

2.发起人认足公司章程规定的出资后，应当选举董事会和监事会，由董事会申请公司设立登记。

3.公司成立后，应设置股东名册等，发起人正式成为股东。

4.发起人缴足认购之股份前，不得向他人募集股份

5.公司解散时，股东尚未缴纳的出资应列为清算财产。

（三）实缴出资的法律效果

1.以募集设立方式设立股份公司的，发起人和认股人认购股份后，即负有一次性缴足股款或出资的义务，否则公司不得成立。

2.发起人须认购公司应发行股份的一部分（不少于35%），其余股份向社会公开募集或者向特定对象募集。

3.募集设立的股份公司实行注册资本实缴制和验资制度。

【解释】需履行验资程序的只有募集设立的股份公司的发起人和认股人的出资。

4.发起人、认股人在认购股份之后即应缴足出资或股款，不得分期缴纳。发起人完成出资、募资并验资之后，应召开创立大会，审议筹办情况、通过公司章程、选举产生董事会、监事会；随后，董事会应按时向公司登记机关申请设立登记。

5.全体股东（包括发起人和认股人）认缴并实缴的股款或者出资中，在会计上记入“股本”科目的金额，即为公司成立时的注册资本数额。

二、股份有限公司的设立

（一）设立条件

考霸笔记 （不要求国籍，要求的是住所）

1.发起人条件

发起人为2人以上200人以下，其中须有半数以上的发起人在中国境内有住所。

2.财产条件

（1）股份公司采取发起设立的，注册资本为在公司登记机关登记的全体发起人认购的股本总额。在发起人认购的股份缴足前，不得向他人募集股份。

（2）股份公司采取募集设立的，注册资本为在公司登记机关登记的实收股本总额。发起人认购的股份不得少于公司股份总数的35%。

（3）公司的注册资本由公司章程规定，登记机关按照公司章程规定予以登记。

公司注册资本发生变化，应该修改公司章程并向公司登记机关依法申请办理变更登记。

(4) 股东出资额或者发起人认购股份、出资时间及方式由公司章程规定。发生变化的，应该修改公司章程并向公司登记机关依法申请办理公司章程或者公司章程修正案的备案。

(二) 设立方式

股份有限公司可以采取发起设立或者募集设立方式设立。

发起设立，是指由发起人认购公司应发行的全部股份而设立公司。募集设立，是指由发起人认购公司应发行股份的一部分，其余部分向社会公开募集或者向特定对象募集而设立公司。

以发起设立方式设立股份有限公司的，发起人应当书面认足公司章程规定其认购的股份，并按照公司章程规定缴纳出资。以非货币财产出资的，应当依法办理其财产权的转移手续。

在发起设立方式下，发起人认缴全部出资后，按照公司章程的规定缴纳出资额；在募集设立方式下，发起人以及认购人应当一次缴纳出资额。

(三) 设立程序

1.由董事会依法向公司登记机关申请设立登记。

2.以发起设立方式设立公司的，发起人认足公司章程规定的出资后，应当选举董事会和监事会，由董事会依法向公司登记机关申请设立登记。

3.以募集设立方式设立公司的，发起人应当在足额缴纳股款、验资证明出具之日后30日内召开公司创立大会。创立大会应有代表股份总数过半数的发起人、认股人出席，方可举行。

4.董事会应于创立大会结束后的30日内，依法向公司登记机关申请设立登记。

5.公司发行的股票，可以是记名股票，也可以是无记名股票。但公司向发起人、法人发行的股票，应当为记名股票。

6.公司登记的内容应当与登记机关核准登记的内容一致。

7.股份有限公司成立后，即向股东正式交付股票，公司成立前不得向股东交付股票。

考霸笔记

【链接】投资人可以抽回出资的情形：(1) 未按期募足股份；(2) 发起人未按期(30日)召开创立大会；(3) 创立大会决议不设立公司。

(四) 设立公司失败的后果

如果发行的股份超过招股说明书规定的截止期限尚未募足，或者发行股份的股款缴足后，发起人在30日内未召开创立大会的，认股人可以按照所缴股款并加算银行同期存款利息，要求发起人返还。

1.公司不能成立时，发起人对设立行为所产生的债务和费用负连带责任，由发起人股东承担连带责任。如果部分发起人（对外）承担（连带）责任后，请求其他发起人分担的，人民法院应当判令其他发起人按照约定的责任承担比例分担责任；没有约定责任承担比例的，按照约定的出资比例分担责任；没有约定出资比例的，按照均等份额分担责任。

2.因部分发起人的过错导致公司未成立，其他发起人主张其承担设立行为所产生的费用和债务的，人民法院应当根据过错情况，确定过错一方的责任范围。

3.在公司设立过程中，由于发起人的过失致使公司利益受到损害的，应当对公司承担赔偿责任。

4.发起人因履行公司设立职责造成他人损害，公司成立后受害人请求公司承担侵权赔偿责任的，人民法院应予支持；公司未成立，受害人请求全体发起人承担连带赔偿责任的，人民法院应予支持。公司或者无过错的发起人承担赔偿责任后，可以向有过错的发起人追偿。

5.公司不能成立时，对认股人已经缴纳的股款，负返还股款并加算银行同期存款利息的连带责任。

（五）公司设立阶段的合同责任（2019年修改）

公司设立阶段的合同责任该如何区分？

1.发起人以自己名义为设立公司之目的而与他人订立合同，那么合同的当事人就是发起人和该相对人。根据规定，合同相对人有权选择请求该发起人或者成立后的公司承担合同义务。

2.发起人以设立中公司的名义订立合同。根据规定，公司成立后自动承担该合同义务。换言之，公司成立后，合同相对人有权请求公司承担该合同义务。公司未成立，即设立失败的，则单一发起人独自承担设立所产生的债务，发起人为数人的，则承担连带债务。

三、股份有限公司的股东大会

（一）职权

股份有限公司股东大会的职权与有限责任公司股东会的职权相同。

上市公司股东大会还有以下职权：

1.对上市公司解聘、聘用会计师事务所作出决议；

2.审议上市公司1年内购买、出售重大资产超过上市公司最近一期经审计总资产30%的事项（股东大会的特别决议）；

3.审议批准变更募集资金用途事项；

4.审议股权激励计划；

5.审议批准下列担保行为：

股份有限公司的股东大会审批的对外担保行为有哪些？

（1）上市公司及其控股子公司的对外担保总额，达到或者超过最近一期经审计净资产50%以后提供的任何担保；

（2）上市公司的对外担保总额，达到或者超过最近一期经审计总资产的30%以后提供的任何担保；

（3）为（借款后）资产负债率超过70%的担保对象提供的担保；

（4）单笔担保额超过最近一期经审计净资产10%的担保；

（5）上市公司对股东、实际控制人及其关联方提供的担保（见表6-1）。

（二）股东大会的会议形式

股东大会分为年会和临时大会。

1.股东大会的年度股东大会

上市公司的年度股东大会应当于上一会计年度结束后的6个月内举行（上半年召开）。

表6-1 **股东大会、董事会审批**

股东大会审批	上市公司在1年内购买、出售重大资产或者担保金额超过公司资产总额30%	经出席会议的股东所持表决权的2/3以上通过
	(1) 单笔担保额超过最近一期经审计净资产10%的担保; (2) 上市公司及其控股子公司的对外担保总额，超过最近一期经审计净资产50%以后提供的任何担保; (3) 为资产负债率超过70%的担保对象提供的担保; (4) 对股东、实际控制人、关联方提供的担保; (5) 由董事会审批的对外担保，但出席董事会的无关联关系董事人数不足3人	经出席会议的股东所持表决权过半数通过 【注意】对股东、实际控制人、关联方提供的担保，该股东或实际控制人支配的股东不得参与，经出席会议的其他股东所持表决权过半数通过
董事会审批	除上述以外的对外担保情形	经出席董事会的2/3以上董事审议同意，同时满足董事会的一般要求（全体董事过半数）

2.应当在2个月内召开临时股东大会的情形：

(1) 董事人数不足《公司法》规定人数或者公司章程所定人数的2/3时；

(2) 公司未弥补的亏损达实收股本总额的1/3时；

(3) 单独或者合计持有公司10%以上股份的股东请求时；

(4) 董事会认为必要时；

(5) 监事会提议召开时；

(6) 公司章程规定的其他情形。

(三) 股东大会会议的召集

1.股东大会会议由董事会召集，董事长主持；董事长不能或者不履行职责的，由副董事长主持；副董事长不能或者不履行职责的，由半数以上董事共同推举一名董事主持；董事会不能或者不履行召集股东大会会议职责的，监事会应当及时召集和主持；监事会不召集和主持的，连续90日以上单独或者合计持有公司10%以上股份的股东可以自行召集和主持。

2.召开股东大会会议，应当将会议召开的时间、地点和审议的事项于会议召开20日前通知各股东；临时股东大会应当于会议召开15日前通知各股东；发行无记名股票的，应当于会议召开30日前公告会议召开的时间、地点和审议事项。

3.单独或者合计持有公司3%以上股份的股东，可以在股东大会召开10日前提出临时提案并书面提交董事会，董事会应当在收到提案后2日内通知其他股东，并将该临时提案提交股东大会审议。股东大会不得对向股东通知中未列明的事项作出决议。无记名股票持有人出席股东大会会议的，应当于会议召开5日前至股东大会闭会时将股票交存于公司。

(四) 股东大会会议的表决和决议事项

1.表决权的行使。股东出席股东大会会议，所持每一股份有一表决权。股东可以委托代理人出席股东大会会议，代理人应当向公司提交股东授权委托书，并在授权范围内行使表决权。公司持有的本公司股份没有表决权。

2.决议分为特别决议和普通决议

普通决议：出席会议的股东所持表决权过半数通过。

特别决议：出席会议的股东所持表决权的2/3以上通过。

（1）修改公司章程；

（2）增加或者减少注册资本；

（3）公司合并、分立、解散；

（4）变更公司形式。

（5）上市公司在一年内购买、出售重大资产或者担保金额超过公司资产总额30%的，应当由股东大会作出决议，并经出席会议的股东所持表决权的2/3以上通过。

【解释1】股份有限公司股东大会的特别事项与有限责任公司完全相同（除去上市公司的特殊规定）。

【解释2】《公司法》未规定出席股东大会的最低人数和持股比例要求，因此，只要满足了提前通知的程序要求，只要有一名股东出席，持有无论多少比例的股权，该股东大会的召开都是有效的。

（五）累积投票制

所谓累积投票制，是指股东大会选举董事或者监事时，每一股份拥有与应选董事或者监事人数相同的表决权，股东拥有的表决权可以集中使用。该制度的实施有利于中小股东按照其持股比例选举代表进入公司管理层，参与董事会的活动，保护其利益。

【上市公司特别规定】控股股东控股比例在30%以上的上市公司，应当采用累积投票制。

（六）记录

股东大会应当对所议事项的决定作成会议记录，主持人、出席会议的董事应当在会议记录上签名。会议记录应当与出席会议的股东的签名册及代理出席的委托书一并保存。

【提示】有限责任公司股东会的会议记录由出席会议的股东签名。董事会的会议纪录，由出席会议的董事签名。监事会的会议纪录，由出席会议的监事签名。

四、股份有限公司的董事会

（一）董事会成员的组成

1.股份有限公司的董事会由5~19人组成。

考霸笔记：注意：有限责任公司的董事会由3~13人组成。

2.董事由股东大会选举产生。

3.董事会成员可以有公司职工代表（由职工代表大会、职工大会或者其他形式民主选举产生）。

（二）董事的任期和董事会的职权

与有限责任公司相同（任期由公司章程规定，但每届任期不得超过3年，可以连选连任）

（三）董事会机构设置

1.董事会设董事长1名，可以设副董事长（董事长和副董事长由董事会以全体董事的过半数选举产生)。

2.董事长召集和主持董事会会议，检查董事会决议的实施情况。

3.董事长不能或不履行职务的，由副董事长履行职务。

4.副董事长不履行职务的，由半数以上董事共同推举一名董事履行职务。

（四）上市公司董事会的特别规定

1.董事会可以按照股东大会的有关决议，设立战略、审计、提名、薪酬与考核等专门委员会。

2.专门委员会成员全部由董事组成。

3.审计委员会、提名委员会、薪酬与考核委员会中独立董事应占多数并担任召集人，审计委员会中至少应有一名独立董事是会计专业人士。

（五）董事会会议召开

1.董事会每年度至少召开两次会议，每次会议应当于会议召开10日前通知全体董事和监事。

2.临时董事会的召开条件。

（1）代表1/10以上表决权的股东提议；

（2）1/3以上董事提议；

（3）监事会提议。

3.董事长应当自接到提议后10日内，召集和主持董事会会议。

4.董事会召开临时会议，可以另定召集董事会的通知方式和通知时限。

董事会会议应有过半数的董事出席方可举行。董事会作出决议必须经全体（而非出席）董事的过半数（>1/2）通过。董事会决议的表决实行一人一票。

（六）记录

1.董事会应当对会议所议事项的决定作成会议记录，出席会议的董事应当在会议记录上签名。

2.董事应当对董事会的决议承担责任。

3.董事会的决议违反法律、行政法规或者公司章程、股东大会决议，致使公司遭受严重损失的，参与决议的董事对公司负赔偿责任。但经证明在表决时曾表明异议并记载于会议记录的，该董事可以免除责任。

例6-11·2012年多选题

下列关于股份有限公司董事会的表述中，符合公司法律制度规定的有（　　）。

A.董事会成员为5~19人，且人数须为单数

B.董事会成员中应有一定比例的独立董事

C.董事会会议应有过半数的董事出席方可举行

D.董事会作出决议须经全体董事的过半数通过，董事会决议的表决实行一人一票

【答案】CD

【解析】(1) 公司法律制度并未强制要求股份有限公司董事会人数应为单数，选项A错误；(2)《公司法》仅要求上市公司董事会成员中应当至少有1/3为独立董事，一般的股份有限公司并未作此要求，选项B错误。

五、股份有限公司的监事会

（一）监事会组成（与有限责任公司相同）

【解释】股份有限公司、有限责任公司监事会的组成、职权基本相同，主要区别如下：

1.会议频率，有限责任公司的监事会每年至少召开1次，股份有限公司的监事会每6个月至少召开1次；

2.股份有限公司的监事会有权提议召开临时董事会；

3.上市公司监事会可以提名独立董事候选人。

（二）监事会机构设置

1.设主席一人，可以设副主席。

2.监事会主席和副主席由全体监事过半数选举产生。

（三）监事会职权和监事任期

股份有限公司监事会职权和监事任期与有限责任公司相同。

（四）监事会会议的召开

监事会会议由监事会主席召集和主持。监事会主席不能或者不履行职务的，由监事会副主席召集和主持监事会会议；监事会副主席不能或者不履行职务的，由半数以上监事共同推举一名监事召集和主持监事会会议。

六、股份有限公司的经理

1.股份有限公司设经理，由董事会决定聘任或者解聘。公司董事会可以决定由董事会成员兼任经理。

2.公司应当定期向股东披露董事、监事、高级管理人员从公司获得报酬的情况。公司不得直接或者通过子公司向董事、监事、高级管理人员提供借款。

3.上市公司中有关经理的特别规定。

（1）上市公司的总经理必须专职，总经理在集团等控股股东单位不得担任除董事以外的其他职务。

（2）上市公司总经理及高级管理人员（副总经理、财务主管和董事会秘书）必须在上市公司领薪，不得由控股股东代发薪水。

（3）公司不得直接或者通过子公司向董事、监事、高级管理人员提供借款。

七、股东大会、股东会和董事会决议制度

（一）决议的法律特征

1.不论是股东会、股东大会还是董事会会议，应当对所议事项的决定作成会议记录，出席会议的股东应当在会议记录上签名。会议记录只是证明决议存在的书面证据，而非决议的法定形式。换言之，即便没有合格的会议记录，其他证据（如决议过程的录像）也可以证明会议作出了决议。当然，公司章程可以对决议的形式作出规定。

2.决议的法律效力：（1）决议对出席会议参与表决的股东具有约束力，包括赞同的、弃权的和反对的股东；（2）决议对未出席会议也未参加表决的股东亦有约束

力；（3）决议调整的是公司内部关系，而不是公司与第三人之间的关系。要调整公司与第三人之间的关系，必须以公司名义同第三人成立法律行为。

有关决议的诉讼该如何记忆?

（二）决议不成立之诉

1.决议不成立，是指当事人所主张的某一决议，事实上从未作出或者不满足程序要求而不构成通过。

2.股东会或者股东大会、董事会决议存在下列情形之一，当事人主张决议不成立的，人民法院应当予以支持：

（1）公司未召开会议的，但依据规定可以不召开股东会或者股东大会而直接作出决定，并由全体股东在决定文件上签名、盖章的除外。

【解释】有限责任公司的全体股东也可以不召开股东会会议而直接就股东会职权事项作出“决定”。全体股东对所决事项“以书面形式一致表示同意”，决定就成立了。

（2）公司尽管召开了会议，但未对决议事项进行表决的。

（3）出席会议的人数或者股东所持表决权不符合公司法或者公司章程规定的。

（4）会议的表决结果未达到公司法或者公司章程规定的通过比例的。

（5）导致决议不成立的其他情形。

3.有资格提起决议不成立之诉的人包括公司股东、董事、监事等。

（三）决议无效之诉

1.公司股东会或者股东大会、董事会的决议内容违反法律、行政法规的无效。

【解释】此处的“无效”是指决议自作出之时起无效。

2.谁有资格提起?

（1）公司股东、董事、监事等。

（2）除股东、董事、监事外，公司高级管理人员、员工甚至公司债权人，如能证明其与所诉决议“有直接利害关系”，则也应当承认他们具有提起公司决议无效之诉的资格。

（四）决议撤销之诉

1.股东会或者股东大会、董事会的会议召集程序、表决方式违反法律、行政法规或者公司章程，或者决议内容违反公司章程的，股东可以自决议作出之日起60日内，请求人民法院撤销。股东提起决议撤销之诉的，人民法院可以应公司的请求，要求股东提供相应担保。

【解释】上述规定的60日期限属于除斥期间。该期间自决议作出之日起算，超过该期间，股东即丧失诉权。

2.提起此类诉讼的原告须在起诉时具有公司股东资格。

3.会议召集程序或者表决方式仅有轻微瑕疵，且对决议未产生实质影响的，人民法院不予支持。

（五）法律后果

1.人民法院宣告该决议无效或者撤销该决议后，公司根据股东会或股东大会、董事会决议已办理的公司登记变更应当恢复原状，公司应当向公司登记机关申请撤销变更登记。

2.公司根据该决议与善意相对人形成的民事法律关系（例如与善意相对人订立的合同）不受影响。

3.原告请求确认股东会或者股东大会、董事会决议不成立、无效或者撤销决议的案件，应当列公司为被告。对决议涉及的其他利害关系人，可以依法列为第三人。一审法庭辩论终结前，其他有原告资格的人以相同的诉讼请求申请参加前款规定诉讼的，可以列为共同原告。

八、上市公司组织机构的特别规定

1.股东大会特别决议事项。上市公司在1年内购买、出售重大资产或者担保金额超过公司资产总额30%的，应当由股东大会作出决议，并经出席会议的股东所持表决权的2/3以上通过。

2.上市公司设立独立董事和董事会秘书（负责会议筹备、文件保管、股权管理、信息披露等）。

3.增设关联关系的表决权排除制度。上市公司董事与董事会会议决议事项所涉及的企业有关联关系的，不得对该项决议行使表决权，也不得代理其他董事行使表决权。该董事会会议由过半数的无关联董事出席即可举行，董事会会议所作决议须经无关联关系董事过半数通过。出席董事会的无关联关系董事人数不足3人的，应将该事项提交上市公司股东大会审议。

【注意】与股东表决权排除或回避制度联系。公司为股东或者实际控制人提供担保的，必须经股东大会决议。接受担保的股东或者受实际控制人支配的股东不得参加表决，该项表决由出席会议的其他股东所持表决权的过半数通过。

4.股权激励机制。为促进上市公司建立、健全激励与约束机制，可以由上市公司以本公司股票为标的实行股权激励机制。股权激励计划的激励对象可以包括上市公司的董事、监事、高级管理人员、核心技术（业务）人员，以及公司认为应当激励的其他员工，但不应当包括独立董事。

5.上市公司董事会审批的对外担保，必须经出席董事会的2/3以上董事审议同意并作出决议。

九、上市公司独立董事制度

（一）独立董事的概念

独立董事是指不在公司担任除董事之外的其他职务，并与其所受聘的上市公司及其主要股东不存在可能妨碍其进行客观判断的关系的董事。中国证监会具体要求上市公司董事会成员中应当至少1/3为独立董事。

（二）独立董事的任职条件

独立董事需具有5年以上法律、经济或者其他履行独立董事职责所必需的工作经验，热爱祖国等。

不得担任独立董事的情形有哪些?

以下人员不得担任独立董事：

1.在上市公司或者其附属企业任职的人员及其直系亲属、主要社会关系（直系亲属是指配偶、父母、子女等；主要社会关系是指兄弟姐妹、岳父母、儿媳女婿、兄弟姐妹的配偶、配偶的兄弟姐妹等）；

2.直接或间接持有上市公司已发行股份1%以上或者是上市公司前10名股东中的自然人股东及其直系亲属；

3.在直接或间接持有上市公司已发行股份5%以上的股东单位或者在上市公司前5名股东单位任职的人员及其直系亲属；

4.最近1年内曾经具有前3项所列举情形的人员；

5.为上市公司或者其附属企业提供财务、法律、咨询等服务的人员；

6.公司章程规定的其他人员；

7.中国证监会认定的其他人员。

例6-12·2014年单选题

某上市公司拟聘任独立董事一名。甲为该公司人力资源总监的大学同学；乙为在该公司中持股7%的某国有企业的负责人；丙曾任该公司财务部经理，半年前离职；丁为某大学法学院教授，兼职担任该公司子公司的法律顾问。根据公司法律制度的规定，可以担任该公司独立董事的是（　　）。

A.甲　　B.乙　　C.丙　　D.丁

【答案】A

【解析】（1）选项A：大学同学并不属于该公司人力资源总监直系亲属或主要社会关系。（2）选项B：在直接或间接持有上市公司已发行股份5%以上的股东单位或者在上市公司前5名股东单位任职的人员及其直系亲属不得担任该上市公司的独立董事。（3）选项C：最近1年内曾经在上市公司或者其附属企业任职的人员及其直系亲属、主要社会关系不得担任该上市公司的独立董事。（4）选项D：为上市公司或者其附属企业提供财务、法律、咨询等服务的人员不得担任该上市公司的独立董事。

考霸笔记

注意：独立董事行使上述职权应当取得全体独立董事过半数同意。如果上述提议未被采纳或上述职权不能正常行使，上市公司应将有关情况予以披露。

（三）独立董事的提名

上市公司董事会、监事会、单独或者合并持有上市公司已发行股份1%以上的股东可以提出独立董事候选人，并经股东大会选举决定。

（四）独立董事的任期

1.独立董事每届任期与该上市公司其他董事任期相同，任期届满，连选可以连任，但是连任时间不得超过6年。

2.独立董事如果连续3次未亲自出席董事会会议，应由董事会提请股东大会予以撤换。

3.独立董事在任期届满前不得无故被免职。提前免职的，上市公司应将其作为特别披露事项予以披露，被免职的独立董事认为公司的免职理由不当的，可以作出公开的声明。

独立董事的特别职权如何记忆?

（五）独立董事的特别职权

1.独立董事的特别职权

（1）重大关联交易（指上市公司拟与关联人达成的总额高于300万元或高于上市公司最近经审计净资产值的5%的关联交易）应由独立董事认可后，提交董事会讨论；独立董事作出判断前，可以聘请中介机构出具独立财务顾问报告，作为其判断的依据。

(2) 向董事会提议聘用或解聘会计师事务所。

(3) 向董事会提请召开临时股东大会。

(4) 提议召开董事会。

(5) 独立聘请外部审计机构和咨询机构。

(6) 可以在股东大会召开前公开向股东征集投票权。

2.应当发表独立意见的情形

独立董事应当对上市公司的以下重大事项向董事会或股东大会发表独立意见：

(1) 提名、任免董事；

(2) 聘任或解聘高级管理人员；

(3) 公司董事、高级管理人员的薪酬；

(4) 上市公司的股东、实际控制人及其关联企业对上市公司现有或新发生的总额高于300万元或高于上市公司最近经审计净资产值的5%的借款或其他资金往来，以及公司是否采取有效措施回收欠款；

(5) 独立董事认为可能损害中小股东权益的事项；

(6) 公司章程规定的其他事项。

独立董事应当就上述事项发表以下几类意见之一：同意；保留意见及其理由；反对意见及其理由；无法发表意见及其障碍。如有关事项属于需要披露的事项，上市公司应当将独立董事的意见予以公告，独立董事出现意见分歧无法达成一致时，董事会应将独立董事的意见分别披露。

第六章

例6-13 · 2005年多选题

根据中国证监会的有关规定，上市公司的下列事项中，独立董事应当发表独立意见的有（　　）。

A.公司董事的提名　　B.解聘公司经理

C.公司高级管理人员的薪酬　　D.公司内部管理机构的设置

【答案】ABC

(六) 独立董事的撤换和辞职

1.独立董事连续3次未亲自出席董事会会议的，由董事会提请股东大会予以撤换。

2.独立董事在任期届满前可以提出辞职。如因独立董事辞职导致公司董事会中独立董事所占的比例低于规定的最低要求，该独立董事的辞职报告应当在下任独立董事填补其缺额后生效。

十、股份有限公司的股份发行和转让

(一) 股票的概念和特征

股份有限公司的最大特征就是公司的资本被划分成股份，每一股的金额相等。同时，公司的股份采取股票的形式。股票是公司签发的证明股东所持股份的凭证。

（二）股票的种类

1.普通股和优先股（依股东的权利、义务不同）

普通股就是代表一般股权的股份，每一股有一个投票权，按持股比例分享收益。优先股则是相对普通股而言享有优先权的股份。一般而言，优先股的优先可以表现在两个方面：利润分配权的优先和清算分配权的优先。相应的优先股在公司经营管理上一般就不再享有表决权。

2.记名股票和无记名股票

公司向发起人、国家授权投资的机构、法人发行的股票，应当为记名股票。境外上市的外资股也应采取记名股票的形式。公司向社会公众发行的股票可以记名，也可以不记名。

（三）股票的发行

股份公司设立时的股票发行，为设立发行。此后的股票发行，为新股发行，相当于股份公司的增资。公司经证监会核准公开发行新股时，必须公告新股招股说明书和财务会计报告，并制作认股书。

（四）股票的转让

1.股份转让的限制

（1）转让场所的限制（依法设立的证券交易场所或者按照国务院规定的其他方式进行）。

（2）发起人转让股票的限制

①发起人持有的本公司股份，自公司成立之日起1年内不得转让。因强制执行、继承、遗赠、依法分割财产等导致股份变动的除外。

②公司公开发行股份前已发行的股份，自公司股票在证券交易所上市交易之日起1年内不得转让。因强制执行、继承、遗赠、依法分割财产等导致股份变动的除外。

股东及董监高转让股票的限制情形有哪些?

（3）董事、监事、高级管理人员转让股票的限制

①公司董事、监事、高级管理人员应当向公司申报所持有的本公司的股份及其变动情况，在任职期间每年转让的股份不得超过其所持有本公司股份总数的25%；

②所持本公司股份自公司股票上市交易之日起1年内不得转让；

③离职后半年内，不得转让其所持有的本公司股份；但是因司法强制执行、继承、遗赠、依法分割财产等导致股份变动的除外。

例6-14 · 2007年单选题

根据公司法的规定，下列有关股份有限公司股份转让限制的表述中，错误的是（　　）。

A.公司发起人持有的本公司股份自公司成立之日起1年内不得转让

B.公司高级管理人员离职后1年内不得转让其所持有的本公司股份

C.公司监事所持本公司股份自公司股票上市交易之日起1年内不得转让

D.公司董事在任职期间每年转让的股份不得超过其所持有本公司股份总数的25%

【答案】B

2.上市公司股份转让的特别规定

（1）上市公司董事、监事和高级管理人员所持股份不超过1 000股的，可一次全部转让，不受转让比例的限制。

（2）公司章程可以对公司董事、监事、高级管理人员转让其所持有的本公司股份作出其他限制性规定。

（3）上市公司董事、监事和高级管理人员在下列期间不得买卖本公司股票：

①上市公司定期报告公告前30日内；

②上市公司业绩预告、业绩快报公告前10日内；

③自可能对本公司股票交易价格产生重大影响的重大事项发生之日或在决策过程中，至依法披露后2个交易日内；

④证券交易所规定的其他期间。

【提示】业绩快报是指为了提高信息披露的及时性和公平性，上市公司在会计期间（年度）结束后、定期（年度）报告公告前初步披露未经注册会计师审计的主要会计数据和经营指标。

3.公司收购自身股票的限制（2019年修改）

公司不得收购本公司股份，但有例外。【口诀】异减合励护转

【附录】公司有下列情形之一的，可以收购本公司股份（见表6-2）：

（1）减少公司注册资本；

（2）与持有本公司股份的其他公司合并；

（3）用于员工持股计划或者股权激励；

（4）股东因对股东大会作出的公司合并、分立决议持异议，要求公司收购其股份的；

（5）上市公司为配合可转换公司债券、认股权证的发行，用于股权转换的；

（6）上市公司为维护公司信用及股东权益所必需的。

表6-2　　公司收购本公司股份（减资、合并、奖励、异议）

<table>
<tr><th>事由</th><th colspan="2">程序要求</th></tr>
<tr><td>减少公司注册资本</td><td colspan="2">1.应经股东大会特别决议通过
2.应自收购之日起10日内注销</td></tr>
<tr><td>与持有本公司股份的其他公司合并</td><td colspan="2">1.应经股东大会特别决议通过
2.应当在6个月内转让或者注销</td></tr>
<tr><td>股东因股东大会作出的公司合并、分立决议持异议，要求公司收购其股份的</td><td colspan="2">应当在6个月内转让或者注销</td></tr>
<tr><td>用于员工持股计划或者股权激励</td><td rowspan="3">可以依照公司章程的规定或者股东大会的授权，经董事会2/3以上董事出席，并经全体董事过半数同意，收购不超过本公司已发行股份总额10%的股份</td><td rowspan="3">可以转让、注销或者将股份以库存方式持有，以库存方式持有的，持有期限不得超过3年</td></tr>
<tr><td>上市公司为配合可转换公司债券、认股权证的发行，用于股权转换的</td></tr>
<tr><td>上市公司为维护公司信用及股东权益所必需的</td></tr>
</table>

公司收购自身股东的限制有哪些情形?

公司因前款第（1）项、第（2）项规定的情形收购本公司股份的，应当经股

第六章

东大会决议。公司因前款第（3）项、第（5）项、第（6）项规定的情形收购本公司股份的，可以依照公司章程的规定或者股东大会的授权，经董事会2/3以上董事出席，并经全体董事过半数同意，收购不超过本公司已发行股份总额10%的股份。

公司依照第一款规定收购本公司股份后，属于第（1）项情形的，应当自收购之日起10日内注销；属于第（2）项、第（4）项情形的，应当在6个月内转让或者注销；属于第（3）项、第（5）项、第（6）项情形的，可以转让、注销或者将股份以库存方式持有，以库存方式持有的，持有期限不得超过3年。

4.股票质押的限制

股份有限公司不得接受以本公司的股票作为质押权的标的。

第四节　公司的财务会计

一、利润分配

1.利润分配的顺序。公司应当按照以下顺序进行利润分配：

（1）弥补以前年度的亏损，但不得超过税法规定的弥补期限；

（2）缴纳所得税；

（3）弥补在税前利润弥补亏损之后仍存在的亏损；

（4）提取法定公积金；

（5）提取任意公积金；

（6）向公司分配利润。

2.利润分配的依据。公司弥补亏损和提取公积金后所余税后利润，有限责任公司按照股东实缴的出资比例分配，但全体股东约定不按照出资比例分配的除外；股份有限公司按照股东持有的股份比例分配，但股份有限公司章程规定不按持股比例分配的除外。

二、公积金

公积金分为盈余公积金和资本公积金两类。盈余公积金是从公司税后利润中提取的公积金，包括法定公积金和任意公积金。

资金公积金是直接由资本原因形成的公积金，股份有限公司以超过股票票面金额的发行价格发行股份所得的溢价款以及国务院财政部门规定列入资本公积金的其他收入，应当列为资本公积金。

（一）公积金的提取比例

1.法定公积金（10%/50%/25%）——按税后利润的10%提取，当其累计金额达到注册资本的50%以上时可不再提取；用法定公积金转增资本时，转增后留存的法定公积金不得少于转增前注册资本的25%。

2.任意公积金（不受10%/25%的限制）——按照公司章程或股东（大）会决议提取。

(二)公积金的用途

1.弥补亏损

2.扩大公司生产经营

3.转增公司资本

法定公积金转为资本时，所留存的该项公积金不得少于转增前公司注册资本的25%。

考霸笔记
【提示】资本公积金不得用于弥补公司的亏损。

例6-15·2016年单选题

甲公司注册资本为700万元，公司当年税后利润300万元，法定公积金累计额310万元。公司无亏损。根据公司法律制度的规定，甲公司当年应提取的法定公积金金额是（　　）万元。

A.40　　B.30　　C.50　　D.60

【答案】B

【解析】法定公积金按照公司税后利润的10%提取，当公司法定公积金累计额为公司注册资本的50%以上时可以不再提取。本案中甲公司注册资本700万元，50%为350万元，所以当年应按照税后利润10%提取法定公积金，即300×10%=30（万元）。

第五节 公司的合并、分立、减资

一、公司的合并

(一)公司合并的形式

一是吸收合并（A+B=A）；二是新设合并（A+B=C）。

1.以现金购买资产的方式。

2.以股权购买资产的方式。

3.以现金购买股权的方式。

4.以股权购买股权的方式。

1和2为资产收购；3和4为股权收购。

(二)公司合并的程序

1.合并决议

考霸笔记
合并分立是大事，所以要慎重，要求特别决议！

(1)有限责任公司的股东会对公司合并作出决议时，必须经代表2/3以上表决权的股东通过。

(2)股份有限公司的股东大会对公司合并作出决议时，必须经出席会议的股东所持表决权的2/3以上通过。

2.通知债权人

(1)公司应当自作出合并决议之日起10日内通知债权人，并于决议作出之日起30日内在报纸上公告。

(2)债权人自接到通知书之日起30日内，未接到通知书的自公告之日起45日内可以要求公司清偿债务或者提供相应的担保。

3.合并后各方债权债务的承接

公司合并时，合并各方的债权、债务，应当由合并后继续存续的公司或者新设立的公司承继。

二、公司分立

（一）分立的形式

1.派生分立，是指公司以其部分资产和业务另设一个新的公司，原公司存续，A派生出B。

2.新设分立，是指公司以其全部资产设立两个以上的新公司，原公司解散。A分立成B和C。

（二）分立决议

分立决议属于特别决议，投反对票的可以请求公司回购股权。

1.有限责任公司的股东会对公司分立作出决议时，必须经代表2/3以上表决权的股东通过。

2.股份有限公司的股东大会对公司分立作出决议时，必须经出席会议的股东所持表决权的2/3以上通过。

（三）通知债权人

公司应当自作出分立决议之日起10日内通知债权人，并于30日内在报纸上公告。

合并时债权人在接到通知30天内、未接到通知45天内要求公司清偿债务或提供担保，但分立的时候没有赋予债权人请求公司清偿债务或者提供相应担保的权利。

（四）债权债务

公司分立前的债务由分立后的公司承担连带责任。但是，公司在分立前与债权人就债务清偿达成的书面协议另有约定的除外。

（五）司法解释

1.分立时对原企业的债务承担有约定，并经债权人认可的，按照当事人约定处理。

2.企业分立时对原企业债务承担无约定或约定不明，或虽有约定但债权人不予认可的，分立后的企业应当承担连带责任。但是，分立的企业在承担连带责任后，各分立的企业间对原企业债务承担有约定的，按约定处理，没有约定或约定不明的，按分立时的资产比例分担。

三、公司注册资本的减少

（一）决议方式

1.有限责任公司的股东会对公司减少注册资本作出决议时，必须经代表2/3以上表决权的股东通过。

2.股份有限公司的股东大会对公司减少注册资本作出决议时，必须经出席会议的股东所持表决权的2/3以上通过。

3.减资可以以返还出资的方式减资，或者以免除出资义务的方式减资或者以赊销股权或股份的方式减资。

(二) 减资程序

1.股东（大）会作出减资的决议，并相应地对章程进行修改。

2.公司应当自作出减少注册资本决议之日起10日内通知债权人，并于30日内在报纸上公告。

3.债权人自接到通知书之日起30日内，未接到通知书的自公告之日起45日内可以要求公司清偿债务或者提供相应的担保。

4.公司减少注册资本，应当依法向公司登记机关办理变更登记。

第六节　公司解散和清算

一、公司解散

(一) 公司解散的概念和特征

1.公司解散事由发生后，公司并非终止，仍然具有法人资格，可以自己的名义开展与清算相关的活动，直到清算完毕并注销后才消灭其主体资格。

2.解散的目的是终止法人资格。

3.除公司因合并或分立而解散，不必进行清算外，公司解散必须经过法定清算程序。

(二) 公司解散的原因

1.公司解散的原因有以下五种情形

(1) 公司章程规定的营业期限届满或者公司章程规定的其他解散事由出现（可以通过修改公司章程而存续）；

(2) 股东会或者股东大会决议解散；

(3) 因公司合并或者分立需要解散；

(4) 依法被吊销营业执照、责令关闭或者被撤销；

(5) 持有公司全部股东表决权10%以上的股东，可以请求人民法院依法予以解散。

第一种情况，可以通过修改公司章程而存续。公司法规定修改公司章程的，有限责任公司须经持有2/3以上表决权的股东通过，股份有限公司须经出席股东大会会议的股东所持表决权的2/3以上通过。

上述前三项原因都属于公司自愿解散，必须经过公司股东（大）会决议。后两项则是公司外部原因，也可以称为强制解散。

2.强制解散（解决公司僵局）

(1) 有以下列事由之一，公司经营管理发生严重困难，继续存续会使股东利益受到重大损失，通过其他途径不能解决，单独或者合计持有公司全部股东表决权10%以上的股东，提起解散公司诉讼，人民法院应予受理：

A.公司持续2年以上无法召开股东会或者股东大会，公司经营管理发生严重困难的；

B.股东表决时无法达到法定或者公司章程规定的比例，持续2年以上不能做出有效的股东会或者股东大会决议，公司经营管理发生严重困难的；

公司的司法解散情形如何记忆?

C.公司董事长期冲突，且无法通过股东会或者股东大会解决，公司经营管理发生严重困难的；

D.经营管理发生其他严重困难，公司继续存续会使股东利益受到重大损失的情形。

（2）人民法院不予受理的情形

股东以知情权、利润分配请求权等权益受到损害，或者公司亏损、财产不足以偿还全部债务，以及公司被吊销企业法人营业执照未进行清算等为由，提起解散公司诉讼的，人民法院不予受理。

（3）股东提起解散公司诉讼，同时又申请人民法院对公司进行清算的，人民法院对其提出的清算申请不予受理（对解散公司诉讼仍应受理）。法院可以告知原告，在法院判决解散公司后，法院应当驳回原告对其他股东的起诉。

（4）股东提起解散公司诉讼应当以公司为被告。原告以其他股东未被告一并提起诉讼的，法院应当告知原告将其他股东变更为第三人；原告坚持不予变更的，法院应当驳回原告对其他股东的起诉。

（5）原告提起解散公司诉讼应当告知其他股东，或者由人民法院通知其参加诉讼。其他股东或者有关利害关系人申请以共同原告或者第三人身份参加诉讼的，人民法院应予准许。

（6）人民法院审理解散公司诉讼案件，应当注意调解。当事人协商同意由公司或者股东收购股份，或者以减资等方式使公司存续，且不违反法律、行政法规强制性规定的，人民法院应予支持。当事人不能协商一致使公司存续的，人民法院应当及时判决。

（7）经人民法院调解公司收购原告股份的，公司应当自调解书生效之日起6个月内将股份转让或者注销。股份转让或者注销之前，原告不得以公司收购其股份为由对抗公司债权人。

（8）人民法院关于解散公司诉讼作出的判决，对公司全体股东具有法律约束力。

（9）人民法院判决驳回解散公司诉讼请求后，提起该诉讼的股东或者其他股东又以同一事实或理由提起解散公司诉讼的，人民法院不予受理。

二、公司清算

公司清算是指公司解散或被依法宣告破产后，依照一定的程序结束公司事务，收回债权，偿还债务，清理资产，并分配剩余财产，终止消灭公司的过程。

（一）公司在清算期间的行为限制

1.清算期间，公司不再从事新的经营活动，仅局限于清理公司已经发生但尚未了结的事务。包括清偿债务、实现债权以及处理公司内部事务。

2.清算期间，公司的代表机构为清算组。清算组负责处理未了结事务，代表公司对外进行诉讼。在公司依法清算结束并办理注销登记前，有关公司的民事诉讼，仍应当以公司的名义进行。在清算组未成立前，由原公司法定代表人代表公司进行诉讼。成立清算组后，由清算组负责人代表公司参加诉讼。

3.清算期间，公司财产在未按照法定程序清偿前，不得分配给股东。

（二）清算义务人

清算义务人：有限责任公司的股东、股份有限公司的董事和控股股东。如果下列情形是因实际控制人原因造成，债权人可主张实际控制人承担相应民事责任。

1.未及时成立清算组，导致公司财产贬值、流失、毁损或灭失，可主张其在造成损失范围内对公司债务承担赔偿责任。

2.怠于履行义务，导致公司主要财产、账册、重要文件等灭失，可主张其对公司债务承担连带清偿责任。

3.恶意处理或虚假清算，恶意处置公司财产给债权人造成损失，或未经依法清算，以虚假的清算报告骗取公司登记机关办理法人注销登记，可主张其对公司债务承担赔偿责任。

4.未清算就注销，公司未经清算即办理注销登记，导致公司无法进行清算，主张其对公司债务承担清偿责任。

（三）清算组及其组成

1.清算组

（1）15日内，有限责任公司的清算组由股东组成，股份有限公司的清算组由董事或者股东大会确定的人员组成。

（2）逾期（15日）不成立清算组进行清算的，债权人可以申请人民法院指定清算组进行清算。

2.有下列情形之一，债权人申请人民法院指定清算组进行清算时，法院应予受理

①公司解散逾期不成立清算组进行清算的；

②虽然成立清算组但故意拖延清算的；

③违法清算可能严重损害债权人或者股东利益的。

3.人民法院受理公司清算案件，清算组成员可以从下列人员或者机构中产生

（1）公司股东、董事、监事、高级管理人员；

（2）依法设立的会计师事务所、律师事务所、破产清算事务所等社会中介机构；

（3）依法设立的会计师事务所、律师事务所、破产清算事务所等社会中介机构中具备相关专业知识并取得执业资格的人员。

人民法院指定的清算组成员有下列情形之一的，人民法院可以根据债权人、股东的申请，或者依职权更换清算组成员：

（1）有违反法律或者行政法规的行为；

（2）丧失执业能力或者民事行为能力；

（3）有严重损害公司或者债权人利益的行为。

（四）清算组的职权

1.清理公司财产，分别编制资产负债表和财产清单；

2.通知、公告债权人；

3.处理与清算有关的公司未了结的业务；

4.清缴所欠税款以及清算过程中所产生的税款；

5.清理债权、债务；

6.处理公司清偿债务后的剩余财产；

7.代表公司参与民事诉讼活动。

（五）清算工作程序

清算组应当自成立之日起10日内通知债权人，并于60日内在报纸上公告。债权人自接到通知书之日起30日内，未接到通知书的自公告之日起45日内，向清算组申报债权。

智能测评

在线练习	我要提问
4790 扫码在线做题　　4943 扫码看答案 本书“本章同步强化训练”均配备二维码，打开微信“扫一扫”即可完成在线测评，查看本章详细的测评反馈报告，了解知识掌握情况，也可扫码直接看答案噢。 快来扫码做题吧！	4951 扫码答疑 本书配备答疑专用二维码，打开微信“扫一扫”，即可完成在线提问，获取专业老师全面个性化解答，让学习问题不再拖延。 快来扫码提问吧！

本章同步强化训练

一、单项选择题

1.信得科技有限责任公司（以下简称信得公司）是一家主要经营电子科技产品的公司，其公司章程规定：公司向其他企业投资必须经过公司董事会的决议，且单项投资限额不得超过500万元。现该公司欲向海诺有限责任公司（简称海诺公司）投资，根据公司法律制度的规定，下列表述正确的是（　　）。

A.该决议必须经过公司董事会决议通过

B.该决议可以由公司监事会决议通过

C.在法律没有特殊规定的情况下，信得公司经过董事会决议可以成为海诺公司的债务承担连带责任的投资人

D.董事会通过投资决议时，对海诺公司单项投资限额可以超过500万元

2.发起人张三、李四、王五三人筹备设立A股份有限公司，公司成立之前，发起人张三以自己的名义与B公司签订了房屋租赁合同，约定租赁B公司办公房屋一幢，月租金5万元。A公司成立后入住了该办公房并正常经营，后A公司和张三均未支付B公司相应的租金，关于此案，下列说法正确的是（　　）。

A.由于合同当事人为张三和B公司，因此，B公司只能要求张三支付租金

B.由于A公司成立后未对该租赁合同进行确认，如果B公司请求A公司支付租金，人民法院不予支持

C.由于A公司已经实际享有合同权利，B公司请求A公司支付租金的，人民法院应予支持

D.张三无权以自己的名义签订该租赁合同

3.张某与其他投资人准备设立一家有限责任公司，张某准备以自己持有股权进行出资，张某现在持有向前、向后、向左、向右四家公司的股权，其股权情况如下。

（1）向前公司的股权：向前公司为外商投资企业，张某转让向前公司股权未获批准。

（2）向后公司的股权：张某2年前曾将向后公司的股权质押给银行取得贷款，但目前已经归还贷款并取回股权。

（3）向左公司的股权：向左公司的公司章程中约定张某持有的股权不得转让给公司以外的其他人。

（4）向右公司的股权：张某持有的向右公司股权目前被质押给华飞公司。

张某持有四家公司的股权可以作为其出资的是（　　）。

A.向前公司的股权　　B.向后公司的股权　　C.向左公司的股权　　D.向右公司的股权

4.甲、乙、丙拟共同出资50万元设立一有限公司。公司成立后，在其设置的股东名册中记载了甲、乙、丙三人的姓名与出资额等事项，但在办理公司登记时遗漏了丙，使得公司登记的文件中股东只有甲、乙二人。根据公司法律制度的规定，下列表述中，正确的是（　　）。

A.丙不能取得股东资格

B.丙取得股东资格，但不能参与当年的分红

C.丙取得股东资格，但不能对抗第三人

D.丙不能取得股东资格，但可以参与当年的分红

5.根据公司法的规定，下列关于名义股东和实际出资人的说法正确的是（　　）。

A.名义股东可以与实际出资人约定，由名义股东出面行使股权，由实际出资人享受投资权益

B.如果实际出资人未经公司全体股东半数以上同意，请求公司变更股东、签发出资证明书、记载于股东名册、记载于公司章程并办理公司登记机关登记的，人民法院不予支持

C.如果二者之间发生投资权益归属的争议，名义股东可以公司股东名册记载、公司登记机关登记为由否认实际出资人权利

D.名义股东将登记于其名下的股权转让、质押或者以其他方式处分，实际出资人可以其对于股权享有实际权利为由，请求认定处分股权行为无效，人民法院应予支持

6.根据有关规定，公司董事会、监事会的成员可以由公司职工代表出任。下列表述中，正确的是（　　）。

A.国有独资公司的董事会、监事会成员中，应当有职工代表，且其比例不得低于董事会、监事会成员的1/3

B.2个以上的国有企业投资设立的有限责任公司，其董事会成员中可以无职工代表，但监事会成员中必须有职工代表，且其比例不得低于监事会成员的1/3

C.没有国有投资主体投资设立的有限责任公司，其董事会、监事会成员中可以无职工代表

D.股份有限公司董事会成员中可以有职工代表，监事会中应当有职工代表，且其比例不得低于监事会成员的1/3

7.张三、李四、王五分别出资80万元、60万元、60万元设立了某有限责任公司。根据公司法律制度的规定，下列各项中，正确的是（　　）。

A.第一次股东会会议应当由董事长召集和主持

B.公司决定不设立董事会，由张三担任执行董事

C.执行董事张三自行决定公司的经营方针和投资计划

D.公司决定设1名监事，由王五担任，任期为2年

8.张三、李四、王五三人共同出资设立了某有限责任公司，公司成立后，召开了第一次股东会会议。有关这次会议的下列情形中，不符合我国《公司法》规定的是（　　）。

A.会议决定1年后发行股票

B.会议决定不设董事会，由张三任执行董事，张三为公司法定代表人

C.会议决定设1名监事，由李四担任，任期3年

D.会议决定了公司的经营方针和投资计划

9.下列关于国有独资公司的表述中，符合公司法律制度规定的是（　　）。

A.国有独资公司不设股东会，由国有资产监督管理机构行使股东会职权

B.国有独资公司的董事会获得国有资产监督管理机构授权，可以决定公司合并事项

C.国有独资公司监事会的职工代表由国有资产监督管理机构委派

D.国有独资公司的董事会成员全部由国有资产监督管理机构委派

10.甲、乙、丙、丁拟任同发上市公司独立董事。根据中国证券监督管理委员会《关于在上市公司建立独立董事制度的指导意见》的规定，下列选项中，不影响当事人担任独立董事的情形是（　　）。

A.甲之妻半年前卸任同发上市公司之附属企业和顺公司总经理之职

B.乙于1年前卸任正浩公司副董事长之职，正浩公司持有同发上市公司已发行股份的7%

C.丙正在担任和顺公司的法律顾问

D.丁是持有同发上市公司已发行股份2%的自然人股东

11.下列关于国有独资公司董事会的表述中，正确的是（　　）。

A.董事长由董事会选举产生

B.董事会有权决定包括增加公司注册资本在内的重大事项

C.董事会成员中应当有公司职工代表

D.董事每届的任期为4年

12.甲股份有限公司于2010年7月21日在上海证券交易所挂牌上市。2010年12月20日，公司发布公告说明的下列事项中，符合公司法律制度规定的是（　　）。

A.公司董事在首次公开发行股份前持有的本公司股份自2010年12月21日起可以转让，但每年不得超过其所持股份总数的25%

B.公司发起人在公司成立时持有的本公司股份自2010年12月21日起可以对外转让

C.股东大会通过决议，同意公司视股价情况收购本公司已发行股份的3%用于未来1年内奖励本公司职工

D.股东大会通过决议，同意接受债务人乙以其持有的本公司股份作为担保其债务履行的质押权标的

13.百耀上市公司拟公开发行优先股，则下列说法中正确的是（　　）。

A.百耀公司发行优先股后，累计优先股余额不超过公司净资产额的50%

B.百耀公司可以在公司章程中约定此次发行的优先股采取浮动股息率

C.百耀公司发行优先股后，优先股股东按照约定分配股息后，不再同普通股股东一起参加剩余利润分配

D.百耀公司拟发行优先股的股数不可以超过公司原有优先股和普通股股份总数的50%

14.盛兴上市公司在成立6个月时召开股东大会，该次股东大会通过的下列决议中，符合公司法律制度规定的是（　　）。

A.公司董事、监事、高级管理人员持有的本公司股份可以随时转让

B.公司发起人持有的本公司股份自即日起可以对外转让

C.公司收回本公司已发行股份的4%用于未来1年内奖励本公司职工

D.决定与乙公司联合开发房地产，并要求乙公司以其持有的盛兴公司股份作为履行合同的质押担保

15.根据公司法律制度的规定，当公司出现特定情形，继续存续会使股东利益受到重大损失，通过其他途径不能解决，持有公司全部股东表决权10%以上的股东提起解散公司诉讼的，人民法院应当受理。下列各项中，属于此类特定情形的是（　　）。

A.甲公司连续2年严重亏损，已濒临破产

B.乙公司由大股东控制，连续4年不分配利润

C.丙公司股东之间发生矛盾，持续3年无法召开股东会，经营管理发生严重困难

D.丁公司2年来一直拒绝小股东查询公司会计账簿的请求

16.正飞有限责任公司拟吸收合并聚和有限责任公司，根据公司法律制度的规定，下列关于聚合公司的相关表述中，正确的是（　　）。

A.该决议必须经出席会议的股东所持表决权2/3以上通过

B.在股东会对合并决议时投反对票的股东，可以请求公司按照合理价格收购其股权

C.若B公司债权人不同意，则合并决议对其不产生效力

D.B公司需要经过清算程序，并在规定期限内办理注销登记

17.2013年5月1日，甲有限责任公司股东会决定解散该公司（非因公司合并和分立而解散），并自行清算，下列行为中，违反公司法律制度规定的是（　　）。

A.公司在2013年5月15日成立了清算组

B.清算组由3名股东组成

C.清算组制定清算方案后，报董事会确认即付诸执行

D.在清理公司财产过程中，清算组发现公司财产的变现收入只能够清偿60%的债务，随即向人民法院申请宣告破产

18.张某是绿叶有限责任公司的小股东，持股5%；同时，张某还在红枫有限责任公司任董事，而绿叶公司与红枫公司均从事保险经纪业务。绿叶公司多年没有给张某分红，张某一直对其会计账簿存有疑惑。根据公司法律制度的规定，下列表述中，正确的是（　　）。

A.张某可以用口头或者书面形式提出查账请求

B.张某可以提议召开临时股东会表决查账事宜

C.绿叶公司有权要求张某先向监事会提出查账请求

D.绿叶公司有权以张某的查账目的不具正当性为由拒绝其查账请求

19.根据公司法律制度的规定，股份有限公司的财务会计报告应在召开股东大会年会的一定期间以前置备于公司办公场所，供股东查阅。该一定期间为（　　）。

A.10日之前　　B.15日之前　　C.20日之前　　D.25日之前

20.甲股份有限公司采用募集设立方式设立。公司股本总额5 000万元。由发起人认购1 500万元，在创立大会上达成若干决议，包括“新股发行采取溢价发行方式，溢价收入列入公司当年利润”的决议。下列有关该公司设立的说法中，正确的是（　　）。

A.该公司发起人认购的股本比例符合规定

B.新股发行的溢价收入列入公司利润符合规定

C.公司董事会应当在创立大会召开15日前将会议日期通知各认股人

D.董事会应于创立大会结束后30日内，依法向公司登记机关申请设立登记

二、多项选择题

1.张某与李某作为发起人以募集方式设立甲股份有限公司，从事货物运输，2015年6月6日该公司设立。公司设立过程中，张某以自己的名义自乙公司处承租了一处仓库；甲公司成立后，公司货物均存放于该仓库，乙公司要求甲公司支付租金。根据公司法律制度的规定，下列表述正确的有（　　）。

A.甲公司的注册资本应当经过验资机构验资

B.张某、李某认购的股份不得少于公司股份总数的35%

C.张某、李某应制订公司章程，并由出席创立大会的张某、李某及其他认股人所持表决权的过半数通过

D.乙公司无权要求甲公司支付租金

2.下列关于法人人格否认的说法正确的是（　　）。

A.受同一母公司或控制人控制的数个公司在财产、业务、人员等方面混同，这些公司被视为同一法律主体，一家公司财产亦用于清偿其他公司债务

B.母子公司间在财产、业务、人员等方面混同，子公司行为被视为母公司的行为，母公司对子公司行为负责

C.股东不履行出资义务、抽逃出资、转移资产导致公司丧失清偿能力属于否认公司法人独立地位的常见理由

D.公司股东滥用公司法人独立地位和股东有限责任，逃避债务，严重损害公司债权人利益的，应当对公司债务承担赔偿责任

3.甲、乙双方订立协议，由甲作为名义股东，代为持有乙在丙有限责任公司的股权，但投资收益由实际投资人乙享有。协议并无其他违法情形。后甲未经乙同意，将其代持的部分股权，以合理价格转让给丙公司的股东丁。丁对甲只是名义股东的事实不知情。根据公司法律制度的规定，下列表述中，正确的有（　　）。

A.甲、乙之间的股权代持协议无效

B.甲、乙之间的股权代持协议有效

C.若乙反对甲、丁之间的股权转让，则丁不能取得甲所转让的股权

D.即使乙反对甲、丁之间的股权转让，丁亦合法取得甲所转让的股权

4.张某为甲有限责任公司股东，持股比例为15%；李某为乙股份有限公司股东，持股比例为4%，上述持股均有表决权。根据公司法律制度的规定，下列表述正确的有（　　）。

A.张某和李某均有权查阅公司章程、股东（大）会会议记录、董事会会议决议、监事会会议决议和财务会计报告，张某同时有权复制上述材料，并有权要求查阅公司会计账簿，李某同时有权查阅股东名册、公司债券存根

B.李某的持股比例符合提出临时提案的要求，但不符合提起解散公司的诉讼、自行召集和主持股东大会、提起股东代表诉讼的比例要求

C.张某的持股比例符合单独提议召开临时股东会的比例要求，李某的持股比例不符合单独提

议召开临时股东大会、临时董事会的比例要求

D.张某和李某的持股比例均符合单独提起股东直接诉讼的要求

5.某上市公司召开董事会会议，下列选项中，符合有关规定的有（　　）。

A.董事长因故不能出席会议，会议由董事长指定的副董事长甲主持

B.通过了有关公司董事报酬的决议

C.通过了免除乙的经理职务，聘任副董事长甲担任经理的决议

D.会议记录由主持人甲和记录员丙签名后存档

6.甲有限责任公司注册资本为120万元，股东人数为9人，董事会成员为5人，监事会成员为5人。股东一次缴清出资，该公司章程对股东表决权行使事项未作特别规定。根据《公司法》的规定，该公司出现的下列情形中，属于应当召开临时股东会的有（　　）。

A.出资20万元的某股东提议召开　　B.公司未弥补的亏损达到40万元

C.2名董事提议召开　　D.2名监事提议召开

7.根据公司法律制度的规定，下列关于公司相关人员产生方式的表述正确的有（　　）。

A.股份有限公司股东大会应当选举董事会、监事会所有成员，董事会决定聘任或者解聘公司经理及其报酬事项，经理决定聘任或者解聘公司副经理、财务负责人，并决定其报酬事项

B.股份有限公司的董事长、副董事长由董事会全体董事过半数选举产生，国有独资公司的董事长、副董事长由国有资产监督管理机构在董事会成员中指定，中外合资经营企业的董事长、副董事长由合营各方协商确定或者由董事会选举产生，有限责任公司、中外合作经营企业董事长、副董事长的产生办法由章程规定

C.有限责任公司、股份有限公司监事会主席均由全体监事过半数选举产生

D.未经履行出资人职责的机构同意，国有独资公司的董事均不得兼任经理；未经股东（大）会同意，国有资本控股公司的董事均不得兼任经理

8.2010年3月6日，张某、李某共同设立丽都有限责任公司；2013年该公司设立小丽都一人有限责任公司；2014年末，丽都公司注册资本2亿元，净资产3亿元，2015年初该公司整体变更为股份有限公司。根据公司与证券法律制度的规定，下列表述不正确的有（　　）。

A.小丽都公司不设立股东会，也不得再设立新的一人有限责任公司，而且每一个会计年度终了时应编制财务会计报告，并经会计师事务所审计

B.丽都公司不能证明小丽都公司的财产独立于丽都公司财产的，丽都公司应当对小丽都公司的债务承担连带责任

C.丽都公司变更为股份有限公司，应当经股东会全体股东2/3以上通过

D.丽都公司变更为股份有限公司，折合的实收股本总额不得高于2亿元，若丽都股份有限公司拟申请首次公开发行股票，则其持续经营时间可以自2010年3月6日开始计算

9.甲上市公司准备增选独立董事，下列不得担任甲公司独立董事的人员有（　　）。

A.在甲公司从事会计工作的郭某的女儿郭小某

B.甲公司持股排名第8名的股东王某

C.持有甲公司7%股份的乙公司的市场总监孙某

D.为甲公司提供财务报告审计工作的注册会计师杨某

10.根据规定，上市公司独立董事在经公司全体独立董事1/2以上同意后，可以行使的职权有（　　）。

A.事先认可提交董事会讨论的总额为200万元，但占公司最近经审计净资产值8.8%的关联交易事项

B.向董事会提议聘用或者解聘会计师事务所

C.提议召开董事会

D.在股东大会召开前向股东征集投票权

11.根据证券法律制度的规定，为了保护公众投资者，要求公开发行优先股的公司（商业银行除外），必须在公司章程中规定（　　）。

A.采取浮动股息率

B.在有可分配税后利润的情况下必须向优先股股东分配股息

C.未向优先股股东足额派发股息的差额部分应当累积到下一会计年度

D.优先股股东按照约定的股息率分配股息后，不再同普通股股东一起参加剩余利润分配

12.2009年，甲公司决定分立出乙公司单独经营。甲公司原有负债5 000万元，债权人主要包括丙银行、供货商丁公司和其他一些小债权人。在分立协议中，甲、乙公司约定：原甲公司债务中，对丁公司的债务由分立出的乙公司承担，其余债务由甲公司承担，该债务分担安排经过了丁公司的认可，但未通知丙银行和其他小债权人。下列说法中，正确的有（　　）。

A.丁公司有权要求甲、乙连带清偿其债务　　B.丙银行有权要求甲、乙连带清偿其债务

C.小债权人有权要求甲、乙连带清偿其债务　　D.甲、乙公司不得对债务分担作出约定

13.化扬有限责任公司成立于2013年1月1日，以房地产开发而闻名。在公司经营期间，公司股东张某发现公司董事长王某在没有经过股东会同意的情况下，擅自以极高的价格购进了其妻子所设立的公司生产的建筑原材料，给化扬公司造成了巨大损失。张某向监事会反映了该情况，请求监事会对王某提起诉讼。监事会认为张某只持有了公司5%的股权并且才连续持有1年，无权请求监事会提起诉讼，又鉴于董事长对监事会施加的压力，决定不处理此事。于是张某决定向法院提起诉讼。根据我国公司法律制度的规定，下列选项的表述中，不正确的有（　　）。

A.张某无权提起诉讼

B.假如张某有权提起诉讼，张某应当先请求董事会解决，只有董事会也不解决的才可以提起诉讼

C.假如张某有权提起诉讼，张某应当以化扬公司的名义进行诉讼

D.只有在情况紧急、不立即起诉将会使公司利益受到难以弥补的损害的情况下，张某才有权提起诉讼

14.根据公司法律制度的规定，清算组在清算期间，可以行使的职权有（　　）。

A.清理公司财产，分别编制资产负债表和财产清单

B.处理公司清偿债务后的剩余财产

C.代表公司参与民事诉讼

D.通知、公告债权人

15.根据《公司法》的规定，公司发生下列情形时，应当通知债权人的有（　　）。

A.公司分立　　B.公司合并　　C.公司增资　　D.公司减资

三、案例分析题

1.2007年8月8日，甲、乙、丙、丁共同出资设立了一家有限责任公司（下称公司）。公司未设董事会，仅设丙为执行董事。2008年6月8日，甲与戊订立合同，约定将其所持有的全部股权

以20万元的价格转让给戊。甲于同日分别向乙、丙、丁发出拟转让股权给戊的通知书。乙、丙分别于同年6月20日和24日回复，均要求在同等条件下优先购买甲所持公司全部股权。丁于同年6月9日收到甲的通知后，至7月15日未就此项股权转让事项作出任何答复。

公司股东会于2008年2月就2007年度利润分配作出决议，决定将公司在该年度获得的可分配利润68万元全部用于分红，并在4月底之前实施完毕。至7月底丁尚未收到上述分红利润，在没有告知公司任何机构和人员的情况下，直接向人民法院提起诉讼，要求实施分红决议。

根据上述内容，分别回答下列问题：

（1）丁未作答复将产生何种法律效果？请说明理由。

（2）乙、丙均要求在同等条件下，优先受让甲所持公司全部股权，应当如何处理？

（3）丁直接向人民法院提起诉讼的行为是否符合法律程序？请说明理由。

（4）丁直接向人民法院提起诉讼，其被告是谁？是否应提交载明具体分配方案的股东会决议？请说明理由。

2. 宏达公司是一家上市公司，于2006年5月6日由宏发企业、诚达企业等6家企业作为发起人共同以发起设立方式成立，2012年8月9日，宏达公司获准发行5 000万股社会公众股，并于同年10月10日在证券交易所上市。2015年3月，中国证监会在对宏达公司进行例行检查中，发现以下事实：

（1）2014年3月5日，宏发企业将所持宏达公司1%的股份转让给了张氏公司，直到同年3月15日，张氏公司未向宏达公司报告。

（2）2014年4月6日，宏达公司董事会召开会议，通过了拟发行公司债券的方案和召开临时股东大会审议发行公司债券方案的决议。

（3）2014年4月25日，在临时股东大会上，除审议通过了发行公司债券的决议外，还根据诚达企业的提议，临时增加了一项增选一名公司董事的议案，并经出席会议的股东所持表决权的过半数通过。

（4）2014年5月15日，宏达公司董事张某未经董事会同意，投资设立了张氏一人有限公司，虽然经营业务与宏达公司无关，但与宏发企业和诚达企业多次发生交易。

根据以上事实并结合法律规定，回答下列问题。

（1）宏发企业转让宏达公司股份的行为是否符合法律规定？请说明理由。

（2）宏达公司董事会决议是否符合法律规定？请说明理由。

（3）宏达公司临时股东大会通过发行公司债券的决议和增选一名公司董事的决议是否符合法律规定？请说明理由。

（4）张某设立张氏一人有限公司，与宏发企业和诚达企业多次发生交易的行为是否违反法律规定？请说明理由。

3. 2015年3月5日，甲、乙、丙、丁投资设立泰利股份有限公司（以下简称泰利公司）。其中甲、丁分别以现金100万元出资，乙以自己的一套房屋作价200万元出资，丙以其知识产权作价50万元出资。同时公司章程规定，甲、乙、丙、丁按照1：1：1：1的比例平均分配利润。

4月1日，乙即将其房屋交付给公司使用，但是一直未办理过户登记手续。7月1日，公司债权人姚某向人民法院主张认定乙未履行出资义务，同时承担相应的赔偿责任。

8月1日，泰利公司在上海证券交易所上市，同时聘任公司总经理的妻弟戊为公司独立董事。

10月1日，泰利公司为开拓市场，决定增加注册资本100万元，在股东大会上，股东丙投了反对票，同时请求公司以合理价格回购其所持的全部10%的股份，遭到公司拒绝。

11月20日，丙拟退出公司，将所持有的股份全部转让给第三人己。

根据上述材料，回答问题。

（1）公司章程关于分配利润的约定是否符合法律规定？请说明理由。

（2）人民法院是否可以直接认定股东乙未履行出资义务？请说明理由。

（3）戊是否符合独立董事的任职资格？请说明理由。

（4）公司是否有权拒绝股东丙回购请求？请说明理由。

（5）丙将其所持有的股份全部转让给己是否符合规定？请说明理由。

第七章 证券法律制度

本章导学

本章框架图

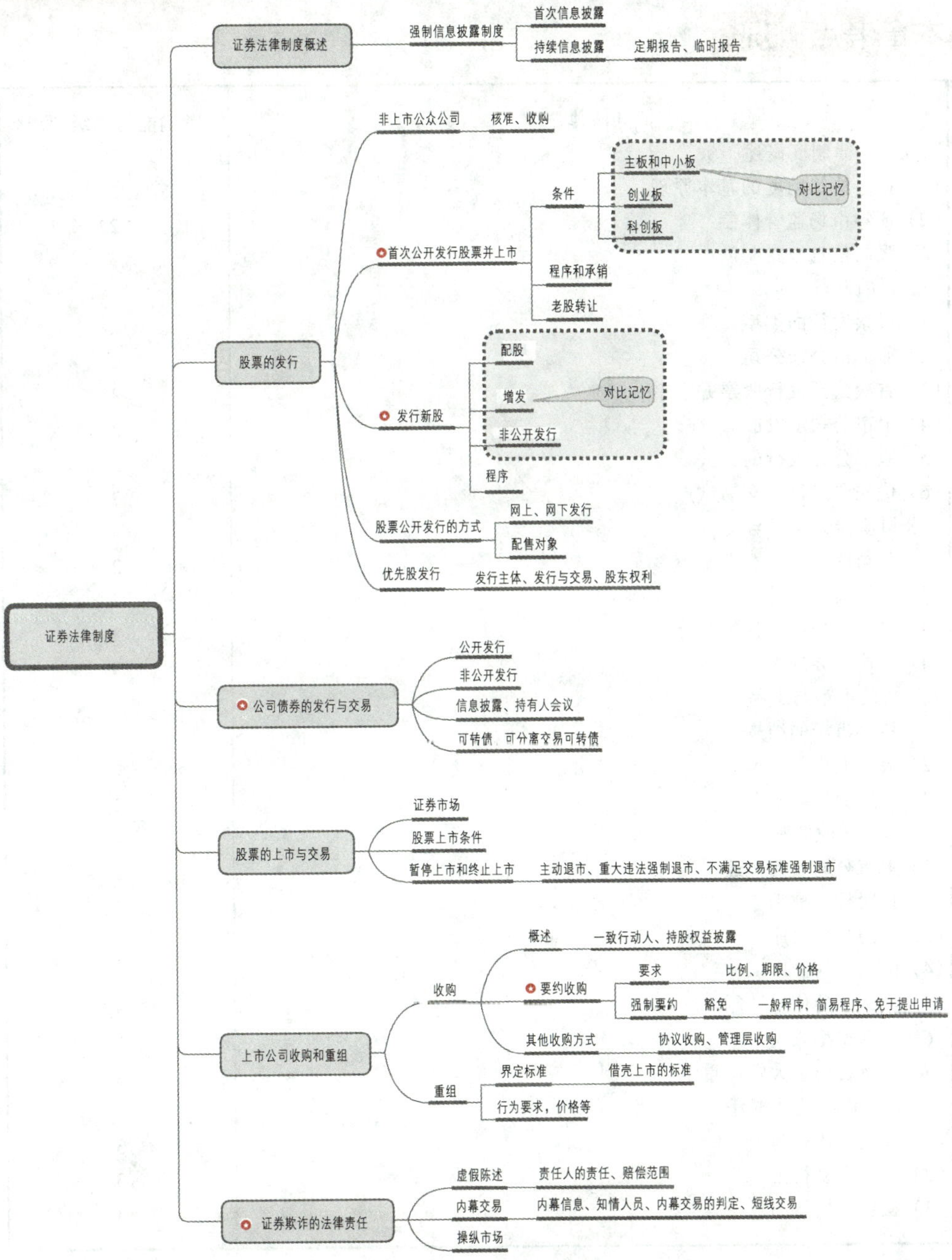

本章考情概述

本章概述：本章属于重点章节，近几年平均每年考查分值在15分左右，基本每年都会考查一道与公司相结合的综合题。本章内容记忆性数字、比例、列举性条文比较多，学习有难度，要先理解再记忆。

本章应关注的问题：《公司法》与《证券法》相结合，考查案例分析题。

近三年主要考点：强制信息披露制度、首次公开发行股票（IPO）、公司债券的发行和交易。

本章考点概况

证券法律制度	考纲能力等级要求
1.证券法律制度概述	
（1）证券法律制度的基本原理	2
（2）证券市场监管体制	2
（3）强制信息披露制度	3
2.股票的发行	
（1）股票发行的类型	2
（2）非上市公众公司	2
（3）首次公开发行股票并上市	3
（4）上市公司增发股票	3
（5）股票公开发行的方式	3
（6）优先股发行与交易试点	2
3.公司债券的发行与交易	
（1）公司债券的一般理论	2
（2）公司债券的发行	3
（3）可转换公司债券的发行	3
（4）公司债券的交易	3
4.股票的上市与交易	
（1）股票市场的结构	1
（2）股票上市与退市	2
（3）股票交易与结算	2
5.上市公司收购和重组	
（1）上市公司收购概述	2
（2）持股权益披露	3
（3）要约收购程序	3
（4）强制要约制度	3
（5）收购中的信息披露	3
（6）特殊类型收购	3
（7）上市公司重大资产重组	3
6.证券欺诈的法律责任	
（1）虚假陈述行为	3
（2）内幕交易行为	3
（3）操纵市场行为	3

第一节 证券法律制度概述

一、证券的种类 ✔一般了解

《证券法》中的证券，目前主要可以分为股票、债券以及混合型的可转换公司债券。

（一）股票

股票是股份公司发给股东的入股凭证，是股东借以取得股息，行使管理权，取得清盘资产，或在证券市场上转让的有价证券。股票具有收益性、流通性、非返还性和风险性等特点。

（二）公司债券

公司债券是指公司依照法定程序发行的、约定在一定期限还本付息的有价证券，是企业债券的一种。

（三）可转换公司债券

可转换公司债券是指一种无担保无追索权、信用级别较低的、兼有债务性和股权性的中长期混合型融资和投资工具，发行人依照法定程序发行、在一定期间内依据约定的条件可以转换成股份的公司债券。

证券发行就是筹资者按照法定程序向投资者发行证券，筹资者取得要筹集的资金，而认购到证券的投资者取得证券及证券所代表的权益的过程。证券发行实质上是筹资者出售证券给投资者的过程。

（四）存托凭证（2019年新增）

存托凭证，是指由存托人签发、以境外证券为基础在中国境内发行、代表境外基础证券权益的证券。

存托凭证发行法律关系中的主体包括:基础证券发行人、存托人和存托凭证持有人。基础证券发行人在境外发行的基础证券由存托人持有，并由存托人在境内签发存托凭证。基础证券发行人应符合证券法关于股票等证券发行的基本条件，参与存托凭证发行，依法履行信息披露等义务，并按规定接受证监会及证券交易所监督管理。

存托人应按照存托协议约定，根据存托凭证持有人意愿行使境外基础证券相应权利，办理存托凭证分红、派息等业务。存托人资质应符合证监会有关规定。

存托凭证持有人依法享有存托凭证代表的境外基础证券权益，并按照存托协议约定，通过存托人行使其权利。

基础证券发行人、存托人及存托凭证持有人通过存托协议明确存托凭证所代表权益及各方权利义务。投资者持有存托凭证即成为存托协议当事人，视为其同意并遵守存托协议约定。存托协议应约定因存托凭证发生的纠纷适用中国法律法规规定，由境内法院管辖。

存托凭证基础财产包括境外基础证券及其衍生权益。存托人可在境外委托金融机构担任托管人。托管人负责托管存托凭证基础财产，并负责办理与托管相关的其他业务。存托人和托管人应为存托凭证基础财产单独立户，将存托凭证基础财产与其自有财产有效隔离、分别管理、分别记账，不得将存托凭证基础财产归入其自有财产，不得违背受托义务侵占存托凭证基础财产。

存托凭证与基础证券之间转换的具体要求和方式由中国证监会规定。

二、强制信息披露制度 （✔非常重要，必须掌握）

信息披露的内容：发行信息公开（首次信息公开）和持续信息公开。

对于首次信息披露，有什么要求?

（一）首次信息披露

首次信息披露主要有招股说明书（公开发行股票最基本的法律文件）、债券募集说明书和上市公告书等。

1.在股票发行申请文件受理后，发行审核委员会审核前，发行人应当将招股说明书（申报稿）在中国证监会的网站预先披露。预先披露的招股说明书（申报稿）不是发行人发行股票的正式文件，不能含有价格信息，发行人不得据此发行股票。

2.招股说明书中引用的财务报表在其最近一期截止日后6个月内有效。特别情况下发行人可申请适当延长，但至多不超过1个月。财务报表应当以年度末、半年度末或季度末为截止日。招股说明书的有效期为6个月，自中国证监会核准发行申请前招股说明书最后一次签署之日起计算。

考霸笔记

上市公司信息披露，尤其是有关招股说明书的信息披露，考查的是对于知识点的记忆，应重点记忆。

3.发行人及其全体董事、监事和高级管理人员应当在招股说明书上签署书面确认意见，保证招股说明书的内容真实、准确、完整。招股说明书应当加盖发行人公章。保荐人及其保荐代表人应当对招股说明书的真实性、准确性、完整性进行核查，并在核查意见上签字、盖章。

考霸笔记

上市公司“相关人员”在信息披露工作中的职责，哪些人对应的是确认意见，哪些人对应的是审核意见。董事、高级管理人员签署的是“确认意见”，为什么？因为董事会和高级管理人员，他们履行的是管理职能，对于公司的经营业绩和财务报告直接负责，所以是“确认意见”，而监事会（注意不是监事个人，而是以监事会，也就是集体的名义）对上市公司披露的财报承担的是监督责任，所以是“审核意见”。

例7-1·2017年单选题

根据证券法律制度的规定，招股说明书的有效期为6个月。该有效期的起算日是（　　）。

A.发行人全体董事在招股说明书上签名、盖章之日

B.招股说明书在中国证监会指定网站第一次全文刊登之日

C.中国证监会核准发行申请前招股说明书最后一次签署之日

D.保荐人及保荐代表人在核查意见上签字、盖章之日

【答案】C

【解析】招股说明书的有效期为6个月，自中国证监会核准发行申请前招股说明书最后一次签署之日起算。

对于持续信息披露，有什么要求?

（二）持续信息披露

持续信息披露的信息主要有定期报告、临时报告。

1.定期报告

考霸笔记

上市公司定期报告，年报在4月底前必须披露，也就是不得晚于4月30日，如果比较关注财经新闻，对于这个规定应该不陌生，所有财报必须在这个日期之前完成审计，这是我们国家的硬性规定，这也是为什么会计师事务所为什么会在年初特别忙，因为必须在4月30日前完成审计！年报是资产负债表之日结束后4个月内披露，以此类推，半年报就应当在半年结束起2个月内披露，也就是8月31日为披露半年报的最晚日期，那么季报就应当在季度结束后1个月内披露。也就是，这里有一个“421”的规律，注意一年有4季，但是只有2个季度报告，因为第二季度的被半年报吸收，第四季度的被年度报告吸收。

上市公司应当披露的定期报告包括年度报告、中期报告和季度报告。

（1）年度报告

年度报告应当在每个会计年度结束之日起4个月内编制完成并披露。

（2）中期报告

中期报告应当在每个会计年度的上半年结束之日起2个月内编制完成并披露。

（3）季度报告

季度报告应当在每个会计年度第3个月、第9个月结束后的1个月内编制完成并披露。

例 7-2 · 2009年多选题

定期报告是上市公司进行持续信息披露的主要形式之一。甲上市公司的下列做法中，符合证券法律制度规定的有（ ）。

A.该公司的第一季度报告在该会计年度的第5个月披露

B.该公司的中期报告在该会计年度的第7个月披露

C.该公司的第三季度报告在该会计年度的第11个月披露

D.该公司的年度报告在该会计年度结束之日后的第3个月披露

【答案】BD

【解析】该公司的第一季度报告应在该会计年度的4月底前披露；该公司的第三季度报告在该会计年度的10月底前披露。

哪些事项属于需要发布临时报告的重大事件?

2.临时报告 （✔重要，必须掌握）

凡发生可能对上市公司证券及其衍生品种交易价格产生较大影响的重大事件，投资者尚未得知时，上市公司应当立即披露，说明事件的起因、目前的状态和可能产生的影响。

重大事件包括：

（1）公司的经营方针范围的重大变化；

（2）公司的重大投资行为和重大的购置财产的决定；

（3）公司订立重要合同，可能对公司的资产、负债、权益和经营成果产生重要影响；

（4）公司发生重大债务和未能清偿到期重大债务的违约情况，或者发生大额赔偿责任；

（5）公司发生重大亏损或者重大损失；

（6）公司生产经营的外部条件发生的重大变化；

（7）涉及公司的重大诉讼、仲裁，股东大会、董事会决议被依法撤销或者宣告无效；

（8）新公布的法律、法规、规章、行业政策可能对公司产生重大影响；

（9）对外提供重大担保；

（10）获得大额政府补贴等可能对公司资产、负债、权益或者经营成果产生重大影响的额外收益；

【提示】（1）～（10）关键词“重大”。

（11）公司涉嫌违法违规被有权机关调查或者受到刑事处罚、重大行政处罚，公司“董、监、高”涉嫌违法违纪被有权机关调查或者采取强制措施；

考霸笔记

根据《证券法》的规定，需要上市公司发布临时报告的事项一共有20项。这20项中，前17项不涉及具体数字的规定，对于这样的考点需要多看，头脑中有一个印象，知道它是重大事件，做题时能选出来就可以了，需要重点记忆的是最后三项，因为涉及具体的数字，这个地方的题目会不会做，关键就看最后的三项里面的数字有没有记牢。

（12）董事会就发行新股或者其他再融资方案、股权激励方案形成相关决议；

（13）主要资产被查封、扣押、冻结或者被抵押、质押；

（14）主要或者全部业务陷入停顿；

（15）变更会计政策、会计估计；

（16）因前期已披露的信息存在差错、未按规定披露或者虚假记载，被有关机关责令改正或者经董事会决定进行更正；

（17）公司减资（不包括“增资”）、合并、分立、解散及申请破产的决定，或者依法进入破产程序、被责令关闭；

【提示】（11）~（17）关键词“违规、主要、全部、变更”。

（18）公司的董事、1/3以上监事或者经理发生变动；董事长或者经理无法履行职责；

（19）持有公司5%以上股份的股东或者实际控制人，其持有股份或者控制公司的情况发生较大变化；

（20）法院裁决禁止控股股东转让其所持股份，任一股东所持公司5%以上股份被质押、冻结、司法拍卖、托管、设定信托或者被依法限制表决权。

【提示】（18）~（20）数值比例：1/3、5%以上。

考霸笔记

重大事件的信息披露时点，这个考点的考查频率比较高。重大事件在什么时候披露，做题的时候要关注“决议”“协议”等字眼。

三、信息披露事务管理

（一）披露时间点（见表7-1）

表7-1

披露时间点

及时披露：自起算日或触及披露点2个交易日内	①董事会或监事会就该重大事件形成决议时 ②有关各方就该重大事件签署意向书或协议时 ③董事、监事或高级管理人员知悉该重大事件发生并报告时
时点前披露的情形	①该重大事件难以保密 ②重大事件已经泄露或者市场出现传闻 ③公司证券及其衍生品种出现异常交易情况

例7-3·2010年多选题

甲上市公司正在与乙公司商谈合并事项。根据证券法律制度的规定，下列关于甲公司信息披露的表述中，正确的有（　　）。

A.一旦甲公司与乙公司开始谈判，甲公司就应当公告披露合并事项

B.当市场出现甲公司与乙公司合并的传闻，并导致甲公司股价出现异常波动时，甲公司应当公告披露合并事项

C.当甲公司与乙公司签订合并协议时，甲公司应当公告披露合并事项

D.当甲公司派人对乙公司进行尽职调查以确定合并价格时，甲公司应当公告披露合并事项

【答案】BC

【解析】（1）选项ACD：有关各方就该重大事件签署“意向书或者协议”时，上市公司应及时履行重大事件的信息披露义务。（2）选项B：该重大事件已经泄露或者市场出现传闻，公司证券及其衍生品种出现异常交易情况时，上市公司应当及时披露相关事项的现状、可能影响事件进展的风险因素。

（二）上市公司“相关人员”在信息披露工作中的职责（见表7-2）

表7-2 “相关人员”在信息披露工作中的职责

董事、高级管理人员	应当对公司定期报告签署书面“确认意见”
监事会（非监事）	应当对董事会编制的公司定期报告进行审核并提出书面“审核意见”
“股东、实际控制人”应当主动告知上市公司董事会，并配合上市公司履行信息披露义务情形	（1）持有公司5%以上股份的股东或者实际控制人，其持有股份或者控制公司的情况发生较大变化的 （2）法院裁决禁止控股股东转让其所持股份，任何一个股东所持公司5%以上股份被质押、冻结、司法拍卖、托管、设定信托或者被依法限制表决权的 （3）拟对上市公司进行重大资产或者业务重组的

上市公司“相关人员”在信息披露工作中分别有什么职责?

【提示】注意董事会（董事、高管）的确认职责和监事会的审核职责。注意董事、高管是干活的，所以要对自己做的事情进行确认；而监事是监工，所以要对董高干的活进行审核。

例7-4·1999年多选题

根据《证券法》规定，上市公司发生的下列事件中，应当立即公告的有（ ）。

A.公司经理发生变动
B.公司40％的监事发生变动
C.公司财务负责人发生变动
D.人民法院依法撤销董事会决议

【答案】ABD

【解析】公司的董事、1/3以上监事或者经理发生变动，属于重大事件。

第二节 股票的发行

一、股票发行的类型

发行股票是发行人公司以出售股份换得投资者出资的一种募资方式，投资者在出资后获得发行人公司的股份。

总体而言，根据发行主体的不同、发行方式的不同、发行目的的不同，《证券法》对以下类型的股票发行进行了区分（见表7-3）。

表7-3 股票发行类型的区分

非公众公司	非公开发行或转让	发行或转让后股东人数≤200人	无需核准
		发行或转让后股东人数＞200人除因转让又在3个月内降至200人	需核准
非上市公众公司	定向发行	发行后股东人数≤200人	无需核准
		发行后股东人数>200人	需核准
	公开转让	股东≤200人的公开转让	无需核准
		股东>200人的公开转让	需核准
上市公司	发行	首次公开发行并上市	需核准
		发行新股	

考霸笔记

非上市公众公司，哪些需要核准，哪些不需核准，属于常考点。把握一个大原则，上市公司涉及广泛的社会公众利益，监管严格，所以只要是上市公司，不管是发股还是发债，都需要核准。而非上市公众公司，抓住200这个数字，因为人数大于200，就属于公众公司，涉及公众利益，一般来说也需要严格监管。

【提示1】因股东非公开转让股票导致股东累计超过200人，如果股份公司在3个月内将股东人数降至200人以内的，可以不提出申请核准。

【提示2】在全国中小企业股份转让系统挂牌公开转让股票的非上市公众公司向特定对象发行股票后股东累计不超过200人豁免核准，由全国中小企业股份转让系统自律管理。

【解释】非上市公众公司是指有下列情形之一且其股票未在证券交易所上市交易的股份有限公司：

1.股票向特定对象发行或者转让导致股东“累计”超过200人。

2.股票公开转让，公司股东自行或委托他人以公开方式向社会公众转让股票的行为构成了变相公开发行股票。

二、非上市公众公司 （✔重要，必须掌握，多次考查选择题）

非上市公众公司有怎样的核准要求?

（一）非上市公众公司的核准要求

1.概念

非上市公众公司指有下列情形之一且股票未在证券交易所上市交易的股份有限公司（见表7-4）：

表7-4 非上市公众公司

定向发行超200	股票向特定对象发行累计超过200人
定向转让超200	股票向特定对象转让导致股东累计超过200人
公开转让	股票公开转让

2.对非上市公众公司的核准（见表7-5）：

表7-5 对非上市公众公司的核准

	决议	核准
定向转让超200	×	√ 【提示】在3个月内股东人数降至200人以内可以不申请
定向发行超200	董事会决议→出席股东大会的股东所持表决权的2/3以上通过	√
公开转让		√ 【提示】股东人数未超过200人的公司申请其股票公开转让豁免核准，由全国中小企业股份转让系统审查
非上市公众公司定向发行		√ 【提示】挂牌公开转让股票的非上市公众公司向特定对象发行股票后股东累计不超过200人豁免核准，由全国中小企业股份转让系统自律管理

（二）非上市公众公司的程序要求

1.定向转让

行为发生之日起3个月内申请核准。

2.公开转让

（1）中国证监会在受理申请文件后，在20个工作日内作出核准、中止核准、终止核准、不予核准的决定。

（2）对于那些在《非上市公众公司办法》实施前股东人数已经超过200人的股份公司，符合条件的，可以申请在全国中小企业股份转让系统挂牌公开转让股票，也可以申请首次公开发行股票并在证券交易所上市。

3.定向发行

（1）类型：

①因定向发行（超200人）成为非上市公众公司；

②非上市公众公司定向发行。

（2）特定对象：

①公司股东；

②公司的董事、监事、高级管理人员、核心员工（董事会提名，由监事会明确意见后，股东大会审议批准）；

③符合投资者适当性管理规定的自然人投资者、法人投资者及其他经济组织（即符合参与挂牌公司股票公开转让条件的投资者）。

【注意】第②、③项的投资者合计不得超过35名。

（3）期限：

①公司申请定向发行股票，可申请一次核准，分期发行。

②自核准之日起，3个月内首期发行，剩余数量应当在12个月内发行完毕。首期发行数量应当不少于总发行数量的50%，剩余各期发行的数量由公司自行确定（3m+50%，12m），每期发行后5个工作日内将发行情况报中国证监会备案。

③超过核准文件限定的有效期未发行的，须重新经中国证监会核准后方可发行。

（三）非上市公众公司的监管要求

1.要求

非上市公众公司应当履行强制信息披露义务。信息披露文件主要包括公开转让说明书、定向转让说明书、定向发行说明书、发行情况报告书、定期报告和临时报告等。

【提示】股票向特定对象转让导致股东累计超过200人的非上市公众公司可以在公司章程中约定其他信息披露方式。

2.报告：

（1）定期报告：非上市公众公司应当做定期披露。

①定期报告的类型，见表7-6。

表7-6 **定期报告的类型**

项目		年度报告	半年度报告	季度报告
上市公司		√	√	√
非上市公众公司	定向转让	√	×	×
	公开转让	√	√	×
	定向发行	√	√	×

②强制审计：年度报告中的财务会计报告应当经会计师事务所审计。

（2）临时报告：发生可能对股票产生较大影响的重大事件，投资者尚未得知

时，非上市公众公司，应当立即将有关该重大事件的情况报送临时报告。（同上市公司）

3.股票转让

（1）转让场所：非上市公众公司公开转让股票应当在全国中小企业股份转让系统（新三板）进行。

（2）存管：公开转让的非上市公众公司股票应当在中国证券登记结算公司集中登记存管。

4.不挂牌公司的特殊监管

（1）不挂牌公司：是指未在全国中小企业股份转让系统挂牌的非上市公众公司。

①自愿纳入监管的历史遗留股东人数超过200人的股份公司；

②经证监会核准通过定向发行或转让导致股东累计超过200人的股份公司。

（2）处理规则：

①明确信息披露方式，选择在非上市公众公司信息披露网站、公司网站及其他公众媒体披露股份变更、定期报告等信息，同时报中国证监会派出机构存档；

②选择在中国证券登记结算公司、证券公司或者符合规定的区域性股权市场或托管机构登记托管股份；

③不得采用公开方式向社会公众转让股份，也不得在未经国务院批准的证券交易场所转让股份，未经批准不得擅自发行股票。

（3）监管机构：证监会派出机构负责不挂牌公司监管，监管内容以股份管理以及基本的信息披露为主。

例7-5·2014年单选题

甲公司为发起设立的股份有限公司，现有股东199人，尚未公开发行或转让过任何股票。根据证券法律制度的规定，甲公司或其股东的下列行为中，需要向中国证监会申请核准的是（　　）。

A.股东乙向一位朋友转让部分股票

B.甲公司向两家投资公司定向发行股票各500万股

C.股东丙将其持有的部分股票分别转让给丁和戊，约定2个月后全部买回

D.甲公司向全国中小企业股份转让系统申请其股票公开转让

【答案】B

【解析】本题考核股票的发行。选项B是非公众公司向特定对象发行股票，导致发行后股东超过200人，需要经证监会核准。

（四）非上市公众公司的收购

1.非上市公众公司收购的基本原则和规定

（1）公众公司的收购及相关股份权益变动活动涉及国家产业政策、行业准入、国有股份转让、外商投资等事项，需要取得国家相关部门批准的，应当在取得批准后进行。

（2）收购人可以通过取得股份的方式成为公众公司的控股股东，可以通过投资关系、协议、其他安排的途径成为公众公司的实际控制人，也可以同时采取上述方

式和途径取得公众公司控股权。收购人包括投资者及其一致行动人。收购人及其实际控制人为法人的，应当具有健全的公司治理机制。

（3）有下列情形之一的，不得收购公众公司：①收购人负有数额较大的债务，到期未清偿，且处于持续状态；②收购人最近2年有重大违法行为或者涉嫌有重大违法行为；③收购人最近2年有严重的证券市场失信行为；④收购人为自然人的，存在《公司法》第一百四十六条规定的情形；⑤法律、行政法规规定以及终归证监会认定的不得收购公众公司的其他情形。

（4）被收购公司的控股股东或者实际控制人不得滥用股东权利损害被收购公司或者其他股东的合法权益。被收购公司的股东、实际控制人及其关联方有损害被收购公司及其他股东合法权益的，上述股东、实际控制人在转让被收购公司控制权之前，应当主动消除损害；未能消除损害，应当就其出让相关股份所得收入用于消除全部损害作出安排，对不足以消除损害的部分应当提供充分有效的履约担保或安排，并提交被收购公司股东大会审议通过，被收购公司的控股股东、实际控制人及其关联方应当回避表决。

（5）被收购公司的董事、监事、高级管理人员对公司负有忠实义务和勤勉义务，应当公平对待收购本公司的所有收购人。被收购公司董事会针对收购所作出的决策及采取的措施，应当有利于维护公司及其股东的利益，不得滥用职权对收购设置不适当的障碍，不得利用公司资源向收购人提供任何形式的财务资助。

2.非上市公众公司收购中有关当事人的义务

（1）协议收购中收购人和被收购公司控股股东、实际控制人的义务。以协议方式进行公众公司收购的，自签订收购协议起至相关股份完成过户的期间为公众公司收购过渡期（以下简称过渡期）。

①在过渡期内，收购人不得通过控股股东提议改选公众公司董事会，确有充分理由改选董事会的，来自收购人的董事不得超过董事会成员总数的1/3；被收购公司不得为收购人及其关联方提供担保；被收购公司不得发行股份筹集资金。

②在过渡期内，被收购公司除继续从事正常的经营活动或者执行股东大会已经作出的决议外，被收购公司董事会提出拟处置公司资产、调整公司主要业务、担保、贷款等议案，可能对公司的资产、负债、权益或者经营成果造成重大影响的，应当提交股东大会审议通过。

③公众公司控股股东、实际控制人向收购人协议转让其所持有限公众公司股份的，应当对收购人的主体资格、诚信情况及收购意图进行调查，并在其权益变动报告书中披露有关调查情况。被收购公司控股股东、实际控制人及其关联方未清偿其对公司的负债，未解除公司为其负债提供的担保，或者存在损害公司利益的其他情况的，被收购公司董事会应当对前述情形及时披露，并采取有效措施维护公司利益。

（2）要约收购中被收购公司董事会、董事的义务。

①被收购公司董事会应当对收购人的主体资格、资信情况及收购意图进行调查，对要约条件进行分析，对股东是否接受要约提出建议，并可以根据自身情况选择是否聘请独立财务顾问提供专业意见。

②被收购公司决定聘请独立财务顾问的，可以聘请为其提供督导服务的主办券

商为独立财务顾问，但存在影响独立性、财务顾问业务受到限制等不宜担任独立财务顾问情形的除外。被收购公司也可以同时聘请其他机构为其提供顾问服务。

③在要约收购期间，被收购公司董事不得辞职。

3.公众公司收购的信息披露

（1）信息披露义务人应当在全国中小企业股份转让系统制定的信息披露平台（以下简称指定网站）依法披露信息；在其他媒体上进行披露的，披露内容应当一致，披露时间不得早于指定网站的披露时间。在相关信息披露前，信息披露义务人及执行相关信息的人员负有保密义务，禁止利用该信息进行内幕交易和从事证券市场操纵行为。

（2）信息披露义务人依法披露前，相关信息已在媒体上传播或者公司股票转让出现异常的，公众公司应当立即向当事人进行查询，当事人应当及时予以书面答复，公众公司应当及时披露。

（3）持股权益披露。投资者在公众公司中拥有的权益，包括登记在其名下的股份和虽未登记在其名下但该投资者可以实际支配表决权的股份。投资者及其一致行动人在公众公司中拥有的权益应当合并计算。

有下列情形之一的，投资者及其一致行功人应当在该事实发生之日起2日内编制并披露权益变动报告书，报送全国中小企业股份转让系统，同时通知该公众公司，自该事实发生之日起至披露后2日内，不得再行买卖该公众公司的股票：①通过全国股份转让系统的做市方式、竞价方式进行证券转让，投资者及其一致行动人拥有权益的股份达到公众公司已发行股份的10%；②通过协议方式，投资者及其一致行动人在公众公司中拥有权益的股份拟达到或者超过公众公司已发行股份的10%。投资者及其一致行动人拥有权益的股份达到公众公司已发行股份的10%后，其拥有权益的股份占该公众公司已发行股份的比例每增加或者减少了5%（即其拥有权益的股份达到5%的整数倍时），应当依照前款规定进行披露。自该事实发生之日起2日内，该公众公司的股票不得再进行买卖。

【解释】①投资者及其一致行动人通过行政划转或者变更、执行法院裁定、继承、赠与等方式导致其直接拥有权益的股份变动达到前述规定比例的，应当履行前述披露义务。

②投资者虽不是公众公司的股东，但通过投资关系、协议、其他安排等方式进行收购导致其间接拥有权益的股份变动达到前述规定比例的，应当履行前述披露义务。

③因公众公司向其他投资者发行股份、减少股本导致投资者及其一致行动人拥有权益的股份变动出现前述变动情形的，投资者及其一致行动人免于履行披露义务。公众公司应当自完成增加股本、减少股本的变更登记之日起2日内，就因此导致的公司股东拥有权益的股份变动情况进行披露。

（4）控制权变动披露。通过全国中小企业股份转让系统的证券转让，投资者及其一致行动人拥有权益的股份变动导致其成为公众公司第一大股东或者实际控制人，或者通过投资关系、协议转让、行政划转或者变更、执行法院裁定、继承、赠与、其他安排等方式拥有权益的股份变动导致其成为或拟成为公众公司第一大股东或者实际控制人且拥有权益的股份超过公众公司已发行股份10%的，应当在该事实发生之日起2日内编制收购报告书，连同财务顾问专业意见和律师出具的法律意见书一并披露，报送全国中小企业股份转让系统，同时通知该公众公司。收购公众公司股份需要取得国家相关部门批准的，收购人应当在收购报告书中进行明确说明，并披露批准程序进展情况。

4.要约收购

（1）收购者自愿选择以要约方式收购公众公司股份的，可以向被收购公司所有股东发出收购其所持有的全部股份的要约（以下简称全面要约），也可以向被收购公司所有股东发出收购其所持有的部分股份的要约（以下简称部分要约）。

（2）收购人自愿以要约方式收购公众公司股份的，其预定收购的股份比例不得低于该公众公司已发行股份的5%。

（3）公众公司应当在公司章程中约定在公司被收购时收购人是否需要向公司全体股东发出全面要约收购，并明确全面要约收购的触发条件以及相应制度安排，收购人根据被收购公司章程规定需要向公司全体股东发出全面要约收购的对同一种类股票的要约价格，不得低于要约收购书披露前6个月内取得该种股票所支付的最高价格。

（4）以要约方式进行公众公司收购的，收购人应当公平对待被收购公司的所有股东。

（5）以要约方式收购的，收购人应当聘请财务顾问，并编制要约收购报告书，连同财务顾问专业意见和律师出具的法律意见书一并披露，报送全国中小企业股份转让系统，同时通知该公众公司。

（6）要约收购需要取得国家相关部门批准的，收购人应当在要约收购报告书中进行明确说明，并持续披露批准程序进展情况。

（7）收购人可以采用现金、证券、现金与证券相结合等合法方式支付收购公众公司的价款。收购人聘请的财务顾问应当说明收购人具备要约收购的能力。

（8）收购人应当在披露要约收购报告书的同时，提供以下至少一项安排保证其具备履约能力：将不少于收购价款总额的20%作为履约保证金存入中国证券登记结算有限责任公司指定的银行等金融机构；收购人以在中国证券登记结算有限责任公司登记的证券支付收购价款的，在披露要约收购报告书的同时，将用于支付的全部证券向中国证券登记结算有限责任公司申请办理权属变更或锁定；

【解释1】收购人以未在中国证券登记结算有限责任公司登记的证券支付收购价款的，必须同时提供现金方式供被收购公司的股东选择，并详细披露相关证券的保管、送达被收购公司股东的方式和程序安排。银行等金融机构对于要约收购所需价款出具的保函；财务顾问出具承担连带担保责任的书面承诺。如要约期满，收购人不支付收购价款，财务顾问应当承担连带责任，并进行支付。

【解释2】收购人以证券支付收购价款的，应当披露该证券的发行人最近2年经审计的财务会计报表、证券估值报告，并配合被收购公司或其聘请的独立财务顾问的尽职调查工作。

（9）收购要约约定的收购期限不得少于30日，并不得超过60日；但是出现竞争要约的除外。收购期限自要约收购报告书披露之日起开始计算。要约收购需要取得国家相关部门批准的，收购人应将取得的本次收购的批准情况连同律师出具的专项核查意见一并在取得全部批准后2日内披露，收购期限自披露之日起开始计算。

（10）在收购要约约定的承诺期限内，收购人不得撤销其收购要约。采取要约收购方式的，收购人披露后至收购期限届满前，不得卖出被收购公司的股票，也不得采取要约规定以外的形式和超出要约的条件买入被收购公司的股票。

（11）收购人需要变更收购要约的，应当重新编制并披露要约收购报告书，报送全国中小企业股份转让系统，同时通知被收购公司。变更后的要约收购价格不得低于变更前的要约收购价格。

（12）收购要约期银届满前15日内，收购人不得变更收购要约；但是出现竞争要约的除外。出现竞争要约时，发出初始要约的收购人变更收购要约距初始要约收购期限届满不足15日的，应当延长收购期限，延长后的要约期应当不少于15日，不得超过最后一个竞争要约的期满日，并按规定比例追加履约保证能力。发出竞争要约的收购人最迟不得晚于初始要约收购期限届满前15日披露要约收购报告书，并应当根据本办法的规定履行披露义务。

（13）同意接受收购要约的股东（以下简称预受股东），应当委托证券公司办理预受要约的相关手续。在要约收购期限届满前2日内，预受股东不得撤回其对要约的接受。在要约收购期限内，收购人应当每日披露已预受收购要约的股份数量。

在要约收购期限届满后2日内，收购人应当披露本次要约收购的结果。

（14）收购期限届满，发出部分要约的收购人应当按照收购要约约定的条件购买被收购公司股东预受的股份，预受要约股份的数量超过预定收购数量时，收购人应当按照同等比例收购预受要约的股份；发出全面要约的收购人应当购买被收购公司股东预受的全部股份。

【总结】上市公司收购和非上市公众公司收购的异同（见表7-7）。

表7-7 **上市公司收购和非上市公众公司收购的异同**

收购类型	上市公司收购	非上市公众公司收购
不得收购的标准	最近3年	最近2年
持股权益披露的节点	达到5%/达到或者超过5%	达到10%/达到或者超过10%
强制要约收购	超过30%且不属于11种豁免情形	在公司章程中约定强制要约收购的条件
事后报告	收购完成后向证券交易所提交书面报告	事前将要约收购报告书报送全国中小企业股份转让系统
预受股东不得撤回的时间	届满前3日	届满前2日
两者的相同点	1.二者均要求公平对待被收购公司的所有股东 2.二者均允许收购人依法以证券支付收购价款 3.二者均规定收购期限不得少于30日，并不得超过60日 4.二者均要求在收购要约约定的承诺期限内，收购人不得撤销其收购要约 5.二者均要求在要约收购期间，被收购公司董事不得辞职	

三、在主板和中小板上市的公司首次公开发行股票的条件 （★★★非常重要）

公司首次公开发行股票除应当符合《公司法》规定外，作为拟上市公司，还应符合如下主要条件：公开发行股票的条件，必须记住，选择题会考，综合题也会考。

1.成立满3年的规定。

（1）股份有限公司应自成立后，持续经营时间在3年以上。

（2）有限责任公司按原账面净资产值折股整体变更为股份有限公司的，持续经营时间可以从有限责任公司成立之日起计算，并达3年以上。

（3）经国务院批准，有限责任公司依法变更为股份有限公司时，可以采取募集设立方式公开发行股票。

考霸笔记

【链接】根据《公司法》的规定，有限责任公司变更为股份有限公司时，折合的实收股本总额不得高于公司净资产额。

（4）经国务院批准，可以不受上述时间的限制。

2.发行人已合法并真实取得注册资本项下载明的资产。注册资本已缴足，发起人或股东用作出资的资产财产权已转移，发行人的主要资产不存在重大权属纠纷。

3.发行人的生产经营符合法律、行政法规和公司章程的规定，符合国家产业政策。

4.最近3年稳定。

发行人最近3年内主营业务和董事、高级管理人员没有发生重大变化，实际控制人没有发生变更。

【解释1】在发行人存在多人共同拥有公司控制权的情况下，其中某个小股东变更，不构成公司控制权变更。

【解释2】如果发行人最近3年内持有、实际支配公司表决权比例最高的人发生变化，且变化前后的股东不属于同一实际控制人，视为公司控制权发生变更。

5.股权清晰。

发行人的股权清晰，控股股东和受控股股东、实际控制人支配的股东持有的发行人股份不存在重大权属纠纷。

6.发行人具备健全且运行良好的组织机构。

7.发行人具有持续盈利能力。

发行人不得有下列影响持续盈利能力的情形：

（1）发行人的经营模式、产品或服务的品种结构已经或者将发生重大变化，并对发行人的持续盈利能力构成重大不利影响；

（2）发行人的行业地位或发行人所处行业的经营环境已经或者将发生重大变化，并对发行人的持续盈利能力构成重大不利影响；

（3）发行人最近1个会计年度的营业收入或净利润对关联方或者存在重大不确定性的客户存在重大依赖；

（4）发行人最近1个会计年度的净利润主要来自合并财务报表范围以外的投资收益；

（5）发行人在用的商标、专利、专有技术以及特许经营权等重要资产或技术的取得或者使用存在重大不利变化的风险。

主板、中小板发行股票并上市的财务指标是怎样的？

8.发行人的财务状况良好。发行人发行股票并上市的财务指标主要包括以下的要求（见表7-8）。 首发并上市的核心考点，必须掌握！

表7-8 财务指标要求

首发的财务指标	要求
（1）发行前股本总额	不少于人民币3 000万元（同上市交易）
（2）最近3个会计年度净利润	均为正数且累计超过人民币3 000万元（净利润以扣除非经常性损益前后较低者为计算依据）
（3）最近3个会计年度经营活动产生的现金流量净额	累计超过人民币5 000万元
或者最近3个会计年度营业收入	累计超过人民币3亿元
（4）最近一期期末无形资产（扣除土地使用权、水面养殖权和采矿权等后）占净资产的比例	不高于20%
（5）最近一期期末	不存在未弥补亏损

考霸笔记

【口诀】

三千股本发行前，
三年净利正三千，
三业三亿三金五，
三实主董高不变，
无形资产仅两成，
最近一期无亏损。

9.构成首次发行股票并上市的法定障碍的情形：

（1）最近36个月内未经法定机关核准，擅自公开或者变相公开发行过证券；或者有关违法行为虽然发生在36个月前，但目前仍处于持续状态。

（2）最近36个月内违反工商、税收、土地、环保、海关以及其他法律、行政法规，受到行政处罚，且情节严重。

（3）最近36个月内曾向中国证监会提出发行申请，但报送的发行申请文件有虚假记载、误导性陈述或重大遗漏；或者不符合发行条件以欺骗手段骗取发行核准；或者以不正当手段干扰中国证监会及其发行审核委员会审核工作；或者伪造、变造发行人或其董事、监事、高级管理人员的签字、盖章。

（4）本次报送的发行申请文件有虚假记载、误导性陈述或者重大遗漏。

（5）涉嫌犯罪被司法机关立案侦查，尚未有明确结论意见。

（6）严重损害投资者合法权益和社会公共利益的其他情形。

10.新增条件**（2019年新增）**

2018年6月6日中国证券监督管理委员会公布关于修改《首次公开发行股票并上市管理办法》的决定，该决定对发行条件、程序性问题以及监督管理等进行了补充，详情如下：

（1）发行条件。中国证监会根据《关于开展创新企业境内发行股票或存托凭证试点的若干意见》等规定认定的试点企业（以下简称试点企业），可不适用“最近3个会计年度净利润均为正数且累计超过人民币3 000万元”“最近一期末不存在未弥补亏损”这两项规定。

（2）发行程序。发行人股票发行前只需在一种中国证监会指定报刊刊登提示性公告，告知投资者网上刊登的地址。同时将招股说明书全文和摘要刊登于中国证监会指定的网站并将招股说明书全文置于发行人住所、拟上市证券交易所、保荐人、主承销商和其他承销机构的住所，以备公众查阅。

（3）监督管理。发行人公开发行证券上市当年即亏损的，中国证监会自确认之日起暂停保荐机构的保荐机构资格3个月，撤销相关人员的保荐代表人资格，尚未盈利的试点企业除外。

例 7-6 · 2007年多选题

某股份有限公司拟公开发行股票并上市。根据证券法律制度的有关规定，下列各项中，符合公司首次公开发行股票并上市的条件的有（　　）。

A.公司发行股票前股本总额为人民币6 000万元

B.公司上一年度严重违反环境保护管理法规受到罚款的行政处罚

C.公司最近3个会计年度净利润均为正数且累计为人民币4 000万元

D.公司最近1个会计年度的净利润主要来自合并财务报表范围以外的投资收益

【答案】AC

【解析】本题考核首次公开发行股票的条件。根据规定，发行人首次公开发行股票并上市的，发行前股本总额不少于人民币3 000万元，因此，选项A是正确的。最近36个月内，发行人没有违反工商、税收、土地、环保、海关以及其他法律、行政法规受到行政处罚且情节严重的情况，因此，选项B不选。最近3个会计年度净利润均为正数且累计超过人民币3 000万元，因此，选项C是正确的。发行人不存在最近1个会计年度的净利润主要来自合并财务报表以外的投资收益的情况，因此，选项D不选。

在创业板上市的公司首次公开发行股票的具体条件有哪些？

四、在创业板上市的公司首次公开发行股票的条件（★★★非常重要）

1.发行人是依法设立且持续经营3年以上的股份有限公司；有限责任公司按原账面净资产值折股整体变更为股份有限公司的，持续经营时间可以从有限责任公司成立之日起计算。

2.最近2年连续盈利，最近2年净利润累计不少于1 000万元；或者最近1年盈利，最近1年营业收入不少于5 000万元。净利润以扣除非经常性损益前后孰低者为计算依据。

考霸笔记

【口诀】两连两净一千万，一盈一收五千万。三千股本发行后，两实主董高不变，期末两千无弥亏。

3.最近一期期末净资产不少于2 000万元，且不存在未弥补亏损。

4.发行后股本总额不少于3 000万元。主板、中小板是发行前

5.发行人的注册资本已足额缴纳，发起人或者股东用作出资的资产的财产权转移手续已办理完毕；发行人的主要资产不存在重大权属纠纷。

6.发行人应当主要经营一种业务，其生产经营活动符合法律、行政法规和公司章程的规定，符合国家产业政策及环境保护政策。

7.发行人最近2年内主营业务和董事、高级管理人员均没有发生重大变化，实际控制人没有发生变更。主板、中小板是最近3年

8.发行人的股权清晰，控股股东和受控股股东、实际控制人支配的股东所持发行人的股份不存在重大权属纠纷。

9.发行人具有完善的公司治理结构，依法建立健全股东大会、董事会、监事会以及独立董事、董事会秘书、审计委员会制度，相关机构和人员能够依法履行职责。发行人应当建立健全股东投票计票制度，建立发行人与股东之间的多元化纠纷解决机制，切实保障投资者依法行使收益权、知情权、参与权、监督权等股东权利。

10.发行人的董事、监事和高级管理人员应当忠实、勤勉，具备法律、行政法规和规章规定的资格，且不存在下列情形：

（1）被中国证监会采取证券市场禁入措施尚在禁入期的；

第七章

（2）最近3年内受到中国证监会行政处罚，或者最近1年内受到证券交易所公开谴责的；

（3）因涉嫌犯罪被司法机关立案侦查或者涉嫌违法违规被中国证监会立案调查，尚未有明确结论意见的。

11.发行人及其控股股东、实际控制人最近3年内不存在损害投资者合法权益和社会公共利益的重大违法行为；发行人及其控股股东、实际控制人最近3年内不存在未经法定机关核准，擅自公开或者变相公开发行证券，或者有关违法行为虽然发生在3年前，但目前仍处于持续状态的情形。

12.发行人募集资金应当用于主营业务，并有明确的用途。募集资金数额和投资方向应当与发行人现有生产经营规模、财务状况、技术水平、管理能力及未来资本支出规划等相适应。

13.新增条件**（2019年新增）**

2018年6月6日中国证券监督管理委员会公布关于修改《首次公开发行股票并在创业板上市管理办法》的决定，该决定对发行条件以及监督管理的规定进行了补充，详情如下：

（1）发行条件。中国证监会根据《关于开展创新企业境内发行股票或存托凭证试点的若干意见》等规定认定的试点企业（以下简称试点企业），可不适用“最近两年连续盈利，最近两年净利润累计不少于1 000万元；或者最近一年盈利，最近一年营业收入不少于5 000万元”“不存在未弥补亏损”这两项规定。

（2）监督管理。发行人公开发行证券上市当年即亏损的，中国证监会自确认之日起暂停保荐机构资格3个月，撤销相关人员的保荐代表人资格，尚未盈利的试点企业除外。

五、首次公开发行股票的程序和承销 **（✔熟悉，可能考选择题）**

（一）首次公开发行股票的程序

1.责任（见表7-9）。

表7-9 **责任**

申请材料信息自相矛盾，同一事实自相矛盾	中止审核，12个月内不再受理相关“保荐代表人”推荐的发行申请
申请及法律文书涉嫌虚假陈述、误导性陈述或重大遗漏	①交稽查部门查处→立案后暂停受理中介机构推荐的发行申请 ②查证属实的，自确认之日起36个月内不再受理“该发行人”的股票发行申请，并依法追究中介机构及相关当事人责任

首次公开发行股票的程序是怎样的?

2.审核要求（见表7-10）。

表7-10 **审核要求**

内容	对发行申请文件和信息披露内容的合法合规性进行审核，不对发行人的盈利能力和投资价值作出判断
时间（新增）	（1）中国证监会依照法定条件对发行人的发行申请作出予以核准或者不予核准的决定，并出具相关文件。股票发行申请未获核准的，自中国证监会作出不予核准决定之日起6个月后，发行人可再次提出股票发行申请 （2）自中国证监会核准发行之日起，发行人应在6个月内发行股票；超过6个月未发行的，核准文件失效，须重新经中国证监会核准后方可发行

（二）强化发行人及其控股股东等责任主体的诚信义务

1.减持要求

（1）减持价格：发行人控股股东、持有发行人股份的董事和高级管理人员（NOT监事）应在公开募集及上市文件中公开承诺，所持股票在锁定期满后2年内减持的，其减持价格不低于发行价。

【链接】发起人、董事、监事、高级管理人员持有的本公司股份，自公司股票上市交易之日起1年内不得转让。

（2）公司上市后6个月内如公司股票连续20个交易日的收盘价均低于发行价，或者上市后6个月期末收盘价低于发行价，持有公司股票的锁定期限自动延长至少6个月。半年时或连续20日破发，锁定延6个月。

2.破净维稳

发行人及其控股股东、公司董事及高级管理人员应在公开募集及上市文件中提出上市后3年内公司股价低于每股净资产时稳定公司股价的预案，预案应包括启动条件、具体措施等。

3.不实报告的责任

不实报告包括虚假记载、误导性陈述或重大遗漏（见表7-11）。

表7-11　**不实报告**

<table>
<tr><td>发行人及其控股股东</td><td>招股说明书不实报告，对判断发行人是否符合发行条件构成重大影响，将依法回购首次公开发行的全部新股，且发行人控股股东将购回已转让的原限售股份</td></tr>
<tr><td>发行人及其控股股东、实际控制人、公司董事、监事及高级管理人员公开承诺</td><td rowspan="2">致使投资者损失，依法赔偿投资者损失</td></tr>
<tr><td>证券服务机构公开承诺</td></tr>
</table>

4.公告大股东持股意向

（1）发行人应当在公开募集及上市文件中披露公开发行前持股5%以上股东的持股意向及减持意向。

（2）持股5%以上股东减持时，需提前3个交易日予以公告。

5.股票承销（见表7-12）

表7-12　**股票承销**

<table>
<tr><td rowspan="2">方式</td><td>代销</td><td>承销期结束，将未售出的股票全部退还给发行人</td></tr>
<tr><td>包销</td><td>全部购入然后再向投资者销售，或在承销结束时将剩余证券全部自行购入</td></tr>
<tr><td>承销团</td><td colspan="2">向不特定对象公开发行的证券“票面总值”超过人民币5 000万元，应当由承销团承销（NOT发行价）</td></tr>
<tr><td>期限</td><td colspan="2">最长不得超过90日</td></tr>
<tr><td>禁止</td><td colspan="2">对所代销、包销的股票应当保证先行出售给认购人，证券公司不得为本公司预留所代销的股票和预先购入并留存所包销的股票</td></tr>
<tr><td>发行失败</td><td colspan="2">股票发行采用代销方式，代销期限届满，向投资者出售的股票数量未达到拟公开发行股票数量70%的，为发行失败。发行人应当按照发行价并加算银行同期存款利息返还股票认购人</td></tr>
</table>

考霸笔记

股票承销方式有两种：包销或代销。包销不可能发生发行失败的问题，因为有券商兜底，因此，首次公开发行股票发行失败的情形就是代销，也就是股票定价不合理，投资者认购数量不够。那么如何区分认购数量够不够呢？就是公开发行数量的70%，未达到70%的，为发行失败。发行人应当按照发行价并加算银行同期存款利息返还股票认购人。

股票承销的方式有几种？

第七章

6.首次公开发行股票时的老股转让（见表7-13）

表7-13 首次公开发行股票时的老股转让

要求	（1）公司股东公开发售的股份，其已持有时间应当在36个月以上 （2）公司股东公开发售股份后，公司的股权结构不得发生重大变化，实际控制人不得发生变更 （3）公司股东公开发售的股份，权属应当清晰，不存在法律纠纷或者质押、冻结及其他依法不得转让的情况
用途	首次公开发行股票应主要用于筹集企业发展需要的资金
费用	发行人与拟公开发售股份的公司股东应就本次发行承销费用的分摊原则进行约定
发行数量	（1）新股发行数量应根据企业实际的资金需求合理确定（NOT项目资金需求） （2）公司股东公开发售股份数量不得超过自愿设定12个月及以上限售期的投资者获得配售股份的数量
归属	发行人应当在招股说明书扉页载明公司拟发行新股和公司股东拟公开发售股份的数量，并提示股东公开发售股份所得资金不归公司所有

六、科创板首次发行股票的发行条件和程序（2019年新增）

首次公开发行股票并在科创板上市应符合哪些条件?

1.优先支持符合国家战略，拥有关键核心技术，科技创新能力突出，主要依靠核心技术开展生产经营，具有稳定的商业模式，市场认可度高，社会形象良好，具有较强成长性的企业。

2.首次公开发行股票并在科创板上市，应当符合发行条件、上市条件以及相关信息披露要求，依法经上海证券交易所发行上市审核并报经中国证监会履行发行注册程序。

3.发行人申请首次公开发行股票并在科创板上市，应符合以下发行条件：

（1）发行人是依法设立且持续经营3年以上的股份有限公司。有限责任公司按原账面净资产折股整体变更为股份有限公司的，持续经营时间可以从有限责任公司成立之日起计算。

（2）发行人会计基础工作规范，并由注册会计师出具标准无保留意见的审计报告。发行人内部控制制度健全且被有效执行，并由注册会计师出具无保留结论的内部控制鉴证报告。

（3）发行人业务完整，具有直接面向市场独立持续经营的能力：

①资产完整，业务及人员、财务、机构独立，与控股股东、实际控制人及其控制的其他企业间不存在对发行人构成重大不利影响的同业竞争，不存在严重影响独立性或者显失公平的关联交易。

②发行人主营业务、控制权、管理团队和核心技术人员稳定，最近2年内主营业务董事、高级管理人员及核心技术人员均没有发生重大不利变化；控股股东和受控股股东、实际控制人支配的股东所持发行人的股份权属清晰，最近2年实际控制人没有发生变更，不存在导致控制权可能变更的重大权属纠纷。

③发行人不存在主要资产、核心技术、商标等的重大权属纠纷，重大偿债风险，重大担保、诉讼、仲裁等或有事项，经营环境已经或者将要发生重大变化等对持续经营有重大不利影响的事项。

④发行人生产经营符合法律、行政法规的规定，符合国家产业政策。最近3年内发行人及其控股股东、实际控制人不存在贪污、贿赂、侵占财产、挪用财产或者破坏社会主义市场经济秩序的刑事犯罪，不存在欺诈发行、重大信息披露违法或者其他涉及国家安全、公共安全、生态安全、生产安全、公众健康安全等领域的重大违法行为。董事、监事和高级管理人员不存在最近3年内受到中国证监会行政处罚，或者因涉嫌犯罪被司法机关立案侦查或者涉嫌违法违规被中国证监会立案调查，尚未有明确结论意见等情形。

4.科创板首次公开发行股票的发行程序

科创板首次公开发行股票的发行程序有哪些?

（1）发行人董事会应当依法就本次股票发行的具体方案、本次募集资金使用的可行性及其他必须明确的事项作出决议，并提请股东大会批准。

（2）发行人股东大会就本次发行股票作出的决议，至少应当包括下列事项：本次公行股票的种类和数量；发行对象；定价方式；募集资金用途；发行前滚存利润的分配方案；决议的有效期；对董事会办理本次发行具体事宜的授权；其他必须明确的事项。

（3）发行人申请首次公开发行股票并在科创板上市，应当按照中国证监会有关规定制作注册申请文件，由保荐人保荐并向交易所申报。交易所收到注册申请文件后，5个工作日内作出是否受理的决定。

（4）自注册申请文件受理之日起，发行人及其控股股东、实际控制人、董事、监事、高级管理人员，以及与本次股票公开发行并上市相关的保荐人、证券服务机构及相关责任人员，即承担相应法律责任。

（5）注册申请文件受理后，未经中国证监会或者交易所同意，不得改动。发生重大事项的，发行人、保荐人、证券服务机构应当及时向交易所报告，并按要求更新注册申请文件和信息披露资料。

（6）交易所应当自受理注册申请文件之日起3个月内形成审核意见。发行人根据要求补充、修改注册申请文件，以及交易所按照规定对发行人实施现场检查，或者要求保荐人、证券服务机构对有关事项进行专项核查的时间不计算在内。

（7）交易所设立独立的审核部门，负责审核发行人公开发行并上市申请；设立科技创新咨询委员会，负责为科创板建设和发行上市审核提供专业咨询和政策建议；设立科创板股票上市委员会，负责对审核部门出具的审核报告和发行人的申请文件提出审议意见。交易所主要通过向发行人提出审核问询、发行人回答问题方式开展审核工作，基于科创板定位，判断发行人是否符合发行条件、上市条件和信息披露要求。

（8）交易所按照规定的条件和程序，作出同意或者不同意发行人股票公开发行并上市的审核意见。同意发行人股票公开发行并上市的，将审核意见、发行人注册申请文件及相关审核资料报送中国证监会履行发行注册程序。不同意发行人股票公开发行并上市的，作出终止发行上市审核决定。

（9）中国证监会收到交易所报送的审核意见、发行人注册申请文件及相关审核资料后，履行发行注册程序。发行注册主要关注交易所发行上市审核内容有无遗漏，审核程序是否符合规定，以及发行人在发行条件和信息披露要求的重大方面是否符合相关规定。中国证监会认为存在需要进一步说明或者落实事项的，可以要求交易所进一步问询。

（10）中国证监会在20个工作日内对发行人的注册申请作出同意注册或者不予注册的决定。发行人根据要求补充、修改注册申请文件，中国证监会要求交易所进一步问询，以及中国证监会要求保荐人、证券服务机构等对有关事项进行核查的时间不计算在内。

（11）中国证监会认为交易所对影响发行条件的重大事项未予关注或者交易所的审核意见依据明显不充分的，可以退回交易所补充审核。交易所补充审核后，同意发行人股票公开发行并上市的，重新向中国证监会报送审核意见及相关资料，20个工作日的注册期重新计算。

（12）中国证监会同意注册的决定自作出之日起1年内有效，发行人应当在注册决定有效期内发行股票，发行时点由发行人自主选择。

（13）中国证监会作出注册决定后、发行人股票上市交易前，发行人应当及时更新信息披露文件内容，财务报表过期的，发行人应当补充财务会计报告等文件；保荐人及证券服务机构应当持续履行尽职调查职责；发生重大事项的，发行人、保荐人应当及时向交易所报告。交易所应当对上述事项及时处理，发现发行人存在重大事项影响发行条件、上市条件的，应当出具明确意见并及时向中国证监会报告。

（14）中国证监会作出注册决定后、发行人股票上市交易前，发现可能影响本次发行的重大事项的，中国证监会可以要求发行人暂缓或者暂停发行、上市；相关重大事项导致发行人不符合发行条件的，可以撤销注册。中国证监会撤销注册后，股票尚未发行的，发行人应当停止发行；股票已经发行尚未上市的，发行人应当按照发行价并加算银行同期存款利息返还股票持有人。

（15）交易所因不同意发行人股票公开发行并上市，作出终止发行上市审核决定，或者中国证监会作出不予注册决定的，自决定作出之日起6个月后，发行人可以再次提出公开发行股票并上市申请。

【提示1】就上市标准而言，科创板更加注重企业科技创新能力，允许符合科创板定位、尚未盈利或存在累计未弥补亏损的企业在科创板上市。综合考虑预计市值、收入、净利润、研发投入、现金流等因素，设置多元包容的上市条件。申请公开发行股票的公司，除符合科创板定位外，还应当符合下列基本发行条件：一是具备健全且运行良好的组织机构，具有完整的业务体系和直接面向市场独立经营的能力，不存在对持续经营有重大不利影响的情形；二是会计基础工作规范，内部控制制度健全且有效执行，最近3年财务会报告被出具标准无保留意见审计报告；三是发行人及其控股股东、实际控制人最近3年不存在贪污、贿赂、侵占财产、挪用财产或者破坏社会主义市场经济秩序的刑事犯罪，不存在严重损害社会公共利益的重大违法行为；四是证监会规定的其他条件。

【提示2】就发行审核程序而言，科创板的首次公开发行申请报上海证券交易所审核并经证监会注册。首先，上海证券交易所负责科创板发行上市审核。上海证券交易所受企业公开发行股票并上市的申请，审核并判断企业是否符合发行条件、上市条件和信息披露要求。审核工作主要通过提出问题、回答问题的方式展开，督促发行人完善信息披露内容。证监会对上海证券交易所审核工作进行监督。其次，证监会负责科创板股票发行注册。上海证券交易所审核通过后，将审核意见及发行人注册申请文件报送证监会履行注册程序。注册工作不适用发行审核委员会审核程序，按证监会制定的程序进行，依照规定的发行条件和信息披露要求，在20个工作日内作出是否同意注册的决定。

七、上市公司增发股票

上市公司增发股票可以公开发行，也可以非公开发行。上市公司公开增发股票，可以分为向股东配售股份（向原股东配股）和向不特定对象公开募集股份（原股东、新投资者均可购买）。非公开发行是指向不超过10名的特定对象（原股东、新投资均可）进行定向增发。

（一）上市公司增发股票的条件

1.一般条件（向不特定对象发行和配股、可转债均要符合的条件）

（1）组织机构健全，运行良好。

①现任董监高最近36个月内未受到过中国证监会的行政处罚、最近12个月内未受到过证券交易所的公开谴责。

考霸笔记：政府的处罚影响更深远，36个月，交易所的处罚影响更小，只有12个月。

②最近12个月内不存在违规对外提供担保的行为。

（2）盈利能力应具有可持续性。

①上市公司最近3个会计年度连续盈利，扣除非经常性损益后的净利润与扣除前的净利润相比，以低者作为计算依据。

②高级管理人员和核心技术人员稳定，最近12个月内未发生重大不利变化。

【提示】在主板和中小板首发股票发行人最近3年内人员稳定。在创业板首发股票发行人最近2年内人员稳定。

③不存在可能严重影响公司持续经营的担保、诉讼、仲裁或其他重大事项。

④最近24个月内曾公开发行证券的，不存在发行当年营业利润比上年下降50%以上的情形。（财务报表可能有问题。）

（3）财务状况良好。

①最近3年及最近一期财务报表未被注册会计师出具：保留意见、否定意见或无法表示意见的审计报告。

②最近3年资产减值准备计提充分合理，不存在操纵经营业绩的情形。

③最近3年以现金方式累计分配的利润不少于最近3年实现的年均可分配利润的30%。

上市公司增发股票的财务要求有哪些?

【提示】$\sum$3年分配的现金利润/平均可分配利润≥30%（注意分子是汇总数，分母是年平均数，可以看出这个要求是不高的）。

（4）财务会计文件无虚假记载。

上市公司不存在违法（规）或受处罚的行为。

（5）募集资金的数额和使用符合规定。

①本次募集资金使用项目“不得”为持有交易性金融资产和可供出售的金融资产、借予他人、委托理财等财务性投资，“不得”直接或间接投资于以买卖有价证券为主要业务的公司，金融类企业除外。

②建立募集资金专项存储制度，募集资金必须存放于公司董事会决定的专项账户。

（6）上市公司不存在下列行为：

①本次发行申请文件有虚假记载、误导性陈述或重大遗漏；

②擅自改变前次公开发行证券募集资金的用途而未作纠正；

③上市公司最近12个月内受到过证券交易所的公开谴责；

④上市公司及其控股股东或实际控制人最近12个月内存在未履行向投资者作出的公开承诺的行为；

⑤上市公司或其现任董事、高级管理人员因涉嫌犯罪被司法机关立案侦查或涉嫌违法违规被中国证监会立案调查。

例7-7·2011年多选题

上市公司发生下列情形时，属于证券法律制度禁止其增发股票的有（ ）。

A.公司在3年前曾经公开发行过可转换公司债券

B.公司现任监事在最近36个月内曾经受到过中国证监会的行政处罚

C.公司在前年曾经严重亏损

D.公司现任董事因涉嫌违法已被中国证监会立案调查

【答案】BCD

【解析】本题考核点是上市公司增发股票的条件。（1）选项B：上市公司最近36个月内未受到过证监会的行政处罚。（2）选项C：上市公司最近3个会计年度须连续盈利。（3）选项D：上市公司或其现任董事、高级管理人员因涉嫌犯罪被司法机关立案侦查或涉嫌违法违规被证监会立案调查。

考霸笔记：这个30%的比例非常重要，经常考查。

2.上市公司向原股东配售股份（原配）的条件（6+3）

（1）拟配售股份数量不超过本次配售股份前股本总额的30%。

（2）控股股东应当在股东大会召开前公开承诺认配股份的数量。

（3）采用代销方式发行。 非包销，即有可能导致发行失败。

上市公司向原股东配售股份（配股）的条件具体是哪些？

控股股东不履行认配股份的承诺，或者代销期限届满，原股东认购股票的数量未达到拟配售数量70%的，发行人应当按照发行价并加算银行同期存款利息返还已经认购的股东。

3.上市公司向不特定对象公开募集股份（增发）的条件（6+3）

（1）最近3个会计年度加权平均净资产收益率平均不低于6%，扣除非经常性损益后的净利润与扣除前的净利润相比，以低者作为加权平均净资产收益率的计算依据。

（2）最近一期期末不存在持有金额较大的交易性金融资产和可供出售的金融资产、借予他人款项、委托理财的情形；金融类企业除外。

（3）发行价格应不低于公告招股意向书前20个交易日公司股票均价或前一个交易日的均价。

【提示】上市公司增发可以全部或者部分向原股东优先配售，优先配售比例应当在发行公告中披露。

上市公司非公开发行股票的条件是什么？

4.上市公司非公开发行股票的条件

上市公司非公开发行股票是指上市公司采用非公开方式，向特定对象发行股票的行为。

【发行对象和认购条件】

（1）特定发行对象不超过10名； 因为是非公开发行，所以人数要少。

（2）发行对象属于下列情形之一的，具体发行对象及其认购价格或者定价原则应由上市公司董事会的非公开发行股票决议确定，并经股东大会批准，认购的股份自发行结束之日起36个月内不得转让：

①上市公司的控股股东、实际控制人或者其控制的关联人；（原来的老大）

②通过认购本次发行的股份取得上市公司实际控制权的投资者；（现在的老大）

③董事会拟引入的境内外战略投资者。（战略投资者）

（3）除此之外的发行对象，上市公司应当在取得发行核准批文后，按照有关规定以竞价方式确定发行对象和发行价格。发行对象认购的股份自发行结束之日起12个月内不得转让。

（4）发行价格不低于定价基准日前20个交易日公司股票均价的90%。

考霸笔记

因为人数少，为避免发行失败，所以可以打折，但最多打9折。

（5）上市公司存在下列情形之一的，不得非公开发行股票：

①本次发行申请文件有虚假记载、误导性陈述或重大遗漏；

②上市公司的权益被控股股东或实际控制人严重损害且尚未消除；

③上市公司及其附属公司违规对外提供担保且尚未解除；

④现任董事、高级管理人员最近36个月内受到过中国证监会的行政处罚，或者最近12个月内受到过证券交易所公开谴责；

⑤上市公司或其现任董事、高级管理人员因涉嫌犯罪正被司法机关立案侦查或涉嫌违法违规正被中国证监会立案调查；

⑥最近1年及最近一期财务报表被注册会计师出具保留意见、否定意见或无法表示意见的审计报告。保留意见、否定意见或无法表示意见所涉及事项的重大影响已经消除或者本次发行涉及重大重组的除外。

例7-8·2011年单选题

甲上市公司拟非公开发行股票，其发行方案的下列内容中，符合证券法律制度规定的是（　　）。

A.本次非公开发行股票的对象为20名机构投资者

B.本次非公开发行股票的对象中包括乙信托公司管理的一个集合资金信托计划

C.本次非公开发行股票的发行价格，不得低于定价基准日前20个交易日公司股票均价的90%

D.投资者在本次非公开发行中认购的股份，自发行结束之日起3个月内不得转让

【答案】C

【解析】本题考核上市公司非公开发行股票的条件。（1）上市公司非公开发行股票，发行对象不超过10名；选项A错误。（2）信托公司作为发行对象，只能以自有资金认购；选项B错误。（3）本次发行的股份自发行结束之日起，除特定的发行对象，12个月内不得转让；选项D错误。

（二）上市公司增发股票的程序

1.一般程序（这是指上市公司增发股票普遍适用的程序）

董事会作出决议→提请股东大会作出批准→保荐人保荐→中国证监会审核→发行股票→证券公司承销　【提示】同首发。

①股东大会就发行事项作出决议，必须经出席会议的股东所持表决权的2/3以上通过。

②向本公司特定的股东及其关联人发行的，股东大会就发行方案进行表决时，关联股东应当回避。

③自中国证监会核准发行之日起，上市公司应在6个月内发行股票；超过6个月未发行的，核准文件失效，须重新经中国证监会核准后方可发行。

2.非公开发行股票的程序

董事会决议→股东大会决议→提交发行申请并核准→发行股票→备案

非公开发行股票，发行对象均属于原前10名股东的，可以由上市公司自行销售。

八、股票公开发行的方式 （✔熟悉，可能考选择题）

1.首次公开发行股票的网下发行应和网上发行同时进行，网下和网上投资者在申购时无需缴付申购资金。

（1）投资者应自行选择参与网下和网上发行，不得同时参与。

（2）网上投资者应当自主表达申购意向，不得全权委托证券公司进行新股申购。

2.定价。

（1）定价方式：可以通过向网下投资者询价，也可以通过发行人与主承销商自主协商直接定价。

【提示】发行股票数量在2 000万股（含）以下且无老股转让计划的，应当通过直接定价的方式确定发行价格。

（2）首次公开发行股票采用直接定价方式的，全部向网上投资者发行，不进行网下询价和配售。

（3）网下询价过程（见表7-14）。

表7-14 网下询价过程

主体	发行人和主承销商可以根据自律规则，设置网下投资者的具体条件，并在发行公告中预先披露	
报价	①符合条件的网下机构和个人投资者可以自主决定是否报价，主承销商无正当理由不得拒绝 ②包含每股价格和该价格对应的拟申购股数，且只能有一个报价	
剔除高报价部分	①剔除部分不得低于所有网下投资者拟申购总量的10%，然后根据剩余报价及拟申购数量协商确定发行价格 ②剔除部分不得参与网下申购	
有效投资者数量区间	公开发行股票数≤4亿股	数量不少于10家
	公开发行股票数>4亿股	数量不少于20家
	剔除最高报价后有效报价投资者数量不足，应当中止发行	

3.发行。

（1）主承销商自主配售：发行人和主承销商可以自主协商确定参与网下询价投资者的条件、有效报价条件、配售原则和配售方式，并按照事先确定的配售原则在有效申购的网下投资者中选择配售股票的对象。

（2）首次公开发行股票采取询价方式的，公开发行股票后总股本4亿股（含）以下的，网下初始发行比例不低于本次公开发行股票数量的60%；发行后总股本超过4亿股的，网下初始发行比例不低于本次公开发行股票数量的70%。

（3）其中，应当安排不低于本次网下发行股票数量的40%优先向通过公开募集方式设立的证券投资基金（公募基金）、全国社会保障基金（社保基金）和基本养老保险基金（养老金）配售，安排一定比例的股票向企业年金基金和保险资金配售。公募基金、社保基金、养老金、企业年金基金和保险资金有效申购不足安排数量的，发行人和主承销商可以向其他符合条件的网下投资者配售剩余部分。（2018年修改）

（4）对网下投资者进行分类配售的，同类投资者获得配售的比例应当相同。公募基金、社保基金、养老金、企业年金基金和保险资金的配售比例应当不低于其他投资者。

（5）网上网下回拨（见表7-15）。

表7-15　网上网下回拨

网下不足中止	网下投资者申购数量低于网下初始发行量的，发行人和主承销商不得将网下发行部分向网上回拨，应当中止发行
网上不足回拨	网上投资者申购数量不足网上初始发行量的，可回拨给网下投资者
网上需要回拨	①网上投资者有效申购倍数超过50倍、低于100倍（含）的，应当从网下向网上回拨，回拨比例为本次公开发行股票数量的20% ②网上投资者有效申购倍数超过100倍的，回拨比例为本次公开发行股票数量的40% ③网上投资者有效申购倍数超过150倍的，回拨后网下发行比例不超过本次公开发行股票数量的10%

（6）战略者投资配股规定。

①首次公开发行股票数量在4亿股以上的，可以向战略投资者配售股票。

【提示】发行人应当与战略投资者事先签署配售协议。

②战略投资者不参与网下询价，且应当承诺获得本次配售的股票持有期限不少于12个月，持有期自本次公开发行的股票上市之日起计算。

（7）认购资金缴付

①网下和网上投资者获得配售后，应当按时足额缴付认购资金。

【提示】网上投资者连续12个月内累计出现3次中签后未足额缴款的情形时，6个月内不允许参与新股申购。

②网下和网上投资者缴款认购的股份数量合计不足本次公开发行数量的70%时，可以中止发行。

认购资金缴付的规定是怎样的?

（8）除《证券发行与承销管理办法》规定的中止发行情形之外，发行人和主承销商还可以约定中止发行的其他具体类型并事先披露。中止发行后，在核准文件有效期内，经向中国证监会备案，可以重新启动发行。

九、优先股发行与交易试点（✔重要，必须掌握）

（一）优先股

优先股股东的权利主要是优先分配利润和剩余财产。

1.优先分配利润

（1）优先股股东按照约定的票面股息率，优先于普通股股东分配公司利润。

公司应当以现金的形式向优先股股东支付股息，在完全支付约定的股息之前，不得向普通股股东分配利润。

（2）公司应当在公司章程中明确以下事项：

①优先股股息率是采用固定股息率还是浮动股息率，并相应明确固定股息率水平或浮动股息率计算方法。

②公司在有可分配税后利润的情况下是否必须分配利润。

③如果公司因本会计年度可分配利润不足而未向优先股股东足额派发股息，差额部分是否累积到下一会计年度。

④优先股股东按照约定的股息率分配股息后，是否有权同普通股股东一起参加剩余利润分配。

⑤优先股利润分配涉及的其他事项。

2.优先分配剩余财产

公司因解散、破产等原因进行清算时，公司财产在按照公司法和破产法有关规定进行清偿后的剩余财产，应当优先向优先股股东支付未派发的股息和公司章程约定的清算金额，不足以支付的按照优先股股东持股比例分配。

考霸笔记

优先股的有关规定目前还没有出现在选择题当中，但经常在综合题当中考查，故非常重要，而且对于优先股考查的套路十分固定，只要在考试中出现了，基本没有什么变化。

3.表决权限制 （✔熟悉，可能考选择题）

优先股股东在享受优先权的同时，参与公司决策管理的权利受到限制。除以下情况外，优先股股东不出席股东大会会议，所持股份没有表决权。

（1）修改公司章程中与优先股相关的内容；

（2）一次或累计减少公司注册资本超过10%；

（3）公司合并、分立、解散或变更公司形式；

（4）发行优先股；

（5）公司章程规定的其他情形。

上述事项的决议，除须经出席会议的普通股股东（含表决权恢复的优先股股东）所持表决权的2/3以上通过之外，还须经出席会议的优先股股东（不含表决权恢复的优先股股东）所持表决权的2/3以上通过。

（二）优先股发行与交易试点

优先股发行与交易试点的具体规定有哪些?

1.发行人范围（只有上市公司和非上市公众公司可以发行优先股）

（1）公开发行优先股的发行人限于：证监会规定的上市公司。

（2）非公开发行优先股的发行人限于：上市公司（含注册地在境内的境外上市公司）和非上市公众公司。

2.发行条件

公司已发行的优先股不得超过公司普通股股份总数的50%，且筹资金额不得超过发行前净资产的50%，已回购、转换的优先股不纳入计算。

3.公开发行 （✔重要，必须掌握）

公司公开发行优先股的，应当在公司章程中规定以下事项：

（1）采取固定股息率；

（2）在有可分配税后利润的情况下必须向优先股股东分配股息；

（3）未向优先股股东足额派发股息的差额部分应当累积到下一会计年度；

（4）优先股股东按照约定的股息率分配股息后，不再同普通股股东一起参加剩余利润分配。

【提示】商业银行发行优先股补充资本的，可就第（2）项和第（3）项事项另行规定。

4.优先股的交易转让及登记存管

优先股应当在证券交易所、全国中小企业股份转让系统或者在国务院批准的其他证券交易场所交易或转让。优先股应当在中国证券登记结算公司集中登记存管。优先股交易或转让环节的投资者适当性标准应当与发行环节一致。

5.优先股发行时的信息披露

公司应当在发行文件中详尽说明优先股股东的权利义务，充分揭示风险。同时，应按规定真实、准确、完整、及时、公平地披露或者提供信息，不得有虚假记载、误导性陈述或重大遗漏。

6.公司收购

（1）优先股可以作为并购重组支付手段。

（2）上市公司收购要约适用于被收购公司的所有股东，但可以针对优先股股东和普通股股东提出不同的收购条件。

（3）根据《证券法》规定计算收购人持有上市公司已发行股份比例，以及根据《证券法》规定计算触发要约收购义务时，表决权未恢复的优先股不计入持股数额和股本总额。

第三节　公司债券的发行与交易

考霸笔记

✓重要，必须掌握，本节出题概率极大。

一、公司债券的一般理论 （2015年全新增加和修改）

公司债券的有哪些一般规定?

公司债券是指公司依照法定程序发行、约定在一定期限内还本付息的有价证券。

1.公司债券可以公开发行，也可以非公开发行。公开发行公司债券应当经过中国证监会核准。

2.公司债券既可以由股份有限公司发行，也可以由有限责任公司发行。

3.上市公司、股票公开转让的非上市公众公司发行的公司债券，可以附认股权、可转换成相关股票等条件。

4.发行公司债券，发行人应当依法经股东（大）会决议。

考霸笔记

发行债券会极大地影响公司的资产负债率，对股东利益影响很大，所以需要股东拍板，同时注意是普通决议，不是特别决议。

5.公开发行公司债券应当经过中国证监会核准；非公开发行公司债券，承销机构或依法自行销售的发行人应当在每次发行完成后5个工作日内向中国证券业协会备案。

6.公司债券的期限为1年以上。公司债券每张面值100元。公司债券的发行价格由发行人与保荐人通过市场询价确定。

7.发行公司债券应当由具有证券承销业务资格的证券公司承销。取得证券承销业务资格的证券公司、中国证券金融股份有限公司及中国证监会认可的其他机构非公开发行公司债券可以自行销售。

二、公司债券的公开发行 （★★★非常重要）

（一）公开发行的一般条件

公开发行公司债券的一般条件有哪些？

考霸笔记

发行公司债券，首先需要股东（大）会决议。为什么呢？发行债券会极大地影响公司的资产负债率，对股东利益影响很大，所以需要股东拍板，同时注意是普通决议，不是特别决议。

1.本次发行后累计债券余额不超过最近一期期末公司净资产的40%；

2.最近3个会计年度实现的年均可分配利润足以支付公司债券1年的利息。

除此之外，资信状况符合以下标准的公司债券可以向公众投资者公开发行，也可以自主选择仅面向合格投资者公开发行。不符合以下标准的公司债券公开发行应当面向合格投资者：

1.发行人最近3年无债务违约或者迟延支付本息的事实；

2.发行人最近3个会计年度实现的年均可分配利润不少于债券一年利息的1.5倍；

3.债券信用评级达到AAA级；

4.中国证监会根据投资者保护的需要规定的其他条件。

考霸笔记

对于额度的要求：本次发行后累计公司债券余额不超过最近一期期末净资产额的40%，这是为了控制资产负债率，控制财务风险，这个40%要准确掌握，而且是净资产，不是总资产。

（二）公司存在下列情形的，不得公开发行公司债券

1.前一次公开发行的公司债券尚未募足；

2.对已发行的公司债券或者其他债务有违约或者迟延支付本息的事实，仍处于继续状态；

3.违反规定，改变公开发行公司债券所募集资金的用途；

4.最近36个月内公司财务会计文件存在虚假记载，或公司存在其他重大违法行为；

5.本次发行申请文件存在虚假记载、误导性陈述或者重大遗漏；

6.严重损害投资者合法权益和社会公共利益的其他情形。

（三）用途

公开发行公司债券募集的资金，必须用于核准的用途，不得用于弥补亏损和非生产性支出。

（四）信用评级

公开发行公司债券，应当委托具有从事证券服务业务资格的资信评级机构进行信用评级。

考霸笔记

注意委托资信评级机构进行信用评级，而不是资产评级机构，资产评估机构是评估一项资产价值多少钱，它是干这个的，而不是进行信用评级的，一定不要弄错了。

（五）发行方式

1.公开发行公司债券，可以申请一次核准，分期发行。自中国证监会核准发行之日起，发行人应当在12个月内完成首期发行，剩余数量应当在24个月内发行完毕。

2.公开发行公司债券的募集说明书自最后签署之日起6个月内有效。

（六）交易场所

公开发行的公司债券应当在依法设立的证券交易所上市交易或者在全国中小企业股份转让系统或者国家批准的其他证券交易场所转让。

三、公司债券的非公开发行 （✔熟悉，可能考选择题）

（一）发行对象

1.非公开发行的公司债券应当向合格投资者发行。并不得采用公告、公开劝诱和变相公开发行方式，每次发行对象不得超过200人。

2.合格投资者的界定

合格投资者，应当具备相应的风险识别和承担能力，知悉并自行承担公司债券的投资风险，并符合下列资质条件：

（1）经有关金融监管部门批准设立的金融机构，包括证券公司、基金管理公司及其子公司、期货公司、商业银行、保险公司和信托公司等，以及经中国证券投资基金业协会登记的私募基金管理人；

（2）上述金融机构面向投资者发行的理财产品，包括但不限于证券公司资产管理产品、基金及基金子公司产品、期货公司资产管理产品、银行理财产品、保险产品、信托产品以及经基金业协会备案的私募基金；

（3）净资产不低于人民币1 000万元的企事业单位法人、合伙企业；

（4）合格境外机构投资者（QFII）、人民币合格境外机构投资者（RQFII）；

（5）社会保障基金、企业年金等养老基金，慈善基金等社会公益基金；

（6）名下金融资产不低于人民币300万元的个人投资者；

（7）经中国证监会认可的其他合格投资者。

3.发行人的董事、监事、高级管理人员及持股比例超过5%的股东，可以参与本公司非公开发行公司债券的认购与转让，不受上述合格投资者资质条件的限制。

考霸笔记
合格投资者，即有钱有知识，有知识指的是了解资本市场的风险。

如何界定合格投资者？

4810

考霸笔记
【解释】金融资产包括银行存款、股票、债券、基金份额、资产管理计划、银行理财产品、信托计划、保险产品、期货权益等。（个人300万元，经营实体1 000万元。注意：金融资产、房产、车这些固定资产是不算的）

（二）信用评级

非公开发行公司债券是否进行信用评级由发行人确定，并在债券募集说明书中披露。

（三）转让

1.非公开发行公司债券，可以申请在证券交易所、全国中小企业股份转让系统、机构间私募产品报价与服务系统、证券公司柜台转让。

2.非公开发行的公司债券仅限于合格投资者范围内转让；转让后，持有同次发行债券的合格投资者合计不得超过200人。

四、公司债券发行与交易中的信息披露

（一）公开发行的公司债券

1.公开发行公司债券的发行人应当按照规定及时披露债券募集说明书，并在债券存续期内披露中期报告和经具有从事证券服务业务资格的会计师事务所审计的年度报告。

2.公司债券募集资金的用途应当在债券募集说明书中披露；发行人应当在定期报告中披露公开发行公司债券募集资金的使用情况。

3.重大事项

公开发行公司债券的发行人应当及时披露债券存续期内发生可能影响其偿债能力或债券价格的重大事项。

公司债券发行中的重大事项有哪些？

4811

考霸笔记

重大事项，一共有13条，都记下来难度很大，但这样的考点在考试中不会考查默写，只会以选择题的形式出现，所以平时要多看，在头脑中有印象，遇到选择题的时候能选出来就可以了，尤其是要特别注意有数字和比例的条目。

重大事项包括：

（1）发行人经营方针、经营范围或生产经营外部条件等发生重大变化；

（2）债券信用评级发生变化；

（3）发行人主要资产被查封、扣押、冻结；

（4）发行人发生未能清偿到期债务的违约情况；

（5）发行人当年累计新增借款或对外提供担保超过上年末净资产的20%；

（6）发行人放弃债权或财产，超过上年末净资产的10%；

（7）发行人发生超过上年末净资产10%的重大损失；

（8）发行人作出减资、合并、分立、解散及申请破产的决定；

（9）发行人涉及重大诉讼、仲裁事项或受到重大行政处罚；

（10）保证人、担保物或者其他偿债保障措施发生重大变化；

（11）发行人情况发生重大变化导致可能不符合公司债券上市条件；

（12）发行人涉嫌犯罪被司法机关立案调查，发行人董事、监事、高级管理人员涉嫌犯罪被司法机关采取强制措施；

（13）其他对投资者作出投资决策有重大影响的事项。

公开发行公司债券的发行人及其他信息披露义务人应当将披露的信息刊登在其债券交易场所的互联网网站上，同时将披露的信息或信息摘要刊登在至少一种中国证监会指定的报刊，供公众查阅。

（二）非公开发行的公司债券

非公开发行公司债券的发行人信息披露的时点、内容，应当按照募集说明书的约定履行，相关信息披露文件应当由受托管理人向中国证券业协会备案。

公司债券募集资金的用途应当在债券募集说明书中披露；非公开发行公司债券的，应当在债券募集说明书中约定募集资金使用情况的披露事宜。

五、公司债券持有人的权益保护

如何对公司债券持有人的权益进行保护？

（一）信用评级

1.必要性

（1）公开发行：应当委托具有从事证券服务业务资格的资信评级机构进行信用评级；

（2）非公开发行：是否进行信用评级由发行人确定，并在债券募集说明书中披露。

2.为“公开发行”债券进行信用评级的规定

（1）在债券有效存续期间，应当每年至少向市场公布一次定期跟踪评级报告；

（2）应充分关注可能影响评级对象信用等级的所有重大因素，及时向市场公布信用等级调整及其他与评级相关的信息变动情况，并向证券交易所或其他证券交易场所报告。

（二）公司债券的受托管理

发行公司债券的，“发行人”“应当”为债券持有人聘请债券受托管理人，并订立债券受托管理协议；在债券存续期限内，由债券受托管理人按照规定或协议的约定维护债券持有人的利益。

1.债券受托管理人的资格

（1）债券受托管理人由本次发行的承销机构或其他经中国证监会认可的机构担任。

（2）债券受托管理人应当为中国证券业协会会员。

（3）为本次发行提供担保的机构不得担任本次债券发行的受托管理人。

2.债券的受托管理人的职责

（1）公开发行公司债券的受托管理人应当履行下列职责：

①持续关注发行人和保证人的资信状况、担保物状况、增信措施及偿债保障措施的实施情况，出现可能影响债券持有人重大权益的事项时，召集债券持有人会议；

②在债券存续期内监督发行人募集资金的使用情况；

③对发行人的偿债能力和增信措施的有效性进行全面调查和持续关注，并至少每年向市场公告一次受托管理事务报告；

④在债券存续期内持续督导发行人履行信息披露义务；

⑤预计发行人不能偿还债务时，要求发行人追加担保，并可以依法申请法定机关采取财产保全措施；

⑥在债券存续期内勤勉处理债券持有人与发行人之间的谈判或者诉讼事务；

⑦发行人为债券设定担保的，债券受托管理协议可以约定担保财产为信托财产，债券受托管理人应在债券发行前或债券募集说明书约定的时间内取得担保的权利证明或其他有关文件，并在担保期间妥善保管；

⑧发行人不能偿还债务时，可以接受全部或部分债券持有人的委托，以“自己名义”代表债券持有人提起民事诉讼、参与重组或者破产的法律程序。

（2）非公开发行公司债券的，债券受托管理人应当按照债券受托管理协议的约定履行职责。

3.受托管理人的“查询权”

受托管理人为履行受托管理职责，有权代表债券持有人查询债券持有人名册及相关登记信息、专项账户中募集资金的存储与划转情况。

> 考霸笔记
> 注意：不是复制、冻结，只具有查询权，一般来说，只有法院才有冻结的权力。

（三）债券持有人会议　（✔熟悉，可能考选择题。）

1.应当召集债券持有人会议的情形

（1）拟变更债券募集说明书的约定；

（2）拟修改债券持有人会议规则；

（3）拟变更债券受托管理人或受托管理协议的主要内容；

（4）发行人不能按期支付本息；

（5）发行人减资、合并、分立、解散或者申请破产；

（6）保证人、担保物或者其他偿债保障措施发生重大变化；

（7）发行人、单独或合计持有本期债券总额10%以上的债券持有人书面提议召开；

（8）发行人管理层不能正常履行职责，导致发行人债务清偿能力面临严重不确定性，需要依法采取行动的；

> 考霸笔记
> 召开债券持有人会议的情形，就是发生了不利于债券持有人权益的情形，具体是哪些情形，也不需要强行记忆，平时多看，能够做出判断即可。

（9）发行人提出债务重组方案的；

（10）发生其他对债券持有人权益有重大影响的事项。

2.债券持有人会议的召集人

原则上由债券受托管理人负责召集；在债券受托管理人应当召集而未召集债券持有人会议时，单独或合计持有本期债券总额10%以上的债券持有人有权自行召集债券持有人会议。

（四）公司债券的担保

发行人可采取内外部增信机制、偿债保障措施，提高偿债能力，控制公司债券风险。

内外部增信机制、偿债保障措施包括但不限于下列方式：

1.第三方担保；

2.商业保险；

3.资产抵押、质押担保；

4.限制发行人债务及对外担保规模；

5.限制发行人对外投资规模；

6.限制发行人向第三方出售或抵押主要资产；

7.设置债券回售条款。

公司债券上市交易的条件有哪些?

六、公司债券的上市

（一）上市条件

1.公司债券的期限为1年以上；

2.公司债券实际发行额不少于人民币5 000万元；

3.符合法定的公司债券发行条件。

（二）暂停上市

1.公司有重大违法行为；

2.公司情况发生重大变化不符合公司债券上市条件；

3.公司债券所募集资金不按照核准的用途使用；

4.未按照公司债券募集办法履行义务；

5.公司最近2年连续亏损。

例7-9・2009年多选题

根据证券法律制度的有关规定，下列各项中，属于发行公司债券应当符合的条件有（　　）。

A.股份有限公司的净资产不低于3 000万元

B.有限责任公司的净资产不低于5 000万元

C.本次发行后累计公司债券余额不超过最近一期期末净资产额的50%

D.最近3个会计年度实现的年均可分配利润不少于公司债券1年的利息

【答案】A、D

【解析】（1）选项AB：股份有限公司的净资产不低于3 000万元，有限责任公司的净资产不低于6 000万元。（2）选项C：本次发行后累计债券余额不超过最近一期期末公司净资产的40%。

考霸笔记

【解释】股份有限公司的净资产不低于3 000万元，有限责任公司的净资产不低于6 000万元。

七、可转换公司债券的发行 （★★★非常重要）

（一）公开发行可转换债券的条件（非分离交易的可转换债券）

上市公司发行可转换债券，除应当符合增发股票的一般条件之外，还应当符合以下条件：

1.最近三个会计年度加权平均净资产收益率平均不低于6%。扣除非经常性损益后的净利润与扣除前的净利润相比，以低者作为加权平均净资产收益率的计算依据；

2.本次发行后累计公司债券余额不超过最近一期末净资产额的40%；

考霸笔记
控制资产负债率，控制财务风险，这个40%一定要准确掌握，而且是净资产，不是总资产。

3.最近三个会计年度实现的年均可分配利润不少于公司债券一年的利息。

上市公司可以公开发行认股权证和债券分离交易的可转换公司债券（简称分离交易的可转换公司债券，即发行人一次捆绑发行公司债券和认股权证两种交易品种，并可同时上市、分别交易的公司债券形式）。

上市公司发行分离交易的可转换公司债券，除符合公开增发股票的一般条件外，还应当符合下列条件：

考霸笔记
【分析】满足其一：①最近3个会计年度加权平均净资产收益率平均不低于6%；②最近3个会计年度加权平均净资产收益率平均低于6%，最近3个会计年度经营活动产生的现金流量净额平均不少于公司债券1年的利息。也就是说，净收益率如果不低于6%，可以不考虑现金流；如果低于6%，考虑现金流，应不少于1年的利息。

（1）公司最近一期末经审计的净资产不低于人民币15亿元；

（2）最近3个会计年度实现的年均可分配利润不少于公司债券一年的利息；

（3）最近3个会计年度经营活动产生的现金流量净额平均不少于公司债券1年的利息，但最近3个会计年度加权平均净资产收益率平均不低于6%除外（扣除非经常性损益后的净利润与扣除前的净利润相比，以低者作为加权平均净资产收益率的计算依据）；

4.本次发行后累计公司债券余额不超过最近一期末净资产额的40%。

考霸笔记
可转换公司债券的发行条件，属非常重要的考点，一定要熟练记忆掌握，尤其是有关数字比例，要精确记忆。本次发行后累计公司债券余额不超过最近一期期末“净资产额”的40%。这里的40%指的是“净资产”的40%，而不是“总资产”的40%，要求还是比较严格的，这样要求“净资产”是为了控制财务风险，避免公司过度举债。

上市公司存在下列情形的，不得公开发行可转换公司债券：

（1）本次发行申请文件存在虚假记载、误导性陈述或者重大遗漏；

（2）擅自改变前次公开发行证券募集资金的用途而未纠正；

（3）上市公司最近12个月内受到过证券交易所的公开谴责；

（4）上市公司及其控股股东或实际控制人最近12个月内存在未履行向投资者做出的公开承诺的行为。

（5）上市公司或者现任董事、高级管理人员因涉嫌犯罪被司法机关立案侦查或涉嫌违法被证监会立案调查。

（6）严重损害投资者合法权益和社会公共利益的其他情形。

（二）可转换债券的期限、面值和利率

可转换公司债券的期限最短为1年，最长为6年。可转换公司债券每张面值100元。可转换公司债券的利率由发行公司与主承销商协商确定，但必须符合国家的有关规定。

（三）可转换债券持有人的权利保护

公开发行可转换公司债券，应当提供担保，但最近一期末经审计的净资产不低于人民币15亿元的公司除外。

提供担保的，应当为全额担保，担保范围包括债券的本金及利息、违约金、损害赔偿金和实现债权的费用。

以保证方式提供担保的，应当为连带责任担保，且保证人最近一期经审计的净资产额应不低于其累计对外担保的金额。证券公司或上市公司不得作为发行可转债的担保人，但上市商业银行除外。

设定抵押或质押的，抵押或质押财产的估值应不低于担保金额。

有下列情形之一的，应当召开债券持有人会议：

（1）拟变更募集说明书的约定。

（2）发行人不能按期支付本息。

（3）发行人减资、合并、分立、解散或者申请破产。

（4）保证人或者担保物发生重大变化。

（5）其他影响债券持有人重大权益的事项。

例7-10·2010年单选题

根据证券法律制度的规定，下列关于上市公司公开发行可转换公司债券的表述中正确的是（　　）。

A.所有上市公司发行可转换公司债券均应由第三方提供担保

B.上市商业银行可以作为上市公司公开发行可转换公司债券的担保人

C.证券公司可以作为上市公司公开发行可转换公司债券的担保人

D.证券投资基金的基金财产可以为上市公司公开发行可转换公司债券提供担保

【答案】B

【解析】本题考核点是可转换公司债券的发行。公开发行可转换公司债券，应当提供担保，但最近一期末经审计的净资产不低于人民币15亿元的公司除外。因此选项A错误。证券公司或上市公司不得作为发行可转债的担保人，但上市商业银行除外。因此，选项B正确、选项C错误。基金财产不得用于向他人贷款或者提供担保，因此选项D错误。

可转换公司债券转为股份规定是怎样的?

（四）可转换公司债券转为股份

可转换公司债券自发行结束之日起6个月后方可转换为公司股票。债券持有人对转换股票或者不转换股票有选择权，转换股票的于转股的次日成为发行公司的股东。

转股价格应不低于募集说明书公告日前20个交易日该公司股票交易均价和前一交易日的均价。这里所说的转股价格，是指募集说明书事先约定的可转换公司债券转换为每股股份所支付的价格。

可转换债券持有人不转换为股票的，上市公司应当在可转换公司债券期满后5个工作日内办理完毕偿还债券余额本息的事项。

例7-11·单选题

某上市公司于2010年6月1日公告募集说明书，拟发行可转换公司债券。6月1日前20个交易日，该公司股票均价为15元，前一个交易日的股票均价为20元。下列转股价格符合规定的是（ ）。

A.12元 B.16元 C.18元 D.22元

【答案】D

【解析】本题考核点是转股价格。本题中，转股价格的价格应不低于20元。

八、公司债券的交易 （✔一般掌握）

（一）公司债券上市交易（见表7-16）

表7-16 公司债券上市交易

上市交易条件	暂停交易条件	终止交易条件
（1）公司债券的期限为1年以上 （2）公司债券实际发行额不少于人民币5 000万元 （3）公司申请债券上市时仍符合法定的发行条件	（1）有重大违法行为 （2）发生重大变化不符合上市条件 （3）所募资金不按照核准的用途使用 （4）未按照募集办法履行义务 （5）近2年连续亏损	有暂停交易第（1）项、第（4）项所列情形之一，经查实后果严重的；或者有第（2）项、第（3）项、第（5）项所列情形之一，在限期内未能消除的 另外，公司解散或者被宣告破产的

（二）分离交易的可转换公司债券的交易（见表7-17）

表7-17 分离交易的可转换公司债券的交易

期限	≥1年
价格	行权价格应不低于公告募集说明书日前20个交易日公司股票均价和前一个交易日的均价
行权	权证自发行结束至少已满6个月起方可行权
权证存续	不超过公司债券的期限，自发行结束之日起不少于6个月。募集说明书公告的权证存续期限不得调整

第四节 股票的上市与交易

一、股票市场的结构

（一）交易所市场，即场内市场

1.主要由两个交易所（上海证券交易所和深圳证券交易所）、三个板块（主板市场、中小企业板、创业板）构成；

2.在交易模式上又区分为集中竞价的交易模式和大宗交易模式。

主板市场见表7-18。

表7-18　　　　　　　　　　　**主板市场**

集中竞价	集合竞价	①性质：间断性市场，不能立即执行并成交，是在某一规定时间，将在不同时点收到的订单集中起来，按同一价格进行匹配成交 ②作用：产生开盘价 ③时间：9：15—9：25
	连续竞价	①原则：价格优先、时间优先（较高买价优先，较低卖价优先；买卖方向、价格相同的，先申报者优先） ②时间：9：30—11：30，1：00—3：00
大宗交易	①时间：15：00—15：30 ②成交价格：由买方和卖方在当日最高和最低成交价格之间确定，该证券当日无成交的，以前收盘价为成交价 ③确认：大宗交易的成交申报须经交易所确认	

（二）场外交易市场

1.全国中小企业股份转让系统（俗称“新三板”）（见表7-19）。

表7-19　　　　　　　　　**全国中小企业股份转让系统**

服务对象	主要是中小微企业
机构投资者	①注册资本500万元人民币以上的法人机构 ②实缴出资总额500万元人民币以上的合伙企业 ③集合信托计划、证券投资基金、银行理财产品、证券公司资产管理计划，以及由金融机构或者相关监管部门认可的其他机构管理的金融产品或资产
自然人投资者	①投资者本人名下前一交易日日终证券类资产市值500万元人民币以上 ②具有两年以上证券投资经验，或具有会计、金融、投资、财经等相关专业背景或培训经历
定向发行投资者	①公司股东、公司的董事、监事、高级管理人员、核心员工 ②符合参与挂牌公司股票公开转让条件的投资者

2.产权交易所（见表7-20）。

表7-20　　　　　　　　　　**产权交易所**

六不得	①不得将任何权益拆分为等份额公开发行 ②不得采取集中交易方式进行交易。（集中交易不包括协议转让和依法进行的拍卖） ③不得将权益按照标准化交易单位持续挂牌交易 ④权益持有人累计不得超过200人（无论在发行还是转让环节） ⑤不得以集中交易方式进行标准化合约交易 ⑥未经国务院相关金融管理部门批准，不得设立从事保险、信贷、黄金等金融产品交易的交易场所
批准	凡使用“交易所”字样的交易场所，除经国务院或国务院金融管理部门批准的外，必须报省级人民政府批准

二、股票上市的条件　（非常重要）

股份有限公司申请股票上市，应当符合下列条件：

1.股票经国务院证券监督管理机构核准已公开发行；

2.公司股本总额不少于人民币3 000万元；

3.公开发行的股份达到公司股份总数的25%以上；公司股本总额超过人民币4亿元的，公开发行股份的比例为10%以上；

4.公司最近3年无重大违法行为，财务会计报告无虚假记载。

三、股票上市与退市

（一）主动退市制度

1.上市公司主动申请退市或者转市

（1）应当召开股东大会作出决议，须经出席会议的股东所持表决权的2/3以上通过。

（2）且经出席会议的除以下股东以外的其他股东所持表决权的2/3以上通过：

①上市公司的董事、监事、高级管理人员；

②单独或者合计持有上市公司5%以上股份的股东。

2.通过要约收购实施的退市和通过合并、解散实施的退市

（二）重大违法行为强制退市制度（2019年新增）

根据《关于改革完善并严格实施上市公司退市制度的若干意见》的规定，对重大违法公司实施强制退市制度。上市公司构成欺诈发行、重大信息披露违法或者其他涉及国家安全、公共安全、生产安全和公众健康安全等领域的重大违法行为的，证券交易所应当严格依法作出暂停、终止公司股票上市交易的决定。证券交易所应当制定上市公司因重大违法行为暂停上市、终止上市实施规则。

根据规定，重大违法强制退市，包括下列情形：

重大违法强制退市有哪些情形?

（1）上市公司存在欺诈发行、重大信息披露违法或者其他严重损害证券市场秩序的重大违法行为，且严重影响上市地位，其股票应当被终止上市的情形。

上市公司涉及该种重大违法行为，存在以下情形之一的，其股票应当被终止上市：

①上市公司首次公开发行股票申请或者披露文件存在虚假记载，误导性陈述或重大遗漏，被中国证监会作出行政处罚决定，或若人民法院依据《刑法》作出有罪生效判决。

②上市公司发行股份购买资产并构成重组上市，申请或者披露文件存在虚假记载、误导性陈述或者重大遗漏，被中国证监会作出行政处罚决定，或若人民法院依据《刑法》作出有罪生效判决。

③上市公司披露的年度报告存在虚假记载、误导性陈述或者重大遗漏，根据中国监会行政处罚决定认定的事实，导致连续会计年度财务指标实际已触及《股票上市规则》规定的终止上市标准。

④交易所根据上市公司违法行为的事实、性质、情节及社会影响等因素认定的其他严重损害证券市场秩序的情形。

上市公司因存在前述第①、②种欺诈发行情形，其股票被终止上市的，不得在交易所重新上市。

上市公司因存在前述第③、④项的重大违法等情形，其股票被终止上市的，自其股票进入全国中小企业股份转让系统挂牌转让之日起的5个完整会计年度内，交易所不受理其重新上市申请。

（2）上市公司存在涉及国家安全、公共安全、生态安全、生产安全和公众健康安全等领域的违法行为，情节恶劣，严重损害国家利益、社会公共利益，或者严重影响上市地位，其股票应当被终止上市的情形。

上市公司涉及该种重大违法行为，存在以下情形之一的，其股票应当被终止上市：

①上市公司或其主要子公司被依法吊销营业执照、责令关闭或者被撤销。

②上市公司或其主要子公司被依法吊销主营业务生产经营许可证，或者存在丧失继续生产经营法律资格的其他情形。

③交易所根据上市公司重大违法行为损害国家利益、社会公共利益的严重程度，结合公司承担法律责任类型、对公司生产经营和上市地位的影响程度等情形，认为公司股票应当终止上市的。

上市公司因前述重大违法等情形，其股票被终止上市的，自其股票进入全国中小企业股份转让系统挂牌转让之日起的5个完整会计年度内，交易所不受理其重新上市申请。

（三）因不能满足交易标准要求的强制退市指标

1.退市风险警示

（1）最近两个会计年度经审计的净利润连续为负值或者被追溯重述后连续为负值。

（2）最近一个会计年度经审计的期末净资产为负值或者被追溯重述后为负值。

（3）最近一个会计年度的财务会计报告被会计师事务所出具无法表示意见或者否定意见的审计报告。

（4）因财务会计报告存在重大会计差错或者虚假记载，被中国证监会责令改正但未在规定期限内改正，且公司股票已停牌2个月。

（5）未在法定期限内披露年度报告或者中期报告，且公司股票已停牌2个月。

（6）因欺诈发行受到中国证监会行政处罚，或因涉嫌欺诈发行罪被依法移送公安机关等。

2.暂停上市

【解释】暂停上市公司股票上市的情形是对其股票实施退市风险警示情形的继续恶化。

3.终止上市的情形

（1）公司因欺诈发行，其股票被暂停上市后，在中国证监会作出行政处罚决定、移送决定之日起的12个月内被法院作出有罪判决或者在前述规定期限内未满足恢复上市条件。

（2）公司因重大信息披露违法，其股票被暂停上市后，在中国证监会作出行政处罚决定、移送决定之日起的。

（3）公司因欺诈发行、重大信息披露违法其股票被暂停上市后，符合本规则规定的恢复上市申请条件但未在规定期限内向本所提出恢复上市申请。

（4）中小企业板上市公司最近36个月内累计受到本所三次公开谴责等。

四、股票上市规则

股票上市规则如下：

1.经核准已公开发行；

2.股本总额不少于人民币3 000万元；

3.公开发行的股份达到股份总数的25%以上；股本总额超过人民币4亿元的，该比例为10%以上；

4.最近3年无重大违法行为，财务会计报告无虚假记载。

五、股票交易与结算　（✔一般了解）

（一）保存期限

1.证券公司保存客户开户资料、委托记录、交易记录和与内部管理、业务经营有关的各项资料，保存期限不得少于20年。

2.证券登记结算机构应当妥善保存登记、存管和结算的原始凭证及有关文件和资料，保存期限不得少于20年。

（二）停牌、停市

1.因突发性事件而影响证券交易的正常进行时，证券交易所（不是证监会）可采取技术性停牌的措施。

2.因不可抗力的突发性事件或者为维护证券交易的正常秩序，证券交易所可以决定临时停市。

3.证券交易所采取技术性停牌或临时停市，须及时报告国务院证券监督管理机构。

考霸笔记
✔重要，必须掌握，出题概率极大。

第五节　上市公司收购和重组

一、上市公司收购概述

（一）上市公司收购的概念

上市公司收购，是指收购人通过在证券交易所的股份转让活动持有一个上市公司的股份达到一定比例或通过证券交易所股份转让活动以外的其他合法方式控制一个上市公司的股份达到一定程度，导致其获得或者可能获得对该公司的实际控制权的行为。

上市公司收购人的目的在于获得对上市公司的实际控制权，不以达到对上市公司实际控制权而受让上市公司股票的行为，不能称之为收购。

取得对上市公司的实际控制是指：　（✔熟悉，可能考选择题）

1.投资者为上市公司持股50%以上的控股股东；

2.投资者可以实际支配上市公司股份表决权超过30%；

3.投资者通过实际支配上市公司股份表决权能够决定公司董事会半数以上成员选任；

4.投资者依其可实际支配的上市公司股份表决权足以对公司股东大会的决议产生重大影响；

考霸笔记
实际控制的含义，就是“五三一半，重大影响。”所谓的“五”指的是持股50%以上的控股股东；“三”指的是实际支配上市公司股份表决权超过30%；“一半”指的是通过实际支配的表决权能够决定公司董事会半数以上人选；“重大影响”指的是通过实际支配的表决权足以对公司股东大会决议产生重大影响。

5.中国证监会认定的其他情形。

（二）上市公司收购人 （✔熟悉，可能考选择题）

上市公司收购人是指意图通过取得股份的方式成为一个上市公司的控股股东，或者通过投资关系、协议、其他安排的途径成为一个上市公司的实际控制人的投资者及其一致行动人。收购人包括投资者及与其一致行动的他人。

1.一致行动人

哪些情形构成"一致行动人"？

所谓一致行动，是指投资者通过协议、其他安排，与其他投资者共同扩大其所能够支配的一个上市公司股份表决权数量的行为或者事实。在上市公司的收购及相关股份权益变动活动中有一致行动情形的投资者，互为一致行动人。如无相反证据，投资者有下列情形之一的为一致行动人：

（1）投资者之间有股权控制关系。

（2）投资者受同一主体控制。

（3）投资者的董事、监事或者高级管理人员中的主要成员，同时在另一个投资者担任董事、监事或者高级管理人员。

（4）投资者参股另一投资者，可以对参股公司的重大决策产生重大影响。

（5）银行以外的其他法人、其他组织和自然人为投资者取得相关股份提供融资安排。

（6）投资者之间存在合伙、合作、联营等其他经济利益关系。

【解释】例如，甲是上市公司，A是收购人，A持有4%，B持有2%，若AB都是法人：①A控制B或B控制A或同时受C控制，属于一致行动人；②AB合伙，联营，表示有共同的经营利益，属于一致行动人；③借款，B为A收购提供借款，一般是一致行动人，B是银行就特殊除外。

> 考霸笔记
> 一致行动人，即一伙的。一致行动人的判断如果出现在选择题当中，会比较难，但是如果出现在综合题当中，凭常识非常容易判断出来。

（7）持有投资者30%以上股份的自然人，与投资者持有同一上市公司股份。

【解释】A欲收购B上市公司，假设：王某持有A公司35%的股份，现在王某和A公司都同时持有B上市公司的股份，则王和A公司构成收购B上市公司的一致行动人。

（8）在投资者任职的董事、监事及高级管理人员，与投资者持有同一上市公司股份。

【解释】A欲收购B上市公司，设：王、石、刘分别是A公司董事、监事和经理，现在该三人和A公司都同时持有B上市公司的股份，则他们和A公司构成收购B上市公司的一致行动人。

（9）持有投资者30%以上股份的自然人和在投资者任职的（董事、监事及高级管理人员）及其父母、配偶、子女及其配偶、配偶的父母、兄弟姐妹及其配偶、配偶的兄弟姐妹及其配偶等亲属，与投资者持有同一上市公司股份。

【解释】A欲收购B上市公司，假设：（1）老张持有A公司35%的股份（超过了30%），老王是A公司的董事；小张是老张的直系亲属，小王是老王的直系亲属；（2）小王和小张都持有B上市公司的股份。则：小王和A，小张和A构成对B上市公司收购的一致行动人。

（10）在上市公司任职的董事、监事、高级管理人员及其前项所述亲属同时持有本公司股份的，或者与其自己或者其前项所述亲属直接或者间接控制的企业同时持有本公司股份。

【解释】老王是上市公司的董事，小王是老王的儿子，两人同时拥有上市公司的股份；小王是甲企业的实际控制人，甲企业也拥有上市公司的股份。则：老王和小王，老王和甲企业是上市公司收购的一致行动人。

考霸笔记
【提示】一致行动人应当合并计算其所持有的股份。投资者计算其所持有的股份，应当包括登记在其名下的股份，也包括登记在其一致行动人名下的股份。

（11）上市公司董事、监事、高级管理人员和员工与其所控制或者委托的法人或者其他组织持有本公司股份。

（12）投资者之间具有其他关联关系。

例7-12·2007年多选题

甲公司拟收购乙上市公司。根据证券法律制度的规定，下列投资者中，如无相反证据，属于甲公司一致行动人的有（　　）。

A.由甲公司的监事担任董事的丙公司

B.持有乙公司1%股份且为甲公司董事之弟的张某

C.持有甲公司20%股份且持有乙公司3%股份的王某

D.在甲公司中担任董事会秘书且持有乙公司2%股份的李某

【答案】ABD

【解析】本题考核点是上市公司收购中一致行动人的界定。根据规定，持有投资者“30%以上”股份的自然人，与投资者持有同一上市公司股份的，构成一致行动人，因此选项C是不构成一致行动人的。选项A属于第（3）种一致行动人的情形；选项D属于第（8）种一致行动人的情形；选项B属于第（9）种一致行动人的情形。

2.不得收购上市公司的情形

（1）收购人负有数额较大债务，到期未清偿，且处于持续状态；

（2）收购人最近3年有重大违法行为或者涉嫌有重大违法行为；

（3）收购人最近3年有严重的证券市场失信行为；

（4）收购人为自然人的，存在《公司法》第一百四十七条规定情形；

（5）法律、行政法规规定以及中国证监会认定的不得收购上市公司的其他情形。

考霸笔记
收购人不靠谱，不得收购上市公司，具体的数字需要记一下。

（三）上市公司收购中有关当事人的义务

1.收购人的义务

（1）报告义务。

考霸笔记
持有一家公司的股份的变动为多少时要“举牌”？这个比例是5%。这是这个地方最重要的一个比例，必须记住。需注意的是，这里的“举牌”涉及“两报告一公告”，即向两大监管机构报告：向国务院证券监督管理机构作出书面报告，向证券交易所作出书面报告，通知上市公司持股情况并予以公告。

收购人有怎样的报告义务？

①实施要约收购的收购人必须事先向中国证监会报送上市公司收购报告书。

②在要约收购完成后，收购人应当在15日内将收购情况报告中国证监会和证券交易所。

（2）禁售义务。

收购人在要约收购期内，不得卖出被收购上市公司的股票。

（3）锁定义务。

①收购人持有的被收购上市公司的股票，在收购行为完成后12个月内不得转让。但是，收购人在被收购公司中拥有权益的股份在同一实际控制人控制的不同主体之间进行转让不受前述12个月的限制，但应当遵守《上市公司收购管理办法》有关豁免申请的有关规定。

【解释】A是收购人，甲是上市公司，A收购上市公司40%的股份，A将股份转让给B，A、B同时受C控制，这种情况下不受12个月控制，但是要遵守有关申请豁免的要求。

②在一个上市公司中拥有权益的股份达到或者超过该公司已发行股份的30%的，自上述事实发生之日起1年后，每12个月内增持不超过该公司已发行的2%的股份，该增持不超过2%的股份锁定期为增持行为完成之日起6个月。

【解释】甲是上市公司，A在2012年4月1日已经拥有上市公司30%的股份，到了30%就必须先等一年到2013年4月1日，1年之后，每12个月以小于等于2%的幅度增持股份，如果2013年12月3日增持，增持1.8%，该增持不超过2%的股份锁定期（不能卖）为增持行为完成之日起6个月。

2.被收购公司的控股股东或者实际控制人的义务

被收购公司的控股股东、实际控制人及其关联方有损害被收购公司及其他股东合法权益的，上述控股股东、实际控制人在转让被收购公司控制权之前，应当主动消除损害；未能消除损害的，应当就其出让相关股份所得收入用于消除全部损害做出安排，对不足以消除损害的部分应当提供充分有效的履约担保或安排，并依照公司章程取得被收购公司股东大会的批准。

3.被收购公司的董事、监事、高级管理人员的义务

（1）被收购上市公司的董事、监事和高级管理人员对公司负有忠实义务和勤勉义务，应当公平对待所有收购人。

（2）董事会针对收购所作出的决策及采取的措施，应当有利于维护公司及其股东的利益，不得滥用职权对收购设置不适当的障碍，不得利用公司资源向收购人提供任何形式的财务资助，不得损害公司及其股东的合法权益。

4.上市公司收购的支付方式

可以采用现金、依法可以转让的证券以及法律、行政法规规定的其他支付方式进行。

二、持股权益披露（✔熟悉，可能考选择题）

如何区分上市公众公司收购和非上市公众公司收购?

（一）5%的披露

达到5%、增减5%都有披露义务。

【注意】如果投资者通过行政划转或者变更、执行法院裁定、继承、赠与等方式拥有权益的股份变动达到上述规定比例的，也应当履行权益披露义务。

（二）5%～30%的披露（见表7-21）。

考霸笔记
【提示】以5%的倍数来判断是否需要停下来披露和报告。

表7-21 5%～30%的披露

5%～20%	不是上市公司的第一大股东或实际控制人	简式权益变动报告书
	上市公司第一大股东或实际控制人	详式权益变动报告书
20～30%	不是上市公司的第一大股东或实际控制人	
	上市公司第一大股东或实际控制人	

（三）收购中的信息披露

1.要约收购报告书：收购人主动采用要约收购方式或者未能获得豁免，被强制采用要约收购方式时，其必须编制要约收购报告书。

2.收购报告书：收购人拟议申请豁免强制要约收购义务的，应编制上市公司收购报告书。取得中国证监会豁免之日起3日内公告收购报告书、财务顾问专业意见和法律意见书。

【案例】甲持有某上市公司7%的股权，假如投资者试图从甲手中协议购买这些股权，则很可能达成的协议是7%股权的转让协议，不大可能投资者先协议转让5%，停下来进行披露，然后再协议购买余下的2%，这样做不但增加了交易成本，甲很可能也不愿意。因此，《收购办法》对协议转让股权的权益披露时点有所放松：投资者通过协议转让方式，在一家上市公司中拥有权益的股份拟达到或者超过该上市公司已发行股份的5%时，履行权益披露义务。此后，其拥有权益的股份占该上市公司已发行股份的比例每增加或者减少达到或者超过5%的，也应当履行报告、公告义务。

也就是说，在协议转让股权的情况下，如果协议中拟转让的股权达到或者超过5%；投资者就应当在协议达成之日起3日内履行权益报告义务。例如，在上述假设案例中，投资者拟协议受让甲股东持有的7%上市公司股权，就应当在该协议达成之日起3日内履行权益披露义务，不需要将该笔协议拆分为5%和2%。此后，该投资者的股份发生增减变化，如果该变化使得投资者持股比例达到或者超过5%的整数倍，那么也应当履行权益披露义务。仍举上例，则披露时点应当分别为7%，10%，15%，20%，25%。

例7-13·2014年单选题

甲以协议转让方式取得乙上市公司7%的股份，之后又通过证券交易所集中竞价交易，陆续增持乙公司5%的股份，根据证券法律制度的规定，甲需要进行权益披露的时点分别是（　　）。

A.其持有乙公司股份5%和10%时

B.其持有乙公司股份5%和7%时

C.其持有乙公司股份7%和12%时

D.其持有乙公司股份7%和10%时

【答案】D

【解析】本题考核点是权益披露。在协议转让股权的情况下，如果协议中拟转让的股权达到或者超过5%，投资者就应当在协议达成之日起3日内履行权益报告义务。此后，该投资者的股份发生增减变化，如果该变化使得持股比例达到或者超过5%的整数倍的，也应当履行权益披露义务。那么本题中的披露时点为7%和10%。

考霸笔记
特别注意其中的关键数字，考试大多在数字上动手脚。（✔重要，必须掌握）

三、要约收购程序

（一）收购数量

预定收购的股份比例不得低于该上市公司已发行股份的5%。

（二）要约有效期

考霸笔记
这个期限要掌握，非常可能以选择题的形式出现。

1.收购要约约定的收购期限：不得少于30日，并不得超过60日；但出现竞争要约的除外。

【解释】收购人在公告要约收购报告书之前，拟自行取消收购计划的，应当公告原因；自公告之日起12个月内，收购人不得再次对同一上市公司进行收购。

2.在收购要约确定的承诺期限内，收购人"不得撤销"其收购要约。

3.在收购要约确定的承诺期内，收购人需要变更收购要约的，必须及时公告，载明具体变更事项，并通知被收购公司。

【提示】在收购要约期限届满前15日内，收购人不得变更收购要约，但出现竞争要约的除外。

考霸笔记
这个15天也是需要掌握的，选择题、综合题都有可能涉及。

（三）价格

收购人进行要约收购的，对同一种类股票的要约价格不得低于要约收购提示性公告日前6个月内收购人取得该种股票所支付的最高价格。

【解释】收购要约提出的各项收购条件，应当平等适用于被收购公司的所有股东。

何为"预受要约"？

（四）预受要约

1.在要约收购期限届满3个交易日前，预受股东可以委托证券公司办理撤回预受要约的手续；　这个3天的规定非常重要，综合题经常考查。

2.在要约收购期限届满前3个交易日内，预受股东不得撤回其对要约的接受。

（五）要约期满

1.预受要约股份的数量超过预定收购数量时，收购人应当按照"同等比例"收购预受要约的股份。

2.收购期限届满后15日内，收购人应当向中国证监会报送关于收购情况的书面报告，并予以公告。但如果收购人在被收购公司中拥有权益的股份在同一实际控制人控制的不同主体之间进行转让不受前述12个月的限制。

【案例】例如，甲是上市公司，A是收购人，要收购甲上市公司，每股价格10元，为初始要约。时间假设从4月1日到5月20日（不少于30天但不能多于60天），如果在最后15天时出现了竞争者B，B开价12元，这时就出现了竞争要约。B应在5月5日之前发出竞争要约的提示性公告。此时，A可以选择不参与竞争，但是如果A不退出，选择变更，在5月10日将每股价格改为15元，因为此时距离要约收购期限届满不足15天，出现了竞争要约，就需要至少延长至5月25日（不少于15天），如果B的竞争要约截止到6月20日，那么A延长的期限就不能超过最后一个竞争要约最后一天，即6月20日。

四、强制要约收购 （✔重要，必须掌握）

（一）强制要约收购概述

1.通过证券交易所的证券交易

通过证券交易所的证券交易（比较好控制比例），投资者持有或者通过协议、其他安排与他人共同持有一个上市公司已发行的股份达到30%，继续增持股份的，即触发要约收购义务，应当向该上市公司所有股东发出收购上市公司全部或者部分股份的要约。

2.协议收购

（1）对于协议收购超过30%股权的行为，首先收购人应当考虑是否可以申请豁免，如果符合《收购办法》规定的豁免条件，则中国证监会可以豁免其以要约方式增持股份或者豁免其向目标公司所有股东发出收购要约。

（2）在上述情况下，如果收购人不申请豁免或者申请但不符合豁免条件，则其必须向目标公司除协议转让股份的股东之外的所有剩余股东发出收购其手上全部股份的要约。

（3）如收购人恰好在持股30%的点上停下来，则不触发强制要约义务，其继续增持股份的，则必须采取要约方式，但允许其采取部分要约的方式，即只向其余股东发出收购公司一定比例而非全部股份的要约。

【案例】例如，在法国SEB公司收购苏泊尔的案例中，SEB通过协议转让和定向增发获得了苏泊尔30%的股份，然后再向所有剩余股东发出一个部分要约，收购不高于49 122 948股，占苏泊尔总股本的22.74%。

（4）对于未取得豁免的，投资者可以在接到中国证监会不予豁免通知之日起30日内将其或者其控制的股东所持有的目标公司股份减持到30%或者30%以下，也可以避免触发强制要约义务。

（二）豁免申请

收购人收购上市公司一定股份时，并不必然履行收购要约的义务，中国证监会可以针对实际情况行使豁免权，免除收购人发出收购要约的义务。根据相关规定，豁免事项有如下几种情况：

1.免于以要约收购方式增持股份的事项　积极表态

中国证监会在受理豁免申请后20个工作日内，就收购人所申请的具体事项做出是否予以豁免的决定；取得豁免的，收购人可以完成本次增持行为。

（1）收购人与出让人能够证明本次股份转让是在同一实际控制人控制的不同主体之间进行，未导致上市公司的实际控制人发生变化。

（2）上市公司面临严重财务困难，收购人提出的挽救公司的重组方案取得该公司股东大会批准，且收购人承诺3年内不转让其在该公司中所拥有的权益。

（3）中国证监会为适应证券市场发展变化和保护投资者合法权益的需要而认定的其他情形。

2.适用简易程序免于发出要约收购方式增持股份的事项　默示许可

有下列情形之一的，当事人可以向中国证监会提出免于发出要约的申请，中国证监会自收到符合规定的申请文件之日起10个工作日（非简易程序为20个工作

考霸笔记
【解释】止步30%，并不触发强制要约义务；如果收购人愿意，可以自愿发出要约，该自愿要约可以是部分要约，也可以是全部要约。

考霸笔记
（✔重要，必须掌握，准确理解并记忆法条，历年喜欢出案例分析题）

考霸笔记
收购人持有的被收购上市公司的股票，在收购行为完成后12个月内不得转让。但是，收购人在被收购公司中拥有权益的股份在同一实际控制人控制的不同主体之间进行转让不受前述12个月的限制，但应当遵守《上市公司收购管理办法》有关豁免申请的有关规定。

第七章

日）内未提出异议的，相关投资者可以向证券交易所和证券登记结算机构申请办理股份转让和过户登记手续。

（1）国有资产管理所致：经政府或者国有资产管理部门批准进行国有资产无偿划转、变更、合并，导致投资者在一个上市公司中拥有权益的股份超过该公司已发行股份的比例超过30%；

【案例】甲是上市公司，A持有甲20%股份，B持有甲15%股份，A、B都是国有股东，经过国资委批准，A将股份给B，B的持股比例就大于30%，B本意其实不是为了收购，是因为国资委一个命令，无偿划转给B的，这时B可适用简易程序提出申请，10个工作日没提出异议，直接办理过户就可以。

（2）股份回购所致：因上市公司按照股东大会批准的确定价格向特定股东回购股份而减少股本，导致投资者在该公司中拥有权益的股份超过该公司已发行股份的30%。

【案例】甲是上市公司，A持有甲29%的股份，甲回购1亿股的股份，回购意味着什么呢？它的股本总额少了，就是分母变小了，原来是10亿股变为9亿股，就很明显导致A被动超过30%，A本意不想收购，此时A可适用简易程序提出申请，10个工作日没提出异议，直接办理过户就可以。

（3）中国证监会为适应证券市场发展变化和保护投资者合法权益的需要而认定的其他情形。

免于提出豁免申请直接办理股份转让和过户的事项有哪些?

3.免于提出豁免申请直接办理股份转让和过户的事项

（1）新股发行（承诺3年不转让）：经上市公司股东大会非关联股东批准，投资者取得上市公司向其发行的新股，导致其在该公司拥有权益的股份超过该公司已发行股份的30%，投资者承诺3年内不转让本次向其发行的新股，且公司股东大会同意投资者免于发出要约。

（2）1年后，年增持不超过2%：在一个上市公司中拥有权益的股份达到或者超过该公司已发行股份的30%的，自上述事实发生之日起1年后，每12个月内增持不超过该公司已发行的2%的股份。

【提示】增持不超过2%的股份锁定期为增持行为完成之日起6个月。

（3）50%后增持（不影响公司上市）：在一个上市公司中拥有权益的股份达到或者超过该公司已发行股份的50%的，继续增加其在该公司拥有的权益不影响该公司的上市地位。

【提示】采用集中竞价方式增持股份的，每累计增持股份比例达到上市公司已发行股份的2%的，在事实发生当日和上市公司发布相关股东增持公司股份进展公告的当日不得再行增持股份。

（4）证券承销、贷款所致：证券公司、银行等金融机构在其经营范围内依法从事承销、贷款等业务导致其持有一个上市公司已发行股份超过30%，没有实际控制该公司的行为或者意图，并且提出在合理期限内向非关联方转让相关股份的解决方案。

（5）继承所致：因继承导致在一个上市公司中拥有权益的股份超过该公司已发行股份的30%。

（6）约定购回（表决权未转移）：因履行约定购回式证券交易协议购回上市公

司股份导致投资者在一个上市公司中拥有权益的股份超过该公司已发行股份的30%，并且能够证明标的股份的表决权在协议期间未发生转移。

（7）优先股表决权依法恢复导致（30%）：因所持优先股表决权依法恢复导致投资者在一个上市公司中拥有权益的股份超过该公司已发行股份的30%。

【提示】第（2）（3）项规定采用集中竞价方式增持股份，每累计增持股份比例达到该公司已发行股份1%的，应当在事实发生之日通知上市公司，由上市公司在次一交易日发布相关股东增持公司股份的进展公告。

五、特殊类型收购 （✔熟悉，可能考选择题）

（一）协议收购

协议收购的过渡期内有哪些禁止性规定?

1.过渡期

自签订收购协议起至相关股份完成过户的期间。（三不得）

（1）在过渡期内，收购人不得通过控股股东提议改选上市公司董事会，确有充分理由改选董事会的，来自收购人的董事不得超过董事会成员的1/3。

（2）被收购公司不得为收购人及其关联方提供担保。

（3）被收购公司不得公开发行股份募集资金，不得进行重大购买、出售资产及重大投资行为或者与收购人及其关联方进行其他关联交易，但收购人为挽救陷入危机或者面临严重财务困难的上市公司的情形除外。

2.股权过户

收购人在收购报告书公告后30日内仍未完成股份过户手续，应立即作出公告，说明理由；未完成相关股份过户期间，应每隔30日公告相关股份过户办理进展情况。

3.管理层收购

所谓管理层收购，是指上市公司董事、监事、高级管理人员、员工或其所控制或委托的法人或其他组织，拟对本公司进行收购或通过间接收购方式取得本公司的控制权（见表7-22）。

表7-22 管理层收购

组织结构	有良好的组织机构及有效的内部控制制度，董事会成员中独立董事的比例≥1/2
评估	公司应当聘请具有证券、期货从业资格的资产评估机构提供公司资产评估报告
决议	董事会非关联董事作出决议 + 取得2/3以上的独立董事同意 + 出席股东大会的非关联股东所持表决权过半数通过（三处表决）
意见	独立董事发表意见前，应当聘请独立财务顾问就本次收购出具专业意见，独立董事及独立财务顾问的意见应当一并予以公告
限制	不得收购本公司的情形： （1）上市公司董事、监事、高级管理人员存在《公司法》第一百四十八条情形（董事、高管不得有的行为，如竞业禁止、关联交易） （2）最近3年有证券市场不良诚信记录的

（二）间接收购

1.定义

通过其他安排获得对上市公司的控制权。例如，收购人可能通过获得上市公司母公司的控制权，从而间接控制了上市公司。

2.实际控制人的判断标准

投资者虽不是上市公司的股东，但通过投资关系取得对上市公司股东的控制权，而受其支配的上市公司股东所持股份达到规定比例，且对该股东的资产和利润构成重大影响的，该投资者是实际控制人。

3.间接收购触发的要约收购

收购人拥有权益的股份超过该公司已发行股份的30%的，应当向该公司所有股东发出全面要约；收购人预计无法在事实发生之日起30日内发出全面要约的，应当在该事实发生之日起30日内促使其控制的股东将所持有的上市公司股份减持至30%或者30%以下。

六、上市公司重大资产重组

（✔重要，必须掌握）

（一）重大资产重组行为的界定

1.概念

所谓重大资产重组行为，是指上市公司及其控股或者控制的公司在日常经营活动之外购买、出售资产或者通过其他方式进行资产交易达到规定的比例，导致上市公司的主营业务、资产、收入发生重大变化的资产交易行为。

2.界定标准　（✔熟悉，可能考选择题）三项标准，满足之一即构成。

上市公司及其控股或者控制的公司购买、出售资产，达到下列标准之一的，构成重大资产重组（见表7-23）。

表7-23　界定标准

（1）总资产标准	交易资产总额/总资产≥50%：购买、出售的资产总额占上市公司最近一个会计年度经审计的合并财务会计报告期末资产总额的比例达到50%以上
（2）营业收入标准	交易资产之营业收入/营业收入≥50%：购买、出售的资产在最近一个会计年度所产生的营业收入占上市公司同期经审计的合并财务会计报告营业收入的比例达到50%以上
（3）净资产标准	交易资产净额/净资产≥50%且＞5 000万元：购买、出售的资产净额占上市公司最近一个会计年度经审计的合并财务会计报告期末净资产额的比例达到50%以上，且超过5 000万元人民币

考霸笔记
（了解即可，类似这样高大上的规定不需要死记硬背，头脑中有一个印象即可）

（二）重大资产重组行为的要求

1.符合国家产业政策和有关环境保护、土地管理、反垄断等法律和行政法规的规定。

2.不会导致上市公司不符合股票上市条件。

3.重大资产重组所涉及的资产定价公允，不存在损害上市公司和股东合法权益的情形。

4.重大资产重组所涉及的资产权属清晰，资产过户或者转移不存在法律障碍，相关债权债务处理合法。

5.有利于上市公司增强持续经营能力，不存在可能导致上市公司重组后主要资产为现金或者无具体经营业务的情形。

6.有利于上市公司在业务、资产、财务、人员、机构等方面与实际控制人及其关联人保持独立，符合中国证监会关于上市公司独立性的相关规定。

7.有利于上市公司形成或者保持健全有效的法人治理机构。

（三）对借壳上市的特殊规定

1.借壳上市的界定

上市公司自控制权发生变更之日起60个月内，向收购人及其关联人购买资产，导致上市公司发生以下根本变化情形之一的，构成重大资产重组（借壳上市），应当依法报经中国证监会核准：

（1）购买的资产总额占上市公司控制权发生变更的前一个会计年度经审计的合并财务会计报告期末资产总额的比例达到100%以上。

（2）购买的资产在最近一个会计年度所产生的营业收入占上市公司控制权发生变更的前一个会计年度经审计的合并财务会计报告营业收入的比例达到100%以上。

（3）购买的资产在最近一个会计年度所产生的净利润占上市公司控制权发生变更的前一个会计年度经审计的合并财务会计报告净利润的比例达到100%以上。

（4）购买的资产净额占上市公司控制权发生变更的前一个会计年度经审计的合并财务会计报告期末净资产额的比例达到100%以上。

（5）为购买资产发行的股份占上市公司首次向收购人及其关联人购买资产的董事会决议前一个交易日的股份的比例达到100%以上。

（6）上市公司向收购人及其关联人购买资产虽未达到上述第（1）至第（5）项标准，但可能导致上市公司主营业务发生根本变化。

（7）中国证监会认定的可能导致上市公司发生根本变化的其他情形。

2.上市公司实施前款规定的重大资产重组的规定

上市公司实施前款规定的重大资产重组，应当符合下列规定：

（1）应当符合上述上市公司实施重大资产重组的披露要求；如果涉及发行股份购买资产，还应符合发行股份购买资产的有关规定。

（2）上市公司购买的资产对应的经营实体应当是股份有限公司或者有限责任公司，且符合在主板和中小企业板IPO的其他发行条件。

（3）上市公司及其最近3年内的控股股东、实际控制人不存在因涉嫌犯罪正被司法机关立案侦查或涉嫌违法违规正被中国证监会立案调查的情形，但是，涉嫌犯罪或违法违规的行为已经终止满3年，交易方案能够消除该行为可能造成的不良后果，且不影响对相关行为人追究责任的除外。

（4）上市公司及其控股股东、实际控制人最近12个月内未受到证券交易所公开谴责，不存在其他重大失信行为。

（5）本次重大资产重组不存在中国证监会认定的可能损害投资者合法权益，或者违背公开、公平、公正原则的其他情形。

发行股份购买资产的规定具体是怎样的?

4823

（四）发行股份购买资产的规定

1.基本要求

（1）增强持续盈利，增强独立性：充分说明并披露本次交易有利于提高上市公司资产质量、改善财务状况和增强持续盈利能力，有利于上市公司减少关联交易、避免同业竞争、增强独立性。

（2）无保留意见审计报告：上市公司最近一年及一期财务会计报告被注册会计师出具无保留意见审计报告；被出具保留意见或者无法表示意见的审计报告所涉及事项的重大影响已经消除或者将通过本次交易予以消除。

（3）无违法行为：上市公司及现任董事、高级管理人员不存在因涉嫌犯罪正被司法机关立案侦查或涉嫌违法违规正被中国证监会立案调查的情形。

【提示】涉嫌犯罪或违法违规的行为已经终止满3年，交易方案有助于消除该行为可能造成的不良后果，且不影响对相关行为人追究责任的除外。

（4）产权清晰：充分说明并披露上市公司发行股份所购买的资产为权属清晰的经营性资产，并能在约定期限内办理完毕权属转移手续。

考霸笔记

简单说就是这个上市公司可用的现金不多了，需要发行股票来筹集资金去购买公司发展所需要的资产（比如机器设备）。目的是买资产，方法是发行股份。

2.发行价格

（1）上市公司发行股份的价格不得低于市场参考价的90%。

（2）市场参考价为本次发行股份购买资产的董事会决议公告日前20个交易日、60个交易日或者120个交易日的公司股票交易均价之一。

3.股份转让的限制（见表7-24）

发行股份购买资产时股份转让的时间限制是怎样的?

4824

表7-24　**股份转让的限制**

36个月内不得转让	（1）上市公司控股股东、实际控制人或者其控制的关联人 （2）通过认购本次发行的股份取得上市公司的实际控制权 （3）取得本次发行的股份时，其用于认购股份的资产持续拥有权益的时间不足12个月
12个月内不得转让	除上述特定对象以外的一般股东

（五）信息披露和股东大会表决

1.信息披露

涉及上市公司重大变化，属于重大信息，应当披露临时报告。披露之前，各参与方不得从事内幕交易行为。

2.公司决议

上市公司股东大会就重大资产重组事项作出决议，必须经出席会议的股东所持表决权的2/3以上通过。

3.会议形式

就重大资产重组事宜召开股东大会，应当以现场会议形式召开，并应当提供网络投票或者其他合法方式为股东参加股东大会提供便利。

4.中小股东投票情况披露

除上市公司的董事、监事、高级管理人员、单独或者合计持有上市公司5%以上股份的股东以外，其他股东的投票情况应当单独统计并予披露。

（六）中国证监会的核准

上市公司应当在股东大会作出重大资产重组决议后的次一工作日公告该决议。属于借壳上市情形的，上市公司应当按照中国证监会的规定委托独立财务顾问在作出决议后3个工作日内向中国证监会提出申请。中国证监会依照法定条件和程序对借壳上市申请作出予以核准或者不予核准的决定。

中国证监会在发行审核委员会中设立上市公司并购重组审核委员会，以投票方式对提交其审议的借壳上市申请或者发行股份购买资产申请进行表决，提出审核意见。

第六节 证券欺诈的法律责任

一、虚假陈述行为

（一）虚假陈述行为的界定

发行人、上市公司和其他信息披露义务人在招股说明书、公司债券募集办法、上市公告书、公司定期报告、临时报告及其他文件中作出虚假陈述。

律师事务所、会计师事务所、资产评估机构等专业性证券服务机构在其出具的法律意见书、审计报告、资产评估报告及参与制作的其他文件中作出虚假陈述。

上述人等在向证券监管部门提交的各种文件、报告和说明中作出虚假陈述。

发行人、上市公司和其他信息披露义务人未按照规定披露信息，包括未按照规定的方式进行披露、未及时披露等。

在证券发行、交易及其相关活动中的其他虚假陈述。

（二）虚假陈述的行政责任

1.责任分类（见表7-25）

表7-25 **责任分类**

信息披露义务人（发行人、上市公司等）	无过错责任
信息披露义务人的控股股东、实际控制人	过错责任： ①直接授意、指挥信息披露义务人从事信息披露违法行为 ②隐瞒应披露信息、不告知应披露信息
信息披露义务人的董监高	过错推定责任：应当承担，除非能够证明已尽忠实、勤勉义务
董监高之外的其他人	过错责任：确有证据证明行为与信息披露违法行为具有直接因果关系才承担

虚假陈述的行政责任是如何规定的?

2.处罚的轻重（见表7-26）

表7-26　　处罚的轻重

从轻或减轻处罚	①间接：未直接参与信息披露违法行为 ②主动：在信息披露违法行为被发现前，及时主动要求公司采取纠正措施或者向证券监管机构报告 ③质疑：在获悉公司信息披露违法后，向公司有关主管人员或者公司上级主管提出质疑并采取了适当措施 ④立功：配合证券监管机构调查且有立功表现 ⑤胁迫：受他人胁迫参与信息披露违法行为
不予行政处罚	①反对：当事人对设定的信息披露违法事项提出具体异议记载于董事会、监事会、公司办公会会议记录等，并在上述会议中投反对票的 ②客观未参与：当事人在信息披露违法事实所涉及期间，由于不可抗力、失去人身自由等无法正常履行职责的 ③非负有主要责任的报告：对公司信息披露违法行为不负有主要责任的人员在公司信息披露违法行为发生后及时向公司和证券交易所、证券监管机构报告的
不得单独作为不予处罚的理由	①不直接从事经营管理 ②能力不足、无相关职业背景 ③任职时间短、不了解情况 ④相信专业机构或者专业人员出具的意见和报告 ⑤受到股东、实际控制人控制或者其他外部干预
从重处罚	①不配合证券监管机构监管，或者拒绝、阻碍证券监管机构及其工作人员执法，甚至以暴力、威胁及其他手段干扰执法 ②在信息披露违法案件中变造、隐瞒、毁灭证据，或提供伪证，妨碍调查 ③两次以上违反信息披露规定并受到行政处罚或证券交易所纪律处分 ④在信息披露上有不良诚信记录并记入证券期货诚信档案

考霸笔记

发行人、上市公司承担无过错责任，只要发生虚假陈述行为，就需赔偿，责任最重！发行人、上市公司的控股股东、实际控制人承担过错承担，意是有过错才承担责任，在各种责任主体中责任最轻。以上两个是两个极端，一个责任最重，另一个责任最轻，其他的人都承担过错推定责任，故记住前面的两类就可以了。

（三）虚假陈述行为的刑事责任

《刑法》分别针对发行时虚假陈述行为和上市公司的虚假陈述行为，规定了两种不同的罪名：欺诈发行股票、债券罪和违规披露、不披露重要信息罪。

（四）虚假陈述行为的民事责任　（✔重要，必须掌握，出题概率极大）

1.虚假陈述的民事责任（见表7-27）

虚假陈述的民事责任是如何规定的?

表7-27　　虚假陈述的民事责任

责任主体	归则原则
发行人、上市公司	无过错责任：只要虚假陈述，就需赔偿
（1）发行人、上市公司的董事、监事、高级管理人员和其他直接责任人员 （2）保荐人、承销的证券公司 （3）证券服务机构	过错推定责任：与发行人、上市公司承担连带责任 【提示】能够证明自己没有过错的除外
发行人、上市公司的控股股东、实际控制人	过错责任：有过错的，与发行人、上市公司承担连带赔偿责任

例 7-14・2012年多选题

根据证券法律制度的规定，下列关于证券发行中虚假陈述行为相关主体的民事责任承担的表述中，正确的有（　　）。

A. 发行人在发行文件中作出虚假陈述而导致投资者受到损害的，应承担赔偿责任，发行人是否有过错也不问

B. 发行人在发行文件中作出虚假陈述而导致投资者受到损害的，保荐人应与发行人承担连带责任，保荐人是否有过错也不问

C. 发行人在发行文件中作出虚假陈述而导致投资者受到损害，发行人的实际控制人有过错的，应与发行人承担连带责任

D. 会计师事务所为证券发行出具的审计报告中存在虚假陈述而导致投资者受到损害的，应与发行人承担连带责任，但是能证明自己没有过错的除外

【答案】ACD

【解析】本题考核虚假陈述。根据规定，证券承销商、证券上市推荐人对虚假陈述给投资人造成的损失承担赔偿责任。但有证据证明无过错的，应予免责，因此，B选项错误。

2. 虚假陈述行为与投资人的损害结果因果关系推定

（1）投资人买入的时间：虚假陈述实施日后，至揭露日或更正日之前。

（2）损失的时间：在揭露日和更正日后卖出该证券产生了亏损或者持续持有该证券产生了亏损。

考霸笔记：遇到这样的题，最好在草稿纸上画时间表，然后就很容易地看出损失和虚假陈述有没有因果关系了。

3. 被告举证亏损与虚假陈述无关情形

（1）在虚假陈述揭露日或更正日之前已经卖出证券；

（2）在虚假陈述揭露日或更正日后进行的投资；

（3）明知虚假陈述存在而进行的投资；

（4）损失或者部分损失是由证券市场系统风险等其他因素所致；

（5）属于恶意投资、操纵证券价格的。

第七章

二、内幕交易行为　（✔重要，必须掌握，出题概率极大）

（一）内幕交易的概念

内幕交易，是指证券交易内幕信息的知情人和非法获取内幕信息的人利用内幕信息买卖其所持有的该公司的证券，或者泄露该信息或建议他人买卖该证券的行为。

何为“内幕交易”？

1. 自行买卖；

2. 泄露信息；

3. 建议他人买卖。

（二）内幕信息

内幕信息可能会导致股价上涨或下跌。

内幕信息是指在证券交易活动中，涉及公司的经营、财务或者对该公司证券的市场价格有重大影响的尚未公布的信息。下列信息皆属内幕信息：（7类）

1. 临时报告的重大事件；

考霸笔记：重大事件一定属于内幕信息；内幕信息不一定属于重大事件。

2.上市公司分配股利或者增资的计划；

3.上市公司股权结构的重大变化；

4.公司债务担保的重大变更；

5.公司营业用主要资产的抵押、出售或者报废一次超过该资产的30%；

考霸笔记

这个30%的数字一定要掌握，可考性非常高。

6.上市公司董事、监事、高级管理人员的行为可能依法承担重大损害赔偿责任；

7.上市公司的收购方案。

（三）内幕交易行为的认定

考霸笔记

结合前面所学证券法的内容，应该明白哪些属于重大事件，在此基础之上，还有6项属于内幕信息，也就是说，重大事件一定属于内幕信息；内幕信息不一定属于重大事件，重大事件是包含于内幕信息之中的！凡涉及公司的经营、财务或者对该公司证券的市场价格有重大影响的尚未公开的信息，为内幕信息！

在内幕信息敏感期内，内幕信息的知情人员和非法获取内幕信息的人，不得买卖该公司的证券，或者泄露、或者建议他人买卖该证券，否则就构成了内幕信息。

1.内幕信息知情人员

证券交易内幕信息的知情人包括：

（1）发行人的董事、监事、高级管理人员；

（2）持有上市公司5%以上股份（不计表决权未恢复的优先股）的股东及其董事、监事、高级管理人员，公司的实际控制人及其董事、监事、高级管理人员；

（3）发行人控股的公司及其董事、监事、高级管理人员；

（4）由于所任公司职务可以获取公司有关内幕信息的人员；

（5）证监会工作人员及由于职责对证券发行、交易进行管理的人员；

（6）保荐人、承销的证券公司、证券交易所、证券登记结算机构、证券服务机构的有关人员。

2.非法获取证券内幕信息的人员

考霸笔记

但凡不是通过合法披露途径获取内幕信息的人，都是内幕信息知情人员。不管是负责文印工作的小秘书，负责审核文件的监管当局官员，相关中介人员，都是属于内幕信息知情人员。而通过公开发行的报刊、网站等信息知道的，当然不能属于内幕信息知情人员，因为这些信息都已经公开了，既然公开了，广大的社会公众都知道了，也就谈不上什么内幕不内幕的了。还有需要注意的是内幕信息知情人员的三种情形：（1）自己不能利用信息买卖证券；（2）不能泄露自己掌握的相关内幕信息；（3）不得在掌握内幕信息的基础上建议他人买卖证券。

（1）利用窃取、骗取、套取、窃听、利诱或私下交易等手段获取内幕信息的。

（2）内幕信息知情人员的近亲属或者其他与内幕信息知情人员关系密切的人员，在内幕信息敏感期内，从事或者明示、暗示他人从事，或者泄露内幕信息导致他人从事与该内幕信息有关的证券、期货交易；相关交易行为明显异常，且无正当理由或者正当信息来源的。

（3）在内幕信息敏感期内，与内幕信息知情人员联络、接触，从事或者明示、暗示他人从事，或者泄露内幕信息导致他人从事与该内幕信息有关的证券、期货交易，相关交易行为明显异常，且无正当理由或者正当信息来源的。

【提示】相关交易行为明显异常的认定：行为与内幕信息的时间基本一致、违背交易习惯、违背基本面、利害关系。

3.不属于内幕交易的情况（✔重要，必须掌握）【口诀】五收购、先订立、早披露。

（1）持有或者通过协议、其他安排与他人共同持有上市公司百分之五以上股份的自然人、法人或者其他组织收购该上市公司股份的。

（2）按照事先订立的书面合同、指令、计划从事相关证券、期货交易的。

（3）依据已被他人披露的信息而交易的。

（4）交易具有其他正当理由或者正当信息来源的。

（四）短线交易 （✔重要，必须掌握，出题概率极大）

1.界定

上市公司董事、监事、高级管理人员、持有上市公司股份百分之五以上的股东，将其持有的该公司的股票在买入后6个月内卖出，或者在卖出后6个月内又买入，属于短线交易。

（1）除外情形：证券公司因包销购入售后剩余股票而持有百分之五以上股份的，卖出该股票不受6个月时间限制。

（2）时点确定：买入后6个月内卖出是指最后一笔买入时点起算6个月内卖出的；卖出后6个月内又买入是指最后一笔卖出时点起算6个月内又买入的。

2.责任承担

（1）后果：由此所得收益归该“公司”所有，公司“董事会”应当收回其所得收益。

（2）董事会不尽责的处理：

①其他股东有权要求董事会在30日内执行。公司董事会未在上述期限内执行的，股东有权为了公司的利益以自己的名义直接向人民法院提起诉讼（股东代位诉讼）。

②负有责任的董事依法承担连带责任。

例7-15·2014年单选题

甲为乙上市公司董事，并持有乙公司股票10万股。2013年3月1日和3月8日，甲以每股25元的价格先后卖出其持有的乙公司股票2万股和3万股。2013年9月3日，甲以每股15元的价格买入乙公司股票5万股。根据证券法律制度的规定，甲通过上述交易所获收益中，应当收归公司所有的金额是（　　）。

A.20万元　　B.30万元　　C.50万元　　D.75万元

【答案】B

【解析】(1) 上市公司董事、监事、高级管理人员、持有上市公司5%以上股份的股东，将其持有的该公司的股票在买入后6个月内卖出，或者在卖出后6个月内又买入，由此所得收益归该公司所有，公司董事会应当收回其所得收益。(2) 卖出后6个月内又买入是指最后一笔卖出时点起算6个月内又买入的：①最后一笔卖出时点3月8日至买入时点9月3日不足6个月，存在短线交易行为；②自9月3日倒数6个月内买入的数量为3万股，应按3万股来计算短线交易利润，因此，应当收归公司所有的金额=3×（25-15）=30（万元）。

什么情形构成“短线交易”？其后果是怎样的？

考霸笔记

短线交易的主体指的是特定的主体：上市公司“董、监、高”和持有上市公司股份5%以上的股东。为什么要禁止这些人员的短线交易呢？因为这些人员相对于广大投资者来说，具有很大的信息优势，如果不对这些人员的短线交易进行规范，那么就会损害广大投资者的利益和投资者对资本市场的信息。至于什么是短线交易呢？就是6个月。以上主体在6个月内买卖公司股票的，构成短线交易，所获收益归公司。做这样的题，判断是不是在6个月内，把买卖时点的图画出来就一目了然了。

何种情形构成“操纵市场行为”?

4829

三、操纵市场行为

（一）操纵市场行为的概念

操纵市场是指单位或个人以获取利益或者减少损失为目的，利用其资金、信息等优势或者滥用职权影响证券市场价格，制造证券市场假象，诱导或者致使投资者在不了解事实真相的情况下作出买卖证券的决定，扰乱证券市场秩序的行为。《证券法》禁止任何操纵证券市场的行为。

（二）操纵证券市场行为的认定 （✔熟悉，可能考选择题）

根据《证券法》的规定，操纵证券市场的行为主要有以下情形：

1.单独或者通过合谋，集中资金优势、持股优势或者利用信息优势联合或者连续买卖，操纵证券交易价格或者证券交易量。

2.与他人串通，以事先约定的时间、价格和方式相互进行证券交易，影响证券交易价格或者证券交易量。

3.在自己实际控制的账户之间进行证券交易，影响证券交易价格或者证券交易量。

4.以其他手段操纵证券市场。

操纵证券市场行为给投资者造成损失的，行为人应当依法承担赔偿责任。

（三）利用信息的操纵

1.禁止国家工作人员、传播媒介从业人员和有关人员编造、传播虚假信息，扰乱证券市场。

2.禁止证券交易所、证券公司、证券登记结算机构、证券服务机构及其从业人员，证券业协会、证券监督管理机构及其工作人员在证券交易活动中作出虚假陈述或者信息误导。

3.各种传播媒介传播证券市场信息必须真实、客观，禁止误导。

智能测评

在线练习	我要提问
4830 扫码在线做题　4944 扫码看答案 本书“本章同步强化训练”均配备二维码，打开微信“扫一扫”即可完成在线测评，查看本章详细的测评反馈报告，了解知识掌握情况，也可扫码直接看答案噢。 快来扫码做题吧！	4951 扫码答疑 本书配备答疑专用二维码，打开微信“扫一扫”，即可完成在线提问，获取专业老师全面个性化解答，让学习问题不再拖延。 快来扫码提问吧！

本章同步强化训练

一、单项选择题

1.上市公司董事、监事和高级管理人员在信息披露工作中应当履行相应的职责。下列表述中，符合证券法律制度规定的是（　　）。

A.上市公司董事应对公司年度报告签署书面审核意见

B.上市公司监事应对公司年度报告签署书面确认意见

C.上市公司高级管理人员应对公司年度报告签署书面审核意见

D.上市公司监事会应对公司年度报告签署书面审核意见

2.宝高股份有限公司于2010年5月拟首次发行股票并在深交所中小板上市，根据《首发管理办法》的规定，下列情形构成首次发行股票并上市的法定障碍的是（　　）。

A.2006年3月向中国证监会提出发行申请，但因报送的发行申请文件存在虚假记载而被不予核准

B.2007年10月因实施违反有关海关监管法律的行为，虽然情节轻微，仍被海关处以罚款

C.2008年度的净利润主要来自合并财务报表范围以外的投资收益

D.2009年12月因涉嫌偷税被司法机关立案侦查，目前尚未明确结论意见

3.关于首次公开发行股票时的老股转让，下列表述错误的是（　　）。

A.公司首次公开发行股票应主要用于筹集企业发展需要的资金

B.新股发行数量应根据企业实际的资金需求合理确定

C.公司股东公开发售股份后，公司的股权结构不得发生重大变化，实际控制人不得发生变更

D.公司股东公开发售股份数量不得超过自愿设定36个月及以上限售期的投资者获得配售股份的数量

4.晋发股份有限公司拟在上交所主板市场首次公开发行股票并上市，保荐人在对其进行上市辅导时发现财务指标如下所述，其中不符合规定的是（　　）。

A.发行前股本总额为人民币5 000万元

B.最近3个会计年度经营活动产生的现金流量净额累计为人民币4 000万元，营业收入累计为人民币2.98亿元

C.最近一期期末无形资产（扣除土地使用权、水面养殖权和采矿权等后）占净资产的比例为15%

D.最近3个会计年度经营活动产生的现金流量净额累计为人民币6 900万元

5.根据证券法律制度的规定，下列各项关于上市公司非公开发行股票的表述正确的是（　　）。

A.发行对象不得超过200名，其中，证券投资基金管理公司以其管理的2只以上基金认购的，视为1个发行对象；信托公司作为发行对象，只能以自有资金认购

B.境外战略投资者认购非公开发行的股份，应当经国务院相关部门事先批准，且自发行结束之日起36个月内不得转让认购的股份

C.上市公司最近1年及1期财务报表被注册会计师出具无法表示意见的审计报告，即使所涉及事项的重大影响已经消除，也不得非公开发行股票

D.发行价格不得低于定价基准日前20个交易日公司股票的均价，定价基准日可以为关于本次非公开发行股票的董事会决议公告日、股东大会决议公告日或者发行期的首日

6. 和泰上市公司股本总额为1亿元，2007年拟增发股票2亿股，其中一部分采用配售的方式发售，那么该配售股份数量最多不应超过（　　）。

A.3 000万股　　B.6 000万股　　C.7 000万股　　D.10 000万股

7. 下列关于上市公司公司债券投资者权益保护制度的表述中，符合证券法律制度规定的是（　　）。

A.债券受托管理人不得由发行人聘请

B.公司不能按期支付债券本息时，应召开债券持有人会议

C.发行公司债券应委托资产评估机构对债券做出信用评级

D.发行公司债券应当提供担保

8. 下列关于公开发行公司债券的表述中，正确的是（　　）。

A.公开发行公司债券，应当委托具有从事证券服务业务资格的资信评级机构进行信用评级

B.仅面向合格投资者公开发行债券，可以不经中国证监会核准

C.自证监会核准公开发行之日起，公司应在6个月内首期发行，剩余数量应当在24个月内发行完毕

D.对已发行的公司债券去年有延迟支付本息的事实，但目前已消除，可以面向公众投资者公开发行债券

9. 下列关于分离交易可转换公司债券的说法中，不正确的是（　　）。

A.可转换公司债券应当申请在上市公司股票上市的证券交易所上市交易

B.分离交易的可转换公司债券的期限最短为1年

C.分离交易的可转换公司债券募集说明书应当约定，上市公司改变公告的募集资金用途的，赋予债券持有人一次回售的权利

D.认股权证自发行结束至少已满3个月起方可行权

10. 有关公司债券的发行，下列表述正确的是（　　）。

A.公开发行的公司债券只能向公众投资者公开发行，不得向特定投资者发行；非公开发行的公司债券只能向特定投资者发行

B.公开发行公司债券，应当在债券募集说明书中披露所募集资金的用途；非公开发行公司债券，可以不在债券募集说明书中披露所募集资金的用途

C.公开发行公司债券，应当委托信用评级；非公开发行公司债券，由发行人确定是否委托信用评级

D.公开发行的公司债券只能在依法设立的证券交易所上市交易；非公开发行的公司债券只能在全国中小企业股份转让系统交易

11. 下列有关上市公司收购的表述，符合《证券法》规定的是（　　）。

A.被收购公司不得向收购人提供任何形式的财务资助

B.收购人持有的被收购的上市公司的股票，在收购行为完成后的6个月内不得转让

C.在收购要约确定的承诺期限内，收购人不得变更其收购要约

D.在收购过程中要约收购完成后，收购人应当在20日内将收购情况报告中国证监会和证券交易所

12. 下列情形中，属于上市公司及其控股或者控制的公司购买、出售资产构成重大资产重组的情形是（　　）。

A.购买、出售的资产在最近一个会计年度所产生的营业收入占上市公司同期经审计的合并

财务会计报告营业收入的比例达到30%以下

B.购买、出售的资产总额占上市公司最近一个会计年度经审计的合并财务会计报告期末股本总额的比例达到80%以上

C.购买、出售的资产净额占上市公司最近一个会计年度经审计的合并财务会计报告期末净资产额的比例达到50%以上，且超过5 000万元人民币

D.购买、出售的资产净额占上市公司最近一个会计年度经审计的合并财务会计报告期末净资产额的比例达到70%以上，且超过4 000万元人民币

13.李红为中辉上市公司董事，并持有中辉公司股票10万股。2013年3月1日和3月8日，李红以每股25元的价格先后卖出其持有的中辉公司股票2万股和3万股。2013年9月3日，李红以每股15元的价格买入中辉公司股票5万股。根据证券法律制度的规定，李红通过上述交易所获收益中，应当收归公司所有的金额是（　　）。

A.20万元　　B.30万元　　C.50万元　　D.75万元

14.根据《证券法》的规定，关于短线交易的下列表述中，不正确的是（　　）。

A.上市公司董事、监事、高级管理人员、持有上市公司股份5%以上的股东，将其持有的该公司的股票在买入后6个月内卖出，或者在卖出后6个月内又买入，由此所得收益归该公司所有

B.公司董事会应当收回短线交易所得收益，公司董事会不按照规定执行的，其他股东有权要求董事会在30日内执行

C.证券公司因包销购入售后剩余股票而持有5%以上股份的，卖出该股票也受6个月时间限制

D.“买入后6个月内卖出”是指最后一笔买入时点起算6个月内卖出的；“卖出后6个月内又买入”是指最后一笔卖出时点起算6个月内又买入的

15.华城上市公司于2013年2月1日作出虚假陈述，2013年7月1日中国证监会对华城上市公司立案稽查并公告。根据规定，下列各项中，投资者的损失与华城上市公司的虚假陈述行为具有因果关系的是（　　）。

A.投资者甲持有的华城上市公司的股票系2013年3月份买入，2013年8月份卖出

B.投资者乙明知华城上市公司存在虚假陈述行为仍进行投资

C.投资者丙所持华城上市公司的股票系2013年1月份买入，2013年5月份卖出

D.投资者丁所持华城上市公司的股票系2013年10月份买入，2013年12月份卖出

16.根据证券法律制度的规定，下列各项中，相关投资者可以适用简易程序免于发出要约收购方式增持股份的是（　　）。

A.经政府批准进行国有资产合并，导致投资者在一个上市公司中拥有权益的股份占该公司已发行股份比例超过30%

B.经上市公司股东大会非关联股东会批准，投资者取得上市公司向其发行的新股，导致其在该公司拥有权益的股份超过该公司已发行股份的30%，投资者承诺3年内不转让本次向其发行的新股，且公司股东大会同意投资者免于发出要约

C.在一个上市公司中拥有权益的股份达到或者超过该公司已发行股份的50%,继续增加其在该公司拥有的权益不影响该公司的上市地位

D.因继承导致在一个上市公司拥有权益的股份超过该公司已发行股份的30%

17.甲股份有限公司拟收购乙上市公司，下列各项中的主体均为乙公司的投资者，其中不属

于甲公司一致行动人（假设没有相反证据）的是（　　）。

A.甲公司的控股股东　　B.与甲公司同时受丙公司控制的丁公司

C.由甲公司的董事长兼任总经理的戊公司　　D.持有甲公司25%股份的王某

18.根据证券法律制度的规定，下列关于公开发行可转换公司债券提供担保的表述中，正确的是（　　）。

A.最近一期期末经审计的净资产不低于人民币20亿元的公司公开发行可转换公司债券的，应当提供担保

B.担保范围包括债券的本金及利息、违约金、损害赔偿金和实现债权的费用

C.上市商业银行不得作为发行可转债的担保人

D.以保证方式提供担保的，可以是连带责任保证，也可以是一般保证

19.根据《虚假陈述行政责任规则》的规定，不能认定从轻或者减轻处罚的情形是（　　）。

A.未直接参与信息披露违法行为

B.在信息披露违法行为被发现前，及时主动要求公司采取纠正措施或者向证券监管机构报告

C.受他人胁迫参与信息披露违法行为

D.当事人在信息披露违法事实所涉及期间，由于不可抗力、失去人身自由等无法正常履行职责的

20.上市公司因财务会计报告存在重大会计差错或者虚假记载，被中国证监会责令改正但未在规定期限内改正，且公司股票已停牌一定期限；对其股票实施退市风险警示。该期限是（　　）。

A.1个月　　B.2个月　　C.3个月　　D.6个月

二、多项选择题

1.根据证券法律制度的规定，凡发生可能对上市公司证券及其衍生品种交易价格产生较大影响的重大事件，投资者尚未得知时，上市公司应当立即提出临时报告。下列各项中，属于重大事件的有（　　）。

A.甲上市公司董事会就股权激励方案形成相关决议

B.乙上市公司的股东王某持有公司3%的股份被司法冻结

C.丙上市公司因国家产业政策调整致使该公司主要业务陷入停顿

D.丁上市公司变更会计政策

2.根据证券法律制度的规定，下列情形中，须经中国证监会核准的有（　　）。

A.甲上市公司向某战略投资者定向增发股票

B.乙上市公司向所有现有股东配股

C.有30名股东的丙非上市股份有限公司拟将其股票公开转让

D.有199名股东的丁非上市股份有限公司拟通过增资引入3名风险投资人

3.甲公司为在全国中小企业股份转让系统挂牌公开转让股票的非上市公众公司，其此次拟向特定对象发行股票，发行后股东累计不超过200人。下列关于甲公司此次发行的表述正确的有（　　）。

A.豁免向中国证监会申请核准，由全国中小企业股份转让系统自律管理

B.此次发行应当经甲公司出席会议的股东所持表决权的2/3以上通过

C.此次发行可以向核心员工发行，核心员工的认定，应由公司董事会提名，并向全体员工公示和征求意见，由监事会审议批准

D.甲公司只需定期披露年度报告，董事、高级管理人员应当对定期报告签署书面确认意见，监事应当对董事会编制的定期报告进行审核并提出书面审核意见

4.甲股份有限公司为非上市公众公司，2012年10月准备定向发行新股，下列其确定的发行对象的情形中，符合法律规定有（ ）。

A.向本公司的12名核心员工、监事2名和符合规定的本行业20名自然人投资者发行

B.向本公司300名股东定向配售股份

C.向本公司的10名董事、1名总经理、1名副经理和符合规定的本行业20家机构投资者发行

D.向本公司的30名核心员工、1名总经理和10名监事发行

5.根据证券法律制度的规定，下列关于上市公司非公开发行股票的表述中，正确的有（ ）。

A.现任董事最近12个月内受到过证券交易所公开谴责的，不得非公开发行股票

B.发行对象不超过10名

C.实际控制人认购的股份自发行结束之日起36个月内不得转让

D.发行价格不得低于定价基准日前20个交易日公司股票均价的90%

6.上市公司发生下列情形时，属于证券法律制度禁止其增发股票的有（ ）。

A.公司在3年前曾经公开发行过可转换公司债券

B.公司现任监事在最近36个月内曾经受到过中国证监会的行政处罚

C.公司在前年曾经严重亏损

D.公司现任董事因涉嫌违法已被中国证监会立案调查

7.根据证券法律制度的有关规定，下列各项中，属于公开发行公司债券应当符合的条件有（ ）。

A.股份有限公司的净资产不低于3 000万元

B.有限责任公司的净资产不低于5 000万元

C.本次发行后累计公司债券余额不超过最近一期期末净资产额的50%

D.最近3个会计年度实现的年均可分配利润不少于公司债券1年的利息

8.非公开发行的公司债券应当向合格投资者发行，下列选项所述投资者中，可以成为合格投资者的有（ ）。

A.净资产为人民币600万元的合伙企业

B.社会保障基金

C.名下金融资产为人民币500万元的个人投资者王某

D.经金融监管部门批准设立的信托公司

9.公开发行公司债券的发行人应当及时披露债券存续期内发生可能影响其偿债能力或债券价格的重大事项。下列属于重大事项的有（ ）。

A.发行人主要资产被查封、扣押、冻结

B.发行人放弃债权或财产，超过上年末净资产的5%

C.发行人当年累计新增借款超过上年末净资产的10%

D.发行人作出减资、合并、分立、解散及申请破产的决定

10.某商业银行发行风险等级为R3的VIP专属理财产品，其单一投向为甲上市公司非公开发行的公司债券，该理财产品销售给张某、闫某、王某三名个人VIP客户和乙有限责任公司，张某为上市公司董事长，持有各类金融资产共5亿元，闫某为公司白领，持有各类金融资产共280万元，王某为个体业主，持有各类金融资产共310万元，乙有限责任公司净资产为800万元。下列

关于商业银行该理财产品发行和购买的说法中，错误的有（　　）。

A.由于该理财产品投资投向单一，因此，张某、闫某、王某个人投资者不得参与购买

B.张某、王某和乙公司可以购买该理财产品，闫某不得购买

C.甲上市公司此次非公开发行公司债券涉及理财产品的投资人应计算为2名

D.张某、闫某、王某和甲公司均可以购买该理财产品，由于非直接购买公司债券，因此，非公开发行公司债券涉及理财产品的投资人应计算为1名

11.根据《证券法》的规定，下列选项中，属于股份有限公司申请股票上市应当符合的条件有（　　）。

A.公司股本总额不少于人民币5 000万元

B.公司股本总额超过人民币2亿元的，公开发行股份的比例为10%以上

C.公司最近3年无重大违法行为，财务会计报告无虚假记载

D.股票经国务院证券监督管理机构核准已公开发行

12.下列情形中，上市公司可以主动退市的有（　　）。

A.上市公司向证券交易所主动提出申请

B.上市公司股东或者其他收购人通过向所有股东发出收购全部股份或者部分股份的要约，导致公司股本总额、股权分布等发生变化，不再具备上市条件

C.上市公司因新设或者吸收合并，不再具有独立主体资格并被注销

D.上市公司股东大会决议解散

13.根据证券法律制度的规定，下列关于非分离交易可转换公司债券的表述，不正确的有（　　）。

A.期限可以为7年

B.自发行结束后第5个月即可转换为公司股票

C.转股价格应为募集说明书公告日前20个交易日该公司股票交易均价和前一个交易日的均价的90%

D.上市商业银行可以作为发行可转债的担保人

14.下列选项中，不属于刑法上的证券内幕交易行为的有（　　）。

A.依据已被他人披露的信息而交易的

B.按照事先订立的书面合同、指令、计划从事相关证券、期货交易的

C.利用私下合理支付价款交易得来的上市公司信息进行证券交易

D.持有上市公司5%以上股份的自然人收购该上市公司股份

15.根据证券法律制度的规定，上市公司在日常经营活动之外，通过下列（　　）方式进行资产交易达到规定的比例，导致该上市公司的主营业务、资产、收入发生重大变化的，即构成重大资产重组。

A.与他人新设企业

B.对已设立的企业增资或者减资

C.将经营性资产委托他人经营、租赁

D.接受附义务的资产赠与

16.根据证券法律制度的规定，上市公司发行股份购买资产，应当符合下列（　　）规定。

A.充分说明并披露本次交易有利于提高上市公司资产质量、改善财务状况和增强持续盈利能力，有利于上市公司减少关联交易、避免同业竞争、增强独立性

B.上市公司最近3年及一期财务会计报告被注册会计师出具无保留意见审计报告；被出具保留意见、否定意见或者无法表示意见的审计报告的，须经注册会计师专项核查确认，该保

留意见、否定意见或者无法表示意见所涉及事项的重大影响已经消除或者将通过本次交易予以消除

C.上市公司及其现任董事、高级管理人员不存在因涉嫌犯罪正被司法机关立案侦查或者涉嫌违法违规，正被中国证监会立案调查的情形，但是，涉嫌犯罪或者违法违规的行为已经终止满3年，交易方案有助于消除该行为可能造成的不良后果，且不影响对相关行为人追究责任的除外

D.充分说明并披露上市公司发行股份所购买的资产为权属清晰的经营性资产，并能在约定期限内办理完毕权属转移手续

三、案例分析题

1.致一科技是一家在深圳证券交易所上市的网络技术服务公司。2015年7月初，致一科技拟与久泰公司签订一项技术服务合同，合同金额约3.5亿元。经过谈判，双方于7月15日就合同主要条款达成一致并签署合作意向书。7月8日，市场出现关于致一科技即将签署重大交易合同的传闻。7月9日，致一科技股票开盘即涨停，之后一个交易日又涨停。

7月10日，证券交易所就股价异动向致一科技提出问询，要求其发布澄清公告。7月10日晚间，致一科技发布公告称，公司无应披露之信息。7月16日，致一科技发布临时公告，披露公司已与久泰公司签订重大技术服务合同合作意向书。

2015年10月底，监管机构根据举报，对致一科技股票交易异常情况立案调查，并查明如下事实：

（1）孙某系致一科技董事长王某的表弟，2015年7月8日市场开始出现传闻后，孙某于当日向王某之妻了解情况，王妻向孙某确认致一科技正与久泰公司商谈合作事宜，且签约可能性较大，孙某遂于7月9日买入致一科技股票，并于7月15日卖出，获利30万元。

（2）投资者张某于2014年2月高价买入致一科技股票，并一直持有，市场出现传闻后，张某担心有人以虚假信息操纵股价，遂于2015年7月10日卖出所持有的全部致一科技股票，亏损10万元。张某主张，其亏损系致一科技虚假陈述所致。

在监管机构调查过程中，负责公司信息披露事务的董事会秘书郑某辩称，公司未正确披露重大技术服务合同的相关信息，是公司实际控制人授意而为，自己仅是遵照指令行事，不应受到处罚。

投资者刘某持有致一科技11%的股份。刘某认为致一科技董事长王某对这场股市风波负有直接责任，提议召开董事会会议，罢免王某的董事长职务。

投资者钱某自2014年3月起，一直持有致一科技股票，持股比例为0.1%。钱某认为，董事长王某对公司信息披露不及时负主要责任，同时造成信息泄露，违反忠实和勤勉义务，损害了公司利益。2015年10月7日，钱某书面请求公司监事会起诉王某，遭到拒绝。次日，钱某以个人名义直接向法院提起诉讼，要求王某赔偿公司损失。

根据上述内容，分别回答下列问题：

（1）致一科技于7月10日发布公告称无应披露之信息，是否符合证券法律制度的规定？请说明理由。

（2）孙某买卖致一科技股票的行为是否构成内幕交易？请说明理由。

（3）投资者张某关于其亏损系致一科技虚假陈述所致的主张是否成立？请说明理由。

（4）公司董事会秘书郑某主张其本人不应受处罚的抗辩是否成立？请说明理由。

（5）刘某是否具有提议召开董事会临时会议的资格？请说明理由。

（6）人民法院应否受理钱某提起的诉讼？请说明理由。

2. 中国证监会于2013年8月受理了泰达上市公司（以下简称泰达公司）申请配股的申报材料，该申报材料披露了以下信息：

（1）该公司最近3年实现的年均可分配利润为300万元，而最近3年以现金方式累计分配的利润为100万元。

（2）2013年6月30日，泰达公司股本总额20 000万股（每股面值为人民币1元，下同）；本次拟配股6 000万股。

（3）泰达公司拟采用代销方式发行，代销期限为120日。

（4）代销期限届满，若原股东认购股票的数量为78%，因未达到法定拟配售数量的80%，泰达公司应当按照发行价并加算银行同期贷款利息返还已经认购的股东。

要求：根据上述内容和相关法律规定，回答下列问题：

（1）根据本题要点（1）所提示的内容，泰达公司以现金分配利润的数额是否符合法律规定？请说明理由。

（2）根据本题要点（2）所提示的内容，泰达公司的配股数量是否符合规定？请说明理由。

（3）根据本题要点（3）所提示的内容，泰达公司代销的发行方式及代销期限是否符合规定？请说明理由。

（4）本题要点（4）所提示的内容是否符合规定？请说明理由。

第八章 企业破产法律制度

本章导学

本章框架图

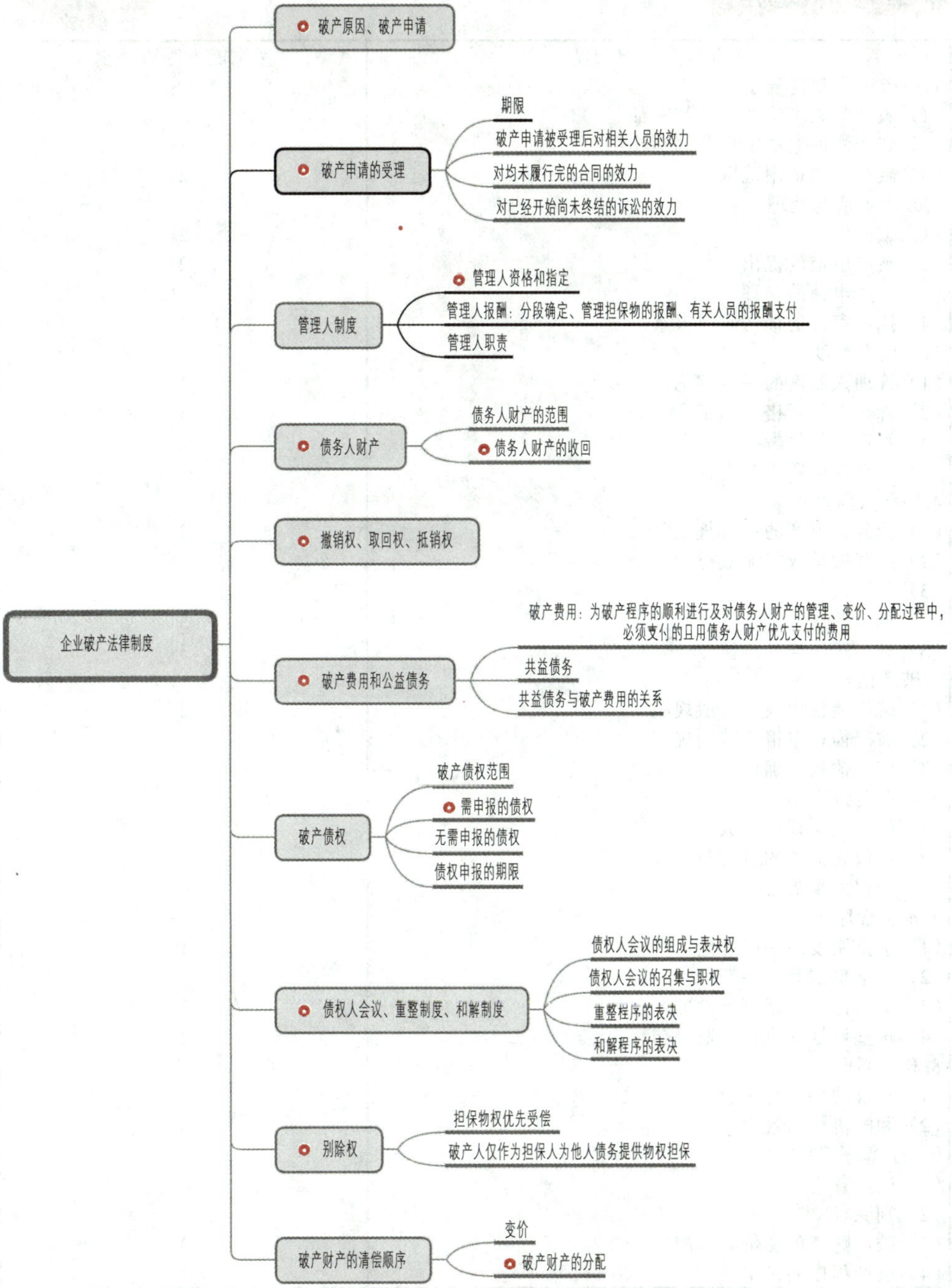

本章考情概述

本章概述：本章属于比较重要的章节，近几年平均每年考查分值在10分左右，基本每年都会考查一道完整的综合题。本章知识点比较琐碎，需要在准确理解的基础上记忆，建议先把握主线，再各个击破。

本章应关注的问题：《公司法》、《破产法》及《担保法》易结合考案例分析题。

近三年主要考点：破产受理、破产财产、破产债权申报、重整与破产清算程序。

本章考点概况

企业破产法律制度	考纲能力等级要求
1.破产法律制度概述	
（1）破产与破产法的概念与特征	2
（2）破产法的立法宗旨与调整作用	1
（3）破产法的适用范围	2
2.破产申请与受理	
（1）破产原因	2
（2）破产申请的提出	2
（3）破产申请的受理	3
（4）执行案件的移送破产审查	3
3.管理人制度	
（1）管理人制度的一般理论	1
（2）管理人的资格与指定	3
（3）管理人的报酬	2
（4）管理人的职责与责任	2
4.债务人财产	
（1）债务人财产的一般规定	2
（2）破产撤销权与无效行为	3
（3）取回权	2
（4）抵销权	3
（5）破产费用与共益债务	3
5.破产债权	
（1）破产债权申报的一般规则	2
（2）破产债权申报的特别规定	3
（3）破产债权的确认	2
6.债权人会议	
（1）债权人会议的组成	2
（2）债权人会议的召集与职权	2
（3）债权人委员会	2
7.重整程序	
（1）重整制度的一般理论	1
（2）重整申请和重整期间	2
（3）重整计划的制订与批准	3
（4）重整计划的执行、监督与终止	2
8.和解制度	
（1）和解的特征与一般程序	2
（2）和解协议的效力	3
9.破产清算程序	
（1）破产宣告	1
（2）别除权	3
（3）破产财产的变价和分配	3
（4）破产程序的终结	1

第一节　破产法的基本理论

一、破产与破产法的概念与特征　熟悉，可能考选择题。

破产是指对丧失清偿能力的债务人，经法院审理，强制清算其全部财产，公平、有序地清偿全体债权人的法律制度。破产一般是指破产清算程序，但在谈及破产法律制度时，通常是从广义理解，不仅包括破产清算制度，而且包括以挽救债务人、避免其破产为主要目的的重整、和解等法律制度。

二、破产法的适用范围　重要，必须掌握，出题概率极大

（一）破产法的主体适用范围　熟悉，可能考选择题。

1.主体适用范围

（1）《企业破产法》规定的主体适用范围是所有的企业法人。

（2）个人独资企业、合伙企业、农民专业合作社、民办学校的清算，可以“参照适用”破产法规定的程序进行。

2.地域适用范围

依照《企业破产法》开始的破产程序，对债务人在中华人民共和国领域外的财产发生效力。

破产法的适用范围具体有哪几种？

考霸笔记

一般来说，《企业破产法》是为“企业法人”量身订制的，并不直接适用于非法人主体，其他各种形式的组织机构，比如合伙企业、农民专业合作社、资不抵债的民办学校、个人独资企业等本不适用《企业破产法》，但这些组织在运营过程中也会发生运营不下去的问题，在对这些机构进行清算的过程中，需要有相关的法律进行规制，但为了减少立法成本，所以没有为企业法人以外的机构制定相关的法律，而是“参照适用”《企业破产法》，故可以这么说，所有机构的破产，无论是法人还是非法人，都适用《企业破产法》。以上是该法的主体适用范围，接着就是该法的地域适用范围，即该法对债务人在中国领域外的财产发生效力。比如一家中国企业进入破产程序，那么这家中国企业的财产也属于破产财产，适用我国的《企业破产法》。

例8-1・2010年单选题

根据企业破产法律制度的规定，下列表述中，正确的是（　　）。

A.国有企业破产属政策性破产，不适用《企业破产法》

B.金融机构实施破产的，由国务院根据《商业银行法》等法律另行制定破产实施办法，不适用《企业破产法》

C.民办学校的破产清算可以参照适用《企业破产法》规定的程序

D.依照《企业破产法》开始的破产程序，对债务人在中华人民共和国领域外的财产不发生效力

【答案】C

【解析】（1）选项A、B：《企业破产法》规定的主体适用范围是所有的企业法人。（2）选项C：资不抵债的民办学校的清算，“参照适用”《企业破产法》规定的程序进行。（3）选项D：依照《企业破产法》开始的破产程序，对债务人在中华人民共和国领域外的财产发生效力。

第二节 破产申请与受理

一、破产原因

（一）概述

“不能清偿+资不抵债”或者“不能清偿+明显缺乏”。

破产原因是企业法人不能清偿到期债务，并且资产不足以清偿全部债务或者明显缺乏清偿能力。

（二）《企业破产法》及司法解释对破产原因的界定

1.破产原因

债务人不能清偿到期债务并且具有下列情形之一的，人民法院应当认定其具备破产原因：

（1）资产不足以清偿全部债务。

> 考霸笔记
> 适用于债务人提出破产申请，且其资不抵债状况通过形式审查即可判断的案件。

（2）明显缺乏清偿能力。相关当事人以对债务人的债务负有连带责任的人未丧失清偿能力为由，主张债务人不具备破产原因的，人民法院应不予支持。

> 考霸笔记
> 适用于债权人提出破产申请和债务人提出破产申请，但其资不抵债状况通过形式审查不易判断的案件。

（3）对债务人丧失清偿能力、发生破产原因的认定，不以其他对其债务负有清偿义务者（如连带责任人、担保人）也丧失清偿能力、不能代为清偿为条件。只要债务人本人不能清偿到期债务即为发生破产原因，其他人对其负债的连带责任、担保责任，不能视为债务人的清偿能力或其延伸。

2.“不能清偿”的界定

下列情形同时存在的，人民法院应当认定债务人不能清偿到期债务：

（1）债权债务关系依法成立；

（2）债务履行期限已经届满；

（3）债务人未完全清偿债务。

3.“资不抵债”的界定

债务人的资产负债表，或者审计报告、资产评估报告等显示其全部资产不足以偿付全部负债的，人民法院应当认定债务人资产不足以清偿全部债务，但有相反证据足以证明债务人资产能够偿付全部负债的除外。

> 考霸笔记
> 重要，必须掌握，出题概率极大。

4.“明显缺乏清偿能力”的界定

如何“明显缺乏清偿能力”？

债务人账面资产虽大于负债，但存在下列情形之一的，人民法院应当认定其明显缺乏清偿能力：

（1）因资金严重不足或者财产不能变现等原因，无法清偿债务。尽管有时账面资产（土地使用权、厂房）虽大于负债，但不能变现，就可以理解为明显缺乏清偿能力。

（2）法定代表人下落不明且无其他人员负责管理财产，无法清偿债务。

（3）经人民法院强制执行，无法清偿债务。

> 考霸笔记
> 只要债务人的任何一个债权人经人民法院强制执行未能得到清偿，其每一个债权人均有权提出破产申请。

（4）长期亏损且经营扭亏困难，无法清偿债务。

【解释】考虑到债务人不能清偿债务，同时长期亏损且经营扭亏困难，虽然账面资产大于负债，但未来只会是持续性地减少，进一步损害债权人利益，所以，应当认定其发生破产申请原因。

（5）导致债务人丧失清偿能力的其他情形。

二、破产申请的提出

（一）提出破产申请的当事人

1.债务人：债务人发生破产原因，可以向人民法院提出“重整、和解或者破产清算”申请。

考霸笔记
重要，必须掌握，出题概率极大。

2.债权人：债务人不能清偿到期债务，债权人可以向人民法院提出对债务人进行“重整或者破产清算”的申请，但不能提出和解申请。

考霸笔记
债务人有“重整、和解和破产清算”三个选择，债权人有“重整和破产清算”两个选择。和解申请只能由债务人一方提出。

考霸笔记
破产程序从广义上看，包括破产清算、重整和和解3个程序，并且都可以单独适用。

3.没有物权担保的债权人享有破产申请权，对破产人的特定财产享有担保权的债权人（下称担保债权人）同样享有破产申请权。

4.税务机关和社会保险机构只享有对债务人的破产清算申请权，但不享有重整申请权。

考霸笔记
因为它们依法定职责均不能在重整程序中主动作出债权减免的让步，不能为重整作出任何贡献，赋予其重整申请权是没有意义的。破产企业的职工作为债权人可以申请债务人企业破产。
重整，是指对已经或可能发生破产原因，但又有挽救希望与价值的企业，通过对各方利害关系人的利益协调，借助法律强制进行股权、营业、资产重组与债务清理，以避免破产、获得重生的法律制度。

5.破产企业的职工作为债权人可以申请债务人企业破产，但职工提出破产申请应经职工代表大会或者全体职工会议通过。

考霸笔记
职工债权人一方面是企业的债权人，另一方面又是企业的雇员，申请企业破产可能实现申请职工的债权，但也可能因企业破产导致全部职工的失业，从而可能出现债权与就业权、申请职工与其他职工利益的矛盾。所以为慎重起见，职工提出破产申请应经职工代表大会或者全体职工会议通过。

清算组在清理公司财产、编制资产负债表和财产清单后，发现公司财产不足清偿债务的，应当依法向人民法院申请宣告破产。

商业银行、证券公司、保险公司等金融机构有《企业破产法》第二条规定情形的，国务院金融监督管理机构可以向人民法院提出对该金融机构进行重整或者破产清算的申请。国务院金融监督管理机构依法对出现重大经营风险的金融机构采取接管、托管等措施的，可以向人民法院申请中止以该金融机构为被告或者被执行人的民事诉讼程序或者执行程序。

债务人或者债权人可以依照《企业破产的》规定，直接向人民法院申请对债务人进行重整。债权人申请对债务人进行破产清算的，在人民法院受理破产申请后、宣告债务人破产前，债务人或者出资额占债务人注册资本十分之一以上的出资人，可以向人民法院申请重整。

（二）破产案件的管辖

债务人住所地法院（住所地指主要办事机构所在地）。

基层人民法院一般管辖县、县级市或者区的工商行政管理机关核准登记企业的破产案件。

中级人民法院一般管辖地区、地级市（含本级）以上的工商行政管理机关核准登记企业的破产案件；纳入国家计划调整的国有企业破产案件即政策性破产，由中级人民法院管辖。金融机构、上市公司的破产与重整案件或者具有重大影响、法律关系复杂的破产案件，一般应由中级人民法院管辖。

破产案件如何确定管辖法院?

考霸笔记

根据司法解释的规定，债权人需要举证证明实际上已经不再是“债务人不能清偿到期债务”，而是“债权债务关系依法成立、债务履行期限已经届满、债务人未完全清偿债务”，其举证责任大为减轻，且具有可行性。

（三）当事人提出破产申请时的举证责任

债权人提出申请的，应该提交债务人不能清偿到期债务的有关证据。

债务人提出申请的，应当向人民法院提交财产状况说明、债权债务清册、财务会计报告、职工安置预案以及职工工资的支付和社会保险费用的缴纳情况。

申请人申请上市公司破产重组的，除提交上述材料外，还应当提交关于上市公司具有重组可行性的报告、上市公司住所地省级人民政府向证券监督管理部门的通报情况材料以及证券监督管理部门的意见、上市公司住所地人民政府出具的维稳预案等。上市公司自行申请破产重整的，还应当提交切实可行的职工安置方案。

三、破产申请的受理程序

（一）债务人申请破产

1.人民法院应当自收到破产申请之日起15日内裁定是否受理。有特殊情况需要延长受理案件期限的，经上一级人民法院批准，可以延长15日。

2.人民法院裁定受理破产申请的，应当将裁定自作出之日起5日内送达申请人。

3.人民法院裁定受理破产申请的，应当同时指定管理人，并在裁定受理破产申请之日起25日内通知已知债权人，并予以公告。

债权人申请债务人破产的规定是怎样的?

（二）债权人申请债务人破产

1.债权人提出破产申请的，人民法院应当自收到申请之日起5日内通知债务人。

2.债务人对债权人提出的破产申请有异议的，应当自收到人民法院的通知之日起7日内向人民法院提出，并提交相关的证明材料。

3.人民法院应当自异议期满之日起10日内裁定是否受理。

4.债权人提出破产申请的，人民法院应当自裁定作出之日起5日内送达债务人；债务人应当自裁定送达之日起15日内，向人民法院提交财产状况说明、债务清册、债权清册、有关财务会计报告以及职工工资的支付和社会保险费用的缴纳情况。

5.人民法院裁定受理破产申请的，应当同时指定管理人，并在裁定受理破产申请之日起25日内通知已知债权人，并予以公告。

6.破产案件的诉讼费用，应计入破产费用，从债务人财产中拨付。相关当事人以申请人未预先交纳诉讼费用为由，对破产申请提出异议的，人民法院不予支持。

四、破产申请受理的效力（破产开始）

为保证破产程序顺利进行，自人民法院受理破产申请的裁定送达债务人之日起至破产程序终结之日，债务人的有关人员承担下列义务：

（1）妥善保管其占有和管理的财产、印章和账薄、文书等资料；

（2）根据人民法院、管理人的要求进行工作，并如实回答询问；

（3）列席债权人会议并如实回答债权人的询问；

（4）未经人民法院许可，不得离开住所地；

（5）不得新任其他企业的董事、监事、高级管理人员。

1.人民法院受理破产申请后，债务人对个别债权人的债务清偿无效。

（1）人民法院受理破产申请后，即破产程序开始后，债务人财产要公平地清偿“全体债权人”，因此，对“个别债权人”的债务清偿无效。

（2）债务人以其自有财产向债权人提供物权担保的，其在担保物价值内向债权人所做的债务清偿，不受上述规定的限制。

2.债务人对以自有财产设定担保物权的债权进行的个别清偿，管理人依据《企业破产法》第三十二条的规定请求撤销的，人民法院不予支持。但是，债务清偿时担保财产的价值低于债权额的除外。

考霸笔记

一般情况下，破产法所指的“对个别债权人进行清偿”，是指对无物权担保债权人的个别清偿，对有物权担保债权人在担保物的市值范围内所做的清偿不受限制（破产清偿的顺序，有担保的债权（别除权）始终放在第一位）。但是，如果清偿的债权额高于担保财产，也就是说超出担保物的市值范围，那就侵害了其他债权人的利益，这是不允许的。

【案例】担保物价值只有40万元，但债务人却向有财产担保的债权人清偿了60万元，这多出来的20万元，很明显侵害了其他债权人的利益。

3.人民法院受理破产申请后，债务人的债务人或者财产持有人应当向管理人清偿债务或交付财产。

4.尚未履行的一般合同。

人民法院受理破产申请后，管理人对破产申请受理前成立而债务人和对方当事人均未履行完毕的合同有权决定解除或者继续履行，并通知对方当事人。

（1）继续履行。

①因管理人请求对方当事人履行双方均未履行完毕的合同所产生的债务，属于共益债务。

②共益债务的清偿顺序优先于普通债权，因此，在第一次债权人会议召开前，管理人继续履行债务人和对方当事人均未履行完毕的合同，应当征得人民法院的许可。

（2）解除合同。

①管理人自破产申请受理之日起2个月内未通知对方当事人，或者自收到对方当事人催告之日起30日内未答复的，视为解除合同。

②管理人决定继续履行合同的，对方当事人应当履行；但是，对方当事人有权要求管理人提供担保。管理人不提供担保的，视为解除合同。

③管理人依照《企业破产法》规定解除合同的，对方当事人以因合同解除产生的损害赔偿请求权申报债权。

【解释】对方当事人申报的破产债权以实际损失为限，违约金不得作为破产债权申报，定金则按照定金罚则以双倍数额申报破产债权。

【案例1】A与B签订100万元的买卖合同，约定违约金30万元，合同在破产程序受理前已经成立，但双方均未履行完毕，此时A破产，管理人有两个选择：

第一，管理人对此合同可继续履行。B向A发货，A向B付款，则B对A享有的100万元货款，属于共益债务，优先清偿。并且继续履行需经法院认可，因为单凭管理人的判断还不行（应由法院根据是否对全体债权人有利，来决定是继续履行

考霸笔记

人民法院受理破产申请的时间，是指人民法院裁定受理破产申请之日，而不是受理裁定送达债务人之日。

考霸笔记

此处的具体数值需要注意，出题人很有可能在这个地方设陷阱。

考霸笔记

对于破产申请后合同继续履行，给相关交易方造成损失的，这个损失是作为共益债务可以优先清偿的；而若解除合同有损失的，只能作为普通债权进行清偿，而且只能就实际损失部分申请，如果有违约金，违约金不能申请。从这里也可以看出，对于继续履行的合同，法律的保护程度是很高的。

还是解除）。

第二，管理人也可选择解除合同。在破产程序开始2个月后未通知对方当事人，视为解除；对方得知A破产后催告管理人，但30日未答复，视为解除；管理人决定继续履行但对方要求提供担保，而管理人不提供担保时，则视为解除合同。但主动解除或是视为解除给对方造成的实际损失，申报普通债权，但实际损失不包括违约金。

【案例2】若是定金，根据定金罚则申报普通债权。例如，A与B签订100万元买卖合同，B向A交付20万元定金，后A破产，双方合同均未履行完毕。假设管理人决定解除合同。在A破产时，B就40万元申报破产债权。

例8-2·2009年单选题

2008年7月，甲、乙两公司签订一份买卖合同。按照合同约定，双方已于2008年8月底前各自履行了合同义务的50%，并应于2008年年底将各自剩余的50%的合同义务履行完毕。2008年10月，人民法院受理了债务人甲公司的破产申请。2008年10月31日，甲公司管理人收到了乙公司关于是否继续履行该买卖合同的催告，但直至2008年12月初，管理人尚未对乙公司的催告做出答复。根据企业破产法律制度的规定，下列关于该买卖合同的表述中，正确的是（ ）。

A.乙公司应当继续履行合同

B.乙公司无需继续履行合同

C.乙公司有权要求管理人就合同履行提供担保

D.乙公司有权就合同约定的违约金申报债权

【答案】B

【解析】（1）选项A、B：人民法院受理破产申请后，对破产申请受理前成立而债务人和对方当事人均未履行完毕的合同，管理人自收到对方当事人催告之日起30日内未答复的，视为解除合同。（2）选项C：如果管理人决定继续履行合同，乙公司才有权要求管理人提供担保。（3）选项D：管理人依法决定解除合同的，对方当事人可以因合同解除产生的损害赔偿请求权申报债权；但是，申报的破产债权以实际损失为限，违约金不得作为破产债权申报。

尚未履行的特殊合同有哪些?

5.尚未履行的特殊合同。

（1）对于破产企业为他人提供担保的合同，管理人无权选择解除合同。

（2）对于破产企业对外出租不动产的合同（如房屋租赁合同），管理人未得到对方同意不得任意解除合同。在变价破产财产时，房屋可以带约出售，承租人在同等条件下享有优先购买权。

（3）保险公司破产时，对尚未履行完毕的保险合同特别是人寿保险合同，管理人无权予以解除，以保护投保人等当事人的权益。

（4）对于金融衍生品交易的合同，在企业进入破产程序时要提前终止，进行净额结算，管理人无权选择继续履行合同。

6.程序。

（1）人民法院受理破产申请后，有关债务人财产的保全措施应当解除，执行程序应当中止。保全措施解除后，有关财产计入债务人财产；执行程序中止后，债权人凭生效的法律文书向受理破产案件的人民法院申报债权。

（2）破产申请受理前，债权人就债务人财产向人民法院提起诉讼，人民法院已经作出生效民事判决书或者调解书但尚未执行完毕的，破产申请受理后，相关执行行为应当依据《企业破产法》第十九条的规定中止，债权人应当依法向管理人申报相关债权。

7.尚未审结的民事案件。

（1）人民法院受理破产申请后，已经开始而尚未终结的有关债务人的民事诉讼或者仲裁应当“中止”；在管理人接管债务人的财产后，该诉讼或者仲裁继续进行。

例8-3 · 2009年单选题

2008年9月，X市人民法院受理了本市甲公司诉Y市乙公司合同纠纷一案。2008年12月，Y市人民法院受理了债务人乙公司的破产申请，此时，甲、乙公司之间的合同纠纷尚未审结。根据企业破产法律制度的规定，下列关于该合同纠纷案的表述中，正确的是（　）。

A.甲、乙公司之间的合同纠纷案应当终止审理

B.甲、乙公司之间的合同纠纷案应当移送至Y市人民法院继续审理

C.甲、乙公司之间的合同纠纷案应当中止审理，并由甲公司向管理人申报债权

D.甲、乙公司之间的合同纠纷案应当中止审理，在管理人接管乙公司财产后由X市人民法院继续审理

【答案】D

【解析】人民法院受理破产申请后，已经开始而尚未终结的有关债务人的民事诉讼或者仲裁应当“中止”；在管理人接管债务人的财产后，该诉讼或者仲裁“继续（在原审人民法院）进行”。

（2）破产申请受理前，债权人就债务人财产提起下列诉讼，破产申请受理时案件尚未审结的，人民法院应当中止审理：

考霸笔记
重要，必须掌握。

破产申请被受理后，哪些案件需要中止审理？

①主张次债务人代替债务人直接向其偿还债务的；

②主张债务人的出资人、发起人和负有监督股东履行出资义务的董事、高级管理人员，或者协助抽逃出资的其他股东、董事、高级管理人员、实际控制人等直接向其承担出资不实或者抽逃出资责任的；

③以债务人的股东与债务人法人人格严重混同为由，主张债务人的股东直接向其偿还债务人对其所负债务的；

④其他就债务人财产提起的个别清偿诉讼。

债务人破产宣告后，人民法院应当依照规定判决驳回债权人的诉讼请求。但是，债权人一审中变更其诉讼请求为追收的相关财产归入债务人财产的除外。

【解释】《破产法》规定，法院受理破产申请后，已经开始而尚未终结的有关债务人诉讼和仲裁应当中止，在管理人接管债务人财产、掌握诉讼情况后能够继续进行时，该诉讼和仲裁继续进行。该条司法解释是贯彻和深化了该《破产法》规定的基本精神，也就是说如果在破产申请受理前，发生以上四种情形时，法院应当先中止审理。等到法院破产宣告后，法院就应判决驳回债权人的诉讼请求。但是，

如果债权人在一审审理的过程中将诉讼请求变更为将追回的财产归入债务人财产的话，就不会发生以上中止审理和驳回请求的结果。各位细读一下以上四小点就会发现，这四点都是某些债权人为了自己的个人利益而提起的个别清偿诉讼，法院在债务人破产的危难时刻，为了全体债权人的利益，这时应该主持大局，防止对个别债权人的个别清偿。但是如果将追回的财产归入债务人财产，这时就不是为了某个债权人了，而是为了全体债权人的利益了。因为债务人财产增加了，全体债权人受偿机率就大了，当然法院也是会同意的。

考霸笔记
考查的概率不太大，作一般了解即可。

8.诉讼管辖。

人民法院受理破产申请后，当事人提起的有关债务人的民事诉讼案件，应当依据规定，由受理破产申请的人民法院管辖。

受理破产申请的人民法院管辖的有关债务人的第一审民事案件，可以依据民事诉讼法规定，由上级人民法院提审，或者报请上级人民法院批准后交下级人民法院审理。

受理破产申请的人民法院，如对有关债务人的海事纠纷、专利纠纷、证券市场因虚假陈述引发的民事赔偿纠纷等案件不能行使管辖权的，可以依据民事诉讼法规定，由上级人民法院指定管辖。

五、执行案件的已送破产审查

考霸笔记
对相关法律规定的背景进行了解，有助于理解其背后的原理和实质。

【背景介绍】执行案件移送破产审查，简称“执转破”，是实现执行程序与破产程序衔接的重要措施。一般而言，债务人有清偿能力而拒不履行生效法律文书规定的民事义务，应当适用民事执行程序，强制其履行义务，保障债权的个别实现。而在债务人丧失清偿能力时为保障对全体债权人的公平、有序清偿，则应适用破产程序。前者是债权的个别实现程序，而后者则是债权的集体实现程序，适用的前提条件和对象有所不同，这是法律和程序适用上的合理分工。但实践中经常出现债务人已丧失清偿能力，本应适用破产程序却仍滞留于执行程序，不仅使大量执行积案不能结案，而且对破产案件的受理也造成不利影响。

（一）执行案件移送破产审查的条件

执行案件移送破产审查，应同时符合下列条件：

1.被执行人为企业法人。

2.被执行人或者有关被执行人的任何一个执行案件的申请执行人书面同意将执行案件移送破产审查。 只需要一个人同意即可，不需要所有利益相关者一致同意。

被执行人不能清偿到期债务，并且资产不足以清偿全部债务或者明显缺乏清偿能力。

（二）执行案件移送破产审查的管辖

1.执行案件移送破产审查，由被执行人住所地人民法院管辖。

2.在级别管辖上，实行以中级人民法院管辖为原则、基层人民法院管辖为例外的管辖制度。

3.中级人民法院经高级人民法院批准，也可以将案件交由具备审理条件的基层人民法院审理。

（三）执行法院的告知和征询义务

1.执行法院在执行程序中应加强对执行案件移送破产审查有关事宜的告知和征询工作。

2.执行法院采取财产调查措施后，发现被执行人具备破产原因的，应当及时询问申请执行人、被执行人是否同意将案件移送破产审查。

3.申请执行人、被执行人均不同意移送且无人申请破产的，执行法院应当就执行变价所得财产，在扣除执行费用及清偿优先受偿的债权后，对于普通债权，按照财产保全和执行中查封、扣押、冻结财产的先后顺序清偿。

4.企业法人的其他已经取得执行依据的债权人申请参与分配的，人民法院不予支持。

（四）内部决定程序

1.执行部门应严格遵守执行案件移送破产审查的内部决定程序。承办人认为执行案件符合移送破产审查条件的，应提出审查意见，经合议庭评议同意后，由执行法院院长签署移送决定。

2.基层人民法院拟将执行案件移送异地中级人民法院进行破产审查的，在作出移送决定前，应先报请其所在地中级人民法院执行部门审核同意。执行法院作出移送决定后，应当于5日内送达申请执行人和被执行人。

3.申请执行人或被执行人对决定有异议的，可以在受移送法院破产审查期间提出，由受移送法院一并处理。

（五）被执行人的执行中止

1.执行法院作出移送决定后，应当书面通知所有已知执行法院，执行法院均应中止对被执行人的执行程序。

2.对被执行人的季节性商品、鲜活、易腐烂变质以及其他不宜长期保存的物品，执行法院应当及时变价处置，处置的价款不作分配。

3.受移送法院裁定受理破产案件的，执行法院应当在收到裁定书之日起7日内，将该价款移交受理破产案件的法院。

（六）执行措施的连续性

1.为确保对被执行人财产的查封、扣押、冻结措施的连续性，执行法院决定移送后、受移送法院裁定受理破产案件之前，对被执行人的查封、扣押、冻结措施不解除。

2.查封、扣押、冻结期限在破产审查期间届满的，申请执行人可以向执行法院申请延长期限、由执行法院负责办理。

（七）执行移送的材料　移送材料应当适当掌握，有可能作为选择题进行考查。

执行法院作出移送决定后，应当向受移送法院移送下列材料：

1.执行案件移送破产审查决定书；

2.申请执行人或被执行人同意移送的书面材料；

3.执行法院采取财产调查措施查明的被执行人的财产状况，已查封、扣押、冻结财产清单及相关材料；

4.执行法院已分配财产清单及相关材料；

5.被执行人债务清单；

6.其他应当移送的材料。

移送的材料不完备或内容错误，影响受移送法院认定破产原因是否具备的，受移送法院可以要求执行法院于10日内补齐、补正，该期间不计入受移送法院破产审查的期间。

（八）执行移送材料的接收

1.执行法院移送破产审查的材料，由受移送法院立案部门负责接收。

2.受移送法院不得以材料不完备等为由拒绝接收。

3.立案部门经审核认为移送材料完备的应登记立案，并及时将案件移送破产审判部门进行破产审查。

4.破产审判部门在审查过程中发现本院对案件不具有管辖权的，应当按照相关规定处理。

考霸笔记

受移送法院的受理程序有关日期的规定需要准确掌握，有可能在选择题中进行考查。

（九）受移送法院的受理程序

1.受移送法院的破产审判部门应当自收到移送的材料之日起30日内作出是否受理的裁定。

2.受移送法院作出裁定后，应当在5日内送达申请执行人、被执行人，并送交执行法院。

3.受移送法院裁定受理破产案件的，在此前的执行程序中产生的评估费、公告费、保管费等执行费用，可以参照破产费用的规定，从债务人财产中随时清偿。

（十）被执行人财产的处理

1.执行法院收到受移送法院受理裁定后，应当于7日内将已经扣划到账的银行存款、实际扣押的动产、有价证券等被执行人财产移交给受理破产案件的法院或管理人。

2.执行法院收到受移送法院受理裁定时，已通过拍卖程序处置且成交裁定已送达买受人的拍卖财产，通过以物抵债偿还债务且抵债裁定已送达债权人的抵债财产，已完成转账、汇款、现金交付的执行款，因财产所有权已经发生变动，不属于被执行人的财产，不再移交。

（十一）受移送法院不予受理或驳回申请

1.受移送法院最初不予受理或驳回申请裁定的，应当在裁定生效后7日内将接收的材料、被执行人的财产退回执行法院，执行法院应当恢复对被执行人的执行。

2.受移送法院作出不予受理或驳回申请的裁定后，人民法院不得重复启动执行案件移送破产审查程序。

3.申请执行人或被执行人以有新证据足以证明被执行人已经具备了破产原因为由，再次要求将执行案件移送破产审查的，人民法院不予支持。但是，申请执行人或被执行人可以直接向具有管辖权的法院提出破产申请。

（十二）受移送法院宣告破产或裁定终止

受移送法院裁定宣告被执行人破产或裁定终止和解程序、重整程序的，应当自裁定作出之日起5日内送交执行法院，执行法院应当裁定终结对被执行人的执行。

（十三）受移送法院拒绝接收

1.受移送法院拒绝接收移送的材料，或者受到移送的材料后不按照规定的期限作出是否受理裁定的，执行法院可函请受移送法院的上一级法院进行监督。

2.上一级法院收到函件后应当指令受移送法院在10日内接收材料或作出是否受理的裁定。

3.受移送法院收到上级法院的通知后，10日内仍不接收材料或不作出是否受理裁定的，上一级法院可以径行对移送破产审查的案件行使管辖权。上一级法院裁定受理破产案件的，可以指令受移送法院审理。

第三节　管理人制度

有关管理人的规定是怎样的?

一、管理人制度的一般理论

1.管理人由人民法院指定，债权人会议可以申请人民法院予以更换。

2.管理人的报酬由人民法院确定，债权人会议对管理人的报酬有异议的，有权向人民法院提出。（不能直接调整报酬）

3.管理人向人民法院报告工作，并接受债权人会议和债权人委员会的监督。（对法院负责）

4.管理人应列席债权人会议，向债权人会议报告职务执行情况，并回答询问。

5.管理人没有正当理由不得辞去职务，管理人辞去职务应当经人民法院许可。

6.人民法院指定社会中介机构或者清算组担任管理人的，应当同时根据中介机构或者清算组的推荐，指定管理人负责人。社会中介机构或者清算组需要变更管理人负责人的，应当向人民法院申请变更。

7.管理人无正当理由，不得拒绝人民法院的指定。

二、管理人的资格　熟悉，常考查选择题。

（一）管理人的资格概述

管理人可以由有关部门、机构的人员组成的清算组或者依法设立的律师事务所、会计师事务所、破产清算事务所等社会中介机构担任。有下列情形之一的，不得担任管理人：

1.因故意犯罪受过刑事处罚；

2.曾被吊销相关专业执业证书；

3.与本案有利害关系；

4.人民法院认为不宜担任管理人的其他情形。

【提示】为完善管理人队伍结构，人民法院要指导编入管理人名册的中介机构采取适当方式吸收具有专业技术知识、企业经营能力的人员充实到管理人队伍中来，促进管理人队伍内在结构更加合理，充分发挥和提升管理人在企业病因诊断、资源整合等方面的重要作用。（2019年新增）

（二）对管理人利害关系的回避问题

1.判断管理人是否存在利害关系。

（1）与债务人、债权人有未了结的债权债务关系；

考霸笔记

哪些人员不得担任破产企业的管理人？大原则就是与企业有利益关系人的，不得担任破产企业的管理人，因为管理人的立场应当中立、不偏不倚，否则破产企业的债权人就有可能得不到平等、公正的清偿。还需要注意的是，即使有利益关系，只要是超过了3年，那么这种关系不对独立性构成影响。

（2）在人民法院受理破产申请前3年内，曾为债务人提供相对固定的中介服务；

（3）现在是或者在人民法院受理破产申请前3年内曾经是债务人、债权人的控股股东或者实际控制人；

（4）现在担任或者在人民法院受理破产申请前3年内曾经担任债务人、债权人的财务顾问、法律顾问。

（5）人民法院认为可能影响其忠实履行管理人职责的其他情形。

2.判断管理人的派出人员、个人管理人是否存在利害关系。

（1）现在担任或者在人民法院受理破产申请前3年内曾经担任债务人、债权人的董事、监事、高级管理人员；

（2）与债权人或者债务人的控股股东、董事、监事、高级管理人员存在夫妻、直系血亲、三代以内旁系血亲或者近姻亲关系。

例8-4·2013年单选题

2013年6月1日，人民法院受理了对甲公司提起的破产申请。根据企业破产法律制度的规定，下列人员中，有资格担任管理人的是（　　）。

A.曾于2008年1月1日至2009年12月31日担任甲公司法律顾问的丙律师事务所

B.甲公司董事丁

C.3年前被吊销执业证书，但现已重获执业资格的注册会计师乙

D.甲公司监事会主席的妻子戊

【答案】A

【解析】（1）选项A：现在担任或者在人民法院受理破产申请前3年内曾经担任债务人、债权人的财务顾问、法律顾问，不得担任管理人。（2）选项B：现在担任或者在人民法院受理破产申请前3年内曾经担任债务人、债权人的董事、监事、高级管理人员，不得担任管理人。（3）选项C：曾被吊销相关专业执业证书的，不得担任管理人（不论是否重新取得）。（4）选项D：与债权人或者债务人的控股股东、董事、监事、高级管理人员存在夫妻、直系血亲、三代以内旁系血亲或者近姻亲关系，不得担任管理人。

（三）个人担任管理人的问题

对于事实清楚、债权债务关系简单、债务人财产相对集中的企业破产案件，人民法院可以指定管理人名册中的个人为管理人。

三、管理人的指定

考霸笔记

《指定管理人规定》设置了管理人名册制度。由人民法院根据本地破产案件发生数量从报名者中择优确定编入管理人名册的人数，并从编入管理人名册的中介机构及其取得执业资格的成员中实际指定管理人。人民法院对管理人名册实行动态管理，根据破产案件发生的数量、编入管理人名册者的工作考核情况以及社会中介机构和个人的情况变化，适时调整名册，加以增删，以适应审理破产案件的实际需要。

人民法院裁定受理破产申请的，应当同时指定管理人。

1.管理人指定有随机、竞争、接受推荐三种方式。

管理人指定方式见表8-1。

表8-1 **管理人指定方式**

方式	相关规定
随机方式	是一般破产案件指定管理人的主要方式。随机方式包括轮候、抽签、摇号等形式

续表

方式	相关规定
竞争方式	对于商业银行、证券公司、保险公司等金融机构或者在全国范围内有重大影响、法律关系复杂、债务人财产分散的企业破产案件，人民法院可以采取公告的方式，邀请编入各地人民法院管理人名册中的社会中介机构参与竞争，从参与竞争的社会中介机构中指定管理人 参与竞争的社会中介机构不得少于3家。采取竞争方式指定管理人的，人民法院应当组成专门的评审委员会。被指定为管理人的社会中介机构应经评审委员会成员1/2以上通过
接受推荐方式	对于经过行政清理、清算的商业银行、证券公司、保险公司等金融机构的破产案件，人民法院可以在金融监督管理机构推荐的已编入管理人名册的社会中介机构中指定管理人

2. 更换管理人的情形（见表8-2）。

表8-2

更换管理人的情形

管理人类型	更换管理人的情形	
	共同情形	特有情形
社会中介机构管理人（含清算组成员）	(1) 执业许可证（机构）、营业执照（机构）或职业资格（个人）被吊销、注销或者取消 (2) 与本案有利害关系 (3) 履行职务时，因故意或者重大过失导致债权人利益受到损害 (4) 社会中介机构或者个人有重大债务纠纷或者因涉嫌违法行为正被相关部门调查的，人民法院不应指定该社会中介机构或者个人为本案管理人	出现解散、破产事由或者丧失承担执业责任风险的能力
个人管理人（含清算组成员和社会中介机构的派出人员）		(1) 失踪、死亡或者丧失民事行为能力 (2) 因健康原因无法履行职务 (3) 执业责任保险失效

【提示】为完善管理人指定制度，采取以下措施：**(2019年新增)**

(1) 探索管理人跨区域执业。除从本地名册选择管理人外，各地法院还可以探索从外省、市管理人名册中选任管理人，确保重大破产案件能够遴选出最佳管理人。两家以上具备资质的中介机构请求联合担任同一破产案件管理人的，人民法院经审查符合自愿协商、优势互补、权责一致要求且确有必要的，可以准许。

(2) 实行管理人分级管理。高级人民法院或者自行编制管理人名册的中级人民法院可以综合考虑管理人的专业水准、工作经验、执业操守、工作绩效、勤勉程度等因素，合理确定管理人等级，对管理人实行分级管理、定期考评。对债务人财产数量不多、债权债务关系简单的破产案件，可以在相应等级的管理人中采取轮候、抽签、摇号等随机方式指定管理人。

(3) 建立竞争选定管理人工作机制。破产案件中可以引入竞争机制选任管理人，提升破产管理质量。上市公司破产案件、在本地有重大影响的破产案件或者债权债务关系复杂，涉及债权人、职工以及利害关系人人数较多的破产案件，在指定管理人时，一般应当通过竞争方式依法选定。

对管理人的报酬有哪些规定?

四、管理人的报酬　熟悉，常考选择题。

1.管理人的报酬由人民法院确定。债权人会议对管理人的报酬有异议的，有权向人民法院提出，由人民法院决定是否调整，债权人会议无权直接调整管理人的报酬。

2.管理人获得的报酬是纯报酬，不包括其因执行职务、进行破产管理工作中需支付的其他费用，如公告费用、变价财产费用等。

考霸笔记

该自己做的不做，费用自己掏腰包。

3.为防止重复记酬，律师事务所、会计师事务所通过聘用本专业的其他社会中介机构或者人员协助履行管理人职责的，所需费用从其报酬中支付。

4.人民法院应根据“债务人最终清偿的财产价值总额”，分段确定管理人报酬。

考霸笔记

担保权人优先受偿的担保物价值，不计入管理人报酬的财产价值总额。

5.对清算组中参与工作的有关政府部门派出的工作人员，不支付报酬。

6.最终确定的管理人报酬及收取情况，应列入破产财产分配方案。在和解、重整程序中，管理人报酬方案内容应列入和解协议草案或重整计划草案。

考霸笔记

“管理人获得的报酬是纯报酬，不包括其执行职务和聘用（非本专业）工作人员的费用。”比如破产企业有一批珠宝，价值为多少需要鉴定，那么这个请专家来鉴定的费用就不用从管理人的报酬中扣除，这个费用应作为破产费用由破产企业来出。“为防止重复计酬，律师事务所、会计师事务所通过聘用本专业的其他社会中介机构或者人员协助履行管理人职责的，所需费用从其报酬中支付”这句话简单地说就是来自普华永道的管理人员忙不过来，需要请安永的过来帮忙，那么支付给安永的费用应当由普华永道来支付，因为普华永道请的是本专业的人员过来帮忙，所以它的报酬就应该分出去一部分。

例8-5·2009年多选题

根据企业破产法律制度的规定，下列表述中，正确的有（　　）。

A.人民法院根据债务人最终清偿的财产价值总额，分段按照一定比例范围确定管理人报酬，但是担保权人优先受偿的担保物价值不计入该最终清偿的财产价值总额

B.对清算组中参与工作的有关政府部门派出的工作人员，不支付报酬

C.律师事务所、会计师事务所通过聘用本专业的其他社会中介机构或者人员协助履行管理人职责的，所需费用在管理人报酬之外从破产费用中另行支付

D.债权人会议对管理人报酬有异议的，应当向人民法院书面提出具体的请求和理由，异议书应当附有相应的债权人会议决议

【答案】ABD

【解析】(1) 选项A：担保权人优先受偿的担保物价值，不计入财产价值总额。(2) 选项B：清算组中有关政府部门派出的工作人员参与工作的，不收取报酬。(3) 选项C：为防止重复计酬，律师事务所、会计师事务所通过聘用本专业的其他社会中介机构或者人员协助履行管理人职责的，所需费用从其报酬中支付。(4) 选项D：债权人会议对管理人的报酬有异议的，有权向人民法院提出，由人民法院决定是否调整，债权人会议无权直接调整管理。

7.对于债务人财产不足以支付破产费用或者对债权人没有财产可供清偿分配的案件，人民法院可以考虑根据管理人工作的时间确定其相应报酬。

8.债权人会议对管理人报酬有异议的，无法与管理人协商一致的，应当向人民法院书面提出具体的请求和理由。异议书应当附有相应的债权人会议决议。人民法院应当自收到债权人会议异议书之日起3日内通知管理人。管理人应当自收到通知之日起3日内作出书面说明。人民法院认为有必要的，可以举行听证会，听取当事人意见。人民法院应当自收到债权人会议异议书之日起10日内，就是否调整管理人报酬问题书面通知管理人、债权人委员会或者债权人会议主席。

9.管理人发生更换的，人民法院应当分别确定更换前后的管理人报酬。其报酬比例总和不得超出司法解释规定的限制范围。

10.人民法院可以根据破产案件的不同情况确定管理人报酬的支付方式，发挥管理人报酬在激励、约束管理人勤勉履职方面的积极作用。管理人报酬原则上应当根据破产案件审理进度和管理人履职情况分期支付。案情简单、耗时较短的破产案件，可以在破产程序终结后一次性向管理人支付报酬。**（2019年新增）**

11.管理人经人民法院许可聘用企业经营管理人员，或者管理人确有必要聘请其他社会中介机构或人员处理重大诉讼、仲裁、执行或审计等专业性较强的工作，如所需费用需要列入破产费用的，应当经债权人会议同意。**（2019年新增）**

12.各地法院要积极争取财政部门支持，或采取从其他破产案件管理人报酬中提取一定比例等方式，推动设立破产费用保障资金，建立破产费用保障长效机制，解决因债务人财产不足以支付破产费用而影响破产程序启动的问题。**（2019年新增）**

例8-6·2014年多选题

甲会计师事务所被人民法院指定为乙企业破产案件中的管理人。甲向债权人会议报告的有关报酬方案的下列内容中，符合企业破产法律制度规定的有（　　）。

A.将乙为他人设定抵押权的财产价值计入计酬基数

B.甲就自己为将乙的抵押财产变现而付出的合理劳动收取适当报酬

C.对受当地政府有关部门指派参与破产企业清算工作的政府官员不发放报酬

D.甲聘用外部专家协助履行管理人职责所需费用从其报酬中支付

【答案】BCD

【解析】本题考核破产管理人的报酬。（1）选项A：担保权人优先受偿的担保物价值原则上不计入管理人报酬的标的额。（2）选项B：清算组中有关政府部门派出的工作人员参与工作的，不收取报酬。（3）选项C：破产清算事务所通过聘用其他社会中介机构或者人员协助履行管理人职责的，所需费用从其报酬中支付。（4）选项D：管理人对担保物的维护、变现、交付等管理工作付出合理劳动的，有权向担保权人收取适当的报酬。

五、管理人的职责与责任

1.管理人履行下列职责：

（1）接管债务人的财产、印章和账簿、文书等资料；

（2）调查债务人财产状况，制作财产状况报告；

考霸笔记

【提示】管理人履行上述第(5)项职责的应当经人民法院许可。

(3) 决定债务人的内部管理事务；

(4) 决定债务人的日常开支和其他必要开支；

(5) 在第一次债权人会议召开之前，决定继续或者停止债务人的营业；

(6) 管理和处分债务人的财产；

(7) 代表债务人参加诉讼、仲裁或者其他法律程序；

(8) 提议召开债权人会议；

(9) 人民法院认为管理人应当履行的其他职责。

考霸笔记

如果设立了债权人委员会，出现了对债权人利益有重大影响的财产处分行为，应及时报告债权人委员会。未设立债权人委员会的，管理人应当及时报告人民法院。

2.管理人依法履行职务，向人民法院报告工作，并接受债权人会议和债权人委员会的监督。

3.管理人拟通过清偿债务或者提供担保取回质物、留置物，或者与质权人、留置权人协议以质物、留置物折价清偿债务等方式，进行对债权人利益有重大影响的财产处分行为的，应当及时报告债权人委员会。未设立债权人委员会的，管理人应当及时报告人民法院。

4.人民法院应当支持和保障管理人依法履行职责，不得替代管理人作出本应由管理人自己作出的决定。管理人应当依法管理和处分债务人财产，审慎决定债务人内部管理实务，不得将自己的职责全部或者部分转让给他人。**(2019年新增)**

第四节 债务人财产

重要，必须掌握，出题概率极大。

考霸笔记

已作为担保物的财产也属于债务人财产。

一、债务人财产的一般规定

(一) 债务人财产的范围

债务人财产，是指破产申请受理时属于债务人的全部财产，以及破产申请受理后至破产程序终结前债务人取得的财产。

考霸笔记

哪些财产属于债务人的财产，这个考点没有什么特别需要注意的，凭常识完全能够判断出来。但是这个考点有一个地方有点争议，即"破产申请受理时债务人用于抵押担保的财产"，即为债务人设定担保的财产到底属不属于债务人财产，在实务中是有争议的，根据CPA考试的答题标准：破产申请受理时债务人用于抵押担保的财产，属于债务人的财产！

【案例】甲公司以其机器设备设定抵押向乙银行贷款100万元，甲公司破产。在本案中：

(1) 该机器设备属于甲公司的债务人财产；

(2) 乙银行的债权为有财产担保的债权，属于破产债权。

(二)《破产法司法解释二》的新增规定

1.债务人财产界定。

除债务人所有的货币、实物外，债务人依法享有的可以用货币估价并可以依法转让的债权、股权、知识产权、用益物权等财产和财产权益，人民法院均应认定为债务人财产。

2.非债务人财产的认定。

下列财产不应认定为债务人财产：

(1) 债务人基于仓储、保管、承揽、代销、借用、寄存、租赁等合同或者其他法律关系占有、使用的他人财产；

(2) 债务人在所有权保留买卖中尚未取得所有权的财产；

(3) 所有权专属于国家，且不得转让的财产；

(4) 其他依照法律、行政法规不属于债务人的财产。

例 8-7·2008 年多选题

根据《企业破产法》的规定，下列财产中，属于债务人财产的有（　　）。

A.破产申请受理时属于债务人的房屋

B.破产宣告后破产人得到的银行存款利息

C.破产申请受理时债务人用于抵押担保的财产

D.破产申请受理后至破产程序终结前债务人取得的财产

【答案】ABCD

【解析】债务人财产包括破产申请受理时属于债务人的全部财产，以及破产申请受理后至破产程序终结前债务人取得的财产。

3.设定担保物权的特定财产的认定和处理。

债务人已依法设定担保物权的特定财产，人民法院应当认定为债务人财产。对债务人的特定财产在担保物权消灭或者实现担保物权后的剩余部分，在破产程序中可用以清偿破产费用、共益债务和其他破产债权。

【案例】甲公司欠乙银行100万元，以自己的厂房做抵押担保，后甲公司破产。须注意：

甲公司设定抵押的厂房属于债务人财产（即债务人已依法设定担保物权的特定财产，人民法院应当认定为债务人财产）。

乙银行的100万元债权属于有财产担保的债权，属于破产债权，放在第一位清偿。

如果该厂房后来卖了180万元，应先偿还乙银行的100万元担保债权，剩下的80万元在破产程序中可以用于清偿破产费用、共益债务和其他破产债权（即对债务人的特定财产在担保物权消灭或者实现担保物权后的剩余部分，在破产程序中可用以清偿破产费用、共益债务和其他破产债权）。

4.共有财产的认定和处理。

债务人对按份享有所有权的共有财产的相关份额，或者共同享有所有权的共有财产的相应财产权利，以及依法分割共有财产所得部分，人民法院均应认定为债务人财产。

二、债务人财产的收回

1.人民法院受理破产申请后，债务人的出资人尚未完全履行出资义务的，管理人应当要求该出资人缴纳所认缴的出资，而不受出资期限的限制。

考霸笔记

出资人是以认缴的，而不是实缴的出资对公司债务承担责任，在企业破产时，出资人必须立即缴纳所认缴的出资，而不受出资期限是否已到的限制。

2.管理人代表诉讼。管理人代表债务人提起诉讼，主张出资人向债务人依法缴付未履行的出资或者返还抽逃的出资本息，出资人以认缴出资尚未届至公司章程规定的缴纳期限或者违反出资义务已经超过诉讼时效为由抗辩的，人民法院不予支持。

管理人依据公司法的相关规定代表债务人提起诉讼，主张公司的发起人和负有监督股东履行出资义务的董事、高级管理人员，或者协助抽逃出资的其他股东、董事、高级管理人员、实际控制人等，对股东违反出资义务或者抽逃出资承担相应责任，并将财产归入债务人财产的，人民法院应予支持。

考霸笔记

出资作为股东的最大义务，必须履行，没有可以讨价还价的余地。所以，出资人不能以认缴出资尚未届至公司章程规定的缴纳期限或者违反出资义务已经超过诉讼时效为由进行抗辩。另外，管理人可以代表债务人提起诉讼，也称为“管理人代表诉讼”。对象不仅包括出资人，还包括董监高等人，并且要回的财产须归入债务人财产。

1.债务人的董事、监事和高级管理人员利用职权从企业获取的非正常收入和侵占的企业财产，管理人应当追回。

考霸笔记

重要，必须掌握。

2.董监高非正常收入的界定。债务人有《企业破产法》第二条第一款（不能清偿+资不抵债或明显缺乏）规定的情形时，债务人的董事、监事和高级管理人员利用职权获取的以下收入，人民法院应当认定为《企业破产法》第三十六条规定的非正常收入：

如何界定董监高的非正常收入？

（1）绩效奖金；

（2）普遍拖欠职工工资情况下获取的工资性收入；

（3）其他非正常收入。

债务人的董事、监事和高级管理人员拒不向管理人返还上述债务人财产，管理人主张上述人员予以返还的，人民法院应予支持。

债务人的董事、监事和高级管理人员因返还第一款第①项、第③项非正常收入形成的债权，可以作为普通破产债权清偿。因返还第一款第②项非正常收入形成的债权，按照该企业职工平均工资计算的部分作为拖欠职工工资清偿；高出该企业职工平均工资计算的部分，可以作为普通破产债权清偿。

考霸笔记

自古以来，先贤们就教育我们要共乐乐，而非独乐乐；要同甘共苦、守望相助，不可分甘共苦、离心离德。所以，董监高这种在危难时只顾自己，无视同胞的行为，为世人所不齿，应群起而诛之（即债务人的董事、监事和高级管理人员拒不向管理人返还上述债务人财产，管理人主张上述人员予以返还的，人民法院应予支持）。还应注意：如果是绩效奖金和其他非正常收入，作为普通债权进行清偿。如果是普遍拖欠职工工资情况下获取的工资性收入，如果在该企业职工平均工资范围内的，作为拖欠职工工资清偿，高出的作为普通债权清偿。

3.管理人依法向次债务人、出资人追收财产的行为。

管理人不予追收，个别债权人代表全体债权人提起相关诉讼，主张次债务人或者债务人的出资人等向债务人清偿或者返还债务人财产，或者依法申请合并破产的，人民法院应予受理。

考霸笔记

如果设立了债权人委员会，出现了对债权人利益有重大影响的财产处分行为，应及时报告债权人委员会。未设立债权人委员会的，管理人应当及时报告人民法院。

（1）在人民法院受理破产申请后，管理人可以通过清偿债务或者提供为债权人接受的担保，取回质物、留置物。

【案例】甲公司以其机器设备设定质押向乙银行贷款100万元，甲公司破产。在本案中：（1）管理人可以通过清偿债务取回质物；（2）如果该机器设备当时的市场价值为60万元，管理人只能向乙银行清偿60万元，不足的40万元乙银行可以申报普通债权。

（2）管理人拟通过清偿债务或者提供担保取回质物、留置物，或者与质权人、留置权人协议以质物、留置物折价清偿债务等方式，进行对债权人利益有重大影响的财产处分行为的，应当及时报告债权人委员会。未设立债权人委员会的，管理人应当及时报告人民法院。

撤销权的规定是怎样的?

三、破产撤销权与无效行为制度

重要，必须掌握，出题概率极大。

（一）撤销权

1. 1年

人民法院受理破产申请前1年内，涉及债务人财产的下列行为，管理人有权请求人民法院予以撤销：

（1）无偿转让财产的；

（2）以明显不合理的价格进行交易的；

（3）对没有财产担保的债务提供财产担保的；

（4）对未到期的债务提前清偿的；

（5）放弃债权的。

考霸笔记

不合理的交易条件不仅限于价格一项，交易对象、付款条件、付款期限等其他交易条件以明显不合理价格进行交易的，也可以撤销。

考霸笔记

财产既包括实物资产也包括财产性权利，其行为方式也不完全局限于转让，无偿设置用益物权也应包括在内。

2.《破产法司法解释二》的最新规定

（1）明显不合理的低价交易的处理。

人民法院根据管理人的请求撤销涉及债务人财产的以明显不合理价格进行的交易的，买卖双方应当依法返还从对方获取的财产或者价款。

因撤销该交易，对于债务人应返还受让人已支付价款所产生的债务，受让人请求作为共益债务清偿的，人民法院应予支持。

【案例】1月1日，善意的乙公司花了30万元从甲公司手里买了一台价值130万元的机器。4月1日，甲公司申请破产，法院受理。须注意：（1）乙公司为善意，但该行为发生在法院受理破产申请前1年内，管理人可以请求法院撤销。（2）法院撤销后，乙公司要返还机器给甲公司（即买卖双方应当依法返还从对方获取的财产或者价款）。而作为补偿，对于乙公司已经支付的30万元，可以作为“共益债务”（第二顺位）在破产清算中得到清偿。

考霸笔记

该条款是指对原来已经成立的无财产担保的债务补充设置担保（只要补充设置担保的行为发生在人民法院受理破产申请前1年内，就可以撤销）。在合同法的合同撤销中，债务人以明显不合理的低价转让财产，并且受让人为恶意，才能撤销该行为。如受让人为善意，则该行为不可撤销。但在破产法中，以明显不合理的价格进行交易，无论受让人善、恶意，都能撤销。

（2）未到期债务的提前清偿。

破产申请受理前1年内债务人提前清偿的未到期债务，在破产申请受理前已经到期，管理人请求撤销该清偿行为的，人民法院不予支持。但是，该清偿行为发生在破产申请受理前6个月内，且债务人有企业破产法第二条第一款规定情形（不能清偿+资不抵债或明显缺乏）的除外。

（3）债权人的撤销权。

破产申请受理后，管理人未依据企业破产法第三十一条的规定请求撤销债务人无偿转让财产、以明显不合理价格交易、放弃债权行为的，债权人依据合同法第七十四条等规定提起诉讼，请求撤销债务人上述行为并将因此追回的财产归入债务人财产的，人民法院应予受理。

相对人以债权人行使撤销权的范围超出债权人的债权抗辩的，人民法院不予支持。

（4）对外债权的诉讼时效处理。

债务人对外享有债权的诉讼时效，自人民法院受理破产申请之日起中断。

债务人无正当理由未对其到期债权及时行使权利，导致其对外债权在破产申请受理前1年内超过诉讼时效期间的，人民法院受理破产申请之日起重新计算上述债权的诉讼时效期间。

第八章

（二）个别清偿行为的处理

人民法院受理破产申请前6个月内，债务人不能清偿到期债务，并且资产不足以清偿全部债务或者明显缺乏清偿能力，仍对个别债权人进行清偿的，管理人有权请求人民法院予以撤销。但是，个别清偿使债务人财产受益的除外。

【解释1】“对个别债权人进行清偿”是指对无财产担保债权人的个别清偿，对有财产担保的债权人在担保物的市价范围内所作的清偿不受限制。

【解释2】对个别债权人的清偿如被撤销，管理人有权予以追回，计入破产财产；个别债权人的债权，计入破产债权。

【解释3】人民法院受理破产申请后，债务人对个别债权人的债务清偿无效。

考霸笔记
重要，必须掌握。

《破产法司法解释二》的规定

1.法院不予支持的个别清偿。

法院支持的个别清偿有哪些？

以下个别清偿，管理人请求撤销的，人民法院不予支持：

①债务人为维系基本生产需要而支付水费、电费等的；

②债务人支付劳动报酬、人身损害赔偿金的；

③使债务人财产受益的其他个别清偿。

考霸笔记
首先，水电费是交给国家的，而且相比起来，金额并不算太大，既然是国家垄断的，那就不能不给。其次，劳动报酬、人身损害赔偿金都是支付给相对弱势群体的，即使个别清偿，也无可厚非。再次，破产法的基本原则就是最大程度地满足债权人利益，如果能使债务人财产收益增加，那么债权人利益也可更大程度满足，何乐而不为呢？

例8-8·2013年单选题

根据企业破产法律制度的规定，人民法院受理破产申请前6个月内，涉及债务人财产的下列行为中，管理人有权请求人民法院予以撤销的是（　　）。

A.向他人无偿转让企业财产

B.支付职工劳动报酬

C.支付人身损害赔偿金

D.在设定债务的同时，并为该债务提供财产担保

【答案】A

【解析】本题考核破产撤销权的行使。根据规定，人民法院受理破产申请前1年内，涉及债务人财产的下列行为，管理人有权请求人民法院予以撤销：（1）无偿转让财产的；（2）以明显不合理的价格进行交易的；（3）对没有财产担保的债务提供财产担保的；（4）对未到期的债务提前清偿的；（5）放弃债权的。本题中，选项D并非属于“对没有财产担保的债务提供财产担保”，而是在设定债务同时设定财产担保，因此，不属于可撤销的情形。

考霸笔记
除了债务人和债权人恶意串通损害他人利益的情况外，一般情况下，债务人依据已经生效的诉讼、仲裁和执行等法律文书而进行的个别清偿是有效的，法院不予撤销。原因可能是多方面的，比如既然是已经生效的法律文书，如果法院不予支持，不利于维护司法权威。而且如果是法院自身的判决或裁定，法院本系统内一般是要支持的（哪有自己人打自己人的啊）。

2.债务人因履行生效法律文书而进行的个别清偿。

债务人经诉讼、仲裁、执行程序对债权人进行的个别清偿，管理人依据《企业破产法》第三十二条的规定请求撤销的，人民法院不予支持。但是，债务人与债权人恶意串通损害其他债权人利益的除外。

(三)债务人的无效行为(2个)　重要，必须掌握。

1.为逃避债务而隐匿、转移财产的；

2.虚构债务或者承认不真实的债务的。

管理人依据《企业破产法》第三十三条的规定提起诉讼，主张被隐匿、转移财产的实际占有人返还债务人财产，或者主张债务人虚构债务或者承认不真实债务的行为无效并返还债务人财产的，人民法院应予支持。

取回权有哪些规定?

四、取回权　重要，必须掌握，出题概率极大。

(一)一般取回权

人民法院受理破产申请后，债务人占有的不属于债务人的财产，该财产的权利人可以通过管理人取回。

该权利是债务人的相对人行使的，如所有权人、债权人等，且只能向管理人行使。

(二)《破产法司法解释二》的规定

1.取回权的行使时间　【提示】注意时间和提交主体：提交债权人会议表决前向管理人提出。

权利人行使取回权，应当在破产财产变价方案或者和解协议、重整计划草案提交债权人会议表决前向管理人提出。权利人在上述期限后主张取回相关财产的，应当承担延迟行使取回权增加的相关费用。

2.取回权诉讼

权利人依据企业破产法的规定向管理人主张取回相关财产，管理人不予认可，权利人以债务人为被告向人民法院提起诉讼请求行使取回权的，人民法院应予受理。

3.行使取回权应履行的义务

权利人行使取回权时未依法向管理人支付相关的加工费、保管费、托运费、委托费、代销费等费用，管理人拒绝其取回相关财产的，人民法院应予支持。

4.不易保管财产的取回权

对债务人占有的权属不清的鲜活易腐等不易保管的财产或者不及时变现价值将严重贬损的财产，管理人及时变价并提存变价款后，有关权利人就该变价款行使取回权的，人民法院应予支持。

考霸笔记

如管理人拿着一车草莓，如果不及时卖掉，那就全烂了，一分钱也得不到了。这时管理人要及时变价，并向相关部门提存变价款，当然，相关的权利人可以要回这笔钱。

第八章

5.债务人财产被违法转让+第三人(未)善意取得

(1)债务人财产被违法转让+第三人善意取得。

债务人占有的他人财产被违法转让给第三人，依据物权法第一百零六条的规定第三人已善意取得财产所有权，原权利人无法取回该财产的，人民法院应当按照以下规定处理：

①转让行为发生在破产申请受理前的，原权利人因财产损失形成的债权，作为普通破产债权清偿；

②转让行为发生在破产申请受理后的，因管理人或者相关人员执行职务导致原权利人损害产生的债务，作为共益债务清偿。

如何处理“债务人财产被违法转让+第三人(未)善意取得”?

(2)债务人财产被违法转让+第三人未善意取得。

债务人占有的他人财产被违法转让给第三人，第三人已向债务人支付了转让价款，但依据物权法第一百零六条的规定未取得财产所有权，原权利人依法追回转让财产的，对因第三人已支付对价而产生的债务，人民法院应当按照以下规定处理：

①转让行为发生在破产申请受理前的，作为普通破产债权清偿；

②转让行为发生在破产申请受理后的，作为共益债务清偿。

6.物上代位取回权

考霸笔记

取回权这个考点，经常会涉及第三人的财产被处置之后，第三人对于债务人的债权到底是普通债权还是共益债务的问题，这个问题看似很复杂，其实很简单。我们紧紧抓住一点，要看第三人财产是被谁处置的，如果是被债务人处置的，那么第三人就比较倒霉，他的这项债权只能作为普通债权，普通债权得到清偿的比例一般是非常低的，而第三人财产若是被管理人处置的，那么这项债权就作为共益债务，这种情况下问题还不大，因为共益债务一般都是能得到足额清偿的。总之，此事若是债务人造成的，普通债权；若是管理人造成的，共益债务。

债务人占有的他人财产毁损、灭失，因此，获得的保险金、赔偿金、代偿物尚未交付给债务人，或者代偿物虽已交付给债务人但能与债务人财产予以区分的，权利人主张取回就此获得的保险金、赔偿金、代偿物的，人民法院应予支持。

保险金、赔偿金已经交付给债务人，或者代偿物已经交付给债务人且不能与债务人财产予以区分的，人民法院应当按照以下规定处理：

（1）财产毁损、灭失发生在破产申请受理前的，权利人因财产损失形成的债权，作为普通破产债权清偿；

（2）财产毁损、灭失发生在破产申请受理后的，因管理人或者相关人员执行职务导致权利人损害产生的债务，作为共益债务清偿（见表8-3）。

表8-3 **处理方式**

补偿类别	交付及区分情形	处理方式
保险金、赔偿金、代偿物	尚未交付	权利人可以主张取回（代偿取回权）
代偿物	已经交付但可以区分	
保险金、赔偿金	已经交付	破产申请受理前：普通破产债权 破产申请受理后：共益债务
代偿物	已经交付但不能区分	

考霸笔记

【解释】判断原则是在运输途中，未到达管理人之前，向管理人主张取回权的，即使最终标的物到达管理人处，出卖人仍有权向管理人取回。但是，如果在运输途中不主张取回权，到达管理人处才主张，那就不行了。

7.管理人应承担的相关责任

管理人或者相关人员在执行职务过程中，因故意或者重大过失不当转让他人财产或者造成他人财产毁损、灭失，导致他人损害产生的债务作为共益债务，由债务人财产随时清偿不足弥补损失，权利人向管理人或者相关人员主张承担补充赔偿责任的，人民法院应予支持。

上述债务作为共益债务由债务人财产随时清偿后，债权人以管理人或者相关人员执行职务不当导致债务人财产减少给其造成损失为由提起诉讼，主张管理人或者相关人员承担相应赔偿责任的，人民法院应予支持。

出卖人取回权的规定是怎样的?

五、出卖人取回权 *重要，必须掌握。*

人民法院受理破产申请时，出卖人已将买卖标的物向作为买受人的债务人发运，债务人尚未收到，且未付清全部价款的，出卖人可以取回在运途中的标的物。但是，管理人可以支付全部价款，请求出卖人交付标的物。

出卖人依据企业破产法的规定，通过通知承运人或者实际占有人中止运输、返还货物、变更到达地，或者将货物交给其他收货人等方式，对在运途中标的物主张了取回权，但未能实现，或者在货物未到达管理人前已向管理人主张取回在运途中标的物，在买卖标的物到达管理人后，出卖人向管理人主张取回的，管理人应予准许。

例 8-9 · 2009 年单选题

人民法院受理债务人甲公司破产申请时，乙公司依照其与甲公司之间的买卖合同已向买受人甲公司发运了该合同项下的货物，但甲公司尚未付价款。乙公司得知甲公司破产申请被受理后，立即通过传真向甲公司的管理人要求取回在运途中的货物。管理人收到乙公司传真后不久，即收到了乙公司发运的货物。下列表述中，正确的是（　　）。

A. 乙公司有权取回该批货物

B. 乙公司无权取回该批货物，但可以就买卖合同价款向管理人申报债权

C. 管理人已取得该批货物的所有权，但乙公司有权要求管理人立即支付全部价款

D. 管理人已取得该批货物的所有权，但乙公司有权要求管理人就价款支付提供担保

【答案】A

【解析】根据规定，人民法院受理破产申请时，出卖人已将买卖标的物向作为买受人的债务人发运，债务人尚未收到，且未付清全部价款的，出卖人可以取回在运途中的标的物。但是，管理人可以支付全部价款，请求出卖人交付标的物。只要货物尚在运途中，出卖人向管理人表示行使取回权，即发生取回法律效力；即使管理人其后收到货物，也仅处于保管人的地位。

> **考霸笔记**
> 人民法院受理破产申请时，出卖人已将买卖标的物向作为买受人的债务人发运，债务人尚未收到，且未付清全部价款的，出卖人可以取回在运输途中的标的物。注意这里要同时满足两个条件：一、债务人尚未收到；二、债务人未付清全部价款。如果货物已到达，出卖人尚未主张的，那么不能取回，此项债权作为普通债权在后续程序进行清偿！所以在这里就要求销售方听到消息后手脚放快一点，否则作为普通债权，债权得到清偿的比例是很低的。
> 注意：出卖人对在运输途中标的物未及时行使取回权，在买卖标的物到达管理人后向管理人行使在运输途中标的物取回权的，管理人不应准许。

六、所有权保留买卖合同的处理

（一）管理人的选择权　重要，必须掌握，出题概率极大。

买卖合同双方当事人在合同中约定标的物所有权保留，在标的物所有权未依法转移给买受人前，一方当事人破产的，该买卖合同属于双方均未履行完毕的合同，管理人有权依据规定决定解除或者继续履行合同。

（二）出卖人破产+管理人继续履行

出卖人破产，其管理人决定继续履行所有权保留买卖合同的，买受人应当按照原买卖合同的约定支付价款或者履行其他义务。

买受人未依约支付价款或者履行完毕其他义务，或者将标的物出卖、出质或者作出其他不当处分，给出卖人造成损害，出卖人管理人依法主张取回标的物的，人民法院应予支持。

（三）出卖人破产+管理人解除合同

出卖人破产，其管理人决定解除所有权保留买卖合同，并依据《企业破产法》第十七条的规定，要求买受人向其交付买卖标的物的，人民法院应予支持。

买受人以其不存在未依约支付价款或者履行完毕其他义务，或者将标的物出卖、出质或者作出其他不当处分情形抗辩的，人民法院不予支持。

买受人依法履行合同义务并将买卖标的物交付出卖人管理人后，买受人已支付价款损失形成的债权作为共益债务清偿。但是，买受人违反合同约定，出卖人管理人主张上述债权作为普通破产债权清偿的，人民法院应予支持。

（四）买受人破产+管理人继续履行

买受人破产，其管理人决定继续履行所有权保留买卖合同的，原买卖合同中约定的买受人支付价款或者履行其他义务的期限在破产申请受理时视为到期，买受人管理人应当及时向出卖人支付价款或者履行其他义务。

“买受人破产+管理人继续履行”如何解决?

买受人管理人无正当理由未及时支付价款或者履行完毕其他义务，或者将标的物出卖、出质或者作出其他不当处分，给出卖人造成损害，出卖人依据合同法主张取回标的物的，人民法院应予支持。

因本条第二款规定未能取回标的物，出卖人依法主张买受人继续支付价款、履行完毕其他义务，以及承担相应赔偿责任的，人民法院应予支持。对因买受人未支付价款或者未履行完毕其他义务，以及买受人管理人将标的物出卖、出质或者作出其他不当处分导致出卖人损害产生的债务，出卖人主张作为共益债务清偿的，人民法院应予支持。

（五）买受人破产+管理人解除合同

买受人破产，其管理人决定解除所有权保留买卖合同，出卖人依据企业破产法主张取回买卖标的物的，人民法院应予支持。

“买受人破产+管理人解除合同”如何解决?

出卖人取回买卖标的物，买受人管理人主张出卖人返还已支付价款的，人民法院应予支持。取回的标的物价值明显减少给出卖人造成损失的，出卖人可从买受人已支付价款中优先予以抵扣后，将剩余部分返还给买受人；对买受人已支付价款不足以弥补出卖人标的物价值减损损失形成的债权，出卖人主张作为共益债务清偿的，人民法院应予支持。

【案例】假设甲和乙之间订立了一份1 000万元的买卖合同。甲、乙约定，甲向乙出售1吨来自月亮的啤酒，在乙付清全部价款之前，这些啤酒的所有权归甲所有。甲应于3月4日向乙交货，乙应于8月15日前付款。6月10日，法院受理了乙的破产申请，而乙已经向出卖人甲支付货款500万元。首先，该合同属于双方均未履行完毕的合同，管理人有权决定解除或者继续履行合同。其次，如果管理人决定解除合同，出卖人甲有权取回啤酒，而管理人则可以要求甲返还已交付的500万元。再次，如果这批啤酒由于乙的保存不当造成了800万元的损失，那么出卖人甲可以优先抵扣买受人乙已支付价款500万元，而对于不足弥补的300万元，可以作为共益债务进行清偿。

七、抵销权

重要，必须掌握。

（一）基本规定

重要，必须掌握，已经考查多次案例分析题。

考霸笔记

至于哪些可以抵销，哪些不可以抵销，看似比较复杂，其实如果理解的话，也是很简单的。债权人在破产申请受理前对债务人负有债务的，可以向管理人主张抵销。为什么会规定抵销权呢？因为抵销权的行使可以使债权人的债权在破产财产范围内得到全额、优先清偿。而如果不行使抵销权的话，债权人基本是得不到足额清偿的，那么有的人就有可能动歪脑筋，比如从别的地方购买对债务人的债务进行抵销，这种行为法律如果不进行规制的话，那么就会对其他债权人的权益造成损害，故这种情形不得抵销，其他几种情形也是类似考虑，明白其中的原理，那么哪些可以抵销，哪些不可以抵销，在做题的时候就很容易区分出来了。

1. 概念

破产法上的抵销权，是指债权人在破产申请受理前对债务人即破产人负有债务的，无论是否已到清偿期限、标的是否相同，均可在破产财产最终分配确定前向管理人主张相互抵销的权利。

债权人在破产申请受理前对债务人负有债务的，可以向管理人主张抵销。

【解释】（1）破产法上的抵销权只能由债权人向管理人主张，管理人（或者破产人）不得主动主张债务抵销，因为抵销对债权人有利。（2）与合同法中的抵销权区别：合同法规定，双方互负到期债务，品质、种类相同时，任何一方都可以主张，且通知即可；品质、种类不同的，协商后也可以抵销。

禁止抵销的情形有哪些?

2. 禁止抵销的情形

债权人在破产申请受理前对债务人负有债务的，无论是否已到清偿期限、标的是否相同，均可以向管理人主张抵销。但是，有下列情形之一的，不得抵销：

（1）债务人的债务人在破产申请受理后取得他人对债务人的债权的。

（2）债权人已知债务人有不能清偿到期债务或者破产申请的事实，对债务人负担债务的；但是，债权人因为法律规定或者有破产申请1年前所发生的原因而负担债务的除外。

（3）债务人的债务人已知债务人有不能清偿到期债务或者破产申请的事实，对债务人取得债权的；但是，债务人的债务人因为法律规定或者有破产申请1年前所发生的原因而取得债权的除外。

（4）股东的破产债权，不得与其欠付的注册资本金相抵销。

例8-10·2009年单选题

根据企业破产法的规定，下列情形中，债权人可以行使抵销权的是（　　）。

A. 甲享有债务人120万元的债权，同时又是债务人股东，在债务人破产时，甲尚有100万元的分期出资额未缴纳

B. 乙享有债务人120万元的债权，但在听说债务人申请破产后，购买了债务人100万元的货物，并拒绝支付货款而形成债务

C. 丙应付债务人100万元的货款，在债务人破产申请被受理后，从另一债权人手中以六折的价格买入了100万元的债权

D. 丁应付债务人100万元的货款，在债务人的破产申请被受理后，继续向债务人提供了100万元的货物，未能及时收到货款而形成债权

【答案】D

【解析】本题考核抵销权。根据规定，股东的破产债权，不得与其欠付的注册资本金相抵销；选项A错误。债权人已知债务人有不能清偿到期债务或者破产申请的事实，对债务人负担债务的，不得抵销；但是，债权人因为法律规定或者有破产申请1年前所发生的原因而负担债务的除外；选项B错误。债务人的债务人在破产申请受理后取得他人对债务人的债权的，不得抵销，选项C错误。选项D，债务人的债务人，并不是恶意取得对债务人的债权，可以抵销。

（二）《破产法司法解释二》的最新规定

1. 债权人向管理人主张抵销

债权人依据企业破产法第四十条的规定行使抵销权，应当向管理人提出抵销主张。

管理人不得主动抵销债务人与债权人的互负债务，但抵销使债务人财产受益的除外。【解释】除非抵销使债务人财产受益，管理人不得主动提出抵销。

2. 抵销权审查

管理人收到债权人提出的主张债务抵销的通知后，经审查无异议的，抵销自管理人收到通知之日起生效。

考霸笔记

【解释】注意抵销生效的时间，不论是管理人收到抵销还是法院判决驳回时，都从“收到”通知时生效。

管理人对抵销主张有异议的，应当在约定的异议期限内或者自收到主张债务抵销的通知之日起3个月内向人民法院提起诉讼。无正当理由逾期提起的，人民法院不予支持。

3. 管理人异议无效的情形

管理人异议无效的情形有哪些?

债权人主张抵销，管理人以下列理由提出异议的，人民法院不予支持：

（1）破产申请受理时，债务人对债权人负有的债务尚未到期；

（2）破产申请受理时，债权人对债务人负有的债务尚未到期；

（3）双方互负债务标的物种类、品质不同。

【解释】与《合同法》不同的是，在破产抵销中，不论是否到期、标的物种类、品质是否相同，都可以抵销。也可以就这么想，人在《1942》那种年代，只要有点饭吃就行，没人还去挑剔什么，更不允许我们去在乎它的品质等，谁还管是不是转基因，或者味道如何啊！

4. 抵销无效的情形

破产申请受理前6个月内，债务人有破产原因的，债务人与个别债权人以抵销方式对个别债权人清偿，其抵销的债权债务属于本法规定的禁止抵销的情形之一，管理人在破产申请受理之日起3个月内向人民法院提起诉讼，主张该抵销无效的，人民法院应予支持。

5. 别除权人债权的抵销

《企业破产法》第四十条所列不得抵销情形的债权人，主张以其对债务人特定财产享有优先受偿权的债权，与债务人对其不享有优先受偿权的债权抵销，债务人管理人以抵销存在《企业破产法》第四十条规定的情形提出异议的，人民法院不予支持（即法院支持债权人抵销）。但是，用以抵销的债权大于债权人享有优先受偿权财产价值的除外。

【解释】从该法条可以看出，基本的立法精神为，小于债权人享有优先受偿权财产价值（即在担保物的市值范围内）的才可以抵销。因为，在抵押权价值内抵销不算占便宜，反正都是排在第一位先拿走。但是，如果大于债权人享有的抵押权财产的就不能抵销，原因是，如果大于的话，会损害其他债权人的利益（你享有的抵押权财产就值80万元，但你要抵销100万元，这样肯定会损害其他人的利益）。

6. 债务人的股东抵销权的禁止情形

债务人的股东主张以下列债务与债务人对其负有的债务抵销，债务人管理人提出异议的，人民法院应予支持：

①债务人股东因欠缴债务人的出资或者抽逃出资对债务人所负的债务。

【案例】甲公司破产，其股东乙公司应出资100万元但未出资或者抽逃出资，而甲公司也欠乙公司100万元的货款，这两个就不能抵销。

②债务人股东滥用股东权利或者关联关系损害公司利益对债务人所负的债务。

【解释】股东欠缴的出资或者抽逃出资必须缴纳，出资是法律规定的股东的最大义务，所以不能与其他事务抵销，也不能以诉讼时效已过为由进行抗辩。此外，股东滥用股权权利或者关联关系给公司造成损失的，应当承担赔偿责任。这种因自身过错所造成的损失也是不能与其他事务进行抵销的。

八、破产费用与共益债务 熟悉，可能考选择题。

（一）破产费用

1.破产案件的诉讼费用；

2.管理、变价和分配债务人财产的费用；

3.管理人执行职务的费用、报酬和聘用工作人员的费用。

【解释】破产费用是破产程序开始后，为了全体债权人的共同利益而发生的费用，个别债权人为参加债权人会议而支付的差旅费不属于破产费用。

（二）共益债务

共益债务是在破产程序中发生的应由债务人负担的债务的总称。

1.因管理人或债务人请求对方当事人履行双方均未履行完毕的合同所产生的债务。

【解释】人民法院受理破产申请后，管理人对破产申请受理前成立，而债务人和对方当事人均未履行完毕的合同有权决定“解除或者继续履行”。只有继续履行合同发生的债务，才属于共益债务。

2.债务人财产受无因管理所产生的债务。

3.因债务人不当得利所产生的债务。

4.为债务人继续营业而应支付的劳动报酬和社会保险费用以及由此产生的其他债务。

5.管理人执行职务致人损害所产生的债务。

6.债务人财产致人损害所产生的债务。

（三）破产费用和共益债务的清偿

1.破产费用和共益债务由债务人财产随时清偿。

2.债务人财产不足以清偿所有破产费用和共益债务的，先行清偿破产费用。

3.债务人财产不足以清偿所有破产费用或者共益债务的，按照比例清偿。

4.如果债务人财产不足以支付破产费用，人民法院确认其属实之后，应当受理破产案件，并作出破产宣告，同时作出终结破产程序的裁定，而不应拒绝受理破产案件。

例8-11·2009年多选题

下列关于破产费用与共益债务清偿的表述中，符合《企业破产法》规定的有（ ）。

A.破产费用和共益债务由债务人财产随时清偿

破产费用与共益债务的规定是怎样的?

考霸笔记

第一种情况下没有任何问题。第二种情况下，如果破产费用和共益债务总的不够，那就要先还破产费用，共益债务就按照比例还。第三种情况下，如果连破产费用都不够，直接按照比例清偿，但是这时要适用情况四，即法院应受理破产案件，并作出破产宣告，同时作出终结破产程序的裁定。或者更直白地说，就是个清偿顺序的问题，第一顺序是破产费用，第二顺序是共益债务，只有当费用完全清偿之后才能进入第二顺序共益债务的清偿。如果债务人没有钱，其财产都不足以清偿破产费用，破产费用中的各项费用就按照比例清偿。完事之后，如果还有财产再去按比例清偿共益债务。

B.债务人财产不足以清偿所有破产费用和共益债务的，先行清偿共益债务

C.债务人财产不足以清偿所有共益债务的，按照比例清偿

D.债务人财产不足以清偿所有破产费用的，人民法院确认其属实之后，应当受理破产案件，并作出破产宣告，同时作出终结破产程序的裁定

【答案】ACD

【解析】债务人财产不足以清偿所有破产费用和共益债务的，先行清偿破产费用，因此，B错误。

债权申报的要求有哪些?

第五节 破产债权

重要，必须掌握。

考霸笔记

债权申报这个考点经常出现在选择题中，这样的题目非常简单，如果在考试中遇到了一定要迅速准确地将其拿下。哪些债权需要申报，哪些债权不需要申报，如果每一个都精准记忆的话，的确非常困难！其实我们只需要记住一点：职工劳动债权无需申报，其他各种债权统统需要申报。很多人容易做错的是以为有担保的债权无需申报，这当然是错的，即使该项债权有担保，也是需要申报的，只有职工劳动债权才无需申报，抓住这一点，无论碰到什么样的选择题，都能轻松地做出来。

一、破产债权申报的一般规则

（一）破产债权范围

破产债权是指破产申请受理时对债务人享有的债权。

包括有财产担保的债权。

（二）债权申报的期限

1.债权申报期限自人民法院发布受理破产申请公告之日起计算，最短不得少于30日，最长不得超过3个月。

2.在人民法院确定的债权申报期限内，债权人未申报债权的，可以在破产财产最后分配前补充申报；但是，此前已进行的分配，不再对其补充分配。为审查和确认补充申报债权的费用，由补充申报人承担。

（三）债权申报的要求

重要，必须掌握，多次考察案例分析题。

1.职工债权免申报，由管理人清查后公示，有异议的可以提请管理人更正，不予更正的，可以向法院提出确认之诉。

2.未到期的债权，在破产申请受理时视为到期。附利息的债权自“破产申请受理时”起停止计息。附条件、附期限的债权和诉讼、仲裁未决的债权，债权人可以申报。

3.债权人申报债权时，应当书面说明债权的数额和有无财产担保，并提交有关证据。申报的债权是连带债权的，应当说明。

4.连带债权人可以由其中一人代表全体连带债权人申报债权，也可以共同申报债权。

5.税收债权、社会保障债权以及对债务人特定财产享有担保权的债权均需依法申报。

6.附利息的债权，自破产申请受理时起停止计息。

7.无利息的债权，无论是否到期均以本金申报债权。

8.连带债务人数人的破产案件均被受理的，其债权人有权就“全部债权”同时分别在各破产案件中申报债权。

债权人从各连带债务人处所获得的清偿总额不得超过其所享有的债权总额。

9.管理人解除双方均未履行完毕的合同，对方当事人以因合同解除所产生的损害赔偿请求权申报债权。

【解释】对方当事人申报的破产债权以实际损失为限，违约金不得作为破产债权申报，定金则按照定金罚则以双倍数额申报破产债权。

例8-12·2013年多选题

根据企业破产法律制度的规定，下列债务中，债权人应在人民法院确定的期限内进行债权申报的有（ ）。

A.债务人所欠银行未到清偿期的借款

B.债务人所欠职工工资

C.债务人所欠税款

D.债务人所欠职工医疗费

【答案】AC

【解析】(1) 未到期的债权，在破产申请受理时视为到期，应当申报，A应选。(2) 职工债权（债务人所欠职工的工资和医疗、伤残补助、抚恤费用，所欠的应当划入职工个人账户的基本养老保险、基本医疗保险费用，以及法律、行政法规规定应当支付给职工的补偿金）不必申报，由管理人调查后列出清单并予以公示，所以排除选项B、D。(3) 税收债权、社会保障债权以及对债务人特定财产享有担保权的债权均需依法申报，选项C应选。

二、债务人（被保证人）破产

考霸笔记

【解释】债权人已向管理人申报全部债权的，保证人或连带债务人不能再申报债权，否则就会出现债务人对一项破产债务向债权人和保证人或连带债务人作二次重复清偿，从而损害其他债权人的合法利益。

1.连带保证。

(1) 人民法院受理债务人破产案件后，对于负连带责任的保证人，债权人有权直接要求保证人承担保证责任，也可以先向进入破产程序的债务人追偿，然后再以未受清偿的余额向保证人追偿（应当在破产程序终结之日起6个月内提出）。

(2) 债务人的保证人已经代替债务人清偿债务的，以其对债务人的求偿权申报债权。债务人的保证人尚未代替债务人清偿债务的，以其对债务人的将来求偿权预先申报债权。但是，债权人已经向管理人申报全部债权的除外。

(3) 债权人知道或者应当知道债务人破产，既未申报债权也未通知保证人，致使保证人不能预先行使追偿权的，保证人在该债权在破产程序中可能受偿的范围内免除保证责任。

债务人（被保证人）破产，保证人的责任有哪些？

2.一般保证。

(1) 人民法院受理债务人破产案件，中止执行程序的，一般保证人不得行使先诉抗辩权。因此，债权人可以直接向一般保证人追偿。

(2) 破产案件受理时主债务未到期的，一般保证人并无提前履行保证责任的义务，仍应按照原保证合同的约定承担保证责任。

三、保证人破产

重要，必须掌握，可能考察案例分析题。

1.连带保证。

(1) 人民法院受理保证人破产案件后，保证人的保证责任不得因其破产而免除。

(2) 主债务到期时，债权人可以按照保证合同的约定向保证人申报债权进行追偿；主债务未到期的，视为已到期，在减去未到期的利息后予以提前清偿。

2.一般保证。

(1) 人民法院受理保证人破产案件后，保证人的保证责任不得因其破产而免除。

（2）一般保证人破产的，不得行使先诉抗辩权。

（3）由于债权人尚未获得主债务人的清偿，申报债权时无法确定一般保证人应承担补充保证责任的大小，但债权人可以就“全部债权”向一般保证人申报债权。在破产财产分配过程中，如果债权人先获得主债务人的清偿，便可根据主债务人的清偿结果相应调整其对一般保证人的破产债权额；如果债权人先从一般保证人处获得清偿，应先行提存，待债权人从主债务人处获得清偿后，再按照一般保证人实际应承担的补充保证责任，按照破产财产分配方案中规定的清偿率，向债权人支付，余额由人民法院分给其他债权人。

（4）一般保证人的补充责任应按债权人“申报”的破产债权数额确定。

3.解除合同的损害赔偿请求权的申报。

管理人或者债务人依照《企业破产法》规定解除合同的，对方当事人以因合同解除所产生的损害赔偿请求权申报债权。

可申报的债权以实际损失为限，违约金不作为破产债权。

第六节 债权人会议

熟悉，考查方式以选择题居多。

一、债权人会议的组成

（一）债权人会议的概念

债权人会议的成员与权利主要有哪些？

债权人会议，是由所有依法申报债权的债权人组成，以保障债权人共同利益为目的，为实现债权人的破产程序参与权，讨论决定有关破产事宜，表达债权人意志，协调债权人行为的破产议事机构。

（二）债权人会议的成员与权利

依法申报债权的债权人均为债权人会议的成员，债权人会议成员均享有表决权（无论是否对债务人的特定财产享有担保权），但对债务人的特定财产享有担保权的债权人，未放弃优先受偿权的，其对通过和解协议和破产财产的分配方案的事项不享有表决权。

1.凡是申报债权者均有权参加第一次债权人会议，对于第一次会议以后的债权人会议，只有债权得到确认者才有权行使表决权。

2.因债权存在争议而未被列入债权表者，如果已经提起债权确认诉讼，可以参加债权人会议；但债权尚未确定的债权人，除人民法院能够为其行使表决权而临时确定债权额者外，不得行使表决权。

3.对债务人的特定财产享有担保权的债权人，未放弃优先受偿权利的，对通过“和解协议和破产财产的分配方案”的事项不享有表决权。

例 8-13 · 2007 年多选题

根据企业破产法的规定，债权人会议表决的下列事项中，对债务人的特定财产享有担保权，且未放弃优先受偿权利的债权人享有表决权的有（　　）。

A.通过重整计划　　B.通过和解协议

C.通过破产财产的分配方案　　D.通过破产财产的变价方案

【答案】AD

【解析】本题考核点是债权人的表决权。根据规定，对债务人的特定财产享有担保权的债权人，未放弃优先受偿权利的，对于通过和解协议草案和通过破产财产的分配方案的决议不享有表决权，因此选项B和C不正确。

债权人会议主席由人民法院从有表决权的债权人中指定。

第一次债权人会议由人民法院召集，自债权申报期限届满之日起15日内召开。

临时债权人会议的召开条件：

1.人民法院认为必要时；

2.管理人向债权人会议主席提议时；

3.债权人委员会向债权人会议主席提议时；

4.占"债权总额"1/4以上的债权人向债权人会议主席提议时。

一般情况下，债务人的职工代表和工会代表在债权人会议上没有表决权。但是，如果职工劳动债权不能从破产财产中获得全额优先受偿，或者在重整程序中债权人会议决议通过影响其清偿利益的重整计划草案等情况时，职工债权人应享有表决权。

二、债权人会议的召集与职权

债权人会议的职权有哪些?

（一）债权人会议的召集

第一次债权人会议由人民法院召集，自债权申报期限届满之日起15日内召开。

（二）债权人会议的职权

1.债权人会议行使的职权

考霸笔记

债权人会议的职权，明文列举的就有10条，其实是有规律可循的，我们仔细分析就很容易发现，债权人会议的职权跟前面所学的股东会的职权类似。其实也很简单，如果一个公司到了破产的境地，那么这个公司的财产与公司的股东基本上就没有什么关系了，这时公司的债权人就成了公司事实上的股东，所以债权人会议的职权就类似于股东会的职权。掌握了这背后的原理，在理解的基础上掌握债权人会议的职权就很容易了。

还需要注意的是，在选择题当中债权人会议的职权经常和管理人的职权混在一起让考生区分，在此我们同样可以把管理人类比公司经理，破产受理前是经理具体管理运营公司，在破产受理后，管理人承继了经理的位置，所以管理人与经理的职权应该也是类似的。这样通过类比记忆，债权人会议的职权和管理人的职权就很容易区分了。

（1）核查债权。

【提示】债权表由第一次债权人会议核查，由人民法院确认。

（2）申请人民法院更换管理人，审查管理人的费用和报酬。

【提示】债权人会议不能直接更换管理人。

（3）监督管理人。

（4）选任和更换债权人委员会成员。

（5）决定继续或者停止债务人的营业。

（6）通过重整计划。

（7）通过和解协议。

（8）通过债务人财产的管理方案。

（9）通过破产财产的变价方案。

【提示】上述（8）（9）项债权人会议一次表决未通过的，法院裁定。

（10）通过破产财产的分配方案。

2.债权人会议的决议

（1）债权人会议的表决。

一般决议：债权人会议的决议，由出席会议的有表决权的债权人过半数通过，并且其所代表的债权额必须占“无财产担保债权总额”的1/2以上，但是法律另有规定的除外。债权人会议的决议，对于全体债权人均有约束力。

特别决议：①出席会议的同一表决组的债权人过半数同意重整计划草案，并且其所代表的债权额占该组债权总额的2/3以上的，即为该组通过重整计划草案。

②债权人会议通过和解协议的决议，由出席会议的有表决权的债权人过半数同意，并且其所代表的债权额占无财产担保债权总额的2/3以上。

（2）债权人会议表决的补救。

①债权人认为债权人会议的决议违反法律规定，损害其利益的，可以自债权人会议作出决议之日起15日内，请求人民法院裁定撤销该决议，责令债权人会议依法重新作出决议。

②债权额占无财产担保债权总额1/2以上的债权人对人民法院作出的裁定不服的，可以自裁定宣布之日或者收到通知之日起15日内向该人民法院申请复议。

三、债权人委员会 熟悉，可能考选择题。

（一）债权人委员会的概念与组成

《企业破产法》规定，在债权人会议中可以设置债权人委员会。

债权人委员会为破产程序中的选任机关，由债权人会议根据案件具体情况决定是否有必要设置。债权人委员会中的债权人代表由债权人会议选任、罢免。此外，债权人委员会中还应当有一名债务人企业的职工代表或者工会代表。为便于决定事项、开展工作，债权人委员会的成员人数原则上应为奇数，最多不得超过9人。出任债权人委员会的成员应当经人民法院书面认可。

债权人委员会的职权有哪些?

（二）债权人委员会的职权

1.债权人委员会行使的职权

（1）监督债务人财产的管理和处分。

（2）监督破产财产分配。

（3）提议召开债权人会议。

（4）债权人会议委托的其他职权。

2.应及时报告债权人委员会的情况

管理人实施下列行为，应当及时报告债权人委员会：

（1）涉及土地、房屋等不动产权益的转让。

（2）探矿权、采矿权、知识产权等财产权的转让。

（3）全部库存或者营业的转让。

（4）借款。

（5）设定财产担保。

（6）债权和有价证券的转让。

（7）履行债务人和对方当事人均未履行完毕的合同。

（8）放弃权利。

（9）担保物的取回。

（10）对债权人利益有重大影响的其他财产处分行为。

未设立债权人委员会的，管理人实施上述行为应当及时报告人民法院。

例 8-14 · 2012年单选题

根据企业破产法律制度的规定，下列各项中，属于债权人会议职权的是（　　）。

A.调查债务人的财产状况，制作财产状况报告

B.决定债务人的日常开支

C.决定债务人的内部管理事务

D.通过债务人财产的管理方案

【答案】D

【解析】选项A、B、C是管理人的职权。

第七节　重整程序

一、重整制度的一般理论

（一）重整制度的概念与意义

重整是指对可能或已经发生破产原因，但又有挽救希望与价值的企业，通过对各方利害关系人的利益协调，借助法律强制进行股权、营业、资产重组与债务清理，以避免破产、获得更生的法律制度。

> 考霸笔记
> 我国重整制度的适用范围为企业法人，由于其程序复杂、费用高昂、耗时很长，故实践中主要适用于大型企业，中小型企业往往采用更为简化的和解程序。

（二）重整制度的特征

重整申请时间提前，启动主体多元化。提出破产清算和和解申请，以债务人已经发生破产原因为前提，而重整申请不仅在债务人已经发生破产原因时可以提出，而且在其有破产原因发生的可能时即可提出。

担保物权受限。在重整程序中，物权担保债权人的优先受偿权受到限制，这是其与破产法上其他程序的重大不同之处。限制担保物权的目的，是为保证债务人不因担保财产的清偿执行而影响其生产经营，无法进行重整。

> 重整可由谁提出？

重整程序具有强制性。只要债权人会议各表决组及股东组以法定多数通过重整计划，经法院批准，对所有当事人均具有法律效力。

债务人可负责制订、执行重整计划。除非债务人存在破产欺诈、无经营能力等情况，根据规定，在重整期间，经债务人申请、人民法院批准，债务人可以在管理人的监督下制订重整计划草案，自行管理财产和营业事务。

二、重整申请和重整期间　重要，必须掌握。

（一）重整申请

1.按照《企业破产法》的规定，债务人或者债权人可以直接向人民法院申请对债务人进行重整。

2.债权人申请对债务人进行破产清算的，在人民法院受理破产申请后、宣告债务人破产前，债务人或者出资额占债务人注册资本1/10以上的出资人，可以向人民法院申请重整。国务院金融监管机构可以向人民法院提出对金融机构进行重整的申请。

> 考霸笔记
> 【解释】提出破产清算和和解申请，以债务人已发生破产原因为前提，而重整申请则在债务人有发生破产原因的可能时即可提出，可以使债务人获得更为充分的挽救机会。

3.重整案件的听证程序。对于债权债务关系复杂、债务规模较大，或者涉及上市公司重整的案件，人民法院在审查重整申请时，可以组织申请人、被申请人听

证。债权人、出资人、重整投资人等利害关系人经人民法院准许，也可以参加听证。听证期间不计入重整申请审查期限。（2019年新增）

4.重整企业的识别审查。破产重整的对象应当是具有挽救价值和可能的困境企业；对于僵尸企业，应通过破产清算，果断实现市场出清。人民法院在审查重整申请时，根据债务人的资产状况、技术工艺、生产销售、行业前景等因素，能够认定债务人明显不具备重整价值以及拯救可能性的，应裁定不予受理。（2019年新增）

（二）重整期间

自人民法院裁定债务人重整之日起至重整程序终止，为重整期间。需注意的是，所谓重整期间，仅指重整申请受理至重整计划草案得到债权人会议分组表决通过和人民法院审查批准，或重整计划草案未能得到债权人会议分组表决通过或人民法院不予批准的期间，不包括重整计划得到批准后的执行期间。

1.在重整期间，债务人的财产管理和营业事务执行，可以由管理人或者债务人负责。经债务人申请，人民法院批准，债务人可以在管理人的监督下自行管理财产和营业事务。

考霸笔记

【解释】在重整程序中，有财产担保的债权人的优先受偿权受到限制，而在破产清算和和解程序中则不受限制。

2.在重整期间，对债务人的特定财产享有的担保权暂停行使。但是，对企业重整无保留必要的担保财产，经债务人或者管理人同意，担保权人可以行使担保权。

3.在重整期间，债务人或者管理人为继续营业而借款的，可以为该借款设定担保。

4.债务人在重整期间为重整进行而发生的费用与债务，原则上属于共益债务，可以不受重整程序限制地从债务人财产中受偿。

5.债务人合法占有的他人财产，该财产的权利人在重整期间要求取回的，应当符合事先约定的条件。

6.在重整期间，债务人的出资人不得请求投资收益分配。

7.在重整期间，债务人的董事、监事、高级管理人员不得向第三人转让其持有的债务人的股权。但是，经人民法院同意的除外。

三、重整计划的制订、表决与批准

1.重整计划草案的制订、执行和监督（见表8-4）

表8-4 重整计划草案的制订、执行和监督

	管理企业事务和财产	制订重整计划	执行	监督
（1）	管理人	管理人	债务人	管理人
（2）	债务人	债务人		

2.债务人或者管理人应当自人民法院裁定债务人重整之日起6个月内，同时向人民法院和债权人会议提交重整计划草案；期限届满，经债务人或者管理人请求，有正当理由的，人民法院可以裁定延期3个月；债务人或者管理人未按期提出重整计划草案的，人民法院应当裁定终止重整程序，并宣告债务人破产。

3.重整计划草案的表决与批准

重整计划草案的表决与批准主要内容有哪些?

（1）分组表决

①对债务人的特定财产享有担保权的债权组；

②职工债权组；

③债务人所欠税款组；

④普通债权组（还可以设立小额债权组）。

（2）决议规则

①出席会议的同一表决组的债权人过半数同意重整计划草案，并且其所代表的债权额占该组债权总额的2/3以上的，即为该组通过重整计划草案。

②各表决组均通过重整计划草案时，重整计划即为通过；人民法院经审查认为符合规定的，裁定批准。

（3）出资人组

①重整计划草案涉及出资人权益调整事项的，应当设出资人组。

②出资人组对重整计划草案中涉及出资人权益调整事项的表决，经参与表决的出资人所持表决权2/3以上通过的，即为该组通过重整计划草案。

（4）重整计划的强制批准

部分表决组未通过重整计划草案，重整计划草案符合下列条件的，债务人或者管理人可以申请人民法院批准重整计划草案：

①按照重整计划草案，对债务人的特定财产享有担保权的债权就该特定财产将获得全额清偿，其因延期清偿所受的损失将得到公平补偿，并且其担保权未受到实质性损害，或者该表决组已经通过重整计划草案。

②按照重整计划草案，职工债权和债务人所欠税款将获得全额清偿，或者相应表决组已经通过重整计划草案。

③按照重整计划草案，普通债权所获得的清偿比例，不低于其在重整计划草案被提请批准时依照破产清算程序所能获得的清偿比例，或者该表决组已经通过重整计划草案。

④重整计划草案对出资人权益的调整公平、公正，或者出资人组已经通过重整计划草案。

⑤重整计划草案公平对待同一表决组的成员，并且所规定的债权清偿顺序不违反《企业破产法》的规定。

⑥债务人的经营方案具有可行性。

人民法院经审查认为重整计划草案符合前款规定的，应当自收到申请之日起30日内裁定批准，终止重整程序，并予以公告。

【解释】人民法院可以在保证反对者的既得利益不受损害（要保证反对重整计划草案的债权人或者出资人在重整中至少可以获得在破产清算中本可获得的清偿）等法定条件下强制批准重整计划，以避免因部分利害关系人的反对而无法进行重整。

（5）表决结果（见表8-5）

表8-5 表决结果

各组都通过	法院批准：终止重整程序，进入执行程序
	法院不批准：终止重整程序，宣告债务人破产
部分组未通过	法院强制批准：终止重整程序，进入执行程序
	法院不批准：终止重整程序，宣告债务人破产
全部组未通过	终止重整程序，宣告债务人破产

4.重整计划草案强制批准的条件。人民法院应当审慎适用破产法的规定，不得滥用强制批准权。确需强制批准重整计划草案的，重整计划草案除应当符合法律规定之外，如债权人分多组的，还应当至少有一组已经通过重整计划草案，且各表决组中反对者能够获得的清偿利益不低于依照破产清算程序所能获得的利益。（2019年新增）

四、重整计划的执行、监督与终止

（一）重整计划的执行

【总结】重整计划都由债务人自己执行，管理人监督。

1.重整计划由债务人负责执行。人民法院裁定批准重整计划后，已接管财产和营业事务的管理人应当向债务人移交财产和营业事务。

2.重整计划执行中的变更条件和程序。债务人应严格执行重整计划，但因出现国家政策调整、法律修改变化等特殊情况，导致原重整计划无法执行的，债务人或管理人可以申请变更重整计划一次。债权人会议决议同意变更重整计划的，应自决议通过之日起十日内提请人民法院批准。债权人会议决议不同意或者人民法院不批准变更申请的，人民法院经管理人或者利害关系人请求，应当裁定终止重整计划的执行，并宣告债务人破产。（2019年新增）

3.重整计划变更后的重新表决与裁定批准。人民法院裁定同意变更重整计划的，债务人或者管理人应当在六个月内提出新的重整计划。变更后的重整计划应提交给因重整计划变更而遭受不利影响的债权人组和出资人组进行表决。表决、申请人民法院批准以及人民法院裁定是否批准的程序与原重整计划的相同。（2019年新增）

4.重整后企业正常生产经营的保障。企业重整后，投资主体、股权结构、公司治理模式、经营方式等与原企业相比，往往发生了根本性变化，人民法院要通过加强与政府的沟通、协调，帮助重整企业修复信用记录，依法获取税收优惠，以利于重整企业恢复正常的生产经营。（2019年新增）

（二）重整计划的监督

重整计划有怎样的效力?

管理人负责监督重整计划的执行。

（三）重整计划的效力

经人民法院裁定批准的重整计划，对债务人和全体债权人均有约束力，包括对债务人的特定财产享有担保权的债权人。

【链接】经裁定生效的和解协议对债务人和和解债权人有约束力。

债权人对债务人的保证人和其他连带债务人所享有的权利，不受重整计划的影响。

债权人未依照规定申报债权的，在重整计划执行期间不得行使权利；在重整计划执行完毕后，可以按照重整计划规定的同类债权的清偿条件行使权利。

按照重整计划减免的债务，自重整计划执行完毕时起，债务人不再承担清偿责任。

重整计划的终止情况如下：

1.债务人不能执行或者不执行重整计划的，人民法院经管理人或者利害关系人请求，应当裁定终止重整计划的执行，并宣告债务人破产。

2.人民法院裁定终止重整计划执行的，债权人在重整计划中作出的债权调整的承诺失去效力，但为重整计划的执行提供的担保继续有效。

3.重整计划终止后清偿的效力。

（1）债权人因执行重整计划所受的清偿仍然有效，债权未受清偿的部分作为破产债权。

（2）在重整计划执行中已经接受清偿的债权人，只有在其他同顺位债权人同自己所受的清偿达到同一比例时，才能继续接受分配。

第八节　和解制度

熟悉，可能考选择题。

一、和解的申请

债务人可以直接向人民法院申请和解；也可以在人民法院受理破产申请后、宣告债务人破产前，向人民法院申请和解。

和解债权人是指人民法院受理破产申请时对债务人享有无物权担保债权的人。

【解释】和解申请只能由债务人提出。

二、和解协议的通过和表决方式

1.债权人会议通过和解协议的决议，由出席会议的有表决权的债权人过半数同意，并且其所代表的债权额占无财产担保债权总额的2/3以上。

2.债权人会议通过和解协议的，由人民法院裁定认可，并予以公告。和解协议草案经债权人会议表决未获得通过，或者已经债权人会议通过的和解协议未获得人民法院认可的，人民法院应当裁定终止和解程序，并宣告债务人破产。

和解协议的启动和效力是怎样的?

三、和解协议的效力

1.经人民法院裁定认可的和解协议，对债务人和全体和解债权人均有约束力。

2.和解债权人未依照规定申报债权的，在和解协议执行期间不得行使权利；在和解协议执行完毕后，可以按照和解协议规定的清偿条件行使权利。

3.按照和解协议减免的债务，自和解协议执行完毕时起，债务人不再承担清偿责任。

4.和解债权人对债务人的保证人和其他连带债务人所享有的权利，不受和解协议的影响。

5.和解协议没有强制执行的效力，债务人不能执行或者不执行和解协议的，人民法院经和解债权人请求，应当裁定终止和解协议的执行，并宣告债务人破产。债权人在和解协议中作出的债权调整的承诺失去效力；为和解协议的执行提供的担保继续有效；债权人因执行和解协议所受的清偿仍然有效，债权未受清偿的部分只有在其他同顺位债权人同自己所受的清偿达到同一比例时，才能继续接受分配。

【链接】在重整程序中，出席会议的同一表决组的债权人过半数同意重整计划草案，并且其所代表的债权额占该组债权总额的2/3以上的，即为该组通过重整计划草案。

而在和解程序中，出席会议的有表决权的债权人过半数同意，并且其所代表的债权额占无财产担保债权总额的2/3以上。

考霸笔记

选择题和综合题都比较爱考，如果掌握了背后的原理，那么就不会记混了。

仔细对比一下，很容易发现在算程序是否通过的人数的分母中，重整程序要求"债权额占该组债权总额的2/3以上"，而"债权额占无财产担保债权总额的2/3以上"，很明显重整程序的要求要更高，为什么会有这种区别呢？原因就在于重整程序对所有债权人都有约束力，有财产担保的债权人利益会受到影响，所以就要允许他们参与投票。而在和解程序中，有财产担保的债权人利益是不会受到影响的，所以他们就不需要参与投票了。

例8-15·2009年多选题

下列关于和解的表述中，符合企业破产法规的有（　　）。

A.和解申请只能由债务人一方提出

B.和解申请只能由债权人一方提出

C.在和解程序中，对债务人特定财产享有的担保权暂停行使

D.和解债权人未依照法律规定申报债权的，在和解协议执行完毕后，仍可按和解协议规定的清偿条件行使权利

【答案】AD

【解析】和解申请只能由债务人一方提出，因此选项B错误。在重整期间，对债务人的特定财产享有的担保权暂停行使。和解程序中没有此规定。因此选项C错误。

第九节　破产清算程序

重要，必须掌握，出题概率极大。

一、破产宣告

1.破产宣告是指法院依据当事人等的申请或者依照法定职权裁定宣布债务人破产以清偿债务的活动。人民法院受理破产清算申请后，在第一次债权人会议上无人提出重整或和解申请的，管理人应当在债权审核确认和必要的审计、资产评估后，及时向人民法院提出宣告破产的申请。人民法院受理破产和解或重整申请后，债务人出现应当宣告破产的法定原因时，人民法院应当依法宣告债务人破产。（2019年新增）

2.人民法院依法宣告债务人破产的，应当自裁定作出之日起5日内送达债务人

和管理人，自裁定作出之日起10日内通知已知债权人，并予以公告。

3.破产宣告前，有下列情形之一的，人民法院应当裁定终结破产程序，并予以公告：

（1）第三人为债务人提供足额担保或者为债务人清偿全部到期债务的；

（2）债务人已清偿全部到期债务的。

别除权的具体规定有哪些?

二、别除权　重要，必须掌握，历年多次出题。

根据规定，别除权之债权属于破产债权，其担保物属于破产财产。据此，别除权享有破产申请权，也应当申报债权，未依法申报债权者不得依照破产法程序行使权利。

1.对破产人的特定财产享有担保权的权利人，对该特定财产享有优先受偿的权利

其行使优先受偿权利未能完全受偿的，其未受偿的债权作为普通债权；放弃优先受偿权利的，其债权作为普通债权。

【解释1】其优先受偿权的行使不受破产清算与和解程序的限制，但在重整程序中受到限制。因此，对破产企业的特定财产享有担保权的债权人，未放弃优先受偿权利的，对通过和解协议和破产财产的分配方案不享有表决权。

【解释2】别除权主要涉及抵押、质押、留置以及法定特别优先权，与"保证"无关。

【解释3】担保权人权利的行使与限制。在破产清算和破产和解程序中，对债务人特定财产享有担保权的债权人可以随时向管理人主张就该特定财产变价处置行使优先受偿权，管理人应及时变价处置，不得以须经债权人会议决议等为由拒绝，但因单独处置担保财产会降低其他破产财产的价值而应整体处置的除外。（2019年新增）

考霸笔记

根据规定："对破产人的特定财产享有担保权的权利人，对该特定财产享有优先受偿的权利。"此项权利即是破产法理论上的别除权。别除权的优先受偿权不受破产清算与和解程序的限制，但在重整程序中受到一定限制。

2.破产企业以自己的设备为自己的债务提供抵押担保

（1）如果有财产担保的债权人放弃优先受偿权利的，其债权作为普通债权。

（2）如果有财产担保的债权人不放弃优先受偿权利，债权人行使优先受偿权利未能完全受偿的，其未受偿的债权作为普通债权。

3.破产企业以自己的设备为他人债务提供抵押担保

（1）如破产企业仅作为担保人为他人债务提供物权担保，担保债权人的债权虽然在破产程序中可以构成别除权，但因破产企业不是主债务人，在担保物价款不足以清偿担保债额时，余债不得作为破产债权向破产企业要求清偿，只能向原主债务人求偿。

（2）别除权人如放弃优先受偿权利，其债权也不能转为对破产企业的破产债权，因二人之间只有担保关系，无基础债务关系。

4.第三人以其机器设备为破产企业债务提供抵押担保

第三人以其机器设备为破产企业的债务提供抵押担保，不构成别除权。

别除权的其他情况见表8-6。

考霸笔记

破产清算过程中的别除权属于常考点，选择题和综合题中均有可能考查。遇到涉及别除权的题目，尤其是选择题，理解别除权的实质很重要！别除权，即破产人为自己或他人的债务提供的物保（抵押、质押），而若是破产人为自己或他人的债务提供人保，则不构成别除权。还有选择题中经常出现的扰乱选项是第三人为破产人的债务提供物保（抵押、质押），也不构成别除权，这点需要注意！遇到有关别除权的题目，我们只需要死死抓住两点：一、破产人为自己或他人的债务提供担保；二、担保必须为物保，即用于担保的东西必须精确到具体的财产上。只要抓住以上两点，那么相关题目就非常容易了。

表8-6 是否构成别除权？别除权的其他情况

谁为谁提供	不放弃优先受偿权利	放弃优先受偿权利
1.自己为自己：以自己的设备为自己的债务抵押担保	构成别除权 未受偿的债权作为普通债权	不构成别除权 债权作为普通债权
2.自己为他人：以自己的设备为他人债务抵押担保	构成别除权 未清除部分不得作为破产债权向破产企业要求清偿，只能向原主债务人求偿	不构成别除权 不能申报债权，找原主债务人求偿
3.第三人为自己：第三人以其机器设备为破产企业的债务抵押担保	不构成别除权 只能申报普通债权	

例8-16·2008年多选题

根据企业破产法律制度的规定，对破产人的特定财产享有担保权的权利人，对该特定财产享有优先受偿的权利。下列选项中，构成该项优先受偿权的有（　　）。

A.破产人为他人债务提供的保证担保

B.破产人为自己的债务提供的质押担保

C.破产人为他人债务提供的抵押担保

D.第三人为破产人的债务提供的抵押担保

【答案】BC

【解析】对破产人的特定财产享有担保权的权利人，对该特定财产享有优先受偿的权利。选项D不是破产人提供的担保，均不能构成优先受偿权（别除权）。

三、破产财产的变价和分配

（一）破产财产的变价

1.管理人应当及时拟订破产财产变价方案，提交债权人会议讨论。

2.变价出售破产财产应当通过拍卖进行。破产企业可以全部或者部分变价出售。企业变价出售时，可以将其中的无形资产和其他财产单独变价出售。

【解释】破产财产处置应当以价值最大化为原则，兼顾处置效率。人民法院要积极探索更为有效的破产财产处置方式和渠道，最大限度提升破产财产变价率。采用拍卖方式进行处置的，拍卖所得预计不足以支付评估拍卖费用，或者拍卖不成的，经债权人会议决议，可以采取作价变卖或实物分配方式。变卖或实物分配的方案经债权人会议两次表决仍未通过的，由人民法院裁定处理。（2019年新增）

破产清算的顺序是怎样的？

（二）破产财产的分配　重要，必须掌握。

1.破产清算的顺序

（1）有财产担保的债权；

（2）破产费用和共益债务，内部顺序是先破产费用，后共益债务；

（3）职工债权（破产人所欠职工的工资和医疗、伤残补助、抚恤费用，所欠的应当划入职工个人账户的基本养老保险、基本医疗保险费用，以及法律、行政法规规定应当支付给职工的补偿金）；

（4）纳入社会统筹账户的社会保险费用和破产人所欠税款，此时需要申报；

（5）无财产担保的普通债权。

【解释】对于法律没有明确规定清偿顺序的债权，人民法院可以按照人身损害赔偿债权优先于财产性债权、私法债权优先于公法债权、补偿性债权优先于惩罚性债权的原则，合理确定清偿顺序。因债务人侵权行为造成的人身损害赔偿，可以参照职工债权的顺序清偿，但其中涉及的惩罚性赔偿除外。破产财产依照法律规定的顺序清偿后仍有剩余的，可依次用于清偿破产受理前产生的民事惩罚性赔偿金、行政罚款、刑事罚金等惩罚性债权。（2019年新增）

考霸笔记

为什么职工债权这么靠前呢？因为这涉及最基层民众的生活来源，如果职工拿不到工资，那么问题可能就比较严重了。（注意对比：如果是商业银行破产，清偿职工债权后，优先支付个人存款本息）。

2.特别规定 熟悉，可能考选择题。

（1）破产企业的董事、监事和高级管理人员的工资按照该企业职工的平均工资计算。

（2）破产申请受理前拖欠的职工工资属于职工债权，破产申请受理后因管理人（或者债权人会议）决定继续营业，应当向职工支付的工资属于共益债务。

破产申请受理前拖欠的无担保的货款属于普通债权，破产申请受理后因管理人（或者债权人会议）决定继续营业，应当向其他企业支付的货款属于共益债务。

考霸笔记

排在职工债权之后的，就是欠社保机构和国家的钱，即社会保险费用和破产人所欠税款。

【解释】企业破产与职工权益保护。破产程序中要依法妥善处理劳动关系，推动完善职工欠薪保障机制，依法保护职工生存权。由第三方垫付的职工债权，原则上按照垫付的职工债权性质进行清偿；由欠薪保障基金垫付的，应按照“破产人欠缴的除前项规定以外的社会保险费用和破产人所欠税款”顺序清偿。债务人欠缴的住房公积金，按照债务人拖欠的职工工资性质清偿。（2019年新增）

（3）商业银行破产清算时，在支付清算费用、所欠职工工资和劳动保险费用后，应当优先支付个人储蓄存款的本金和利息。

（4）破产企业在破产案件受理前因为欠付税款所产生的滞纳金属于普通破产债权，不享有与欠付税款相同的优先受偿地位，对于破产案件受理之后因欠付税款所产生的滞纳金，该滞纳金并不属于破产债权，在破产程序中并不受偿。

考霸笔记

注意，破产受理前产生的税款滞纳金作为普通债权，而破产受理后是不产生滞纳金的，最后才轮到普通的破产债权。

例8-17·2014年单选题

甲商业银行破产清算时，已支付清算费用、所欠职工工资和劳动保险费用。根据企业破产法律制度的规定，其尚未清偿的下列债务中，应当优先偿还的是（ ）。

A.购买办公设备所欠货款

B.欠缴监管机构的罚款

C.企业账户中的存款本金及利息

D.个人储蓄存款的本金及利息

【答案】D

【解析】商业银行破产清算时，在支付清算费用、所欠职工工资和劳动保险费用后，应当优先支付个人储蓄存款的本金和利息。

考霸笔记

【解释】该项表决虽然非常重要，但仍属于一般表决，由出席会议的有表决权的债权人过半数通过，并且其所代表的债权额占无财产担保债权总额的1/2以上。经债权人会议表决通过的破产财产分配方案对全体债权人有约束力。对两次表决未通过的法院可以裁定。

3.破产财产分配方案的表决和实施

破产财产分配方案由管理人拟订，债权人会议表决通过，经人民法院裁定认可后，由管理人执行。

4.特定债权的清偿

（1）对于附生效条件或者解除条件的债权，管理人应当将其分配额提存。在最后分配公告日，生效条件未成就或者解除条件成就的，应当分配给其他债权人；在最后分配公告日，生效条件成就或者解除条件未成就的，应当交付给债权人。

（2）管理人实施分配，应当通知所有债权人。债权人未受领的破产财产分配额，管理人应当提存。债权人自最后分配公告之日起满2个月仍不领取的，视为放弃受领分配的权利，管理人或者人民法院应当将提存的分配额分配给其他债权人。

（3）破产财产分配时，对于诉讼或者仲裁未决的债权，管理人应当将其分配额提存。自破产程序终结之日起满2年仍不能受领分配的，人民法院应当将提存的分配额分配给其他债权人。

四、破产程序的终结

特定债权的清偿主要有哪些？

破产程序终结方式主要有四种：其一，因和解、重整程序顺利完成而终结；其二，因债务人以其他方式解决债务清偿问题（包括第三人代为清偿债务、自行和解）而终结；其三，因债务人的破产财产不足以支付破产费用而终结；其四，因破产财产分配完毕而终结。在破产清算程序中仅涉及后两种情况。

破产人无财产可供分配的，管理人应当请求人民法院裁定终结破产程序。在破产人有财产可供分配的情况下，管理人在最后分配完结后，应当及时向人民法院提交破产财产分配报告，并提请人民法院裁定终结破产程序。人民法院应当自收到管理人终结破产程序的请求之日起15日内作出是否终结破产程序的裁定。裁定终结的，应当予以公告。

管理人应当自破产程序终结之日起10日内，持人民法院终结破产程序的裁定，向破产人的原登记机关办理注销登记。

第十节　关联企业合并破产（2019年新增）

一、关联企业合并破产概述

1.关联企业在破产程序中的合并有实质合并与程序合并之区别。实质合并是对关联企业资产与负债的合并，即将多个关联企业视为一个单一企业，在统一财产分配与债务清偿的基础上进行破产程序，所有企业同类债权人的清偿率按相同原则确定，各企业的法人人格在破产程序进行期间不再独立。在目前我国的实践中，实质合并主要以各关联企业资产与负债严重混同导致法人人格混同为适用条件。

2.程序合并是多个破产案件程序的合并审理，在《破产审判会议纪要》中被称为协调审理，体现为对不同法院管辖的多个企业破产案件的程序并案审理、整体重整或破产清算，通过统一制定集团各企业相互协调、衔接的重整计划、清算方案乃至整个集团企业合一的整体重整计划，达到企业挽救目的，或使破产财产实现更高的价值。但在程序合并中，各关联企业仍保持法人人格的独立，资产与债务清偿比例等分别确定。

【解释】合并破产制度，第一，可以保障不同关联企业间债权人清偿的实质公平，即在整体债权人间的清偿公平。第二，可以保障破产程序的顺利进行。由于关联企业间的资产、债权债务、经营、人员等各方面高度混同，加之错综复杂的关联方关系与不当交易，当它们分别独立进行破产程序时，给法院和管理人的债权确认、财产区分等破产清算与企业重整工作带来极大困难，使破产成本增大，工作效率低下，不仅影响债权人的实质利益，影响司法效率，甚至使破产程序都无法正常进行。第三，有利于企业重整挽救。由于各关联企业的生产经营相互交叉、上下衔接，严重混同，已经形成一个整体性的综合经营实体，各个企业实际上仅是集团的一个经营部门，这就使得企业的重整挽救在分别进行的模式下往往因运营资产不完整、企业单体经营效益低下等，而无法实现重整价值，企业挽救难以进行。第四，可以维护破产法的立法价值。人格严重混同的关联企业分别破产或重整时存在的诸多弊端，对破产法有序、公平清偿的立法价值以及重整挽救制度造成严重损害，需要在实质合并破产制度下得到矫正。

二、关联企业实质合并破产

如何区别关联企业合并破产中的实质合并与程序合并?

1.《破产审判会议纪要》指出，对关联企业实质合并破产要审慎适用。人民法院在审理企业破产案件时，应当尊重企业法人人格的独立性，以对关联企业成员的破产原因进行单独判断并适用单个破产程序为基本原则。当关联企业成员之间存在法人人格高度混同、区分各关联企业成员财产的成本过高、严重损害债权人公平清偿利益时，可例外适用关联企业实质合并破产方式进行审理。

【解释】原则上，法院在审理企业破产案件时，适用法人独立性原则，一个企业破产，不会直接导致其关联企业也破产。但是如果该企业和其关联企业高度混同或者区分这两个企业成本过高的时候，适用关联企业实质合并破产方式审理。

2.人民法院收到实质合并申请后，应当及时通知相关利害关系人并组织听证，听证时间不计入审查时间。人民法院在收到申请之日起30日内作出是否实质合并审理的裁定。

3.相关利害关系人对受理法院作出的实质合并审理裁定不服的，可以自裁定书送达之日起15日内向受理法院的上一级人民法院申请复议。

4.采用实质合并方式审理关联企业破产案件的，应由关联企业中的核心控制企业住所地人民法院管辖。核心控制企业不明确的，由关联企业主要财产所在地人民法院管辖。多个法院之间对管辖权发生争议的，应当报请共同的上级人民法院指定管辖。

5.人民法院裁定采用实质合并方式审理破产案件的，各关联企业成员之间的债权债务归于消灭，各成员的财产作为合并后统一的破产财产，由各成员的债权人在同一程序中按照法定顺序公平受偿。采用实质合并方式进行重整的，重整计划草案中应当制订统一的债权分类、债权调整和债权受偿方案。

三、关联企业程序合并破产

1.如前所述，程序合并破产在《破产审判会议纪要》中称为协调审理。根据纪要规定，多个关联企业成员均存在破产原因但不符合实质合并条件的，人民法院可根据相关主体的申请对多个破产程序进行协调审理，并可根据程序协调的需要，综合考虑破产案件审理的效率、破产申请的先后顺序、成员负债规模大小、核心控制企业住所地等因素，由共同的上级法院确定一家法院集中管辖。

2.协调审理不消灭关联企业成员之间的债权债务关系，不对关联企业成员的财产进行合并，各关联企业成员的债权人仍以该企业成员财产为限依法获得清偿。

3.关联企业成员之间不当利用关联关系形成的债权，应当劣后于其他普通债权顺序清偿，且该劣后债权人不得就其他关联企业成员提供的特定产优先受偿，即物权担保无效。

智能测评

在线练习	我要提问
4865 扫码在线做题　4945 扫码看答案 本书“本章同步强化训练”均配备二维码，打开微信“扫一扫”即可完成在线测评，查看本章详细的测评反馈报告，了解知识掌握情况，也可扫码直接看答案噢。 快来扫码做题吧！	4951 扫码答疑 本书配备答疑专用二维码，打开微信“扫一扫”，即可完成在线提问，获取专业老师全面个性化解答，让学习问题不再拖延。 快来扫码提问吧！

本章同步强化训练

一、单项选择题

1.根据企业破产法律制度的规定，下列表述中，正确的是（　　）。

A.个人独资企业和合伙企业由于是非法人企业，因此其破产清算不适用《企业破产法》的规定

B.资不抵债的民办学校破产清算不适用《企业破产法》的规定

C.金融机构实施破产的，国务院可以依据《企业破产法》和其他有关法律的规定制定实施办法

D.依照《企业破产法》开始的破产程序，对债务人在中华人民共和国领域外的财产不发生效力

2.2008年7月，长公、泰润两公司签订一份买卖合同。按照合同约定，双方已于2008年8月底前各自履行了合同义务的50%，并应于2008年年底将各自剩余的50%的合同义务履行完毕。2008年10月，人民法院受理了债务人长公公司的破产申请。2008年10月31日，长公公司管理人收到了泰润公司关于是否继续履行该买卖合同的催告，但直至2008年12月初，管理人尚未对泰润公司的催告作出答复。下列关于该买卖合同的表述中，正确的是（　　）。

A.泰润公司应当继续履行合同

B.泰润公司无需继续履行合同

C.泰润公司有权要求管理人就合同履行提供担保

D.泰润公司有权就合同约定的违约金申报债权

3.根据企业破产法律制度的规定，下列关于破产申请受理前成立而债务人和对方当事人均未履行完毕的合同的处理，正确的是（　　）。

A.管理人在破产程序中享有多次的合同选择履行权

B.对于破产企业为他人提供担保的合同，管理人无权选择解除合同，逃避法律义务

C.一般情况下，管理人有权自主决定解除与承租人的房屋租赁合同，收回房屋

D.保险公司破产时，对尚未履行完毕的人寿保险合同，管理人有权解除

4.2013年6月1日，人民法院受理了对甲公司提起的破产申请。根据企业破产法律制度的规定，下列人员中，有资格担任管理人的是（　　）。

A.3年前被吊销执业证书，但现已重获执业资格的会计师乙

B.曾于2008年1月1日至2009年12月31日担任甲公司法律顾问的丙律师事务所

C.甲公司董事丁

D.甲公司监事会主席的妻子戊

5.安宁公司的破产案件中，负债情况如下：职工债权50万元，普通债权220万元，人民法院的诉讼费用30万元，管理人甲会计师事务所报酬20万元，管理人聘用乙会计师事务所的注册会计师林某协助清理账册，支付其报酬3万元，为继续营业而支付的职工工资及社会保险费用40万元。安宁公司破产案件中，破产费用的数额为（　　）万元。

A.50　　B.53　　C.90　　D.93

6.下列选项中，不属于破产企业管理人应履行的职责是（　　）。

A.接管债务人的财产　　B.决定债务人的内部管理事务

C.决定债务人的日常开支　　D.主持债权人会议

7.根据企业破产法律制度的规定，人民法院受理破产申请前6个月内，涉及债务人财产的下列行为中，管理人有权请求人民法院予以撤销的是（　　）。

A.向他人无偿转让企业财产

B.支付职工劳动报酬

C.支付人身损害赔偿金

D.在设定债务的同时，并为该债务提供财产担保

8.下列关于《企业破产法司法解释（二）》的相关规定说法中，正确的是（　　）。

A.人民法院受理破产申请属于债务人对外享有债权的诉讼时效中止的特殊原因

B.债务人无正当理由未对其到期债权及时行使权利，导致其对外债权在破产申请受理前1年内超过诉讼时效期间的，债务人企业丧失该债权的胜诉权

C.管理人因过错未依法行使撤销权导致债务人财产不当减损，债权人提起诉讼主张管理人对其损失承担相应赔偿责任的，人民法院应予支持

D.管理人代表债务人提起诉讼，主张出资人向债务人依法缴付未履行的出资或者返还抽逃的出资本息，出资人以认缴出资尚未届至公司章程规定的缴纳期限或者违反出资义务已经超过诉讼时效为由抗辩的，人民法院应予以支持

9.人民法院受理债务人升顺公司破产申请时，鑫广公司依照其与升顺公司之间的买卖合同已向买受人升顺公司发运了该合同项下的货物，但升顺公司尚未付价款。鑫广公司得知升顺公司破产申请被受理后，立即通过传真向升顺公司的管理人要求取回在运途中的货物。管理人收到鑫广公司传真后不久，即收到了鑫广公司发运的货物。下列表述中，正确的是（　　）。

A.鑫广公司有权取回该批货物

B.鑫广公司无权取回该批货物，但可以就买卖合同价款向管理人申报债权

C.管理人已取得该批货物的所有权，但鑫广公司有权要求管理人立即支付全部价款

D.管理人已取得该批货物的所有权，但鑫广公司有权要求管理人就价款支付提供担保

10.根据企业破产法的规定，下列情形中，债权人可以行使抵销权的是（　　）。

A.甲享有债务人120万元的债权，同时又是债务人股东，在债务人破产时，甲尚有100万元的分期出资额未缴纳

B.乙享有债务人120万元的债权，但在听说债务人申请破产后，购买了债务人100万元的货物，并拒绝支付货款而形成债务

C.丙应付债务人100万元的货款，在债务人破产申请被受理后，从另一债权人手中以六折的价格买入了100万元的债权

D.丁应付债务人100万元的货款，在债务人的破产申请被受理后，继续向债务人提供了100万元的货物，未能及时收到货款而形成债权

11.破产程序中，管理人收到债权人提出的主张债务抵销的通知后，经审查无异议的，抵销的生效时间是（　　）。

A.管理人审查无异议的当日　　B.债权人提出之日

C.管理人收到通知之日起　　D.抵销行为开始日

12.根据《企业破产法》的规定，下列有关债权申报的表述中，正确的是（　　）。

A.债权人对附条件的债权可以申报

B.连带债权人的债权必须共同申报

C.债权人在法院确定的债权申报期限内未申报债权的，不得补充申报

D.债权人对诉讼未决的债权不得申报

13.根据企业破产法律制度的规定，下列各项中，属于债权人会议职权的是（　　）。

A.调查债务人的财产状况，制作财产状况报告

B.决定债务人的日常开支

C.决定债务人的内部管理事务

D.通过债务人财产的管理方案

14.某公司因长期不能清偿到期债务，经债权人申请，人民法院裁定债务人重整。在重整期间，下列情形中，不符合法律规定的是（　　）。

A.债务人申请在管理人的监督下自行管理财产和营业事务

B.债务人为继续营业为借款设定担保

C.对债务人的特定财产享有的担保权暂停行使

D.董事自行向第三人转让其持有的债务人的股权

15.根据企业破产法律制度的规定，下列债务中，在清偿破产费用和共益债务后，应从破产财产中按第一顺位获得清偿的是（　　）。

A.破产人所欠职工的伤残补助　　B.破产人所欠税款

C.破产人所欠红十字会的捐款　　D.破产人所欠环保部门的罚款

16.根据企业破产法律制度的规定，农民专业合作社破产适用《企业破产法》的有关规定。但是，破产财产在清偿破产费用和共益债务后，应当优先清偿（　　）。

A.破产前与农民成员已发生交易，但尚未结清的款项

B.破产人所欠税款产生的滞纳金

C.破产人所欠税款

D.破产人欠缴的社会保险费用

17. 根据企业破产法律制度的规定，下列表述不正确的是（　　）。

A. 破产案件的地域管辖由债务人住所地人民法院管辖

B. 债权人可以向人民法院提出对债务人进行重整、破产清算及和解

C. 税务机关享有对债务人的破产清算申请权，不宜享有重整申请权

D. 商业银行有不能清偿的到期债务，并且资产不足以清偿全部债务或者明显缺乏清偿能力的情形，国务院金融监督管理机构可以向人民法院提出对商业银行进行重整或者破产清算的申请

18. 根据破产法司法解释的规定，下列财产可以认定为债务人财产的是（　　）。

A. 债务人基于仓储、保管、承揽、代销等合同或者其他法律关系占有、使用的他人财产

B. 债务人在所有权保留买卖中尚未取得所有权的财产

C. 所有权专属于国家且不得转让的财产

D. 债务人依法享有的可以用货币估价并可以依法转让的债权、股权、知识产权、用益物权等财产和财产权益

19. 芳华公司向银行贷款1 000万元，以自己的设备作抵押，阳光公司为一般保证人，星辉公司以汽车作抵押。后人民法院受理芳华公司的破产申请。根据企业破产法律制度的规定，下列表述中正确的是（　　）。

A. 芳华公司为自己的1 000万元债务提供的抵押担保为别除权

B. 阳光公司为芳华公司的1 000万元债务提供的保证担保为别除权

C. 星辉公司为芳华公司的1 000万元债务提供的抵押担保为别除权

D. 银行的1 000万元借款作为别除权优先受偿

20. 根据《企业破产法》以及相关司法解释的规定，下列关于取回权的表述不正确的是（　　）。

A. 除可能导致取回物被转让、毁损、灭失或者价值明显减少的外，债务人重整期间，权利人要求取回债务人合法占有的权利人的财产，不符合双方事先约定条件的，人民法院不予支持

B. 权利人行使取回权时未依法向管理人支付相关的加工费、保管费、托运费、委托费、代销费等费用，管理人拒绝其取回相关财产的，人民法院不予支持

C. 权利人依法向管理人主张取回相关财产，管理人不予认可，权利人有权以债务人为被告向人民法院提起诉讼请求行使取回权

D. 权利人依据人民法院或者仲裁机关的相关生效法律文书向管理人主张取回所涉争议财产，管理人以生效法律文书错误为由拒绝其行使取回权的，人民法院不予支持

二、多项选择题

1. 凯佳公司不能清偿其到期债务，债权人同满公司向人民法院提出对其进行破产清算的申请，但凯佳公司以其账面资产大于负债为由表示异议。同满公司遂提出各种事由，以证明凯佳公司属于明显缺乏清偿能力的情形。根据企业破产法律制度的规定，下列情形中，属于"债务人明显缺乏清偿能力、无法清偿到期债务"的有（　　）。

A. 凯佳公司的股票因在规定期限未提交财务报告而被暂停交易

B. 凯佳公司法定代表人长期定居海外，无法获得联络方式，也无其他人员负责管理财产

C. 因凯佳公司的主要产品替代性增强，需求急速衰退，无法出售变现

D. 同满公司已申请人民法院强制执行凯佳公司财产，仍无法获得清偿

2. 债务人甲公司向A县人民法院提出破产申请。甲公司一直拖欠乙公司合同款，据乙公司调查发现，甲公司有一笔对丙公司的债权已到期且怠于行使，乙公司在A县人民法院对丙公司提出代位权诉讼。下列表述中正确的有（　　）。

A. 该诉讼不予受理

B. 乙公司通过债权人会议或者债权人委员会，要求管理人追收丙公司欠甲公司的款项

C. 管理人不予追收，乙公司提起诉讼，主张丙公司向自己清偿

D. 管理人不予追收，乙公司代表全体债权人提起诉讼，主张丙公司返还甲公司财产

3. 破产申请受理前，债权人就债务人财产提起的诉讼中，破产申请受理时案件尚未审结的，人民法院应当中止审理的有（　　）。

A. 主张债务人的出资人直接向其承担出资不实责任的

B. 主张负有监督股东履行出资义务的董事直接向其承担股东出资不实或者抽逃出资责任的

C. 以债务人的股东与债务人法人人格严重混同为由，主张债务人的股东直接向其偿还债务人对其所负债务的

D. 主张次债务人代替债务人直接向其偿还债务的

4. 根据企业破产法律制度的规定，下列表述中，正确的有（　　）。

A. 人民法院根据债务人最终清偿的财产价值总额，分段按照一定比例范围确定管理人报酬，但是担保权人优先受偿的担保物价值不计入该最终清偿的财产价值总额

B. 对清算组中参与工作的有关政府部门派出的工作人员，不支付报酬

C. 律师事务所、会计师事务所通过聘用本专业的其他社会中介机构或者人员协助履行管理人职责的，所需费用在管理人报酬之外从破产费用中另行支付

D. 债权人会议对管理人报酬有异议的，应当向人民法院书面提出具体的请求和理由，异议书应当附有相应的债权人会议决议

5. 在第一次债权人会议召开之前，管理人（　　）的行为，应当经人民法院许可。

A. 决定债务人的内部管理事务

B. 转让债务人全部库存产品

C. 调查债务人财产状况，制作财产状况报告

D. 履行债务人和对方当事人均未履行完毕的合同

6. 根据企业破产法的规定，下列财产中，属于债务人财产的有（　　）。

A. 执行回转的财产

B. 破产宣告后破产人得到的银行存款利息

C. 破产申请受理时债务人用于抵押担保的财产

D. 破产申请受理后至破产程序终结前债务人取得的财产

7. 人民法院受理了甲企业的破产案件，管理人接管甲企业后，乙企业向管理人提出取回破产受理前出租给甲企业的一台机器设备，经查，在破产受理后因管理人执行职务有重大过失，该机器设备被不当的转让给丙企业，已知善意的丙企业已经支付对价并取得该机器设备用于生产，关于该情形，下列说法正确的有（　　）。

A. 丙企业符合物权法中善意取得的要件，乙企业不能取回设备

B. 即便丙企业对甲企业的无权处分行为不知情，但经过人民法院许可，乙企业依然可以通过管理人取回该设备

C. 如果乙企业的财产损失在破产程序中未能获得足额清偿的，有权要求甲企业的管理人承担

补充赔偿责任

D.乙企业因该设备违法转让所遭受的财产损失，作为共益债务申报债权

8.债务人企业占有的非债务人所有的财产，在破产受理之前发生毁损和灭失的。若有保险金的且尚未交付给债务人，下列说法错误的有（　　）。

A.权利人可以主张取回该保险金

B.权利人的损失作为共益债务清偿

C.由管理人对此损失进行赔偿

D.该损失额即便有保险金、赔偿金、代偿物，权利人也只能就损失额以普通债权申报

9.甲企业于2013年10月4日被人民法院受理破产申请，张某作为甲企业的债权人，同时是甲企业的债务人，欲将债权和债务抵销，于是向管理人申请。则下列债务申请抵销应当被驳回的有（　　）。

A.张某于2013年10月6日取得乙企业对甲企业的债权10万元，欲抵销其欠甲企业的10万元

B.张某欲将其债权60万元抵销于2012年12月15日欠甲企业的债务60万元

C.张某于2013年8月11日得知甲企业不能清偿到期债务，于是于2013年8月15日从甲企业购买一台设备20万元，未支付货款，欲抵销甲企业欠其20万元有足额财产价值担保的债权

D.张某于2012年12月12日得知甲企业欲申请破产，于是向甲企业销售一批货物，价值10万元，欲抵销其欠甲企业的10万元

10.关于债权申报的说法，正确的有（　　）。

A.债权申报期限自法院裁定受理破产申请之日起计算，最长不得超过3个月

B.已经代替债务人清偿债务的保证人，可以其对债务人的求偿权申报债权

C.债权人在确定的债权申报期限内未申报债权的，可以在破产财产最后分配前补充申报

D.债权人在破产财产开始分配后补充申报的债权不能作为破产债权

11.根据企业破产法的规定，下列关于债权人会议的表述中，正确的有（　　）。

A.所有债权人都可以参加债权人会议，并享有表决权

B.第一次债权人会议由人民法院召开

C.所有申报债权者均有权参加第一次债权人会议

D.债权人会议的决议，由出席会议的有表决权的债权人过半数通过即可

12.根据《企业破产法》规定，下列有关重整程序和和解程序的说法中，正确的有（　　）。

A.破产企业的重整计划草案已通过未获得批准的，人民法院应当裁定终止重整程序，并宣告债务人破产的情形

B.债务人不能执行或者不执行重整计划的，只有在经管理人请求的时候，才应当裁定终止重整计划的执行，并宣告债务人破产

C.对于债权人会议通过和解协议、破产财产分配方案和重整计划草案，均需由经人民法院裁定认可或批准后才能实施

D.债权人会议通过和解协议后，即对债务人和全体和解债权人均有约束力

13.关于破产财产的分配，下列说法正确的有（　　）。

A.管理人拟订的破产财产分配方案，首先应当提交债权人会议讨论

B.债权人自最后分配公告之日起满二年仍不领取的，视为放弃受领分配的权利，管理人或者法院将提存的分配额分配给其他债权人。

C.对于附生效条件或者解除条件的债权，管理人应当将其分配额提存

D.债权人未受领的破产财产分配额，视为放弃受领分配的权利，应当立即分配给其他债权人

14.对于债务人财产状况不明的破产案件，人民法院下列做法正确的有（　　）。

A.符合《企业破产法》规定的，应当受理

B.不受理

C.对债务人采取罚款、拘留等强制措施，让其提交有关资料，如果债务人不提交有关材料，人民法院可以就现有财产对已知债权进行公平清偿

D.对债务人采取罚款、拘留等强制措施，让其提交有关资料，如果债务人不提交有关材料，人民法院可以告知债权人另行提起诉讼，要求相关清算义务人承担清偿责任

15.人民法院受理了甲企业的破产案件，管理人接管企业财产后，发现甲企业破产受理前依法对外提供的一项财产质押担保，已知所欠的债务为100万元，提供的质押物现行市场价值为80万元，关于该情形，下列说法错误的有（　　）。

A.管理人可以自行决定通过清偿债务的方式取回该质物

B.管理人向债权人清偿100万元债务后才可以取回该质物

C.管理人拟通过清偿债务或提供担保取回质物的，应当及时报告债权人委员会

D.管理人可以提供为债权人接受的相当于债务100万元价值的担保而取回质物

三、案例分析题

1.2011年3月19日，人民法院受理了甲公司的破产清算申请。管理人接管甲公司后，对其债权债务进行了清理。其中，包括以下事实：

（1）2010年1月7日，鉴于与乙公司之间的长期业务合作关系，甲公司向乙公司赠送复印机一台，价值2.5万元。

（2）2010年1月15日，甲公司以其部分设备作抵押，为乙公司所欠丙公司80万元货款提供了担保，并办理了抵押登记。后乙公司未能在约定期限内清偿所欠丙公司货款。2010年3月30日，经甲、乙、丙三方协商，甲公司将抵押设备依法变现70万元，价款全部用于偿还丙公司后，丙公司仍有10万元货款未得到清偿。

（3）2010年5月7日，甲公司与丁公司订立合同，从丁公司处租赁机床一台，双方约定：租期1年；租金5万元。当日，甲公司向丁公司支付5万元租金，丁公司向甲公司交付机床。2011年3月8日，甲公司故意隐瞒事实，以机床所有人的身份将该机床以20万元的市场价格卖给戊公司，当日，甲公司向戊公司交付了机床，戊公司向甲公司付清了全部价款。人民法院受理甲公司破产清算申请后，丁公司向管理人要求返还其出租给甲公司的机床时，得知该机床已被甲公司卖给戊公司的事实。

（4）2010年12月1日，甲公司向A银行借款100万元，期限1年，庚公司为该笔借款向A银行提供了连带责任保证。

2011年4月5日，由于甲公司申请的一项国家一类新药获得批准证书，经营出现转机，遂向人民法院申请和解，同时提交了和解协议草案。人民法院审查后受理了甲公司的和解申请，并裁定和解。

2011年6月23日，债权人会议通过了和解协议，主要内容如下：除对甲公司特定财产享有担保物权的债权人外，其他债权人均按30%的比例减免甲公司债务；自和解协议执行完毕之日起，甲公司不再承担清偿责任；甲公司与主要债权人建立战略性合作安排等。2011年8月31日，

和解协议执行完毕。

A银行就甲公司所欠其100万元借款本息申报债权后，通过和解程序获偿70%。随后，A银行致函庚公司，要求其承担保证责任，清偿其剩余30%未获偿借款本息，庚公司回函拒绝，理由是：A银行等债权人已与甲公司达成减免债务的和解协议，主债务减免后，保证债务亦应按相应比例减免。

根据上述内容，分别回答下列问题：

（1）管理人是否有权请求人民法院撤销甲公司向乙公司赠送复印机的行为？并说明理由。

（2）丙公司是否有权就其未获清偿的10万元货款向管理人申报债权，要求甲公司继续偿还？并说明理由。

（3）丁公司是否有权要求戊公司返还机床？并说明理由。

（4）丁公司的财产损失能否作为共益债务清偿？并说明理由。

（5）庚公司拒绝对A银行未获清偿的30%借款本息承担保证责任的理由是否成立？并说明理由。

2.2011年8月8日，张大、王二、李三、赵四各出资250万元成立盛兴有限责任公司（以下简称盛兴公司）从事货物运输；张大、王二均一次缴付出资，李三、赵四分期出资，至2013年7月8日缴足。2013年4月2日，因经营不善，盛兴公司申请破产，人民法院受理了盛兴公司的破产案件。

人民法院指定泰达律师事务所为管理人，泰达律师事务所拟派出甲、乙、丙、丁参与本案。经查，甲尚欠盛兴公司运输费10万元；乙的妻子在盛兴公司的债权人腾跃公司任经理；丙4年前曾任盛兴 公司债权人冒鼓公司的监事；丁自2011年至今一直担任盛兴公司的法律顾问。

盛兴公司的债务人辉月公司得知人民法院受理盛兴公司的破产案件后，自盛兴公司债权人康梦公司处取得部分债权，并向泰达律师事务所主张抵销。

2012年12月，盛兴公司的债权人红莲公司得知盛兴公司即将破产，请求盛兴公司清偿2013年7月1日到期的债务100万元，盛兴公司全额予以清偿。

2013年12月25日，盛兴公司的破产清算程序终结。2014年2月1日，盛兴公司的债权人吉明公司发现盛兴公司曾在2012年12月5日无偿转让价值100万元的运输车辆。

要求：根据相关法律制度的规定，回答下列问题：

（1）人民法院受理盛兴公司的破产案件后，李三、赵四尚未缴足的出资，应如何处理？并说明理由。

（2）泰达律师事务所派出的甲、乙、丙、丁能否参与本案？并说明理由。

（3）辉月公司的债权债务能否抵销？并说明理由。

（4）2012年12月，盛兴公司对红莲公司的清偿如何处理？并说明理由。

（5）对康梦公司发现盛兴公司转移运输车辆的行为如何处理？并说明理由。

3.2016年6月12日，人民法院审查通过了债务人飞跃公司提出的重整申请。在重整期间发生了下列事项：

（1）泰和银行对飞跃公司的一处房屋要求行使抵押权。经查，飞跃公司在2015年1月向泰和银行申请贷款时，将该房屋抵押给了泰和银行并办理了抵押登记。

（2）飞跃公司的出资人青橙公司要求分配投资收益。

（3）飞跃公司的董事刘某要求向第三人转让其持有的飞跃公司的股权。

根据上述情况，结合《企业破产法》的规定，分析回答下列问题。

（1）尚正公司能否向管理人主张抵销50万元货款？并说明理由。

（2）对飞跃公司向博越公司无偿转让机器设备的行为，管理人能否申请人民法院予以撤销？并说明理由。

（3）雅格公司从飞跃公司取得的100万元财产，管理人是否有权追回？并说明理由。

（4）丰宁公司能否对运输途中的货物行使取回权？并说明理由。

（5）关于总经理张某获取的工资性收入5万元，管理人应当如何处理？总经理张某的5万元工资应该如何清偿？

（6）泰和银行能否行使抵押权？并说明理由。

（7）青橙公司能否请求分配投资收益？并说明理由。

（8）董事刘某能否向第三人转让其持有的飞跃公司的股权？并说明理由。

第九章

票据与支付结算法律制度

本章导学

本章框架图

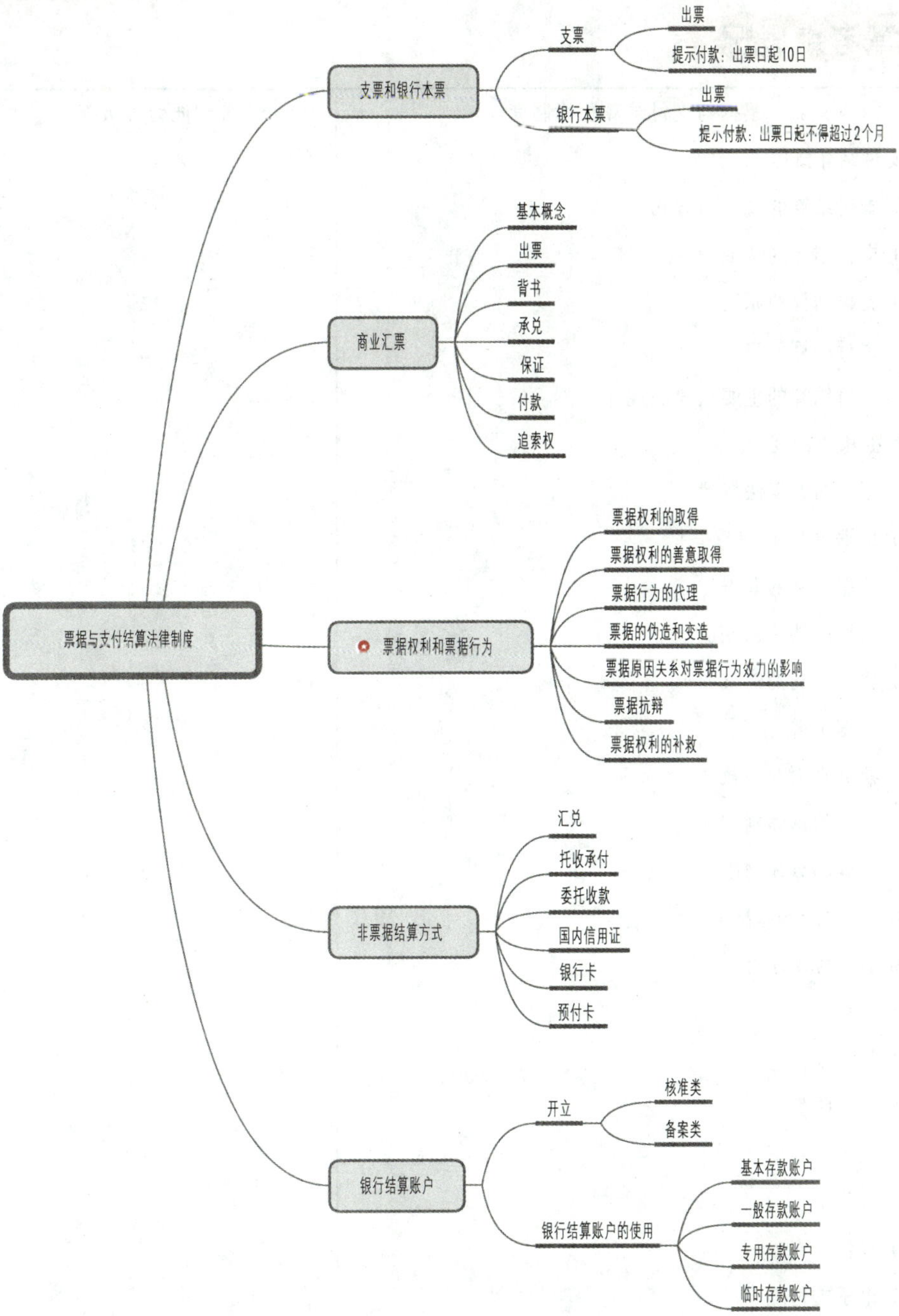

本章考情概述

本章概述：本章属于比较重要章节，近几年平均每年考查分值在8分左右，基本每年都会考查一道完整的综合题，本章专业性强，内容相对比较抽象，学习难度较大。建议在学习过程中多画图，理清思路。2019年教材重写了“国内信用证”“银行卡的计息和收费”“银行卡的使用”，需重点观注。

本章应关注的问题：票据权利和汇票的制度，注意应对综合题。

近三年主要考点：票据关系和票据行为、票据抗辩、丧失及补救、汇票。

本章考点概况

票据与支付结算法律制度	考纲能力等级要求
1.支付结算概述	
（1）支付结算的概念与方式	1
（2）支付结算的特征	1
（3）支付结算的原则	2
（4）银行结算账户	2
（5）支付结算的主要法律法规	1
2.票据法律制度	
（1）票据与票据法概述	1
（2）票据关系	3
（3）票据权利的取得	3
（4）票据的伪造和变造	3
（5）票据权利的消灭	3
（6）票据抗辩	3
（7）票据丧失及补救	3
（8）汇票的具体制度	3
（9）本票的具体制度	2
（10）支票的具体制度	3
3.非票据结算方式	
（1）汇兑	2
（2）托收承付	2
（3）委托收款	2
（4）国内信用证	2
（5）银行卡	2
（6）预付卡	2
（7）电子支付	2

第一节　支付结算概述

熟悉，可能考选择题。

一、支付结算方式的分类

支付结算的方式，依不同的标准，可做不同的分类。例如，银行本票和支票是同城结算方式，托收承付、银行汇票是异地结算方式，汇兑、商业汇票、委托收款、银行卡等是同城和异地均可采用的结算方式。根据支付工具在支付结算中的职能，汇兑、委托收款、托收承付是贷记支付工具，银行汇票、银行本票、支票是借记支付工具。

二、支付结算的特征

（一）必须通过法律规定的中介机构进行

1. 银行是支付结算和资金清算的主要中介机构。

2. 依法取得《支付业务许可证》的非金融机构可以成为支付机构，在收付款人之间作为中介机构提供网络支付、预付卡的发行与受理、银行卡收单和中国人民银行确定的其他支付服务。

（1）支付机构之间的货币资金转移应委托银行业金融机构办理，不得通过支付机构相互存放货币资金或委托其他支付机构等形式办理。

（2）支付机构也不得办理银行业金融机构之间的货币资金转移，经特别许可的除外。

> 考霸笔记
> 【总结】支付机构两不得：支付机构之间的不得；银行业金融机构之间的不得。

（二）必须遵循法律规定的特定形式要求

1. 金额、签发日期、收款人名称不得更改，更改的结算凭证，银行不予受理；

2. 票据和结算凭证金额须以中文大写和阿拉伯数字同时记载，两者必须一致，两者不一致的票据无效，两者不一致的结算凭证，银行不予受理。

三、支付结算的原则

1. “恪守信用、履约付款”原则。

2. “谁的钱进谁的账，由谁支配”原则。

3. “银行不垫款”原则。

四、结算账户

银行结算账户是指银行为存款人开立的办理资金收付结算的人民币活期存款账户。

> 考霸笔记
> 此处的“银行”是指在中国境内经中国人民银行批准经营支付结算业务的政策性银行、商业银行（含外资独资银行、中外合资银行、外国银行分行等）、农村信用合作社（城市信用合作社现已改制为城市商业银行）；“存款人”是指在中国境内开立银行结算账户的机关、团体、部队、企业、事业单位、其他组织、个体工商户和自然人。

（一）银行结算账户的种类

银行结算账户按存款人不同，可分为单位银行结算账户和个人银行结算账户（见表9-1）。

表9-1　　　　**银行结算账户的种类**

单位银行结算账户	基本存款账户	核准类	
	一般存款账户	备案类	
	专用存款账户	预算单位、QFII专用存款	核准类
		其他	备案类
	临时存款账户	注册验资和增资验资开立	备案类
		其他	核准类
个人银行结算账户		备案类	

（二）基本存款账户

基本存款账户是指存款人因办理日常转账结算和现金收付需要而开立的银行账户，是其主办账户。

作用：日常经营活动的资金收付及工资、奖金和现金的支取。

单位银行结算账户的存款人只能在银行开立一个基本存款账户。

（三）一般存款账户

一般存款账户办理存款人借款转存、借款归还、现金缴存和其他结算的资金收付。

提示：不得办理现金支取。

（四）专用存款账户

专用存款账户用于办理各项专用资金的收付：

1.基本建设资金；

2.更新改造资金；

3.财政预算外资金；

4.粮、棉、油收购资金；

5.证券交易结算资金；

6.期货交易保证金；

7.信托基金；

8.金融机构存放同业资金；

9.政策性房地产开发资金；

10.单位银行卡备用金；

11.住房基金；

12.社会保障基金；

13.收入汇缴资金和业务支出资金；

14.党、团、工会设在单位的组织机构经费等。

（五）临时存款账户

1.可以开立临时存款账户的情况：

（1）设立临时机构；

（2）异地临时经营活动；

（3）注册验资；

（4）境外（含港澳台地区）机构在境内从事经营活动。

2.临时存款账户的有效期最长不得超过2年。

（六）个人银行结算账户

1.个人银行结算账户用于办理个人转账收付和现金存取。储蓄账户仅限于办理现金存取业务，不得办理转账结算。

【提示】个人的工资收入等合法款项可以转入个人银行结算账户。

2.单位从其银行结算账户支付给个人银行结算账户的款项，每笔超过5万元的，应向其开户银行提供付款依据。

（七）银行结算账户的撤销

1.情形：

（1）被撤并、解散、宣告破产或关闭的；

（2）注销、被吊销营业执照的；

（3）因迁址需要变更开户银行的；

（4）其他原因需要撤销银行结算账户的。

2.程序：先撤销一般存款账户、专用存款账户、临时存款账户，将账户资金转入基本存款账户后，方可办理基本存款账户的撤销。

3.自愿销户：存款人应撤销而未办理销户手续的单位银行结算账户或银行对一年内未发生收付活动且未欠开户银行债务的单位银行结算账户，应通知单位自发出通知之日起30日内办理销户手续，逾期视同自愿销户，未划转款项列入久悬未取专户管理。

银行结算账户撤销的情形和程序是怎样的？

考霸笔记

银行结算账户可分为两类：单位银行结算账户和个人银行结算账户。其中，单位银行结算账户按用途可分为：基本存款账户、一般存款账户、专用存款账户、临时存款账户。关于这5类账户的用途是常考点。哪些账户需要核准，哪些账户仅需要备案，也是需要掌握的。

例9-1·2009年单选题

根据《人民币银行结算账户管理办法》的有关规定，对下列资金的管理和使用，存款人可以申请开立专用存款账户的是（　　）。

A.基本建设资金　　B.注册验资

C.向银行借款　　D.支取奖金

【答案】A

【解析】本题考核银行结算账户的开立。选项B应当开立临时存款账户；选项C应当开立一般存款账户；选项D应当开立基本存款账户。

第二节　票据法律制度

考霸笔记

重要，必须掌握，出题概率极大。历年票据法的案例分析题都出在本节。

一、票据与票据法概述

（一）票据的概念和种类

1.汇票：出票人签发的，委托付款人在见票时或者在指定的日期无条件支付确定的金额给收款人或者持票人的票据。

2.本票：出票人签发的，承诺自己在见票时无条件支付确定的金额给收款人或者持票人的票据。

3.支票：出票人签发的，委托办理支票存款业务的银行或者其他金融机构在见票时无条件支付确定的金额给收款人或者持票人的票据。

票据的分类如图9-1所示。

- 票据
  - 汇票
    - 商业汇票
      - 银行承兑汇票
      - 商业承兑汇票
    - 银行汇票
  - 本票
  - 支票
    - 现金支票
    - 转账支票

图9-1　票据的分类

【汇票VS本票VS支票】（见表9-2）

表9-2　汇票VS本票VS支票

	汇票	本票	支票
基本当事人	出票人、付款人、收款人	出票人和收款人	出票人、付款人、收款人
出票人	商业汇票：企业 银行汇票：银行	银行	企业或个人
期限	商业汇票：一般远期 银行汇票：即期	即期	即期
承兑	商业汇票：√ 银行汇票：×	×	×

（二）票据的特征

1.票据是债权证券和金钱证券。

2.票据是设权证券。票据上所表示的权利是由出票这种票据行为而创设，没有票据，就没有票据上的权利。

3.票据是文义证券：一切权利义务都严格依照票据上记载的文义而定。

（三）票据在经济上的职能

1.支付职能：可以替代现金作为支付方式。

2.汇兑职能：应付款方可以签发或者转让票据给异地的收款方。

3.信用职能：远期票据特有的功能。如签发商业汇票，6个月后付款。

4.结算职能：互负票据债务的双方当事人，可以在金额相同的范围内进行抵销。

5.融资职能：远期票据特有的功能。可以将票据权利转让给他人，或者为他人设定质押。

（四）即期票据和远期票据

根据票据所记载的到期日的不同，可做此种分类。有的票据的到期日是“见票即付”，即持票人可以随时请求付款，此种票据称为即期票据。有的票据则并非持票人可以随时请求付款，而须票据记载的特定日期或者以一定方法计算的日期到来时，才有权请求付款，此种票据称为远期票据。按照我国法律的有关规定，本票、支票均为即期票据，汇票可以是即期票据，也可以是远期票据。

何为票据关系?

二、票据关系

（一）票据关系与非票据关系的概念

1.票据关系：指基于票据行为而发生的、以请求支付票据金额为内容的债权债务关系。（依据《中华人民共和国票据法》（以下简称《票据法》）的规定，票据行为主要为四类，即出票、背书、保证、承兑）

2.非票据关系：指与票据有密切联系，但是并非基于票据行为而发生，并且不以请求支付票据金额为内容的法律关系。

（1）票据法上的非票据关系：主要是利益返还请求权关系。

（2）民法上的非票据关系：这些法律关系与票据有紧密联系，票据法不得不规定它们对票据关系有何种影响。民法上的非票据关系又被称为票据基础关系。最重要的是票据原因关系。

《票据法》规定，持票人因超过票据权利时效或者因票据记载事项欠缺而丧失票据权利的，仍享有民事权利，可以请求出票人或者承兑人返还其与未支付的票据金额相当的利益。

【案例】A公司为购买货物向B公司签发了票据，从而在A公司和B公司之间形成了票据关系，该票据关系的基础关系为买卖合同关系（是票据的原因关系，即民法上的非票据关系）。如果票据上的记载事项欠缺导致B公司无法行使票据权利，则B公司可以要求A公司返还其与未支付的票据金额相当的利益（这是利益返还请求权，即票据法上的非票据关系）。

（二）票据权利概述

票据权利指持票人基于票据行为所取得的、向票据债务人请求支付票据金额的权利。

《票据法》规定，票据权利包括付款请求权和追索权。付款请求权一般是指持票人对主债务人的权利。追索权是指持票人的付款请求权没有获得满足或者有可能无法获得满足的情况下，在符合了法定的条件之后，可以向偿还义务人所主张的票据权利。

【案例】A公司向B公司签发汇票，以X银行为付款人。X银行在票据上进行了承兑。B公司将票据背书转让给C公司，C公司背书转让给D公司，D公司是最后持票人。那么，D公司享有什么样的票据权利呢？D公司可以向X银行请求付款。这一权利称为付款请求权。如果D公司向X银行请求付款遭到拒绝，在取得拒绝证书后，可以向A、B、C公司追索，也可以向X银行追索。D公司对A、B、C公司和X银行的这种权利称为追索权。

持票人应当首先向主债务人或者付款人请求付款，在被拒绝付款或者显然有不获付款的可能性时，才可以向偿还义务人主张追索权。因此，《票据法》司法解释将付款请求权称为持票人的“第一顺序权利”，将追索权称为“第二顺序权利”。

（三）票据责任概述

票据责任（票据义务）是指票据债务人基于其票据行为而发生的向持票人支付票据金额的义务。

1. 主债务人：本票出票人、汇票承兑人、被保证人是主债务人时的保证人。

2. 次债务人：

（1）汇票上的出票人、背书人、保证人。

（2）本票上的背书人、保证人。

（3）支票上的出票人、背书人、保证人。

考霸笔记

【提示1】被保证人是次债务人，则保证人属于次债务人（被保证人和保证人的身份一致）。

【提示2】关系人有支票上的付款人、未经承兑的汇票的付款人、委托收款人以及代理付款人。因为支票上的付款人以及未经承兑的汇票的付款人并非票据义务人，他们未在票据上签章，并不承担票据债务。委托收款人只是代理收款而已；支票上的付款人实际上是出票人的代理付款人，并不承担实际的付款责任，仅仅是票据关系的关系人。

三、票据权利的取得

（一）票据权利的取得原因

票据权利，乃是依票据行为而发生的债权。因此，票据行为显然是票据权利最主要的发生原因。但是，票据权利也可能因为其他原因而取得。

票据权利的取得原因有哪些？

第九章

1.依票据行为而取得票据权利

票据行为是一种民事法律行为。我国《票据法》所规定的依票据行为取得票据权利的情形有四种：

（1）依出票行为而取得。出票行为是票据上的第一个票据行为，有效的出票可以使票据上第一次发生票据权利。

（2）依让与而取得。其中最为主要的是依照票据法上的让与方式而为的让与。一般是指让与背书。

（3）依票据保证而取得。票据保证人提供了票据保证，票据权利人即可以向保证人行使票据权利。

（4）依票据质押而取得。质押行为虽然在严格意义上并未使得票据质权人取得票据权利，但是质权人可以像票据权利人一样直接行使票据权利。

2.依法律规定而直接取得票据权利

在特定情形下，当事人并非基于他人的票据行为取得票据权利，而是基于法律的规定直接取得票据权利。具体可包括下列两类情形：

（1）依票据法上的规定而取得。其中最主要的是，被追索人（含票据保证人）向持票人偿还票据金额、利息和费用后，可以取得票据权利。

（2）依其他法律规定而取得。其中比较主要的是，因为继承、法人合并或者分立、税收等原因而取得票据权利。

票据行为的概念与特征是什么？

（二）票据行为的概念与特征

1.定义：票据行为包括出票、背书、承兑、保证四种。其中承兑为汇票所独有，其他三种票据行为是三种票据所共有的。

2.特征：

（1）要式法律行为：①体现在书面形式上（记载于票据的票面）；②行为人必须要签章；③票据行为都有特定的“款式”（法律针对每一种票据行为，分别规定了哪些属于“绝对必要记载事项”，哪些属于“相对必要记载事项”）。

（2）票据行为的解释以文义解释为主（除非有“对人抗辩”）；票据行为的解释，原则上仅仅使用文义解释。根据规定，出票人和其他票据义务人都应当按照所记载的事项承担票据责任。

（3）格式化的法律行为。

（4）票据行为的独立性：一个票据行为如果形式上合法但因为欠缺其他要件而无效，原则上不影响其他票据行为的效力。 重要，必须掌握。

【解释1】无民事行为能力人或者限制民事行为能力人在票据上签章的，其签章无效，但是不影响其他签章的效力。

【解释2】票据上有伪造、变造的签章的，不影响票据上其他真实签章的效力。

【解释3】保证人对合法取得汇票的持票人所享有的汇票权利，承担保证责任。但是，被保证人的债务因汇票记载事项欠缺而无效的除外。也就是说，被保证人的债务如果非因为汇票记载事项欠缺而无效，而是因为其他原因而无效，保证人仍应承担保证责任。

【解释4】票据行为的独立性的例外：

①因为恶意或者重大过失而取得票据：以欺诈、偷盗或者胁迫等手段取得票据的，或者明知有前列情形，出于恶意取得票据的，不得享有票据权利。

持票人因重大过失取得不符合《票据法》规定的票据的，也不得享有票据权利。

②票据抗辩切断：票据债务人不得以自己与出票人或者与持票人的前手之间的抗辩事由，对抗持票人。但是，持票人明知存在抗辩事由而取得票据的除外。

票据债务人可以对不履行约定义务的与自己有直接债权债务关系的持票人，进行抗辩。

《票据法》所称抗辩，是指票据债务人根据《票据法》规定对票据债权人拒绝履行义务的行为。

【案例】A以B为收款人签发支票，B受C的欺诈将支票背书转让给C：

（1）由于C是通过欺诈（恶意）取得票据，所以并不享有票据权利，A、B有权拒绝向C承担票据责任。

（2）如果C已将票据背书转让给D，且D符合善意取得条件，A、B不能以C欺诈为由对抗D，即C欺诈这一抗辩事由只能用于对抗C这一特定债务人，不能用以对抗善意取得票据权利的D；换句话说，C欺诈这一抗辩事由在C处切断。

（三）票据行为的成立与生效

1.票据凭证。《票据法》规定："票据凭证的格式和印制管理办法，由中国人民银行规定。"

《票据管理实施办法》规定："票据当事人应当使用中国人民银行规定的统一格式的票据。"

《支付结算办法》规定："未使用按中国人民银行统一规定印制的票据，票据无效。"

2.特定事项的记载方式。《票据法》规定："票据金额以中文大写和数码同时记载，二者必须一致，二者不一致的，票据无效。"

《票据法》规定："票据金额、日期、收款人名称不得更改，更改的票据无效。"

3.签章方式。按照《票据法》第七条的规定，票据行为人必须在票据上签章，其签章方式必须符合如下要求：

票据行为的签章的具体规定是怎样的?

考霸笔记

出票人在票据上的签章不符合《票据法》和《票据管理实施办法》规定的，票据无效。
承兑人、保证人在票据上的签章不符合《票据法》和《票据管理实施办法》规定的，其签章无效，但是不影响票据上其他签章的效力。
背书人在票据上的签章不符合规定，其签章无效，但不影响其前手符合规定签章的效力。
《票据法》规定，必须使用央行统一格式的票据，若不符合此规定，该票直接无效。在选择题当中常考的是：票据金额的记载中文大写和阿拉伯数字不一致，以什么为准。这种题目是不能错的，这种情形下票据无效，而不是以中文大写或阿拉伯数字为准。还需要注意的是，在票据上有3项记载不得更改，若更改了，也会导致票据无效，这3点必须认真记住，分别是：票据金额、出票日期、收款人名称。接着就是有关签章的规定，在题目中经常会出现在票据上盖合同专用章的情况，这种情形必须注意，盖合同专用章直接会导致票据无效，变成废纸一张。最后需要注意的是，出票人的签章是至关重要的，若出票人签章不符合规定，也会导致票据无效，但除出票人以外的人的签章不符合规定的，只是他本人的签章无效，而不会导致票据无效。

自然人的签章，为签名、盖章或者签名加盖章。

法人和其他单位的签章，为该法人或者该单位的盖章，加其法定代表人或者其授权的代理人的签章（签名、盖章或者签名加盖章）。

并且，法律对法人或者其他单位的盖章，还明确规定了其具体类型：

①银行的签章。银行作为银行汇票的出票人、银行承兑汇票的承兑人签章时，应当盖该银行的汇票专用章。作为银行本票的出票人签章时，应当盖银行本票专用章。根据规定，加盖银行公章的也有效。

②其他法人或者单位的签章。商业汇票的出票人、支票的出票人的签章，应当盖该单位的财务专用章或者公章。

例 9-2 · 2009 年多选题

甲公司与乙公司签订买卖合同后，为了支付价款，甲公司签发了一张以乙公司为收款人的银行承兑汇票，公司财务经理签字，并加盖了公司的合同专用章。承兑人丙银行的代理人签字并加盖了银行的汇票专用章。乙公司背书转让给丁公司后，丁公司在票据到期时向丙银行请求付款。根据票据法律制度的规定，下列表述中，错误的有（　　）。

A. 丙银行应当拒绝付款

B. 丙银行无权拒绝付款

C. 如果丙银行拒绝付款，丁公司可以向甲公司行使追索权

D. 如果丙银行拒绝付款，丁公司可以向乙公司行使追索权

【答案】BCD

【解析】出票人甲公司的签章不符合规定，票据无效，持票人丁公司不享有票据权利（包括付款请求权和追索权），只能向乙公司行使与基础关系有关的权利。

4. 关于票据记载事项。

票据记载事项一般分为绝对必要记载事项、相对必要记载事项、任意记载事项（可以记载事项）、记载不生票据法上效力的事项、记载本身无效事项、记载使票据行为无效事项。

（1）绝对必要记载事项。未记载，票据行为无效。

汇票必须记载下列事项：①表明“汇票”的字样；②无条件支付的委托；③确定的金额；④付款人名称；⑤收款人名称；⑥出票日期；⑦出票人签章。汇票上未记载前款规定事项之一的，汇票无效。

（2）相对必要记载事项。未记载，票据行为仍然有效，但是按法律规定决定相关事项。

汇票上记载付款日期、付款地、出票地等事项的，应当清楚、明确。

汇票上未记载付款日期的，为见票即付。

汇票可以记载的事项有哪些?

汇票上未记载付款地的，付款人的营业场所、住所或者经常居住地为付款地。

汇票上未记载出票地的，出票人的营业场所、住所或者经常居住地为出票地。

（3）可以记载事项。未记载，不发生相应效果；记载了，发生票据法上的效力。

出票人在汇票上记载“不得转让”字样的，汇票不得转让。

背书人在汇票上记载"不得转让"字样，其后手再背书转让的，原背书人对后手的被背书人不承担保证责任。

(4) 记载不生票据法上效力的事项。记载此类事项不产生票据法上的效力，但是可以产生民法上的效力（如背书附条件、在票据之外另外以书面形式记载）。

考霸笔记
重要，必须掌握。背书不得附有条件。背书时附有条件的，所附条件不产生票据法上的效力。

(5) 记载本身无效事项。在票据法和民法上均无效，不影响票据行为本身的效力，如汇票的出票人免除其担保承兑、担保付款责任的记载。

(6) 记载使票据行为无效事项。记载此类事项的，不仅该记载无效，而且导致整个票据行为无效。

票据行为必须在票据（票据正面、背面或者粘单）上进行记载，才可能产生票据法上的效力。如果在票据之外另外以书面形式记载有关事项，即使其内容和票据有关，也不发生票据法上的效力。

5.交付。

行为人的记载行为并非立即导致票据行为成立，应该是：记载+交付。

①记载+交付：产生票据行为。

②记载+涂销+另行记载+交付：以另行记载的为准，产生票据效力。

【案例】甲公司是某张汇票记载的收款人，甲公司拟将汇票背书转让给乙公司，在完成了背书记载后，又因为某种原因（例如乙公司未按照约定交货）而不欲使乙公司取得票据权利，则可以自行涂销自己的背书记载（但是应当另行签章以证明其自己涂销了背书记载）。之后，如因为购买货物须向丙公司付款，可以另行以丙公司为被背书人而为背书记载，并交付丙公司。丙公司可以取得票据权利。

③记载+遗失、被盗：所记载的票据权利人并不能取得对签章人的票据权利，如果之后有第三人主张善意取得，第三人取得票据权利。（详见下文）

【案例】汇票的收款人甲公司完成了对乙公司的背书记载后票据遗失，拾得人丙向丁公司声称其乃是乙公司的代理人，并伪造了乙公司的签章将汇票背书转让给丁公司，如果丁公司基于善意取得制度而取得票据权利，其虽然对乙公司不享有票据权利（基于票据伪造的法律规定），但是对甲公司则可以主张票据权利。

6.票据行为的实质要件。

票据行为的实质要件指的是什么？

(1) 票据行为能力。无民事行为能力人或者限制民事行为能力人在票据上签章的，其签章无效，但是不影响其他签章的效力。

(2) 意思表示真实。以欺诈、偷盗或者胁迫等手段取得票据的，或者明知有前列情形，出于恶意取得票据的，不得享有票据权利。

(3) 如果票据行为由代理人进行，则代理权的欠缺也会影响票据行为的效力。

(4) 如果背书转让票据的背书人并不享有处分权，则背书行为无效。但是，如果符合善意取得的要件，则转让背书行为可以有效。

(5) 基础关系对票据行为效力的影响。

（四）票据行为的代理

1.票据行为代理的概念

票据当事人可以委托其"代理人"在票据上签章，并应当在票据上"表明其代理关系"，其法律效果归属于被代理人。

考霸笔记
【解释】没有代理权而以代理人名义在票据上签章的，应当由签章人承担票据责任；代理人超越代理权限的，应当就其超越权限的部分承担票据责任。

2.有效要件

（1）须明示本人（被代理人）的名义，并表明代理的意思。

须记载本人是谁，并标明行为人乃是代理人在票据上签章。假如未做该记载，而是以自己的名义进行票据行为，那么不论其是否确有使他人承受票据行为之法律效果的真实意思，均不发生代理的效果，而由“代理人”自己承担票据行为的法律效果。

（2）代理人签章。

（3）代理人有代理权。只有代理人有代理权，其以本人的名义所为的票据行为的法律效果才能归属于本人。代理人的代理权，可能基于法律规定（无民事行为能力人、限制民事行为能力人的监护人），但是在绝大多数情形下，乃是基于本人的授权而取得。

3.票据行为的无权代理

《票据法》规定：没有代理权而以代理人名义在票据上签章的，应当由签章人承担票据责任；代理人超越代理权的，应当就其超越权限的部分承担票据责任。

（1）如果不符合表见代理的要件，比如，相对人明知代理人没有代理权，或者因过失而不知，那么，参照适用《合同法》第四十八条关于狭义无权代理的规定，该代理行为应当不发生效力。

（2）如果满足了表见代理的要件，相对人取得票据权利。此时，本人应承担票据责任，无权代理人不承担票据责任。

（3）如在第（1）种情况下，票据代理构成狭义无权代理，但是相对人又对他人进行票据行为，假如满足善意取得的要件，本人仍然不承担票据责任。这时无权代理人承担票据责任。理由在于，本人并未在票据上签章，也没有授权他人为票据行为。但是，无权代理人须对票据权利人承担票据责任。具体情形见表9-3。

表9-3 **无权代理**

<table>
<tr><td rowspan="8">无权代理</td><td rowspan="2">表见代理：相对人有理由相信其有代理权</td><td colspan="4">代理而为的票据行为有效</td></tr>
<tr><td colspan="4">本人（被代理人）承担票据责任</td></tr>
<tr><td rowspan="6">狭义无权代理</td><td rowspan="2">不转让：相对人明知代理人没有代理权或因过失而不知</td><td>一般情况</td><td colspan="2">代理行为应当不发生效力，相对人不能取得票据权利；本人或无权代理人均不承担票据责任</td></tr>
<tr><td>本人追认</td><td colspan="2">票据行为有效；本人（被代理人）承担票据责任</td></tr>
<tr><td rowspan="4">转让：相对人又对他人进行票据行为</td><td rowspan="3">善意取得</td><td colspan="2">他人取得票据权利</td></tr>
<tr><td rowspan="2">责任</td><td>没有代理权而签章：签章人（代理人）承担</td></tr>
<tr><td>本人不承担票据责任（因本人未签章，也未授权他人为票据行为）</td></tr>
<tr><td>非善意取得</td><td colspan="2">他人不能取得票据权利</td></tr>
</table>

4.票据行为的代行

何为票据行为的代行?

票据行为的代行，是指行为人在进行票据行为时在票据上记载“他人之名”，或者盖“他人之章”，而未签署自己的姓名或者盖自己的章。此种情形并不构成代理。该行为的效力，视代行人是否获得本人之授权而定（见表9-4）。

表9-4 票据行为的代行

票据行为的代行	获得本人的授权	本人承担票据责任
	未获得本人的授权	相对人有理由相信代行人获得了本人的授权，本人承担票据责任（类推适用表见代理）
		代行人没有获得本人的授权，其行为构成票据签章的伪造，本人和代行人均不承担票据责任

四、票据权利的善意取得

重要，必须掌握，历年案例分析题基本都以该考点展开。

（一）含义

票据权利的善意取得，是指“无处分权人”处分他人之票据权利，受让人依照《票据法》所规定的票据转让方式取得票据，并且“善意”、“无重大过失”且“支付相当对价”，则可以取得票据权利的法律制度。（为了保障交易安全，促进票据的流通性）

（二）票据权利善意取得的要件

熟悉举例内容，可能考案例分析题。

1.转让人是形式上的票据权利人，享有处分权。转让人须为票据记载的最后持票人（收款人或者被背书人），受让人才有理由相信其具有处分权。

2.转让人没有处分权。虽然票据记载了特定的人是票据权利人，此人却可能因为各种原因而在实质上并不享有票据权利。

【情形1】转让人从其前手取得票据权利时，其前手没有完全民事行为能力。例如，A对B签发转账支票，B取得票据后患精神病而丧失民事行为能力，但仍将支票背书转让给C。C又将支票背书转让给D。根据规定，B对C的背书行为无效，C不能取得票据权利，因此，B仍然是票据权利人。C对D的背书转让实质是在处分B的票据权利，C没有处分权。

【链接】无民事行为能力人或者限制民事行为能力人在票据上签章的，其签章无效。

【情形2】转让人从其前手取得票据权利时，其前手的意思表示不真实。例如，A公司以B公司为收款人而签发汇票，B公司受C公司的欺诈而背书转让，C公司又背书转让给D公司。根据规定，C公司未从B公司处取得票据权利。因此，C公司对D公司的背书转让实质是在处分B公司的票据权利，C公司没有处分权。

【链接】以欺诈、胁迫手段取得票据的，不能取得票据权利。

3.受让人依照《票据法》规定的转让方式取得票据。这主要是指，受让人乃是基于背书转让的方式取得票据。这一背书须符合一般背书行为的形式和实质要件。

考霸笔记

以欺诈、偷盗或胁迫等非法手段取得票据的，虽然手握有票据，但是不享有票据权利。但这类人有可能将票据背书转让给第三人，这个时候就自然地引入票据权利的善意取得制度，此制度类似于物权的善意取得。理解该制度之后，无论是选择题，还是综合题都能轻而易举地解决了。在这里需要注意的是，若在综合题当中遇到了相关题目，需要比较准确地将法条给论述出来。

4.受让人善意且无重大过失，即受让人并不知道转让人没有处分权，并且非因重大过失而不知情。如果受让人明知转让人没有处分权，也就是存在恶意，则不能取得票据权利。

考霸笔记

如，为了支付货物买卖的价款、支付工程款、支付租金、缴纳税款、返还借款等。尽管出票人、背书人总是基于一定的原因关系而为票据行为，但是，这一原因关系可能并不存在，例如，买卖合同无效，出卖人并无支付价款的义务，却在认为合同有效的情形下签发了票据，或者这一原因关系不符合法律的要求。因此，法律上需要决定的是：原因关系对票据行为的效力应产生何种影响。

5.受让人须付出相当对价。《票据法》虽然没有明确规定票据的善意受让人须付出相当的对价，但是，《票据法》也规定："因税收、继承、赠与可以依法无偿取得票据的，不受给付对价的限制。但是，所享有的票据权利不得优于其前手的权利。"可见，无偿取得票据的受让人所能够取得的权利不能优于其前手。在无权处分情形下，其前手并不享有票据权利，因此，无偿取得票据的，即使受让人善意也不能取得票据权利。

（三）票据权利善意取得的类推适用

（1）形式合法的无效出票行为的收款人，背书转让给他人。

【案例】无权代理人A以甲公司的名义签发一张支票，收款人乙公司明知A没有代理权，代理行为无效，乙公司不能取得票据权利。乙公司将票据背书转让给丙公司，如果符合善意取得的要件，丙公司应可取得票据权利。就票据关系的其他当事人而言，乙公司承担背书人的票据责任；根据规定，甲公司不承担票据责任，A承担作为出票人的票据责任。

（2）票据行为完成记载后遗失、被盗。

【案例】甲拟出票给乙，记载完毕后票据遗失。丙冒充乙并伪造乙的签章，将其背书转让给丁。如果符合善意取得的要件，则丁可以取得票据权利。就其他当事人而言，乙、丙作为票据伪造的被伪造人和伪造人，均不承担票据责任。甲的签章是真实签章，应承担票据责任。

（3）票据质权的善意取得。无权处分人如果并非将票据权利转让他人，而是为他人设定质权，也应适用善意取得制度。

五、票据原因关系对票据行为效力的影响

（一）票据原因关系的概念

何为票据原因关系？

票据原因关系，是指票据当事人之间授受票据的原因的法律关系。出票人与收款人之间的出票行为、背书人与被背书人之间的转让背书行为，总是基于一定的原因关系。

（二）出票行为和转让背书行为，须以履行基于真实的交易关系而发生的债务为目的

《票据法》第十条规定："票据的签发、取得和转让，应当遵循诚实信用的原则，具有真实的交易关系和债权债务关系。"根据该规定，出票行为和背书转让行为，必须为了履行基于"真实的交易关系"而发生的债务。问题是，如果缺乏这种"真实的交易关系"而为的出票、背书行为，其效力是否因此而受到影响。

考霸笔记

如，为履行买卖合同而签发票据，但是买卖合同实际上无效。

缺乏真实的交易关系的情形，主要有以下几种情况：

1.作为原因关系的合同无效、被撤销。

2. 票据授受的原因是票据权利买卖。

考霸笔记

【注意】未以真实交易关系作为原因关系的出票和背书行为无效，收款人或者被背书人不能取得票据权利，但在其向他人背书转让票据权利时，受让人可能基于善意取得制度而取得票据权利。

《票据法》规定：票据的签发、取得和转让应具有真实的交易关系和债权债务关系。也就是说，如果一家从事实业的公司手中有一张票据，它不能把这个票据卖给同样从事实业的公司以获取资金，因为这么做有可能扰乱正常的金融秩序，故这种行为为法律所禁止。若从事实业的公司手中有票据但又急需资金，应该怎么办呢？它可以把这张票据给金融机构，金融机构给它资金。这种行为就叫作贴现，一般从事实业的公司这么做是违法的，通过票据买卖获得票据的公司不享有票据权利，但贴现是金融机构的业务之一，金融机构这么做是合法的。总之就是：现金买票，不享有票据权利。

如，甲公司缺乏资金，遂与乙公司约定：甲公司向乙公司签发一张6个月后到期、金额为100万元的远期汇票，乙公司立即向甲公司支付95万元。或者，甲公司此时持有一张5个月后到期、金额为100万元的汇票，遂与乙公司达成协议：甲公司将其背书转让给乙公司，乙公司立即支付甲公司96万元。从《票据法》第十条来看，上述约定并非“真实的交易关系”。

【解释1】以赠与或其他无偿法律关系为原因的出票和背书转让并非缺乏真实的交易关系，只是其取得的票据权利不得优于其前手。

【解释2】还有基于其他无偿的原因关系而授受票据的情形。在委托合同之下，委托人为了预付处理委托事务的费用，向受托人签发票据或者背书转让票据，也应适用《票据法》第十一条的规定：“因税收、继承、赠与可以依法无偿取得票据的，不受给付对价的限制。但是，所享有的票据权利不得优于其前手的权利。”但是，如果受托人先行垫付了费用，委托人向其偿还该费用时，即使该委托合同是无偿的，受托人取得该票据的原因，在《票据法》的意义上应视为有偿，不适用该条规定。

（三）结果

如果出票行为的原因关系不存在，或者双方不具有真实的交易关系和债权债务关系时，出票行为无效，出票人有权请求持票人返还票据。

（四）真实交易关系的例外

1. 银行汇票、银行本票发挥的是单纯的支付职能。向银行申请签发银行汇票、银行本票的当事人，需要向银行足额支付金额后，银行才会签发银行汇票和银行本票。票据上的“收款人”，则根据申请人的要求填写，银行并不特别审查其申请原因。因此，申请人可以申请将自己填写为收款人，也可以要求将他人填写为收款人。在这两种情况下，作为出票人的银行与收款人之间均不存在任何的“交易”关系。

考霸笔记

这是因为，关于真实交易关系的要求，主要是基于我国的金融政策，避免当事人套取银行资金，造成实质上的信贷规模扩大。而银行汇票、银行本票的签发方式则不存在这个问题。当然，即使是银行汇票、银行本票，在其背书转让的过程中，仍然需要以真实的交易关系作为基础。

2. 关于真实交易关系的要求，主要是针对商业汇票。商业汇票的签发、转让，原则上均要求以真实的交易作为基础。但是法律上的一个例外是，持票人可以向金融机构办理贴现。贴现是一种单纯的票据权利买卖关系，并不以其他交易作为基础。

六、票据的伪造和变造

（一）票据伪造　重要，必须掌握。

1. 概念

票据伪造是指假冒或者虚构他人的名义而为的票据行为。

考霸笔记

具体而言，就是在未获得他人授权的情况下，假冒他人或者声称获得了他人之授权，以他人之名义为票据行为；或者，虚构某个并不存在的人，并以此人名义为票据行为。

2.构成要件及效力

（1）伪造者的行为符合票据行为的形式要件。若不符合，票据行为已经确定无效，自然无须特别考虑伪造问题。

（2）伪造者假冒或者虚构他人名义在票据上签章（见表9-5）。

表9-5　**假冒或虚构他人之名义**

假冒（体现为代行）	获得本人授权或相对人有理由相信获得授权	票据行为有效，不构成伪造
	未获得授权且相对人没有理由相信获得授权	票据行为不发生效力，构成伪造
虚构他人（不存在的法人或其他单位）之名义	假冒行为人没有使用其本名，不论其主观目的如何，该票据行为均应视为使其法律效果归属于自己的意思	票据行为应无效，虚构人承担票据责任

票据伪造的法律后果是什么?

3.法律后果　**熟悉举例内容，可能考案例分析题。**

考霸笔记

票据的伪造，在选择题中会偶尔涉及，但在综合题当中，是重点当中的重点，基本上每年必考。在这个考点需要注意的是：在票据的伪造中，伪造人和被伪造人都不承担票据责任！注意，都不承担票据责任！刚接触这个考点的时候，是不是感到很奇怪？被伪造人很无辜，不承担票据责任，这没什么好说的。但是违法的人，也就是伪造人，也不承担票据责任，这就让人感到疑惑了。其实是这样的，伪造人不承担票据责任，只是不承担票据责任，但是要承担民事责任，情节严重的，甚至要承担刑事责任，也就是说，有可能是要被判刑的。再次提醒，在票据的伪造中，伪造人和被伪造人都不承担票据责任。

（1）对伪造人：伪造人并未以自己名义在票据上签章，不承担票据责任。但是可能要承担刑事责任、行政法律责任或者民法上的赔偿责任。

（2）对被伪造人：在虚构他人名义的情形下，并不存在一个“被伪造人”，因此不存在相应的法律后果问题。在假冒他人名义的情形下，假如属于上文所分析的票据行为无效的情形，被伪造人不承担因为该票据行为所产生的票据责任。

（3）票据伪造的被伪造人，不承担票据责任。

（4）票据上有伪造签章的，不影响票据上真实签章的效力。在票据上真正签章的当事人，仍应对被伪造的票据债权人承担票据责任，票据债权人在提示承兑、提示付款或者行使追索权时，在票据上真正签章人不能以伪造为由进行抗辩。

【案例1】出票行为被伪造并且无效的，收款人不能取得票据权利，其他真实签章的效力不受影响，被背书人可以取得票据权利，但是其权利仅针对收款人，被伪造人（出票人）并不承担票据责任。

【案例2】背书转让行为被伪造并且无效的情形。例如，A是某票据的收款人，B冒充A并伪造其签章，对C进行转让背书。如果不符合善意取得的要件，则被伪造的背书行为无效，C不能取得票据权利，A仍然为票据权利人。假如C又对D进行转让背书，则属于无权处分。如果符合善意取得要件，D取得票据权利，A的票据权利消灭。C的签章是真实签章，C负有作为背书人的票据责任。

例9-3·2008年单选题

甲私刻乙公司的财务专用章，假冒乙公司名义签发一张转账支票交给收款人丙，丙将该支票背书转让给丁，丁又背书转让给戊。当戊主张票据权利时，下列表述中正确的是（　　）。

A.甲不承担票据责任　　　　　　　　B.乙公司承担票据责任

C.丙不承担票据责任　　　　　　　　D.丁不承担票据责任

【答案】A

【解析】(1) 选项A：由于伪造人甲在票据上根本没有以自己名义签章，因此不承担票据责任；(2) 选项B：在假冒他人名义的情形下，被伪造人不承担票据责任；(3) 选项C和D：票据上有伪造签章的，不影响票据上其他真实签章的效力，丙和丁属于在票据上真正签章的当事人，仍应承担票据责任。

（二）票据变造　熟悉，可能考选择题。

1.概念

票据变造，是指没有变更权限的人变更票据上签章以外的其他记载事项的行为。

2.变造与变更权人的变更的区别

《票据法》规定："票据金额、日期、收款人名称不得更改，更改的票据无效。对票据上的其他记载事项，原记载人可以更改，更改时应当由原记载人签章证明。"

因此，除了金额、日期（应当解释为出票日期）、收款人名称之外的事项，原记载人（或者经其授权的人）有权变更，但是应当专门就记载之变更行为进行签章。

关于金额、出票日期、收款人名称这三个事项，任何人均不得变更，包括原记载人自己。如果对这三个事项的变更比较明显，可以通过查看票据而发现，票据无效。票据变造见表9-6。

考霸笔记

【解释】在此，"票据无效"的含义应理解为，如果出票行为成立时就存在该瑕疵，出票行为无效，其他票据行为也因此而无效，票据权利根本不发生。但是，如果出票行为成立时并无该瑕疵，出票行为已经在当时生效，票据权利就已经发生。

表9-6　　　　　　票据变造

票据变造	金额、日期、收款人名称	可以通过查看票面而发现：不得变更，若变更，票据无效
		难以通过查看票面而发现：变造，但票据仍有效
	其他记载事项	原记载人（或者经其授权的人）：有权变更，更改时应由其就变更行为签章
		其他人：变造，但票据一般仍有效

3.票据变造的法律后果

考霸笔记

票据的变造如同票据的伪造一样，不论在选择题还是综合题当中，都属常考点，需要特别注意。

票据的变造，指无权更改票据内容的人，对票据上除签章以外的记载事项加以变更的行为。对于票据签章进行变更的，属于票据的伪造。票据变造的重点是其法律后果，即：当事人的签章在变造之前，应当按照原记载的内容负责；当事人的签章在变造之后，则应当按照变造后的记载内容负责。如果无法辨别签章发生在变造之前还是之后，则视同在变造之前签章。

【注意】如果变造人也是票据上的签章人，则变造人应解释为变造后票据行为人。

【链接】票据被变造时，变造前在票据上签章的债务人，可以拒绝依照变造后的记载事项承担票据责任。

票据变造的法律后果是什么?

(1) 变造前在票据上签章的票据行为人，依照原记载事项负责。

(2) 变造后在票据上签章的票据行为人，依照变造后的记载事项负责。

例 9-4·2008年单选题

甲签发一张票面金额为2万元的转账支票给乙，乙将该支票背书转让给丙，丙将票面金额改为5万元后背书转让给丁，该改动肉眼难以看出，丁又背书转让给戊。下列关于票据责任承担的表述中，正确的是（ ）。

A.甲、乙、丁对2万元负责，丙对5万元负责

B.乙、丙、丁对5万元负责，甲对2万元负责

C.甲、乙对2万元负责，丙、丁对5万元负责

D.甲、乙对5万元负责，丙、丁对2万元负责

【答案】C

【解析】甲、乙的签章在变造之前，应当对变造前的金额（2万元）承担票据责任；丙、丁的签章在变造之后，应当对变造后的金额（5万元）承担票据责任。

七、票据权利的消灭 熟悉，可能考选择题。

（一）票据权利的消灭事由概述

1.一般消灭原因——付款

2.因为没有进行票据权利的保全而导致追索权消灭

（1）没有遵期提示：

①权利人没有按照规定期限提示承兑；

②权利人没有按照规定期限提示付款。

（2）权利人在受到拒绝时没有依法取证。

3.消灭时效期间的经过

票据权利人没有在法定的消灭时效期间内行使权利。

（二）追索权因为未进行票据权利保全而消灭

按照《票据法》的规定，票据权利人原则上应当在规定的时间、地点，以规定的方法提示付款或者提示承兑（“遵期提示”）；并且，在被拒绝时，应当依法取得相应的证明（“依法取证”），否则，其追索权将因此而消灭。因此，遵期提示和依法取证的行为在理论上称为“票据权利的保全”，也就是票据权利人为防止票据权利丧失而为的行为。

1.遵期提示

（1）汇票到期日的四种记载方式：见票即付；定日付款；出票后定期付款；见票后定期付款。

【解释1】见票即付，是指一经持票人提示，付款人即应付款。适用于本票和支票。

【解释2】定日付款，是指在汇票上明确记载特定的日期为到期日。

【解释3】出票后定期付款，是指以出票后经过一定期间后的日期为到期日。此种付款日期，与定日付款在实质上并无区别，只是需要一定的计算。

【解释4】见票后定期付款，是指汇票的持票人向付款人提示承兑，付款人予以承兑或者拒绝承兑后，以承兑日或者拒绝承兑证书做成之日为基础，经计算而确定到期日。这种付款日期，无法直接依照票面记载而确定到期日。

（2）遵期提示承兑期限（商业汇票特有）（见表9-7）。

表9-7 遵期提示承兑期限（商业汇票特有）

定日付款	到期日前提示承兑
出票后定期付款	到期日前提示承兑
见票后定期付款	出票日起1个月提示承兑

汇票未按照规定期限提示承兑的，持票人丧失对其前手的追索权，但并不丧失对出票人的追索权。

（3）遵期提示付款期限（见表9-8）。

表9-8 遵期提示付款期限

商业汇票	非见票即付	到期日起10日
	见票即付	出票日起1个月
银行汇票		
银行本票		出票日起2个月
支票		出票日起10日

未按照规定期限提示付款，持票人即丧失对出票人、汇票承兑人之外的前手的追索权。

2.依法取证

（1）要求：持票人提示承兑或者提示付款被拒绝的，承兑人或者付款人必须出具拒绝证明，或者出具退票理由书。如果因为其他原因而导致持票人不能取得拒绝证明，或者汇票承兑人或者付款人破产，或者被责令终止业务活动，持票人可以以其他证明替代拒绝证明。上述规定也适用于本票、支票。

（2）后果：如果持票人未取得拒绝证明或者具有相同效力的其他证明，或者在行使追索权时不出示该证明，则不能行使追索权，但仍享有对出票人、承兑人的追索权。持票人未能遵期提示，即使取得了上述证明，也丧失了对前手（出票人、承兑人除外）的追索权。

例9-5·2005年单选题

根据《票据法》的规定，汇票的持票人没有在规定期限内提示付款的，其法律后果是（ ）。

A.持票人丧失全部票据权利

B.持票人在作出说明后，承兑人仍然应当承担票据责任

C.持票人在作出说明后，背书人仍然应当承担票据责任

D.持票人在作出说明后，可以行使全部票据权利

【答案】B

【解析】本题考核票据的付款提示。持票人未按照规定期限提示付款的，在作出说明后，承兑人或者付款人仍应当继续对持票人承担付款责任。

（三）票据时效

1.概念

票据时效（票据权利的消灭时效），指票据权利人如果未在法定期间内行使权

利，其权利归于消灭的票据法律制度。

2.消灭时效期间

①见票即付的汇票、本票，持票人对出票人的权利自出票日起2年；

②远期汇票，持票人对出票人和承兑人的权利自到期日起2年（无法确定到期日的，自出票日起算2年）；

③持票人对支票出票人的权利，自出票日起6个月；

④持票人对出票人、承兑人以外前手的首次追索权，自被拒绝承兑或者被拒绝付款之日起6个月；

⑤持票人对出票人、承兑人以外前手的再追索权，自清偿日或者被提起诉讼之日起3个月。

例9-6 · 2006年单选题

2006年6月5日，A公司向B公司开具一张金额为5万元的支票，B公司将支票背书转让给C公司。6月12日，C公司请求付款银行付款时，银行以A公司账户内只有5 000元为由拒绝付款。C公司遂要求B公司付款，B公司于6月15日向C公司付清了全部款项。根据票据法律制度的规定，B公司向A公司行使再追索权的期限为（　　）。

A.2006年6月25日之前　　B.2006年8月15日之前

C.2006年9月15日之前　　D.2006年12月5日之前

【答案】D

【解析】持票人对支票出票人的权利，自出票日起6个月。在本题中，A公司是出票人，向A公司行使的不论是追索权，还是再追索权，均自出票日（2006年6月5日）起6个月内行使。

【总结】票据的消灭时效期间见表9-9。

表9-9　**票据的消灭时效期间**

票据	对象	起点	时间
远期商业汇票	出票人、承兑人	到期日	2年
银行汇票、本票、见票即付的商业汇票	出票人	出票日	2年
支票	出票人	出票日	6个月
追索权	前手	被拒绝承兑或者被拒绝付款日	6个月
再追索权	前手	清偿日或者被提起诉讼日	3个月

考霸笔记

【提示】追索权和再追索权的时效，是指对前手的时效，不包括对票据出票人的追索权。超过6个月或3个月，持票人仍可对出票人行使追索权或再追索权。

3.票据时效的中止、中断

我国《票据法》并未明确规定票据时效的中止、中断问题。

票据时效期间的中止、中断，只对发生时效中断事由的当事人有效，持票人对其他票据债务人的票据时效的计算方法，并不因此而受影响。

【案例】甲公司持有一张由乙公司出票、经丙公司背书转让的银行承兑汇票，该汇票到期日为2010年10月1日。在汇票到期后，甲公司向承兑银行提示付款时遭到拒绝。2011年1月1日，甲公司要求乙公司支付票款，遭到乙公司拒绝，引起时效中断。但是，对乙公司的时效中断并不能导致对丙公司的时效中断。

4.利益返还请求权

持票人（包括票载权利人、清偿后的背书人、保证人）因超过票据权利时效或者因票据记载事项欠缺而丧失票据权利的，仍享有民事权利，可以请求出票人或者承兑人返还其与未支付的票据金额相当的利益。票据时效期间经过，票据权利归于消灭。

【解释】持票人可以是票据所记载的最后持票人，也可以是被追索并清偿后，享有再追索权的当事人，例如背书人、保证人。负有义务的当事人，是票据上的出票人或者承兑人。

考霸笔记

【注意】利益返还请求权并非票据权利，是《票据法》规定的一种特别权利，不适用票据时效的规定，适用民法上关于诉讼时效的一般规定。

八、票据抗辩　重要，必须掌握。

（一）概念

票据抗辩分两种，票据上物的抗辩（绝对的抗辩）和人的抗辩（相对的抗辩）；物的抗辩可以对任何持票人主张，人的抗辩只能对特定的持票人主张。

考霸笔记

物的抗辩指的是票据本身记载有问题，在这种情况下，任何人来主张票据权利，都是可以拒绝的，所以又称为“绝对抗辩”。而人的抗辩的范围就小多了，比较通俗的说法就是“看人下菜碟”，对于某些人可以拒绝付款，而对于某些人则不可拒绝付款，所以又称为“相对抗辩”。

（二）物的抗辩的情形

1.票据上记载的全部票据权利均不存在

（1）出票行为因为法定形式要件欠缺而无效（例如，出票人的签章不符合规定、票据金额的中文大写和阿拉伯数码不一致；对票据金额、日期、收款人名称进行了更改）。

（2）票据权利已经消灭。汇票付款人（或承兑人）、本票的出票人、支票的付款人已经依法按期全额付款。

2.票据上记载的特定债务人的债务不存在

（1）签章人是无民事行为能力人或限制民事行为能力人，票据行为无效，不承担票据责任；

（2）狭义无权代理情形下，本人不承担票据责任，或者仅对不超越代理权限的部分承担票据责任；

（3）票据伪造的被伪造人，不承担票据责任；

（4）票据被变造时，变造前在票据上签章的债务人，可以拒绝依照变造后的记载事项承担票据责任；

（5）对特定债务人的票据权利时效期间经过，其票据债务消灭；

（6）对特定票据债务人的追索权，因持票人未进行票据权利的保全而丧失。

（三）人的抗辩与抗辩切断

1.基于持票人方面的原因

（1）持票人不享有票据权利。

（2）持票人不能够证明其权利（比如，背书不连续，持票人又不能证明背书中断之处乃是由于其他合法原因造成）。

（3）背书人记载了“不得转让”字样，记载人对于其直接后手的后手不承担票据责任。

物的抗辩的情形有哪些?

第九章

2.在票据行为的直接当事人之间，票据债务人可以（基于基础关系）对不履行约定义务的与自己有直接债权债务关系的持票人抗辩

【案例】A为了支付买卖合同上的货款而对B签发或背书转让票据。当B向A主张票据权利时，如果B在买卖合同上构成违约，则A可以以此为由拒绝履行其在票据上的债务。

3.票据债务人以其与持票人的前手之间的抗辩事由对抗持票人

（1）持票人未给付对价而取得票据（赠与、缴纳税收、继承等方式）。

【案例】A为了支付买卖合同上的货款而对B签发或背书转让票据。如果B以赠与为目的将票据背书转让给C，或者为了缴纳税收而背书转让给税务机关，或者在B死亡时，C作为继承人而取得票据权利。那么，A有权以B违反买卖合同为由，拒绝向C承担票据责任。同样，假如C又以赠与为目的而将票据背书转让给D，当D向A主张票据权利时，A有权提出相同的抗辩。

（2）明知（交付之时）出票人对持票人的前手存在抗辩事由而取得票据。

【案例】A为了支付买卖合同上的货款而对B签发或背书转让票据，B构成违约。若B拟为支付租金而将票据背书转让给C之前，C知道A和B之间具有买卖合同关系，也知道B已经构成违约，也就是说，C知道A对B有权以买卖合同上的事由对抗其票据权利，却仍然接受B背书转让票据，那么A有权以该事由对抗C，拒绝履行票据债务。

4.不适用对人抗辩（抗辩切断制度）

除了持票人未给付对价而取得票据或持票人明知抗辩事由之外，票据债务人不得以自己与出票人或者与持票人的前手之间的抗辩事由，对抗持票人。——善意+对价

【总结】抗辩切断VS善意取得。

这是两个不同的制度，尽管其目的均在于保障持票人的利益。善意取得制度所处理的问题是，善意受让人是否可以在无权处分的情形下取得票据权利，并同时导致原来的票据权利人丧失其权利。该制度并不直接涉及谁要承担票据责任，以及抗辩事由的问题。从实际结果来看，由于善意取得的构成要件包括了善意且无重大过失、给付相当的对价，善意受让人必然受到抗辩切断制度的保护，其取得的票据权利是无瑕疵的权利，前手之间的抗辩事由均不得对抗善意受让人。而在抗辩切断制度所涉及的问题之下，持票人的前手并非对其无权处分。

考霸笔记
路径：（1）先挂失止付，再公示催告或提起诉讼；（2）直接公示催告或提起诉讼。

九、票据丧失及补救 重要，必须掌握。

（一）票据丧失概述

法律上设置了几种制度对失票人提供法律救济：挂失止付、公示催告、提起民事诉讼。

考霸笔记
【注意】未填明“现金”字样和代理付款人的银行汇票以及未填明“现金”字样的银行本票丧失，不得挂失止付。

（二）挂失止付

挂失止付是指失票人将票据丧失的情形通知付款人（包括代理付款人），付款人接到通知后决定暂停支付，以防止他人取得票据金额的临时性救济措施。

1.适用的票据种类：①已承兑的商业汇票；②支票；③填明“现金”字样和代理付款人的银行汇票；④填明“现金”字样的银行本票。

2.程序：付款人在收到通知书前已经依法向持票人付款的，不再接受挂失止付。

3.效力：挂失止付是一种临时性措施，申请人是不是真正的票据权利人，只能由人民法院认定。

（1）申请挂失止付的当事人，必须在申请之前已经向法院申请公示催告或者起诉，或者应当在通知挂失止付后的3日内向法院申请公示催告或者起诉；否则挂失止付失去效力。

（2）如果自收到通知书之日起12日内还没有收到法院的止付通知书的，自第13日起，挂失止付通知书失效。若收到止付通知书，应当停止支付，直到公示催告程序终结。

什么是公示催告?

例9-7·2007年多选题

根据我国票据法律制度的规定，下列各项中，属于不可以挂失止付的票据的有（　　）。

A.已承兑的商业汇票

B.未记载付款人的汇票

C.未填明“现金”字样的银行汇票

D.未填明“现金”字样的银行本票

【答案】BCD

【解析】根据规定，未填明“现金”字样的银行汇票以及未填明“现金”字样的银行本票丧失，不得挂失止付。

（三）公示催告

1.定义

公示催告指法院根据失票人的申请，以公示的方式催告利害关系人（不确定的权利人）在一定期限内向法院申报权利，到期无人申报权利的，法院将根据申请人的申请作出除权判决的一种非诉讼程序。

挂失止付并非公示催告的前置程序。失票人可以不申请挂失止付，而直接向法院申请公示催告。

2.适用的票据种类

可以背书转让的票据丧失的，持票人可以申请公示催告。填明“现金”字样的银行汇票、银行本票和现金支票不得背书转让，不能申请公示催告。

3.公示催告申请人的资格

可以申请公示催告的失票人，是指在丧失票据占有以前的最后合法持票人，也就是票据所记载的票据权利人。出票人已经签章的授权补记的支票丧失后，持票人也可以申请公示催告。

4.具体程序

（1）失票人向票据付款地的基层法院提出书面的公示催告申请。

（2）法院收到申请后，应当立即审查。符合条件的，通知予以受理。

（3）法院在受理公示催告申请的同时通知付款人或者代理付款人停止支付。付款人或者代理付款人应当停止支付，直到公示催告程序终结。

（4）法院在受理后的3日内发出公告，催促利害关系人申报权利。公示催告的期间由人民法院根据情况决定，但不得少于60日。

考霸笔记

在该程序之下，申请人声称自己是已丧失之特定票据上的权利人，法院则向社会发出公告，催促可能存在的票据利害关系人申报权利。如果没有人在指定期限内申报权利，则可以推定申请人的主张成立。在其申请法院作出除权判决时，法院应作出该判决，确认申请人为票据权利人。这样，申请人就可以持除权判决书行使票据权利。

如果有利害关系人前来就同一票据申报权利，法院并不在该程序之下对申请人与申报权利人之间的争议进行实体审理，而是会裁定终结该程序。申请人如欲主张票据权利，可以向对方提起普通民事诉讼。

（5）利害关系人在法院作出除权判决之前申报权利的，法院应通知其向法院出示票据，并通知公示催告申请人查看该票据。如果该票据就是申请人申请公示催告的票据，法院应裁定终结公示催告程序，并通知申请人和付款人。如果该票据并非申请人公示催告的票据，法院应裁定驳回利害关系人的申报。

（6）公示催告期届满，且无上述（5）所列应裁定终结公示催告程序的事由，申请人可以在届满次日起1个月内，申请法院作出除权判决。逾期未申请的，法院终结公示催告程序。

（7）申请人提出上述（6）所述申请的，法院作出除权裁决。

5.除权判决的效力

除权判决有两个主要效力：第一，确认申请人是票据权利人。第二，宣告票据失去效力，即票据权利与票据相分离，票据不再是票据权利的载体。这样，申请人有权持除权判决向票据上的权利人主张票据权利。

6.除权判决的撤销

利害关系人因为正当理由不能在除权判决之前向法院及时申报权利的，自知道或者应当知道判决公告之日起1年内，可以向作出除权判决的法院起诉，请求撤销除权判决。

例 9-8 · 2009年单选题

甲所持有的一张支票遗失后，向法院申请公示催告。在公告期间内，乙持一张支票到法院申报权利，甲确认该支票就是其所遗失的支票，但是乙主张自己已经善意取得该支票上的权利。根据票据法律制度的规定，下列表述中，正确的是（　　）。

A.法院经审查认为乙的主张成立的，应当裁定驳回甲的申请

B.法院经审查认为乙的主张成立的，应当裁定终结公示催告程序

C.法院经审查认为乙的主张成立的，应当判决乙胜诉

D.法院应当直接终结公示催告程序

【答案】D

【解析】根据规定，人民法院收到利害关系人的申报后，应当裁定终结公示催告程序（判断乙的主张是否成立，应当在终结公示催告程序之后）。

（四）提起民事诉讼

票据权利人可以基于其所有权而请求占有票据的人返还票据。

十、汇票的出票

（一）汇票概述

1.银行汇票

（1）实际结算金额小于出票金额，按照实际结算金额进行结算。

（2）未填明实际结算金额和多余金额或实际结算金额超过出票金额的，银行不予受理。

2.商业汇票

考霸笔记

【解释】具体而言，商业承兑汇票有两种主要的签发方式：①由出票人兼任付款人并予以承兑。例如，甲公司向乙公司购买货物，遂签发一张以自己（甲公司）为出票人、付款人的汇票，并分别在出票人签章栏和承兑人签章栏进行签章，然后将汇票交付乙公司。此类商业汇票的功能与商业本票基本相同，但是适用《票据法》中关于汇票的规定。②由出票人兼任收款人。如上例，乙公司（货物的出卖人）签发一张以自己（乙公司）为出票人和收款人、以甲公司为付款人的汇票，并在出票人签章栏签章，然后将汇票交付甲公司，向其提示承兑，甲公司予以承兑后返还乙公司。

只有在银行开立存款账户的法人以及其他组织之间，才能使用商业汇票。

汇票出票的记载事项有哪些?

（二）汇票出票的记载事项

熟悉，可能考选择题。

1.绝对必要记载事项（必须记载，否则无效）：表明“汇票”的字样；无条件支付的委托；确定的金额；付款人名称；收款人名称；出票日期（非其他日期）；出票人签章。

2.相对必要记载事项（未记载的，出票行为仍然有效）：

（1）未记载付款日期的，为见票即付；

（2）未记载付款地的，付款人的营业场所、住所或者经常居住地为付款地；

（3）未记载出票地的，出票人的营业场所、住所或者经常居住地为出票地。

3.可以记载事项：出票人可以记载“不得转让”字样。

4.记载不生票据法上效力的事项：出票人关于利息、违约金的记载（不具有票据法上的效力，根据民法判断）。

5.记载本身无效事项：出票人不得在票据上表明不承担保证该汇票承兑或者付款的责任；如有此类记载，出票仍然有效，但是该记载无效，即出票人在持票人不能获得承兑或付款时，仍应承担票据责任。

6.记载使票据无效事项：必须记载“无条件支付的委托”，未做该记载的，汇票无效。

考霸笔记

汇票上的记载事项的分类及其法律效果，经常会在选择题当中考查，在综合题当中也会涉及，应准确掌握。

例9-9·2007年单选题

根据票据法律制度的规定，某公司签发汇票时出现的下列情形中，导致该汇票无效的是（　　）。

A.汇票上未记载付款日期

B.汇票上金额记载为“不超过50万元”

C.汇票上记载了该票据项下交易的合同号码

D.签章时加盖了本公司公章，公司负责人仅签名而未盖章

【答案】B

【解析】根据规定，确定的金额是汇票的绝对必要记载事项，如果汇票上记载的金额是不确定的，汇票将无效。

（三）汇票出票的效力

1.对出票人的效力：出票人成为票据债务人，承担担保承兑和担保付款的责任。

2.对付款人的效力：成为票据上的关系人。因付款人并未在票据上签章，所以并非票据义务人。

3.对收款人的效力：收款人取得票据权利，包括付款请求权、追索权，以及处分其票据权利的权利。

十一、汇票的背书 重要，必须掌握。

考霸笔记

汇票的背书，不论是在选择题还是综合题当中，考查的频率都非常高，真题相当多，对于这样的考点我们应当感到高兴，因为知识点就那么多，考来考去也不会有什么变化，而且考题频率越高，规律就越明显，非常有效的应对方法就是多看看真题，真题怎么样考，我们就应怎么样准备。

（一）背书的含义

背书是指持票人为将票据权利转让给他人或者将票据权利授予他人行使，在票据背面或者粘单上记载有关事项并签章，然后将票据交付给被背书人的票据行为。背书包括转让背书、委托收款背书和质押背书。

汇票的背书有哪些规定？

（二）禁止背书

1.任意禁止背书。

（1）出票人：出票人在汇票上记载“不得转让”字样，其后手再转让的，该转让不发生票据法上的效力，出票人和承兑人对受让人不承担票据责任。

（2）背书人：背书人在汇票上记载“不得转让”字样，其后手再背书转让的，原背书人对后手的被背书人不承担保证责任。

【案例】甲公司向乙公司签发一张由A银行承兑的汇票，乙公司将该汇票背书转让给丙公司，丙公司背书转让给丁公司时在汇票上记载了“不得转让”字样，丁公司依然将该汇票背书转让给戊公司，戊公司按期提示付款被拒绝。根据规定，背书人在汇票上记载“不得转让”字样，其后手再背书转让的，原背书人对后手的被背书人不承担保证责任。在本案中：（1）戊公司不能向丙公司进行追索，丙公司是做了禁止背书的背书人，对后手（丁公司）的被背书人（戊公司）不承担票据责任；（2）戊公司可以向A银行、甲公司、乙公司和丁公司进行追索。

2.法定禁止背书：如填明“现金”字样；超过付款提示期限（期后背书）等。

（三）转让背书的款式

1.绝对必要记载事项：被背书人名称；背书人签章。

考霸笔记

【链接】背书人未记载被背书人名称即将票据交付他人的，持票人在票据被背书人栏内记载自己的名称与背书人记载具有同等法律效力。也就是说，被背书人的名称虽然是背书行为的绝对记载事项，但是，背书人未记载该事项并不导致背书行为无效，而是可以授权受让人予以补记。

2.相对必要记载事项：背书日期（未记载，视为在汇票到期日前背书）。

3.可以记载事项：背书人在汇票上记载“不得转让”字样，其后手再背书转让的，原背书人对后手的被背书人不承担保证责任。（背书人仅对其后手承担票据责任，但对其后手的后手不承担票据责任）

4.记载不生票据法上效力事项：背书不得附有条件。附有条件的，所附条件不具有汇票上的效力（条件无效，背书有效）。

5.记载本身无效事项：背书人如果作出免除担保承兑、担保付款责任的记载，该记载无效，背书有效。

6.记载使背书无效事项：将汇票金额的一部分转让的背书或者将汇票金额分别转让给二人以上的背书无效（部分背书、分别背书，背书无效）。

（四）背书转让的效力

1.权利转移的效力：转让背书生效后，被背书人取得票据权利，并适用抗辩切断，即票据债务人不得以自己与出票人或与被背书人（持票人）的前手之间的抗辩事由，对抗此被背书人（持票人）。

2.权利担保的效力。背书人对所有后手承担了担保承兑和担保付款的责任，两种情形下设置了例外规定：

（1）背书人记载“不得转让”，则对后手的被背书人不承担票据责任。

（2）回头背书：持票人为出票人的，对其前手无追索权。持票人为背书人的，对其后手无追索权（如图9-2所示）。

考霸笔记

【解释】第一种情形，持票人为出票人A的，对其前手（无人）无追索权。

第二种情形，持票人为背书人C的，对其后手D、E无追索权，即只能向A、B追索。

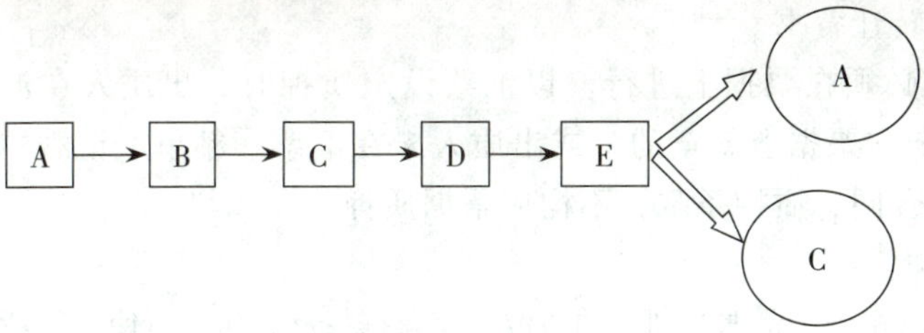

图9-2　回头背书

3.权利证明的效力：

（1）以背书转让的汇票，背书应当连续（是指在票据转让中，转让汇票的背书人与受让汇票的被背书人在汇票上的签章依次前后衔接）（见表9-10）。

考霸笔记

【分析】背书连续主要是指背书在形式上连续，如果背书在实质上不连续，付款人仍应对持票人付款。

表9-10　背书转让

被背书人：C	被背书人：D	被背书人：E
B（背书人）签章	C（背书人）签章	D（背书人）签章

（2）对于票据权利的真实性，付款人仅仅负有形式审查义务。付款人善意且无重大过失的付款仍具有一般付款的效力，可以消灭其票据责任。

（3）持票人以背书的连续，证明其汇票权利；非经背书转让，而以其他合法方式取得汇票的，依法举证，证明其汇票权利。

考霸笔记

【分析】税收、继承、赠与等取得汇票的，不涉及背书连续的问题，但需要依法举证。

（五）票据贴现的特殊问题

票据贴现，是指商业汇票的持票人在汇票到期日前，将票据权利背书转让给金融机构，由其扣除一定利息后，将约定金额支付给持票人的一种票据行为。

从票据行为本身来看，就是一个普通的转让背书。票据法上关于转让背书的规定，适用于票据贴现（是票据行为以真实交易为基础之要求的一个例外）。

（六）委托收款背书

委托收款背书的具体规定是什么？

1.概念：指以授予他人行使票据权利、收取票据金额的代理权为目的的背书。委托收款背书并不导致票据权利的转移，而是使得被背书人取得代理权。

2.绝对记载事项：“委托收款”（或者“托收”“代理”）字样，如果未做该记载，形式上为转让背书。

3.效力：

（1）委托收款人虽然也作为背书人在票据上签章，但是并不发生权利担保的效力，只是证明收到款项；

（2）不能处分票据权利（如不得以背书转让汇票权利）；

（3）以代理人的身份对他人进行转让背书或者质押背书，委托收款背书的存在并不能证明其代理权，有可能构成无权代理；

（4）可以对他人进行委托收款背书；

（5）委托收款背书不发生抗辩切断问题。

（七）质押背书

1.概念：指为担保他人之债权的实现，票据权利人在票据上为了对债权人设定质权而进行的背书行为。

2.绝对记载事项："质押"（或者"设质""担保"）字样。假如未做该记载，则形式上构成转让背书。

质押背书必须在票据上进行。以汇票设定质押时，出质人在汇票上只记载了"质押"字样未在票据上签章的，或出质人未在汇票、粘单上记载"质押"字样而另行签订质押合同、质押条款，不构成票据质押。

考霸笔记

质押背书的形式要件经常考查，不论是在选择题还是综合题当中，所以需要认真掌握。质押背书的形式要件指的是，以汇票设定质押时，出质人在汇票上只记载了"质押"字样未在票据上签章的，或出质人未在汇票、粘单上记载"质押"字样而另行签订质押合同、质押条款，不构成票据质押！还需要注意的是，若汇票上只是签章并记载被背书人名称，形式上构成票据转让背书。对于汇票的质押背书，质押人享有的是质权，并不享有对汇票的处分权，因此不得实施如再质押背书、转让背书等票据处分行为。

3.效力：

（1）有权以相当于票据权利人的地位行使票据权利，包括行使付款请求权、追索权。

（2）票据质权人的优先受偿权。票据质权人（被背书人）享有优先于其他债权人的权利。

（3）质押背书的被背书人并不享有对票据权利的处分权。被背书人再行转让背书或者质押背书的，背书行为无效。

（4）被背书人可以再进行委托收款背书。

（5）质押背书具有抗辩切断的效力，即票据债务人不得以自己与出票人或与持票人的前手之间的抗辩事由，对抗持票人。

（6）质押背书的背书人承担了担保承兑、担保付款的责任。如果被背书人被拒绝承兑、拒绝付款，享有追索权，包括可以向背书人（出质人）行使追索权。

例9-10·2014年单选题

票据权利人为将票据权利出质给他人而进行背书时，如果未记载"质押"、"设质"或者"担保"字样，只是签章并记载被背书人名称，则该背书行为的效力是（　　）。

A.票据转让　　B.票据质押　　C.票据承兑　　D.票据贴现

【答案】A

【解析】质押背书，必须记载"质押"、"设质"或者"担保"字样作为绝对必要记载事项，假如未做记载的，则形式上构成转让背书。

质押背书的效力是怎样的?

十二、汇票的承兑

承兑，是指远期汇票的付款人，在票据正面作出承诺在票据到期日无条件支付票据金额的记载并签章，然后将票据交付请求承兑之人的票据行为。

1.提示承兑，是指持票人向付款人出示汇票，要求付款人承诺付款的行为。

考霸笔记

定日付款或者出票后定期付款的汇票，持票人应当在汇票到期日前向付款人提示承兑。见票后定期付款的汇票，持票人应当自出票日起一个月内向付款人提示承兑。汇票未按照规定期限提示承兑的，持票人丧失对其前手的追索权。见票即付的汇票无须提示承兑。

2.付款人承兑或者拒绝承兑：付款人对向其提示承兑的汇票，应当自收到提示承兑的汇票之日起3日内承兑或者拒绝承兑。如果付款人在3日内不做承兑与否表示的，则应视为拒绝承兑。

考霸笔记

付款人通常基于与出票人之间的约定，而有义务在持票人提示承兑时进行承兑。但是，付款人的这一义务仅仅是民法上的义务。如果其拒绝承兑，仍然在《票据法》上发生拒绝承兑的法律效果。至于其如何对出票人承担违约责任，则是民法上的问题，应另行解决。这就是《票据法》上的所谓"承兑自由原则"。

3.交还：付款人拒绝承兑的，应当交还汇票，并出具拒绝证明。

4.承兑的款式：

（1）绝对必要记载事项：承兑文句（“承兑”字样）以及签章。

（2）相对必要记载事项：承兑日期；未记载承兑日期，则以收到提示承兑的汇票之日起的第3日为承兑日期。

（3）记载使承兑无效事项：承兑附有条件的，视为拒绝承兑。

汇票的保证有哪些？

十三、汇票的保证　重要，必须掌握。

汇票的保证，是指票据债务人之外的人，为担保特定票据债务人的债务履行，以负担同一内容的票据债务为目的，在票据上记载有关事项并签章的票据行为。票据保证是一种票据行为，必须在票据上记载有关事项，才能发生票据保证的效力。

（一）票据保证VS民法上的保证

保证人未在票据或者粘单上记载“保证”字样而另行签订保证合同或者保证条款的，不属于票据保证，可以具有民法上的保证的效力，但是并不发生票据保证的效力。

（二）票据保证的保证人

国家机关、以公益为目的的事业单位、社会团体、企业法人的分支机构和职能部门作为票据保证人的，票据保证无效，但经国务院批准为使用外国政府或者国际经济组织贷款进行转贷，国家机关提供票据保证的，以及企业法人的分支机构在法人书面授权范围内提供票据保证的除外。

（三）保证的款式

1.绝对必要记载事项：保证文句（表明“保证”的字样）；保证人的名称和住所；保证人签章。

2.相对必要记载事项：

被保证人名称：未记载被保证人的，已承兑的汇票，承兑人为被保证人；未承兑的汇票，出票人为被保证人。

保证日期：未记载保证日期，出票日期为保证日期。

3.记载不生票据法上效力事项：

保证不得附条件；附条件，不影响对汇票的保证责任。　条件无效，保证有效。

保证人为出票人、付款人、承兑人保证的，应当在票据的正面记载保证事项；保证人为背书人保证的，应当在票据的背面或者其粘单上记载保证事项。

【总结】附条件的结果见表9-11。

表9-11　附条件的结果

出票附条件	出票不得附条件，出票无效
背书附条件	背书不得附条件，附有条件的，所附条件无效，背书有效
承兑附条件	承兑不得附条件，附有条件的，视为拒绝承兑
保证附条件	保证不得附条件，附有条件的，所附条件无效，保证有效

（四）票据保证的效力

对保证人的效力：

1.从属性。保证人与被保证人负同一责任（持票人对被保证人可以主张的任何票据权利，均可向保证人行使，包括在行使票据权利的顺序上，也是一致的）。不分先后，即不享有先诉抗辩权；可以直接对其行使权利，并非在被保证人迟延履行时才有权向票据保证人主张权利。

2.独立性。保证人对合法取得汇票的持票人所享有的汇票权利，承担保证责任。但是，被保证人的债务因汇票记载事项欠缺而无效的除外。①被保证人的债务无效若是实质原因，保证人要承担责任（如欠缺行为能力、伪造签章、欺诈、胁迫、无权代理）。②被保证人的债务无效若是形式原因，保证人不承担责任（签章不符合规定）。

3.连带性。保证人应当与被保证人对持票人承担连带责任；保证人为二人以上的，保证人之间承担连带责任。

汇票的付款有哪些规定?

十四、汇票的付款 *熟悉，可能考选择题。*

（一）概念

付款并非一种票据行为。依照上文所述的票据行为的定义，票据行为是能够导致票据权利、义务发生的法律行为。在通常情形下，付款是票据关系的重点。付款人或者代理付款人支付票据金额后，票据关系全部消灭。

（二）提示付款的时间及例外

1.见票即付的汇票，自出票日起1个月内向付款人提示付款。

2.定日付款、出票后定期付款或者见票后定期付款的汇票，自到期日起10日内向承兑人提示付款。持票人未按照规定期限提示付款的，在作出说明后，承兑人或者付款人仍应当继续对持票人承担付款责任。通过委托收款银行或者通过票据交换系统向付款人提示付款的，视同持票人提示付款。

3.提示付款的例外。因承兑人或者付款人死亡、逃匿或者其他原因无法对其提示付款；承兑人或者付款人被人民法院依法宣告破产的；承兑人或付款人因违法被责令终止业务活动的，以及票据权利人丧失了票据；持票人对远期汇票提示承兑时被拒绝，在取得付款人的拒绝证书后，可以向前手行使追索权。此时，持票人可以不必向其提示付款。

例9-11·2009年多选题

甲公司为了支付货款，签发了一张以本市的乙银行为付款人、以丙公司为收款人的转账支票。丙公司在出票日之后的第14天向乙银行提示付款。根据票据法律制度的规定，下列表述中，正确的有（　　）。

A.如果甲公司在乙银行的存款足以支付支票金额，乙银行应当足额付款

B.乙银行可以拒绝付款

C.乙银行应当无条件付款

D.如果乙银行拒绝付款，甲公司仍应承担票据责任

【答案】BD

【解析】支票的持票人应当自出票日起10日内提示付款，超过提示付款期限的，付款人可以不予付款；但出票人仍应当对持票人承担票据责任。

（三）付款

1.审查义务。收到付款提示后，付款人应当审查票据权利的真实性和提示付款

人身份的真实性。对于票据权利的真实性，付款人原则上仅有形式审查的义务，即立足于对票据上各项形式要件（如记载事项、背书连续等）的审查。对于提示付款人身份的真实性，付款人应当进行实质审查。

2. 错误付款。

根据规定："付款人及其代理付款人以恶意或者有重大过失付款的，应当自行承担责任。"根据该规定，付款人（或者代理付款人）将票据金额支付给非票据权利人时，应区分其过错状态来确定付款的法律后果。

（1）善意且无重大过失的错误付款。假如付款人不知道提示付款人并非票据权利人，并且因为无过失或者轻过失而不知情，则付款人的付款行为与一般的付款具有相同的效力。也就是说，全部票据关系均消灭。真正票据权利人的权利也因此而消灭，只能根据民法上的侵权责任制度或者不当得利制度向获得票据金额的当事人主张权利。

（2）恶意或者重大过失付款。如果付款人明知持票人（提示付款人）并非票据权利人（"恶意"），或者虽然并非明知，但是进行一般的审查即可获知持票人并非票据权利人，但是没有进行审查或者经过审查而没有发现，则向持票人付款的，"应当自行承担责任"。也就是说，此时的付款并不发生通常情形下付款的效力，票据关系并不因此而消灭，真正的票据权利人的权利仍然存在，各个票据债务人（包括承兑人）的票据责任仍然继续存在。付款人因为已经对提示付款人付款而发生的损失，另行适用民法制度解决。责任界定见表9-12。

表9-12　**责任界定**

责任界定	权利真实性	形式问题	重大过失
		实质问题	不知情：无过失
			明知：恶意
			应该知而未知：重大过失
	身份真实性	造假一看便知	重大过失
		造假十分逼真	无过失或轻过失

（3）期前的错误付款。对定日付款、出票后定期付款或者见票后定期付款的汇票，付款人在到期日前付款的，由付款人自行承担所产生的责任。

错误付款见表9-13。

表9-13　**错误付款**

错误付款	到期付款	善意且无重大过失的错误付款：付款人的付款行为与一般的付款具有相同的效力。全部票据关系均消灭
		恶意或者重大过失付款：票据关系并不因此而消灭，真正的票据权利人的权利仍然存在，各个票据债务人（包括承兑人）的票据责任仍然继续存在。付款人因为已经对提示付款人付款而发生的损失，另行适用民法制度解决
	期前付款	提示付款人是真正的票据权利人：付款的法律效果与到期之后的付款相同
		发生了错误付款：即使付款人善意且无过失，仍然要自行承担所产生的责任。其法律效果与正常付款中的恶意或者重大过失付款相同

十五、汇票的追索权 重要，必须掌握，常考案例分析题。

汇票的追索权（第二顺序权利），是指汇票到期不获付款、到期前不获承兑或者有其他法定原因时，持票人依法向汇票上的债务人请求偿还票据金额、利息和其他法定款项的票据权利。

（一）追索权人

依法享有追索权的人，包括最初追索权人和再追索权人。最初追索权人，是享有票据权利的最后持票人。有关的票据债务人在被持票人追索而清偿了相应的债务后，就享有了作为持票人的权利，享有再追索权，有权向其前手进行再追索。再追索权人，可以包括背书人、保证人、出票人。其中，关于保证人的追索权，《票据法》规定："保证人清偿汇票后，可以行使持票人对被保证人及前手的追索权。"

（二）被追索人

被追索人包括背书人、出票人、保证人、承兑人。其中，承兑人既是付款义务人，也是被追索人。

追索权的发生原因有哪些?

【解释】汇票的出票人、背书人、承兑人和保证人对持票人承担连带责任。持票人可以不按照汇票债务人的先后顺序，对其中任何一人、数人或者全体行使追索权。持票人对汇票债务人中的一人或者数人已经进行追索的，对其他汇票债务人仍可以行使追索权，除非回头背书。

（三）追索权的发生原因

1.到期追索权的发生原因：汇票到期被拒绝付款。

2.期前追索权的发生原因：对于远期汇票来说，主要有以下几种原因：①被拒绝承兑（包括承兑附条件）；②承兑人或者付款人死亡、逃匿；③承兑人或者付款人被宣告破产或者因违法被责令终止业务活动。

考霸笔记

【解释】期前追索权，是指在票据记载的到期日到来之前，如果发生了特定的事由使到期付款已经不可能或者可能性显著降低，法律赋予持票人在到期之前就可以进行追索的权利。

（四）追索权的保全

1.持票人须遵期提示、依法取证，才能保全其追索权。

【链接】若没有遵期提示、依法取证，并不丧失对出票人、承兑人的追索权。

2.在例外情形下，持票人可以不必提示承兑或者提示付款，即可基于有关证据而行使追索权，而不发生丧失追索权的后果。

【解释】付款人死亡或者逃匿的有关证明（包括医院或者有关单位出具的付款人死亡的证明、人民法院出具的宣告付款人失踪或者死亡的证明或者法律文书；公安机关出具的付款人逃匿或者下落不明的证明等）；公证机关出具的具有拒绝证明效力的文书；人民法院宣告付款人破产的司法文书以及行政主管部门责令付款人终止业务活动的行政处罚决定。

（五）金额（见表9-14）

表9-14 追索金额

首次追索权的追索金额	持票人行使追索权，可以请求被追索人支付的金额包括： ①被拒绝付款的汇票金额； ②汇票金额自到期日或提示付款日至清偿日，按中国人民银行规定的利率计算的利息； ③取得有关拒绝证明和发出通知书的费用

续表

再追索权的追索金额	被追索人依照上述规定清偿后，向其他汇票债务人行使再追索权时可以请求支付的金额包括： ①已清偿的全部金额； ②前项金额自清偿日至再追索清偿日，按中国人民银行规定的利率计算的利息； ②发出通知书的费用

（六）追索权的行使

持票人应当自收到被拒绝承兑或者拒绝付款的有关证明之日起3日内，将被拒绝的事由书面通知其直接前手，还可以同时通知其他的追索义务人。如果未按照规定期限通知，虽然仍可以行使追索权，但应当赔偿因为迟延通知而给被追索人造成的损失，赔偿金额以汇票金额为限。持票人的直接前手应当自收到通知之日起3日内书面通知其自己的再前手。

（七）追索权行使的效力

抗辩切断制度适用于再追索权人与其追索义务人之间的关系。被追索人不得以其对于出票人或者再追索权人的前手之间的抗辩事由对抗再追索权人，除非其相互之间有直接的基础关系，或者再追索权人明知这一抗辩事由的存在。

例9-12·2014年多选题

根据票据法律制度的规定，汇票持票人可以取得期前追索权的情形有（　　）。

A.承兑附条件　　B.承兑人被宣告破产

C.付款人被责令终止业务活动　　D.出票人被宣告破产

【答案】ABC

【解析】本题考核追索权。汇票到期日前，有下列情形之一的，持票人也可以行使追索权：（1）汇票被拒绝承兑的；（2）承兑人或者付款人死亡、逃匿的；（3）承兑人或者付款人被依法宣告破产的或者因违法被责令终止业务活动的。

考霸笔记

对于本票的记载事项，需要有针对性的记忆，以前虽然没有考查过，但今后还是有可能考到的。这样的内容，能背下来最好，如果觉得背下来难度太大的话，那么就多看，会做选择题就可以了。

本票的持票人未按照规定期限提示见票的，则丧失对出票人以外的前手的追索权，也就是说，手中持有本票的，超期提示见票，除了出票人以外，其他的前手都不需要承担票据责任了，出票人的责任最大。

十六、本票的具体制度

（一）概述

我国的本票仅限于银行本票、见票即付（出票人签发，承诺自己见票即付，无承兑制度）。

（二）款式

【提示】无付款人名称。
【提示】无付款日期。

1.绝对必要记载事项：表明“本票”的字样；无条件支付的承诺；确定的金额；收款人名称；出票日期；出票人签章。

2.相对必要记载事项：付款地：未记载付款地的，出票人的营业场所为付款地。出票地：未记载出票地的，出票人的营业场所为出票地。

3.任意记载事项：出票人如果记载了“不得转让”字样，该本票不得转让。

（三）被提示人

与汇票不同，本票的出票人是最终的票据责任人，持票人应当向出票人提示付款。

（四）提示付款期限

持票人的提示见票并请求付款的期限最长不超过2个月。超过这一期限提示付

本票的具体制度有哪些?

第九章

款的，即丧失对出票人之外的前手的追索权。

考霸笔记
支票的规定比较多，不具有明显的规律，但是这个考点出现在考题中还是很简单的，根据以往的考试情况看，没有在综合题当中考查过，仅考过选择题。所以对于支票的掌握，我们只需要会做选择题就可以了，就是不断地看知识点、做真题，然后再进行针对性的记忆。

十七、支票的具体制度　重要，必须掌握。

（一）概述

支票与汇票非常类似，其基本当事人（出票行为的当事人）有三个：出票人、付款人、收款人。其最特殊之处是，对付款人的资格有明确的限制。支票的付款人，必须是办理支票存款业务的银行或者其他金融机构。其他组织或者个人不能成为支票的付款人。

支票的另一特点是，收款人名称并非出票行为的绝对必要记载事项，可以授权补记。

（二）款式　【提示】没有收款人名称。

1.绝对必要记载事项：表明“支票”的字样；无条件支付的委托；确定的金额（可以授权补记）；付款人名称；出票日期；出票人签章。

2.相对必要记载事项：付款地：未记载付款地的，付款人的营业场所为付款地。出票地：未记载出票地的，出票人的营业场所、住所或者经常居住地为出票地。

3.任意记载事项：支票上的金额、收款人名称可以由出票人授权补记。

4.记载不生票据法上效力事项：出票人免除其担保付款责任的记载不发生票据法上的效力。

5.记载本身无效事项：如果出票人记载了以其他方式计算的到期日，该记载无效。

6.记载使支票无效事项：记载了付款人支付票据金额的条件，支票无效。

（三）付款

1.支票的持票人应当自出票日起10日内提示付款；异地使用的支票，其提示付款的期限由中国人民银行另行规定。超过该期限提示付款的，付款人不予付款，持票人丧失对出票人之外的前手的追索权。

2.持票人请求付款时，假如出票人在付款人处的存款金额不足，付款人不予付款。

第三节　非票据结算方式　熟悉，可能考选择题。

票据结算之外的结算方式，包括汇兑、托收承付、委托收款、国内信用证、银行卡、预付卡和电子支付等。

一、汇兑

汇兑是指汇款人委托银行将其款项支付给收款人的结算方式，适用于单位和个人的各种款项的结算，不受金额起点的限制。汇兑分为信汇（邮寄方式）和电汇（电报方式）两种。

考霸笔记
【提示】汇款回单只能作为汇出银行受理汇款的依据，不能作为该笔汇款已转入收款人账户的证明。

（一）汇兑办理程序

1.汇款人按要求签发汇兑凭证，汇出银行受理汇兑凭证，经审查无误后，应及时向汇入银行办理汇款，并向汇款人签发汇款回单。

2.汇入银行对开立存款账户的收款人，应将汇给其的款项直接转入收款人账户，并向其发出收账通知。

【提示】收账通知是银行将款项确已收入收款人账户的凭据。

（二）汇兑的撤销和退汇（见表9-15）

汇兑的撤销和退汇有哪些规定?

考霸笔记

汇兑的撤销和退汇从来没有在综合题当中考过，要考也是考查选择题，因此我们可以合理预期它在即将到来的考试中也是以选择题的形式出现。

汇兑的撤销发生在银行把款项汇出之前，而退汇指的是款项汇出之后无法交付，那么款项应退回原来的汇款人。

表9-15 汇兑的撤销和退汇

汇兑的撤销	汇款人申请撤销汇款必须是该款项尚未从汇出银行汇出
汇兑的退汇	（1）汇款人申请退汇必须是该款项已经从汇出银行汇出； （2）对在汇入银行开立存款账户的收款人，由汇款人与收款人自行联系退汇，对未在汇入银行开立存款账户的收款人，经汇入银行核实汇款确未支付，并将款项汇回汇出银行，方可办理退汇； （3）汇入银行对于收款人拒绝接受的汇款，应当立即办理退汇； （4）汇入银行对于向收款人发出取款通知，经过2个月无法交付的汇款，应主动办理退汇

二、托收承付

考霸笔记

【链接】汇兑、委托收款银行本票和支票，单位和个人均可使用。

托收承付是指根据买卖合同由收款人发货后委托银行向异地付款人收取款项，由付款人向银行承认付款的结算方式。托收承付结算款项的划回方法，分邮寄和电报两种，由收款人选用。

（一）托收承付结算的金额起点

托收承付结算每笔的金额起点为1万元，新华书店系统每笔的金额起点为1 000元。

（二）托收承付的适用条件

1.使用托收承付结算方式的收款单位和付款单位，必须是国有企业、供销合作社以及经营管理较好，并经开户银行审查同意的城乡集体所有制工业企业。

2.办理托收承付结算的款项，必须是商品交易以及因商品交易而产生的劳务供应的款项。代销、寄销、赊销商品的款项不得办理托收承付结算。

3.收付双方使用托收承付结算必须签有符合《合同法》规定的买卖合同，并在合同中订明使用异地托收承付结算方式。

4.收款人办理托收，必须具有商品确已发运的证件。

5.如果收款人对同一付款人发货托收累计三次收不回货款的，收款人开户银行应暂停收款人向付款人办理托收；付款人累计三次提出无理拒付的，付款人开户银行应暂停其向外办理托收。

（三）承付及其期限

1.验单付款的承付期为3天，自付款人开户银行发出承付通知次日起计算。付款人在承付期内，未向银行表示拒绝付款的，银行即视为承付。

2.验货付款的承付期为10天，自运输部门向付款人发出提货通知的次日起计算。

（四）拒绝付款的处理

付款人在承付期内，对于如下情况，可向银行提出全部或部分拒绝付款：

1.不符合托收承付的条件；

2.卖方违约，买方可以拒绝付款；

3.货款已经支付或计算错误的款项。

三、委托收款（委托银行向付款人收取款项）

委托收款：是收款人委托银行向付款人收取款项的结算方式。

（一）适用范围

1.同城、异地均可使用。

2.单位和个人凭已承兑的商业汇票、债券、存单等付款人债务证明办理款项的结算，均可以使用委托收款结算方式。

（二）基本流程

1.付款人应当于接到通知的当日书面通知银行付款，如果付款人未在接到通知的次日起3日内通知银行付款的，视为同意付款。

2.银行在办理划款时，发现付款人存款账户不足支付的，应通过被委托银行向收款人发出未付款通知书。（不存在银行信用）

四、国内信用证（2019年修改）

办理信用证的基本流程如图9-3所示。

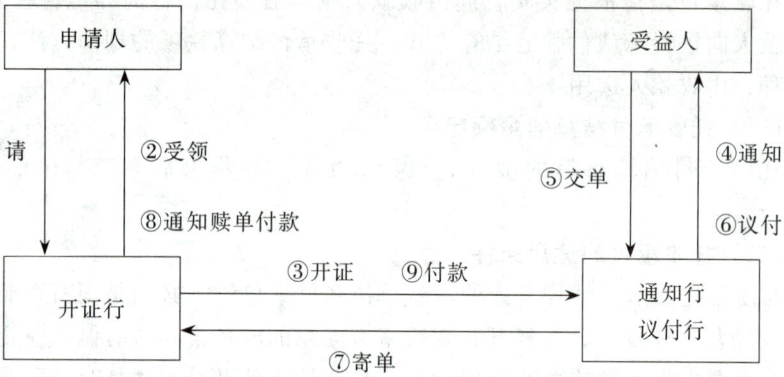

图9-3 办理信用证基本流程

国内信用证的主要特点有哪些?

国内信用证是指银行（包括政策性银行、商业银行、农村合作银行、村镇银行和农村信用社）依照申请人的申请开立的、对相符交单予以付款的承诺。

【解释】我国的信用证是以人民币计价、不可撤销的跟单信用证。此种结算方式适用于国内企事业单位之间的货物和服务贸易。

1.开证

（1）申请。开证申请人申请开立信用证，须提交其与受益人签订的贸易合同。

（2）受理。银行与申请人在开证前应签订明确双方权利义务的协议。开证行可要求申请人交存一定数额的保证金，并可根据申请人资信情况要求其提供抵押、质押、保证等合法有效的担保，自开立信用证之时起，其即受信用证内容的约束。

2.保兑

保兑是指保兑行根据开证行的授权或要求，在开证行承诺之外做出的对相符交单付款、确认到期付款或议付的确定承诺。保兑行自对信用证加具保兑之时起即不可撤销地承担对相符交单付款、确认到期付款或议付的责任。指定银行拒绝对信用证加具保兑时，应及时通知开证行。开证行对保兑行的偿付义务不受开证行与受益人关系的约束。

3.修改

（1）开证申请人需对已开立的信用证内容修改的，应向开证行提出修改申请，明确修改的内容。增额修改的，开证行可要求申请人追加增额担保；付款期限修改的，不得超过法律规定的最长期限。

（2）开证行发出的信用证修改书中应注明本次修改的次数。

（3）信用证受益人同意或拒绝接受修改的，应提供接受或拒绝修改的通知。如果受益人未能给予通知，当交单与信用证以及尚未接受的修改的要求一致时，即视为受益人已做出接受修改的通知，并且该信用证修改自此对受益人形成约束。

（4）对同一修改的内容不允许部分接受，部分接受将被视作拒绝接受修改。开证行自开出信用证修改书之时起，即不可撤销地受修改内容的约束。

（5）保兑行有权选择是否将其保兑扩展至修改：扩展至修改的，自作出扩展通知时即不可撤销地受其约束；不对修改加具保兑的，应及时告知开证行并在给受益人的通知中告知受益人。

4.通知

（1）通知行可由开证申请人指定，如申请人未指定，开证行有权指定。通知行可自行决定是否通知：同意通知的，应于收到信用证次日起3个营业日内通知受益人；拒绝通知的，应于收到信用证次日起3个营业日内告知开证行。开证行发出的信用证修改书，应通过原信用证通知行办理通知。

（2）通知行确定信用证或信用证修改书签字、印章、密押不符的，应即时告知开证行；表面内容不清楚、不完整的，应即时向开证行查询补正。通知行在收到开证行回复前，可先将收到的信用证或信用证修改书通知受益人，并在信用证通知书或信用证修改通知书上注明该通知仅供参考，通知行不负任何责任。开证行应于收到通知行查询次日起2个营业日内，对通知行做出答复或提供其所要求的必要内容。

（3）通知行应于收到受益人同意或拒绝修改通知书次日起3个营业日内告知开证行，在受益人告知通知行其接受修改或以交单方式表明接受修改之前，原信用证条款对受益人仍然有效。开证行收到通知行发来的受益人拒绝修改的通知，信用证视为未做修改，开证行应于收到通知次日起2个营业日内告知开证申请人。

5.转让

（1）转让是指由转让行应第一受益人的要求，将可转让信用证的部分或者全部转为可由第二受益人兑用。可转让信用证指特别标注“可转让”字样的信用证。

（2）对于可转让信用证，开证行必须指定转让行，转让行可为开证行。转让行无办理信用证转让的义务，除非其明确同意。转让行仅办理转让，并不承担信用证项下的付款责任，但转让行是保兑行或开证行的除外。

（3）可转让信用证只能转让一次，即只能由第一受益人转让给第二受益人，已转让信用证不得应第二受益人的要求转让给任何其后的受益人，但第一受益人不视为其后的受益人。第二受益人拥有收取转让后信用证款项的权利并承担相应义务。

第一受益人的任何转让要求须说明是否允许以及在何种条件下允许将修改通知第二受益人。已转让信用证须明确说明该项条款。

6.议付

（1）议付指可议付信用证项下单证相符或在开证行或保兑行已确认到期付款的情况下，议付行在收到开证行或保兑行付款前购买单据、取得信用证项下索款权利，向受益人预付或同意预付资金的行为。议付行审核并转递单据而没有预付或没有同意预付资金不构成议付。

（2）信用证未明示可议付，任何银行不得办理议付；明示可议付，如开证行仅指定一家议付行，未被指定为议付行的银行不得办理议付，被指定的议付行可自行决定是否办理议付。保兑行对以其为议付行的信用证加具保兑，在受益人请求议付时，须承担对受益相符交单的议付责任。指定议付行非保兑行且未议付时，保兑行仅承担对受益人相符交单的付款责任。

（3）议付行将注明付款提示的交单面函及单据寄开证行或保兑行索偿资金。除信用证另有约定外，索偿金额不得超过单据金额。开证行、保兑行负有对议付行符合法律规定的议付行为的偿付责任，该责任独立于开证行、保兑行对受益人的付款责任并不受其约束。

（4）议付行议付时，必须与受益人书面约定是否有追索权。若约定有追索权，到期不获付款议付行可向受益人追索。若约定无追索权，到期不获付款议付行不得向受益人追索，议付行与受益人约定的例外情况或受益人存在信用证欺诈的情形除外。保兑行议付时对受益人不具有追索权，受益人存在信用证欺诈的情形除外。

7.寄单索款

受益人委托交单行交单，应在信用证交单期和有效期内填制信用证交单委托书，并提交单据和信用证正本及信用证通知书、信用证修改书正本及信用证修改通知书（如有）。交单行应在收单次日起5个营业日内对其审核相符的单据寄单。交单行应合理谨慎地审查单据是否相符，但非保兑行的交单行对单据相符性不承担责任，与受益人另有约定的除外。

8.付款

（1）开证行或保兑行在收到交单行寄交的单据及交单面函（寄单通知书）或受益人直接递交的单据的次日起5个营业日内，及时核对是否为相符交单。单证相符或单证不符但开证行或保兑行接受不符点的，对即期信用证，应于收到单据次日起5个营业日内支付相应款项给交单行或受益人（受益人直接交单时）；对远期信用证，应于收到单据次日起5个营业日内发出到期付款确认书，并于到期日支付款项给交单行或受益人。

（2）若受益人提交了相符单据或开证行已发出付款承诺，即使申请人交存的保证金及其存款账户余额不足支付，开证行仍应在规定的时间内付款。

（3）开证行或保兑行付款后，对受益人不具有追索权，受益人存在信用证欺诈的情形除外。

9.注销

信用证注销是指开证行对信用证未支用的金额解除付款责任的行为。开证行、保兑行、议付行未在信用证有效期内收到单据的，开证行可在信用证逾有效期1个月后予以注销。具体处理办法由各银行自定。其他情况下，须经开证行、已办理过保兑的保兑行、已办理过议付的议付行、已办理过转让的转让行与受益人协商同意，或受益人、上述保兑行（议付行、转让行）声明同意注销信用证，并与开证行就全套正本信用证收回达成一致后，信用证方可注销。

五、银行卡 比较重要，熟悉，有可能考查选择题。

（一）银行卡的种类（见表9-16）

表9-16 银行卡的种类

信用卡	贷记卡	在信用额度内先消费、后还款
	准贷记卡	交存一定的备用金，在发卡银行规定的信用额度内透支
借记卡		先将款项存入卡内账户，然后消费

（二）银行卡的申领、存入、挂失与销户（见表9-17）

表9-17 银行卡的申领、存入、挂失与销户

	单位卡	个人卡
申领	在中国境内金融机构开立基本户	—
存入	（1）一律从其基本存款账户转账存入，不得存取现金，不得将销货收入存入单位卡账户； （2）单位外币卡账户的资金应从其单位的外汇账户转账存入，不得在境内存取外币现钞	（1）现金存入或转账存入； （2）个人外币卡账户的资金以其个人持有的外币现钞存入或从其外汇账户转账存入
挂失	（1）借记卡能挂失； （2）发卡银行对储值卡和IC卡内的电子钱包可不予挂失	
销户	单位人民币卡账户的资金应当转入基本存款账户，单位外币卡账户的资金应当转回相应外汇账户，不得提取现金	可转账结清，也可提取现金

（三）银行卡的计息和收费（2019年修改）

1.银行卡的计息包括计收利息和计付利息。

【解释】发卡银行对贷记卡账户的存款、储值卡（含IC卡的电子钱包）内的币值不计付利息。

2.贷记卡持卡人非现金交易可享受免息还款期待遇、最低还款额待遇等优惠条件。

3.根据规定，信用卡持卡人透支消费享受免息还款期和最低还款额待遇的条件和标准等，由发卡机构自主确定。对信用卡透支利率实行上限和下限管理，透支利率上限为日利率万分之五，透支利率下限为日利率万分之五的0.7倍。信用卡透支的计结息方式，以及对信用卡溢缴款是否计付利息及其利率标准，由发卡机构自主确定。

4.取消信用卡滞纳金，对于持卡人违约逾期未还款的行为，发卡机构应与持卡人通过协议约定是否收取违约金，以及相关收取方式和标准。发卡机构向持卡人提供超过授信额度用卡服务的，不得收取超限费。发卡机构对向持卡人收取的违约金

和年费、取现手续费、货币兑换费等服务费用不得计收利息。

（四）银行卡的提现（2019年修改）

1.持卡人可以通过借记卡存取现金。借记卡在自动柜员机（ATM）取款的交易上限由原来的每卡每日累计5 000元提高至2万元。

2.信用卡也可以办理预借现金业务，包括现金提取、现金转账和现金充值。持卡人通过ATM等自助机具办理现金提取业务，每卡每日累计不得超过人民币1万元；持卡人通过柜面办理现金提取业务、通过各类渠道办理现金转账业务的每卡每日限额，由发卡机构与持卡人通过协议约定。发卡机构不得将持卡人信用卡预借现金额度内资金划转至其他信用卡，以及非持卡人的银行结算账户或支付账户。

六、预付卡

（一）概念

1.多用途预付卡：指发卡机构以特定载体和形式发行的、可在发卡机构之外购买商品或服务的预付价值，但不包括：①仅限于发放社会保障金的预付卡；②仅限于乘坐公共交通工具的预付卡；③仅限于缴纳电话费等通信费用的预付卡；④发行机构与特约商户为同一法人的预付卡。

2.单用途预付卡：从事零售业、住宿和餐饮业、居民服务业的企业法人也可以在境内开展单用途商业预付卡业务。单用途商业预付卡是指企业发行的，仅限于在本企业或本企业所属集团或同一品牌特许经营体系内兑付货物或服务的预付凭证。

（二）使用（见表9-18）

表9-18 **预付卡的使用**

	记名预付卡	不记名预付卡
挂失、赎回	可以	不可以
有效期	无	不得低于3年
透支	不得	不得

七、电子支付

（一）电子支付的类型

1.网上支付：指通过互联网进行货币支付、现金流转、资金清算等行为，通常仍须以银行为中介。

2.移动支付：指依托移动互联网或专用网络，通过移动终端（通常是手机）实现收付款人之间货币资金转移的支付服务，包括但不限于近场支付和远程支付。

（二）保存期限

向客户提供的纸质或电子交易回单，以及形成日志文件等记录，保存至交易后5年。

智能测评

在线练习	我要提问
扫码在线做题　扫码看答案 本书“本章同步强化训练”均配备二维码，打开微信“扫一扫”即可完成在线测评，查看本章详细的测评反馈报告，了解知识掌握情况，也可扫码直接看答案噢。 快来扫码做题吧！	扫码答疑 本书配备答疑专用二维码，打开微信“扫一扫”，即可完成在线提问，获取专业老师全面个性化解答，让学习问题不再拖延。 快来扫码提问吧！

本章同步强化训练

一、单项选择题

1.根据《人民币银行结算账户管理办法》的有关规定，下列存款账户中，需要经过中国人民银行核准才可以开立的是（　　）。

A.基本存款账户　　B.个人存款账户

C.基本建设资金专用存款账户　　D.一般存款账户

2.据《人民币银行结算账户管理办法》的有关规定，对下列资金的管理和使用，存款人可以申请开立专用存款账户的是（　　）。

A.基本建设资金　　B.注册验资

C.向银行借款　　D.支取奖金

3.如德公司是一张3个月以后到期的银行承兑汇票所记载的收款人。如德公司和仁益公司合并为进长公司，进长公司于上述票据到期时向承兑人提示付款。下列表述中，正确的是（　　）。

A.进长公司不能取得票据权利

B.进长公司取得票据权利

C.如德公司背书后，进长公司才能取得票据权利

D.如德公司和仁益公司共同背书后，进长公司才能取得票据权利

4.圣本公司明知进长公司背书给其的一张银行承兑汇票是其欺诈所得的，装作不知道而取得，以下关于圣本公司取得汇票的行为表述中，正确的是（　　）。

A.圣本公司只要支付了对价，就可以享有票据权利

B.圣本公司即便取得也不享有票据权利

C.圣本公司是合法取得，可以取得票据权利

D.圣本公司未支付对价的不能取得票据权利

5.某商业银行在向胜利公司承兑其申请的银行承兑汇票时，在汇票上未加盖规定的专用章而加盖某商业银行的公章。下列说法正确的是（　　）。

A.补盖承兑专用章后，某商业银行应当承担票据责任

B.该票据无效

C.某商业银行应当承担票据责任

D.该签章无效，但不影响其他真实签章的效力

6.甲签发一张票面金额为2万元的转账支票给乙，乙将该支票背书转让给丙，丙将票面金额改为5万元后背书转让给丁，丁又背书转让给戊。下列关于票据责任承担的表述中，正确的是（　　）。

A.甲、乙、丁对2万元负责，丙对5万元负责

B.乙、丙、丁对5万元负责，甲对2万元负责

C.甲、乙对2万元负责，丙、丁对5万元负责

D.甲、乙对5万元负责，丙、丁对2万元负责

7.甲受到乙的胁迫而签发一张100万元由自己承兑的商业承兑汇票，乙在取得票据后立刻将该票据背书转让给丙换取一幢房屋，丙不知道乙非法取得票据的行为，关于该情况，下列说法中正确的是（　　）。

A.甲由于是受胁迫而签发的票据，因此对乙和丙均不承担票据责任

B.由于丙是善意的且已经支付对价的持票人，因此甲不能对抗丙的付款要求

C.甲对丙可以行使对物的抗辩

D.甲不能对抗乙的付款请求，但可以对抗丙的付款请求

8.甲公司为购买货物而将所持有的汇票背书转让给乙公司，但因担心以此方式付款后对方不交货，因此在背书栏中记载了“乙公司必须按期保质交货，否则不付款”的字样，乙公司在收到票据后没有按期交货。根据票据法律制度的规定，下列表述中，正确的是（　　）。

A.背书无效

B.背书有效，乙的后手持票人应受上述记载约束

C.背书有效，但是上述记载没有汇票上的效力

D.票据无效

9.根据《票据法》的规定，汇票出票人依法完成出票行为后即产生票据上的效力。下列表述中，正确的是（　　）。

A.收款人在汇票金额的付款请求权不能满足时，仅享有对出票人的追索权

B.付款人在出票人完成出票之日，即成为汇票上的主债务人

C.汇票签发后，如付款人不予付款，出票人应当承担票据责任

D.持票人变造汇票金额的，出票人不仅不对变造后汇票记载的内容承担责任，也不对变造前汇票记载的内容承担责任

10.根据票据法律制度的规定，下列有关汇票未记载事项的表述中，正确的是（　　）。

A.汇票上未记载付款日期的，为出票后1个月内付款

B.汇票上未记载付款地的，出票人的营业场所、住所或者经常居住地为付款地

C.汇票上未记载收款人名称的，经出票人授权可以补记

D.汇票上未记载出票日期的，该汇票无效

11.甲将一张100万元的汇票分别背书转让给乙70万元、丙30万元，下列有关该背书效力的表述中，正确的是（　　）。

A.背书无效

B.背书有效

C.乙和丙中数额较大的有效

D.乙和丙中签章在前的有效

12. 甲向乙签发了一张银行承兑汇票，该汇票已经依法由A银行承兑，乙到期向A银行提示付款时，银行以甲账户资金余额不足为由拒绝付款，关于该情况，下列说法正确的是（　　）。

A. 银行的做法是正确的

B. 承兑银行不得以与出票人的资金关系对抗持票人

C. 甲企业必须存足款项后，银行才予以付款

D. 银行在行使正当的票据抗辩权

13. 根据支付结算法律制度的规定，下列有关填写结算凭证的表述中，错误的是（　　）。

A. 单位在结算凭证上的签章，为该单位的盖章加其法定代表人或其授权的代理人的签名或盖章

B. 结算凭证的金额不得更改；更改的，银行不予受理

C. 结算凭证金额须以中文大写和阿拉伯数字同时记载，两者不一致的，以中文大写为准

D. 少数民族地区根据实际需要，结算凭证金额大写可以使用少数民族文字

14. 根据票据法律制度的规定，下列行为中不属于票据行为的是（　　）。

A. 出票　　B. 背书　　C. 承兑　　D. 付款

15. 甲公司自乙公司背书取得银行承兑汇票一张，后得知该票据已经被A公司申请公示催告，但是因甲公司所在地发生特大地震，导致甲公司无法及时申报权利。根据规定，甲公司可以自知道或应当知道除权判决公告之日起（　　）内，向作出除权判决的法院起诉，请求撤销除权判决。

A. 6个月　　B. 1年　　C. 2年　　D. 3年

16. 根据票据与支付结算法律制度的规定，下列关于汇票的相关表述中不正确的是（　　）。

A. 未记载出票日期的，视为见票即付的票据

B. 未记载付款日期的，视为见票即付的票据

C. 未记载付款地的，付款人的营业场所、住所或者经常居住地为付款地

D. 未记载出票地的，出票人的营业场所、住所或者经常居住地为出票地

17. 甲公司向乙公司签发一张银行承兑汇票，付款银行为A银行，乙公司取得该票据后将该票据背书转让给丙公司，丙背书转让给丁公司，B银行作为票据保证人在票据上签章，但是未记载被保证人名称，丁公司按期提示承兑遭到A银行拒绝。根据票据与支付结算法律制度的规定，被保证人视为（　　）。

A. 甲公司　　B. A银行　　C. 乙公司　　D. 丙公司

18. 甲是票据的收款人，乙伪造甲的签章将该票据背书转让给知情的丙。根据票据与支付结算法律制度的规定，下列表述中不正确的是（　　）。

A. 背书行为无效　　B. 丙取得票据权利

C. 甲仍是票据权利人　　D. 乙不需要承担票据责任

19. 根据支付结算法律制度的规定，下列关于托收承付的说法中不正确的是（　　）。

A. 使用托收承付结算方式的收款单位和付款单位，必须是国有企业、供销合作社

B. 办理托收承付结算的款项，必须是商品交易，以及因商品交易而产生的劳务供应的款项

C. 代销、寄销、赊销商品的款项，不得办理托收承付结算

D. 收付双方使用托收承付结算必须签有符合规定的买卖合同

20. 根据票据法律制度的规定，下列关于承兑的表述中正确的是（　　）。

A. 汇票和支票均需承兑

B.承兑附有条件的，条件无效，承兑有效，承兑人应当承担付款义务

C.承兑后，付款人改为承兑人，成为汇票上的主债务人，持票人即使未按期提示付款或未依法取证，也不丧失对承兑人的追索权

D.承兑行为的绝对必要记载事项包括承兑文句（“承兑”字样）、签章以及承兑日期

二、多项选择题

1.关于支付结算的方式与特征，下列表述错误的有（　　）。

A.结算凭证的金额和收款人名称均不得更改，但签发日期可以根据需要更改

B.汇兑、商业汇票、委托收款、银行卡等结算方式同城和异地均可采用

C.对于存款人一年内未发生收付活动的单位银行结算账户，银行应当通知单位自发出通知之日起60日内办理销户手续，逾期视同自愿销户

D.支付机构不得办理银行业金融机构之间的货币资金转移，经特别许可的除外

2.甲公司与乙公司签订买卖合同后，为了支付价款，甲公司签发了一张以乙公司为收款人的银行承兑汇票，公司财务经理签字，并加盖了公司的合同专用章。承兑人丙银行的代理人签字并加盖了银行的汇票专用章。乙公司背书转让给丁公司后，丁公司在票据到期时向丙银行请求付款。根据票据法律制度的规定，下列表述中，错误的有（　　）。

A.丙银行可以拒绝付款

B.丙银行无权拒绝付款

C.如果丙银行拒绝付款，丁公司可以向甲公司行使追索权

D.如果丙银行拒绝付款，丁公司可以向乙公司行使追索权

3.甲受乙胁迫开出一张以甲为付款人、以乙为收款人的汇票，之后乙通过背书将该汇票赠与丙，丙又将该汇票背书转让给丁，以支付货款。丙、丁对乙胁迫甲取得票据一事毫不知情。下列说法中，正确的有（　　）。

A.甲有权请求丁返还汇票　　B.乙不享有该汇票的票据权利

C.丙不享有该汇票的票据权利　　D.丁不享有该汇票的票据权利

4.3月1日，A公司为支付货款，向B公司签发了一张见票后1个月付款的银行承兑汇票，甲商业银行为付款人。拿到票据后，B公司于3月10日提示承兑并获得甲商业银行的承兑，承兑后将该票据背书转让给C公司，C公司又背书转让给D公司。4月25日，D公司提示付款时，遭到甲商业银行的拒绝。根据票据法律制度的规定，D公司无权向（　　）追索。

A.A公司　　B.B公司　　C.C公司　　D.甲商业银行

5.根据支付结算法律制度的规定，下列关于公示催告和挂失止付的表述中，不正确的是（　　）。

A.填明“现金”字样和代理付款人的银行汇票以及未填明“现金”字样的银行本票丧失，不得挂失止付

B.公示催告期间届满以后，没有人申报的，人民法院应当根据申请人的申请，作出除权判决，宣告票据无效

C.不能背书转让的票据丧失，持票人可以申请公示催告

D.利害关系人因为正当理由不能在除权判决之前向法院及时申报权利的，自知道或者应当知道判决公告之日起1年内，可以向作出除权判决的法院起诉，请求撤销除权判决

6.根据票据法律制度的规定，下列有关汇票出票人记载事项的表述中，可以导致票据无效的

有（　　）。

A.附条件的支付委托

B.票据不得转让

C.票据金额仅以数码记载

D.银行汇票上实际结算金额小于汇票金额

7.甲2011年4月1日向乙签发了一张见票后3个月付款的银行承兑汇票，乙于2011年4月25日向银行提示承兑，下列有关该汇票，说法正确的有（　　）。

A.乙由于超过了提示承兑期限，银行应该拒绝对其进行承兑

B.乙在法定提示承兑期限内提示承兑

C.如果银行在当日进行了承兑，那么该汇票的到期日应该为2011年7月25日

D.如果银行在当日拒绝了承兑，那么乙可以向出票人甲进行追索

8.关于票据追索的下列说法中，正确的有（　　）。

A.票据追索只能要求偿还票据金额

B.持票人不能出示拒绝证明、退票理由书或者未按照规定期限提供其他合法证明的，丧失对其前手的追索权

C.票据的出票人、背书人、承兑人和保证人对持票人承担连带责任，都有可能成为追索对象

D.持票人应当自收到被拒绝承兑或者被拒绝付款的有关证明之日起3日内，将被拒绝事由书面通知其前手

9.甲公司为了支付货款，签发了一张以本市的乙银行为付款人、以丙公司为收款人的转账支票。丙公司在出票日之后的第14天向乙银行提示付款。根据票据法律制度的规定，下列表述中，错误的有（　　）。

A.如果甲公司在乙银行的存款足以支付支票金额，乙银行应当足额付款

B.乙银行可以拒绝付款

C.乙银行应当无条件付款

D.如果乙银行拒绝付款，甲公司仍应承担票据责任

10.关于预付卡，下列表述不正确的有（　　）。

A.仅限于乘坐公共交通工具的预付卡，属于支付结算制度中的预付卡

B.发行机构与特约商户为同一法人的预付卡，属于支付结算制度中的预付卡

C.记名预付卡不得设置有效期，不记名预付卡有效期不得低于3年

D.预付卡具有透支功能

11.根据支付结算法律制度的规定，存款人有下列情形之一的，可以在异地开立有关银行结算账户的有（　　）。

A.营业执照注册地与经营地不在同一行政区域（跨省、市、县）需开立基本存款账户

B.办理异地借款需要开立一般存款账户

C.存款人因附属的非独立核算单位发生的业务支出需要开立专用存款账户

D.异地临时经营活动需要开立临时存款账户

12.甲公司与乙公司签订买卖合同后，为了支付价款，甲公司签发了一张以乙公司为收款人的银行承兑汇票，公司财务经理签字，并加盖了公司的合同专用章。承兑人丙银行的代理人签字并加盖了银行的汇票专用章。乙公司背书转让给丁公司后，丁公司在票据到期时向丙银行请求付款。根据票据法律制度的规定，下列表述中，错误的有（　　）。

A.丙银行可以拒绝付款

B.丙银行无权拒绝付款

C.如果丙银行拒绝付款，丁公司可以向甲公司行使追索权

D.如果丙银行拒绝付款，丁公司可以向乙公司行使追索权

13.甲公司为了支付货款，签发了一张以本市的乙银行为付款人、以丙公司为收款人的转账支票。丙公司在出票日之后的第14天向乙银行提示付款。根据票据法律制度的规定，下列表述中，正确的有（　）。

A.如果甲公司在乙银行的存款足以支付支票金额，乙银行应当足额付款

B.乙银行可以拒绝付款

C.乙银行应当无条件付款

D.如果乙银行拒绝付款，甲公司仍应承担票据责任

14.甲公司是某汇票的持有者，2014年6月1日，甲公司将该票据质押给乙公司，但是未在汇票粘单上记载“质押”字样，而是另行签订了一份质押合同。根据票据与支付结算法律制度的规定，下列表述正确的有（　）。

A.构成票据质押　　B.不构成票据质押

C.乙公司依法取得票据质权　　D.乙公司不能取得票据质权

15.根据《票据法》的规定，下列有关汇票背书的表述中，正确的有（　）。

A.将汇票金额的一部分转让的背书无效

B.背书未记载日期的，视为在汇票到期日前背书

C.背书附有条件的，背书无效

D.以背书转让的票据，背书应当连续

三、案例分析题

1.2018年6月6日，庆祥公司向麦田公司签发了一张金额为10万元的商业承兑汇票，该汇票载明出票后1个月付款，大明公司为付款人。2018年6月22日，源荣公司在该汇票上签章做了保证，但未记载被保证人名称和保证日期。

麦田公司取得汇票后背书转让给芳贞公司，并记载了“不得转让”字样。芳贞公司又将该汇票背书转让给兰洋公司，兰洋公司于当年7月7日向大明公司提示承兑，大明公司以其所欠庆祥公司债务只有8万元为由拒绝承兑，并出具了拒绝承兑的证明。兰洋公司拟行使追索权实现自己的票据权利。

根据上述事实及票据法律制度的规定，回答下列问题：

（1）源荣公司提供的保证中，被保证人和保证日期如何确定？并说明理由。

（2）兰洋公司提示承兑的时间是否符合规定？并说明理由。

（3）假设兰洋公司按期提示承兑，被拒绝承兑后有权向谁行使追索权？并说明为何不能向他人追索。

（4）假设大明公司依法承兑，则兰洋公司最迟应于何时向大明公司提示付款？并说明理由。

（5）假设兰洋公司未在收到拒绝承兑证明之日3日内发出通知，是否丧失追索权？应承担何种责任？

2. 2018年3月10日，彩华公司与杉达公司签订了一份买卖合同。合同约定：（1）杉达公司向彩华公司购买钢材150吨，每吨3 000元；（2）交货日期为2018年3月20日，交货地点为彩华

公司仓库；（3）杉达公司于提货当日以汇票付款；（4）本合同自双方签字或者盖章时成立。彩华公司当即在该合同上盖章，杉达公司答应将合同带回公司盖章。

2018年3月20日，杉达公司按合同约定来到彩华公司提货，交给彩华公司一张吉顺银行为付款人的汇票，但未经吉顺银行承兑。杉达公司对此的解释是资金暂时周转不开，但是已经请梅奥公司为该汇票提供保证。该汇票有梅奥公司符合规定的签章，并注明“如果双方的合同出现纠纷，本公司不承担责任”。彩华公司了解梅奥公司的实力，经与梅奥公司联系后确认情况属实，接受了该汇票。

2018年3月30日，彩华公司持杉达公司给付的汇票向吉顺银行提示承兑被拒绝，理由是杉达公司的存款不足以支付票款。彩华公司找到杉达公司，要求支付票款被拒绝，杉达公司的理由是，彩华公司卖出的钢材有一部分与合同约定的规格不符且彩华公司拒绝调换。彩华公司又要求梅奥公司承担保证责任，梅奥公司表示，本公司提供保证的条件是双方的合同不出现纠纷，所以拒绝承担保证责任。

根据以上资料并结合法律规定，回答下列问题：

（1）吉顺银行作为付款人基于《票据法》是否可以拒绝承兑该汇票？说明理由。

（2）杉达公司拒绝支付票款的理由是否合法？说明理由。

（3）梅奥公司拒绝承担保证责任的理由是否合法？说明理由。

第十章

企业国有资产法律制度

本章导学

本章框架图

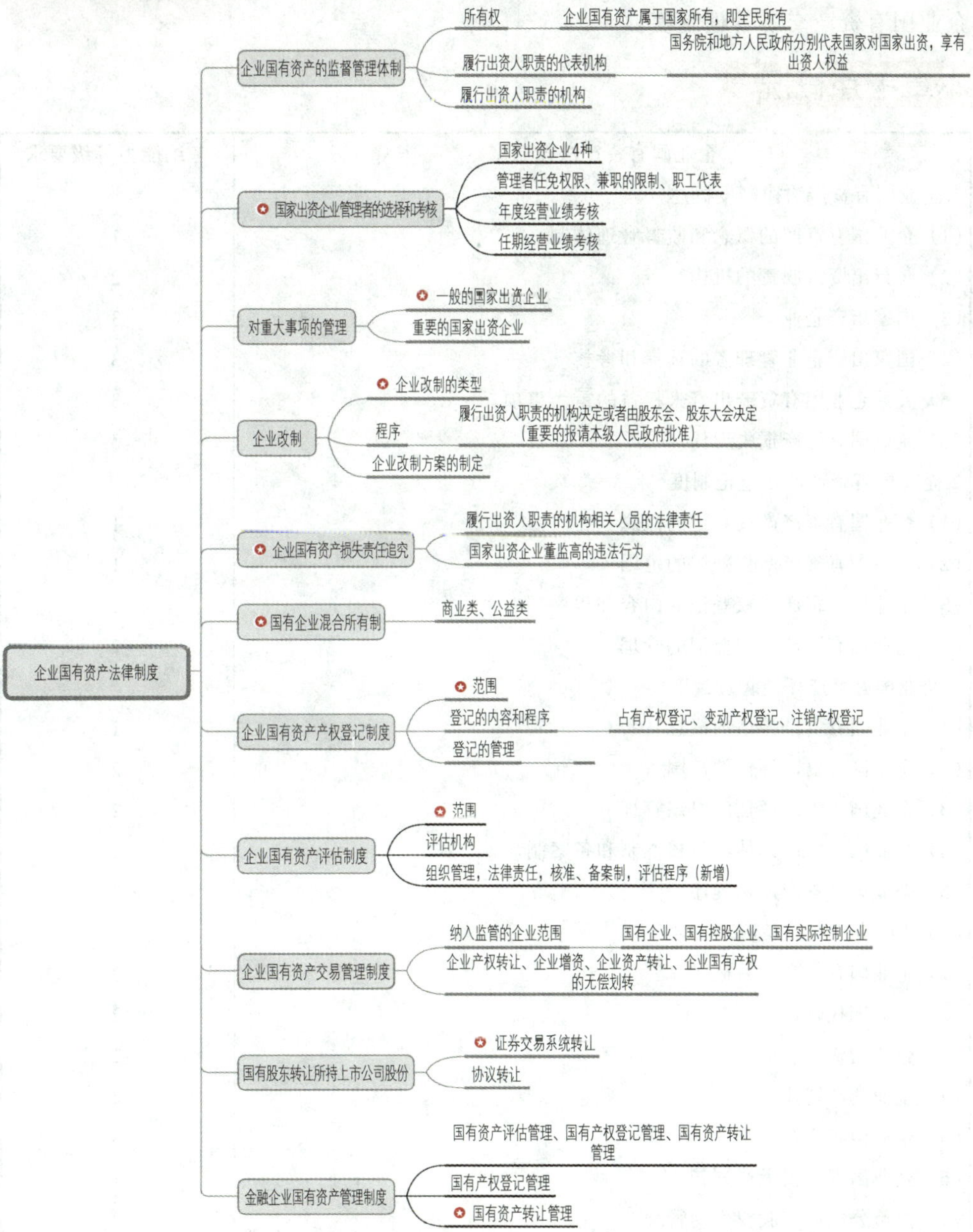

本章考情概述

本章概述：本章属于不太重要章节，近几年平均每年考查分值在4~5分，每年只可能考查选择题。考点重复概率非常高，建议熟练掌握这一章的每道真题，在这一章拿满分的前提下为其他章节的综合题留下时间。

本章应关注的问题：应突出重点、抓大放小，以记忆为主，不用刨根问底，重点关注本年度新增及新修改内容。

近三年主要考点：企业国有资产法律制度概述、企业国有资产评估管理制度、企业国有资产交易管理制度。

本章考点概况

企业国有资产法律制度	考纲能力等级要求
1.企业国有资产法律制度概述	
（1）企业国有资产的概念和监督管理体制	1
（2）履行出资人职责的机构	2
（3）国家出资企业	3
（4）国家出资企业管理者的选择和考核	3
（5）关系企业国有资产出资人权益的重大事项	3
（6）企业国有资产损失责任	3
2.企业国有资产产权登记制度	
（1）企业国有资产产权登记的概念	1
（2）企业国有资产产权登记的范围	1
（3）企业国有资产产权登记的内容和程序	1
（4）企业国有资产产权登记的管理	2
3.企业国有资产评估管理制度	
（1）企业国有资产评估的概念	1
（2）企业国有资产评估的范围	2
（3）企业国有资产评估的组织管理	2
（4）企业国有资产评估项目核准制和备案制	2
（5）企业国有资产评估程序	2
4.企业国有资产交易管理制度	
（1）企业国有资产交易概述	2
（2）企业产权转让	2
（3）企业增资	2
（4）企业资产转让	2
（5）企业国有产权向管理层转让	3
（6）企业国有产权无偿划转	1
（7）上市公司国有股权变动管理	2
5.金融企业国有资产管理制度	
（1）金融企业国有资产的概念	1

续表

企业国有资产法律制度	考纲能力等级要求
（2）金融企业国有资产评估管理	2
（3）金融企业国有资产产权登记管理	2
（4）金融企业国有资产转让管理	3

第一节　企业国有资产法律制度概述

一、基本概念

考霸笔记
【提示】国务院确定的关系国民经济命脉和国家安全的大型国家出资企业、重要基础设施和重要自然资源等领域的国家出资企业，由国务院代表国家履行出资人职责。其他的国家出资企业，由地方人民政府代表国家履行出资人职责。

1.履行出资人职责的机构：

（1）国务院国有资产监督管理机构；

（2）地方人民政府按照国务院的规定设立的国有资产监督管理机构；

（3）国务院和地方人民政府根据需要，可以授权其他部门、机构，如国务院授权财政部对金融行业国有资产进行监管，授权财政部对中国邮政集团公司履行出资人职责等。

2.国家出资企业：指国家出资的国有独资企业、国有独资公司，以及国有资本控股公司、国有资本参股公司。

考霸笔记 在我们国家，存在着大量的国有企业，这些国有企业从法律性质上是全民所有，但是不可能让普通民众直接参与企业的经营管理，代表国家行使国有资产所有权的是我国的最高行政机关，即国务院，而国家总理也不可能直接地去经营管理这些企业，所以将相关监管权力授权给他的下属机构，一般情形是各级国资委负责监督管理这些国有资产，而对于比较特殊的企业，比如金融、邮政等企业的国有资产，这时就不由国资委履行监督管理职能，由财政部专门监督管理。

二、国家出资企业的管理者的选择和考核

（一）任免范围

如何确定国家出资企业的管理者的任免范围？

履行出资人职责的机构依照法律、行政法规以及企业章程的规定，任免或者建议任免国家出资企业的下列人员：

考霸笔记
对于国有独资企业，国家对其高管（总经理、副总经理、财务负责人和其他高级管理人员）的权力很大，享有直接任免的权力。对于国有独资公司，国家可直接任免董事长、副董事长、董事、监事会主席和监事，其中，职工董事和监事不是由国家任免的，而是由职工代表大会或相关机构选举出来的。对于国有资本控股公司、参股公司，国家不论是控股还是参股，都说明有非国有股东存在，那么也要给这些人说话的权力，所以即使是国家控股公司，也只能向股东会、股东大会提出董事、监事人选，而不是直接任免；对于参股公司，那更没有直接任免的权力了。

1.任免国有独资企业的总经理、副总经理、财务负责人和其他高级管理人员；

2.任免国有独资公司的董事长、副董事长、（非由职工代表担任的）董事、监事会主席和（非由职工代表担任的）监事；

3.向国有资本控股公司、国有资本参股公司的股东会、股东大会提出董事、监事人选。

例10-1·2011年单选题

下列关于国有独资公司的表述中，符合公司法律制度规定的是（　　）。

A.国有独资公司不设股东会，由国有资产监督管理机构行使股东会职权

B.国有独资公司的董事会获得国有资产监督管理机构授权，可以决定公司合并事项

考霸笔记

国有独资公司需要决策的事项一共有10项，其中6项由履行出资人职责的机构决定，另外4项由董事会决定。这里有一个非常明显的规律，即4项有一个共同的特点，带“大”字，也就是说，带“大”字的事项全部由董事会决定，剩下的几项由履行出资人职责的机构决定。根据这个小规律，这个地方的考题都能迅速、准确地解答出来。

C.国有独资公司监事会的职工代表由国有资产监督管理机构委派

D.国有独资公司的董事会成员全部由国有资产监督管理机构委派

【答案】A

【解析】(1) 选项B：国有独资公司的合并、分立、解散、增减注册资本和发行公司债券，必须由国有资产监督管理机构决定；(2) 选项C：国有独资公司监事会中的职工代表由公司职工代表大会选举产生；(3) 选项D：国有独资公司董事会成员由国有资产监督管理机构委派，但董事会成员中的职工代表由公司职工代表大会选举产生。

（二）兼职限制

1.未经履行出资人职责的机构同意，国有独资企业、国有独资公司的董事、高级管理人员不得在其他企业兼职。

2.未经股东会、股东大会同意，国有资本控股公司、国有资本参股公司的董事、高级管理人员不得在经营同类业务的其他企业兼职。

3.未经履行出资人职责的机构同意，国有独资公司的董事长不得兼任经理。

4.未经股东会、股东大会同意，国有资本控股公司的董事长不得兼任经理。

5.董事、高级管理人员不得兼任监事。

（三）国家出资企业管理者的考核

1.国家出资企业管理者的经营业绩考核

（1）根据考核期间的不同，分为年度经营业绩考核基本指标、任期经营业绩考核基本指标。

（2）年度经营业绩考核基本指标：利润总额和经济增加值。

（3）任期经营业绩考核基本指标：国有资本保值增值率和总资产周转率。

2.国家出资企业管理者的任期责任审计

国有独资企业、国有独资公司和国有资本控股公司的主要负责人，应当接受依法进行的任期经济责任审计。相关审计结果，作为对企业管理者任免、奖惩的重要依据。

国有资产重大事项的决定权是如何规定的?

三、关于企业国有资产出资人权益的重大事项

重要，必须掌握，出题较多。

（一）一般规定

1.重大事项的决定权（见表10-1）。

表10-1 **重大事项的决定权**

国有独资企业、国有独资公司	履行出资人职责的机构决定	①合并、分立；②增加、减少注册资本；③发行债券；④分配利润；⑤解散、申请破产；⑥改制
	国有独资企业（企业负责人集体），国有独资公司（董事会）	①进行重大投资；②为他人提供大额担保；③转让重大财产；④进行大额捐赠
国有资本控股公司、国有资本参股公司	股东（大）会或董事会决定	①合并、分立；②增加、减少注册资本；③发行债券；④分配利润；⑤解散、申请破产；⑥改制；⑦进行重大投资；⑧为他人提供大额担保；⑨转让重大财产；⑩进行大额捐赠

考霸笔记

【提示】重要的国有独资企业、国有独资公司合并、分立、解散、申请破产、改制还应当报请本级人民政府批准。

考霸笔记

【提示】重要的国有资本控股公司合并、分立、解散、申请破产、改制还应当报请本级人民政府批准。

2.国家出资企业的合并、分立、改制、解散、申请破产等重大事项，应当听取企业工会的意见，并通过职工代表大会或者其他形式听取职工的意见和建议。

例 10-2·2014 年单选题

根据企业国有资产法律制度的规定，国有独资公司发生的下列事项中，除其他法律、行政法规或公司章程有特别规定外，应当由履行出资人职责的机构决定的是（　　）。

A.为他人提供大额担保

B.进行重大投资

C.转让重大财产

D.分配利润

【答案】D

【解析】(1) 国有独资企业、国有独资公司合并、分立，增加或者减少注册资本，发行债券，利润分配，以及解散、申请破产、改制，由履行出资人职责的机构决定。(2) 重要的国有独资企业、国有独资公司、国有资本控股公司的合并、分立、解散、申请破产、改制，应当报经本级人民政府批准。

(二) 国有企业功能界定与分类

国有企业界定为商业类和公益类。

1.商业类国有企业

(1) 主业处于充分竞争行业和领域的：原则上都要实行公司制股份制改革，积极引入其他资本实现股权多元化，国有资本可以绝对控股、相对控股或参股。

(2) 主业处于关系国家安全、国民经济命脉的重要行业和关键领域、主要承担重大专项任务的：要保持国有资本控股地位，支持非国有资本参股。

(3) 处于自然垄断行业的：要以“政企分开、政资分开、特许经营、政府监管”为原则积极推进改革，根据不同行业特点实行网运分开、放开竞争性业务，促进公共资源配置市场化。

(4) 国防军工领域：对需要实行国有全资的企业，要积极引入其他国有资本实行股权多元化。

2.公益类国有企业

公益类国有企业可以采取国有独资形式，具备条件的也可以推行投资主体多元化，还可以通过购买服务、特许经营、委托代理等方式，鼓励非国有企业参与经营。

例 10-3·2017 年多选题

根据企业国有资产法律制度的规定，下列各项中，属于国务院和地方人大政府依法履行出资人职责时应遵循的原则有（　　）。

A.保护消费者合法权益

B.政企分开

C.社会公共管理职能与企业国有资产出资人职能分开

D.不干预企业依法自主经营

【答案】BCD

【解析】国务院和地方人民政府应当按照政企分开、社会公共管理职能与企业国有资产出资人职能分开、不干预企业依法自主经营的原则，依法履行出资人职责。

（三）企业改制

1.企业改制的类型

（1）国有独资企业改为国有独资公司；

（2）国有独资企业、国有独资公司改为国有资本控股公司或者非国有资本控股公司；

（3）国有资本控股公司改为非国有资本控股公司。

2.企业改制的程序

（1）一般情况下，由履行出资人职责的机构决定或者由股东会、股东大会决定。

（2）重要的国有独资企业、国有独资公司、国有资本控股公司的改制，履行出资人职责的机构在作出决定或者向其委派参加国有资本控股公司股东会会议、股东大会会议的股东代表作出指示前，应当将改制方案报请本级人民政府批准。

有关企业改制方案的具体规定是怎样的？

3.企业改制方案的制订

（1）企业改制涉及重新安置企业职工的，应当制订职工安置方案，并经职工代表大会或者职工大会审议通过。

（2）企业实施改制时，必须向职工公布企业总资产、总负债、净资产、净利润等主要财务指标的财务审计、资产评估结果，并接受职工的民主监督。

（3）劳动合同：

①改制为国有控股企业的，改制后企业继续履行改制前企业与留用的职工签订的劳动合同；留用的职工在改制前企业的工作年限应合并计算为在改制后企业的工作年限。

②原企业不得向继续留用的职工支付经济补偿金；对企业改制时解除劳动合同且不再继续留用的职工，要支付经济补偿金。

③企业国有产权持有单位不得强迫职工将经济补偿金等费用用于对改制后企业的投资或借给改制后企业（包括改制企业的投资者）使用。

④企业改制时，对确认的拖欠职工的工资、医疗费等，原则上应当一次性付清。

考霸笔记

对于企业改制过程中涉及职工的问题，改制方案应当听取职工的意见和建议，有的干扰选项提到改制方案应当经过职工代表大会的审议通过，这很明显是不正确的，这样的陷阱我们应当能准确识别出来。而与职工切身利益相关的，即职工安置方案，这可就不是仅仅听取职工的意见和建议这么简单了，需要经职工代表大会或职工大会审议通过。

例10-4·2009年多选题

根据有关规定，国有企业实施改制时应当明确企业与职工的相关责任。下列有关国有企业改制时企业与职工关系问题的表述中，正确的有（　　）。

A.改制企业应当制订职工安置方案，职工安置方案须经职工代表大会或职工大会审议通过

B.企业实施改制时，必须向职工公布企业主要财务指标的财务审计、资产评估结果

C.对企业改制时解除劳动合同且不再继续留用的职工，应当支付经济补偿金

D.企业改制时，对确认的拖欠职工的工资、医疗费等，原则上应当一次性付清

【答案】ABCD

【解析】选项C：对解除劳动合同且不再继续留用的职工，要支付经济补偿金，对继续留用的职工不得支付经济补偿金。

四、与关联方的交易与资产评估

1.“关联方”是指本企业的董事、监事、高级管理人员及其近亲属，以及这些人员所有或者实际控制的企业。

2.未经履行出资人职责的机构同意，国有独资企业、国有独资公司不得有下列行为：

（1）与关联方订立财产转让、借款的协议；

（2）为关联方提供担保；

（3）与关联方共同出资设立企业；

（4）向董事、监事、高级管理人员或者其近亲属所有或者实际控制的企业投资。

3.国有资本控股公司、国有资本参股公司与关联方的交易，依照法律、行政法规和公司章程的规定，由股东（大）会或者董事会决定（董股决议）。董事会对公司与关联方的交易作出决议时，该交易涉及的董事不得行使表决权，也不得代理其他董事行使表决权。

4.在涉及关联方交易活动中，当事人恶意串通，损害国有资产权益的，该交易行为无效。

5.资产评估。

国有独资企业、国有独资公司和国有资本控股公司（不包括国有参股公司）合并、分立、改制，转让重大财产，以非货币财产对外投资，清算或者有法律、行政法规以及企业章程规定应当进行资产评估的其他情形的，应当按照规定对有关资产进行评估。

五、企业国有资产转让

（一）批准机构

1.由履行出资人职责的机构决定。

2.决定转让全部企业国有资产，或转让部分企业国有资产致使国家对该企业不再具有控股地位的，应当报请本级人民政府批准。

（二）转让方式

除可以直接协议转让的外，应在产权交易场所进行。征集产生的受让方为两个以上的，转让应当采用公开竞价的交易方式。

（三）向关联方转让

法律和相关规定，可以向关联方转让企业国有资产，关联方参与受让的，应当与其他受让参与者平等竞买；转让方应当如实披露有关信息；相关的董事、监事和高级管理人员不得参与转让方案的制订和组织实施的各项工作。

（四）向境外转让

国有资产向境外投资者转让的，应遵守国家有关规定。

六、企业国有资产损失责任 *重要，必须掌握，本部分出题较多。*

（一）履行出资人职责的机构的相关人员的法律责任（见表10-2）

表10-2 履行出资人职责的机构的相关人员的法律责任

直接负责的主管人员和其他直接责任人员	履行出资人职责的机构有下列行为之一的，对其直接负责的主管人员和其他直接责任人给予处分： （1）不按任职条件，任命或建议任命国家出资企业管理者； （2）侵占、截留、挪用国家出资企业的资金或应上缴的国有资本收入； （3）违反法定的权限、程序，决定国家出资企业重大事项，造成国有资产损失； （4）有其他不依法履行出资人职责的行为，造成国有资产损失
履行出资人职责的机构的工作人员	玩忽职守、滥用职权、徇私舞弊，尚不构成犯罪的，依法给予处分
履行出资人职责的机构委派的股东代表	未按照委派机构的指示履行职责，造成国有资产损失的，依法承担赔偿责任；属于国家工作人员的，并依法给予处分

第十章

（二）国家出资企业董监高的违法行为

1.有下列行为之一，造成企业国有资产损失的，依法承担赔偿责任；属于国家工作人员的，并依法给予处分：

（1）利用职权收受贿赂或者取得其他非法收入和不当利益的；

（2）侵占、挪用企业资产的；

（3）在企业改制、财产转让等过程中，违反法律、行政法规和公平交易规则，将企业财产低价转让、低价折股的；

（4）违反规定与本企业进行交易的；

（5）不如实向资产评估机构、会计师事务所提供有关情况和资料，或者与资产评估机构、会计师事务所串通出具虚假资产评估报告、审计报告的；

（6）违反法律、行政法规和企业章程规定的决策程序，决定企业重大事项的；

（7）有其他违反法律、行政法规和企业章程执行职务行为的。

【提示】国家出资企业的董事、监事、高级管理人员因上述行为取得的收入，依法予以追缴或者归国家出资企业所有。

禁入规则（免职处罚）的具体规定是什么?

履行出资人职责的机构任命或者建议任命的董事、监事、高级管理人员有上述所列行为之一，造成国有资产重大损失的，由履行出资人职责的机构依法予以免职或者提出免职建议。

2.禁入规则：

（1）国有独资企业、国有独资公司、国有资本控股公司的董事、监事、高级管理人员违反规定，造成国有资产重大损失，被免职的，自免职之日起5年内不得担任国有独资企业、国有独资公司、国有资本控股公司的董事、监事、高级管理人员。

（2）造成国有资产特别重大损失，或者因贪污、贿赂、侵占财产、挪用财产或者破坏社会主义市场经济秩序被判处刑罚的，终身不得担任国有独资企业、国有独资公司、国有资本控股公司的董事、监事、高级管理人员。

考霸笔记

国有独资企业、国有独资公司、国有资本控股公司的董监高，造成“重大损失”的，5年内不得担任董监高，造成“特别重大损失”或犯有经济类犯罪的，终身不得担任董监高。在这里需要注意的是，不得担任董监高，指的是不得担任国有独资企业、国有独资公司、国有资本控股公司的董事、监事、高级管理人员，如果某人自己或朋友开了公司，他来担任董监高，法律是管不着的。

例10-5·2010年多选题

某国有独资公司的董事王某因违反规定造成公司国有资产重大损失而被免职。根据企业国有资产法律制度的规定，下列有关王某任职的表述中，错误的有（　　）。

A.王某自免职之日起3年内不得担任国有资本参股公司的董事、监事、高级管理人员

B.王某自免职之日起5年内不得担任国有资本控股公司的董事、监事、高级管理人员

C.王某自免职之日起10年内不得担任国有独资公司的董事、监事、高级管理人员

D.王某终身不得担任国家出资企业的董事、监事、高级管理人员

【答案】ACD

【解析】根据规定，国有独资企业、国有独资公司、国有资本控股公司的董事、监事、高级管理人员违反规定，造成国有资产重大损失，被免职的，自免职之日起5年内不得担任国有独资企业、国有独资公司、国有资本控股公司的董事、监事、高级管理人员；造成国有资产特别重大损失，或者因贪污、贿赂、侵

占财产、挪用财产或者破坏社会主义市场经济秩序被判处刑罚的，终身不得担任国有独资企业、国有独资公司、国有资本控股公司的董事、监事、高级管理人员。

企业国有资产评估的范围包括哪些?

第二节 国有资产评估制度

一、国有资产评估的范围（见表10-3）

表10-3 国有资产评估的范围

1.占有的国有资产应当评估	（1）整体或部分改建为有限责任公司或者股份有限公司；（2）以非货币资产对外投资；（3）合并、分立、破产、解散；（4）非上市公司国有股东股权比例变动；（5）产权转让；（6）资产转让、置换；（7）整体资产或者部分资产租赁给非国有单位；（8）以非货币资产偿还债务；（9）资产涉讼；（10）收购非国有单位的资产；（11）接受非国有单位以非货币资产出资；（12）接受非国有单位以非货币资产抵债；（13）法律、行政法规规定的其他需要进行资产评估的事项
2.可以不评估	（1）经各级人民政府或其国有资产监督管理机构批准，对企业整体或者部分资产实施无偿划转； （2）国有独资企业与其下属独资企业（事业单位）之间或其下属独资企业（事业单位）之间的合并、资产（产权）置换和无偿划转

二、国有资产评估的组织管理

1.企业发生应当进行资产评估行为的，应当由其产权持有单位委托具有相应专业服务能力的资产评估机构进行评估。

2.资产评估机构是指依法经工商行政管理部门登记设立并向有关评估行政管理部门备案的从事资产评估业务的专业服务机构。其组织形式为合伙制或者公司制。

三、国有资产评估项目核准制和备案制

（一）核准制

1.经各级人民政府批准经济行为的事项涉及的资产评估项目，实行核准制；

2.企业收到资产评估机构出具的评估报告后，应当逐级上报初审，经初审同意后，自评估基准日起8个月内向国有资产监督管理机构提出核准申请。

（二）备案制

1.经国务院国有资产监督管理机构批准经济行为的事项涉及的资产评估项目，由国务院国有资产监督管理机构负责备案；经国务院国有资产监督管理机构所出资企业及其各级子企业批准经济行为的事项涉及的资产评估项目，由中央企业负责备案。

考霸笔记

需要评估的和不需要评估的情形有这么多，如何记忆呢？这个地方总的原则就是，只要有可能导致国有资产流失的，就需要评估，比如“产权转让”，如果不评估的话，无法确定产权的公允价值，有可能导致国有资产被贱卖。而“国有独资企业与其下属独资企业（事业单位）之间或其下属独资企业（事业单位）之间的合并、资产（产权）置换和无偿划转”就没有评估的必要了，因为反正都掌握在国家的手中，也就不存在什么国有资产流失的问题了。以上即为大原则，接下来对比较特殊的情形有意识地记忆一下，如“整体或部分改建为有限责任公司或者股份有限公司”，这是为了做账的需要，也需要进行评估。

2.企业收到资产评估机构出具的评估报告后，将备案材料逐级报送给国有资产监督管理机构或其所出资企业，自评估基准日起9个月内提出备案申请。

（三）其他规定

1.涉及多个国有股东的企业发生资产评估事项，经协商一致可由国有股最大股东依照其产权关系办理核准或者备案手续；国有股股东持股比例相同的，经协商一致可由其中一方依照其产权关系办理核准或者备案手续。

2.经核准或者备案的资产评估结果使用有效期为自评估基准日起1年。

3.企业进行与资产评估相应的经济行为时，当交易价格低于评估结果的90%时，应当暂停交易，在获得原经济行为批准机构同意后方可继续交易。

四、资产评估机构

1.资产评估机构的组织形式为合伙制或者公司制。

2.法律责任：

（1）资产评估机构违反规定，有下列情形之一的，由有关评估行政管理部门予以警告，可以责令停业1个月以上6个月以下。有违法所得的，没收违法所得，并处违法所得1倍以上5倍以下罚款。情节严重的，由工商行政管理部门吊销营业执照；构成犯罪的，依法追究刑事责任：

①利用开展业务之便，谋取不正当利益的；

②允许其他机构以本机构名义开展业务，或者冒用其他机构名义开展业务的；

③以恶性压价、支付回扣、虚假宣传，或者贬损、诋毁其他评估机构等不正当手段招揽业务的；

④受理与自身有利害关系的业务的；

⑤分别接受利益冲突双方的委托，对同一评估对象进行评估的；

⑥出具有重大遗漏的评估报告的；

⑦未按规定的期限保存评估档案的；

⑧聘用或者指定不符合规定的人员从事评估业务的；

⑨对本机构的评估专业人员疏于管理，造成不良后果的。

（2）资产评估机构违反法律规定，出具虚假评估报告的，由有关评估行政管理部门责令停业6个月以上1年以下；有违法所得的，没收违法所得，并处违法所得1倍以上5倍以下罚款；情节严重的，由工商行政管理部门吊销营业执照；构成犯罪的，依法追究刑事责任。

五、企业国有资产评估程序

一般了解，这些是财管的知识。

1.收益现值法；

2.重置资本法；

3.现行市价法；

4.清算价格法；

5.其他方法。

第三节　企业国有资产产权登记制度

一、企业国有资产产权登记

（一）产权登记的范围（见表10-4）

表10-4　产权登记的范围

进行产权登记	国家出资企业、国家出资企业（不含国有资本参股公司）拥有实际控制权的境内外各级企业及其投资参股企业，应纳入登记范围。国家出资企业所属事业单位视为其子企业进行产权登记
不进行产权登记	国家出资企业、国家出资企业（不含国有资本参股公司）拥有实际控制权的境内外各级企业及其投资参股企业为交易目的持有的下列股权不进行产权登记： 1.为了赚取差价从二级市场购入的上市公司股权； 2.为了近期内（1年以内）出售而持有的其他股权

（二）国有资产产权登记的内容（见表10-5）

表10-5　国有资产产权登记的内容

1.占有产权登记	办理工商注册登记前30日内通过所出资企业申办占有产权登记——先产权再工商
2.变动产权登记	（1）企业名称改变的——先工商后（30日）产权； （2）企业组织形式、级次发生变动的； （3）企业“国有资本额”发生增减变动的； （4）企业“国有资本出资人”发生变动的 （2）至（4）先产权再工商
3.注销产权登记	（1）企业解散、被依法撤销或者被依法宣告破产的； （2）企业转让全部国有资产产权或改制后不再设置国有股权的

产权登记的范围包括那些?

考霸笔记

企业国有资产产权登记的范围非常广泛，除国有资本参股公司和纯粹为赚资本差价而购入的资产权，都需要进行产权登记，以防止国有资产流失。登记管理机关是各级国有资产监督管理机构。

二、企业国有资产产权登记的管理

1.产权登记的管理机关：各级国有资产监督管理机构。

2.产权登记实行年度检查制度。企业应当于每年2月1日至4月30日完成企业产权登记情况的年度检查工作。

3.两个及两个以上国有资本出资人共同投资设立的企业，由国有资本出资额最大的出资人所在的出资企业依据其产权归属关系申请办理产权登记。

第四节　企业国有资产交易管理制度

一、企业国有资产交易管理制度

（一）企业国有资产交易概述

企业国有资产交易，是指履行出资人职责的机构、国有及国有控股企业、国有实际控制企业转让产权，或者增加资本、进行重大资产转让的活动。

（二）企业国有资产交易的范围

1.企业国有资产交易行为包括：（1）履行出资人职责的机构、国有及国有控股企业、国有实际控制企业转让其对企业各种形式出资所形成权益的行为（以下称企业产权转让）；（2）国有及国有控股企业、国有实际控制企业增加资本的行为（以下称企业增资），政府以增加资本金方式对国家出资企业的投入除外；（3）国有及国有控股企业、国有实际控制企业的重大资产转让行为（以下称企业资产转让）。

2.上述所称国有及国有控股企业、国有实际控制企业包括：

（1）政府部门、机构、事业单位出资设立的国有独资企业（公司），以及上述单位、企业直接或间接合计持股为100%的国有全资企业；

（2）上述第（1）中所列单位、企业单独或共同出资，合计拥有产（股）权比例超过50%，且其中之一为最大股东的企业；

（3）上述第（1）、（2）中所列企业对外出资，拥有股权比例超过50%的各级子企业；

（4）政府部门、机构、事业单位、单一国有及国有控股企业直接或间接持股比例未超过50%，但为第一大股东，并且通过股东协议、公司章程、董事会决议或者其他协议安排能够对其实际支配的企业。

二、企业产权转让

（一）审核批准

1.国有资产监督管理机构负责审核国家出资企业的产权转让事项。其中，因产权转让致使国家不再拥有所出资企业控股权的，须由国有资产监督管理机构报本级人民政府批准。

2.对主业处于关系国家安全、国民经济命脉的重要行业和关键领域，主要承担重大专项任务国家出资企业子企业的产权转让，须由国家出资企业报同级国有资产监督管理机构批准。

3.转让方为多家国有股东共同持股的企业，由其中持股比例最大的国有股东负责履行相关批准程序；各国有股东持股比例相同的，由相关股东协商后确定其中一家股东负责履行相关批准程序。

（二）审计评估

产权转让事项经批准后，由转让方委托会计师事务所对转让标的企业进行审计。涉及参股权转让不宜单独进行专项审计的，转让方应当取得转让标的企业最近一期年度审计报告。

企业产权转让时，确定受让方应注意哪些问题？

（三）确定受让方

1.产权转让原则上通过产权市场公开进行，通过产权交易机构网站分阶段对外披露产权转让信息，公开征集受让方。

2.信息披露。

（1）转让方可以根据企业实际情况和工作进度安排，采取信息预披露和正式披露相结合的方式，其中正式披露信息时间不得少于20个工作日。

（2）因产权转让导致转让标的企业的实际控制权发生转移的，转让方应当在转让行为获批后10个工作日内，通过产权交易机构进行信息预披露，时间不得少于20个工作日。

（3）信息披露期满未征集到意向受让方而降低转让底价或变更受让条件后重新披露信息的，披露时间不得少于20个工作日。

3.转让价格。

（1）产权转让项目首次正式信息披露的转让底价，不得低于经核准或备案的转让标的评估结果。

（2）信息披露期满未征集到意向受让方的，可以延期或降低转让底价、变更受让条件，但新的转让底价低于评估结果的90%时，应当经转让行为批准单位书面同意。

（3）受让方确定后，转让方与受让方应当签订产权交易合同，交易双方不得以交易期间企业经营性损益等理由对已达成的交易条件和交易价格进行调整。

4.未征集到合格受让方。

转让项目自首次正式披露信息之日起超过12个月未征集到合格受让方的，应当重新履行审计、资产评估以及信息披露等产权转让工作程序。

5.意向受让方是否符合受让条件。

产权交易机构负责意向受让方的登记工作，对意向受让方是否符合受让条件提出意见并反馈转让方。产权交易机构与转让方意见不一致的，由转让行为批准单位决定意向受让方是否符合受让条件。

6.确定受让方。

产权转让信息披露期满、产生符合条件的意向受让方的，按照披露的竞价方式组织竞价。竞价可以采取拍卖、招投标、网络竞价以及其他竞价方式，且不得违反国家法律法规的规定。

（四）结算交易价款

1.交易价款应当以人民币计价，通过产权交易机构以货币进行结算。

2.交易价款原则上应当自合同生效之日起5个工作日内一次付清。

3.交易价款金额较大、一次付清确有困难的，可以采取分期付款方式。采用分期付款方式的，首期付款不得低于总价款的30%，并在合同生效之日起5个工作日内支付；其余款项应当提供转让方认可的合法有效担保，并按同期银行贷款利率支付延期付款期间的利息，付款期限不得超过1年。

4.产权交易合同生效后，产权交易机构应当将交易结果通过交易机构网站对外公告，公告内容包括交易标的名称、转让标的评估结果、转让底价、交易价格，公告期不少于5个工作日。

（五）非公开协议方式转让企业产权

1.适用范围

下列情形的产权转让可以采取非公开协议转让方式：

（1）涉及主业处于关系国家安全、国民经济命脉的重要行业和关键领域企业的重组整合，对受让方有特殊要求，企业产权需要在国有及国有控股企业之间转让的，经国有资产监督管理机构批准，可以采取非公开协议转让方式；

（2）同一国家出资企业及其各级控股企业或实际控制企业之间因实施内部重组整合进行产权转让的，经该国家出资企业审议决策，可以采取非公开协议转让方式。

2.转让价格

（1）采取非公开协议转让方式转让企业产权，转让价格不得低于经核准或备案的评估结果。

（2）下列情形依法、依章决策后，转让价格可以资产评估报告或最近一期审计报告确认的净资产值为基础确定，且不得低于经评估或审计的净资产值：

①同一国家出资企业内部实施重组整合，转让方和受让方为该国家出资企业及

考霸笔记

国有企业产权转让过程中的价款结算问题是一个常考点，考点非常固定，要准确掌握。在这个地方需要特别注意的是，国有产权转让中涉及的社会保险费用、职工安置费用，不得从转让价款中进行抵扣，这一点经常作为选择题的一个选项出现。与此同时，公开形成的企业国有产权转让价格，不得以任何付款方式为条件进行打折、优惠，总之就是在国有企业产权转让过程中，尽可能地不让国有资产发生流失。

企业产权转让时结算交易价款具有哪些规定？

4899

其直接或间接全资拥有的子企业；

②同一国有控股企业或国有实际控制企业内部实施重组整合，转让方和受让方为该国有控股企业或国有实际控制企业及其直接、间接全资拥有的子企业。

三、企业增资

（一）审核批准（见表10-6）

表10-6　企业增资的审核者和申请者

审核者	国有资产监督管理机构负责审核国家出资企业的增资行为。其中，因增资致使国家不再拥有所出资企业控股权的，须由国有资产监督管理机构报本级人民政府批准
	国家出资企业决定其子企业的增资行为。其中，对主业处于关系国家安全、国民经济命脉的重要行业和关键领域，主要承担重大专项任务的子企业的增资行为，须由国家出资企业报同级国有资产监督管理机构批准
申请者	增资企业为多家国有股东共同持股的企业，由其中持股比例最大的国有股东负责履行相关批准程序；各国有股东持股比例相同的，协商后确定其中一家股东负责履行相关批准程序

（二）审计评估

1.企业增资在完成决策批准程序后，应当由增资企业委托具有相应资质的中介机构开展审计和资产评估。

2.下列情形依法、依章决策后，可以依据评估报告或最近一期审计报告确定企业资本及股权比例：

（1）增资企业原股东同比例增资的；

（2）履行出资人职责的机构对国家出资企业增资的；

（3）国有控股或国有实际控制企业对其独资子企业增资的；

（4）增资企业和投资方均为国有独资或国有全资企业的。

（三）确定投资方

1.企业增资通过产权交易机构网站对外披露信息公开征集投资方，时间不得少于40个工作日。

2.通过资格审查的意向投资方数量较多时，可以采用竞价、竞争性谈判、综合评议等方式进行多轮次遴选。

3.投资方以非货币资产出资的，应当经增资企业董事会或股东会审议同意，并委托具有相应资质的评估机构进行评估，确认投资方的出资金额。

4.增资协议签订并生效后，产权交易机构应当出具交易凭证，通过交易机构网站对外公告结果，公告内容包括投资方名称、投资金额、持股比例等，公告期不少于5个工作日。

（四）非公开协议方式增资

1.下列情形经同级国有资产监督管理机构批准，可以采取非公开协议方式进行增资：

（1）因国有资本布局结构调整需要，由特定的国有及国有控股企业或国有实际控制企业参与增资；

（2）因国家出资企业与特定投资方建立战略合作伙伴或利益共同体需要，由该投资方参与国家出资企业或其子企业增资。

2.下列情形经国家出资企业审议决策，可以采取非公开协议方式进行增资：

（1）国家出资企业直接或指定其控股、实际控制的其他子企业参与增资；

（2）企业债权转为股权；

（3）企业原股东增资。

四、企业资产转让

（一）公开转让

1.企业一定金额以上的生产设备、房产、在建工程以及土地使用权、债权、知识产权等资产对外转让，应当按照企业内部管理制度履行相应决策程序后，在产权交易机构公开进行。

2.转让方应当根据转让标的情况合理确定转让底价和转让信息公告期：

（1）转让底价高于100万元、低于1 000万元的资产转让项目，信息公告期应不少于10个工作日；

（2）转让底价高于1 000万元的资产转让项目，信息公告期应不少于20个工作日。

非公开转让协议的内容有哪些?

（二）非公开转让

涉及国家出资企业内部或特定行业的资产转让，确需在国有及国有控股、国有实际控制企业之间非公开转让的，由转让方逐级报国家出资企业审核批准。

五、企业国有产权的无偿划转

1.确定批准机构：

（1）企业国有产权在同一国有资产监督管理机构所出资企业之间无偿划转的，由所出资企业共同报国有资产监督管理机构批准。

（2）企业国有产权在不同国有资产监督管理机构所出资企业之间无偿划转的，依据划转双方的产权归属关系，由所出资企业分别报同级国有资产监督管理机构批准。

（3）下级政府国有资产监督管理机构所出资企业国有产权无偿划转上级政府国有资产监督管理机构所出资企业或其子企业持有的，由下级政府和上级政府国有资产监督管理机构分别批准。

不得无偿划转的情形有哪些?

2.有下列情况之一的，不得实施无偿划转：

（1）被划转企业主业不符合划入方主业及发展规划的；

（2）中介机构对被划转企业划转基准日的财务报告出具否定意见、无法表示意见或保留意见的审计报告的；

（3）无偿划转涉及的职工分流安置事项未经被划转企业的职工代表大会审议通过的；

（4）被划转企业或有负债未有妥善解决方案的；

（5）划出方债务未有妥善处置方案的。

例 10-6 · 2006 年多选题

根据企业国有产权无偿划转的有关规定，下列选项中，企业国有产权不得实施无偿划转的情形有（　　）。

A.被划转企业的或有负债未有妥善解决方案

B.被划转企业职工代表大会未通过无偿划转涉及的职工分流安置事项

C.被划转企业主业不符合划入方主业及发展规划

D.中介机构对被划转企业划转基准日的财务报告出具了保留意见的审计报告

【答案】ABCD

【解析】本题考核点是企业国有产权的无偿划转。

六、上市公司国有股权变动管理（2019年修改）

（一）上市公司国有股权变动管理概述

上市公司国有股权变动，是指上市公司国有股权持股主体、数量或比例等发生变化的行为，具体包括：国有股东所持上市公司股份通过证券交易系统转让、公开征集转让、非公开协议转让、无偿划转、间接转让、国有股东发行可交换公司债券；国有股东通过证券交易系统增持、协议受让、间接受让、要约收购上市公司股份和认购上市公司发行股票；国有股东所控股上市公司吸收合并、发行证券；国有股东与上市公司进行资产重组等行为。

【解释1】上述所称国有股东是指符合以下情形之一的企业和单位，其证券账户标注“SS”：（1）政府部门、机构、事业单位、境内国有独资或全资企业；（2）上述第（1）项中所述单位或企业独家持股比例超过50%，或合计持股比例超过50%，且其中之一为第一大股东的境内企业；（3）上述第（2）项中所述企业直接或间接持股的各级境内独资或全资企业。

【解释2】金融、文化类上市公司国有股权的监督管理，国家另有规定的，依照其规定。国有或国有控股的专门从事证券业务的证券公司及基金管理公司转让、受让上市公司股份的监督管理按照相关规定办理。国有出资的有限合伙企业不做国有股东认定，其所持上市公司股份按有关规定管理。

（二）国有股东所持上市公司股份通过证券交易系统转让

国有股东通过证券交易系统转让上市公司股份，按照国家出资企业内部决策程序决定，有以下情形之一的，应报国有资产监督管理机构审核批准：（1）国有控股股东转让上市公司股份可能导致持股比例低于合理持股比例的；（2）总股本不超过10亿股的上市公司，国有控股股东拟于一个会计年度内累计净转让（累计转让股份扣除累计增持股份后的余额，下同）达到总股本5%及以上的；总股本超过10亿股的上市公司，国有控股股东拟于一个会计年度内累计净转让数量达到5 000万股及以上的；（3）国有参股股东拟于一个会计年度内累计净转让达到上市公司总股本5%及以上的。

（三）国有股东所持上市公司股份公开征集转让

公开征集转让是指国有股东依法公开披露信息，征集受让方转让上市公司股份的行为。

1.公开征集转让股份信息披露

（1）国有股东拟公开征集转让上市公司股份的，在履行内部决策程序后，应书面告知上市公司，由上市公司依法披露，进行提示性公告。国有控股股东公开征集转让上市公司股份可能导致上市公司控股权转移的，应当一并通知上市公司申请停牌。

（2）上市公司发布提示性公告后，国有股东应及时将转让方案、可行性研究报告、内部决策文件、拟发布的公开征集信息等内容通过管理信息系统报送国有资产监督管理机构。国有资产监督管理机构通过管理信息系统对公开征集转让事项出具意见。国有股东在获得国有资产监督管理机构同意意见后书面通知上市公司发布公开征集信息。

（3）公开征集信息对受让方的资格条件不得设定指向性或违反公平竞争要求的

条款，公开征集期限不得少于10个交易日。

2.选择确定受让方

（1）国有股东收到拟受让方提交的受让申请及受让方案后，应当成立由内部职能部门人员以及法律、财务等独立外部专家组成的工作小组，严格按照已公告的规则选择确定受让方。

（2）公开征集转让可能导致上市公司控股权转移的，国有股东应当聘请具有上市公司并购重组财务顾问业务资格的证券公司、证券投资咨询机构或者其他符合条件的财务顾问机构担任财务顾问。

【解释】财务顾问应当具有良好的信誉，近三年内无重大违法违规记录，且与受让方不存在利益关联。

3.签订股份转让协议

国有股东确定受让方后，应当及时与受让方签订股份转让协议。

4.审批

国有股东与受让方签订协议后，按照审批权限由国家出资企业审核批准或由国有资产监督管理机构审核批准。国家出资企业、国有资产监督管理机构批准国有股东所持上市公司股份公开征集转让时，应当审核以下文件：（1）受让方的征集及选择情况；（2）国有股东基本情况、受让方基本情况及上一年度经审计的财务会计报告；（3）股份转让协议及股份转让价格的定价说明；（4）受让方与国有股东、上市公司之间在最近12个月内股权转让、资产置换、投资等重大情况及债权债务情况；（5）律师事务所出具的法律意见书；（6）财务顾问出具的尽职调查报告（适用于上市公司控股权转移的）；（7）国家出资企业、国有资产监督管理机构认为必要的其他文件。

5.确定转让股份价格

国有股东公开征集转让上市公司股份的价格不得低于下列两者之中的较高者：（1）提示性公告日前30个交易日的每日加权平均价格的算术平均值；（2）最近一个会计年度上市公司经审计的每股净资产值。

6.收取转让股份价款

国有股东应在股份转让协议签订后5个工作日内收取不低于转让价款30%的保证金，其余价款应在股份过户前全部结清。在全部转让价款支付完毕或交由转让双方共同认可的第三方妥善保管前，不得办理股份过户登记手续。

7.办理股份过户登记手续

国有资产监督管理机构关于国有股东公开征集转让上市公司股份的批准文件或国有资产监督管理机构、管理信息系统出具的统一编号的备案表和全部转让价款支付凭证是证券交易所、中国证券登记结算有限责任公司办理上市公司股份过户登记手续的必备文件。上市公司股份过户前，原则上受让方人员不能提前进入上市公司董事会和经理层，不得干预上市公司正常生产经营。

（四）国有股东所持上市公司股份非公开协议转让

非公开协议转让是指不公开征集受让方，通过直接签订协议转让上市公司股份的行为。

1.非公开协议转让股份情形

符合以下情形之一的，国有股东可以非公开协议转让上市公司股份：（1）上市公司连续两年亏损并存在退市风险或严重财务危机，受让方提出重大资产重组计划及具体时间表的；（2）企业主业处于关系国家安全、国民经济命脉的重要行业和关键领域，主要承担重大专项任务，对受让方有特殊要求的；（3）为实施国有资源整合或资产重组，在国有股东、潜在国有股东（经本次国有资源整合或资产重组后成为上市公司国有股东的）之间转让的；（4）上市公司回购股份涉及国有股东所持股份的；（5）国有股东因接受要约收购方式转让其所持上市公司股份的；（6）国有股东因解散、破产、减资、被依法责令关闭等原因转让其所持上市公司股份的；（7）国有股东以所持上市公司股份出资的。

2.签订股份转让协议

国有股东在履行内部决策程序后，应当及时与受让方签订股份转让协议。涉及上市公司控股权转移的，在转让协议签订前，应按规定聘请财务顾问，对拟受让方进行尽职调查，出具尽职调查报告。

3.审批

国有股东与受让方签订协议后，按照审批权限由国家出资企业审核批准或由国有资产监督管理机构审核批准。

4.确定股份转让价格

（1）国有股东非公开协议转让上市公司股份的价格不得低于下列两者之中的较高者：①提示性公告日前30个交易日的每日加权平均价格的算术平均值；②最近一个会计年度上市公司经审计的每股净资产值。

（2）国有股东非公开协议转让上市公司股份存在下列特殊情形的，可按以下原则确定股份转让价格：①国有股东为实施资源整合或重组上市公司，并在其所持上市公司股份转让完成后全部回购上市公司主业资产的，股份转让价格由国有股东根据中介机构出具的该上市公司股票价格的合理估值结果确定；②为实施国有资源整合或资产重组，在国有股东之间转让且上市公司中的国有权益并不因此减少的，股份转让价格应当根据上市公司股票的每股净资产值、净资产收益率、合理的市盈率等因素合理确定。

5.收取股份转让价款

以现金支付股份转让价款的，国有股东应在股份转让协议签订后5个工作日内收取不低于转让价款30%的保证金，其余价款应在股份过户前全部结清；以非货币资产支付股份转让价款的，应当符合国家相关规定。

（五）国有股东所持上市公司股份无偿划转

1.政府部门、机构、事业单位、国有独资或全资企业之间可以依法无偿划转所持上市公司股份。

2.国有股东所持上市公司股份无偿划转，按照审批权限由国家出资企业审核批准或由国有资产监督管理机构审核批准。

（六）国有股东所持上市公司股份间接转让

国有股东所持上市公司股份间接转让是指因国有产权转让或增资扩股等原因导致国有股东不再符合规定情形的行为。

1.间接转让股份信息披露

国有股东拟间接转让上市公司股份的，履行内部决策程序后，应书面通知上市公司进行信息按露，涉及国有控股股东的，应当一并通知上市公司申请停牌。

2.确定上市公司股份价值

（1）国有股东所持上市公司股份间接转让，应当按照不得低于下列两者之中的较高者确定其所持上市公司股份价值：①提示性公告日前30个交易日的每日加权平均价格的算术平均值；②最近一个会计年度上市公司经审计的每股净资产值。

（2）上市公司股份价值确定的基准日应与国有股东资产评估的基准日一致，且与国有股东产权直接持有单位对该产权变动决策的日期相差不得超过一个月。国有产权转让或增资扩股到产权交易机构挂牌时，因上市公司股份发生大幅变化等原因，导致资产评估报告的结论已不能反映交易标的真实价值的，原决策机构应对间接转让行为重新审议。

3.聘请财务顾问

国有控股股东所持上市公司股份间接转让，应当按照规定聘请财务顾问，对国有产权拟受让方或投资人进行尽职调查，并出具尽职调查报告。

4.审批

国有股东所持上市公司股份间接转让的，国有股东应在产权转让或增资扩股协议签订后，产权交易机构出具交易凭证前报国有资产监督管理机构审核批准。

（七）国有股东发行可交换公司债券

国有股东发行可交换公司债券，是指上市公司国有股东依法发行、在一定期限内依据约定条件可以交换成该股东所持特定上市公司股份的公司债券的行为。

1.确定可交换公司债券的价格和利率

（1）国有股东发行的可交换公司债券交换为上市公司每股股份的价格，应不低于债券募集说明书公告日前1个交易日、前20个交易日、前30个交易日该上市公司股票均价中的最高者。

（2）国有股东发行的可交换公司债券，其利率应当在参照同期银行贷款利率、银行票据利率、同行业其他企业发行的债券利率，以及标的公司股票每股交换价格、上市公司未来发展前景等因素的前提下，通过市场询价合理确定。

2.审批

国有股东发行可交换公司债券，按照审批权限由国家出资企业审核批准或由国有资产监督管理机构审核批准。

（八）国有股东受让上市公司股份

国有股东受让上市公司股份行为主要包括国有股东通过证券交易系统增持、协议受让、间接受让、要约收购上市公司股份和认购上市公司发行股票等。

1.审核批准

国有股东受让上市公司股份，按照审批权限由国家出资企业审核批准或由国有资产监督管理机构审核批准。

2.办理受让手续

国有股东将其持有的可转换公司债券或可交换公司债券转换、交换成上市公司股票的，通过司法机关强制执行手续取得上市公司股份的，按照相关法律、行政法规及规章制度的规定办理，并在上述行为完成后10个工作日内将相关情况通过管理信息系统按程序报告国有资产监督管理机构。

（九）国有股东所控股上市公司吸收合并

国有股东所控股上市公司吸收合并，是指国有控股上市公司之间或国有控股上市公司与非国有控股上市公司之间的吸收合并。

1.聘请财务顾问

国有股东所控股上市公司应当聘请财务顾问，对吸收合并的双方进行尽职调查和内部核查，并出具专业意见。

2.确定换股价格

国有股东应指导上市公司根据股票交易价格，并参考可比交易案例，合理确定上市公司换股价格。

3.审批

国有股东应当在上市公司董事会审议吸收合并方案前，将该方案报国有资产监督管理机构审核批准。

（十）国有股东所控股上市公司发行证券

1.国有股东所控股上市公司发行证券包括上市公司采用公开方式向原股东配售股份、向不特定对象公开募集股份、采用非公开方式向特定对象发行股份以及发行可转换公司债券等行为。

2.国有股东所控股上市公司发行证券，应当在股东大会召开前，按照审批权限由国家出资企业审核批准或由国有资产监督管理机构审核批准。

（十一）国有股东与上市公司进行资产重组

国有股东与上市公司进行资产重组是指国有股东向上市公司注入、购买或置换资产并涉及国有股东所持上市公司股份发生变化的情形。

1.信息披露

国有股东就资产重组事项进行内部决策后，应书面通知上市公司，由上市公司依法披露，并申请股票停牌。在上市公司董事会审议资产重组方案前、应当将可行性研究报告报国家出资企业、国有资产监督管理机构预审核，并由国有资产监督管理机构通过管理信息系统出具意见。

2.审批

国有股东与上市公司进行资产重组方案经上市公司董事会审议通过后，应当在上市公司股东大会召开前，按照审批权限由国家出资企业审核批准或由国有资产监督管理机构审核批准。

3.国有股东参股的非上市企业参与非国有控股上市公司的资产重组事项由国家出资企业按照内部决策程序自主决定。

第五节　金融企业国有资产管理制度

什么是金融企业国有资产?

一、金融企业国有资产的概念

1.金融企业指在中华人民共和国境内依法设立的国有及国有控股金融企业、金融控股公司、担保公司，以及城市商业银行、农村商业银行、农村合作银行、信用社等。

2.财政部门是金融企业国有资产的监督管理部门。

【解释】财政部负责金融机构国有资产的基础管理工作，组织实施金融机构国有资产的清产核资、资本金权属界定和登记、统计、分析、评估，负责金融机构国有资产转让、划转处置管理，监交国有资产收益。

例 10-7 · 2013 年单选题

根据企业国有资产法律制度的规定，下列各项中，履行金融企业国有资产监督管理职责的是（　　）。

A. 国务院国有资产监督管理委员会　　B. 中国人民银行

C. 中国银行业监督管理委员会　　D. 财政部

【答案】D

【解析】财政部门是金融企业国有资产的监督管理部门。

二、金融企业国有资产评估管理

（一）评估事项

1. 金融企业应当委托资产评估机构进行资产评估，应当进行评估的情形与一般企业类似。

2. 评估范围的确定。

金融企业有下列情形之一的，应当委托资产评估机构进行资产评估：

（1）整体或者部分改制为有限责任公司或者股份有限公司的；

（2）以非货币性资产对外投资的；

（3）合并、分立、清算的；

（4）非上市金融企业国有股东股权比例变动的；

（5）产权转让的；

（6）资产转让、置换、拍卖的；

（7）债权转股权的；

（8）债务重组的；

（9）接受非货币性资产抵押或者质押的；

（10）处置不良资产的；

（11）以非货币性资产抵债或者接受抵债的；

（12）收购非国有单位资产的；

（13）接受非国有单位以非货币性资产出资的；

（14）确定涉讼资产价值的；

（15）法律、行政法规规定的应当进行评估的其他情形。

3. 金融企业有下列情形之一的，对相关的资产可以不进行资产评估：

（1）县级以上人民政府或者其授权部门批准其所属企业或者企业的部分资产实施无偿划转的。

（2）国有独资企业与其下属的独资企业之间，或者其下属独资企业之间的合并，以及资产或者产权置换、转让和无偿划转的。

【提示】中央直接管理的金融企业与其下属的独资企业之间，或者其下属独资企业之间的合并，以及资产或者产权置换、转让和无偿划转的，未造成国有股权比例发生变动的，对相关的资产可以不进行评估。

（3）发生多次同类型的经济行为时，同一资产在评估报告使用有效期内，并且资产、市场状况未发生重大变化的。

金融企业国有资产的评估范围包括哪些？

考霸笔记：总的原则是：但凡涉及非现金交易的，为了防止国有资产的流失，需要进行评估以确定合理价值。

考霸笔记：可以不进行评估的事项，即不会造成国有资产流失的事项，比如县政府批准的无偿划转，既然是无偿划转，也就不存在国有资产流失的问题，那么就没有必要进行评估。

第十章

（4）上市公司可流通的股权转让。

（二）核准和备案

1.金融企业资产评估项目实行核准制和备案制。

（1）核准的情形：中央金融企业资产评估项目报财政部核准。地方金融企业资产评估项目报本级财政部门核准。

①经批准进行改组改制、拟在境内或者境外上市、以非货币性资产与外商合资经营或者合作经营的经济行为；

②经县级以上人民政府批准的其他涉及国有资产产权变动的经济行为。

（2）备案的情形：除前述规定的经济行为以外的其他经济行为，应当进行资产评估的，资产评估项目实行备案。

【解释】涉及多个产权投资主体的，按照金融企业国有股最大股东的财务隶属关系申请核准或者备案。国有股东持股比例相等的，经协商可以委托其中一方按照其财务隶属关系申请核准或者备案。

考霸笔记

这里10%的比例需要注意，有可能出现在选择题当中，其他规定性的内容，熟悉即可。

2.当交易价格与资产评估结果相差10%以上时，应当就差异原因向财政部门（或者金融企业）做出书面说明。

3.金融企业不得委托同一中介机构对同一经济行为进行资产评估、审计、会计业务服务。

三、金融企业国有资产产权登记管理

（一）范围

在中华人民共和国境内或境外设立的金融类企业，其实收资本包括国家资本和对于变国有法人资本的，应当办理国有资产产权登记。

（二）管辖

金融类企业国有资产产权登记和管理机关为同级财政部门。

考霸笔记

对变动登记和注销登记的事项，很有可能将此两项混合在一起，作为选择题进行考查，因此对于哪些属于变动登记事项，哪些属于注销登记的事项，需要认真区分掌握。

（三）变动登记

1.名称、住所或者法定代表人改变；

2.组织形式、管理级次发生变动；

3.国有资本出资人发生变动；

4.国有资本额发生增减变动；

5.因其他出资人的出资额发生变动，造成国有资本持股比例发生5%以上（含5%）变化的；

6.主管财政部门认定的其他变动情形。

（四）注销登记

1.解散、被依法撤销或被依法宣告破产；

2.转让全部国有产权或者改制后不再设置国有股权；

3.由金融类国有企业转变为非金融类国有企业；

4.主管财政部门认定的其他需要注销国有资产产权的情形。

四、金融企业国有产权转让管理

（一）非上市金融企业国有产权转让

1.非上市企业国有产权的转让应当在依法设立的省级以上产权交易机构公开进

行，不受地区、行业、出资或者隶属关系的限制。

2.批准。

（1）财政部门转让金融企业国有资产，应当报本级人民政府批准；

（2）政府授权投资主体转让金融企业国有资产，原则上应当报本级财政部门批准。

3.价款的支付。

（1）金额较大、一次付清确有困难的，可以约定分期付款方式，但分期付款期限不得超过1年；采用分期付款方式的，受让方首期付款不得低于总价款的30%，并在协议生效之日起5个工作日内支付；其余款项应当办理合法的价款支付保全手续，并按同期金融机构基准贷款利率向转让方支付分期付款期间利息。

（2）在全部转让价款支付完毕前或者未办理价款支付保全手续前，转让方不得申请办理国有产权登记和工商变更登记手续。

（3）受让方以非货币性资产支付产权转让价款的，转让方应当按照有关规定委托资产评估机构进行资产评估，确定非货币性资产的价值。

非上市企业国有产权转让的主要内容有哪些？

（二）上市金融企业国有股份转让

1.转让方为上市公司控股股东的，应当将股份转让方案报财政部门审批后实施；涉及国民经济关键行业的，应当得到相关部门的批准。

2.转让方为上市公司参股股东的，在一个完整会计年度内累计净转让股份的比例未达到上市公司总股本5%的，由转让方按照内部决策程序决定；达到或者超过上市公司总股本5%的，应当事先将转让方案报财政部门批准后实施。

3.转让方采取大宗交易方式转让上市公司股份的，股份转让价格不得低于该上市公司股票当天交易的加权平均价格；当日无成交的，不得低于前1个交易日的加权平均价格。

考霸笔记　采取大宗交易方式转让上市公司股份的价格的确定机制需要注意，有可能作为选择题的一个选项进行考查。

（三）金融企业国有资产的直接协议转让

1.适用范围

有下列情况之一，经国务院批准或者财政部门批准，转让方可以采取直接协议转让方式转让非上市企业国有产权和上市公司国有股份：

（1）国家有关规定对受让方有特殊要求；

（2）控股（集团）公司进行内部资产重组；

（3）其他特殊原因。

2.价格

考霸笔记　协议转让上市公司股份，价格的基础计算方法，很有可能以选择题的形式进行考查，需要引起重视。

（1）非上市企业产权直接协议转让的价格不得低于经核准或者备案的资产评估结果。

（2）国有金融企业在实施内部资产重组过程中，拟采取直接协议方式转让产权，且转让方和受让方为控股（集团）公司所属独资子公司的，可以不对转让标的企业进行整体评估，但转让价格不得低于最近一期经审计确认的净资产值。

（3）转让方依法直接协议转让上市公司股份的，转让价格应当按照上市公司股份转让信息公告日（经批准不须公开股份转让信息的，以股份转让协议签署日为准）前30个交易日的每日加权平均价格的算术平均值或者前1个交易日加权平均价格孰高的原则确定。

金融企业国有资产的直接协议转让有关价款的相关规定有哪些？

智能测评

在线练习	我要提问
扫码在线做题　扫码看答案 本书“本章同步强化训练”均配备二维码，打开微信“扫一扫”即可完成在线测评，查看本章详细的测评反馈报告，了解知识掌握情况，也可扫码直接看答案噢。 快来扫码做题吧！	扫码答疑 本书配备答疑专用二维码，打开微信“扫一扫”，即可完成在线提问，获取专业老师全面个性化解答，让学习问题不再拖延。 快来扫码提问吧！

本章同步强化训练

一、单项选择题

1.资产评估机构违反法律规定，出具虚假评估报告的，由有关评估行政管理部门责令停业（　　）的时间；有违法所得的，没收违法所得，并处违法所得（　　）的罚款；情节严重的，由工商行政管理部门吊销营业执照；构成犯罪的，依法追究刑事责任。

A. 3个月以上6个月以下，1倍以上5倍以下　B. 6个月以上1年以下，1倍以上5倍以下

C. 6个月以上1年以下，1倍以上3倍以下　D. 3个月以上6年以下，1倍以上3倍以下

2.以下情形经“国家出资企业”审议决策，可以采取非公开协议方式进行增资，下列说法不属于该情形的是（　　）。

A.国家出资企业直接或者指定其控股、实际控制的其他子企业参与增资

B.企业债权转为股权

C.企业原股东增资

D.因国家出资企业与特定投资方建立战略合作伙伴或者利益共同体需要，由该投资方参与国家出资企业或者其子企业增资

3.根据国有股东转让所持有上市公司股份的相关规定，下列表述不正确的是（　　）。

A.通过证券交易系统转让上市公司股份，多个国有股东属于同一控制人的，其累计净转让股份的数量或比例应合并计算

B.通过协议转让上市公司股份，使得国有股东不再拥有上市公司控股权的，应当聘请在境内注册的专业机构担任财务顾问

C.通过协议转让上市公司股份，拟受让方以现金支付股份转让价款的，国有股东应在股份转让协议签订后5个工作日内收取不低于转让收入30%的保证金，其余价款应在股份过户前全部结清

D.通过协议转让上市公司股份的价格应当以上市公司股份转让信息公告日前30个交易日的每日加权平均价格的算术平均值为基础确定，不得折价

4.根据金融企业国有资产管理法律制度的规定，中央直接管理的金融企业子公司、省级分公司或分行、金融资产管理公司办事处账面资产总额大于5 000万元人民币的资产评估项目，应该（　　）。

A.直接报财政部备案　　B.由中央直接管理的金融企业审核后报财政部备案

C.报中央直接管理的金融企业备案　　D.不需要备案

5.根据企业国有资产法律制度的规定，某重要的国有独资公司的下列事项中，董事会有权直接作出决定的是（　　）。

A.为他人提供大额担保　　B.合并、分立、解散、申请破产

C.增加或者减少注册资本　　D.分配利润

6.根据企业国有资产法律制度的规定，下列各项中，无须申请办理国有资产产权登记的是（　　）。

A.国有资本控股公司

B.国有资本控股公司拥有实际控制权的境内外各级企业

C.国有资木参股公司

D.国有资本参股公司拥有实际控制权的境内外各级企业

7.根据企业国有资产法律制度的规定，中央企业所属境外企业的下列情形中，应当按照有关规定报国资委审核同意的是（　　）。

A.增加或者减少注册资本

B.开展金融衍生业务

C.对外担保

D.境外企业转让国有资产，导致中央企业重要子企业由国有独资转为绝对控股

8.根据企业国有资产法律制度的规定，选择国有资本控股公司的企业管理者时，履行出资人职责的机构享有的职权是（　　）。

A.任免企业经理、副经理

B.任免企业董事长、副董事长、董事和监事

C.任免企业的财务负责人和其他高管

D.向企业的股东会或股东大会提出董事、监事人选

9.对主业处于关系国家安全、国民经济命脉的重要行业和关键领域，主要承担重大专项任务的国家出资企业子企业的增资行为，审批机关是（　　）。

A.子企业内部决议　　B.国家出资企业批准

C.国家出资企业报同级国资监管机构批准　　D.国资监管机构报本级人民政府批准

10.国有独资企业、国有独资公司、国有资本控股公司的董事、监事、高级管理人员违反规定，造成国有资产重大损失，被免职的，自免职之日起（　　）不得担任国有独资企业、国有独资公司、国有资本控股公司的董事、监事、高级管理人员。

A.3年内　　B.5年内　　C.10年内　　D.终身

11.经核准或者备案的资产评估结果使用有效期为自评估基准日起（　　）。

A.1年　　B.6个月　　C.2年　　D.1个季度

12.国家出资企业应当于每年一定期间内完成企业产权登记情况的年度检查，该一定的期间为（　　）。

A.1月1日至3月31日　　B.2月1日至4月30日　　C.3月1日至5月31日　　D.4月1日至6月30日

13.根据《企业国有产权无偿划转管理暂行办法》的规定，划入方（划出方）为国有独资企业的，对于决议方式，下列说法中正确的是（　　）。

A.应当由总经理办公会议审议；已设立董事会的，由董事会审议

B.由股东大会审议

C.由本企业债权人会议审议

D.只能由总经理办公会议审议

14.产权交易合同生效后，产权交易机构应当将交易结果通过交易机构网站对外公告，公告期不少于（　　）。

A.5个工作日　　B.10个工作日　　C.15个工作日　　D.20个工作日

15.国有资产监管机构作为政府直属特设机构，根据授权代表本级人民政府对监管企业依法履行出资人职责。对此下列表述不正确的是（　　）。

A.国有资产监管机构专司国有资产监管，不行使政府公共管理职能，不干预企业自主经营权

B.将国有资产监管机构行使的投资计划、部分产权管理和重大事项决策等出资人权利，授权国有资本投资、运营公司和其他直接监管的企业行使

C.将依法应由企业自主经营决策的事项归位于企业

D.加强对企业集团的整体监管，将延伸到子企业的管理事项原则上由子企业自行决策

16.非上市企业国有产权转让的公告期，不得少于（　　）。

A. 5个工作日　　B. 10个工作日　　C. 15个工作日　　D. 20个工作日

17.根据《金融企业国有资产评估监督管理暂行办法》的相关规定，金融企业有关经济行为的资产评估报告，自评估基准日起一定期限内有效。该一定期限指的是（　　）。

A.3个月　　B.6个月　　C.1年　　D.2年

18.根据《金融类企业国有资产产权登记管理暂行办法》的规定，企业被依法宣告破产的，应当自法院裁定之日起一定期限内向主管财政部门申请办理产权注销登记。该一定期限是指（　　）。

A.15个工作日　　B.30个工作日　　C.45个工作日　　D.60个工作日

19.国有参股股东通过证券交易系统在一个完整会计年度内累计净转让股份比例未达到上市公司总股本5%的，由国有参股股东按照内部决策程序决定，并在每年一定期限之前将其上年度转让上市公司股份的情况报省级或省级以上国有资产监督管理机构备案，该期限为（　　）。

A.1月31日　　B.2月28日　　C.3月31日　　D.4月30日

20.国家出资企业发行企业债券应当符合《企业债券管理条例》的规定，报（　　）核准。

A.国家发展和改革委员会　　B.中国证券监督管理委员会

C.履行出资人职责的机构　　D.国务院

二、多项选择题

1.根据企业国有资产法律制度的规定，涉及国有独资企业的下列事项中，由企业负责人集体讨论决定的有（　　）。

A.为他人提供大额担保　　B.进行重大投资

C.分配利润　　D.进行大额捐赠

2.根据企业国有资产法律制度的规定，国家出资企业的下列行为中，应当对相关资产进行评估的有（　　）。

A.整体资产或者部分资产租赁给非国有单位

B.收购非国有单位的资产

C.经人民政府批准，对企业整体或者部分资产实施无偿划转

D.国有独资企业与其下属独资企业之间的合并、资产置换

3.根据企业国有资产法律制度的规定，国有股东可以不披露协议转让股份的信息直接签订转让协议的有（　　）。

A.上市公司连续3年亏损并存在退市风险或严重财务危机，受让方提出重大资产重组计划及具体时间表的

B.国民经济关键行业、领域中对受让方有特殊要求的

C.国有及国有控股企业为实施国有资源整合或资产重组，在其内部进行协议转让的

D.国有股东因解散、破产、被依法责令关闭等原因转让其所持上市公司股份的

4.根据企业境外国有资产管理法律制度的规定，下列关于境外国有产权转让的表述中，正确的有（　　）。

A.中央企业重要子企业由国有独资转为绝对控股的，应当报国资委审核同意

B.中央企业及其各级子企业转让境外国有产权，只能进入中央企业国有产权转让交易试点机构挂牌交易

C.境外国有产权转让价款应当按照产权转让合同约定支付，原则上应当一次付清

D.境外国有产权转让价款确需采取分期付款的，受让方必须提供合法的担保

5.根据金融企业国有资产管理法律制度的规定，非上市企业国有产权转让，应当报财政部门审批的有（　　）。

A.国有及国有控股金融企业转让一级子公司产权

B.除另有规定外，中央管理的国有及国有控股金融企业转让一级子公司的产权

C.地方管理的金融企业国有资产转让

D.非重要行业国有及国有控股金融企业一级子公司转让所持子公司的产权

6.根据企业国有资产法律制度的规定，下列各项中，属于对国家出资企业管理者年度经营业绩考核指标的有（　　）。

A.国有资本保值增值率　　B.总资产周转率

C.利润总额　　D.经济增加值

7.根据企业国有资产法律制度的规定，国务院和地方人民政府依照法律、行政法规的规定，分别代表国家对国家出资企业履行出资人职责，享有出资人权益。下列属于国务院代表国家履行出资人职责的有（　　）。

A.国务院确定的关系国民经济命脉的国家出资企业

B.国务院确定的关系国家安全的大型国家出资企业

C.涉及重要基础设施领域的国家出资企业

D.涉及重要自然资源领域的国家出资企业

8.根据《中央企业境外国有资产监督管理暂行办法》的相关规定，中央企业可以依法对所属境外企业国有资产履行的监督管理职责有（　　）。

A.组织开展中央企业境外国有资产基础管理工作

B.组织开展境外企业国有资产基础管理工作

C.依法审核决定境外企业重大事项

D.协调处理所属境外企业突发事件

9.根据国有资产评估的有关规定，国有资产占有单位在发生下列情形时，应当进行资产评估的有（　　）。

A.国有企业合并、分立、清算

B.国有资产占有单位以无形资产对外投资

C.国有企业将全部资产出租给另一国有单位

D.接受集体企业以实物资产偿还债务

10.《企业国有资产交易监督管理办法》规定的企业国有资产交易行为包括（　　）。

A.履行出资人职责的机构、国有及国有控股企业、国有实际控制企业转让其对企业各种形式出资所形成权益的行为

B.国有及国有控股企业、国有实际控制企业增加资本的行为

C.国有及国有控股企业、国有实际控制企业的重大资产转让行为

D.上市公司的国有股权转让

11.国家出资企业、国家出资企业（不含国有资本参股公司）拥有实际控制权的境内外各级企业及其投资参股企业，应当纳入产权登记范围。上述的实际控制权是指（　　）。

A.国家出资企业直接合计持股比例超过50%

B.国家出资企业间接合计持股比例超过50%

C.持股比例虽然未超过50%，但为第一大股东，并通过股东协议、公司章程、董事会决议能够实际支配企业行为的情形

D.持股比例虽然未超过50%，但为第一大股东，并通过其他协议安排能够实际支配企业行为的情形

12.根据《中央企业境外国有资产监督管理暂行办法》的相关规定，下列关于境外企业管理的相关说法中，不正确的有（　　）。

A.非金融类境外企业可以为其所属中央企业系统之外的企业提供担保

B.境外企业资金管理应严格执行主要负责人与财务负责人联签制度

C.境外企业可以个人名义开设账户

D.境外企业账户可以转借给个人使用

13.经国务院批准或者财政部门批准，转让方可以采取直接协议转让方式转让非上市企业国有产权和上市公司国有股份的情况有（　　）。

A.国家有关规定对受让方有特殊要求

B.控股（集团）公司进行内部资产重组

C.国有及国有控股金融企业转让一级子公司的产权

D.转让已经设立担保物权的金融企业国有资产

14.涉及金融企业国有资产的下列各项中，无需办理产权登记的有（　　）。

A.中央金融企业的一级子企业中的国有产权

B.国有金融企业因接受债务清偿而受让的其他公司股权

C.国有金融企业因实现担保物权而受偿的其他公司股权

D.上市的国有控股金融公司可流通股权

15.下列关于国有企业混合所有制改革的说法中正确的有（　　）。

A.国有企业混合所有制改革采用分类、分层改革的原则

B.鼓励各类资本参与国有企业混合所有制改革

C.支持集体资本参与国有企业混合所有制改革

D.有序吸收外资参与国有企业混合所有制改革

第十一章 反垄断法律制度

本章导学

本章框架图

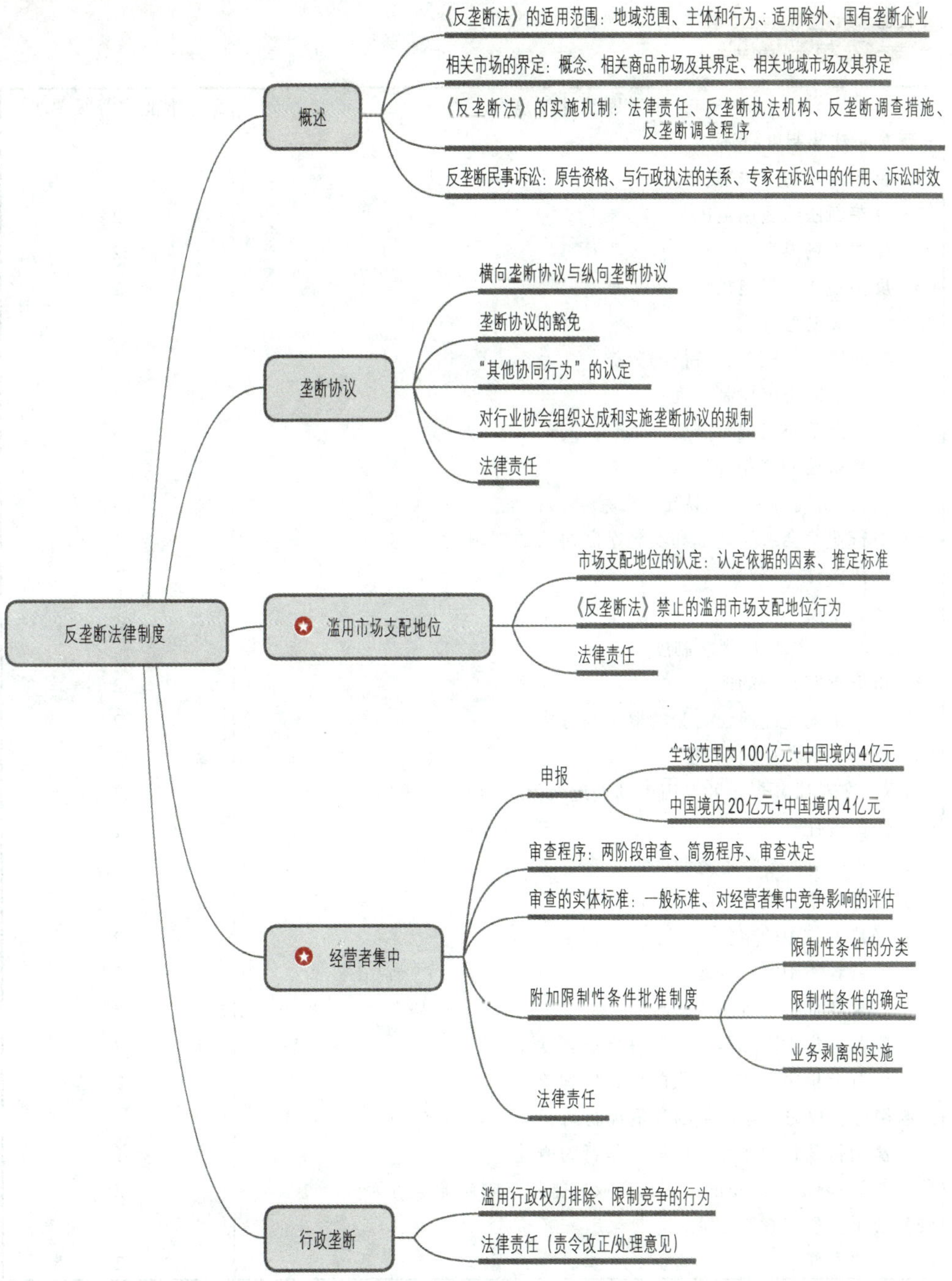

第十一章

本章考情概述

本章概述：本章属于不太重要章节，近几年平均每年考查分值在3~5分，每年只可能考查选择题。考点相对集中，复习难度不大。建议熟练掌握这一章的每道真题，尽可能地做到在本章不失分。

本章应关注的问题：考题侧重于基本概念，题目比较直白，建议学习中做到抓大放小，小细节做到理解和有印象即可。

近三年主要考点：垄断协议、滥用市场支配地位、经营者集中。

本章考点概况

反垄断法律制度	考纲能力等级要求
1.反垄断法律制度概述	
（1）反垄断法的立法宗旨	1
（2）反垄断法的适用范围	2
（3）相关市场界定	2
（4）反垄断法的实施机制	2
2.垄断协议规制制度	
（1）垄断协议的概念、特征与分类	2
（2）横向垄断协议规制制度	3
（3）纵向垄断协议规制制度	3
（4）垄断协议的豁免	3
（5）“其他协同行为”的认定	3
（6）对行业协会组织达成和实施垄断协议的规制	2
（7）法律责任	1
（8）宽恕制度	3
3.滥用市场支配地位规制制度	
（1）市场支配地位的概念	2
（2）滥用市场支配地位行为的概念与分类	2
（3）市场支配地位的认定	3
（4）《反垄断法》禁止的滥用市场支配地位行为	3
（5）法律责任	1
4.经营者集中反垄断审查制度	
（1）经营者集中反垄断审查制度概述	2
（2）经营者集中的申报	2
（3）经营者集中审查程序	2
（4）经营者集中审查的实体标准	2
（5）经营者集中附加限制性条件批准制度	3
（6）经营者集中未依法申报的调查处理	2
5.滥用行政权力排除、限制竞争规制制度	
（1）滥用行政权力排除、限制竞争行为概述	1
（2）《反垄断法》禁止的滥用行政权力排除、限制竞争行为	2
（3）公平竞争审查制度	2
（4）法律责任	2

第一节　反垄断法律制度概述

反垄断法的适用范围及其除外制度包括哪些

一、反垄断法的适用范围

考霸笔记

凡是中国境内经济活动中的垄断行为，都适用我国的《反垄断法》，当然，若该垄断行为发生在境外，但该境外垄断行为对境内市场竞争产生排除、限制影响的，也适用我国的《反垄断法》，即只要对我国境内的经济活动产生影响，都适用我国的《反垄断法》。当然，《反垄断法》也有适用除外，知识产权的正当行使（注意，必须是在法律规定范围内正当行使），农业生产中的联合或者协同行为（为保护农业生产），对于铁路、石油、电信、电网、烟草等重点行业，国家通过立法赋予其垄断性经营权，以上是不适用《反垄断法》的。

（一）反垄断法适用的地域范围

我国采用“属地原则+效果原则”（见表11-1）。

表11-1　属地原则+效果原则

属地原则	中国境内经济活动中的垄断行为，适用《反垄断法》
效果原则	中国境外的垄断行为，对境内市场竞争产生排除、限制影响的，也适用《反垄断法》

考霸笔记

【提示】境内，不含我国港澳台地区。

（二）反垄断法适用的主体范围（见表11-2）

表11-2　反垄断法适用的主体范围

经营者	（1）经营者达成垄断协议； （2）经营者滥用市场支配地位； （3）具有或者可能具有排除、限制竞争效果的经营者集中
行政主体	滥用行政权力排除、限制竞争行为
行业协会	行业协会有时也会参与组织实施诸如“价格联盟”之类的垄断行为

（三）反垄断法的适用除外

考霸笔记

【解释】对于铁路、石油、电信、电网、烟草等重点行业，国家通过立法赋予其垄断性经营权，但是，如果这些国有垄断企业从事垄断协议、滥用市场支配地位行为，或者从事可能排除、限制竞争的经营者集中行为，同样应受《反垄断法》的规制。

1.知识产权的正当行使；

2.农业生产中的联合或者协同行为；

3.对于铁路、石油、电信、电网、烟草等重点行业，国家通过立法赋予其垄断性经营权。

例11-1·2014年多选题

下列行为中，涉嫌违反我国《反垄断法》的是（　　）。

A.中国移动、中国联通等少数几家国有电信企业共同占据我国电信基础运营业务市场的全部份额

B.经国家有关部门批准，中石油、中石化等石油企业联合上调成品油价格

C.某行业协会召集本行业经营者，共同制定本行业产品的定价公式

D.某生产企业通过协议，限制分销商转售商品的最高价格

【答案】C

【解析】对于铁路、石油、电信、电网、烟草等重点行业，国家通过立法赋予其垄断性经营权，选项A和B正确。行业协会组织不得召集、组织或者推动本行业的经营者达成含有排除、限制竞争内容的协议、决议、纪要、备忘录等，选项C违反《反垄断法》。选项D由于限定的是转售商品的“最高”价格，并不属于纵向垄断协议。

第十一章

二、相关市场界定

1.相关市场是经营者在一定时期内就特定商品或者服务（以下统称商品）进行竞争的商品范围和地域范围。在反垄断执法实践中，通常需要界定相关商品市场和相关地域市场。

2.维度：包括时间（相关时间市场）、商品（相关商品市场）和地域（相关地域市场）。

（1）商品不仅包括传统意义上的货物，而且包括服务。商品的概念还会拓展到技术以及为完成某项技术创新而从事的研发，即“相关技术市场”和“相关创新市场”。

（2）大部分反垄断分析中，相关市场只需界定商品和地域两个维度，只有在时间因素可以影响商品之间的竞争关系的特定情形下，才会用到时间维度。

3.界定相关市场的分析视角：包括需求替代和供给替代两个视角，其中需求替代为主要分析视角。

熟悉举例内容，可能考选择题。

相关商品市场如何界定?

（1）界定相关商品市场（见表11-3）：

表11-3 界定相关商品市场

需求角度	①需求者因商品价格或其他竞争因素变化，转向或考虑转向购买其他商品的证据； ②商品的外形、特性、质量和技术特点等总体特征和用途； ③商品之间的价格差异； ④商品的销售渠道； ⑤其他重要因素，如消费者的偏好等
供给角度	①经营者的生产流程和工艺； ②转产的难易程度； ③转产需要的时间； ④转产的额外费用和风险； ⑤转产后所提供商品的市场竞争力； ⑥营销渠道

考霸笔记

相关商品市场的界定可区分为从需求角度界定和从供给角度界定。从需求角度界定就是指从消费者的角度来界定，关键词为“转向或考虑转向购买”“商品的外形、特性、质量”“消费者的偏好”等；而从供给角度界定指的是从生产经营者的角度来考虑，关键词为“生产流程和工艺”“转产”“营销”等。

例11-2·2014年单选题

在“唐山人人诉百度滥用市场支配地位案”中，人民法院将该案的相关市场界定为“中国搜索引擎服务市场”。根据反垄断法律制度的规定，“搜索引擎服务”属于（　　）。

A.相关商品市场　　B.相关技术市场

C.相关创新市场　　D.相关时间市场

【答案】A

【解析】在“唐山人人诉百度滥用市场支配地位案”中，法院将相关市场界定为“中国搜索引擎服务市场”，其中商品维度就是“搜索引擎服务”，地域维度是“中国”。

例11-3·2014年单选题

根据反垄断法律制度的规定，下列各项中，属于从供给角度界定相关商品市场时所应考虑的因素的是（　　）。

A.商品的功能及用途　　　　B.商品间的价格差异
C.消费者的消费偏好　　　　D.其他经营者的转产成本

【答案】D

【解析】选项D：从供给角度界定相关商品市场时，一般应考虑的因素包括：经营者的生产流程和工艺、转产的难易程度、转产需要的时间、转产的额外费用和风险、转产后所提供商品的市场竞争力、营销渠道等。

（2）界定相关地域市场（见表11-4）：

表11-4　界定相关地域市场

需求角度	①需求者因商品价格或者其他竞争因素变化，转向或考虑转向其他地域购买商品的证据。 ②商品的运输成本和运输特征。 ③多数需求者选择商品的实际区域和主要经营者商品的销售分布。 ④地区间的贸易壁垒。 ⑤其他重要因素，如特定区域需求者偏好、商品运进和运出该地域的数量
供给角度	其他地域的经营者供应相关商品的即时性和可行性，如将订单转向其他地域经营者的转换成本等

（3）界定相关时间市场：

当商品的生产周期、使用期限、季节性、流行时尚性或知识产权保护期限等已构成商品不可忽视的特征时，界定相关市场还应考虑时间性。

三、假定垄断者测试

（一）适用

在经营者竞争的市场范围不够清晰或不易确定时，可按“假定垄断者测试”的思路来界定相关市场。

（二）测试方法

假设反垄断审查关注的经营者是以利润最大化为经营目标的垄断者，在其他商品（地域）的销售条件保持不变的情况下，看其能否持久（一般为1年）而小幅（一般为5%～10%）提高其商品的价格（或目标地域内的商品价格），并仍然有利可图。

四、反垄断法的实施机制 重要，必须掌握，常考选择题。

（一）反垄断法律责任

1.行政责任

《反垄断法》规定的行政责任主要包括：责令停止违法行为、没收违法所得、罚款、限期恢复原状等形式。当事人不服反垄断执法机构有关处罚决定的，可以申请行政复议，也可以直接向人民法院提起行政诉讼。

2.民事责任

非法垄断行为给他人造成损失的，行为人应当承担民事责任，主要包括停止侵害、赔偿损失等。在下列情形下，相关当事人可依据反垄断法和民法主张赔偿责任：

(1) 因经营者的滥用市场支配地位行为而受损的;

(2) 因垄断协议当事人一方对违反垄断协议的他方实施处罚，给其造成损失的;

(3) 因垄断协议无效，协议一方当事人向另一方当事人主张返还对价，恢复原状的;

(4) 因垄断协议无效，消费者向实施垄断协议的经营者主张返还多付价款的。

3.刑事责任

我国《反垄断法》未对垄断行为规定刑事责任，但我国《招标投标法》及《刑法》均对情节严重的串通招投标行为规定了刑事责任。《反垄断法》对阻碍、拒绝反垄断执法机构审查、调查行为以及反垄断执法机构工作人员滥用职权、玩忽职守、徇私舞弊或者泄露执法过程中知悉的商业秘密等情形规定了刑事责任。

例 11-4 · 2012 年多选题

根据《反垄断法》的规定，经营者因实施垄断行为可能承担的法律责任类型有(　　)。

A.行政责任　　B.民事责任　　C.刑事责任　　D.宪法责任

【答案】AB

【解析】(1) 垄断行为的法律责任形式包括行政责任、民事责任和刑事责任;(2)《反垄断法》未对垄断行为规定刑事责任，但我国《招标投标法》及《刑法》均对情节严重的串通招投标行为规定了刑事责任。

(二) 反垄断行政执法

1.反垄断机构

国务院反垄断执法机构负责反垄断法的行政执法；另外，在其之上还设反垄断委员会，负责组织、协调、指导反垄断工作(双层制模式)。

2.反垄断执法机构

(1) 国家工商总局：负责垄断协议、滥用市场支配地位以及滥用行政权力排除、限制竞争方面的反垄断执法工作，价格垄断行为除外。

(2) 国家发改委：负责依法查处价格垄断行为。

(3) 商务部：负责经营者集中行为的反垄断审查工作。

反垄断执法机构这个知识点的规律特别强，发改委查处与价格相关的，商务部查处与经营者集中相关的，剩下其他各种都是由国家工商总局来负责，掌握了这个小技巧，近几年的真题都能迅速解决掉。

3.反垄断执法机构的调查措施(见表11-5)

表11-5　　**反垄断执法机构的调查措施**

检查	(1) 进入被调查的经营者的营业场所或者其他有关场所进行检查
询问	(2) 询问被调查的经营者、利害关系人或者其他有关单位或者个人，要求其说明有关情况
查阅、复制	(3) 查阅、复制被调查的经营者、利害关系人或者其他有关单位或者个人的有关单证、协议、会计账簿、业务函电、电子数据等文件和资料
查封、扣押	(4) 查封、扣押相关证据
查询	(5) 查询经营者的银行账户

例 11-5 · 2014 年多选题

根据反垄断法律制度的规定，反垄断执法机构调查涉嫌垄断行为时可以采取必要的调查措施。下列各项中，属于此类措施的有（　）。

A.进入被调查经营者的营业场所进行检查

B.查阅、复制被调查经营者的有关单证、协议、会计账簿等文件和资料

C.查封、扣押相关证据

D.冻结被调查经营者的银行账户

【答案】ABC

【解析】反垄断执法机构调查涉嫌垄断行为，可以查询经营者的银行账户，选项 D 错误。

4.经营者承诺

对反垄断执法机构调查的涉嫌垄断行为，被调查的经营者承诺在反垄断执法机构认可的期限内采取具体措施消除该行为后果的，反垄断执法机构可以决定中止调查。

（1）经营者履行承诺的，反垄断执法机构可以决定终止调查。

（2）有下列情形之一的，反垄断执法机构应当恢复调查：

①经营者未履行承诺的；

②作出中止调查决定所依据的事实发生重大变化的；

③中止调查的决定是基于经营者提供的不完整或者不真实的信息作出的。

（三）**反垄断民事诉讼**（见表 11-6）

反垄断民事诉讼主要考点集中在哪里?

表 11-6　**反垄断民事诉讼**

原告资格	不限于受损害的经营者：因垄断行为受到损失以及因合同内容、行业协会的章程等违反《反垄断法》而发生争议的自然人、法人或者其他组织，可以向人民法院提起反垄断民事诉讼
民事诉讼与行政执法的关系	可以直接诉讼，也可以在行政执法后诉讼：不以执法机构已经对垄断行为进行查处为前提
专家出庭	（1）产生：原、被告双方都有权向人民法院申请专家出庭； （2）作用：只能作为法官判案的参考依据，不属于证据类型之一
专家报告	（1）产生：经法院同意，双方可以协商确定；协商不成的，由人民法院指定。 （2）作用：当事人可向法院申请委托专业机构或专业人员就案件的专门性问题作出市场调查或者经济分析报告，专家报告视为鉴定意见，为证据类型之一
诉讼时效	（1）起算：从原告知道或者应当知道权益受侵害之日起计算。 （2）中断：原告向反垄断执法机构举报被诉垄断行为，诉讼时效从举报之日起中断。 （3）持续性垄断行为：起诉时被诉垄断行为已经持续超过 2 年，被告提出诉讼时效抗辩的，损害赔偿应当自原告向人民法院起诉之日起向前推算 2 年计算

第二节　垄断协议规制制度

一、垄断协议

垄断协议，也称限制竞争协议、联合限制竞争行为，是指两个或两个以上经营者排除、限制竞争的协议、决定或者其他协同行为。

（一）《反垄断法》禁止的横向垄断协议（见表11-7）

表11-7　《反垄断法》禁止的横向垄断协议

固定或者变更商品价格	（1）通过协议统一确定、维持商品的价格，统一提高商品价格； （2）对经营者定价过程设定统一的限制条件：①固定或者变更价格变动幅度；②固定或者变更对价格有影响的手续费、折扣或者其他费用；③使用约定的价格作为与第三方交易的基础；④约定采用据以计算价格的标准公式；⑤约定未经参加协议的其他经营者同意不得变更价格等
限制商品的生产数量或者销售数量	（1）以限制产量、固定产量、停止生产等方式限制商品的生产数量或者限制商品特定品种、型号的生产数量； （2）以拒绝供货、限制商品投放量等方式限制商品的销售数量或者限制商品特定品种、型号的销售数量
分割销售市场或者原材料采购市场	（1）划分商品销售地域、销售对象或者销售商品的种类、数量； （2）划分原料、半成品、零部件、相关设备等原材料的采购区域、种类、数量； （3）划分原料、半成品、零部件、相关设备等原材料的供应商
限制购买新技术、新设备或限制开发新技术、新产品	（1）限制购买、使用新技术、新工艺； （2）限制购买、租赁、使用新设备； （3）限制投资、研发新技术、新工艺、新产品； （4）拒绝使用新技术、新工艺、新设备； （5）拒绝采用新的技术标准
联合抵制交易	（1）联合拒绝向特定经营者供货或者销售商品； （2）联合拒绝采购或者销售特定经营者的商品； （3）联合限定特定经营者不得与其具有竞争关系的经营者进行交易

垄断协议的豁免情形有哪些?

（二）《反垄断法》禁止的纵向垄断协议

1. 固定向第三人转售商品的价格；
2. 限定向第三人转售商品的最低价格；
3. 国务院反垄断执法机构还可认定其他类型的非法纵向垄断协议。

考霸笔记

垄断协议豁免的情形一共有6种，这几种情形多看，在头脑中有一个印象，遇到选择题能选就可以了，但需要特别注意的是，除了涉及出口的，其他几项需要由经营者证明所达成的协议不会严重限制相关市场的竞争，并且能够使消费者分享由此产生的利益。

二、垄断协议的豁免（见表11-8）　重要，必须掌握。

表11-8　豁免的垄断协议类型

提高技术	为改进技术、研究开发新产品的	要求经营者提供证明：协议不会严重限制市场竞争+能够使消费者分享由此产生的利益
提高质量效率	为提高产品质量、降低成本、增进效率，统一产品规格、标准或者实行专业化分工的	
提高中小企业效率	为提高中小经营者经营效率、增强中小经营者竞争力的	
公共利益	为实现节约能源、保护环境、救灾救助等社会公共利益的	
缓解不景气	因经济不景气，为缓解销售量严重下降或生产明显过剩的	
保障进出口	为保障对外贸易和对外经济合作中的正当利益的	无须证明

例 11-6 · 2014 年多选题

下列垄断协议中，须由经营者证明不会严重限制相关市场的竞争且能使消费者分享由此产生的利益，才能获得《反垄断法》豁免的有（　　）。

A.为改进技术、研究开发新产品达成的垄断协议

B.为提高中小经营者经营效率、增强中小经营者竞争力达成的垄断协议

C.为实现节约能源、保护环境、救灾救助等社会公共利益达成的垄断协议

D.为保障对外贸易和对外经济合作中的正当利益达成的垄断协议

【答案】ABC

【解析】可被《反垄断法》豁免的垄断协议类型，其中包括为保障对外贸易和对外经济合作中的正当利益的，不需要证明。

三、其他协同行为

1.认定价格性其他协同行为应考虑的因素：

（1）经营者的价格行为具有一致性；

（2）经营者进行过意思联络；

（3）市场结构和市场变化。

2.认定非价格性其他协同行为应考虑的因素：

（1）经营者的市场行为是否具有一致性；

（2）经营者之间是否进行过意思联络或者信息交流；

（3）经营者能否对一致行为作出合理的解释；

（4）相关市场的结构情况、竞争状况、市场变化情况、行业情况等。

哪些垄断协议行为是被禁止的？

四、对行业协议组织达成和实施垄断协议的规制

重要，必须掌握，多次出题。

应被禁止的行业协会组织本行业经营者从事垄断协议的行为包括：

1.制定、发布含有排除、限制竞争内容的行业协会章程、规则、决定、通知、标准等；

2.召集、组织或者推动本行业的经营者达成含有排除、限制竞争内容的协议、决议、纪要、备忘录等。

考霸笔记

行业协会不是行政机构，因此没有行政执法权，那么行业协会涉及违反《反垄断法》的行为就是组织本行业相关经营者进行垄断行为。

例 11-7 · 2014 年多选题

某行业协会组织本行业 7 家主要企业的领导人召开“行业峰会”，并就共同提高本行业产品价格及提价幅度形成决议，与会企业领导人均于决议上签字。会后，决议以行业协会名义下发全行业企业。与会 7 家企业的市场份额合计达 85%。根据反垄断法律制度的规定，下列表述中，正确的有（　　）。

A.行业协会实施了组织本行业经营者达成垄断协议的行为

B.行业协会实施了行政性限制竞争行为

C.7 家企业实施了滥用市场支配地位行为

D.7 家企业实施了达成垄断协议的行为

【答案】AD

【解析】行业协会不得组织本行业的经营者从事法律禁止的垄断行为。题目中经营者就提高产品价格及提价幅度形成协议。这是横向垄断协议中的“固定或变更商品价格的协议”。

五、法律责任

1.民事责任：经营者因达成并实施垄断协议给他人造成损失的，依法承担民事责任。

2.行政责任（见表11-9）：

表11-9 **行政责任**

对经营者	达成并实施垄断协议	由反垄断执法机构责令停止违法行为，没收违法所得，并处上一年度销售额1%～10%（注意不是违法所得）的罚款
	尚未实施所达成的垄断协议	可以处50万元以下的罚款
对行业协会	行业协会组织本行业的经营者达成垄断协议，反垄断执法机构可以处50万元以下的罚款；情节严重的，社会团体登记管理机关可以撤销登记	

3.宽恕制度：指参与垄断协议的经营者主动向反垄断执法机构报告达成垄断协议的有关情况并提供重要证据的，反垄断执法机构可以对其宽大处理，酌情减轻或免除处罚。

市场支配地位如何认定?

第三节 滥用市场支配地位规制制度

一、市场支配地位的认定（见表11-10）

表11-10 **市场支配地位的认定**

应当依据的因素	（1）经营者在相关市场的市场份额，以及相关市场的竞争状况； （2）经营者控制销售市场或者原材料采购市场的能力； （3）经营者的财力和技术条件； （4）其他经营者对该经营者在交易上的依赖程度； （5）其他经营者进入相关市场的难易程度
推定标准	（1）一个经营者在相关市场的市场份额达到1/2的； （2）两个经营者在相关市场的市场份额合计达到2/3的； （3）三个经营者在相关市场的市场份额合计达到3/4的 提示：对于多个经营者被推定为共同占有市场支配地位时，其中有的经营者市场份额不足10%的，不应当推定该经营者具有市场支配地位；市场份额不是认定市场支配地位的唯一的和绝对的标准，被推定具有市场支配地位的经营者，如有证据证明不具有市场支配地位的，不应当认定其具有市场支配地位

二、《反垄断法》禁止的滥用市场支配地位行为 重要，必须掌握。

1.以不公平的高价销售商品或者以不公平的低价购买商品。

2.没有正当理由，以低于成本的价格销售商品。

【正当理由】（1）降价处理鲜活商品、季节性商品、有效期限即将到期的商品和积压商品的；（2）因清偿债务、转产、歇业降价销售商品的；（3）为推广新产品进行促销的；（4）能够证明行为具有正当性的其他理由。

3.没有正当理由，拒绝与交易相对人进行交易。

【正当理由】（1）交易相对人有严重的不良信用记录，或者出现经营状况持续恶化等情况，可能会给交易安全造成较大风险的；（2）交易相对人能够以合理的价格向其他经营者购买同种商品、替代商品，或者能够以合理的价格向其他经营者出售商品的；（3）能够证明行为具有正当性的其他理由。

4. 没有正当理由，限定交易相对人只能与其进行交易或者只能与其指定的经营者进行交易（包括限定交易相对人不得与其竞争对手进行交易）。

【正当理由】（1）为了保证产品质量和安全的；（2）为了维护品牌形象或者提高服务水平的；（3）能够显著降低成本、提高效率，并且能够使消费者分享由此产生的利益的；（4）能够证明行为具有正当性的其他理由。

5. 没有正当理由搭售商品，或者在交易时附加其他不合理的交易条件。

6. 没有正当理由，对条件相同的交易相对人在交易价格等交易条件上实行差别待遇。

7. 国务院反垄断执法机构认定的其他滥用市场支配地位的行为。

三、与知识产权行使有关的滥用市场支配地位行为

1. 知识产权的正当行使行为不适用《反垄断法》，但是经营者不得滥用知识产权，排除、限制竞争。

2. 知识产权人可能有专属性滥用行为，也可能存在滥用知识产权从事一般性垄断行为，一般性垄断行为既可表现为垄断协议行为，也可表现为滥用市场支配地位行为。

3. 专属性滥用市场支配地位行为（见表11-11）：

表11-11　专属性滥用市场支配地位行为

没有正当理由，拒绝许可	没有正当理由，不得在其知识产权构成生产经营活动必需设施的情况下，拒绝许可其他经营者以合理条件使用该知识产权，排除、限制竞争
没有正当理由，附加不合理限制条件	不合理限制条件： ①要求交易相对人将其改进的技术进行独占性的回授； ②禁止交易相对人对其知识产权的有效性提出质疑； ③限制交易相对人在许可协议期限届满后，在不侵犯知识产权的情况下利用竞争性的商品或者技术； ④对保护期已经届满或者被认定无效的知识产权继续行使权利
专利联营中的滥用行为	【解释】专利联营：指两个或者两个以上的专利权人通过某种形式将各自拥有的专利共同许可给第三方的协议安排。 专利联营管理组织没有正当理由，不得利用专利联营实施下列滥用市场支配地位的行为，排除、限制竞争： ①限制联营成员在联营之外作为独立许可人许可专利； ②限制联营成员或者被许可人独立或者与第三方联合研发与联营专利相竞争的技术； ③强迫被许可人将其改进或者研发的技术独占性地回授给专利联营管理组织或者联营成员； ④禁止被许可人质疑联营专利的有效性； ⑤对条件相同的联营成员或者同一相关市场的被许可人在交易条件上实行差别待遇
标准必要专利滥用行为	没有正当理由，不得在标准的制定和实施过程中实施下列排除、限制竞争行为： ①在参与标准制定的过程中，故意不向标准制定组织披露其权利信息，或者明确放弃其权利，但是在某项标准涉及该专利后却对该标准的实施者主张其专利权。 ②在其专利成为标准必要专利后，违背公平、合理和无歧视原则，实施拒绝许可、搭售商品或者在交易时附加其他的不合理交易条件等排除、限制竞争的行为

滥用市场支配地位的法律责任有哪些?

考霸笔记

《反垄断法》的法律责任只有两种，即行政责任和民事责任。行政责任指的是被相关行政机关处罚，比如被工商局处罚；而民事责任指的是垄断行为给他人造成损失，需要赔偿损失。《反垄断法》是没有规定刑事责任的。也有这么一种情况，就是在相关机构的调查取证过程中，阻碍执法，把执法人员给打了，那么这是要承担刑事责任的，但这种情形不属于《反垄断法》的规制范围。总之，《反垄断法》涉及两类法律责任：行政责任和民事责任，不涉及刑事责任。

四、法律责任

（一）民事责任

经营者因实施滥用市场支配地位行为给他人造成损失的，依法承担民事责任。

（二）行政责任

经营者滥用市场支配地位的，由反垄断执法机构责令停止违法行为，没收违法所得，并处上一年度销售额1%～10%的罚款。

例11-8·2009年单选题

根据《反垄断法》的规定，对于经营者从事的下列滥用市场支配地位的行为，反垄断执法机构进行违法性认定时，无须考虑其行为是否有正当理由的是（　　）。

A.以不公平的高价销售商品

B.拒绝与交易相对人进行交易

C.限定交易相对人只能与其进行交易

D.搭售商品

【答案】A

【解析】除以不公平的高价销售或者以不公平的低价购买商品外，其他情形的前提均为没有正当理由。

第四节　经营者集中反垄断审查制度

一、经营者集中的类型和申报

（一）经营者集中的类型

1.合并（包括吸收合并和新设合并）；

2.通过取得股权或者资产的方式取得对其他经营者的控制权；

3.通过合同等方式取得对其他经营者的控制权或者能够对其他经营者施加决定性影响。

（二）经营者集中的申报　熟悉，可能考选择题。

1.申报标准。

经营者集中达到下列标准之一的，经营者应当事先向商务部申报，未申报的不得实施集中：

（1）参与集中的所有经营者上一会计年度在全球范围内的营业额合计超过100亿元人民币，并且其中至少两个经营者上一会计年度在中国境内的营业额均超过4亿元人民币；

（2）参与集中的所有经营者上一会计年度在中国境内的营业额合计超过20亿元人民币，并且其中至少两个经营者上一会计年度在中国境内的营业额均超过4亿元人民币。

2.经营者集中有下列情形之一的，可以不向国务院反垄断执法机构申报：

（1）参与集中的一个经营者拥有其他每个经营者50%以上有表决权的股份或者资产的；

（2）参与集中的每个经营者50%以上有表决权的股份或资产被同一个未参与集中的经营者拥有的。

二、经营者集中审查程序

经营者集中审查程序是怎样的?

（一）两阶段审查 熟悉，可能考选择题。

1.第一阶段：初步审查

（1）反垄断执法机构应当自收到经营者提交的符合规定的文件、资料之日起30日内（不得延长），对申报的经营者集中进行初步审查，作出是否实施进一步审查的决定，并书面通知经营者。

（2）反垄断执法机构作出决定前，经营者不得实施集中。

（3）反垄断执法机构作出不实施进一步审查的决定或者逾期未作出决定的，经营者可以实施集中；如果反垄断执法机构决定实施进一步审查的，则进入第二阶段审查（即第二阶段审查并非必须经过）。

2.第二阶段审查

（1）第二阶段审查应当自执法机构作出实施进一步审查决定之日起90日内完毕，并作出是否禁止经营者集中的决定，书面通知经营者。

（2）有下列情形之一的，国务院反垄断执法机构经书面通知经营者，可以延长前款规定的审查期限，但最长不得超过60日：

①经营者同意延长审查期限的；

②经营者提交的文件、资料不准确，需要进一步核实的；

③经营者申报后有关情况发生重大变化的。

（3）审查期间，经营者不得实施集中。

（4）作出禁止经营者集中的决定，应当说明理由。

例11-9·2013年单选题

根据反垄断法律制度的规定，我国经营者集中反垄断审查程序的最长审查时限为（　　）。

A.60日　　B.90日　　C.180日　　D.210日

【答案】C

【解析】本题考核反垄断审查程序的时限。根据《反垄断法》，执法机构对经营者集中实施两阶段审查制。第一阶段为初步审查，时限为30日内；第二阶段审查期限为90日内；如果出现特殊情况延长审查期限的，最长不得超过60日。因此，反垄断审查程序的最长审查时限是180日。

（二）简易案件 熟悉，可能考选择题。

1.简易案件的情形：

（1）在同一相关市场，所有参与集中的经营者所占的市场份额之和小于15%；

（2）存在上下游关系的参与集中的经营者，在上下游市场所占的份额均小于25%；

（3）不在同一相关市场，也不存在上下游关系的参与集中的经营者，在与交易有关的每个市场所占的份额均小于25%；

（4）参与集中的经营者在中国境外设立合营企业，合营企业不在中国境内从事经济活动；

（5）参与集中的经营者收购境外企业股权或资产的，该境外企业不在中国境内从事经济活动；

（6）由两个以上经营者共同控制的合营企业，通过集中被其中一个或一个以上经营者控制。

2.虽符合上述条件，但下列情形不视为简易案件：

（1）由两个以上经营者共同控制的合营企业，通过集中被其中的一个经营者控制，该经营者与合营企业属于同一相关市场的竞争者；

（2）经营者集中涉及的相关市场难以界定；

（3）经营者集中对市场进入、技术进步可能产生不利影响；

（4）经营者集中对消费者和其他有关经营者可能产生不利影响；

（5）经营者集中对国民经济发展可能产生不利影响；

（6）商务部认为可能对市场竞争产生不利影响的其他情形。

（三）审查决定

1.决定的类型（见表11-12）。

表11-12　**决定的类型**

禁止集中决定	经营者集中将排除或限制竞争
不予禁止决定	经营者集中不具有排除、限制竞争效果；或虽有排除或限制竞争效果，但经营者能够证明有利影响明显大于不利影响或符合社会公共利益
附条件的不予禁止决定	对不予禁止的经营者集中，可以决定附加减少集中对竞争产生不利影响的限制性条件

2.对于禁止集中决定和附条件的不予禁止决定，国务院反垄断执法机构应当及时向社会公布。

三、经营者集中审查的实体标准　熟悉，可能考选择题。

（一）一般标准

经营者集中具有或者可能具有排除、限制竞争效果的，国务院反垄断执法机构应当作出禁止经营者集中的决定。

（二）对经营者集中竞争影响的评估

1.审查经营者集中，根据个案具体情况和特点，应综合考虑下列因素：

（1）参与集中的经营者在相关市场的市场份额及其对市场的控制力；

（2）相关市场的市场集中度；

（3）经营者集中对市场进入、技术进步的影响；

（4）经营者集中对消费者和其他有关经营者的影响；

（5）经营者集中对国民经济发展的影响；

（6）国务院反垄断执法机构认为应当考虑的影响市场竞争的其他因素，如集中对公共利益的影响、集中对经济效率的影响、参与集中的经营者是否为濒临破产的企业、是否存在抵销性买方力量等。

2.判断参与集中的经营者是否取得或增加市场控制力时，综合考虑下列因素：

(1) 参与集中的经营者在相关市场的市场份额，以及相关市场的竞争状况；

(2) 参与集中的经营者产品或服务的替代程度；

(3) 集中所涉相关市场内未参与集中的经营者的生产能力，以及其产品或服务与参与集中经营者产品或服务的替代程度；

(4) 参与集中的经营者控制销售市场或者原材料采购市场的能力；

(5) 参与集中的经营者的商品购买方转换供应商的能力；

(6) 参与集中的经营者的财力和技术条件；

(7) 参与集中的经营者的下游客户的购买能力；

(8) 应当考虑的其他因素。

3.市场集中度是对相关市场的结构所做的一种描述，体现相关市场内经营者的集中程度，通常可用赫芬达尔-赫希曼指数（HHI指数，简称赫氏指数）和行业前N家企业联合市场份额（CRn指数，简称行业集中度指数）来衡量。

考霸笔记
在考试中，有些地方的表述没有实质性内容，都是一些比较“高大上”的正确的话，如果这样的选项出现，一般情况下都是应该选上的。

四、经营者集中附加限制性条件批准制度

（一）限制性条件的分类（见表11-13）

考霸笔记
经营者集中附加限制性条件的有关规定，属于法律条文的直接规定，没有什么明显的规律，就是要多看，最好能将相关规定记忆下来，如果记不下来的话，那就多看，做到能将选择题做对就可以了。

表11-13 限制性条件的分类

结构性条件	业务剥离：剥离有形资产、知识产权等无形资产或相关权益等
行为性条件	开放网络或平台等基础设施、许可关键技术（包括专利、专有技术或其他知识产权）、终止排他性协议等
综合性条件	结构性条件和行为性条件相结合

（二）限制性条件的确定

1.附条件建议：在商务部就经营者提出竞争关切之后或之前，申报方可提出附条件建议。

2.评估：商务部应与申报方协商，对附条件建议进行评估。

3.附条件建议首选方案存在不能实施的风险：商务部要求提出备选方案，备选方案应比首选方案的条件更为严格。

（三）业务剥离的实施

业务剥离实施的主要内容是什么？

1.方式：自行剥离和受托剥离

2.剥离业务的买方资格

（1）独立于参与集中的经营者；

（2）拥有必要的资源、能力并有意愿使用剥离业务参与市场竞争；

（3）取得其他监管机构的批准；

（4）不得向参与集中的经营者融资购买剥离业务；

（5）商务部根据具体案件情况提出的其他要求。

3.剥离受托人和监督受托人

（1）选任：剥离义务人应在商务部作出审查决定之日起15日内向商务部提交监督受托人人选，在进入受托剥离阶段30日前向商务部提交剥离受托人人选。

（2）报酬的支付：剥离义务人应负责支付监督受托人和剥离受托人报酬。

（3）监督受托人和剥离受托人的资格：

①独立于剥离义务人和剥离业务的买方；

②具有履行受托人职责的专业团队，团队成员应当具有对限制性条件进行监督所需的专业知识、技能及相关经验；

③提出可行的工作方案；

④对买方人选确定过程的监督。

【提示】剥离受托人，是指受申报方委托并经商务部同意，在受托剥离阶段负责出售剥离业务的自然人、法人或其他组织。

（4）职责（见表11-14）：

表11-14 **职责**

监督受托人	（1）监督剥离义务人履行《关于经营者集中附加限制性条件的规定（试行）》、审查决定及相关协议规定的义务； （2）对剥离义务人推荐的买方人选、拟签订的出售协议进行评估，并向商务部提交评估报告； （3）监督出售协议的执行，并定期向商务部提交监督报告； （4）协调剥离义务人与潜在买方就剥离事项产生的争议； （5）应商务部的要求提交其他与剥离有关的报告； （6）监督受托人不得披露其在履行职责过程中向商务部提交的各种报告及相关信息
剥离受托人	（1）在受托剥离阶段，剥离受托人负责为剥离业务找到买方并达成出售协议； （2）剥离受托人有权以无底价方式出售剥离业务

4.剥离完成前剥离义务人的义务

（1）保持剥离业务与其保留的业务之间相互独立，并采取一切必要措施以最符合剥离业务发展的方式进行管理。

（2）不得实施任何可能对剥离业务有不利影响的行为，包括聘用被剥离业务的关键员工，获得剥离业务的商业秘密或其他保密信息等。

（3）指定专门的管理人，负责管理剥离业务。管理人在监督受托人的监督下履行职责，其任命和更换应得到监督受托人的同意。

（4）确保潜在买方能够以公平合理的方式获得有关剥离业务的充分信息，评估剥离业务的商业价值和发展潜力。

（5）根据买方的要求向其提供必要的支持和便利，确保剥离业务的顺利交接和稳定经营。

（6）向买方及时移交剥离业务并履行相关法律程序。

（7）剥离义务人应当及时向商务部报告。

五、法律责任

经营者违反《反垄断法》规定实施集中的，由国务院反垄断执法机构责令停止实施集中、限期处分股份或者资产、限期转让营业以及采取其他必要措施恢复到集中前的状态，可以处50万元以下的罚款。

《反垄断法》禁止的滥用行政权力排除、限制竞争行为有哪些？

第五节 滥用行政权力排除、限制竞争规制制度

一、《反垄断法》禁止的滥用行政权力排除、限制竞争行为

重要，必须掌握。

（一）强制交易

禁止行政机关和法律、法规授权的具有管理公共事务职能的组织以明确要

求、暗示或者拒绝、拖延行政许可以及重复检查等方式限定或者变相限定单位或者个人经营、购买、使用其指定的经营者提供的商品或者限定他人正常的经营活动。

（二）地区封锁

1.对外地商品设定歧视性收费项目、实行歧视性收费标准，或者规定歧视性价格；

2.对外地商品执行与本地同类商品不同的技术要求、检验标准，或者采取重复检验、重复认证等歧视性技术措施，阻碍、限制外地商品进入本地市场；

3.采取专门针对外地商品的行政许可，或者对外地商品实施行政许可时采取不同的许可条件、程序、期限等，阻碍、限制外地商品进入本地市场；

4.设置关卡或者采取其他手段，阻碍、限制外地商品进入本地市场或者本地商品运往外地市场；

5.妨碍商品在地区之间自由流通的其他行为。

（三）排斥或限制外地经营者参加本地招标投标

（四）排斥或者限制外地经营者在本地投资或者设立分支机构或者妨碍外地经营者在本地的正常经营活动

（五）强制经营者从事垄断行为

1.行政机关和法律、法规授权的具有管理公共事务职能的组织滥用行政权力，强制经营者达成、实施排除、限制竞争的垄断协议，或者强制具有市场支配地位的经营者从事滥用市场支配地位的行为，或者强制经营者实施违法经营者集中等。

2.经营者不得以行政机关和法律、法规授权的具有管理公共事务职能的组织的行政限定、行政授权等为由，实施垄断行为。

（六）抽象行政性垄断行为

行政机关不得滥用行政权力，制定含有排除、限制竞争内容的规定（具体形式包括决定、公告、通告、通知、意见、会议纪要等）。

（七）法律责任

行政机关和法律、法规授权的具有管理公共事务职能的组织滥用行政权力，实施排除、限制竞争行为的，由上级机关责令改正；对直接负责的主管人员和其他直接责任人员依法给予处分。反垄断执法机构可以向有关上级机关提出依法处理的建议。

考霸笔记

滥用行政权力排除、限制竞争的情形有很多种，不需要背下来，这样的题目出现在考题中很简单，就是一点，政府利用行政权力对市场进行不当干涉，至于哪些是不当行为，多看看讲义，然后结合自己的常识，是完全能够判断出来的。

例 11-10·2012 年单选题

甲市市政府办公厅下发红头文件，要求本市各级政府机构在公务接待中必须使用本市乙酒厂生产的“醉八仙”系列白酒，并根据有关政府机构的公务接待预算分别下达了一定数量的用酒任务。根据反垄断法律制度的规定，下列表述中，正确的是（　　）。

A.甲市市政府的行为不违法，乙酒厂实施了滥用行政权力排除、限制竞争行为

B.甲市市政府的行为不违法，乙酒厂实施了滥用市场支配地位行为

C.甲市市政府实施了滥用行政权力排除、限制竞争行为，乙酒厂不违法

D.甲市市政府实施了滥用行政权力排除、限制竞争行为，乙酒厂实施了滥用市场支配地位行为

【答案】C

【解析】本题考核滥用行政权力排除、限制竞争行为。行政机关不得滥用行政权力，制定含有排除、限制竞争内容的规定。题目中并没有明确交代乙酒厂实施滥用市场支配地位行为。

二、公平竞争审查制度

（一）公平竞争审查制度的目标

公平竞争审查制度的目标是规范政府有关行为，防止出台排除、限制竞争的政策措施，逐步清理废除妨碍全国统一市场和公平竞争的规定和做法。

（二）公平竞争审查的对象

1.行政机关和法律、法规授权的具有管理公共事务职能的组织（简称政策制定机关）制定市场准入、产业发展、招商引资、招标投标、政府采购、经营行为规范、资质标准等涉及市场主体经济活动的规章、规范性文件和其他政策措施；

2.行政法规和国务院制定的其他政策措施；

3.地方立法机关制定的地方性法规。

（三）指导机关

国务院反垄断执法机构和国务院法制办，会同有关部门建立健全工作机制，指导公平竞争审查制度实施工作。

（四）自我审查与外部监督相结合

1.事前自我审查（见表11-15）

表11-15 事前自我审查

行政法规和国务院制定的其他政策措施、地方性法规	起草部门应当在起草过程中进行公平竞争审查。未进行自我审查的，不得提交审议
政策制定机关制定涉及市场主体经济活动的规章、规范性文件和其他政策措施	经自我审查认为不具有排除、限制竞争效果的，可以实施；具有排除、限制竞争效果的，应当不予出台，或调整至符合相关要求后出台；没有进行公平竞争审查的，不得出台

2.外部监督

（1）国务院反垄断执法机构和国务院法制办，会同有关部门建立健全工作机制，指导公平竞争审查制度实施工作。

（2）制定政策措施及开展公平竞争审查应当听取利害关系人的意见，或者向社会公开征求意见。

（3）各级人民政府及其所属部门要在定期清理规章和规范性文件时，一并对政策措施影响全国统一市场和公平竞争的情况进行评估。鼓励委托第三方评估。

【补充】评估报告应当向社会公开征求意见，评估结果应当向社会公开。

（五）原则禁止（见表11-16）

（六）例外规定

属于下列情形的政策措施，如果具有排除和限制竞争的效果，可以实施：

1.维护国家经济安全、文化安全或者涉及国防建设的；

表 11-16　　　　公平竞争审查标准

(1) 公平竞争审查标准——市场准入和退出标准	①不得设置不合理和歧视性的准入和退出条件； ②公布特许经营权目录清单，且未经公平竞争审查，不得授予经营者特许经营权； ③不得限定经营、购买、使用特定经营者提供的商品和服务； ④不得设置没有法律法规依据的审批或者事前备案程序； ⑤不得对市场准入负面清单以外的行业、领域、业务等设置审批程序
(2) 公平竞争审查标准——商品和要素自由流动标准	①不得对外地和进口商品、服务实行歧视性价格和歧视性补贴政策； ②不得限制外地和进口商品、服务进入本地市场或阻碍本地商品运出、服务输出； ③不得排斥或者限制外地经营者参加本地招标投标活动； ④不得排斥、限制或者强制外地经营者在本地投资或者设立分支机构； ⑤不得对外地经营者在本地的投资或者设立的分支机构实行歧视性待遇，侵害其合法权益
(3) 公平竞争审查标准——影响生产经营成本标准	①不得违法给予特定经营者优惠政策； ②安排财政支出一般不得与企业缴纳的税收或者非税收入挂钩； ③不得违法免除特定经营者需要缴纳的社会保险费用； ④不得在法律规定之外要求经营者提供或者扣留经营者各类保证金
(4) 公平竞争审查标准——影响生产经营行为标准	①不得强制经营者从事《反垄断法》规定的垄断行为； ②不得违法披露或者要求经营者披露生产经营敏感信息，为经营者从事垄断行为提供便利条件； ③不得超越定价权限进行政府定价； ④不得违法干预实行市场调节价的商品和服务的价格水平

2. 为实现扶贫开发、救灾救助等社会保障目的的；

3. 为实现节约能源资源、保护生态环境等社会公共利益的。

【注意】政策制定机关“还应当说明”相关政策措施对实现政策目的的不可或缺，且不会严重排除和限制市场竞争，并明确实施期限。

考霸笔记

对于滥用行政权力排除、限制竞争的法律责任，需要注意的是，反垄断执法机构没有直接对相关机构进行处罚的权力，这涉及政府权力分配的问题，只能由违法部门的上级机构进行处罚，当然，反垄断执法机构可以提出依法处理的建议，注意，只是建议而已，至于听不听，那就是别人的事了，也就是说，没有强制力。

三、法律责任

行政机关和法律、法规授权的具有管理公共事务职能的组织滥用行政权力，实施排除、限制竞争行为的，由上级机关责令改正；对直接负责的主管人员和其他直接责任人员依法给予处分。反垄断执法机构可以向有关上级机关提出依法处理的建议。

《反垄断法》禁止的滥用行政权力排除、限制竞争的法律责任有哪些?

4918

例 11-11 · 2012 年单选题

根据反垄断法律制度的规定，行政机关滥用行政权力，实施限制竞争行为的，除法律、行政法规另有规定的，反垄断执法机构可以采取的处理措施是（　　）。

A. 责令行为人改正违法行为

B. 对直接负责的主管人员和其他直接责任人员给予处分

C. 对行为人处以罚款

D.向有关上级机关提出依法处理的建议

【答案】D

【解析】行政机关和法律、法规授权的具有管理公共事务职能的组织滥用行政权力，实施排除、限制竞争行为的，由上级机关责令改正；对直接负责的主管人员和其他直接责任人员依法给予处分。反垄断执法机构可以向有关上级机关提出依法处理的建议。

智能测评

在线练习	我要提问
扫码在线做题　扫码看答案 本书"本章同步强化训练"均配备二维码，打开微信"扫一扫"即可完成在线测评，查看本章详细的测评反馈报告，了解知识掌握情况，也可扫码直接看答案噢。 快来扫码做题吧！	扫码答疑 本书配备答疑专用二维码，打开微信"扫一扫"，即可完成在线提问，获取专业老师全面个性化解答，让学习问题不再拖延。 快来扫码提问吧！

本章同步强化训练

一、单项选择题

1.根据法律责任所适用对象的不同，狭义上的反垄断法法律责任指的是（　　）。

A.垄断行为的法律责任

B.因妨碍反垄断执法活动而应承担的法律责任

C.因反垄断执法人员执法行为不当而应承担的法律责任

D.实施垄断行为，情节轻微构成犯罪的，承担的刑事责任

2.下列符合公平竞争审查标准中的商品和要素自由流动标准的是（　　）。

A.不得设置没有法律法规依据的审批或者事前备案程序

B.不得违法给予特定经营者优惠政策

C.不得排斥或者限制外地经营者参加本地招标投标活动

D.不得超越定价权限进行政府定价

3.根据反垄断法律制度的规定，下列各项中，经营者应当事先向商务部申报的是（　　）。

A.参与集中的所有经营者上一会计年度在全球范围内的营业额合计达到100亿元人民币，并且其中至少两个经营者上一会计年度在中国境内的营业额均超过4亿元人民币

B.参与集中的所有经营者上一年度在全球范围内的营业额合计超过100亿元人民币，并且其中至少两个经营者上一年度在全球范围内的营业额均超过4亿元人民币

C.参与集中的所有经营者上一会计年度在中国境内的营业额合计超过20亿元人民币，并且其中至少两个经营者上一会计年度在中国境内的营业额均超过4亿元人民币

D.参与集中的所有经营者上一年度在中国境内的营业额合计超过20亿元人民币，并且其中

至少两个经营者上一年度在中国境内的营业额均达到4亿元人民币

4.根据反垄断法律制度的规定，下列关于经营者集中审查程序的表述中，不正确的是（ ）。

A.反垄断执法机构对经营者集中实施两阶段审查制

B.反垄断执法机构在对经营者集中进行初步审查后，则进入第二阶段审查

C.初步审查期间，在反垄断执法机构作出决定前，经营者不得实施集中

D.第二阶段审查期间，原则上经营者不得实施集中

5.根据反垄断法律制度的规定，下列关于市场支配地位的推定标准，说法正确的是（ ）。

A.甲公司在相关市场的市场份额达到1/3，即可推定为具有市场支配地位

B.甲公司、乙公司在相关市场的市场份额合计达到1/2，甲、乙被推定为共同占有市场支配地位

C.甲、乙、丙三个企业在相关市场的市场份额分别达到10%、40%、30%，甲、乙、丙被推定为共同占有市场支配地位

D.甲、乙、丙三个企业在相关市场的市场份额分别达到9%、40%、30%，则甲、乙、丙被推定为共同占有市场支配地位

6.A操作系统技术处于国际领先地位，应用范围达到相关市场份额的60%，如果该操作系统所属的甲公司授权个人电脑生产厂商在使用A操作系统时，强迫使用者购买其旗下的“超速”浏览器。根据反垄断法律制度的规定，下列说法中正确的是（ ）。

A.此做法是以不公平的高价进行销售，属于滥用市场支配地位

B.此做法避免了消费者多次购买零部件的烦琐，不属于滥用市场支配地位

C.此做法构成了没有正当理由搭售商品，属于滥用市场支配地位

D.此做法是普通交易时附加其他不合理的交易条件，属于滥用市场支配地位

7.关于公平竞争审查制度的基本原则，下列说法正确的是（ ）。

A.公平竞争审查采取事前自我审查的方式和书面审查的方式

B.未进行自我审查的，不得提交审议

C.国务院反垄断执法机构不得指导公平竞争审查制度的实施

D.国务院法制办不得指导公平竞争审查制度的实施

8.根据公司法律制度的规定，下列合并应当在合并前向商务部申报，未经申报不得合并的是（ ）。

A.甲公司持有乙公司60%的股权，两公司上一会计年度在中国境内的营业额分别为18亿元、8亿元，现甲公司拟吸收合并乙公司

B.丙公司持有乙公司40%的股权，两公司上一会计年度在全球范围内的营业额分别为98亿元、3亿元，境内营业额分别为8亿元、88亿元

C.戊公司持有庚公司30%的股权，两公司上一会计年度在中国境内的营业额分别为17亿元、4亿元

D.己公司持有辛公司10%的股权，两公司上一会计年度在中国境内的营业额均为10亿元

9.根据我国反垄断法律制度的规定，下列选项中，表述不正确的是（ ）。

A.中华人民共和国境内经济活动中的垄断行为适用《反垄断法》

B.发生在中华人民共和国境外的垄断行为均适用我国的《反垄断法》

C.反垄断领域中，境内市场不包含我国港澳台地区

D.我国《反垄断法》规制的主体不仅包括经营者，还包括行业协会，以及行政机关和法律、法规授权的具有管理公共事务职能的组织

10.根据反垄断法律制度的规定，在经营者竞争的市场范围不够清晰或者不易确定时，可以按照一定的方法界定相关市场。该方法是（　　）。

A.假定垄断者测试　　B.从需求角度界定相关市场

C.市场集中度测试　　D.市场支配地位市场份额测试

11.在"唐山人人诉百度滥用市场支配地位案"中，人民法院将该案的相关市场界定为"中国搜索引擎服务市场"。根据反垄断法律制度的规定，"搜索引擎服务"属于（　　）。

A.相关商品市场　　B.相关技术市场　　C.相关创新市场　　D.相关时间市场

12.下列关于"反垄断法中的豁免和适用除外"说法中，正确的是（　　）。

A.豁免与适用除外有一定的重叠区域

B.豁免是指某些特定领域排除在《反垄断法》的适用范围外

C.农业生产中的联合或者协同行为可以被豁免

D.适用除外包括知识产权的正当行使

13.根据《反垄断法》的有关规定，行政机关滥用行政权力，实施限制竞争行为的，除法律、行政法规另有规定的，反垄断执法机构可以采取的处理措施是（　　）。

A.责令行为人改正违法行为

B.对直接负责的主管人员和其他直接责任人员给予处分

C.对行为人处以罚款

D.向有关上级机关提出依法处理的建议

14.根据反垄断法律制度的规定，我国经营者集中反垄断审查程序的最长审查时限为（　　）。

A.60日　　B.90日　　C.180日　　D.210日

15.下列选项中，不属于经营者集中申报制度方式的是（　　）。

A.强制的事前申报　　B.强制的事后申报　　C.集体申报　　D.自愿申报

16.某市车辆清洗业协会在与本市各洗车企业协商后，向该市区100多个洗车企业发布《关于规范机动车辆清洗收费标准的通知》，规定全市机动车清洗行业收费指导价为：小型车辆单次洗车15元，中型车辆单次洗车20~30元，大型车辆单次洗车40~60元。该行为被反垄断主管机关认定为垄断。该市车辆清洗业协会的上述行为属于《反垄断法》所禁止的垄断行为的具体类型是（　　）。

A.横向垄断协议　　B.纵向垄断协议　　C.独家交易　　D.限制市场准入

17.下列各项中，属于《反垄断法》最基本、最直接的目标的是（　　）。

A.提高经济效率　　B.保护竞争　　C.提升消费者福利　　D.维护社会公共利益

18.下列行为中，属于没有正当理由，以低于成本的价格销售商品的是（　　）。

A.低于成本价销售鲜活产品

B.商场为了推广新产品而促销，在成本价以上将商品打折出售

C.企业经营不善，因为歇业而降价销售产品

D.某公司凭借其资金实力，为了迅速占领市场，持续低于成本价格销售商品

19.根据相关规定，下列选项中，不属于地区间贸易壁垒的是（　　）。

A.关税　　B.转产的额外费用和风险

C.环保因素　　D.技术因素

20.根据反垄断法律制度的规定，下列选项中不属于《反垄断法》禁止的行政性垄断行为的是（ ）。

A.强制交易

B.对外地商品实行歧视性收费标准

C.排斥或限制外地经营者参加本地招标投标

D.地域或客户限制协议

二、多项选择题

1.根据《反垄断法》的规定，从需求角度界定相关商品市场，一般考虑的因素有（ ）。

A.经营者的生产流程和工艺

B.商品的外形、特性、质量和技术特点等总体特征和用途

C.商品之间的价格差异

D.商品的运输成本、运输特征

2.根据反垄断法律制度的规定，下列关于价格性其他协同行为的认定应当考虑的因素有（ ）。

A.经营者进行过意思联络

B.经营者的市场行为是否具有一致性

C.经营者的价格行为具有一致性

D.经营者能否对一致行为作出合理的解释

3.某市政府为了保护当地企业，制定了《某市招投标规定》，规定中明确要求，凡是本市政府机关招标，投标者必须为本市企业，外地企业不允许投标，即使投标，也不会中标。根据反垄断法律制度的规定，该市政府制定该规定的行为属于（ ）。

A.排斥或限制外地经营者参加本地招标投标

B.滥用市场支配地位

C.排斥或限制外地经营者在本地设立分支机构

D.抽象行政性垄断行为

4.甲电器商场的主销品牌是“瑞达”，销售该品牌的电器商场少有，甲电器商场的相关市场份额达到1/2，要装修的张先生从甲电器商场买了一台54寸、价值15 888元的瑞达电视机，电视底座是厂家要求免费赠送给顾客的，但是该商场谎称电视机与电视底座必须一起出售，电视底座需要再花费200元；另外如果想要开发票，再加100元。根据反垄断法律制度的规定，此商场的行为构成（ ）。

A.以不公平的高价销售商品　　B.强制交易

C.没有正当理由搭售商品　　D.交易时附加不合理条件

5.监督受托人在商务部的监督下应当履行的职责有（ ）。

A.监督剥离义务人履行《反垄断法》规定、审查决定及相关协议规定的义务

B.对剥离义务人推荐的买方人选、拟签订的出售协议进行评估，并向商务部提交评估报告

C.监督出售协议的执行，并定期向商务部提交监督报告

D.协调剥离义务人与潜在买方就剥离事项产生的争议

6.在剥离完成之前，为确保剥离业务的存续性、竞争性和可销售性，剥离义务人应当履行的义务有（ ）。

A.保持剥离业务与其保留的业务之间相互独立，并采取一切必要措施以最符合剥离业务发展的方式进行管理

B.不得实施任何可能对剥离业务有不利影响的行为，包括聘用被剥离业务的关键员工、获得剥离业务的商业秘密或其他保密信息等

C.指定专门的管理人，负责管理剥离业务。管理人在监督受托人的监督下履行职责，其任命和更换应得到监督受托人的同意

D.向买方及时移交剥离业务并履行相关法律程序

7.认定经营者是否具有市场支配地位时应当依据一定的因素，这些因素包括（　　）。

A.经营者在相关市场的市场份额，以及相关市场的竞争状况

B.经营者控制销售市场或者原材料采购市场的能力

C.经营者的财力和技术条件

D.其他经营者进入相关市场的难易程度

8.下列选项中，属于在对经营者集中进行审查并作出相应决定过程中，国务院反垄断法执法机构主要考虑的因素有（　　）。

A.经营者集中对国民经济发展的影响

B.经营者集中对消费者和其他有关经营者的影响

C.相关市场的市场集中度

D.经营者集中对市场进入、技术进步的影响

9.下列各项经营者集中的情形中，国务院反垄断机构可以作出不予禁止决定的有（　　）。

A.经营者集中不具有排除、限制竞争效果

B.经营者集中虽具有排除、限制竞争效果，但经营者能够证明该集中符合社会公共利益

C.经营者集中虽具有排除、限制竞争效果，但经营者能够证明该集中对竞争产生的有利影响明显大于不利影响

D.经营者集中虽具有排除、限制竞争效果，但经营者承诺在一定期间内消除消极效果

10.根据《关于实施经营者集中资产或业务剥离的暂行规定》，下列选项中，属于剥离业务的买方应当符合的有（　　）。

A.独立于参与集中的经营者

B.拥有必要的资源、能力并有意愿使用剥离业务参与市场竞争

C.取得其他监管机构的批准

D.不得向参与集中的经营者融资购买剥离业务

11.行政机关和法律、法规授权的具有管理公共事务职能的组织的下列行为中，不符合法律规定的有（　　）。

A.以明确要求的方式限定单位购买其指定的经营者提供的商品

B.以暗示的方式变相限定单位使用其指定的经营者提供的商品

C.以拖延行政许可的方式限定个人经营其指定的经营者提供的商品

D.以重复检查的方式变相限定个人使用其指定的经营者提供的商品

12.根据相关规定，有下列情形之一的，反垄断执法机构应当恢复调查（　　）。

A.经营者未履行承诺的

B.中止调查的决定是基于经营者提供的不完整或者不真实的信息作出的

C.经营者已经履行承诺的

D.作出中止调查决定所依据的事实发生重大变化的

13.可以成为反垄断民事诉讼原告的有（　　）。

A.公民甲　　B.某企业法人乙　　C.社会组织丙　　D.间接购买人丁

14.某生产大型机器设备的甲企业产品市场占有率达到80%，甲企业的下属企业乙企业主要生产小型家电，销路一直不好，甲企业规定凡购买甲企业设备，均须同时购买乙企业生产的小型家电一台，下列说法正确的有（　　）。

A.甲企业的行为构成滥用市场支配地位行为

B.甲企业的行为构成垄断协议行为

C.甲企业的行为构成垄断行为

D.甲企业的行为构成经营者集中行为

第十二章

涉外经济法律制度

本章导学

本章框架图

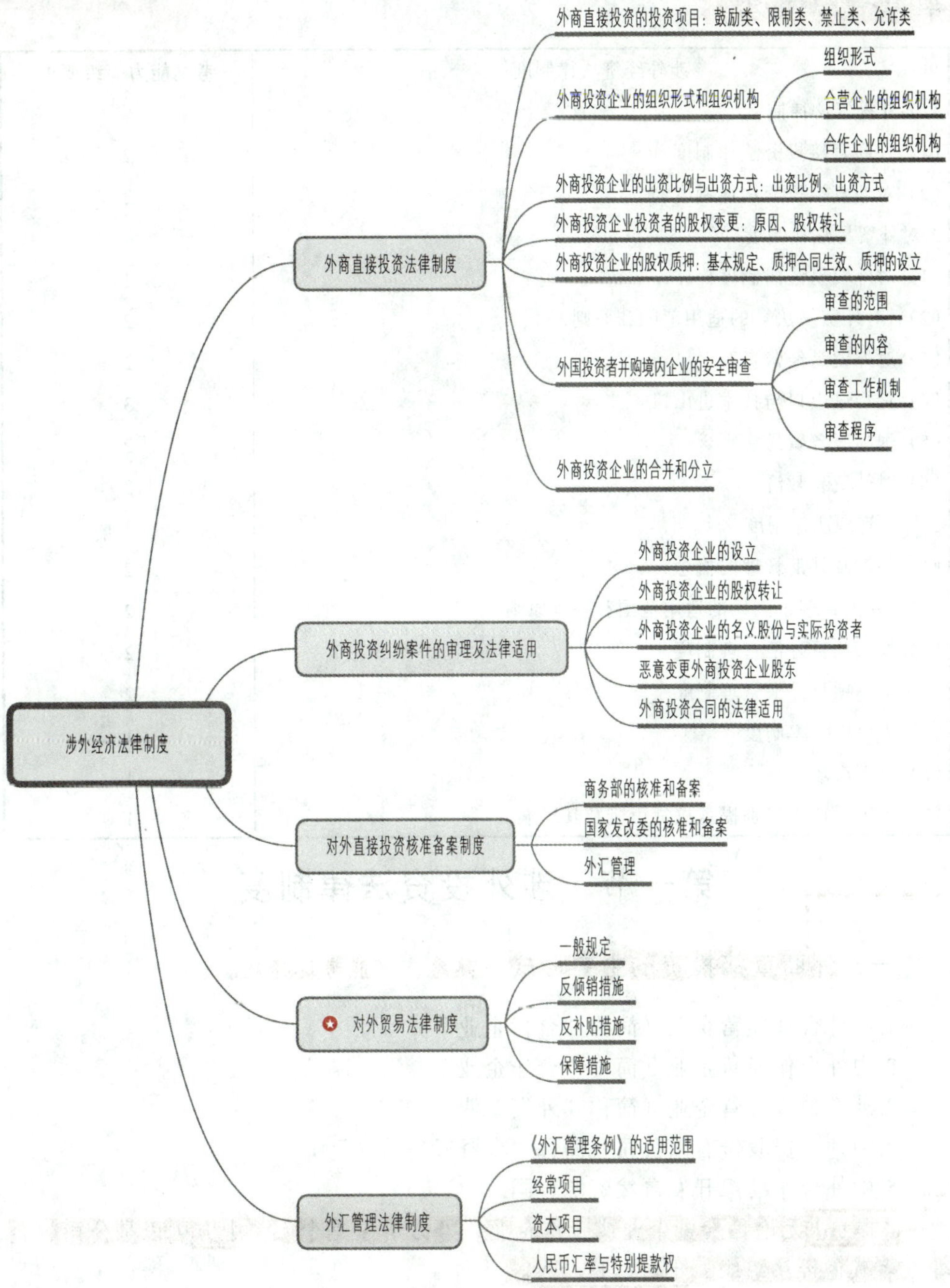

本章考情概述

本章概述：本章属于不太重要章节，近几年平均每年考查分值在4~5分，每年只可能考查选择题。考点相对集中，复习难度不大。建议熟练掌握这一章的每道真题，训练做题的反应速度和准确率，为其他章节的综合题留出充分的答题时间。

本章应关注的问题：重点内容一定要把握清楚，尽可能做到不失分。

近三年主要考点：涉外投资法律制度、外汇管理法律制度。

本章考点概况

涉外经济法律制度	考纲能力等级要求
1.涉外投资法律制度	
（1）外商直接投资法律制度	2
（2）对外直接投资法律制度	2
2.对外贸易法律制度	
（1）对外贸易法律制度概述	1
（2）《对外贸易法》的适用范围和原则	2
（3）对外贸易经营者	2
（4）货物进出口与技术进出口	3
（5）国际服务贸易	2
（6）对外贸易救济	2
3.外汇管理法律制度	
（1）外汇及外汇管理的概念	2
（2）《外汇管理条例》的适用范围和基本原则	2
（3）经常项目外汇管理制度	2
（4）资本项目外汇管理制度	2
（5）人民币汇率制度	1
（6）外汇市场	1
（7）人民币加入特别提款权货币篮及其影响	1

考霸笔记

【解释】在上述外商直接投资形式中，外方投资者可以是外国的公司、企业、其他经济组织，也可以是外国个人；但中方投资者只能是中国的公司、企业或者其他经济组织，不能是中国的个人。即外国投资人可以是“个人”，中国投资人不能是“个人”。

第一节　涉外投资法律制度

一、外商直接投资的主要形式　熟悉，可能考选择题。

1.中外合资经营企业（简称“合营企业”）

2.中外合作经营企业（简称“合作企业”）

3.外商独资经营企业（简称“外资企业”）

4.中外合资股份有限公司（简称“合资股份公司”）

5.中外合作勘探开发自然资源合同

考霸笔记

注意，对中方的要求比外方的高。

【提示】无论是合资企业或合作企业，外方可以是个人，中方可以是公司、企业或者其他经济组织，不可以是个人。

例 12-1 · 2012年单选题

根据外商投资企业法律制度的规定，下列关于中外合资经营企业特征的表述中，正确的是（ ）。

A.合营企业是经中国政府批准设立的中国法人

B.中方合营者可以是公司、企业、其他经济组织或个人

C.外方合营者的出资比例一般不低于合营企业投资总额的25%

D.合营企业的组织形式为有限责任公司，股东会为合营企业最高权力机构

【答案】A

【解析】(1) 选项B：中外合资经营企业中方合营者只能是中国的公司、企业或者其他经济组织。(2) 选项C：在合营企业中，外方合营者的投资比例一般不得低于合营企业注册资本的25%。(3) 选项D：合营企业不设股东会，董事会是合营企业的最高权力机构。

二、外商直接投资的投资项目（见表12-1）

表12-1 **外商直接投资的投资项目**

1.鼓励类	(1) 能够发挥中西部地区的人力和资源优势，并符合国家产业政策的； (2) 属于农业新技术、农业综合开发和能源、交通、重要原材料工业的； (3) 适应市场需求，能够提高产品档次、开拓新兴市场或者增加产品国际竞争能力的； (4) 属于新技术、新设备，能够节约能源和原材料、综合利用资源和再生资源以及防治环境污染的； (5) 属于高新技术、先进适用技术，能够改进产品性能、提高企业技术经济效益或者生产国内生产能力不足的新设备、新材料的
2.限制类	(1) 技术水平落后的； (2) 不利于节约资源和改善生态环境的； (3) 从事国家规定实行保护性开采的特定矿种勘探、开采的； (4) 属于国家逐步开放的产业的
3.禁止类	(1) 危害国家安全或损害社会公众利益的； (2) 对环境造成污染损害，破产自然资源或损害人体健康的； (3) 占用大量耕地，不利于保护、开发土地资源的； (4) 危害军事设施安全和使用效能的； (5) 运用我国特有工艺或技术生产产品的
4.允许类	(1) 不属于鼓励类、限制类和禁止类的外商投资项目，为允许类外商投资项目； (2) 产品全部直接出口的允许类外商投资项目，视为鼓励类外商投资项目； (3) 产品出口销售额占其产品销售总额70%以上的限制类外商投资项目，经批准，可以视为允许类外商投资项目

考霸笔记

外商直接投资的投资项目，总共有四大类，这四大类的区分一定要认真掌握，有很大可能性在选择题当中再次出现，这四大类中具体包含哪些小类，考试中是要求准确记忆的，但是又没有明显的规律，所以此处难度较大，那么就要求我们在平时的复习过程中多看，在头脑中形成比较扎实的印象，遇到选择题能选出来即可。

例 12-2 · 2013年单选题

根据外商投资企业法律制度的规定，下列选项中，属于禁止类外商投资项目的是（ ）。

A.不利于节约资源和改善生态环境的项目

B.占用大量耕地，不利于保护、开发土地资源的项目

C.技术水平落后的项目

D.从事国家规定实行保护性开采的特定矿种勘探、开采的项目

【答案】B

【解析】选项A、C、D：属于限制类外商投资项目。

外商直接投资的主要形式是什么？

外商投资项目管理分为核准和备案两种方式（见表12-2）。

表12-2 外商投资项目管理方式

(1)《外商投资产业指导目录》中有中方控股（含相对控股）要求的总投资（含增资）10亿美元及以上鼓励类项目； (2) 总投资（含增资）1亿美元及以上限制类（不含房地产）项目	国务院投资主管部门核准
总投资（含增资）20亿美元及以上项目	报国务院备案
《外商投资产业指导目录》限制类中的房地产项目和总投资（含增资）小于1亿美元的其他限制类项目	省级政府核准
《外商投资产业指导目录》中有中方控股（含相对控股）要求的总投资（含增资）小于10亿美元的鼓励类项目	地方政府核准

考霸笔记

注意主管部门是谁，有可能作为选择题的一个选项进行考查。

三、外商投资的准入管理

1.我国长期以来对外商直接投资的市场准入实行“审批制”。

2.“国务院商务主管部门”负责统筹和指导全国范围内外商投资企业设立及变更的备案管理工作。

3.属于《外商投资企业设立及变更备案管理暂行办法》规定的备案范围的外商投资企业，发生以下变更事项的，在变更事项发生后30日内办理变更备案手续：

（1）外商投资企业基本信息变更；

（2）外商投资企业投资者基本信息变更；

（3）股权（股份）、合作权益变更；

（4）合并、分立、终止；

（5）外资企业财产权益对外抵押转让；

（6）中外合作企业外国合作者先行回收投资；

（7）中外合作企业委托经营管理。

考霸笔记

【比较】在有限责任公司和股份有限公司中董事会是执行机构。

考霸笔记

【比较】有限责任公司和股份有限公司法定代表人从董事长、执行董事、经理中产生。

四、外商投资企业的组织形式和组织机构 重要，必须掌握。

（一）合营企业

1.组织形式：有限责任公司

【注意】中外合资股份有限公司是按照股份有限公司形式组织的合营企业。

2.董事会的职权

合营企业不设股东会，董事会是合营企业的最高权力机构，根据合营企业章程的规定，讨论决定合营企业的一切重大问题。

董事长是合营企业的法定代表人。

（二）合作企业的组织形式和组织机构

考霸笔记

外商投资企业的组织形式属选择题的常考点。合营企业是股权式的合营，也就是说，要么是有限责任公司形式，要么是股份有限公司形式，而合作企业，单纯从名字就能看出来，其是一种契约式的合营，它们之间的合营很大程度上依赖于合作者之间的关系，那么合作企业的组织形式可以是具有法人资格的有限责任公司形式，也可以采取不具备法人资格的合作企业形式。

中外合作经营企业的组织形式取决于是否具有法人资格：具有法人资格的，其组织形式为有限责任公司；不具有法人资格的，其合作各方的关系是一种合伙关系。

【提示】中外合资经营企业的组织形式为有限责任公司。

（三）外资企业

外资企业的组织形式为有限责任公司。

经批准也可以为其他责任形式。

例12-3·2016年多选题

根据涉外经济法律制度的规定，下列企业形式中，可以作为中外合资经营企业组织形式的有（　　）。

A.合伙企业　　B.有限责任公司

C.股份有限公司　　D.个人独资企业

【答案】BC

【解析】合营企业的组织形式为有限责任公司；合资股份公司实际上是合营企业的一种，是按照股份有限公司形式组织的合营企业。

五、外商投资企业的出资制度　重要，必须掌握。

1.现金出资。

外国投资者以现金出资时，只能以外币出资，不能以人民币缴付出资。

【提示】根据有关规定，外国投资者可以合法获得的境外人民币依法在中国境内开展直接投资。

考霸笔记：这个规定体现了我们国家对外汇的需求，但是要注意，也不是说外国投资者绝对不能以人民币进行投资，比如外商以外币出资的公司赚到了人民币之后，那么外商是可以用这个赚到的人民币在国内进行投资的，这其实也很好理解，如果不允许人家用赚到的人民币出资，那么人家当初为什么要投资呢？

2.实物、工业产权、专有技术（见表12-3）。

表12-3　**出资方式**

作价出资	协商或第三者评定
机器设备出资	①为企业生产所必需； ②作价不得高于同类机器设备或者其他物料当时的国际市场价格； ③报审批机构批准
工业产权出资	①能显著改进现有产品的性能、质量，提高生产效率； ②能显著节约原材料、燃料、动力； ③报审批机构批准
其他财产权利	包括国有企业的经营权、国有自然资源的使用经营权、公民或集体组织的承包经营权、公司股份等

外商以现金、实物、工业产权、专有技术进行出资的相关规定有哪些？

3.中外投资者应当按照合同或章程规定的出资期限缴清各自认缴的出资额。

【提示】逾期未缴或未缴清的，应当按规定支付迟延利息或者赔偿损失。

4.中外投资者缴付出资额后，应当由中国的注册会计师验证，出具验资报告后，由外商投资企业据以发给出资证明书。

例12-4·2016年多选题

某外国投资者拟在中国境内出资设立一家外商独资企业，根据涉外投资法律制度的规定，下列各项中，可以作为该外国投资者出资方式的有（　　）。

A.外币

B.合法获得的境外人民币

C.从境内商业银行获得的人民币贷款

D.从其在中国境内举办的其他外商投资企业获得的人民币利润

【答案】ABD

【解析】本题考核外商投资企业的出资方式。外方投资者以现金出资时，只能以外币缴付出资，不能以人民币出资，选项A正确；境外投资者可以进行跨境人民币直接投资，即以合法获得的境外人民币来华开展外商直接投资活动，选项B正确；《中华人民共和国外资企业法实施细则》规定，经审批机关批准，外国投资者也可以用其从中国境内举办的其他外商投资企业获得的人民币利润出资，选项D正确。

六、外商投资企业投资者股权变更

（一）外商投资企业投资者股权变更的原因

1.外商投资企业投资者之间协议转让股权；

2.外商投资企业投资者经其他各方投资者同意向其关联企业或其他受让人转让股权；

3.外商投资企业投资者协议调整企业注册资本导致变更各方投资者股权；

4.外商投资企业投资者经其他各方投资者同意将其股权质押给债权人，质权人或受益人依照法律规定和合同约定取得该投资者的股权；

5.外商投资企业投资者破产、解散、被撤销、被吊销或死亡，其继承人、债权人或其他受益人依法取得该投资者股权；

6.外商投资企业投资者合并或者分立，其合并或分立后的承继者依法承继原投资者股权；

7.外商投资企业投资者不履行企业合同、章程规定的出资义务，经原审批机关批准更换投资者或变更股权。

（二）外商投资企业投资者股权变更批准和登记

1.审批机关通常是批准设立该企业的审批机关。

2.如果因合营企业、合作企业中方投资者的股权变更导致企业变成外资企业，且该企业从事外资企业法律制度所规定的限制设立外资企业的行业，则该股权变更必须经商务部批准。

3.外商投资企业投资者股权变更的登记机关为原登记机关，经商务部批准的股权变更，由国家工商行政管理总局或其委托的原登记机关办理变更登记。

4.以国有资产投资的中方投资者股权变更时，必须经有关国有资产评估机构对需变更的股权进行价值评估，并经国有资产监督管理部门确认。

七、外国投资者并购境内企业　重要，必须掌握。

（一）外国投资者并购境内企业的方式

1.股权并购

外国投资者购买境内非外商投资企业（以下简称“境内公司”）股东的股权或

认购境内公司增资，使该境内公司变更设立为外商投资企业。

2.资产并购

外国投资者设立外商投资企业，并通过该企业协议购买境内企业资产且运营该资产，或外国投资者协议购买境内企业资产，并以该资产投资设立外商投资企业运营该资产。

（二）债权债务的处置与承继

1.外国投资者、被并购境内企业、债权人及其他当事人可以对被并购境内企业的债权债务的处置另行达成协议，但该协议不得损害第三人利益和社会公共利益。

2.外国投资者进行股权并购的，并购后所设外商投资企业承继被并购境内公司的债权和债务。

3.外国投资者资产并购的，出售资产的境内企业承担其原有的债权和债务。

（三）外国投资者并购境内企业的审批与登记

1.并购审批

外国投资者并购境内企业的审批机关为商务部或省级商务主管部门。

2.并购登记

外国投资者并购境内企业的登记管理机关为国家工商行政管理总局或其授权的地方工商行政管理局。

（四）外国投资者并购境内企业的安全审查

> 考霸笔记
> 并购安全审查范围、内容、工作机制、程序，属于纯粹记忆性的内容，基本没有需要理解的，对于这样的内容，就是要多看，在头脑中形成印象，然后多看真题，知道真题是怎么样考的，不断强化记忆。

1.并购安全审查的范围：

（1）外国投资者并购境内军工及军工配套企业，重点、敏感军事设施周边企业，以及关系国防安全的其他单位；

（2）外国投资者并购境内关系国家安全的重要农产品、重要能源和资源、重要基础设施、重要运输服务、关键技术、重大装备制造等企业，且实际控制权可能被外国投资者取得。

2.并购安全审查的内容：

> 并购安全审查的主要内容有哪些？

（1）并购交易对国防安全（国防需要的国内产品生产能力、国内服务提供能力和有关设备设施）影响；

（2）并购交易对国家经济稳定运行的影响；

（3）并购交易对社会基本生活秩序的影响；

（4）并购交易对涉及国家安全关键技术研发能力的影响。

3.我国建立外国投资者并购境内企业安全审查部际联席会议制度（简称“联席会议”），具体承担并购安全审查工作。

4.工作机制：

联席会议在国务院领导下，由发展改革委、商务部牵头，根据外资并购所涉及的行业和领域，会同相关部门开展并购安全审查。

5.并购安全审查程序：

（1）外国投资者并购境内企业，应按照规定，由投资者向商务部提出申请。

【提示】两个或者两个以上外国投资者共同并购的，可以共同或确定一个外国投资者向商务部提出并购安全审查申请。

(2) 外国投资者并购境内企业，国务院有关部门、全国性行业协会、同业企业及上下游企业认为需要进行并购安全审查的，可以向商务部提出进行并购安全审查的建议。

(3) 联席会议组织对并购交易的安全评估，并结合评估意见对并购交易进行审查，意见基本一致的，由联席会议提出审查意见；存在重大分歧的，由联席会议报请国务院决定。

(4) 在并购安全审查过程中，申请人可向商务部申请修改交易方案或撤销并购交易。

例 12-5 · 2012 年多选题

根据外商投资企业法律制度的规定，外国投资者并购境内企业的安全审查内容包括（　　）。

A. 并购交易对国防安全的影响

B. 并购交易对国家经济稳定运行的影响

C. 并购交易对市场竞争条件的影响

D. 并购交易对涉及国家安全关键技术研发能力的影响

【答案】ABD

【解析】并购安全审查的内容包括：(1) 并购交易对国防安全的影响；(2) 并购交易对国家经济稳定运行的影响；(3) 并购交易对社会基本生活秩序的影响；(4) 并购交易对涉及国家安全关键技术研发能力的影响。

八、自由贸易试验区外商投资国家安全审查

1. 审查范围：

(1) 外国投资者在自贸试验区内投资军工、军工配套和其他关系国防安全的领域，以及重点、敏感军事设施周边地域；

(2) 外国投资者在自贸试验区内投资关系国家安全的重要农产品、重要能源和资源、重要基础设施、重要运输服务、重要文化、重要信息技术产品和服务、关键技术、重大装备制造等领域，并取得所投资企业的实际控制权。

2. 审查内容：

(1) 外商投资对国防安全，包括对国防需要的国内产品生产能力、国内服务提供能力和有关设施的影响；

(2) 外商投资对国家经济稳定运行的影响；

(3) 外商投资对社会基本生活秩序的影响；

(4) 外商投资对国家文化安全、公共道德的影响；

(5) 外商投资对国家网络安全的影响；

(6) 外商投资对涉及国家安全关键技术研发能力的影响。

3. 自贸试验区外商投资安全审查工作，由外国投资者并购境内企业“安全审查部际联席会议”具体承担。

九、外商投资企业合并与分立

1. 审批登记机关（见表 12-4）：

表 12-4　　审批登记机关

一般情况	经公司原审批机关批准并到登记机关办理登记
拟合并公司的原审批机关或登记机关有两个以上	由合并后公司住所地省级商务主管部门和国家工商行政管理总局授权的登记机关作为审批和登记机关
拟合并的公司至少有一家为股份有限公司	商务部审批

外商投资企业合并后的组织形式是怎样的?

2. 条件：

在投资者按照公司合同、章程规定缴清出资、提供合作条件且实际开始生产、经营之前，公司之间不得合并，公司不得分立（缴清出资+实际开始生产经营→合并分立）。

3. 方式：

（1）有限责任公司之间合并后为有限责任公司；

（2）股份有限公司之间合并后为股份有限公司；

（3）上市的股份有限公司与有限责任公司合并后为股份有限公司；

（4）非上市的股份有限公司与有限责任公司合并后可以是股份有限公司，也可以是有限责任公司。

考霸笔记

外商投资企业合并之后，有限责任公司与有限责任公司合并的，合并之后的组织形式为有限责任公司；股份有限公司与股份有限公司合并的，合并之后的组织形式为股份有限公司；非上市的股份有限公司与有限责任公司合并的，合并之后的组织形式为股份有限公司或者有限责任公司，而上市的股份有限公司与有限责任公司合并的，合并之后的组织形式必须为股份有限公司！这是为什么呢？因为上市公司必须为股份有限公司。如果合并之后的公司组织形式为有限责任公司，那么上市公司就要退市了，这肯定是不可能的。

4. 比例：外国投资者的股权比例不得低于分立后（合并后）公司注册资本的 25%。

5. 投资者已经按照公司合同、章程规定缴付出资、提供合作条件的，公司可以与中国内资企业合并。

例 12-6 · 2010 年单选题

甲、乙、丙、丁均为外商投资企业。其中：甲、乙为有限责任公司；丙为上市的股份有限公司；丁为非上市的股份有限公司。下列有关上述企业相互之间合并后企业组织形式的表述中，不符合外商投资企业法律制度规定的是（　　）。

A. 甲与乙合并后只能为有限责任公司

B. 丙与丁合并后只能为股份有限公司

C. 甲与丙合并后只能为股份有限公司

D. 乙与丁合并后只能为有限责任公司

【答案】D

【解析】本题考核外商投资企业合并与分立。根据规定，有限责任公司之间合并后为有限责任公司。股份有限公司之间合并后为股份有限公司。上市的股份有限公司与有限责任公司合并后为股份有限公司。非上市的股份有限公司与有限责任公司合并后可以是股份有限公司，也可以是有限责任公司。选项 D 不符合规定。

十、外商投资纠纷案件的纠纷处理

外商投资企业设立、出资的规定如下：

1.当事人在外商投资企业设立、变更等过程中订立的合同，依法律、行政法规的规定应当经外商投资企业审批机关批准后才生效的，自批准之日起生效；未经批准的，人民法院应当认定该合同未生效。当事人请求确认该合同无效的，人民法院不予支持。

2.合同因未经批准而被认定未生效的，不影响合同中当事人履行报批义务条款及因该报批义务而设定的相关条款的效力。

3.当事人就外商投资企业相关事项达成的补充协议对已获批准的合同不构成重大或实质性变更的，人民法院不应以未经外商投资企业审批机关批准为由认定该补充协议未生效。

考霸笔记

提示：重大或实质性变更包括注册资本、公司类型、经营范围、营业期限、股东认缴的出资额、出资方式的变更以及公司合并、公司分立、股权转让等。

4.人民法院在审理案件中，发现经外商投资企业审批机关批准的外商投资企业合同具有法律、行政法规规定的无效情形的，应当认定合同无效；该合同具有法律、行政法规规定的可撤销情形，当事人请求撤销的，人民法院应予支持。

5.股东出资责任的认定规则：

（1）外商投资企业合同约定一方当事人以需要办理权属变更登记的标的物出资或者提供合作条件，标的物已交付外商投资企业实际使用，且负有办理权属变更登记义务的一方当事人在人民法院指定的合理期限内完成了登记的，人民法院应当认定该方当事人履行了出资或者提供合作条件的义务。

（2）外商投资企业或其股东以该方当事人未履行出资义务为由主张该方当事人不享有股东权益的，人民法院不予支持。

（3）外商投资企业或其股东举证证明该方当事人因迟延办理权属变更登记给外商投资企业造成损失并请求赔偿的，人民法院应予支持。

十一、外商投资企业的股权转让和质押 重要，必须掌握。

（一）外商投资企业股权转让的基本要求

1.合营一方向第三者转让其全部或者部分股权的，须经合营他方同意。

2.合营一方转让其全部或者部分股权时，合营他方有优先购买权。合营一方向第三者转让股权的条件，不得比向合营他方转让的条件优惠。

（二）外商投资企业股权转让合同的撤销

1.未征得其他股东同意

外商投资企业一方股东将股权全部或部分转让给股东之外的第三人，应当经其他股东一致同意，其他股东以未征得其同意为由请求撤销股权转让合同的，人民法院应予支持，除下列情形外：

（1）有证据证明其他股东已经同意；

（2）转让方已就股权转让事项书面通知，其他股东自接到书面通知之日满30日未予答复；

（3）其他股东不同意转让，又不购买该转让的股权。

2.侵害优先购买权

（1）外商投资企业一方股东将股权全部或部分转让给股东之外的第三人，其他股东有权以该股权转让侵害了其优先购买权为由请求撤销股权转让合同；但其他股东在知道或者应当知道股权转让合同签订之日起1年内未主张优先购买权的除外。

（2）转让方、受让方（非受害人）以侵害其他股东优先购买权为由请求认定股权转让合同无效的，人民法院不予支持。

（三）外商投资企业股权质押

1.外商投资企业股东与债权人订立的股权质押合同，除法律、行政法规另有规定或者合同另有约定外，自成立时生效。

2.外商投资企业的股权质押自依法办理物权登记时设立。

例12-7·2014年多选题

下列关于外商投资企业股权质押的表述中，符合涉外投资法律制度与物权法律制度规定的有（　　）。

A.在股权质押期间，未经全体股东同意，质权人不得转让出质股权

B.除法律、行政法规另有规定或者合同另有约定外，股权质押合同自办理质权登记时生效

C.股东不得质押未缴付出资部分的股权

D.经其他股东一致同意，股东可以将股权质押给本企业

【答案】AC

【解析】（1）选项B：外商投资企业的股东与债权人订立的股权质押合同，除法律、行政法规另有规定或者合同另有约定外，自成立时生效；未办理质权登记的，不影响股权质押合同的效力；（2）选项D：投资者不得将其股权质押给本企业。

十二、外商投资企业的名义股东和实际投资者

1.双方合同的效力：

合同约定一方实际投资、另一方作为外商投资企业名义股东，不具有法律、行政法规规定的无效情形的，人民法院应认定该合同有效。一方当事人仅以未经外商投资企业审批机关批准为由主张该合同无效或者未生效的，人民法院不予支持。

2.当事人之间约定一方实际投资，另一方作为外商投资企业名义股东，实际投资者请求确认其在外商投资企业中的股东身份或者请求变更外商投资企业股东的，人民法院不予支持。同时具备以下条件的除外：

①实际投资者已经实际投资；

②名义股东以外的其他股东认可实际投资者的股东身份；

③人民法院或当事人在诉讼期间就将实际投资者变更为股东，征得了外商投资企业审批机关的同意。

3.法院支持的情形：

（1）实际投资者有权请求外商投资企业的名义股东依据双方约定履行相应义务。

（2）双方未约定利益分配，实际投资者有权请求外商投资企业的名义股东向其交付从外商投资企业获得的收益；外商投资企业名义股东有权请求实际投资者支付必要报酬。

（3）外商投资企业名义股东不履行与实际投资者之间的合同，致使实际投资者不能实现合同目的，实际投资者有权请求解除合同并由外商投资企业名义股东承担

违约责任。

（4）实际投资者根据其与外商投资企业名义股东的约定，直接向外商投资企业请求分配利润或者行使其他股东权利的，人民法院不予支持。

4.双方合同被认定无效后的处理：

（1）实际投资者与外商投资企业名义股东之间的合同因恶意串通，损害国家、集体或者第三人利益，被认定无效的，人民法院应当将因此取得的财产收归国家所有或者返还集体、第三人。

考霸笔记

名义股东对股权作出不同选择的处理的几种情形，有可能在选择题中进行考查，需认真掌握。

（2）名义股东对股权作出不同选择的处理（见表12-5）。

表12-5 名义股东对股权作出不同选择的处理

名义股东的选择	股权价值	实际投资者的有权主张
持有股权	股权价值低于实际投资额	返还现有股权的等值价款
	股权价值高于实际投资额	（1）返还投资款； （2）合理分配股权收益
放弃股权或拒绝持有股权	股权价值低于实际投资额	以拍卖、变卖股权所得向实际投资者返还投资款
	股权价值高于实际投资额	（1）以拍卖、变卖股权所得向实际投资者返还投资款； （2）合理分配股权收益

（3）实际投资者请求名义股东赔偿损失的，人民法院应当根据名义股东对合同无效是否存在过错及过错大小认定其是否承担赔偿责任及具体赔偿数额。

5.恶意变更外商投资企业股东。

外商投资企业一方股东或者外商投资企业以提供虚假材料等欺诈或者其他不正当手段变更外商投资企业股东，导致外商投资企业他方股东丧失股东身份或原有股权份额（见表12-6）：

专属适用中国法律的合同有哪些?

表12-6 恶意变更外商投资企业股东

第三人的权利状态	受害股东可以提出的主张
已经善意取得该股权	请求侵权股东或者外商投资企业赔偿损失
不能取得该股权	（1）请求确认股东身份或原有股权份额； （2）请求侵权股东或者外商投资企业赔偿损失

6.专属适用中国法律的合同。

考霸笔记

专属适用中国法律的范围，基本上都有一个共同特点，即涉及对企业的所有权的合同和有关自然资源方面的合同，在此大原则下，再进行针对性的掌握。

在中国领域内履行的下列合同，专属适用中国法律：

（1）中外合资经营企业合同；

（2）中外合作经营企业合同；

（3）中外合作勘探、开发自然资源合同；

（4）中外合资经营企业、中外合作经营企业、外商独资企业股份转让合同；

（5）外国自然人、法人或者其他组织承包经营在中国领域内设立的中外合资经营企业、中外合作经营企业的合同；

（6）外国自然人、法人或者其他组织购买中国领域内的非外商投资企业股东的股权的合同；

（7）外国自然人、法人或者其他组织认购中国领域内的非外商投资有限责任公司或者股份有限公司增资的合同；

（8）外国自然人、法人或者其他组织购买中国领域内的非外商投资企业资产的合同。

例 12-8 · 2014 年多选题

在中国领域内履行的下列合同中，专属适用中国法律，不得由当事人意思自治选择合同准据法的有（　　）。

A. 中外合资经营企业合同

B. 中外合作经营企业合同

C. 外商投资企业股权转让合同

D. 外商投资企业原材料采购合同

【答案】ABC

【解析】在中国领域内履行的下列合同，专属适用中国法律，不得由当事人意思自治选择合同准据法或者适用其他法律选择规则：（1）中外合资经营企业合同（选项 A）；（2）中外合作经营企业合同（选项 B）；（3）中外合作勘探、开发自然资源合同；（4）中外合资经营企业、中外合作经营企业、外商独资企业股份转让合同（选项 C）；（5）外国自然人、法人或者其他组织承包经营在中国领域内设立的中外合资经营企业、中外合作经营企业的合同；（6）外国自然人、法人或者其他组织购买中国领域内的非外商投资企业股东的股权的合同；（7）外国自然人、法人或者其他组织认购中国领域内的非外商投资有限责任公司或者股份有限公司增资的合同；（8）外国自然人、法人或者其他组织购买中国领域内的非外商投资企业资产的合同。

十三、对外直接投资法律制度　重要，必须掌握。

> 考霸笔记：可能对我国整体的国家利益产生负面影响的情形。

（一）企业境外投资不得有以下情形

1. 危害我国国家主权、安全和社会公共利益，或违反我国法律法规；
2. 损害我国与有关国家（地区）关系；
3. 违反我国缔结或者参加的国际条约、协定；
4. 出口我国禁止出口的产品和技术。

> 商务部的核准和备案的适用情形有哪些？

（二）商务部的核准和备案

企业境外投资涉及敏感国家和地区、敏感行业的，实行核准管理。

【提示】企业其他情形的境外投资，实行备案管理。

（1）实行核准管理的国家：指与中华人民共和国未建交的国家、受联合国制裁的国家，必要时商务部可另行公布其他实行核准管理的国家和地区的名单；

（2）实行核准管理的行业：指涉及中华人民共和国限制出口的产品和技术的行业、影响一国（地区）以上利益的行业。

（三）国家发改委的核准和备案（见表 12-7）

> 考霸笔记：国家发改委的核准和备案项目的具体情形有可能在选择题中考查，其基本制度是核准和备案，这点也需要注意，在 2015 年就有一个多选题对其基本制度进行了考查。

表 12-7　核准和备案

涉及敏感国家和地区、敏感行业的境外投资项目	国家发改委核准
中方投资额 20 亿美元及以上	发改委提出审核意见报国务院核准
（1）中央管理企业实施的境外投资项目； （2）地方企业实施的中方投资额≥3 亿美元境外投资项目	国家发改委备案
地方企业实施的中方投资额 < 3 亿美元境外投资项目	省级政府投资主管部门备案

例12-9·2015年多选题

根据涉外经济法律制度的规定，投资者对外直接投资实行（　　）制度。

A.核准制　　B.备案制

C.注册制　　D.特许制

【答案】AB

【解析】对外直接投资实行核准备案制度，即无论是商务部还是国家发改委，都是核准或备案制度。

（四）对外投资备案（核准）的报告制度 2018年新增

1.概述

（1）定义

对外投资备案（核准），系指境内投资主体在境外设立（包括兼并、收购及其他方式）企业前，按规定向有关主管部门提交相关信息和材料；符合法定要求的，相关主管部门为其办理备案或核准。

（2）投资模式

建立"管理分级分类、信息统一归口、违规联合惩戒"的对外投资管理模式，明确对外投资备案（核准）按照"鼓励发展+负面清单"的模式进行管理。

（3）监管主体

商务部牵头对外投资备案（核准）报告信息统一汇总；商务、金融、国资等主管部门依各自职能依法开展境内投资主体对外投资备案（核准）报告等工作，按照"横向协作、纵向联动"的原则，形成监管合力。

2.报告要求

（1）境内投资主体应按照"凡备案（核准）必报"的原则向为其办理备案（核准）手续的相关主管部门定期报送对外投资关键环节信息。

【解释】上述信息，包括但不限于根据《对外直接投资统计制度》规定应填报的月度、年度信息；对外投资并购前期事项；对外投资在建项目进展情况；对外投资存在主要问题以及遵守当地法律法规、保护资源环境、保障员工合法权益、履行社会责任、安全保护制度落实情况等。

（2）境内投资主体报送信息的具体内容、途径、频率等由相关主管部门依据职责另行规定；但在对外投资出现重大不利事件或突发安全事件时，境内投资主体应按照"一事一报"原则及时向相关主管部门报送，相关主管部门将情况通报商务部。

（3）人民银行、国资委、银监会、证监会、保监会对负责的境内投资主体报送的对外投资信息，每半年后1个月内通报商务部统一汇总；商务部定期将汇总信息反馈给上述部门。

考霸笔记：涉及日期的考点需要重点关注，有可能在选择题中进行考查。

3.备案（核准）与监管

（1）商务主管部门、金融管理部门依据各自职责负责境内投资主体对外投资的备案或核准管理；国务院国资委负责履行出资人职责的中央企业对外投资的监督和管理。

（2）相关主管部门应对以下对外投资情形进行重点督查：

①中方投资额等值3亿美元及以上的对外投资；

②敏感国家、地区、行业的对外投资；

③出现重大经营亏损的对外投资；

④出现重大安全事故及群体性事件的对外投资；

⑤存在严重违规行为的对外投资；

⑥其他情形的重大对外投资。

第二节　对外贸易法律制度

一、《中华人民共和国对外贸易法》（以下简称《对外贸易法》）的适用范围和原则

《对外贸易法》的适用范围有哪些?

（一）《对外贸易法》的适用范围（见表12-8）

考霸笔记：只适用于中国大陆地区，港澳台虽然属于中华人民共和国不可分割的一部分，但是并不属于《对外贸易法》的适用范围。

表12-8　《对外贸易法》的适用范围

从对象上看	货物进出口、技术进出口、国际服务贸易以及与此相关的知识产权保护
从地域范围看	中国内地 【提示】不适用于香港特别行政区、澳门特别行政区和台湾地区

【解释】目前我国的独立关税区有中国香港、中国澳门和中国台北。

例12-10·2014年单选题

下列各项中，属于世界贸易组织所称的“单独关税区”的是（　　）。

A.中国（上海）自由贸易试验区

B.海南经济特区

C.京津冀一体化都市圈

D.中国香港特别行政区

【答案】D

【解析】本题考核对外贸易法。我国香港特别行政区、澳门特别行政区和台湾地区已经分别以“中国香港”、“中国澳门”和“台湾、澎湖、金门、马祖单独关税区”（简称“中国台北”）名义加入世贸组织，成为我国的单独关税区。

（二）《对外贸易法》的原则

1.统一管理原则

2.公平自由原则

3.平等互利原则

4.区域合作原则

5.非歧视原则（包括最惠国待遇和国民待遇）

6.互惠对等原则

我国缔结或参加的国际条约、协定有规定的，依规定给予非歧视待遇；没有相关国际条约、协定或者相关国际条约、协定没有规定的，则根据互惠对等原则给予非歧视待遇。

二、对外贸易经营者　熟悉，可能考选择题。

对外贸易经营者的主要考点有哪些?

（一）概念

1.对外贸易经营者包括：法人、其他组织和个人。

2.对外贸易经营无须专门许可。

【提示】依法办理了工商登记或其他执业手续的单位和个人均可从事外贸经营。

（二）对外贸易经营者的管理

1.备案管理体制

从事货物进出口或者技术进出口的对外贸易经营者，应当向商务部或者其委托的机构办理备案登记；但是，法律、行政法规和商务部规定不需要备案登记的除外。

对外贸易经营者未按照规定办理备案登记的，海关不予办理进出口货物的报关验放手续。

2.国营贸易管理：专门的货物、专门的企业（个别例外）

国营贸易：指国家设立的国有企业以及国家给予排他性特权的私营企业所进行的贸易。

【提示】国营贸易企业的判断标准并非所有制形式（见表12-9）。

表12-9 国营贸易管理

专门的货物	只对部分而非全部货物实行国营贸易管理，且此类货物通过目录方式让公众周知。目录由商务部会同国务院其他有关部门确定、调整并公布
专门的企业	一般由经授权的企业经营。根据具体情况，允许部分数量的国营贸易管理货物的进出口业务由非授权企业经营

例12-11·2013年单选题

下列关于对外贸易经营者及其管理的表述中，符合对外贸易法律制度规定的是（　　）。

A.对外贸易经营实行特许制，经营者需经审批并获得外贸经营资格

B.国家可以允许部分数量的国营贸易管理货物的进出口业务由非授权企业经营

C.对外贸易经营者包括法人和其他组织，但不包括个人

D.从事货物进出口或者技术进出口的对外贸易经营者，应当向国家工商总局或其委托的机构办理备案登记

【答案】B

【解析】2004年修订的《对外贸易法》取消了外贸特许制，依法办理工商登记或者其他执业手续的法人、其他组织或者个人均可依法从事对外贸易。实行国营贸易管理货物的进出口业务只能由经授权的企业经营；但是，国家允许部分数量的国营贸易管理货物的进出口业务由非授权企业经营的除外。从事货物进出口或者技术进出口的对外贸易经营者，应当向商务部或者其委托的机构办理备案登记；但是，法律、行政法规和商务部规定不需要备案登记的除外。

三、对货物和技术进出口的基本监管体制

熟悉，可能考选择题。

禁止、限制货物或技术进出口问题见表12-10。

表12-10 禁止、限制货物或技术进出口问题

采取的措施	对货物或技术进出口采取措施的依据《对外贸易法》第十六、十七、十九条原文
限制或禁止进口或出口	（1）为维护国家安全、社会公共利益或者公共道德，需要限制或者禁止进口或者出口的； （2）为保护人的健康或者安全，保护动物、植物的生命或者健康，保护环境，需要限制或者禁止进口或者出口的； （3）为实施与黄金或者白银进出口有关的措施，需要限制或者禁止进口或者出口的； （10）依照法律、行政法规的规定，其他需要限制或者禁止进口或者出口的； （11）根据我国缔结或者参加的国际条约、协议的规定，需要限制或者禁止进口或者出口的

续表

限制或者禁止出口	（4）国内供应短缺或者为有效保护可能用竭的自然资源，需要限制或者禁止出口的
限制出口	（5）输往国家或者地区的市场容量有限，需要限制出口的； （6）出口经营秩序出现严重混乱，需要限制出口的
限制进口	（7）为建立或者加快建立国内特定产业，需要限制进口的； （8）对任何形式的农业、牧业、渔业产品有必要限制进口的； （9）为保障国家国际金融地位和国际收支平衡，需要限制进口的
采取任何必要的措施	国家对与裂变、聚变物质或者衍生此类物质的物质有关的货物、技术进出口，以及与武器、弹药或者其他军用物资有关的进出口，可以采取任何必要的措施，维护国家安全。 在战时或者为维护国际和平与安全，国家在货物、技术进出口方面可以采取任何必要的措施
限制方式	国家对限制进口或者出口的货物，实行配额、许可证等方式管理；对限制进口或者出口的技术，实行许可证管理

四、货物和技术进出口的管理制度

熟悉，可能考选择题。

（一）货物进出口的管理制度

1.货物进出口自动许可制度

商务部基于监测进出口情况的需要，可以对部分自由进出口的货物实行进出口自动许可并公布其目录；该自动许可仅具有备案意义，商务部对于申请应当许可。

2.配额和许可证制度

国家规定有数量限制的限制进出口货物，实行配额管理；其他限制进出口货物，实行许可证管理。

3.关税配额制度

（1）国家对部分进口货物还可以实行关税配额管理。

（2）关税配额，是指在一定时期内对进口商品的绝对数量不加限制，但对在规定关税配额内的进口货物适用较低的关税税率，对超过规定数量限额的进口货物则适用较高的关税税率，以此来调节货物进口的数量。

（二）对技术进出口的管理制度

1.备案登记制度

进出口属于自由进出口的技术，应当向商务部或其委托的机构办理合同备案登记；但此类技术进出口合同自依法成立时生效，不以登记作为合同生效的条件。

2.许可证管理制度

我国对属于限制进出口的技术实行许可证管理，未经许可不得进出口，且此类技术进出口合同自许可证颁发之日起生效。

考霸笔记

对外贸易经营的管理属于选择题的常考点，一些细节性的规定需要多看。需要注意的是，对于限制进口或者出口的技术，实行许可证管理；对于有数量限制的限制进出口货物，实行配额管理。实行许可证管理的对应的是技术，实行配额管理的对应的是货物，因为只有货物才有数量进行统计，什么进行许可证管理，什么进行配额管理，一定不要记反了。

考霸笔记

注意合同生效的日期，有可能在选择题中进行考查。

例 12-12·2016年单选题

根据涉外经济法律制度的规定，对于国家规定有数量限制的进出口货物，我国实行的管理方式是（　　）。

A.配额管理　　B.自由进出口管理

C.备案登记管理　　D.许可证管理

【答案】A

【解析】国家规定有数量限制的限制进出口货物，实行配额管理；其他限制进出口货物，实行许可证管理。

考霸笔记

对国际服贸的监管，没有实质性内容，但是也要多看，因为也有可能进行考查。

五、对国际服务贸易的监管

1.限制或者禁止的情形。

国家基于下列原因，可以限制或者禁止有关的国际服务贸易：

（1）为维护国家安全、社会公共利益或者公共道德，需要限制或者禁止的；

（2）为保护人的健康或者安全，保护动物、植物的生命或者健康，保护环境，需要限制或者禁止的；

（3）为建立或者加快建立国内特定服务产业，需要限制的；

（4）为保障国家外汇收支平衡，需要限制的；

（5）依照法律、行政法规的规定，或者根据我国缔结或者参加的国际条约、协定的规定，其他需要限制或者禁止的。

2.安全例外。

国家对与军事有关的国际服务贸易，以及与裂变、聚变物质或者衍生此类物质的物质有关的国际服务贸易，可以采取任何必要措施，维护国家安全；在战时或者为维护国际和平与安全，国家在国际服务贸易方面可以采取任何必要措施。

3.我国对国际服务贸易不实行统一的备案登记制，而是由相关行业主管部门分别予以管理。例如，外国会计师事务所在中国境内设立常驻代表机构，须经财政部批准；外国律师事务所在中国境内设立办事处，须经司法部批准、国家工商行政管理总局登记注册。

六、反倾销措施

1.倾销：指在正常贸易过程中进口产品以低于其正常价值的出口价格进入我国市场的贸易行为。调查和确定倾销的国家机关是商务部。

【提示】正常价值、出口价格和倾销幅度是确定倾销的三个基本因素。

2.确定损害的审查内容：

（1）倾销进口产品的数量；

（2）倾销进口产品的价格；

（3）倾销进口产品对国内产业的相关经济因素和指标的影响；

（4）倾销进口产品的出口国（地区）、原产国（地区）的生产能力、出口能力，被调查产品的库存情况；

（5）造成国内产业损害的其他因素。

【提示】商务部负责调查和确定损害，其中涉及农产品的反倾销国内产业损害调查，由商务部会同农业部进行。

3.反倾销调查。

（1）调查的发起有两种方式：①依据国内产业的申请；②依据调查机关的自主立案职权。

【提示】商务部应当自收到申请人提交的申请书及有关证据之日起60天内，对申请是否由国内产业或者代表国内产业提出、申请书内容及所附具的证据等进行审查，并决定立案调查或者不立案调查。

如何理解反倾销调查的启动和结束?

（2）原则上反倾销调查应当自立案调查决定公告之日起12个月内结束。特殊情况下可以延长，但是延长期不得超过6个月。

（3）有下列情形之一的，反倾销调查应当终止，并由商务部予以公告：

①申请人撤销申请的；

②没有足够证据证明存在倾销、损害或者二者之间有因果关系的；

③倾销幅度低于2%的；

④倾销进口产品实际或者潜在的进口量或者损害属于可忽略不计的；

⑤商务部认为不适宜继续进行反倾销调查的。

4.反倾销措施（临时反倾销措施、价格承诺和反倾销税）。

（1）临时反倾销措施（见表12-11）。

表12-11 临时反倾销措施

期限	①自临时反倾销措施决定公告实施之日起，不超过4个月；特殊情形下，可延长至9个月。 ②自反倾销立案调查决定公告之日起60天内，不得采取临时反倾销措施	
方式	①征收临时反倾销税； ②要求提供保证金、保函或者其他形式的担保	
组织	决定	①征收临时反倾销税：商务部建议→国务院关税税则委员会决定； ②提供担保：商务部决定
	公告	商务部予以公告
	执行	海关自公告规定实施之日起执行

（2）价格承诺。

①商务部认为出口经营者作出的价格承诺能够接受，并符合公共利益的，可以决定中止或者终止反倾销调查，不采取临时反倾销措施或者征收反倾销税。

【提示】调查机关对倾销以及由倾销造成的损害作出肯定的初裁决定前，不得寻求或者接受价格承诺。

②出口经营者违反其价格承诺的，商务部可以立即决定恢复反倾销调查。

（3）反倾销税（见表12-12）。

应当从哪几方面来理解反倾销税?

七、反补贴措施的特殊规定

进口的产品直接或者间接地接受出口国家或者地区给予的任何形式的专向性补贴，对已建立的国内产业造成实质损害或者产生实质损害威胁，或者对建立国内产业造成实质阻碍的，国家可以采取反补贴措施，消除或者减轻这种损害或者损害的威胁或者阻碍。

表12-12 反倾销税

适用	终裁决定公告之日以后进口的产品	
纳税人	进口经营者	
税率限制	反倾销税应当根据不同出口经营者的倾销幅度，分别确定	
时间	征收期限不超过5年，但经商务部复审确定终止征收反倾销税有可能导致倾销和损害的继续或者再度发生的，反倾销税的征收期限可以适当延长	
组织	决定	商务部建议→国务院关税税则委员会决定
	公告	商务部予以公告
	执行	海关自公告规定实施之日起执行

1.补贴的特点（见表12-13）：

表12-13 补贴的特点

政府提供	指出口国（地区）政府或者其任何公共机构提供的并为接受者带来利益的财政资助以及任何形式的收入或者价格支持
专向性	有下列情形之一的补贴，具有专向性： ①由出口国（地区）政府明确确定的某些企业、产业获得的补贴； ②由出口国（地区）法律、法规明确规定的某些企业、产业获得的补贴； ③指定特定区域内的企业、产业获得的补贴； ④以出口实绩为唯一条件或条件之一而获得的补贴； ⑤以使用本国（地区）产品替代进口产品为条件而获得的补贴

考霸笔记

明白专项性的含义，反补贴措施的核心内容虽然在CPA《经济法》考试中不会考得特别深入，但是也要加强理解。

2.终止情形：

①申请人撤销申请的；

②没有足够证据证明存在补贴、损害或者二者之间有因果关系的；

③补贴金额为微量补贴；

④补贴进口产品实际或者潜在的进口量或者损害属于可忽略不计的；

⑤通过与有关国家（地区）政府磋商达成协议，不需要继续进行反补贴调查。

3.临时反补贴措施实施的期限：自临时反补贴措施决定公告规定实施之日起不超过4个月，不得延长。

八、保障措施

因进口产品数量大量增加，对生产同类产品或者与其直接竞争的产品的国内产业造成严重损害或者严重损害威胁的，国家可以采取必要的保障措施，消除或者减轻这种损害或者损害的威胁，并可以对该产业提供必要的支持。

1.调查机关：

对进口产品数量增加及损害的调查和确定，由商务部负责；其中，涉及农产品的保障措施国内产业损害调查，由商务部会同农业部进行。

2.调查启动（见表12-14）：

表 12-14　　调查启动

依申请	与国内产业有关的自然人、法人或者其他组织，可以向商务部提出采取保障措施的书面申请（无比例要求）
主动调查	商务部虽未收到采取保障措施的书面申请，但有充分证据认为国内产业因进口产品数量增加而受到损害的，也可以决定立案调查

3. 调查内容：

（1）进口增加（指进口产品数量的绝对增加或者与国内生产相比的相对增加）；

（2）严重损害（对生产同类产品或者与其直接竞争的产品的国内产业造成严重损害或严重损害威胁）；

（3）因果关系。

4. 调查程序：

（1）商务部应当将立案调查决定予以公告，并及时通知世贸组织保障措施委员会。

（2）商务部可以作出初裁决定，也可以直接作出终裁决定，并予以公告。

5. 措施：

（1）临时保障措施（见表 12-15）

临时保障措施的具体内容是什么？

表 12-15　　临时保障措施

方式	提高关税的形式	
组织	决定	商务部建议→国务院关税税则委员会决定
	公告	商务部予以公告
	执行	海关自公告规定实施之日起执行
期限	自临时保障措施决定公告规定实施之日起，不超过 200 天	

（2）保障措施（见表 12-16）

表 12-16　　保障措施

方式	采取提高关税、数量限制等形式	
组织	决定	（1）提高关税形式：商务部建议→国务院关税税则委员会决定； （2）数量限制形式：商务部决定
	公告	商务部予以公告
	执行	海关自公告规定实施之日起执行
	限制后的进口量不得低于最近 3 个有代表性年度的平均进口量，但有正当理由表明为防止或者补救严重损害而有必要采取不同水平数量限制措施的除外	
时间	实施期限不超过 4 年。在任何情况下，一项保障措施的实施期限及其延长期限不得超过 10 年	
适用	所有生产同类产品的国家	

考霸笔记

反倾销和反补贴措施都针对的是倾销和补贴这样的不公平交易行为，也就是说，有人在使坏，而保障措施针对的是公平贸易条件下的特殊情形，意思是没有人使坏，是我们国家的某些行业比较弱，需要政策保护，那么我们就可以启动保障措施。

九、两反一保对比（见表12-17） 熟悉，可能考选择题。

表12-17 两反一保对比

贸易救济措施比较			
	反倾销	反补贴	保障措施
前提条件	存在倾销	存在专项性补贴	进口数量增加
	造成损害（实质性损害、实质性损害的威胁、实质性阻碍）		造成严重损害
	倾销和损害存在因果关系	补贴和损害存在因果关系	进口增加和损害存在因果关系
措施	临时反倾销措施（公告起4个月，最长不超过9个月）、价格承诺（出口经营者作出）、反倾销税（向进口经营者征收）	临时反补贴措施、承诺（出口国政府或出口经营者作出）、反补贴税（向进口经营者征收）	临时保障措施（提高关税）、保障措施（提高关税或者数量限制）
实施期限	5年，经复审有必要可适当延长		4年，最长不超过10年
特点	针对特定国家		针对所有WTO成员方法（无歧视）

外汇包括哪些?

第三节 外汇管理法律制度

考霸笔记

《外汇管理条例》采取属人兼属地主义原则，即境内机构和境内个人的全部外汇活动、境外机构和境外个人在境内的外汇均属于《外汇管理条例》监管范围。在这里需要注意的是，境内个人指的是中国公民和在中国连续居住满1年的外国人（不包括外国驻华外交人员和国际组织驻华代表人员，因为这些人享有外交豁免权，属例外情形）。

一、外汇管理法律制度概述

（一）外汇的概念 重要，必须掌握。

外币现钞（纸币和铸币）、外币支付凭证或支付工具（票据、银行存款凭证、银行卡）、外币有价证券（债券、股票）、特别提款权及其他外汇资产。

例12-13·2012年多选题

下列各项中，属于我国《外汇管理条例》所规定的外汇的有（　　）。

A.中国银行开出的欧元本票

B.境内机构持有的纳斯达克上市公司股票

C.中国政府持有的特别提款权

D.中国公民持有的日元现钞

【答案】ABCD

【解析】外汇包括外币现钞、外币支付凭证或者支付工具、外币有价证券、特别提款权及其他外汇资产。

（二）《外汇管理条例》的适用范围（见表12-18） 重要，必须掌握。

表12-18 《外汇管理条例》的适用范围

属人原则	境内机构和境内个人的外汇收支或外汇经营活动，不论发生在境内或境外
属地原则	境外机构和境外个人，仅在中国境内的外汇收支和外汇经营活动

【解释】（1）属人原则：境内机构和境内个人的外汇收支或外汇经营活动，不论发生在境内或境外。（2）属地原则：境外机构和境外个人，仅在中国境内的外汇收支和外汇经营活动适用。

【解释1】境内机构：指中华人民共和国境内的国家机关、企业、事业单位、社会团体、部队等；外国驻华外交领事机构和国际组织驻华代表机构除外。

【解释2】境内个人：指中国公民和在中华人民共和国境内连续居住满1年的外国人；外国驻华外交人员和国际组织驻华代表除外。

（三）经常项目和资本项目区别管理原则（见表12-19）

表12-19　经常项目和资本项目区别管理原则

经常项目开放（自由兑换）	对外支付，不得有数量限制，只需审核交易真实性
资本项目部分管制	外汇管理部门进行事前审批和事后备案

例12-14·2011年单选题

根据外汇法律制度的规定，下列外汇收支活动中，应当适用《外汇管理条例》的是（　　）。

A.美国驻华大使洪某在华任职期间的薪酬

B.最近2年一直住在上海的美国公民汤姆，出租其在美国的住房获得的租金

C.美国花旗银行伦敦分行在中国香港的营业所得

D.正在中国短期旅行的美国人彼得，得知其在美国购买的彩票中了300万美元的大奖

【答案】B

【解析】《外汇管理条例》规定：境内机构、境内个人的外汇收支或者外汇经营活动，以及境外机构、境外个人在“境内”的外汇收支或者外汇经营活动，适用本条例。境内机构，是指中华人民共和国境内的国家机关、企业、事业单位、社会团体、部队等，外国驻华外交领事机构和国际组织驻华代表机构除外。境内个人，是指中国公民和在中华人民共和国境内连续居住满1年的外国人，外国驻华外交人员和国际组织驻华代表除外。选项A是外国驻华外交人员，不当选。选项B是境内个人的外汇收支，当选。选项C是境外机构在“境外”的外汇收支，不当选。选项D中外国人是“短期旅行”，没有“连续居住满1年”，不是“境内个人”，也不是在“境内”的外汇收支，不当选。

考霸笔记

经常项目外汇最常见的是货物和服务贸易，收益及经常转移也属于经常项目，这是比较容易错的，一定要注意。而资本项目指的是国际收支中引起对外资产和负债水平发生变化的交易项目，即涉及投资和借款的。在考试中，哪些项目属于经营项目，哪些项目属于资本项目，要求做到准确区分。

【提示】收益包括职工报酬和投资收益两部分，其中，职工报酬主要为工资、薪金和其他福利，投资收益主要是利息、红利等。

二、经常项目外汇管理法律制度

（一）经常项目外汇收支管理的一般规定

1.定义：经常项目通常是指一个国家或地区对外交往中经常发生的交易项目，包括贸易收支、服务收支、收益和经常转移。

2.规定：

（1）经常项目外汇收入实行意愿结汇制。

经常项目外汇收入，可以按照国家有关规定保留或卖给经营结汇、售汇业务的金融机构。

（2）经常项目外汇支出凭有效单证，无须审批。

（3）经常项目外汇收支需有真实、合法的交易基础。

（二）货物贸易外汇管理制度 重要，必须掌握。

目前，货物贸易外汇管理制度的核心内容是总量核查、动态监测和分类管理，基本做法是：依托全国集中的货物贸易外汇监测系统全面采集企业进出口收付汇及进出口货物流的完整信息，以企业主体为单位，对其资金流和货物流进行非现场总量核查，对非现场总量核查中发现的可疑企业实施现场核查，进而对企业实行动态监测和分类管理。

1.企业名录管理

外汇局实行“贸易外汇收支企业名录”登记管理，统一向金融机构发布名录。金融机构不得为不在名录的企业直接办理贸易外汇收支业务。

2.企业分类管理

（1）A类：核查期内企业遵守外汇管理相关规定，且贸易外汇收支经外汇局非现场或现场核查情况正常的——便利化的管理措施。

（2）B类：外汇局建立贸易外汇收支电子数据核查机制，对B类企业实施电子数据核查——实施审慎监管。

（3）C类：由外汇局实行事前逐笔登记管理，金融机构凭外汇局出具的登记证明为企业办理相关手续。

3.货物贸易外汇收支

按照“谁出口谁收汇、谁进口谁付汇”的原则。

4.服务贸易外汇管理体制

（1）金融机构负责审查单证与外汇收支的一致性

境内机构和境内个人办理服务贸易外汇收支，应按规定提交能证明交易真实合法的交易单证；提交的交易单证无法证明交易真实合法或与其申请办理的外汇收支不一致的，金融机构应要求其补充其他交易单证。

（2）单证留存与备查

办理服务贸易外汇收支业务，金融机构应按规定期限留存审查后的交易单证备查；境内机构和境内个人应按规定期限留存相关交易单证备查。

（3）外汇管理局负责监督检查

外汇局通过外汇监测系统，监测服务贸易外汇收支情况，对外汇收支异常的境内机构、境内个人和相关金融机构进行非现场核查、现场核查或检查，查实外汇违法行为。

5.个人外汇管理

（1）个人经常项目下外汇收支分为经营性外汇收支和非经营性外汇收支；对于个人开展对外贸易产生的经营性外汇收支，视同机构按照货物贸易的有关原则进行管理。

（2）境外个人在境内买房、购买股权等行为时有发生，这些资本项下的外汇交易付为按照资本项目的管理原则和相关政策办理。

（3）目前，对于个人结汇和境内个人购汇实行年度总额管理，年度总额为每人每年等值5万美元，国家外汇管理局根据国际收支状况对年度总额进行调整。

例12-15·2014年单选题

下列关于经常项目外汇收支管理的表述中，符合外汇管理法律制度规定的是（　　）。

A.我国对经常项目外汇收支实行有限度的自由兑换
B.经常项目外汇收入实行强制结汇制
C.经营外汇业务的金融机构应当对经常项目外汇收支的真实性进行审核
D.境内个人购汇额度为每人每年等值5万美元，应凭相关贸易单证办理
【答案】C
【解析】经常项目可兑换，选项A错误。经常项目外汇收入实行意愿结汇制，选项B错误。选项D中应当是"凭本人有效身份证件在银行办理"。

三、资本项目外汇管理法律制度 重要，必须掌握。

（一）概述

1.资本项目，包括资本转移，非生产、非金融资产的收买或放弃，直接投资，证券投资，衍生产品投资及贷款等。

2.《外汇管理条例》对资本项目外汇收支管理的一般规定。

（1）外汇收入

资本项目外汇收入保留或者卖给经营结汇、售汇业务的金融机构，应当经外汇管理机关批准，但国家规定无须批准的除外。

（2）外汇支出

①资本项目外汇支出，凭有效单证以自有外汇支付或者向经营结汇、售汇业务的金融机构购汇支付；国家规定应当经外汇管理机关批准的，应当在外汇支付前办理批准手续。

②依法终止的外商投资企业，依法进行清算、纳税后，属于外方投资者所有的人民币，可以向经营结汇、售汇业务的金融机构购汇汇出（无须批准）。

例12-16·2011年多选题

下列各项中，属于资本项目下外汇收支的有（ ）。
A.境内居民吴某投资B股所得股息
B.中国投资有限责任公司收购美国摩根士丹利公司股权的价款
C.日本政府向我国地震灾区提供的经济援助
D.世界银行向中国政府提供的农业项目贷款
【答案】BD
【解析】本题考核经常项目与资本项目。（1）选项A：股息投资"收益"，属于经常项目；（2）选项C属于单方面转移或称经常转移（政府转移），属于经常项目。

（二）直接投资项下的外汇管理

1.外商直接投资

（1）对外商境内直接投资的外汇实行登记管理制度。

（2）境内直接投资所涉主体在办理登记后，可根据实际需要到银行开立：前期费用账户、资本金账户及资产变现账户等境内直接投资账户。

（3）外商投资企业外汇资本金及其结汇所得人民币资金，应在企业经营范围内使用，并符合真实自用原则。

2.境外直接投资

（1）2009年7月，国家外汇管理局取消了境外投资外汇资金的来源审核，实行

登记备案制度。

（2）投资所用资产：境内机构可以使用自有外汇资金（包括经常项目外汇账户、外商投资企业资本金账户等账户内的外汇资金），符合规定的国内外汇贷款，人民币购汇，实物、无形资产，经外汇局核准的其他外汇资产来源等进行境外直接投资，境内机构境外直接投资所得利润也可留存境外用于其境外直接投资。

间接投资项下外汇管理的主要考点是什么？

（3）境内机构将其所得的境外直接投资利润汇回境内的，可以保存在其经常项目外汇账户或办理结汇。

3. 有价证券及衍生产品发行、交易项下的外汇管理　重要，必须掌握。

（1）合格境外机构投资者（QFII）制度

①中国证监会负责QFII资格的审定、投资工具的确定、持股比例限制等；

②国家外汇管理局负责投资额度的审定、资金汇出入和汇兑管理等。

考霸笔记

对于QFII的监管，也就是境外机构投资者投资我国资本市场，主要涉及两大监管机构，其中外管局负责投资额度审批，也就是管钱的，而证监会负责资格的审定、投资工具的确定、持股比例限制等，掌握这个原则，相关的选项题就很容易解决掉。

（2）合格境内机构投资者（QDII）制度

①目前，我国的QDII包括但不限于：商业银行、证券公司、基金管理公司、保险公司、信托公司等。

②银监会、证监会、保监会分别负责各自监管范围内金融机构境外投资业务的市场准入，包括资格审批、投资品种确定以及相关风险管理。

③国家外汇管理局负责QDII机构境外投资额度、账户及资金汇兑管理等。

（3）境外上市外资股制度

①境内公司应在境外上市首次发股结束后的15个工作日内，到其注册所在地外汇局办理境外上市登记；境内公司境外上市后，其境内股东拟根据有关规定增持或减持境外股份的，也应到境内股东所在地外汇局办理境外持股登记；境内公司和境内股东应当凭上述登记证明，分别在所在地银行开立境内专用账户，用以办理与该项业务对应的资金汇兑与划转。

②境内公司申请境外上市境内专用账户资金结汇的，应向所在地外汇局申请，外汇局审核上述材料无误后为境内公司出具结汇核准件，境内公司凭该核准件到银行办理结汇手续。

（4）外债管理

①外债指境内机构对非居民承担的以外币表示的债务，包括境外借款、发行债券、国际融资租赁等。境内机构对外提供担保形成的潜在外汇偿还义务，是一种或有外债，也纳入外债管理。国家外汇管理局负责全口径外债的统计监测，并定期公布外债情况。

②外商投资企业借用的外债资金可以结汇使用。短期外债原则上只能用于流动资金，不得用于固定资产投资等中长期用途。

【提示】境内金融机构和中资企业借用的外债资金不得结汇使用；另有规定除外。

（5）外保内贷

①外商投资企业办理境内借款接受境外担保的，可直接与境外担保人、债权人签订担保合同。

【提示】发生境外担保履约的，其担保履约额应纳入外商投资企业外债规模管理。

②中资企业办理境内借款接受境外担保的，应事前向所在地外汇局申请外保内贷额度。

【提示】中资企业可在外汇局核定的额度内直接签订担保合同。

（6）对外转让不良资产

境内机构对外转让不良资产，应按规定获得批准。

（7）境内机构对外提供商业贷款的管理

银行业金融机构在批准的经营范围内可以直接向境外提供商业贷款。其他境内机构向境外提供商业贷款，应当报经外汇管理机关批准。

例 12-17 · 2011 年单选题

下列关于合格境外机构投资者（简称QFII）制度的管理环节中，属于国家外汇管理局职责范围的是（ ）。

A.QFII资格的审定　　B.投资额度的审定

C.投资工具的确定　　D.持股比例的限制

【答案】B

【解析】选项A、C、D由中国证监会负责。

4. 人民币汇率制度

自2005年7月21日起，在我国开始实行以市场供求为基础，参考“一篮子”货币进行调节、有管理的浮动汇率制度。

例 12-18 · 2015 年多选题

下列关于人民币汇率制度的表述中，符合外汇管理法律制度规定的有（ ）。

A. 单一汇率制度

B. 固定汇率制度

C. 双重汇率制度

D. 有管理的浮动汇率制度

【答案】AD

【解析】本题考核人民币汇率制度。我国目前实行的是单一的，以市场供求为基础，参考“一篮子”货币进行调节、有管理的浮动汇率制度。

四、外汇市场交易

1. 外汇市场交易的币种和形式由国务院外汇管理部门规定。

2. 银行间外汇市场提供集中竞价、双边询价和撮合交易三种交易模式。

3. 支持人民币对27种外币（美元、欧元、日元、港元、英镑、澳大利亚元、新西兰元、新加坡元、瑞士法郎、加拿大元、马来西亚林吉特、俄罗斯卢布、南非兰特、韩元、阿联酋迪拉姆、沙特里亚尔、匈牙利福林、波兰兹罗提、丹麦克朗、瑞士克朗、挪威克朗、新土耳其里拉、墨西哥元、泰铢、哈萨克斯坦坚戈、蒙古图格里克、柬埔寨瑞尔）的即期交易。

4. 支持人民币对24种外币（美元、欧元、日元、港元、英镑、澳大利亚元、新西兰元、新加坡元、瑞士法郎、加拿大元、马来西亚林吉特、俄罗斯卢布、南非兰特、韩元、阿联酋迪拉姆、沙特里亚尔、匈牙利福林、波兰兹罗提、丹麦克朗、瑞士克朗、挪威克朗、新土耳其里拉、墨西哥元、泰铢）的远期和掉期交易。

5. 支持人民币对5种外币（美元、欧元、日元、港元、英镑）的货币掉期和期权交易。

人民币汇率制度的主要考点是什么?

考霸笔记

我国开始实行以市场供求为基础，参考“一篮子”货币进行调节、有管理的浮动汇率制度。这句话在2015年和2016年连续考查，需认真掌握，这句话的重点就是“有管理的浮动汇率制度”。所谓“有管理”指的是我国目前的汇率是处于政府的监管之下的，不是完全任意自由波动的。“浮动汇率制度”指的是，人民币汇率在监管之下，并不是固定不动的，而是有变化的。那么这句话体现在日常生活中就是，我们在需要换汇的时候，会发现人民币汇率经常波动，而这个波动的区间在短期内又是非常小的。

6. 支持9组外币对（欧元/美元、澳大利亚元/美元、英镑/美元、美元/日元、美元/加拿大元、美元/瑞士法郎、美元/港元、欧元/日元、美元/新加坡元）的即期、远期和掉期交易。

7. 支持7种外币（美元、欧元、港元、日元、澳大利亚元、英镑、加拿大元）的外币拆借交易。

人民币加入特别提款权货币篮及其影响是什么?

五、人民币加入特别提款权货币篮及其影响 重要，必须掌握。

2015年12月，国际货币基金组织执行董事会正式批准人民币加入特别提款权货币篮，权重为10.92%。人民币成为与美元（41.73%）、欧元（30.93%）、日元（8.33%）、英镑（8.09%）并列的第5种可自由使用货币。

货币篮组成货币的权重由基金组织执行董事会每5年审议一次。

例12-19·2016年多选题

根据涉外经济法律制度的规定，下列关于特别提款权的表述中，正确的有（　）。

A. 特别提款权本身具有价值

B. 特别提款权的“货币篮”由5种货币组成

C. 特别提款权是一种货币

D. 加入特别提款权“货币篮”标志着人民币完全实现了可自由兑换

【答案】AB

【解析】本题考核特别提款权。特别提款权本身不是货币，选项C错误。人民币尚未完全实现可自由兑换，资本项目下还存在限制，选项D错误。

智能测评

在线练习	我要提问
扫码在线做题　扫码看答案	扫码答疑
本书“本章同步强化训练”均配备二维码，打开微信“扫一扫”即可完成在线测评，查看本章详细的测评反馈报告，了解知识掌握情况，也可扫码直接看答案噢。 快来扫码做题吧！	本书配备答疑专用二维码，打开微信“扫一扫”，即可完成在线提问，获取专业老师全面个性化解答，让学习问题不再拖延。 快来扫码提问吧！

本章同步强化训练

一、单项选择题

1.根据我国法律的相关规定，下列关于外商投资企业投资项目的表述中，正确的是（　　）。

A.国家逐步开放的产业为限制类外商投资项目

B.运用我国特有工艺或者技术生产产品的为鼓励类外商投资项目

C.产品大部分直接出口的允许类外商投资项目，视为鼓励类外商投资项目

D.产品出口销售额占其产品销售总额60%以上的限制类外商投资项目，经批准可以视为允许类外商投资项目

2.根据《外商投资企业设立及变更备案管理暂行办法》的相关规定，下列说法不正确的是（　　）

A.合并、分立、减资等事项依照相关法律法规应当公告的，应当在办理变更备案时说明依法办理公告手续的情况

B.设立外商投资企业，应由外商投资企业指定的代表或者委托的代理人在营业执照签发后30日内，在线填报和提交《外商投资企业设立备案申报表》及相关文件，办理设立备案手续

C.设立外商投资企业，应由出资比例最高的投资者在营业执照签发前，在线填报和提交《外商投资企业设立备案申报表》及相关文件，办理设立备案手续

D.备案管理的外商投资企业发生的变更事项涉及国家规定实施准入特别管理措施的，应按照外商投资相关法律法规办理审批手续

3.根据外商投资法律制度的规定，下列关于外商投资纠纷案件的审理及法律适用的说法中，不正确的是（　　）。

A.外商投资企业合同约定一方当事人以需要办理权属变更登记的标的物出资，标的物已交付外商投资企业实际使用，且负有办理权属变更登记义务的一方当事人在人民法院指定的合理期限内完成了登记，人民法院应当认定该方当事人履行了出资义务

B.外商投资企业股权转让合同成立后，受让方未支付股权转让款，转让方和外商投资企业亦未履行报批义务，转让方请求受让方支付股权转让款的，人民法院不予支持

C.外商投资企业一方股东提供虚假材料向审批机关申请变更外商投资企业批准证书所载股东，导致他方股东丧失股东身份或原有股权份额的，他方请求确认股东身份或原有股权份额的，人民法院应予支持，但第三人已经善意取得该股权的除外

D.在中国领域内履行的中外合资经营企业合同专属适用中国法律

4.根据外商投资企业法律制度的规定，下列关于特殊目的公司的表述中，正确的是（　　）。

A.特殊目的公司境外上市的股票发行价总值，可以低于其所对应的经中国有关资产评估机构评估的被并购境内公司股权的价值

B.特殊目的公司的境外上市融资收入可以采取向境内公司提供商业贷款的方式调回境内

C.境内公司及自然人从特殊目的公司获得的利润、红利及资本变动所得外汇收入，应自获得之日起1年内调回境内

D.自营业执照颁发之日起6个月内，如果境内公司不能取得无加注的批准证书，则加注的批准证书自动失效，并应办理变更登记手续

5.根据对外贸易法律制度的规定，下列说法中不正确的是（　　）。

A.对外贸易的经营者包括法人、其他组织和个人

B.对外贸易经营无须专门许可

C.货物贸易和技术贸易经营者需要备案登记，但法律、行政法规和商务部规定不需要备案登记的除外

D.我国可以对全部货物的进出口实行国营贸易管理，国营贸易一般由经授权的企业经营

6.根据我国外汇管理法律制度的规定，下列关于服务贸易外汇管理制度的表述中，不正确的是（　　）。

A.境内机构和境内个人办理服务贸易外汇收支，应按照规定提交能证明交易真实合法的交易单证

B.境内机构和境内个人办理服务贸易外汇收支，提交的交易单证无法证明交易真实合法或与其申请办理的外汇收支不一致的，经营外汇业务的金融机构应不予办理

C.办理服务贸易外汇收支业务，经营外汇业务的金融机构应按规定期限留存审查后的交易单证备查，境内机构和境内个人应按规定期限留存相关交易单证备查

D.外汇局通过外汇监测系统，监测服务贸易外汇收支情况，对外汇收支异常的境内机构、境内个人和相关金融机构进行非现场核查、现场核查或检查，查实外汇违法行为

7.中方的甲公司拟与法国的A公司共同出资设立乙中外合资经营企业。根据外商投资企业法律制度的规定，下列表述正确的是（　　）。

A.甲公司用外币缴付出资，应按照乙企业成立日中国人民银行公布的基准汇率折算成人民币或者套算成约定的外币

B. A公司可以以合法获得的境外人民币用作出资，若其将原出资币种由外币变更为人民币，应办理合同或章程变更审批

C.乙企业不得使用A公司缴付出资的跨境人民币，在中国境内直接或者间接用于对上市公司的战略投资

D.A公司可以以其从中国境内举办的其他外商投资企业获得的人民币利润出资

8.下列关于外债管理的说法不正确的是（　　）。

A.外债登记根据债务人类型不同而不同

B.外债未偿余额为零时，债务人应按规定到外汇局办理外债注销登记手续

C.短期外债不得用于固定资产投资

D.境内机构对外转让不良资产，应按规定获得批准

9.根据《外商投资企业设立及变更备案管理暂行办法》，下列表述不符合规定的是（　　）。

A.外商投资企业的设立及变更，无论是否涉及国家规定实施准入特别管理措施的，均适用该法

B.国务院商务主管部门负责统筹和指导全国范围内外商投资企业设立及变更的备案管理工作

C.各省、自治区、直辖市、计划单列市、新疆生产建设兵团、副省级城市的商务主管部门是外商投资企业设立及变更的备案机构，负责本区域内外商投资企业设立及变更的备案管理工作

D.自由贸易试验区、国家级经济技术开发区的相关机构是外商投资企业设立及变更的备案机构，负责本区域内外商投资企业设立及变更的备案管理工作

10.由外国公司同中国的公司依照中国的法律和行政法规，经中国政府批准，设在中国境内

的，由双方通过合同约定各自的权利和义务的企业是（　　）。

A.中外合资经营企业　　B.中外合作经营企业

C.外商独资经营企业　　D.中外合资股份有限公司

11.甲公司为中国境内的非上市股份有限公司，美国的乙公司在中国投资成立了有限责任公司丙，若丙公司欲与甲公司合并，则下列说法正确的是（　　）。

A.丙公司须在乙公司按照公司合同、章程规定缴清出资、提供合作条件且实际开始生产，经营之后才可与甲公司合并

B.丙公司与甲公司合并后只能为股份有限公司

C.在合并后的公司中，乙公司所持股权比例一般不能少于合并后公司注册资本的20%

D.丙公司与甲公司合并后可以为股份有限公司

12.根据涉外经济法律制度的规定，下列关于外商投资企业出资方式的说法中，错误的是（　　）。

A.经批准，外商投资者可以用其从中国境内举办的其他外商投资企业获得的人民币利润出资

B.外商投资企业可以使用跨境人民币直接投资的资金在中国战略投资上市公司

C.外商投资企业不得使用跨境人民币直接投资的资金在中国境内直接投资于有价证券，但可以用于委托贷款

D.境外投资者申请将原出资币种由外币变更为人民币的，无须办理合同或章程变更审批

13.A外国投资者收购B境内企业51%的股权，使B企业变更为C中外合资经营企业。对于B企业在被并购前既有债权债务的享有和承担，正确的表述是（　　）。

A.由A外国投资者享有和承担

B.由B境内企业享有和承担

C.由C中外合资经营企业享有和承担

D.由A外国投资者按51%的比例享有和承担，B境内企业按49%的比例享有和承担

14.每五年一次审核特别提款权货币篮组成货币权重的组织是（　　）。

A.国际货币基金组织理事会　　B.国际货币基金组织执行董事会

C.世界银行组织货币协会　　D.国际货币基金组织会员大会

15.根据外汇管理法律制度的规定，我国对企业和个人经常项目下用汇的管理，主要休现为（　　）。

A.对用汇额度的审核　　B.对外汇用途的审核

C.对外汇收支及汇兑环节真实性的审核　　D.强制结售汇的管理

16.下列关于合格境外机构投资者（简称QFII）制度的管理环节中，属于国家外汇管理局职责范围的是（　　）。

A.QFII资格的审定　　B.投资额度的审定

C.投资工具的确定　　D.持股比例的限制

17.下列关于货物进出口自动许可制度的说法中不正确的是（　　）。

A.针对全部货物　　B.该制度仅是出于监测进出口情况的需要

C.自动许可申请仅是为了备案　　D.商务部对自动许可申请应当许可

18.下列关于反倾销和反补贴的说法中错误的是（　　）。

A.反倾销和反补贴是针对不公平贸易条件下的交易行为采取的措施

B.反倾销的主要手段是征收反倾销税，临时反倾销税征收的时间一般不超过4个月，特殊情况下可以延长至9个月

C.反补贴的主要手段是征收反补贴税，采用临时反补贴措施的时间一般不超过4个月，特殊情况下可以延长至9个月

D.对最终认定为倾销的行为，可以征收反倾销税，征收的期限一般不超过5年

19.根据规定，地方企业实施的境外投资项目，应当由国家发改委备案的是（　　）。

A.中方投资额1亿美元以上　　B.中方投资额3亿美元以下

C.中方投资额1亿美元以下　　D.中方投资额3亿美元以上

20.下列各选项中，属于世界贸易组织所称“单独关税区”的是（　　）。

A.中国（上海）自由贸易试验区　　B.中国香港特别行政区

C.京津冀一体化都市圈　　D.海南经济特区

二、多项选择题

1.某境内企业被外国投资者并购，成立了中外合作经营企业A。根据外商投资法律制度的规定，下列说法中正确的有（　　）。

A.如果外国投资者并购境内企业涉及国家安全的重要农产品，且实际控制权可能被外国投资者取得的，需要进行并购安全审查

B.外国投资者在并购后持有的股份总额不足50%，但依其持有的股份所享有的表决权已足以对股东会或股东大会、董事会的决议产生重大影响的，则认定外国投资者取得了实际控制权

C.应由投资者和被并购的境内企业共同向商务部提出并购安全审查的申请

D.如果属于并购安全审查范围的，商务部应在5个工作日内将建议提交联席会议，联席会议认为确有必要进行并购安全审查的，可以决定进行审查

2.根据我国涉外经济法律制度的规定，外商投资企业可以使用跨境人民币直接投资的资金在中国境内（　　）。

A.并购境内企业　　B.战略投资上市公司

C.设立新外商投资企业　　D.委托贷款

3.根据《自由贸易试验区外商投资国家安全审查试行办法》的相关规定，下列属于安全审查内容的有（　　）。

A.外商投资对国家经济稳定运行的影响

B.外商投资对社会基本生活秩序的影响

C.外商投资对国家文化安全、公共道德的影响

D.外商投资对国家网络安全的影响

4.根据外商投资企业合并、分立的相关规定，下列关于合并的表述中正确的有（　　）。

A.有限责任公司之间合并后为有限责任公司

B.股份有限公司之间合并后为股份有限公司

C.上市的股份有限公司与有限责任公司合并后为有限责任公司

D.非上市的股份有限公司与有限责任公司合并后可以为股份有限公司

5.法国的甲公司购买了境内乙公司60%的股权，乙公司合法地转为外商投资企业，主要生产建筑用的A号零部件。经查，甲公司并没有对其并购行为向商务部提请是否进行安全审查。根据

我国外商投资企业法律制度的规定，下列主体中，可以对甲公司的并购行为向商务部提出安全审查建议的有（　　）。

A.国务院有关部门　　B.某全国性的建筑业行业协会

C.A公司，主要生产建筑用的A号零部件　　D.B公司，主要销售建筑用的A号零部件

6.根据我国外汇管理法律制度的规定，下列选项关于外债管理的表述中，不正确的有（　　）。

A.外债借款合同发生变更时，债务人应按照规定到外汇局办理外债签约变更登记

B.外债未偿余额为零且债务人不再发生提款时，债务人应按照规定到外汇局办理外债注销登记手续

C.外商投资企业借用的外债资金不可以结汇使用

D.除另有规定外，境内金融机构和中资企业借用的外债资金可以结汇使用

7.依照《反补贴条例》进行调查、采取反补贴措施的补贴必须具有专向性，根据《反补贴条例》的规定，下列情形中，具有专向性的有（　　）。

A.由出口国（地区）政府明确确定的某些企业、产业获得的补贴

B.由出口国（地区）法律、法规明确规定的某些企业、产业获得的补贴

C.指定特定区域内的企业、产业获得补贴的

D.以出口实绩为唯一条件或条件之一而获得的补贴

8.下列各项中属于资本项目的有（　　）。

A.资本转移　　B.非生产及非金融资产的收买或放弃

C.衍生产品投资　　D.收益和经常转移

9.中国甲公司与美国乙公司欲在中国境内共同投资设立一家中外合资经营企业，在其拟定的中外合资经营企业合同中，有关其出资方式及期限部分的提法，不符合中外合资经营企业法律制度规定的有（　　）。

A.外方合资者作为出资的机器设备或者其他物料，应当报审批机构批准

B.甲公司以一项技术难度较大的劳务作为出资

C.中外投资者应当按照合同或章程规定的出资期限缴清出资，逾期未缴清的，应当按规定支付迟延利息或者赔偿损失

D.甲公司以已设定抵押的厂房作为出资

10.下列关于外商投资企业组织形式的表述中，符合外商直接投资法律制度规定的有（　　）。

A.合营企业的组织形式可以是股份有限公司

B.合作企业的组织形式可以是有限责任公司

C.合作企业可以采取不具有法人资格的组织形式

D.外资企业不得采取有限责任公司以外的其他组织形式

11.基于一定的原因，国家可以限制或禁止有关的国际服务贸易，属于该原因的有（　　）。

A.为维护国家安全、社会公共利益或者公共道德的需要

B.为保护环境的需要

C.为建立或者加快建立国内特定服务产业的需要

D.为保障国家外汇收支平衡的需要

12.中国甲企业为设立中外合资经营企业与外国乙企业协商订立合同，该合同已经外商投资企业审批机关批准，但甲、乙就外商投资企业相关事项达成的补充协议未经外商投资企业审批机关批准。已知该补充协议对合同不构成重大或实质性变更，则下列说法正确的有（　　）。

A.合同自成立时生效　　B.合同自批准之日起生效

C.补充协议未生效　　D.补充协议生效

13.实际投资者和名义股东可以签订股权代持合同，同时具备一定条件的情况下，实际投资者可以请求确认其在外商投资企业中的股东身份或者请求变更外商投资企业股东，该条件包括（　　）。

A.名义股东有恶意转让股权的行为

B.实际投资者已经实际投资

C.名义股东以外的其他股东认可实际投资者的股东身份

D.人民法院或当事人在诉讼期间就将实际投资者变更为股东，征得了外商投资企业审批机关的同意

14.下列合同中，专属适用中国法律，不得由当事人意思自治选择合同准据法或者适用其他法律选择规则的有（　　）。

A.中外合资经营企业合同

B.外国自然人购买中国领域内的非外商投资企业资产的合同

C.中外合作勘探、开发自然资源合同

D.外商独资企业股份转让合同

15.根据外汇管理法律制度的规定，外汇管理的对象是境内机构、境内个人的外汇收支或者外汇经营活动，以及境外机构、境外个人在境内的外汇收支或者外汇经营活动。下列机构或人员中，属于外汇管理对象的境内机构或境内个人的有（　　）。

A.中华人民共和国境内的国家机关

B.国际组织驻华代表机构

C.外国驻华外交人员

D.在中华人民共和国境内连续居住满1年的外国人

第三部分

跨章节综合集训

跨章节综合题

1. 自2017年初以来，A公司出现不能清偿到期债务，且资产不足清偿全部债务的情况。2017年12月17日，人民法院经审查裁定受理了A公司的破产申请，并指定了管理人。在该破产案件中，存在下述情况：

（1）2016年10月8日，B公司向C银行借款1 000万元，期限为1年。A公司以所属机器设备为B公司该笔借款提供了抵押担保，并办理了抵押登记。B公司到期未偿还C银行的借款。C银行将上述抵押物拍卖得款900万元，将不足清偿的150万元借款本息向管理人申报了债权。

（2）2017年7月，A公司向D公司租用机床一台，租期1年，租金已一次性付清。2017年11月，A公司以30万元的市场价格将机床售给E公司，双方已交货、付款，E公司对A公司无处分权的事实并不知情。D公司获悉机床已被A公司卖给E公司后，要求E公司返还机床，遭E公司拒绝。

（3）2014年1月，A公司与F公司签订房屋租赁合同，将所属300平方米门面房出租给F公司用作经营超市，租期5年，每年1月底前支付当年租金。F公司一直正常缴纳租金。2018年2月，管理人通知F公司解除该房屋租赁合同，但F公司表示反对。

（4）2016年10月，A公司欠刘某专利转让费29万元到期未付；2017年12月20日，刘某将该债权以15万元的价格转让给G公司。G公司现提出：以该债权与其所欠A公司的30万元货款在相同金额范围内抵销。

（5）2017年8月17日，供电局向A公司发出欠缴电费催收通知书，要求A公司一周内补缴拖欠电费20万元，否则将对其生产区停止供电。A公司于8月22日向供电局补缴了全部拖欠电费。2018年2月，管理人主张撤销A公司向供电局补缴电费的行为。

根据上述内容，分别回答下列问题：

（1）C银行以抵押物拍卖款不足清偿的150万元借款本息向管理人申报债权的行为，是否符合企业破产法律制度的规定？并说明理由。

（2）E公司是否有权拒绝D公司返还机床的请求？并说明理由。

（3）管理人是否有权解除A公司与F公司之间的房屋租赁合同？并说明理由。

（4）G公司关于债务抵销的主张是否成立？并说明理由。

（5）管理人是否有权撤销A公司向供电局补缴电费的行为？并说明理由。

2. 2016年3月1日，为支付工程款项，A公司向B公司签发一张以甲银行为承兑人、金额为150万元的银行承兑汇票，汇票到期日为2016年9月1日，甲银行作为承兑人在汇票票面上签章。

4月1日，B公司将该汇票背书转让给C公司，用于支付买卖合同价款。后因C公司向B公司出售的合同项下货物存在严重质量问题，双方发生纠纷。

5月1日，C公司为支付广告费，将该汇票背书转让给D公司。D公司负责人知悉B、C公司之间合同纠纷的详情，对该汇票产生疑虑，遂要求C公司的关联企业E公司与D公司签订了一份保证合同。保证合同约定，E公司就C公司对D公司承担的票据责任提供连带责任保证。但E公司未在汇票上记载有关保证事项，亦未签章。

6月1日，D公司将该汇票背书转让给F公司，以偿还所欠F公司的租金。

9月2日，F公司持该汇票向甲银行提示付款，甲银行以A公司资信状况不佳、账户余额不足为由拒付。

F公司遂向B、D公司追索。B公司以C公司违反买卖合同为由，对F公司的追索予以拒绝，D公司向F公司承担票据责任后，分别向B、E公司追索，B公司仍以C公司违反买卖合同为由，对D公司的追索予以拒绝，E公司亦拒绝。

根据上述内容，分别回答下列问题：

（1）甲银行的拒付理由是否成立？并说明理由。

（2）B公司拒绝F公司追索的理由是否成立？并说明理由。

（3）B公司拒绝D公司追索的理由是否成立？并说明理由。

（4）D公司能否要求E公司承担票据责任？能否依保证合同要求E公司承担保证责任？并分别说明理由。

3.赵某担任甲上市公司总经理，并持有该公司股票10万股。钱某为甲公司董事长兼法定代表人。

2017年7月1日，钱某召集甲公司董事会，9名董事中有4人出席，另有1名董事孙某因故未能出席，书面委托钱某代为出席投票；赵某列席会议。会上，经钱某提议，出席董事会的全体董事通过决议，从即日起免除赵某总经理职务。

赵某向董事会抗议称：公司无正当理由不应当解除其职务，且董事会实际出席人数未过半数，董事会决议无效。公司于次日公布了董事会关于免除赵某职务的决定。12月20日，赵某卖出所持的2万股甲公司股票。

2017年12月23日，赵某向中国证监会书面举报称：（1）甲公司的子公司乙公司曾向甲公司全体董事提供低息借款，用于个人购房；（2）2017年4月1日，公司召开的董事会通过决议为母公司丙公司向银行借款提供担保，但甲公司并未公开披露该担保事项。

2018年1月16日，中国证监会宣布对甲公司涉嫌虚假陈述行为立案调查。3月1日，中国证监会宣布：经调查，甲公司存在对外提供担保未披露情形，构成虚假陈述行为；决定对甲公司给予警告，并处罚款50万元；认定钱某为直接责任人员，并处罚款10万元；认定董事李某等人为其他直接责任人员，并处罚款3万元。钱某辩称，公司未披露担保事项是公司实际控制人的要求，自己只是遵照指令行事，不应受处罚；李某则辩称，自己是独立董事，并不直接参与公司经营管理活动，因此不应对公司的虚假陈述行为承担任何责任。中国证监会未采纳钱某和李某的抗辩理由。

中国证监会对甲公司的行政处罚生效后，有投资者拟对甲公司提起民事赔偿诉讼。其中，周某在甲公司公开发行时即购入股票1万股，一直持有至今，损失10万元；吴某于2017年6月20日买入甲公司股票1万股，于2018年1月5日卖出，损失1万元；郑某于2017年4月5日买入甲公司股票1万股，2018年2月5日卖出，损失1万元。

根据上述内容，分别回答下列问题：

（1）2017年7月1日甲公司董事会的出席人数是否符合规定？并说明理由。

（2）甲公司董事会能否在无正当理由的情况下解除赵某的总经理职务？并说明理由。

（3）2017年12月20日赵某卖出所持甲公司2万股股票的行为是否合法？并说明理由。

（4）乙公司向甲公司的所有董事提供低息借款购房的行为是否合法？并说明理由。

（5）2017年4月1日甲公司董事会通过的为丙公司提供担保的决议是否合法？并说明理由。

（6）钱某和李某各自对中国证监会行政处罚的抗辩能否成立？并分别说明理由。

（7）投资者周某、吴某和郑某能否获得证券民事赔偿？并分别说明理由。

4.2016年10月12日，吉祥公司与A银行签订合同，借款3 000万元用于技术改造，期限3年。吉祥公司以所属10台精密仪器向A银行提供抵押担保，但未办理抵押登记。同时，应A银行的要求，如意公司为吉祥公司的前述债务向A银行提供了连带责任保证，但未约定与抵押担保的责任承担顺序。

后因吉祥公司厂房坍塌，抵押的9台精密仪器毁损，仅1台幸存。经A银行请求，吉祥公司又将所属一幅建设用地的使用权抵押给A银行，为所欠A银行3 000万元借款提供担保。为此，双方于2018年3月10日签订抵押合同，并约定，若吉祥公司到期不能按时还款，则该建设用地使用权归A银行。双方办理了抵押登记。

吉祥公司为解决流动资金短缺，于2018年4月5日与不知情的大吉公司签订买卖合同，将幸存的1台已为A银行设定抵押的精密仪器以500万元的价格出售给大吉公司。大吉公司依约于签订合同的次日向吉祥公司支付了全部价款，并拟于2018年4月12日提货。

2018年4月10日，吉祥公司又将该精密仪器以500万元的价格卖给了不知情的大利公司。大利公司依约于签订合同的当日提走了该精密仪器，并拟于4月底之前将价款支付给吉祥公司。大吉公司依约前来提货时，发现机床已被大利公司提走，遂以自己是机床所有权人为由要求大利公司返还，被大利公司拒绝。

根据上述内容，分别回答下列问题：

（1）吉祥公司与A银行约定"若吉祥公司到期不能按时还款，则建设用地使用权归A银行"是否有效？并说明理由。

（2）吉祥公司与大吉公司之间、吉祥公司与大利公司之间的买卖精密仪器的合同行为是否有效？并分别说明理由。

（3）大吉公司是否有权以自己是仪器所有权人为由要求大利公司返还？并说明理由。

（4）A银行能否对甲公司已售出的精密仪器行使抵押权？并说明理由。

（5）A银行可否选择不行使其在建设用地使用权上的抵押权，而先要求如意公司承担吉祥公司所负担的全部债务承担保证责任？并说明理由。

5. 2018年2月3日，A公司为向B公司支付货款，签发并承兑了一张以B公司为收款人的商业承兑汇票，到期日为2018年8月3日。B公司拟向C公司购买钢材，遂在该汇票背书栏中作为背书人签章，并记载C公司为被背书人，由本公司业务人员携至验货现场。由于发现钢材存在质量问题，该业务人员遂将汇票携回，未予交付。

B公司财务人员甲利用工作之便，将保管于B公司保险柜中的该汇票盗出，并串通D公司法定代表人乙，伪造了C公司公章及其法定代表人丙的人名章，加盖于背书栏第二栏的背书人签章处，并记载D公司为被背书人。

D公司为支付租金，将该汇票背书转让给E公司。E公司对上述事实并不知情。

2018年7月1日，B公司发现该汇票被盗，遂于当日向A公司申请挂失止付，但此后未采取其他措施。

2018年8月5日，E公司向A公司提示付款。A公司以B公司已挂失止付为由拒付。

根据上述内容，分别回答下列问题：

（1）C公司是否因B公司的背书行为而取得票据权利？并说明理由。

（2）E公司是否取得了票据权利？并说明理由。

（3）E公司是否有权向C公司追索？并说明理由。

（4）E公司是否有权向甲追索？并说明理由。

（5）E公司是否有权向A公司追索？并说明理由。

6. 2018年3月2日，甲公司为支付货款，向乙公司签发一张票面金额为40万元的银行承兑汇票，承兑银行A银行已经签章，票据到期日为2018年9月2日。

2018年4月28日，乙公司为支付货款，拟将该汇票背书转让给丙公司，遂在背书人签章一栏签章背书，但未填写被背书人名称，亦未交付。

2018年5月1日，乙公司财务人员王某利用工作之便，盗走存放于公司保险柜中的该汇票，乙公司未能及时发觉。

王某盗取汇票后，未在汇票上进行任何记载即直接交付给丁公司，换取现金。2018年5月18日，丁公司将该空白背书汇票交付给戊公司，用以支付所欠货款，丁公司和戊公司当时对王某盗取汇票一事均不知情，戊公司对该汇票系丁公司以现金自王某处换取一事也不知情。戊公司在汇票被背书人栏内补记了自己的名称。

2018年5月20日，乙公司发现汇票被盗，遂于当日向公安机关报案，并向人民法院申请公示催告，人民法院于2018年5月21日发出公告，公告期间，无人申报票据权利。但因律师工作失误，乙公司未向人民法院申请作出除权判决，法院遂于2018年8月25日裁定终结公示催告程序。

2018年9月5日，戊公司向承兑人A银行提示付款，A银行按照汇票金额向戊公司支付了款项。

根据上述内容，分别回答下列问题：

（1）王某是否取得票据权利？并说明理由。

（2）丁公司是否取得票据权利？并说明理由。

（3）戊公司是否取得票据权利？并说明理由。

（4）A银行的付款行为是否正当？并说明理由。

7. 2018年1月，甲、乙、丙、丁、戊共同出资设立A有限合伙企业（简称A企业），从事产业投资活动。其中，甲、乙、丙为普通合伙人，丁、戊为有限合伙人。丙负责执行合伙事务。

2018年2月，丙请丁物色一家会计师事务所，以承办本企业的审计业务。丁在合伙人会议上提议聘请自己任合伙人的B会计师事务所。对此，丙、戊表示同意，甲、乙则以丁是有限合伙人、不应参与执行合伙事务为由表示反对。A企业的合伙协议未对聘请会计师事务所的表决办法作出约定。

2018年4月，戊又与他人共同设立从事产业投资的C有限合伙企业（简称C企业），并任执行合伙人。后因C企业开始涉足A企业的主要投资领域，甲、乙、丙认为戊违反竞业禁止义务，要求戊从A企业退出。戊以合伙协议并未对此作出约定为由予以拒绝。

2018年5月，戊以其在A企业中的财产份额出质向庚借款200万元，但未告知A企业的其他合伙人。2018年12月，因戊投资连续失败，其个人财产损失殆尽，无力偿还所欠庚的到期借款。

经评估，戊在A企业中的财产份额价值150万元。庚因欠A企业50万元到期债务，遂自行以该笔债务抵销戊所欠其借款50万元，并同时向A企业提出就戊在A企业中的财产份额行使质权。对于庚的抵销行为与行使质权之主张，A企业均表反对。

根据上述内容，分别回答下列问题：

（1）甲、乙反对丁提议B会计师事务所承办A企业审计业务的理由是否成立？并说明理由。

（2）在甲、乙反对，其他合伙人同意的情况下，丁关于聘请B会计师事务所承办A企业审计业务的提议能否通过？并说明理由。

（3）甲、乙、丙关于戊违反竞业禁止义务的主张是否成立？并说明理由。

（4）庚能否以其对戊的债权抵销所欠A企业的债务？并说明理由。

（5）戊以其在A企业中的财产份额向庚出质的行为是否有效？并说明理由。

（6）庚是否有权请求人民法院强制执行戊在A企业中的财产份额？并说明理由。

智能测评

扫码看答案	我要提问
打开微信“扫一扫”即可直接看答案，登录高顿网校网页端进入课程，即可批量下载“本章同步强化训练”答案噢。	本书配备答疑专用二维码，打开微信“扫一扫”，即可完成在线提问，获取专业老师全面个性化解答，让学习问题不再拖延。 快来扫码提问吧！

附录　注册会计师全国统一考试（专业阶段）全真模拟测试卷

高顿财经研究院根据最新考纲和教材，精选历年真题，组建了一套题型、题量完全和正式考试一致的真题模拟卷，帮助你提前感受考试场景，进入备考状态，考生们可以随时随地手机扫码在线模考练习。

“全真模拟测试卷”具有如下特点：

1.根据最新考纲和教材，剔除或修改已过时的题目，排除教材修改带来的影响；

2.在线练习，即时反馈，随时随地检测学习效果。

开启真题模考练习，只需一步：

扫码下方二维码，开始全真模拟测试吧！